51

8세기 동아시아의 역사상

동북아역사재단 기획연구 51

8세기 동아시아의 역사상

이기동 · 연민수 외 지음

동북아역사재단
NORTHEAST ASIAN HISTORY FOUNDATION

이번에 간행된 『8세기 동아시아의 역사상』은 고대 동아시아세계를 다양한 측면에서 고찰하여 동아시아의 교류의 실태를 종합적, 입체적으로 구명하기 위해 시도되었습니다. 고대 동아시아세계의 형성은 이른바 고대 동아시아문화권의 키워드로 여겨지는 한자, 불교, 유교, 율령 등이 전파되고 수용되면서 전개됩니다. 동아시아세계의 문화의 중심지였던 중화문명의 확산이 인간의 이동과 문물의 교류를 촉진시키게 됩니다.

특히 8세기의 동아시아는 그 이전 시기와는 확연히 구분되는 왕권의 안정기를 맞이합니다. 7세기 후반 한반도에서 발생한 신라의 삼국통일전쟁은 한반도 삼국을 비롯하여 당, 왜국이 연동된 격동기이자 고대의 변혁기였습니다. 신라의 삼국통일은 주변제국에도 자극을 주어 종전의 당의 동방정책에도 커다란 변화를 초래하였습니다. 고구려의 구토에서는 고구려 계승을 표방한 발해가 등장하였고, 왜국에서는 일본으로 국호를 고쳐 천황제 율령국가를 수립하는 등 동아시아 전체가 새로운 국가체제를 수립하여 안정된 왕권을 바탕으로 국가 상호 간 다양한 교류가 행해진 시대였습니다.

이 시대에는 당을 중심으로 한 책봉과 조공이라는 외형적 질서가 존재했지만, 자국의 안정과 정치적 이익을 추구하기 위해 국가 상호 간의 다원적 외교와 문물의 교류가 행해졌습니다. 8세기 동아시아의 교류의 실태는 종전에 추구된 당 중심의 책봉체제와 조공관계만으로는 설명하기 어렵습니다. 또한 일본학계에서 설명하는 당을 중심으로 한 동아시아세계와는 별도로 일본을 중심으로 한 동이의 소제국론의 설명으로는 문제점이 노출되고 있습니다. 이러한 연구방법의 한계를 극복하고자 한국사, 중국사, 일본사 연구자 12명이 참여하여 공동기획을 추진하게 되었습니다. 정치외교사를 비롯하여 전쟁사, 문화교류사, 교통사, 상호인식 등 다양한 측면에서 국제관계의 실태를 추구하여, 8세기 동아시아의 역사상을 새롭게 전망하였습니다.

본 연구에 참여하신 12명의 연구자 여러분의 노고에 깊은 감사를 드리며, 본서가 고대 동아시아사의 전체상을 추구하고, 향후 동아시아사 연구에 모범이 되기를 기대하는 바입니다.

2011년 7월 31일

동북아역사재단 이사장 정재정

| 차례 |

III. 동아시아의 도성제 · 불교 · 해상교류

8세기 동아시아는 당제국唐帝國을 주축으로 하여 형성된 국제관계의 틀 속에서 보기 드문 평화와 번영을 누렸다. 이 시기 신라와 신생 독립국가인 발해, 그리고 일본의 대당對唐 교섭은 전례 없이 빈번하게 이루어졌고, 비록 신라와 발해는 서로 적대적 관계에 놓여 있었으나 양국 모두 일본과 긴밀한 교섭을 유지했다. 실로 이 같은 국제관계를 기조로 하여 각국 간 문화의 교류와 물자 교역에 눈부신 진전이 있었다.

지난날 일본의 역사학계에서는 한국과 일본의 정치적 군장君長들이 중국 황제로부터 관작官爵을 받는 책봉冊封 형식으로 국제적인 관계를 성립시킨 기반 위에서 유교儒敎 · 한역불경漢譯佛經 · 율령律令 등 중국의 법제도와 문화를 왕성하게 수용한 사실을 근거로 '동아시아세계'라는 개념을 이론적으로 체계화할 수 있다고 제안한 바 있다. 하지만 일부 논자들은 8~9세기 동아시아 국가들 사이에는 외형상 정치형태나 신분제도, 토지제도 및 농민 지배방식에 있어 서로 비슷한 면이 있으면서도 본질적으로 사회적 토대를 달리하는 성격이 있는 등 역사적 발전단계가 같지 않은 데서 기인하는 구조적 차이에 주목해야 한다는 입장에서 동아시아 세계론에 대해 거부감을 표명하기도 했다.

이 같은 이론異論 제기에는 확실히 수긍할 점이 없지 않다고 생각된다. 실제로 종전의 동아시아 세계론에는 일본사의 특수성이라는 문제에 중점이 놓여 있었던 까닭에 그 표방하는 바 일국사一國史의 논리를 극복한다는 문제의식이 희박해진 점을 지적하지 않을 수 없다. 더욱이 8세기를 전후한 동아시아 역사의 추이 변화를 살펴볼 때 한·일 양국과 당의 관계뿐만 아니라 한국과 일본 양국 간의 관계가 때로는 보다 더 중요한 의미를 띠고 있음을 주목할 수 있다. 이를테면 신라와 일본 양국은 모두 670년경부터 8세기 초두에 이르기까지 대략 30여 년간 당과의 공적인 교섭이 단절되어 있던 기간에 서로 밀접한 관계를 줄곧 유지했다. 특히 이 시기 외교 사절을 따라 신라에 유학 온 일본의 유학생과 유학승들이 신라 독자의 율령 정치제도–비록 당으로부터 받아들인 것을 다소간 변형시킨 것이지만–를 비롯하여 학예·사상 등을 받아들인 것은 주지의 사실이다. 특히 아스카[飛鳥]시대를 통해 씨족불교 단계에 머물러 있던 일본의 불교계가 하쿠호[白鳳]시대에 들어와 국가불교 단계로 진입하게 된 데는 이 시기 신라 불교계의 영향이 절대적이었다고 평가되고 있다.

이 같은 현상은 비단 신라와 일본과의 관계에서만 나타난 것은 아니다. 8세기를 통해 일본은 발해를 경유하여 견당사遣唐使와 유학생을 당에 보내거나 혹은 발해로부터 중국 대륙의 최신 정보를 입수하기도 했고, 때때로 당에 잔류하고 있는 일본 외교 사절·유학승과의 연락 사무를 발해의 사신 편에 의뢰하기도 했다. 일본조정이 안사安史의 난亂(755~763)이 일어난 사실을 뒤늦게나마 알게 된 것도 견발해사를 통해서였다. 또 귀국 도항에 실패하여 당의 수도에 장기간 체류하고 있던 견당대사 후지와라노 키요가와[藤原淸河]를 무사히 본국에 귀환시키기 위해 안사의 난으로 엄청난 혼란에 직면해 있던 시기에 지난至難한 공작을 벌였을 때도 발해 측의 협조에 큰 기대를 걸 정도였다.

이처럼 일본과 당 사이에서 발해가 연출한 일련의 중계적 역할은 일본 무녀舞女의 당에의 공상貢上, 발해를 경유한 불전佛典의 입수, 고급 물품에 속하는 대모玳瑁로 만든 술잔, 사향麝香의 수입 등 중계무역 분야에 이르기까지 미치지 않은 데가 없었다.

종래 동아시아의 문화교류에 대한 연구는 어디까지나 중심에서 주변을 바라보는 시각으로 고착되어 온 느낌이 든다. 하지만 이 같은 연구 경향은 반드시 재고해야 할 과제라고 생각된다. 즉 '주변의 창조'라는 현상에 착안하여 오히려 주변에서 중심을 바라다볼 필요가 있는 것이다. 이를테면 7~9세기에 동아시아 각국의 불교계는 국가를 초월하여 유기적으로 연결된 독자적인 불교권을 구축했는데, 이 같은 불교권이 당을 주축으로 하여 성립된 것을 부정할 수는 없다. 그렇지만 주변국가의 기여가 전혀 없었던 것도 아니었던 데에 주목해야 한다. 일례를 든다면 부성富盛한 불교 경전 중 선 사상 전파의 계보를 암시하는 최초의 서적으로 중시되는 『금강삼매경金剛三昧經』이 인도의 불경에는 없는 위경僞經임이 분명한데, 당대唐代에 나온 『대주간정록大周刊定錄』(695)에는 현존하지 않는 것으로 되어 있다. 그런데 원효대사(617~686)가 『금강삼매경론金剛三昧經論』을 저술한 것으로 미루어 신라에는 이미 7세기 중반 경에 『금강삼매경』이 알려져 있었음을 알 수가 있다. 그리하여 한국과 미국의 일부 연구자들은 출처가 분명치 않은 이 『금강삼매경』이 어쩌면 신라 승려에 의해 저작되어 당으로 전해진 것이 아닐까 추측하고 있는데, 이는 충분히 가능한 상정이라고 생각된다. 이 같은 사실에서 신라를 비롯한 발해 · 일본 등 주변 국가들이 비록 당에 조공을 바쳐 사대의 예禮를 표했으나, 불교계에서는 은근히 당의 권위에 대항하는 정신적 자세를 가다듬고 있었음을 짐작할 수 있다.

대략 이상과 같은 문제의식과 취지에서 동아시아 역사상 국제관계가 가장 안정된 구조와 상태를 보여주는 8세기의 역사상歷史像을 추구한 논문 12편을 모아 꾸며본 것이 이 논문집이다. 이들 논문은 여러 가지 주제를 다루고 있는데, 이를 대별하면 동아시아 국제관계를 전반적으로 다룬 총론과 이를 각국별로 다룬 각론, 그리고 특수 전문분야를 다룬 것으로 삼분三分할 수 있다. 그리하여 편의상 총론에 해당하는 3편의 논문을 제1부, 각국별로 다룬 6편의 논문을

제2부, 그리고 특수한 주제를 다룬 3편의 논문을 제3부로 배정하여 편집했다.

제1부의 논문들은 그간 역사학계에 축적되어 있는 연구 성과를 중심으로 8세기 동아시아 역사의 성격을 다룬 것이지만, 역시 한국 · 중국 · 일본 세 나라 학계의 입장을 잘 드러내고 있다. 이기동의 논문은 당 · 신라 · 발해 · 일본 4국의 내정內政과 국제관계를 개관하는 데 치중했는데, 8세기에 들어와 각국 간의 공식적 및 비공식적 접촉이 크게 늘어남에 따라 다원적인 정보 전달체계가 성립된 점에 주목했다. 왕소보王小甫의 논문은 8세기를 통해 줄곧 북쪽으로는 돌궐 제2제국 · 거란, 서쪽으로는 토번 · 위구르 등 여러 국가와 군사적인 대립에 직면했던 당에게 신라와의 '전략적 동반자적 관계'야말로 동아시아의 국제정세에 균형을 잡는 역할을 했다는 견해를 제시했다. 왕소보王小甫가 통일신라와 발해를 한국사의 남북국 시대로 파악하는 데 동의하지 않고 있는 점이 주목된다. 다만 당시 동아시아가 지역사회에서 다원화 사회로 전환하고 있던 것으로 파악한 점은 대국적大局的인 관찰의 성과라고 할 수 있다. 야마사키 마사토시[山崎雅稔]의 논문은 1960년대 초부터 일본학계에서 제기되어 일본 고대의 대외관계사 연구를 규제해 온 니지시마 사다오[西嶋定生]의 중국 · 일본 중심의 동아시아 세계론이나 신라와 발해를 번국시藩國視한 일본의 화이사상華夷思想을 근거로 동이東夷(일본)의 소제국론小帝國論을 제기한 이시모다 쇼[石母田正]의 역사 이해를 소개했다. 나아가 일본의 국제적 위상을 당과 대등했던 것으로 보아 온 전통적인 역사관이 지난 반세기를 경과하면서 차츰 비판 · 극복되어 간 과정을 상세하게 서술하고 있다.

제2부의 논문들은 당 · 신라 · 발해 · 일본 4국의 대외관계를 다루었다. 그 중 당의 대외관계를 다룬 것이 두 편인데, 김택민의 논문은 8세기 전반 당이 동북방면의 변경을 위협하고 있는 거란과 해奚에 대해 적극적인 공세작전을 펴기보다는 주로 이민족의 수장首長들에게 관작과 다량의 견絹 · 포布 등을 지

급하는 회유책을 쓰는 한편 당에 협조적인 이민족의 힘을 빌려 적대세력의 수장들을 제거하는 방책을 선택했음을 밝히고 있다. 정병준의 논문은 최초 거란·해를 감시할 목적으로 설치한 영외관令外官인, 이른바 사직使職이 안사의 난을 겪은 뒤 발해와 신라까지 확대해 간 경위를 밝혔다. 즉 7세기 말 거란족의 반란을 틈타서 발해가 건국되자 당은 713년 유주幽州절도사를 설치하여 거란·돌궐·발해를 감시하는 압번락사押蕃落使를 두었고, 719년 유주 북방에 별도로 평로군平盧軍절도사를 설치하여 영營·요遼·연燕의 3주州와 안동도호安東都護를 겸영兼領케 했다. 뒤에 평로군절도사는 압량번押兩蕃발해·흑수등사부경략처치사黑水等四府經略處置使로 발해와 흑수黑水말갈을 진무鎭撫하던 중 안사의 난 때 고립된 상태에서 해의 공격을 받자 761년 말 병력 2만 명을 이끌고 현재의 천진天津 부근에서 해상으로 남하하여 산동山東반도로 들어갔고, 765년에 고구려 유민의 후예인 이정기李正己가 정변을 일으켜 평로平盧·치청淄青절도사가 되어 압신라押新羅·발해량번사渤海兩蕃使가 되기에 이르렀다.

신라의 대외관계를 다룬 두 편의 논문 중 권덕영의 것은 8세기를 통해 신라가 당에 사은사謝恩使를 비롯하여 고진사告陳使·주청사奏請使·경조사 등의 명목으로 83회 사신을 보낸 기록을 다각도로 검증했다. 권덕영은 신라 사절이 바친 토산품과 당의 회사품의 내용, 사행使行에 수반한 물품의 교역 그리고 사절단의 서적 수입 등 문화적 활동을 두루 고찰했다. 박남수의 논문은 8세기 신라를 번국시한 일본조정과 이를 결코 수긍하지 않으려는 신라와의 사이에 줄곧 일어난 외교적 마찰을 빈례賓禮라는 문제의식에서 고찰했다. 즉 신라와 일본 양국이 모두 당의 예제禮制를 모범으로 채용함에 있어서 공통점은 무엇이었으며, 신라 사신이 일본 측에 주장한 왕성국王城國, 국신물國信物, 토모土毛(土物) 등의 용어가 빈례상賓禮上 내포하는 구체적인 의미가 무엇이었는지를 밝혔다. 한편 구난희의 논문은 당과 돌궐·거란과의 갈등이 고조된 틈을 호기로 이용하여 건국에 성공한 발해가 안사의 난에 이르기까지 60여 년간의 대당, 대일본對日本 관계의 흐름을 고찰했다. 구난희는 발해가 건국 초기 당으로부터 대내외적인 이중의 압박을 받았으나 기민하고 유연한 외교를 통해서 이를 돌파했으며, 나아가 당과 일본 사이에서 단순히 중재자의 위치에 만족하지 않고 동아시아의 국제 네트워크를 조성하는 역할을 수행했다고 적극적인 의미를 부여했다.

끝으로, 연민수의 논문은 8세기 일본 조정의 신라 번국관蕃國觀이 어떠한 역사적 맥락에서 형성되어 어떻게 외교 의례에서 구체적으로 나타났는가 하는 문제를 일본사의 입장에서 검토했다. 즉 연민수에 의하면 신라의 삼국통일은 일본이 신라를 적대시하는 원천이 되어 신라의 국제國制를 능가하는 규모의 천황제 율령국가 건설을 목표로 매진하는 과정에서 이를 법제화했으나, 신라가 현실의 외교 의례 무대에서 번번이 번례蕃禮 의식을 거부해 양국 간 외교적 마찰만 되풀이 되었을 뿐 끝내 파탄으로 종결되었다는 것이다. 그러니까 본디 신라보다 문화적으로 열세이고 또한 예제면禮制面에서도 빈약한 편인 일본이 신라에 대해 화이사상을 들고 나와, 신라의 '무례'를 구실로 걸핏하면 무력에 호소하는 듯한 제스처를 연출하는 모순을 드러냈다고 보았다.

제3부의 논문들은 각기 특수한 주제를 다루었다. 사카우에 야스토시坂上康俊의 논문은 장안長安 · 낙양洛陽을 비롯한 당대唐代 도시의 행정구획인 방坊과 향鄕 · 리里의 관계를 다루었는데, 이는 당의 영향을 받은 통일기 신라 왕경王京(慶州)의 방리제坊里制라든가 8세기 일본의 수도 평성경平城京(나라奈良)의 조방제條坊制를 이해하는 데 필수적인 과제라고 할 수 있다. 야스토시에 의하면 최근 일본학계에서는 장안의 성곽 내에 방이, 그 밖에는 향이 놓여 있었다는 견해가 유력해지고 있다고 하는데, 이는 일본에서 경내京內에 향 · 리를 설치하지 않고 인위조직으로서의 방으로 일원화된 것과 실제로 같다고 생각된다. 그런

데『삼국유사』에는 신라 전성시대 경중京中이 360방(혹은 1,360방), 55리였다고 하여 당이나 일본과는 일정한 차이가 느껴진다. 어쨌든 야스토시의 논문은 동아시아 제국의 도성제都城制를 연구함에 있어 새로운 과제를 제시한 것으로 보인다.

다음 김상현의 논문은 신라와 당 · 일본과의 사이에 행해진 불교서적의 교류와 신라승의 당에서의 구법활동, 신라불교가 일본에 끼친 영향 등 8세기 단일單一 불교 문화권으로 연결되어 있던 동아시아 각국 간의 불교 교류를 전반적으로 고찰했다. 김상현에 의하면 이 시기 신라에 온 당의 승려는 기록에 보이지 않으나 많은 신라승이 당에 가서 공부했고, 이들에 의해 원효를 비롯한 신라 승려의 저술이 당에 전해져서 이른바 해동海東의 논소論疏로서 큰 주목을 받았으며 8세기 중엽에 활동한 태현太賢의 유식학唯識學에 관한 저술도 당나라에서 유통되었다고 한다. 한편 이 시기 신라 불교가 일본 불교계에 끼친 영향은 가히 압도적이라 할 만 했다. 7세기 말경에 다수의 일본 학문승이 신라에 유학하고 본국에 돌아가 불교계의 지도적 인사가 되었을 뿐 아니라 733년부터 40년간 많은 신라승의 저술이 필사되어 널리 보급되었다.

끝으로, 윤명철의 논문은 동아시아 여러 나라의 교섭 특히 교역활동의 무대가 육지와 해양이 함께 작동하는 해육적海陸的 공간인 점에 유의하여 해양력海洋力에 대한 이해가 필수적임을 역설했다. 윤명철에 의하면 8세기에 들어와 당을 중핵으로 신라 · 발해 · 일본이 연결되는 환황해적環黃海的 시스템이 탄생하여 바다가 교섭의 주요한 통로가 됨에 따라 지리적으로 근접한 신라와 발해가 행성行星, 그 외연에 속하는 일본이 위성衛星에 해당하는 국제질서로 재편성되지 않을 수 없었다고 한다. 그런데 일본은 본디 섬나라인 까닭에 일찍부터 해양활동이 뛰어나 열도 내부의 내해內海에서 활동한다거나 한반도 동남부로 진출하는 데는 큰 어려움이 없었으나, 당나라와 교류하기에는 항로상 불리한 데다가 더욱이 조선술과 항해술이 아직 발달하지 않았다는 것이다.

이상으로 본 논문집의 내용을 간단히 요약해 보았다. 모든 원고가 완성된 뒤 지난 4월 15일 외국인 연구자 3인을 제외한 국내 집필자 전원이 참석한 가운데 지정 토론자 9인의 논평을 듣는 발표회를 가진 것은 크게 유익했다고 생각된다. 이 학술회의에 토론자로 참여한 박한제 교수를 비롯한 김은숙 · 김정희 · 남동신 · 송완범 · 양정석 · 이근우 · 이우태 · 임상선 제씨에게 고마운 마음을 표하고 싶다. 아울러 연구주제를 기획하고 집필자들을 선정, 독려하여 논문집이 기한 내에 나올 수 있도록 시종 배려한 동북아역사재단 연구위원 연민수 박사의 노고에 대해 마음속 깊이 치하하는 바이다.

2011년 4월 30일

집필자를 대신하여 **이 기 동**

Ⅰ. 동아시아사 연구 현황과 구조

8세기 동아시아 제국의 내정과 국제관계 시론

동국대학교 **이기동**

1. 머리말
2. 동아시아 4국의 내부사정과 대외관계
3. 대외관계의 특질 – 다원적 정보 전달체계의 성립
4. 맺음말

이기동

한국고대사 전공, 동국대 사학과 석좌교수

대표논저 | 『新羅社會史硏究』(일조각, 1997), 『百濟史硏究』(일조각, 1996), 『新羅 骨品制社會와 花郞徒』(일조각, 1984) 외 다수

8세기 동아시아 제국의 내정과 국제관계 시론

동국대학교 **이기동**

1. 머리말

지난 세기말世紀末부터 전 세계적 규모로 급속히 단일單一 경제권이 형성되어가는 가운데 국제교류와 주민 이동이 크게 증가하는 등 국가 간의 경계가 차츰 모호해지는 듯한 느낌이 든다. 한국韓國의 경우만 보더라도 근래 결혼 이민자移民者가 크게 증가하고 또한 이주移住 노동자를 비롯한 국내 체류 외국인 역시 눈에 띄게 늘어남에 따라 오랜 세월 한국인의 관념을 지배해온 단일민족국가의 신앙이 차츰 깨어지고 있는 중이다. 2010년 한국인을 대상으로 하여 최초로 행해진 다문화多文化 인식조사의 결과에 따르면 한국인 10명 중 7명은 한국이 더는 단일민족국가가 아니라 다문화사회라고 여기고 있다. 이 같은 시대의 전환에 따라서 주권主權을 필수 불가결不可缺한 요건으로 떠받쳐 온 근대 국민국가의 이념은 그 근저根底부터 변화를 강요받고 있는 반면 지역 간 국가통합을 꾀한다거나 혹은 넓은 지역단위로 경제적 공동체를 결속結束하여 대처하려는 움직임이 한층 가시화可視化되고 있는 실정이다. 십수 년 전 유럽연합(EU)의 결성으로 국민국가를 초월한 수준에서 자유로운 유럽을 조직하려는 숙원宿願이 반세기간의 줄기찬 노력 끝에 결실을 보기에 이른 것은 그 뚜렷한 예증例證이라고 하겠다. 한국은 이 유럽연합과 자유무역협정(FTA)을 체결하기로 협상을 시작한 지 3년 5개월만인 2010년 10월 초 벨기에 브뤼셀에 있는 유럽연합이사회 본부에서 양측兩側 정상이 동同 문서에 서명함으로써 새삼스레 세계화의 거센 진운進運을 실감하게 되었다.

일종의 문명사적 변환變換이라고까지 말하는 작금昨今의 세계화 양상樣相은 우리들에게 지나간 시대 동아시아 역사 속에 전개되어 온 국제관계의 변천에 대한 새로운 고찰考察의 필요성을 촉발하고 있다. 근대 이전의 한국사韓國史가 동아시아 역사의 일환一環으로 주변 여러 민족 · 국가들과 일정한 정치적 교섭과 더불어 문물文物의 교류를 통해서 성장 발전해온 것은 부인할 수 없는 사실이다. 다만 우리들이 동아시아라고 할 때, 그 지역적 범위를 어떻게 설정할 것인가, 또한 이를 한국 · 중국 · 일본의 세 나라에 한정限定시킬 경우 실제로 삼국 상호 간에 긴밀한 내면적, 구조적인 관련성을 갖고 있는가 하는 데 대한 의문이 없지도 않다.

주지周知하듯이 일찍이 일본 역사학계에서는 1960년대 초에 니시지마 사다오[西嶋定生]가 넓은 지역적인 축軸으로서의 '동아시아세계'라는 개념을 이론적으로 체계화하려고 시도한 적이 있다. 즉 그는 한국 · 일본 · 베트남(월남越南) 지역이 한자漢字를 매개로 하여 유교 · 한역불경漢譯佛經 · 율령律令 등 중국문화를 중심으로 한 고유의 문화권 속에 포함되며, 이 같은 문화권이 형성될 수 있었던 전제조건은 바로 중국 주변 여러 나라의 군장君長들이 중국황제로부터 관작官爵을 받는 책봉冊封 형식의 국제적인 관계 성립에 있었다고 주장했다. 그는 이처럼 정치권으로서의 책봉체제와 중국문화권을 토대로 하여 형성된 세계를 '동아시아세계'라고 명명命名했다. 비록 이 개념은 제2차 세계대전에서 패배한 일본이 새롭게 세계사적 시야視野에서 자국사自國史를 객관적으로 이해하려는 취지에서 나온 것이기는 했으나, 한국학계에서는 그의 동아시아세계론이 한국사의 주체적 발전과 한국문화의 독자성을 훼손 내지 부정하는 것으로 간주하여 오랫동안 줄곧 이에 소극적으로 대응해온 것이 사실이다. 더욱이 한·중 관계사를 포괄적으로 고찰한 바 있는 전해종全海宗 선생에 의하면 조공朝貢관계로써 대표되는 중국의 전통적인 대외관계는 정치·군사·문화·경제 그리고 의례적儀禮的인 광범한 내용을 갖는 한·중 관계 전반에서 볼 때 그 일부를 차지하는 특수한 대외관계의 유형類型이었을 뿐이며 조공제도 그 자체는 기껏해야 복종服從의 형식으로서만 족足한 것이었다고 보았다.[1] 최근에 이르러 재일在日 동포학자 이성시李成市 교수에 의해 동아시아세계론의 문제점을 비판적으로 극복하려는 시도가 한·일 양국 학계의 폭넓은 지지를 받으면서 새롭게 관심이 높아지고 있어 주목된다. 이李 교수는 니시지마의 경우 일국사一國史의 논리를 극복하려는 문제의식이 희박할 뿐 아니라, 어찌 보면 일본사의 문제랄까 특수성이랄까가 너무 크게 표출表出되어 있는 점, 또한 고대 중국의 주변 국가들은 중국 역대歷代 왕조와의 관계만이 아니라 인접한 주변국가들 상호 간의 개별적 관계가 때로는 보다 중요한 의미를 띠고 있었음을 7세기 후반 신라와 일본과의 관계를 예시例示하면서 구체적으로 논의한 바 있다.[2]

8세기 동아시아 여러 나라는 역사상 가장 안정된 국제 평화 속에서 긴밀한 교섭을 줄곧 유지했다. 이 시기 신라와 발해, 일본은 당제국의 정치적, 문화적 영향으로 말미암아 정부 형태와 일반 법제法制, 토지 소유 형태 그리고 문화적

1) 全海宗(1970), 『韓中關係史硏究』, 일조각, 22~23쪽.

2) 李成市(2000), 『東アジア文化圈の形成』, 山川出版社 ; 西嶋定生, 李成市 편집 및 해설(2000), 『古代東アジア世界と日本』, 岩波書店 ; 李成市(2008), 「古代東アジア世界論再考 -地域文化圈の形成を中心に-」, 『歷史評論』, 2008. 5, 38~52쪽.

경향에 있어서 일찍이 볼 수 없던 유사성類似性을 띠었다. 본디 이들 세 나라는 주어진 역사적 조건이나 발달 단계, 사회적 토대 등이 각각 달랐으므로, 같은 당의 제도와 전장典章, 문물을 수용하면서도 서로 간의 구조적 관계가 반드시 같을 수는 없었다. 그럼에도 3국 모두 당과 긴밀한 관계를 유지하는 한편 개별적으로 서로 끊임없이 접촉해간 결과 어떤 공통점이 생겨나 비슷한 면모面貌를 보인 것도 홀시忽視할 수 없다고 생각된다. 본고本稿는 이 같은 점에 유의하여 8세기 동아시아 4국의 내정 및 대외관계를 개관槪觀하고, 이로부터 그 특징을 추출抽出해 보려고 했다. 동학제현同學諸賢의 친절한 교시敎示와 질정叱正을 바라마지 않는다.

2. 동아시아 4국의 내부사정과 대외관계

7세기는 수隋·당제국의 출현으로 말미암아 동아시아 전체에 걸쳐 정복전쟁이 끊이지 않은 동란의 시대였다. 특히 618년 수를 대신하여 등장한 당은 630년 철륵제부鐵勒諸部 중 가장 강력한 설연타薛延陀의 협력을 얻어 그간 중국을 속국시屬國視하면서 크게 위협하던 동돌궐을 남북으로 협격, 이를 멸망시켰다. 이에 뒤이어 당은 635년에는 깊숙이 청해하원靑海河源지구로 쳐들어가 토욕혼吐谷渾을 철저히 정복했고, 646년에는 돌궐의 협력을 얻어 설연타를 정복하는 동시에 막북漠北 제부諸部의 항복을 받았다. 당은 이들 지역에 연연도호부燕然都護府를 설치하여 다스렸다. 한편 당은 640년 서역 투르판분지의 고창국高昌國을 정복, 그곳을 기반으로 안서安西도호부를 설치했다. 당은 이처럼 북방과 서방의 유목민족세계를 평정한 여세를 몰아 동쪽으로 눈을 돌렸다. 당시 요동遼東지방과 한반도 북부에 걸쳐 큰 세력을 갖고 있던 고구려高句麗는 645년 당의 태종太宗이 직접 지휘한 침략군을 안시성安市城 전투에서 격퇴했으나, 655년 이래 연년連年 당군의 끈질긴 공격을 받은 끝에 668년 멸망했다. 이때 신라가 전력全力을 기울여 당에 협조한 것은 다 아는 사실이다. 이보다 앞서 백제百濟는 660년 신라와 당의 연합군에 의해 멸망했다. 이때 일본이 백제의 부흥운동군을 돕기 위해 대군을 출동시켰다가 663년 금강錦江 하구河口의 해전에서 당군과 이에 협조한 신라군에 의해 괴멸적 타격을 입고 퇴각한 것은 그 뒤 일본 역사의 전개 방향에 큰 영향을 끼쳤다.

다만 신라도 고구려 멸망 직후 옛 백제지역에 대한 영유권 문제를 둘러싸고 당과 대립한 것이 전단戰端이 되어 676년 당이 안동安東도호부를 평양에서 요동지방으로 철수할 때까지 수년간 당군과 격전을 벌였다. 이 때문에 두 나라 사이에는 7세기 말경까지 냉각기冷却期가 계속되기도 했으나, 8세기에 들어오면서 관계를 크게 개선했다. 그리하여 8세기 동아시아는 한반도의 대부분을 통일한 신라, 698년 옛 고구려 영역인 동만주東滿洲(중국 동북지방이라고 해야 옳겠으나, 편의상 '만주'의 칭호를 사용함)에서 고구려 유민의 주도하에 말갈인을 포섭하는 형태로 건국된 발해, 그리고 일본의 3국이 당과 조공의 형식으로 수교修交하면서 대체로 안정과 평화를 누린 시대였다고 할 수 있다.

때때로 국제평화를 위협하는 사건이 전혀 없었던 것도 아니었다. 발해는 당이 흑수黑水말갈의 중심부락에 726년 흑수부黑水府를 설치, 유주도독幽州都督의 지배하에 두는 등 발해의 북쪽 진출 내지 말갈 제부의 통일을 억제하자 732년 요동반도를 거쳐 해상으로 산동山東지방의 등주登州를 침공하여 자사刺史를 살해했다. 이때 신라는 당의 요청을 받아들여 733년 발해 남쪽 방면으로 군대를 출동했다가 산로山路가 험한 데다가 마침 큰 눈이 내려 절반 이상의 병사가 죽자 중도中途에 회군한 일이 있었다. 또한 755년 안安 · 사史의 난이 일어나 763년에 진압될 때까지 8년간 중국대륙이 큰 혼란에 빠져 있을 때 일본은 은밀히 발해를 끌어들여 신라를 침공하려는 계획을 수립, 759년부터 실제로 이를 추진하기도 했다. 이 계획은 762년 발해왕이 당으로부터 종전의 군왕郡王에서 국왕國王으로 승진된 것을 계기로 당의 눈치를 보게 된 발해가 소극적으로 돌아서고, 곧이어 계획의 추진자였던 권신權臣 후지와라노 나카마로[藤原仲麻呂]가 764년 갑자기 실각함으로써 불발不發로 끝나고 말았다.

8세기 동아시아 4국간의 국제관계에 대해서는 종래 많은 연구자들에 의해 여러 방면에서 부성富盛한 검토가 행해진 바 있다. 그런 까닭에 본고에서는 종전의 연구성과에 의존하여 각국별各國別로 내부의 정치상황과 대외교섭 양면兩面에서 간단히 정리 개관槪觀해보는 데 그치기로 한다.

1) 당왕조

당제국은 그 탁월한 정치적·문화적 역량에 힘입어 건국 이래 동아시아세계의 국제질서를 형성 내지 규제規制하던 중심적 존재였다. 특히 630년 동돌궐을 멸망시킨 때로부터 670년 당군 10만 명이 대비천大非川(청해성靑海省 공화현共和縣 부근)전투에서 티베트 계통의 토번吐蕃에게 괴멸적 패배를 당할 때까지 당의 국세國勢는 바야흐로 해가 중천中天에 떠 있던 시기로, 무력은 극성極盛에 달했고 판도版圖는 공전空前의 최대를 자랑했다. 하지만 그 거대한 군사력으로써도 사방四方에 깔려 있는 다수의 이민족異民族을 효과적으로 지배할 수는 없었다. 즉 당은 그들이 무력으로 정복한 북부와 서부의 주변 여러 민족에 대해 본국의 주현제州縣制를 적용, 원주민 추장이 다스리는 기미주羈縻州를 두고 그 위에 한인漢人으로 임명한 도호都護가 간접으로 통치하는 이른바 기미정책(일명 도호부체제)을 채택했다. 이 같은 정책은 종전의 책봉체제와 비교한다면 확실히 적극적인 통치형식이긴 했으나, 반면 이민족 원주민 추장에게 고도의 자치권을 부여한 이 도호부체제에는 근본적인 취약점이 있었다. 무엇보다도 당이 정복한 서부 및 북방 변경지대의 유목민들은 예외없이 경한勁悍한 민족성에 강렬한 독립심을 갖고 있어 비록 당의 내지內地에 귀부歸附한 경우에도 그 독특한 수구지정首邱之情은 결코 옛 땅을 잊지 않아 언제라도 반기叛起를 들어 대항하거나 혹은 달아날 개연성이 매우 컸기 때문이다.

도호부체제는 당이 토번문제로 계속 약점을 폭로하자 파탄을 고하기 시작했다. 앞에서 언급한 것처럼 토번은 670년 대비천 전투에서 대승大勝을 거둔 결과 당이 서역西域 경영의 전진前進 기지로 설치한 안서 4진鎭을 함락했다. 토번의 침략 위협에 직면한 당은 신라를 상대로 한 한반도 중부지역에서의 전쟁에 열중할 수 없어 결국 676년 안동도호부를 요동으로 철수하지 않으면 안 되었다. 당은 안서 4진을 회복하기 위해 678년 18만 대군을 다시금 토번에 출동시켰으나 역시 청해靑海지구에서 참패하고 말았다. 이 같은 일련의 정세 변화에 고무되어 679년 사막 이북의 모든 주부州府를 다스리는 선우單于도호부 관내의 동돌궐 추장들이 반란을 일으켰다. 당군은 진압에 나섰으나 성공하지 못해 그 뒤 반란이 끊이지 않는 가운데 어느덧 동돌궐은 강성해져서 아사나阿史那 왕조가 부활(이른바 돌궐 제2제국), 당의 변경을 본격적으로 침범하기 시작했다. 또한 일찍이 태종 말년경 당에 내속內屬하여 송막松漠도독부 통제 하에 있던 거란契丹은 해奚와 연합하여 고종高宗 때 반란을 일으켰다가 당에게 평정된 바 있었다. 그런데 측천무후則天武后 집정 때인 696년 거란은 변방의 관리에게서 모욕을 받았다는 구실로 송막도독(거란인 이진충李盡忠)과 거란 추장이 군사를 일으켜 영주營州(현 요녕성 조양朝陽)를 공격했다. 당은 반란군 진압에 몇 차례 실패한 끝에 20만 대군을 동원하여 겨우 진압에 성공했다. 거란의 잔부殘部들은 동돌궐에 귀부했다가 714년 당에 투항했다. 당은 다시금 송막도독부를 두어 거란 추장을 도독으로 삼았으나, 그 뒤 반란과 귀순歸順이 되풀이 되었다.

8세기 전반기에 당은 현종玄宗 개원開元 연간(713~741)의 치세治世를 맞아 그간 누적된 폐정弊政을 혁신하여 번영과 평화를 구가했다. 국가재정은 충실해졌고, 호구수戶口數도 크게 늘어나 태종 때 300만 미만이던 호수가 726년 760만 9,565가 되고 구수도 4,141만 9,712가 되었다. 그 뒤 안사의 난이 일어나기 직전인 755년에는 891만여 호에 5,292만 구로 더욱 증가했다. 다만 율령제律令制의 한 축을 이루는 국방체제인 부병府兵제도는 그 유지가 어려워졌다. 그것은 본디 불과구不課口, 불과호不課戶가 큰 비중을 차지하여 농민 정남丁男을 확보 징집하는 데 한계가 있었던 데다가 무엇보다도 군대의 규모를 크게 확대했기 때문이었다. 조정은 도호부체제가 파탄에 직면하자 710년 양주涼州(현 감숙성甘肅省 무위시武威市)에 하서절도사河西節度使(일명 번진藩鎭 혹은 방진方鎭)를 설치한 이래 721년경까지 모두 10개 절도사를 두어 이민족의 침입에 대비했다. 또한 737년 번진의 병사를 모병募兵하도록 하는 장정건아제長征健兒制를 채택하여 부병제는 747년 완전히 무너졌다. 742년 경 변경 10개 번진의 총 병력은 약 49만에 전마戰馬는 8천 두頭에 달했다. 그 결과 755년 당시 정부의 경상세입經常歲入·지출을 보면 번진에서 쓰는 지출비용이 총 세출에서 곡물穀物로 37% 가까이 되었고, 견絹·마포麻布·면綿을 합친 숫자는 53%라는 고율高率이었다. 당은 이 엄청난 군사비로 번진을 유지함으로써 가까스로 대외관계를 호전好轉시켜 전례 없는 번영과 안정, 평화를 담보할 수 있었다.

당은 8세기를 통해 동방의 신라·발해·일본과 시종일관 우호 친선의 관계를 유지했다. 그러나 서북방면 및 서남방면 여러 나라와의 관계는 순조롭게 전개되지 않았다. 동돌궐은 7세기 말부터 당의 변경을 끈질기게 침입했다. 다만 동돌궐은 거듭되는 정쟁政爭으로 말미암아 쇠약의 길을 걷다가 740년대에 들어와 그간 동돌궐에 신속臣屬했던 철륵제부 중 하나인 회흘回紇(위구르)의 공격을 받은 끝에 745년 멸망했다. 이로써 위구르은 중국 북방의 으뜸가는 강국이 되었고 한동안 당과 돈독한 관계를 유지했다. 한편 동북방의 거란은 그간 동돌궐과 당나라 사이를 오락가락하다가 730년대 영주에 치소治所를 둔 평노平盧절도사와 유주幽州(현 북경北京)에 치소를 둔 범양范陽절도사를 겸하고 있던 장수규張守珪에게 몇 차례 격파당하고, 그의 뒤를 이어 군사권을 장악한 안록산安祿山과 대결했다. 안록산은 장수규 휘하에 있을 때인 736년 거란과 해를 치다가 실패한 적이 있는데, 그 뒤 평로절도사에 범양절도사를 겸하게 된 그는 745년 다시금 거란 토벌에 나섰다가 실패했다. 그러나 그는 현 산서성山西省 태원太原에 치소를 둔 하동河東절도사까지 모두 3개 절도사를 겸직하여 총병력 18만 군을 거느리게 되자 754~755년 대대적으로 거란 원정을 벌여 결정적인 승리를 거둘 수 있었다. 이러한 승리가 있었으므로 그는 후방에 대해 걱정할 필요 없이 대병력을 남하南下시켜 조정을 뒤엎으려 했던 것이다.

그러나 670년대 이래 끊임없이 당에 도전한 토번은 8세기 최대의 위협세력으로 등장했다. 7세기 말 토번에 내란이 일어나 변경은 잠시 안정되기도 했다. 그런데 토번은 8세기에 들어와 다시 강대해져서 당에 대해 호혜互惠 평등을 제의하는 담대함을 보이기까지 했다. 특히 740년대가 되면서 토번은 동쪽으로 꾸준히 세력을 뻗치고 있던 서방의 대식국大食國(사라센)과 연결하여 당의 서역 경영에 큰 타격을 안겨주었다. 당시 당이 서방세계로 통하는 문호門戶인 동시에 토번과 대식국이 서로 통하는 교통의 요충지였던 소발률小勃律(카시밀지방 북쪽의 길기트)이 토번의 방해로 당과 연결이 끊어졌다. 이에 747년 안서부도호安西副都護(부副절도사)의 직에 있던 고구려 유민 계통의 고선지高仙芝는 보기步騎 1만 명을 끌고 안서절도사의 치소인 구자龜玆(현 신강·위구르자치구 고차庫車부근)를 출발하여 역사적인 대장정大長征 끝에 7월 소발률을 평정했다. 이로써 토번과 대식국의 교통이 끊어져 서역 72개국이 당에 항복해왔다. 750년 서역의 갈사羯師(일명 겁국劫國, 현 치트랄지방)와 석국石國(현 우즈베키스탄공화국 타슈켄트 지방)이 당에 반기를 들자 그간 안서도호(절도사)로 승진하여 서역에 절대권을 쥐고 있던 고선지가 다시금 현지에 출동, 두 나라 왕을 사로잡아 수도로 보냈다. 그러나 이듬해 석국 왕자가 대식국의 원병을 얻어 당에 대항하자 고선지는 3만군을 이끌고 다시금 출동했다가 7월 탈라스(현 키르기스스탄공화국 북방 잠푸르)에서 참패하여 살아 돌아온 자가 수천 명에 불과했다. 이로써 서역에서의 당의 패권은 토번에게 돌아갔다.[3] 토번은 서부의 광대한 지역을 점거占據했을 뿐 아니라 다시 남쪽으로 세력을 뻗쳐 운남雲南지방의 독립왕국인 남조南詔와 연결하려 했다. 이 나라는 티베트-버마 계통의 오만烏蠻이 타이 계통의 백만白蠻을 복속시켜 만든 일종의 복합민족국가였는데, 당은 처음 오만의 몽 씨蒙氏가 패권을 장악하자 토번의 운남방면 진출을 견제하기 위해 738년 운남왕으로 책봉한 바 있었다. 그러나 몽 씨는 그 뒤 남조왕국을 건국한 뒤로 당에 대항하여 751년의 전투에서 당군 전사자가 6만이 넘을 정도의 대승을 거두었다. 그 뒤 남조는 토번에 귀속했다가 8세기 말 토번이 약화되자 당에 입조入朝하게 되었다.

현종 치세 후반기의 권신이었던 이림보李林甫가 문관이 절도사를 거쳐 재상이 되는 길을 방지할 의도에서 주로 이민족 출신의 군인을 절도사에 임명하여 변경을 방비하게 한 관행은 마침내 안사의 난을 초래하여 국토를 초토화시켰다. 영주의 잡호雜胡로 태어나 3개 번진을 장악한 안록산은 양국충楊國忠을 제거한다는 명분으로 755년 11월 유주 본영本營에서 수도를 향해 남진했다. 그가 거느린 병력은 그간 여러 차례 거란을 상대로 한 전투경험이 풍부했다. 수도 장안의 동쪽 화주華州에 설치된 천험의 요새 동관潼關에서 반란군의 진출을 막

3) 諏訪義讓(1942), 「高麗出身 高仙芝事蹟攷」, 『大谷大學研究年報』1, 법장관, 173~235쪽 참조.

고 있던 고선지가 감군監軍의 모함을 받아 피살되고, 그 후임이 된 서돌궐의 별종別種 돌기시突騎施(투르기스) 출신으로 토번과 싸운 용장 가서한哥舒翰이 양국충의 성화와 같은 재촉에 못 이겨 영보靈保로 옮겨 반란군과 싸우다가 포로가 되자 현종은 수도를 버리고 서남쪽의 촉蜀으로 피난했다. 이에 조정은 위구르의 원병援兵을 끌어들여 반군 진압에 나서지 않으면 안 되었다. 결국 반군 최후의 지도자인 사사명史思明의 아들 사조의史朝義가 763년 거란으로 도망치다가 철륵鐵勒 제부 출신의 복고회은僕固懷恩이 거느린 병사에게 살해되어 반란은 8년 만에 끝맺게 되었다. 그러나 전란이 끝난 뒤 당의 쇠약을 틈타 반군 진압에 큰 공을 세운 복고회은이 반기를 들었고 또한 토번 · 위구르 · 남조가 잇달아 침입하여 제국의 안전을 위협했다.

안사의 난을 계기로 그간 많은 모순이 노정露呈된 율령제에 기초한 집권체제가 파탄의 위기에 놓였다. 내란 직후 호구수는 종전의 3분의 1로 격감한 데다가 농지가 크게 황폐화되고, 내지內地에도 많은 번진이 설치되었기 때문에 군사비의 압박이 매우 커졌다. 무엇보다도 8세기를 통해 촌락공동체가 균질적均質的인 지배가 불가능할 만큼 내부의 계층화가 진행되어 신흥 서민지주층이 대두했다. 안사의 난 때 의병義兵을 조직하여 반란군에 맞서 싸운 것도 바로 이들이었다. 그러나 한편 소농민 사이에서 조租 · 용庸 · 조調 · 잡요雜徭의 부담을 거부하여 촌락공동체에서 이탈하는 경향이 강해졌으므로, 조정은 농촌의 변화에 대응하는 새로운 수취收取체제를 고안考案하지 않으면 안 되었다. 이에 따라 780년 종전의 잡다한 세稅를 정리하여 호 단위 자산資産기준으로 호세戶稅와 지세地稅를 일 년에 두 번 거둬들이는 양세법兩稅法이 제정되고 아울러 소금을 전매제로 하여 국가 수입을 보충하는 체제로 바꾸었다. 조정은 필요한 세출歲出을 산정算定하여 세입歲入을 결정한다는 이른바 양출제입量出制入을 선전했으나, 이로써 농민의 부담이 실제로 경감輕減된 것은 아니었다. 특히 동전의 공급이 부족한 상황에서 현금으로 세금을 납부하게 했으므로 농민의 고통만 가중加重되었을 뿐이다.

한편 조정은 안사의 난에 가담했다가 뒤에 귀순한 장수들을 전후에 하북河北 3진鎭을 비롯한 여러 번진의 절도사로 기용했는데, 이것이 큰 화근禍根이 되었다. 이 중 하남河南 2진鎭의 하나인 산동반도 청주青州에 치소를 둔 평노치청平盧淄青절도사직은 765년 이래 고구려 유민 계통의 이정기李正己 일가一家에 의해 장악되어 819년 조정의 토벌에 의해 몰락할 때까지 4대代 55년간 15개 주州, 강병 10만을 보유하면서 마치 소왕국小王國처럼 군림했다. 이李 씨는 775년 이래 해운압신라海運押新羅·발해양번사兩蕃使 등을 겸직하여 신라와 발해가 중국으로 접근하는 해상교통에 일정하게 간여하면서 교역활동에 종사, 많은 이익을 취했던 듯하다.[4] 덕종德宗(779~805)이 조정에 반항적인 번진들에 대한 억압책을 쓰자 서로 혼인관계 등으로 복잡하게 얽혀 있던 여러 번진은 781년 연합하여 반란을 일으켰다. 덕종은 783년 반란군이 수도를 점령하기 직전 봉천奉天(현 섬서성陝西省 건현乾縣)으로 피난했다가 뒤에 다시 양주梁州(현 섬서성 남정현南鄭縣 동쪽)로 피신했다. 786년 반란 중 초제楚帝라 칭하면서 끝까지 저항한 이희열李希烈이 부하에게 피살됨으로써 반란은 일단 수습되었다. 하지만 조정은 대다수 반란 가담자들의 죄를 사면赦免하고 더욱이 이른바 하북구사河北舊事의 예例에 따라 번진 세습의 특전을 묵인하는 고식姑息정책을 취함으로써 반항적인 번진들은 계속 반독립半獨立의 상태를 유지하게 되었다. 이에 따라 당 왕조의

4) 金文經(1986), 『唐 高句麗遺民과 新羅僑民』, 日新社 , 25~51쪽 참조. (한편 李氏 일가의 反唐 활동이 활발해진 778년 이후 신라의 견당사가 806년 이전까지 786년, 792년, 799년의 3회로 急減한 것이 주목된다) ; 蒲生京子(1979), 「新羅末期の張保皐の擡頭と反亂」, 『朝鮮史研究會論文集』16 ; 해상왕장보고기념사업회(2002), 『장보고관계 연구논문선집(중국 · 일본편)』, 612쪽.

통치 공간은 크게 축소되고 동시에 대외적인 영향력도 현저히 감소되었다.

2) 신라

신라는 백제와 고구려를 평정하는 과정에서 연합군으로 끌어들인 당이 백제 고지故地에 웅진도독부熊津都督府를 설치하고 663년 문무왕文武王에게 계림주대도독鷄林州大都督의 관직을 준 다음 고구려 멸망 뒤에는 평양에 안동安東도호부를 두어 기미주체제로 편입시키려는 야욕을 드러내자 당군과 공공연히 충돌했다. 즉 고구려의 부흥운동군을 도와 멀리 압록강을 건너 당장唐將 이근행李謹行(말갈족 출신)이 지휘하는 말갈군과 싸웠으며 한편으로는 옛 백제 땅으로 진격하여 많은 성城을 빼앗고 백제 유민을 데리고 왔다. 670년 신라군은 적병敵兵 2천 명과 적병狄兵 7천 명의 목을 베는 전과를 올렸다. 신라는 671년 당의 최후통첩에 굴복하지 않고 결연히 대결의 자세를 취해 이듬해부터 황해도와 예성강 · 임진강방면에서 수년간 전투를 벌였다. 신라로서는 국운國運을 건 일대 도박이었으나, 끝내 당군을 한반도에서 몰아내는 데 성공했다. 이때가 바로 문무왕 16년(676)이었다. 나 · 당전쟁이 한창이던 673년 6월 통일전쟁의 대원훈大元勳인 김유신金庾信은 문무왕에게, "지금 삼한三韓이 한 집안이 되어 백성이 두 마음을 갖지 않게 되었으니, 비록 태평太平에는 이르지 못했다고 하더라도 역시 소강小康은 이루어졌다"는 유언을 남긴 바 있다. 하지만 장기간 치룬 전쟁의 여진餘震은 아직 멈추지 않았으며, 전쟁이 남긴 상처는 쉽사리 아물리 없었다. 다만 백 년 이상 중단 없이 한반도를 휩쓸었던 전란이 종식되어 모처럼 평화가 찾아온 것만은 확실했다.

신라가 삼국통일 직후의 소강상태에서 벗어나 승평昇平의 성세盛世를 이룩하는 데는 적어도 반세기 이상의 세월이 걸렸다. 성덕왕聖德王(702~737)말 경에 이르러 비로소 국내적으로 안정되고, 국제적으로 당과 우호 친선의 관계를 완전히 회복하여 화평和平세계를 이룰 수 있었다.[5] 이렇게 되기까지 역대 국왕이 삼국통일에 수반한 체제 재편성에 쏟은 열정은 경탄할 만한 것이었지만, 대외관계에서는 행운도 뒤따랐다. 당은 토번 및 동돌궐에 대한 대책으로 분망하여 신라에 적극적인 응징책을 취할 수 없었다. 신라는 676년 당군이 철수한 뒤 686년과 699년 두 차례 사신을 파견하여 당의 태도를 떠보았을 뿐이다. 그러던 중 뜻밖에도 698년 고구려 유민을 주축으로 하여 현재의 북간도北間島지방에서 발해가 건국했다. 696년 요서遼西지방의 중심인 영주에서 거란족이 일으킨 대폭동을 계기로 그곳에 집단적으로 거주하던 고구려 유민들이 말갈족과 더불어 당의 추격군을 격파하면서 요하를 건너 동쪽으로 대장정大長征의 길에 올라 2천여 리 떨어진 동'만주' 돈화敦化지역의 동모산東牟山에 이르러 성을 쌓고 국가를 세운 것이었다. 신라 말 최치원崔致遠의 글에 의하면 신라는 발해를 번국蕃國으로 포섭할 목적으로 건국자 대조영大祚榮(고왕高王)에게 제5등 관등인 대아찬大阿飡을 주어 왕족으로 예우했다고 하는데, 자세한 정황情況을 알 수가 없다. 한편 당은 713년 발해에 사신을 보내어 대조영을 발해군왕 · 홀한주도독으로 책봉했으나, 동돌궐 및 거란과 은밀히 기맥氣脈을 통하고 있던 발해의 존재에 신경을 쓰고 예의銳意 경계했던 것이 사실이다. 이 점 발해와 가까이 국경을 접하고 있던 신라 측의 사정은 보다 절박했다. 『삼국사기三國史記』 권35 지리지地理志(2) 삭주朔州 소관 삭정군朔庭郡(현 함경남도 안변安邊) 조에 의하면 효소왕孝昭王(692~702) 때 이곳에 둘레가 1,180보步 되는 성을 쌓았다고 하는데, 어쩌면 발해의 건국 소식을 듣고 급히 취한 조치인지도 모르겠다. 뒤에 성덕왕은 721년 7월 하슬라도何瑟羅道의 장정壯丁 2천 명을 징발하여 북경北境에

5) 이기동(1998), 「新羅 聖德王代의 政治와 社會」, 『歷史學報』 160, 1~18쪽 참조.

장성長城을 쌓았는데, 이는 당시 신라의 동쪽 국경지대인 함경남도 영흥군永興郡과 북쪽 정평군定平郡의 경계에 쌓은 고장성古長城으로 짐작되며[6] 발해의 남침에 대비한 조치였음이 분명하다고 생각된다.

이 같은 정황에서 성덕왕은 즉위 후 당과의 관계를 호전好轉시킬 필요를 한층 더 느끼게 되어 사행使行 횟수를 크게 늘렸다. 그리하여 왕은 재위 36년간 46회나 당에 사신을 보냈고, 특히 706년과 735년에는 각각 3회씩이나 파견할 정도였다.[7] 뒤에는 사신을 보낼 때 유학생을 딸려 보내 당의 국학國學에서 배우도록 했고, 교대로 숙위宿衛를 파견하는 등 신라인의 중국 출입이 갑자기 빈번하게 되었다. 이 같은 왕의 대당對唐 접근은 일차적으로 신흥新興 발해를 견제하려는 외교적 · 군사적 목적에서 나온 것이었으나, 궁극적으로는 이에 그치지 않고 유학과 율령을 비롯한 제반 성당盛唐 문물을 도입하여 국가의 면모面貌를 일신一新하는 데 그 목표가 있었다. 그리고 성덕왕의 제도 정비에서 특히 주목되는 것이 유교적 각종 의례에 입각하여 예제禮制를 제정한 점이다. 무력武力에 의해서 가까스로 확보한 평화를 이제는 유교사상과 의례를 강조함으로써 확립할 필요가 있었다. 하기야 성덕왕 때의 정치에서 전제주의적 요소가 느껴지지 않는 것도 아니지만 그것은 부왕父王인 신문왕처럼 진골眞骨귀족의 입지立地를 일방적으로 억제하려고 한 것이라기보다는 필경 율령체제 아래에서 국왕과 진골귀족 사이의 관계를 유교정치이념의 측면에서 새롭게 전형화典型化한 것으로 볼 수 있다.

성덕왕의 치세 말년 경인 732년 9월, 발해 군대가 바다를 건너 산동반도 북단北端에 위치한 등주를 침공하여 자사刺史를 죽인 돌발 사태가 발생했다. 이

---

6) 池內宏(1929), 「眞興王の戊子巡境碑と新羅の東北境」, 『古蹟調査特別報告』, 제6책, 조선총독부 ; 1960, 『滿鮮史硏究』上世篇 제2책, 吉川弘文館, 49~55쪽.

7) 權悳永(1997), 『古代韓中外交史 : 遣唐使 硏究』, 일조각, 45쪽.

에 크게 놀란 당은 신라를 끌어들여 공동으로 대처하려 했다. 그리하여 이듬해 7월 성덕왕에게 영해군사寧海軍使라는 새로운 관작을 가수加授하면서 남쪽에서 발해에 쳐들어가도록 요청했다. 이에 신라는 겨울에 군대를 출동시켰으나, 산로山路가 험난한 데에다가 마침 큰 눈이 내려 죽은 병사가 절반 이상이나 되어 중도中途에 회군하고 말았다.[8)] 이처럼 발해에 대한 당과의 협공挾攻은 실패로 끝났으나, 당은 신라의 성의와 노고勞苦에 보답하는 뜻에서 735년 그간 불법으로 점유占有하고 있다고 비난하던 패강浿江(대동강大同江) 이남의 지경地境에 대한 신라의 영유권을 정식으로 승인하는 파격적인 조치를 취했다. 당의 호의는 이에서 그치지 않았다. 당은 738년 2월 신라에 사신을 보내 성덕왕의 후계자인 효성왕孝成王의 왕비를 책립冊立하는 전례 없는 조서詔書를 전하기까지 했다.[9)] 한편 신라는 이때부터 예성강 이북에서부터 대동강 이남에 걸치는 패강

8) 733년 겨울의 신라군 출동 상황에 대해서는 모호한 점이 없지도 않다. 古畑徹은 최치원의 「上太師侍中狀」의 기사에 의거하여 신라군이 해로로 북상, 당군과 합류한 것으로 해석한 末松保和의 견해(1975, 「新羅の郡縣制,特にその完成期の二三の問題-」, 『學習院大學文學部硏究年報』 21, 64쪽)를 지지하고, 나아가 『三國史記』 권43 김유신전(下)에 신라군이 唐兵과 만나 발해를 쳤다는 기사를 근거로 追加하여 이때 신라군이 해로로 발해의 남쪽 경계에서 당군을 만나 함께 진격했다고 추리했으나(古畑徹(1986), 「唐渤紛爭の展開と國際情勢」, 『集刊東洋學』 55, 16~34쪽. 이 논문은 林相先 편역(1990), 『渤海史의 理解』, 신서원, 199~225쪽에 수록됨), 首肯하기 어렵다. 왜냐하면 신라가 해상에서 당군과 합류하여 상륙할 만한 발해의 남쪽 경계지대라면 요동반도밖에는 달리 생각할 수 없는데, 당시 신라의 형편으로서는 급히 선박을 이용하여 군대를 출동시킬 수 있는 아무런 사전 준비도 갖추지 못했고 시간적 여유도 없었기 때문이다. 필자는 이때 신라군이 請兵使를 따라 신라에 온 당의 군관들과 함께 함흥평야를 목표로 철원에서 平康을 거쳐 동해안 안변 · 덕원(元山)으로 통하는 좁고 험한 이른바 三防街道를 따라 진군한 것이 아닐까 생각한다. 이는 필자의 創見은 아니며 일찍이 前間恭作이 示唆한 바 있다. 그의 논문(1931), 「眞興碑について」, 『東洋學報』 제19권 3호(1938, 『半島上代の人文』, 松浦書店, 43~69쪽, 특히 59~60쪽) 참조.

9) 井上直樹(2009), 「八世紀中葉の新羅 · 唐關係-孝成王代を中心に-」, 『唐代史研究』12, 15~21쪽.

지역 경영에 착수했다. 즉 736년, 앞서 발해 원정군을 지휘한 바 있는 김유신의 손자 김윤중金允中(윤충允忠)을 비롯한 김사인金思仁 등에게 평양·춘천 2주州의 지세地勢를 검찰하게 했고, 748년에 이르러 예성강 너머 평산平山을 비롯한 연안延安·배천白川·신계新溪 등지에 군현을 설치했다. 그 뒤 762년 5월 해주海州·재령載寧·봉산鳳山·서흥瑞興·수안遂安·곡산谷山에 군현을 두어 모두 10개 군현이 되었는데, 782년 2월 선덕왕宣德王이 한산주漢山州에 순행巡幸하여 민호民戶를 평산 대곡진大谷鎭으로 이주시키는 조치를 취하면서 패강진전浿江鎭典을 설치했다. 이로써 발해의 남침에 대비하여 서북 일선을 방어하는 패강진의 본영本營이 마련된 셈이었다.[10)]

이처럼 신라와 당의 관계는 발해의 등장으로 말미암아 크게 개선되어 지난날의 혈맹血盟관계로까지 급속히 진전되었으나, 일본과의 관계는 굴곡屈曲이 깊었으며 때때로 명암明暗이 교차한 끝에 마침내 국교가 단절되고 말았다. 신라는 663년 8월 당과 연합하여 일본을 상대로 금강 하구河口(백촌강白村江)에서 역사적인 전투를 벌였지만, 고구려가 멸망한 668년 일본과 국교를 재개再開하여 줄곧 긴밀한 관계를 유지했다. 두 나라 모두 8세기 초두初頭에 이르기까지 30년 이상 당과 공적인 교섭이 단절되다시피 한 상태였으므로, 서로 수교의 필요를 절실하게 느꼈다. 이 기간 중에 신라에서 일본으로 25회, 일본에서 신라로 10회의 사신이 내왕할 정도였다. 특히 사신을 따라 일본의 유학생과 유학승이 다수 신라에 와서 공부했으므로, 신라가 당으로부터 받아들여 다소간 변형시킨 신라 독자의 율령제라든가 학예學藝·사상 등이 일본에 이식移植 전

10) 이기동(1976), 「新羅 下代의 浿江鎭」, 『韓國學報』4 ; 1984, 『新羅 骨品制社會와 花郎徒』, 一潮閣, 208~231쪽 ; 李成市(1981), 「新羅兵制における浿江鎭典」, 『文學研究科紀要 別冊』7집, 早稻田大學 ; (1998), 『古代東アジアの民族と國家』, 岩波書店. 271~284쪽.

파되는 계기를 만든 것은 주목된다.[11)]

이 시기 일본의 대對한반도 교섭에서 흥미를 끄는 것이 신라 외에 탐라耽羅(제주도) 및 보덕국報德國과 공식적인 접촉을 가진 점이다. 탐라는 백제가 웅진熊津(공주公州)으로 남천한 직후인 476년 백제에 조공하여 그 추장에게 은솔恩率 관등을 주었는데, 그 뒤 공부貢賦를 바치지 않자 동성왕東城王은 498년 무진주武珍州에 이르러 침공한다고 위협하여 신속臣屬을 서약받았다. 이로부터 탐라는 계속 백제에 조공하여 백제는 그 지배자에게 최고 관등인 좌평佐平을 내려주었다. 백제가 멸망한 직후인 662년 2월 탐라의 지배자인 좌평 도동음율徒冬音律은 신라에 사신을 보내 복속을 청했다. 그런데 이보다 조금 앞서 탐라는 일본과 교섭을 갖게 되었다. 그 직접적인 계기에 대해 『일본서기日本書紀』에 인용된 이키노 무라치하카도코[伊吉連博德]의 유명한 서書에는 다음과 같이 기술記述되어 있다. 즉 당의 백제 침공 직전인 659년 당에 파견된 일본 사절단이 기밀의 누설을 꺼린 당 조정에 의해 귀국하지 못한 채 수도 장안長安에 억류되었다가 백제가 멸망한 직후 비로소 풀려나 귀국 길에 올라 661년 4월 월주越州에서 출항出港했다. 그런데 귀국선은 길을 잃고 표류하다가 탐라에 표착, 현지 사람들의 도움을 받아 5월 다시 출항했다. 탐라의 지배자는 이 기회에 왕자를 선박에 동승同乘케 하여 일본 조정에 공물을 바치게 했다. 그 이래 탐라는 693년 11월까지 10여 차례 왕자 혹은 좌평佐平 등을 일본에 보냈다. 676년 9월에는 탐라의 주主인 고여姑如가 나니와[難波]에 이르기도 했는데, 그는 666년 정월 왕자로 파견된 일이 있었다. 일본 조정은 674년 탐라의 주主에게 대을상大乙上이란 위계位階를 주었고, 678년 8월 일본에 온 왕자 도라都羅는 쓰쿠시[筑紫]에서 일본의 수

11) 鈴木靖民(1985), 『古代對外關係史の研究』, 吉川弘文館, 13~18쪽, 72쪽 ; 이기동(1982), 「新羅의 骨品制度와 日本의 氏姓制度」, 『歷史學報』94 · 95 합집 ; 1997, 『新羅社會史研究』, 一潮閣, 75~82쪽.

도로 안내되어 이듬해 정월 조하朝賀의 의식에 참석하기까지 했다. 한편 일본은 680년과 685년 탐라에 대사大使 · 소사小使 등의 관원을 파견했다. 693년 이후 탐라와의 교섭이 일본 측 역사서에 보이지 않는 것은 어쩌면 『일본서기』의 서술이 697년 8월 초로 끝나고, 그 뒤를 이어 연대기를 서술한 8세기 말경 『속일본기續日本紀』의 찬자撰者에게는 탐라에 대한 관심이 희박해진 데 연유하는 것인지도 모르겠다. 일본은 지난날 백제의 세력권 속에 놓여 있던 탐라에게서 조공을 확보함으로써 종래 백제가 누리고 있던 지위를 대신하는 듯한 형세를 취하면서 실제로 한반도 서남해안 도서지방을 일부 견제하는 한편 중국으로 통하는 항로의 안전을 꾀하는 실리實利를 노렸을 것으로 짐작된다.

뿐만 아니라 일본은 신라의 지도와 보호 · 감독 아래 만들어진 고구려 유민들의 보덕국과도 빈번하게 사신을 교환했다. 주지周知하듯이 668년 9월 평양성이 함락된 뒤 고구려 왕족 출신인 안승安勝이 669년 2월 4천여 호戶를 거느리고 신라에 투항했다. 얼마 뒤 평양의 안동도호부가 요동지역으로 잠시 옮겨진 틈을 이용하여 고구려 부흥운동에 나선 검모잠劍牟岑이 670년 6월 유민을 모아 신라쪽으로 향하던 중 서해 사야도史冶島에서 안승을 만나 한성漢城(황해도 재령)으로 맞아들여 왕으로 추대했다. 마침 당과의 대결을 각오하고 있던 신라는 이들 고구려 유민세력을 끌어들일 필요에서 안승을 고구려왕으로 정식 책봉했다. 이 무렵 신라군은 고구려 부흥운동군과 합세하여 압록강 이북 지역에서 당군과 간헐적인 전투를 벌였다. 다만 672년 경부터 당군의 대규모 반격이 시작되어 한성이 함락되자 신라는 안승 일파를 그간 당의 웅진도독부와 싸워 빼앗은 옛 백제 지역인 금마저金馬渚(전북 익산益山)로 옮겨 살게 했다. 그리고 674년 9월 안승을 새로이 보덕국왕으로 책봉했다. 이처럼 신라에 대한 부용附庸종속을 표면적으로 드러낸 보덕국은 2년 뒤 당군이 평양에서 완전히 철수한 뒤에는 이를 더는 존속시킬 필요가 없게 되었다. 신라는 안승을 왕실 여자와 혼인하게 했을 뿐 아니라 683년 10월 그를 왕경王京으로 불러들여 김 씨성金氏姓을 하사하고 소판蘇判의 관등을 주어 신라왕의 신하로 삼았다. 이 같은 일련의 조치에 항거하여 684년 11월 보덕국 사람들이 반란을 일으켰고, 신라는 이를 진압하자마자 보덕국을 해체해버렸다. 그런데 안승의 세력집단은 671년 정초부터 683년 6월까지 도합 8회에 걸쳐 신라 관원의 동행 아래 일본에 사신을 보내어 쓰쿠시에 머물렀고, 한편 일본은 그들이 보덕국으로 국명國名을 변경한 뒤에도 시종일관 견고려사遣高麗使라는 이름으로 빠짐없이 안승에게 회답사回答使를 보냈다. 신라의 부용국인 보덕국과 일본 사이의 통교通交에 대해 학계의 유력한 견해는 신라가 지난 시기 고구려와 일본 사이의 우호 친선관계를 재현再現시킴으로써 당면한 일본과의 관계를 원활하게 유지하는 데 이용한 것으로 보고 있다.[12] 이는 그럼직한 견해이다. 다만 신라조정의 숨겨진 의도는 그렇다고 하더라도 일본 측의 입장에서는 보덕국에 고려사라는 이름으로 계속 사신을 보냄으로써 신라의 고구려 병합을 인정하고 싶지 않은 저의底意를 암암리에 드러낸 것이 아닐까 생각되기도 한다.

일본은 7세기 후반부터 8세기 초두에 걸쳐 당의 율령제도를 정력적으로 모방하여 종래의 족제적族制的인 씨성제氏姓制국가의 면모面貌를 일신一新하는 데 성공했다. 이에 따라 신라를 번속국藩屬國으로 보는 의식이 강화되어 조공의 예식禮式을 강요하는 등 이후 양국 간의 외교 교섭은 원활하게 진행되지 못했다. 바야흐로 신라가 오랫동안의 격심한 삼국 항쟁 끝에 엄연히 한반도 대부분의 지역을 차지한 통일세력의 주인공이 되었음에도 불구하고 일본은 이 같은 현실 변화를 직시直視하려 하지 않은 채 삼국 항쟁시기의 신라를 대하던 종

12) 村上四男(1966), 「新羅と小高句麗國」, 『朝鮮學報』 37 · 38 합병특집호 ; 1976, 『朝鮮古代史研究』, 開明書院, 250쪽, 257쪽 ; 林起煥(2003), 「報德國考」, 『강좌 · 한국고대사』 제10권, 가락국사적개발연구원, 312~313쪽.

전의 자세에서 전혀 탈피하지 못하고 있었다. 성덕왕은 당과의 관계가 차츰 개선됨에 따라 한층 자신감을 갖고 일본과의 관계를 전적으로 대등한 항례亢禮의 교린국交隣國 관계로 설정設定하려고 했다.[13] 발해의 남침에 대비하여 국경지대에 장성長城을 쌓은 이듬해인 722년 신라는 경주에서 동남쪽으로 20km쯤 떨어진 모벌군毛伐郡에 이른바 관문성關門城을 쌓아 울산만 방면으로부터 접근할 가능성이 있는 일본군의 침입에 대비했다. 『삼국유사三國遺事』 권2 「기이紀異」 효성왕孝成王(실은 성덕왕) 조에 의하면 이 축성에 동원된 인원이 3만 9,262명이었다고 한다. 근래 발견된 동同 축성 명문석銘文石에 의하면 이에 동원된 인력은 수도를 포함한 양주良州 관할 7개 군현에서 차출差出된 사람들로, 성은 치술령鵄述嶺과 모화리毛火里 동쪽 산 사이의 약 12km에 달했다.[14]

당시 신라 조정에는 일본과의 교섭을 중시하는 왕실의 외척 김순정金順貞 일파도 있어서 아직 파국破局으로까지 치닫지는 않았다. 그런데 김순정이 725년 6월 죽고, 그로부터 2년 뒤 발해가 일본에 사신을 보내어 수교함에 이르러 신라와 일본의 관계는 악화되기 시작했다. 예상하지 못한 발해와의 수교에 크게 고무된 일본 조정은 신라에 대해 자못 고압책으로 나왔고, 이에 맞서 성덕왕은 상대등上大等 김사공金思恭의 강경한 헌책獻策에 따라 일본 측의 오만한 자세를 더는 용납하지 않기로 했다.[15] 735년 2월 일본 수도 헤이죠쿄平城京(나라奈良)에 당도한 신라사신 급벌찬級伐飡 김상정金相貞은 그를 접대한 일본 관리에게 신라는 어제의 신라가 아니며, 나라 이름도 왕성국王城國으로 고쳤다고 자부했

---

13) 濱田耕策(1979), 「聖德王代の政治と外交」, 『旗田巍古稀記念 朝鮮歷史論集』 상권, 龍溪書舍 ; 2002, 『新羅國史の硏究』, 吉川弘文館, 123~127쪽.

14) 朴方龍(1982), 「新羅關門城의 銘文石 考察」, 『美術資料』 31, 22~54쪽.

15) 全德在(1997), 「新羅 中代 對日外交의 推移와 眞骨貴族의 動向-聖德王~惠恭王代를 중심으로-」, 『韓國史論』 37, 18~25쪽.

다. 이는 당시 신라 조정의 높아진 자존自尊의식을 나타내는 것에 다름 아니었다.[16] 이 때문에 사신이 강제로 퇴각退却당하자 신라는 이듬해 일본 사신에 대해 상응相應하는 조치를 취했다. 그리하여 성덕왕이 죽을 무렵인 737년 2월 일본조정에서는 신라를 침공하자는 논의가 나오기까지 했다.

신라는 성덕왕이 죽은 뒤 차츰 정치적 안정을 상실해갔다. 그의 아들 경덕왕景德王(742~765)은 부왕의 정책을 충실히 계승하여 당과 줄곧 긴밀한 관계를 유지하면서 성당盛唐문화를 적극적으로 받아들여 중국식의 복잡한 의례주의적 제도국가를 일단 완성하는 데 성공했다. 다만 그의 독단적이고도 급진적인 한화漢化정책은 진골귀족들의 반발을 초래하여 왕정王政은 줄곧 원활함을 결여했다. 더욱이 왕의 후반기에는 국제정세도 불리하게 작용했다. 755년에 일어난 안사의 난으로 당과 긴밀한 관계를 맺고 있던 신라의 조야朝野는 크나큰 충격을 받았다. 당과의 조공 · 책봉관계에 의해서 국내 지배에 일정한 도움을 받아온 경덕왕으로서는 당의 내란과 그로 인한 현저한 약체화弱體化가 불리不利하게 작용한 반면 반대파들에게는 국왕에 대한 정치적 공세를 펴는 데 유리有利한 국면을 조성했다. 권력투쟁에 지친 경덕왕은 만년에 측근의 총신寵臣들까지 그의 곁을 떠난 가운데 의욕을 잃고 연락宴樂에 탐닉하다가 765년 6월 세상을 떠났다.

그의 뒤를 이어 8세의 태자가 즉위, 혜공왕惠恭王이 되었으나 정치의 실권은 섭정인 태후太后와 그 일족인 김옹金邕 등에게 넘어갔다. 이에 따라 반왕파反王派의 정치적 공세가 강화되고 768년 7월에는 대공大恭 · 대렴大廉 형제가 무리를 모아 왕궁을 33일간이나 포위하는 큰 반란이 일어났다. 이때 왕도王都 및 5도道

16) 濱田耕策(1983), 「新羅の中 · 下代の內政と對日本外交」, 『學習院史學』21 ; 2002, 『新羅國史の硏究』, 339~344쪽.

주군州郡의 96명의 각간角干(진골귀족)이 서로 싸워 크게 어지러워졌다고 한 것을 보면 내란은 전국에 걸친 대란이었음을 짐작할 수 있다. 『신당서新唐書』 「신라전」에는 이때의 대란이 3년 만에 진정되었다고 기술되어 있는데, 이는 770년 8월에 일어난 대아찬大阿飡 김융金融의 반란까지를 대공의 난에 연속하는 것으로 파악한 때문인 듯하다. 그 뒤 774년 9월 성덕왕의 외손外孫인 김양상金良相이 상대등이 되어 반왕파의 입장으로 돌아섰고, 이들의 압박에 의해 776년 정월 경덕왕이 한식漢式으로 고친 백관百官의 칭호를 모두 복구復舊시키는 극적인 조치를 취하기에 이르렀다. 이는 단순히 경덕왕의 개혁정책에 대한 부정에 그치는 것이 아니라, 실로 중대적中代的인 것에 대한 전면적인 부정을 뜻하는 일대 사건이었다.[17] 그로부터 4년 뒤인 780년 4월 김양상 일파는 군측君側의 악한惡漢을 숙청한다는 구실로 군대를 일으켜 혜공왕을 죽였다. 이로써 삼국통일의 위업偉業을 이룩한 태종무열왕 직계直系 혈통은 끊어지고 4세기 후반 나물마립간奈勿麻立干의 방계傍系 혈통이 왕실을 장악했다. 김양상은 신왕新王으로 즉위(선덕왕)하여 패강 개척사업을 완성하는 등 볼 만한 치적이 있었으나, 785년 정월 후사後嗣 없이 죽어 상대등인 김경신金敬信이 왕위를 계승했다. 이 원성왕元聖王(785~798) 때는 788년 국학國學의 졸업시험으로 독서삼품과讀書三品科를 제정하여 인재를 등용한다거나, 790년 벽골제碧骨堤를 대대적으로 증축增築하는 등 볼만한 치적이 있었다. 특히 790년 3월 발해에 일길찬一吉飡 백어伯魚를 파견하여 교섭을 꾀한 것은 전례 없는 일이었다. 그 뒤 헌덕왕憲德王이 812년 9월 다시금 급찬級飡 숭정崇正을 보냈는데, 이는 『삼국사기』에 보이는 마지막 사행이었다. 이처럼 원성왕과 그 후계자들은 대외관계에서 적극적인 태도를 보이기

17) 李基白(1958), 「新羅 惠恭王代의 政治的 變革」, 『社會科學』 2 ; 1974, 『新羅政治社會史研究』, 一潮閣, 244~247쪽.

도 했으나, 왕실 친족 즉 종실宗室 중심의 정치체제를 고수한 결과 범汎진골귀족세력의 정치적 통합은 깨져 각기 가문家門 단위로 분열 독립하려는 경향이 차츰 농후해졌다.

한편 8세기 중반 이후 신라와 일본의 관계는 공식적인 외교 교섭부문에서는 줄곧 마찰을 빚는 등 냉각상태에 놓여 있었으나, 교역부문에서는 차츰 활기를 띠는 등 새로운 경향이 나타나고 있었다. 경덕왕은 즉위 직후인 743년 일본에 사신을 보냈다. 그런데 신라의 특산품을 사신이 '토모土毛'라고 지칭함으로써 이를 '조調'라고 고집하는 일본 측과 갈등을 빚은 끝에 치쿠젠[筑前]에서 되돌아오고 말았다. 이 때문에 신라는 9년 동안 일본에 사신을 보내지 않았다. 경덕왕은 752년 대아찬 김태렴金泰廉을 가왕자假王子로 삼아 일본에 700명에 달하는 대규모 사절단을 파견하여 평성경 동대사東大寺의 대불大佛 개안식開眼式을 경축하게 했는데, 실제로는 교역을 목적으로 한 사행이었다. 이듬해 8월 경주에 온 일본 사신 오노노 아손 다모리[小野朝臣田守]가 오만불손한 태도를 보이자 경덕왕은 접견을 거부하고 되돌려 보냈다. 그 후 안사의 난으로 국제정세가 불안해지자 경덕왕은 760년 급찬級飡 김정권金貞卷을 일본에 보냈으나, 일본조정은 사신의 지위가 미천微賤하다는 이유로 되돌려보냈다. 그러나 경덕왕은 일본 측의 요구조건을 무시하고 763년 역시 급찬 관등을 가진 김체신金體信을 일본에 파견했다. 이 김체신은 뒤에 집사시랑執事侍郎을 거쳐 783년 초대 패강진전 장관(대곡진군주大谷鎭軍主)이 된 인물이다. 혜공왕 때인 774년 신라는 예부경禮部卿(차관)의 자리에 있던 사찬沙飡 김삼현金三玄을 일본에 보냈다. 그는 일본 구주九州 대재부大宰府의 관리에게 현 집정자인 김옹이 그 조부인 김순정 때처럼 우호를 닦고 싶은 희망을 갖고 있다고 말하며 일본 측의 관심을 끌었지만, 일본이 원하는 '어조御調'라는 호칭 대신 '국신물國信物'이라고 고집하여 사명을 달성하지 못한 채 그대로 돌아왔다. 그 뒤 779년 10월 사찬沙飡 김난손金蘭蓀을 정사正使, 급찬 김암金巖을 부사副使, 대내마大奈麻 설중업薛仲業을 대판관大判官으로 한 사절단이 대재부에 도착한 뒤 이례적異例的으로 입경入京하여 이듬해 원단元旦 조하朝賀의 의례에 참석하고 일본의 품계品階를 받는 등 전례 없는 환대를 받았으나, 결국 마지막 견일사遣日使가 되고 말았다. 하기야 『삼국사기』에 의하면 신라는 802년 12월 왕족 출신인 김균정金均貞에게 대아찬의 관등을 주고 가왕자假王子를 삼아 일본에 보내려고 했으나 본인이 사양했다고 하는데, 그 이듬해 일본과 우호를 닦았으며 804년, 806년, 808년 일본의 사신이 신라에 왔다고 한다. 그러니 일본 측의 정사正史인 『일본후기日本後紀』에는 현재 800~803년간의 기사記事가 통째로 결락缺落되어 있고, 또한 그 뒤 3회에 걸쳐 신라에 사신을 보냈다는 기사도 보이지 않아 국교 재개再開의 구체적 정황을 알 길이 없다.

그런데 8세기에 들어와 신라와 일본 양국의 관계가 원활하게 진전되지 못했음에도 불구하고 신라 사절단의 규모가 계속 확대되어 간 것은 주목되는 점이다. 즉 714년에 20여 명, 719년에 40명, 723년에 15명, 732년에 40명이었는데, 738년에 147명으로 급증한 뒤 742년에 187명, 763년에 211명, 764년에 91명, 769년에 226명, 774년에 235명으로 200명 이상이 상례常例가 되었다. 이는 외교 사행에 부수附隨하여 교역이 증가했음을 암시하는 것으로 볼 수밖에 없다. 752년에 700명에 달하는 대규모 사절단이 쓰쿠시에 도착, 그 중 370명이 입경入京하여 신라의 수준 높은 양모羊毛 가공기술로 만든 모전毛氈을 판매했던 사실은 현재 쇼오소인正倉院에 남아 있는 두 매枚의 전첩포기氈貼布記와 30통이 넘는 『매신라물해買新羅物解』가 잘 말해주고 있다. 당시 신라사절단은 본국의 생산업자로부터 판매 위탁받은 물품을 일본 왕궁 내 외국사절을 영접하는 이른바 빈례賓禮가 행해지는 공간에서 사전에 구입 신청을 한 일본 고위 관인들에게 넘겨주었던 것으로 짐작된다. 다만 762년경을 고비로 하여 이 같은 일종의 경사京師교역은 더는 지속되지 못하고 구주 대재부를 무대로 한 교역으로 바뀐 듯하다.[18] 또한 이와 동시에 외교사절보다도 전문 상인집단에 의한 보다 더 적극적인 무역활동으로 성격 변화를 일으켜 9세기 전반 청해진대사淸海鎭大使 장보고張保皐의 활발한 해상활동의 역사적 배경을 형성하게 되었다고 생각된다.

3) 발해

고구려가 멸망된 지 한 세대쯤 지난 696년에 당의 기미주체제하에 놓여 있던 거란족이 반기를 들고 요서지방의 중심지인 영주를 쳐서 함락시킨 큰 사건이 일어났다. 마침 이때 영주에 집단적으로 거주하던 고구려 유민들이 대혼란을 틈타서 영주를 탈출, 말갈족과 함께 당군의 추격을 따돌리면서 동쪽으로 대장정大長征의 길에 올라 마침내 698년 2천여 리 떨어진 동만주 돈화敦化지역의 동모산東牟山에 이르러 성을 쌓고 발해를 건국한 것은 앞에서 언급한 바 있다. 건국자인 대조영大祚榮(고왕高王)은 고구려 말기 귀부歸附한 속말粟末말갈족의 후예로 짐작되며, 중국 역사서에 그의 출자出自를 고구려의 별종別種이라 한 것은 이 같은 사정에 연유한 때문인 듯하다. 그가 고구려 멸망 당시 장군이었다고 한 것으로 보아 고구려인이었음은 분명하지만, 그렇다고 순수한 고구려인은 아니었고, 역시 고구려인과 말갈인의 중간에 위치한 경계인境界人, 굳이 규정하자면 말갈계 고구려인이었다고 보는 것이[19] 타당하다고 생각된다.

발해 건국 당시는 바야흐로 돌궐의 제2제국이 대두하고, 뒤이어 거란과 해

---

18) 李成市(1997), 『東アジアの王權と交易－正倉院の寶物が來たもうひとつの道』, 靑木書店, 제 Ⅰ, Ⅱ, Ⅲ, Ⅳ장 및 제 Ⅵ장 참조.

19) 宋基豪(1995), 『渤海政治史硏究』, 일조각, 23~45쪽.

가 당의 지배에서 벗어나 돌궐의 세력권에 편입할 때였으므로, 발해는 돌궐에 사신을 보내어 통교하면서 당의 내침에 대비했다. 한편 영주를 회복하는 데 부심하고 있던 당은 발해와 거란의 연결을 차단시킬 필요를 느꼈다. 그리하여 705년 당은 발해에 사신을 보내 국교 수립을 꾀했다. 그 결과 대조영은 왕자를 당에 보내어 입시入侍하게 했으나, 마침 거란과 돌궐이 당의 국경을 침략하는 사건이 있어 국교 수립은 실현되지 않았다. 그 뒤 발해는 당과의 관계를 정상화하기 위해 당에 사신을 보냈다. 이 기회를 놓치지 않고 당은 713년 발해에 사신을 보내어 대조영을 발해군왕 · 홀한주忽汗州도독으로 책봉했다. 이때 거란과 해의 침공으로 육상 교통이 두절되었으므로 당의 사신 최흔崔忻은 산동반도에서 해상을 통해 요동반도 남단南端 여순旅順에 이르러 육로로 겨우 발해와 내왕할 수 있었다.[20] 당에서 부여한 발해군왕의 호칭이 하나의 기연機緣이 되어 건국 직후부터 사용한 진국振國(震國) 대신 발해가 차츰 국호로 통용通用되기 시작했다. 그런데 당은 대조영에게 중국의 지명에서 유래한 '발해'군왕의 관작을 주면서 동시에 그 적자嫡子인 대무예大武藝에게 지난날 고구려왕실을 구성한 계루부桂婁部의 명칭에서 취한 '계루'군왕의 관작을 준 사실이 주목된다. 이 같은 두 종류의 군왕 봉작이 갖는 의미를 둘러싸고 여러 가지 이견이 있으나, 어쨌든 당이 발해에 대해서는 신라와 달리 본국왕적本國王的인 작호를 극력 회피했다는 점에서 처우 면에서 신라와 차별을 두었다는 견해가 주목된다.[21]

대조영이 719년 죽자 적자인 대무예(무왕武王)가 즉위하여 야심적인 영토

20) 酒寄雅志(1999), 「唐碑亭、すなわち'鴻臚井の碑'をめぐって」, 『朝鮮文化研究』 6, 東京大學文學部 ; 2001, 『渤海と古代の日本』, 校倉書房, 386~434쪽, 특히 421~427쪽 ; 金鐘福(2009), 『渤海政治外交史』, 일지사, 76~92쪽.

21) 金子修一(2001), 「唐朝より見た渤海の名分的位置」, 『隋唐の國際秩序と東アジア』, 名著刊行會, 278~283쪽.

확장을 꾀했다. 그는 당의 책봉을 받았음에도 불구하고 인안仁安이라는 독자적인 연호를 사용하여 당으로부터 독립 의지를 표명하기도 했다. 말갈 제부 중 일찍이 고구려에 복속한 것은 길림시吉林市를 중심으로 한 제2(북류北流) 송화강松花江 유역의 속말부와 함경도방면의 백산부白山部로, 고구려 유민의 영도하에 발해 건국에 처음부터 참여한 것은 이들 선진先進지역의 남부 여러 말갈족이었다. 그러나 흑수부를 비롯한 불열拂涅 · 철리鐵利 · 월희越喜 · 우루虞婁 제부 등 발해 북부의 여러 말갈족은 발해의 지배하에 편입되기를 거부하며 저항했으므로 대무예는 이들 북부 말갈족에 손을 뻗치게 되었다.[22] 한편 가장 북방에 위치한 흑수말갈은 발해의 위협에 직면하자 당에 접근하여 그 보호를 받으려고 했다. 722년 흑수말갈 추장은 발해의 영역을 통과하여 당에 들어가 발리주자사勃利州刺史에 임명되었다. 당은 725년 흑수말갈 땅에 흑수군黑水軍을 설치하고 이듬해 그 중심지에 흑수부를 두어 현지 수령首領을 도독, 부部의 장長을 자사刺史에 임명하여 유주도독 지배하의 기미주체제로 편입시켰다. 당시 돌궐과 거란 모두 내부사정으로 말미암아 발해를 후원할 수 없는 정황에 놓여 있었으므로 발해는 국제적인 고립에서 벗어나기 위한 조치로 727년 일본에 사신을 보내어 수교하기도 했다.

대무예는 독자적으로 흑수말갈을 치려고 했다. 하지만 당과의 국교 결렬을 우려한 동생 대문예大門藝가 이에 맹렬히 반대하다가 730년 당에 망명하는 사태가 발생했다. 대무예는 당에 동생의 본국 송환을 요구했다가 거절당했다.

---

22) 酒寄雅志는 남부 말갈제족을 예맥족의 후예, 북부 말갈제족을 挹婁의 후예로 5~11세기에 걸쳐 독자적인 말갈문화, 이른바 同仁문화의 주인공으로 보고 있으나 (1991, 「東北アジアなかの渤海と日本」, 『アジアからみた古代日本』, 角川書店 ; 2001, 앞의 책, 105~108쪽, 110~112쪽), 宋基豪는 이처럼 말갈족을 兩分하여 이해하려는 일본학계의 연구경향에 반대하고, 고구려인과 말갈인이라는 式으로 구별해서 인식해야 한다는 입장이다(1995, 앞의 책, 39~40쪽).

이에 발해군은 732년 9월 해상으로 산동반도 등주에 상륙하여 자사를 죽였다. 당이 반격에 나서 대문예를 유주에 보내 발해를 치도록 명하는 한편 신라를 끌어들여 733년 발해의 남쪽 국경지대를 공격하도록 한 것은 앞에서 언급한 바 있다. 등주 침공 이래 발해와 당의 국교는 단절되었다. 그런데 발해가 원조를 기대할 수 있는 돌궐이 당시 내분으로 혼란에 빠져 있던 데다가 거란 · 해와 싸워 참패하는 등 크게 약체화되어 있을 때였다(745년 위구르에 의해 멸망됨). 이제 발해는 당에 대한 강경책을 포기하고 화해和解하지 않을 수 없는 처지에 몰렸다.

737년 대무예가 죽자 적장자嫡長子인 대흠무大欽茂(문왕文王)가 즉위하여 당에 고애사告哀使를 파견한 듯 이듬해 당이 신왕新王을 책봉함으로써 양국관계는 비로소 개선되었다. 그는 재위 57년 동안 54회나 당에 사신을 파견하여 평화적인 국제관계 속에서 당의 율령제도와 전장典章, 선진문물을 왕성하게 받아들였다. 그리하여 국력이 크게 성장함에 따라 그간 발해에 복속하지 않은 채 당과 교섭을 갖고 있던 북부 말갈 제부를 단속할 수 있게 되었다. 발해는 750년대에 불열 · 철리 · 월희 등 말갈 제부를, 그리고 8세기 말경까지는 흑수부를 제외한 우루부虞婁部를 모두 포섭 흡수했다. 발해는 그간 동모산의 구국舊國에서 동남쪽 두만강 가까운 현주顯州, 곧 중경中京 현덕부顯德府(현 화룡현和龍縣 서고성西古城)로 천도했었는데, 750년대 중반경에 다시 목단강牧丹江가에 위치한 상경上京 용천부龍泉府(현 영안현寧安縣 동경성東京城)로 천도한 것도 이 같은 북방 영토 확장에 따른 자신감의 발로가 아닐까 짐작된다. 다만 이들 재지在地사회 깊숙이 파고들어 이를 해체할 능력은 아직 없었으므로 새로운 점령지에 외형상 주현제를 채택하면서도 재지 수장층인 이른바 수령首領에 의한 간접통치에 만족해야만 했다. 한편 발해는 서쪽으로도 영토를 넓혀 당이 요동에 만들어 놓은 이른바 '소고구려'국을 완전히 잠식했다.

이 같은 정세하에서 755년 11월 안사의 난이 일어나 발해는 반란군 쪽으로부터 군사원조를 요청받았으나, 이에 응하지 않은 채 사태의 추이를 조심스레 관망했다. 상경上京으로의 천도를 이 대란과 결부시키는 견해도 있으나 자세한 사정은 알 수 없다. 당시 발해가 처한 정황에 대해서는 일본 역사서인 『속일본기』에 비교적 상세하게 전하는데, 이에 의하면 대흠무가 매우 신중한 태도를 취했음을 알 수 있다. 즉 안록산의 부하인 평로류후사平盧留後事 서귀도徐歸道가 발해에 사람을 보내어 '역적' 안록산을 치는데 기병 4만을 보내어 도와줄 것을 요청하자 발해는 이에 응하지 않았고, 그로부터 얼마 뒤 안록산과 내통한 서귀도를 죽인 안동도호 왕현지王玄志가 758년 4월 발해에 사람을 보내어 당 황제의 명을 받들어 적도賊徒를 토벌하려 한다고 했을 때도 대흠무는 이를 그대로 믿기 어렵다고 판단하여 당 조정에 은밀히 사신을 파견하여 내정內情을 살피도록 했다. 이처럼 안사의 난이 아직 완전히 진압되지 않은 상태에서 762년 대흠무는 당으로부터 종전의 발해'군왕' 관작 대신 독립국가의 군주임을 나타내는 발해'국왕'으로 책봉되었을 뿐 아니라 신라왕이 받던 개부의동삼사開府儀同三司(종1품品)보다 높은 검교태위檢校太尉(정1품)에 제수除受되었다. 신라왕으로 최초 검교태위를 받은 것은 785년 선덕왕이었다.[23] 다만 '군왕'에서 '국왕'으로의 진작進爵의 의미를 둘러싸고 이를 달리 해석하는 견해도 있다. 즉 '군왕'호는 내속內屬한 이민족의 군장에게 준다는 의미에서 외신外臣이라기보다는 내신內臣에 적합한 칭호로, 당은 멀리 떨어진 절역絶域의 나라들에 대해 '국왕'호를 많이 수여한 대신 가까이 위치한 나라들에 대해서는 '군왕'호를 주었다는 것이다. 그리고 실제로 당은 신라보다 발해를 조금 낮게 대우했다고 보았

23) 宋基豪(1995), 위의 책, 120~121쪽.

다.[24] 그러나 이는 역시 반란군의 배후背後에 있는 발해의 존재를 의식한 회유적 성격이 강한 조치였던 것으로 짐작된다.[25] 그런데 『구당서舊唐書』 권 199 하下 발해말갈 조에 안사의 난이 진압된 뒤인 대역大曆 연간(766~779)에 대흠무가 검교태위보다 서열이 높은 사공司空(정1품) · 태위(정1품)로 승격했다는 기사로 미루어 볼 때 양국 관계는 한층 더 깊어진 것을 알 수 있다.[26]

대흠무가 793년 3월 죽은 뒤 왕실 내부의 권력투쟁으로 왕권은 크게 동요했다. 처음 전왕의 족제族弟인 대원의大元義(폐왕廢王)가[27] 즉위했다가 의심 많고 포악한 성품으로 1년이 못되어 국인國人들에게 살해되었고, 이에 대흠무의 장손인 화여華璵(성왕成王)가 왕위에 올랐다. 그러나 신왕은 불과 몇 개월 만에 죽어 숭린嵩璘(강왕康王, 794~809)이 즉위했는데, 그가 중국 측 기록처럼 전왕의 숙부인지 아니면 일본 측 기록처럼 동생인지 확실히 알 수 없다.[28] 이 같은 발해 왕실의 내분 상황이 당에도 알려졌음인지 숭린은 795년 종전의 발해국왕보다 한 등급 낮은 발해군왕으로 책봉되었다가 뒤에 발해 측의 시정 요구에 따라 798년 3월 국왕으로 책봉되었다. 한편 왕위 계승 분쟁과 관련하여 천도도

24) 金子修一(2001), 앞의 책, 191~192쪽 및 284~286쪽.

25) 栗原益男(1982), 「唐の衰亡」, 『東アジア世界のたおける日本古代史講座』 제7권, '東アジアの變貌と日本律令國家', 學生社, 45쪽.

26) 酒寄雅志(1979), 「渤海國家の史的展開と國際關係」, 『朝鮮史研究會論文集』 16 ; 2001, 앞의 책, 69쪽.

27) 『新唐書』 권219 「발해전」의 "欽茂死, 私謚文王, 子宏臨早死, 族弟元義立"이라 한 '族弟'가 과연 누구의 족제인가 하는 점이 논란의 대상이 되고 있는데, 酒寄雅志는 발해에서는 왕위 계승자가 有故인 경우 그와 같은 세대의 사람 중에서 후계자를 뽑는 것이 관습이었다고 보아, 이를 죽은 굉림과 같은 세대의 인물로 간주했다. 1979, 「渤海王權の一考察一東宮制を中心として」, 『旗田巍古稀記念 朝鮮歷史論集』 상권, 龍溪書舍 ; 2001, 앞의 책, 170쪽.

28) 대흠무가 죽은 뒤 세 왕의 즉위 연대 고증에 대해서는 金鐘福(2009), 앞의 책, 177~193쪽 참조.

행해졌다. 대흠무는 780년대 후반에 상경上京 용천부에서 동남쪽 동해에서 가까운 동경東京 용원부龍原府(현 혼춘시琿春市 팔련성八連城)로 천도했는데, 대화여의 즉위와 동시에 상경으로 되돌아갔다.

발해의 대외對外관계에서 당에 못지않게 중요한 의미를 띠고 있는 것이 일본과의 교섭이다. 앞에서 보았듯이 발해는 720년대 중반 흑수말갈 문제를 둘러싸고 당과의 긴장 내지 대립이 고조되었을 때 국제적인 고립에서 벗어나기 위해 727년 일본과 수교한 바 있다. 이때 발해왕 대무예는 국서國書에서 "고려高麗(고구려)의 옛 땅을 회복하고 부여扶餘의 습속習俗을 가지고 있다"고 하여 일본 지배층의 전통적인 고구려에 대한 친근감을 환기시켰다. 대흠무는 즉위 초기인 739년 일본에 사신을 보낸 이래 재위 기간 동안 11회나 일본에 사신을 보내어 국교를 돈독하게 했다. 한편 일본 측은 발해 사신이 귀국할 때마다 송사送使를 빠짐없이 보냈다. 이는 811년까지 변함이 없었다. 발해는 처음부터 신라를 견제하려는 목적이 강해 신라가 패강지역을 개척하여 군사력을 강화할 움직임을 보일 때마다 일본에 사신을 보내어 국교를 강화했다. 특히 안사의 난이 일어나자 758년 발해를 통해서 당의 최신 정보를 입수하게 된 일본이 발해를 끌어들여 공동으로 신라를 칠 계획을 수립, 이를 추진했을 때 발해는 이에 동조하여 양국 관계는 밀월蜜月기간을 구가하기까지 했다. 그러나 대흠무는 762년 당으로부터 국왕에 진봉進封되고 동시에 신라왕보다 높은 관작을 받게 된 것을 계기로 더욱 당의 눈치를 보지 않을 수 없는 처지가 되면서 신라 침공계획에 대해 소극적인 태도로 돌아섰다. 이것이 중요한 요인이 되어 일본 측의 당초 계획은 좌절되었다.

이처럼 양국 간의 교섭에 군사동맹의 성격이 약화됨에 따라 일본 측은 그간 자제自制해 온 명분론을 들고 나왔다. 즉 발해에 대해 외교 의례에서 조공관계를 요구하여 마찰을 빚게 되었다. 이에 발해는 명분보다 실리를 택해 일본 측의 요구조건을 수용하면서 사행에 수반한 물품 교역 중심의 상업적 목적으로 대일對日 외교의 기본 방향을 수정했다. 이에 따라 사절단의 규모가 크게 늘어나 771년과 779년에 일본에 파견된 사절단의 총원은 각각 325명, 359명에 달했다. 그런데 사절단원 중에 수령首領(혹은 대수령)이란 직함을 띤 사람의 비중이 매우 큰 점이 주목된다. 이 수령의 실체를 둘러싸고 학계에서 논의가 왕성한 편인데, 만약 이들을 발해 사회 기층基層에 편재遍在한 말갈족 수장층首長層으로 볼 수 있다면 발해 조정은 이들을 사절단에 참여시켜 일본과의 교섭 내지 교역에서 발생하는 이익을 보장한 셈이 된다. 실제로 말갈족은 발해에 정치적으로 포섭되기 이전에 당과 자율적으로 교역활동을 벌였다. 그러니까 발해는 말갈족에 대한 지배를 보다 확고하게 할 통합전략의 일환으로 일종의 회유책을 쓴 것으로 볼 수 있다.[29)]

4) 일본

일본은 7세기 후반부터 당의 율령을 모방한 법전 편찬사업에 착수하여 마침내 8세기 벽두인 701년 대보大寶율령을 완성, 시행에 들어갔다. 이로써 천황 아래 집결한 중앙의 호족세력이 지배층을 구성하여 국가기구를 통해 토지와 농민을 보다 강력하게 지배하는 율령제 국가가 출현했다. 조정은 지방장관인 국사國司를 통해 농업을 장려, 경지 개발과 관개시설의 건설을 꾀했으며, 중앙과 지방을 연결하는 역로驛路를 정비하여 중앙집권국가의 기능을 강화하는 데 힘썼다. 그리고 새로운 수도로 현재의 나라시奈良市에 평성경을 조영하여 710

29) 李成市(1994), 「渤海の對日本外交への理路」, 「古廏忠夫」 편, 『東北アジア史の再發見』, 有信堂高文社, 36~43쪽 ; 1998, 『古代東アジアの民族と國家』, 岩波書店, 413~419쪽.

년 후지와라쿄藤原京에서 이곳으로 천도했다. 평성경은 당의 장안성長安城을 모방하여 지은 일본 최초의 본격적인 도성으로 784년 현재의 경도부京都府에 속하는 산배국山背國 을훈군乙訓郡 나가오카쿄[長岡京]로 천도할 때까지 정치·문화의 중심이 되어 크게 번영을 구가했다.

다만 정치적으로는 천황권력을 둘러싸고 귀족층 내부의 대립이 차츰 격화되어 갔다. 8세기 초만 해도 여러 유력 씨족들의 세력균형 아래 귀족사회는 비교적 안정되었으나, 거듭된 황실과의 혼인관계를 통해서 궁정宮廷에서 특권적 지위를 확보한 후지와라씨藤原氏의 대두로 차츰 천황은 고립되었다. 성무聖武(724~749)천황은 740년 9월 대재부의 고위관리였던 후지와라노 히로쓰구[藤原廣嗣]가 임지任地에서 반기를 들자 수도를 떠나 지방으로 행행行幸했고, 곧 난이 진압된 뒤에도 각지를 전전하다가 5년 뒤 수도로 귀환했다. 그는 수도를 떠나 있던 기간 중에 국분사國分寺 및 대불 조립造立의 조詔를 내려 그 뒤 오로지 이 사업에 전념했다. 특히 대불 조립사업은 그가 딸에게 황위皇位를 넘기고 태상太上천황으로 있는 동안 변함없이 추진되어 752년 동대사 대불의 개안공양開眼供養의 의례가 성대하게 거행되었다. 이 무렵 황태후의 총애를 받고 있던 후지와라노 나카마로가 정치의 실권을 장악하고 756년 성무상황聖武上皇이 죽자 황족 등 일부 반대파를 일소한 다음 758년에는 효겸孝謙천황이 양위하자 자신과 개인적인 관계가 깊은 순인淳仁천황을 옹립하여 독재적인 권력을 휘둘렀다. 그는 대보大保(우대신右大臣)에 올라 에미노 오시카쓰란 이름까지 하사받고, 760년에는 최고의 지위인 태사太師(태정대신太政大臣)에까지 올랐다. 하지만 마침 황태후가 죽자 그는 효겸상황의 맹렬한 반격을 받은 끝에 764년 모반을 꾀했고, 지방으로 달아나다가 추격군에 잡혀 살해되고 말았다.

그가 실각한 뒤 정치의 파행은 더욱 심각한 지경에까지 이르렀다. 즉 중조重祚한 미혼未婚의 천황이 승도경僧道鏡을 총애하여 처음 대신선사大臣禪師로 임명한 뒤 태정대신太政大臣선사 그리고 법왕法王으로 임명하여 도경은 천황에 준準하는 대우를 받았다. 뿐만 아니라 천황은 도경의 고향인 하내국河內國(현 대판부大阪府)에 궁宮을 만들었고, 평성경의 동대사에 대해 서대사西大寺를 건립하기까지 했다. 천황이 사원에 대해 극단적인 보호책을 취한 결과 재정 지출이 크게 증가했다. 이로 말미암아 귀족들의 불만이 크게 고조되던 중 770년 천황이 죽고 곧이어 도경이 지방의 한 사찰로 추방됨으로써 겨우 진정될 수 있었다.

새로이 즉위한 천황 아래서 혼란한 정치의 재건이 시작되었다. 재정의 긴축과 농민들에 대한 노역勞役이 경감輕減이 시행되었다. 그로부터 10여 년 뒤 백제계통의 씨족을 모계母系로 한 황태자가 즉위하여 환무桓武천황(781~806)의 시대가 전개되었다. 그는 황권의 기초를 재확립하려는 목적에서 784년 나가오카쿄로의 천도를 강행했다. 다만 이것이 사람들에게 큰 불안과 동요를 초래하고 더욱이 일기불순日氣不順에 의해 흉작과 질병이 만연하자 그는 793년 조영造營공사를 중지하고 그와 인접한 곳에 새로운 수도를 만들기 시작했다. 그리고 이듬해 신도新都로 천도하여 헤이안쿄[平安京](현 경도京都)라 이름 붙였다.

환무천황은 조도造都와 더불어 지배영역을 확대하기 위한 정이征夷 사업에 재력과 인력을 최대한 투입했다. 8세기 초두에 준인隼人(하야토)이 거주하는 구주 남부에 살마국薩摩國과 대우국大隅國을 설치하고 그 남쪽의 종자도種子島 · 옥구도屋久島 · 엄미대도奄美大島 등도 행정구역으로 편성하여 일본열도 서남지방의 영역은 일단 확정되었다. 다만 720년 준인이 조정의 조공 요구에 불만을 품고 대우국수大隅國守를 죽이고 봉기하여 일본정부는 1년 이상 그 진압에 시달렸다. 740년 후지와라노 히로쓰구가 조정에 대항하여 북구주北九州에서 거병했을 때 준인은 그 주력의 일부였고, 이들이 조정에 투항함에 따라 반란군이 2개월 만에 진압되는 등 이들의 향배向背가 전국戰局에 결정적인 역할을 했었다. 환무천황은 792년 살마薩摩 · 대우大隅의 이국二國에 반전班田제도를 도입하기로 하여, 이를 반대하는 유력한 재지在地 호족층을 누르고 800년 12월에 이르러 이를 관철시켰다.

한편 동북지방에 거주하는 하이蝦夷(에미시 · 에조)의 제압은 조정의 뜻대로 진척되지 않았다. 대화大和정권의 힘이 동북지방에 직접 미치게 된 것은 7세기에 들어와서부터 였다. 일본이 570년 고구려와 수교한 이래 그 사절使節을 존중한 것은 조정에 강력히 반항하는 하이세력을 견제하기 위한 대책의 일환이었다는 견해가 있을 만큼[30] 이 세력은 일본 고대국가가 국토의 통일과정에서 직면한 최후의 적대세력이었다. 645년 궁정 쿠데타를 계기로 대화개신大化改新이 시작되어 태평양 연안에 면한 지역에 동국東國 국사國司가 파견되고 650년경 육오국陸奧國이 설치되었으나, 8세기 초두까지 현재의 궁성현宮城縣 선대仙臺평야 이북과 추전현秋田縣에 속하는 대부분 지방은 아직 조정의 직할 지배지로 편입시키지 못했다. 비록 708년 동해 연안에 면한 월후국越後國 동쪽에 새로이 출우국出羽郡이 설치되고 다시 712년 출우국으로 승격했으나, 720년대에 들어와 하이의 반란이 잇따라 일어났다. 727년 가을 발해가 일본에 보낸 최초의 사절단 24명이 불운不運하게도 출우出羽의 땅에 표착漂着하여 대사인 영원寧遠장군 고인의高仁義 이하 16명이 살해된 것은 당시 이 지방의 불온不穩한 정황을 잘 말해주고 있다. 이 때문에 간신히 살아남은 하급 수행원인 수령首領 고제덕高齊德이 국서國書와 담비가죽 30매를 일본 조정에 제출하게 되었다. 일본조정은 724년 선대仙臺평야 북쪽에 다하성多賀城을 설치한 뒤 특히 후지와라노 나카마로의 전권專權시대에 변경 도처에 성책城柵을 축조하여 북방진출을 꾀했다. 이윽고 770년대에 비옥한 농경지대인 단택胆澤지방(현 암수현岩手縣 수택시水澤市부근)에까지 손을 뻗치게 되자 780년 하이의 족장층이 반란을 일으켜 남쪽으로 다하성

30) 井上秀雄 (1991), 『古代日本人の外國觀』, 學生社, 240~241쪽.

多賀城을 습격, 약탈하기에 이르렀다. 바로 이즈음 즉위한 환무는 다년간의 준비 끝에 788년 5만여 명의 원정군을 반란군 지역에 투입했다가 이듬해 대패大敗했다. 그는 이에 단념하지 않고 794년 백제 유이민 계통의 사카노우에노 다무라마로[坂上田村麻呂]를 등용, 10만의 대군으로 원정을 단행하여 단택지방을 평정했다. 다무라마로는 801년 4만의 원정군을 끌고 다시금 단택지방에 출정하여 이듬해 성을 쌓고 반란군 주장主將의 항복을 받았다. 그 뒤 조정은 네 번째의 원정을 준비하다가 805년 덕정德政을 편다는 구실로 원정을 포기했다. 1년 뒤 환무가 죽어 결국 하이의 정토征討사업은 불철저한 채로 끝나버리고 말았다. 11세기 후반 동북지방이 이곳에 세력을 부식扶植하려는 미나모토씨[源氏]와 현지 하이 족장 세력 간 전란의 주요 무대가 되고, 나아가 이곳에서의 전투 경험을 통해 미나모토씨를 동량棟梁으로 하는 관동무사단關東武士團이 형성되어 뒷날 이들에 의해 무가武家정권인 카마쿠라막부[鎌倉幕府]가 성립된 것은 주지周知의 사실이다.

8세기 일본의 신라 및 발해와의 관계에 대해서는 앞에서 언급言及한 바 있으므로, 당과의 관계를 간단히 살펴보기로 한다. 659년 10월 당에 도착한 일본의 사절단은 마침 백제 침공을 앞두고 군대를 동원 중인 당에 의해 귀국이 제지된 채 장안에서 감금상태에 놓여 있다가 백제가 멸망한 뒤 풀려나 661년 5월 귀국한 바 있다. 그 뒤 일본은 고구려가 멸망된 직후인 669년 11월 당에 경하사慶賀使를 보낸 이래 30년 이상 양국 관계는 두절杜絕상태에 놓여 있었다. 그러던 중 일본은 대보大寶율령을 제정한 이듬해인 702년 최초로 일본이라는 국명國名을 칭하면서 대사보다 지위가 높은 민부경民部卿 아와타노 마히토[粟田眞人]를 집절사執節使라 하여 당에 사절단을 보냈다. 이 사행은 율령의 제정에 의해서 한껏 고양高揚된 국가의식을 대외적으로 과시하려는 목적에서 이루어 진 것인 듯하다. 실제로 아와타노 마히토[粟田眞人]는 율령 편찬에 관여한 19명 가운데 형부친왕刑部親王, 후지와라노 후히토[藤原不比等]를 뒤이어 세 번째의 고위 인물이었다.

일본은 702년 이래 838년까지 대략 20년 간격으로 8회 당에 사신을 보내어 조공했다. 당과 일본의 관계는 기본적으로 군신君臣관계였으나, 일본은 조공국의 입장이면서도 수 이래의 관례대로 당의 책봉을 받지 않았다. 또한 8세기는 7세기에 비해서 동아시아의 국제관계가 한층 더 안정되었을 때이므로, 일본의 견당사는 정치 · 군사적 목적보다는 당의 선진 제도와 문물을 수용하기 위한 문화사절로서의 성격이 농후했다. 다만 신라와의 관계가 원활하지 못했으므로, 한반도 서해안을 따라 북상北上하여 황해를 횡단, 중국 산동반도에 상륙하는 이른바 신라도新羅道 즉 북로北路 대신 북구주 장기현長崎縣 앞바다 오도五島열도나 혹은 구주 남쪽의 엄미대도奄美大島에서 직선 코스로 동중국해를 횡단하여 중국 장강長江(양자강揚子江) 하구 지역에 도달하는 남로南路, 남도로南島路를 항로로 택했다. 이처럼 위험한 항로를 취했으므로 항해 중에 자주 조난遭難하여 많은 희생자를 내기도 했다. 777년 견당사 판관判官으로 입당入唐했던 우나카미노 미카리[海上三狩]는 남로를 통해 귀국하던 중 배가 난파되어 탐라(제주도)에 표착, 현지인들에게 억류되어 있다가 일본 측의 통지로 이 사실을 알게 된 신라에 의해 구조되어 779년 7월 견신라사를 따라 본국에 귀환한 일도 있었다.

한편 일본은 줄곧 친밀한 관계를 유지하고 있던 발해를 통해서 당에 체류 중인 본국 요인들과 연락을 취하기도 했다. 733년 견당사 판관으로 당에 갔던 헤구리노 히로나리[平群廣成]가 귀국 항해 중에 곤윤국崑崙國(인도차이나 방면)에 표착했다가 가까스로 당에 귀환하여 일본 유학생 출신으로 당의 요직에 있던 아베노 나카마로[阿倍仲麻呂](중국명 조형朝衡)의 알선으로 739년 귀국 중인 발해 사절단을 따라 발해를 거쳐 동해로 귀국했다. 또한 752년 당에 건너간 견당대사 후지와라노 기요카와[藤原清河]가 754년 귀국 중 표류한 끝에 간신히 당에 돌아와 머물고 있다는 소식이 본국에 알려져 그를 맞아 귀국시키기 위한 사절로 뽑힌 고구려 유이민 계통의 고원도高元度는 759년 마침 일본에 온 발해 사신의 귀국 선편船便에 동승하여 발해를 경유, 당시 한창 안사의 난을 겪고 있던 당에 건너간 바 있다.

이보다 앞서 752년 견당사절단의 부사副使로 입당한 오토모노 고마로[大伴古麻呂]는 754년 정월 귀국한 뒤 상주上奏하기를 753년 원단元旦에 당의 현종이 봉래궁蓬萊宮 함원전含元殿에서 여러 나라 사신들의 조하朝賀를 받을 때 신라 사신과 일본 사신 사이에 궁중宮中의 석차席次문제로 분규가 있었다고 했다. 즉 이때 신라 사신이 동반東畔 제1로 대식국大食國의 위에, 일본 사신이 서반西畔 제1인 토번 아래 각각 위치한 것이 사리에 맞지 않는다고 당의 환관宦官 · 장군인 오회실吳懷實에게 호소한 결과 신라와 일본 사신이 자리를 서로 바꾸도록 시정조치가 취해졌다는 것이다. 바로 이 사건이 일어날 무렵인 같은 해 8월 신라에 온 일본 사신 오노노 다모리[小野田守]가 오만불손한 태도를 보여 경덕왕이 접견接見하지 않은 채 그대로 돌려보낸 일이 있을 만큼 신라와 일본 양국 간의 관계가 크게 냉각 내지 악화되었던 점으로 미루어 볼 때 당의 궁중에서 이른바 쟁장爭長사건이 일어날 개연성이 없지도 않았을 것으로 짐작된다. 다만 당대唐代에 발생한 4예例의 쟁장사건과 비교해 볼 때 일본 측의 항의 기록이 남아 있지 않은 점, 또한 당시 당의 고위 관리로 재임 중이던 일본 출신 아베노 나카마로나 일본의 견당대사를 제쳐두고 하급인 오토모노 고마로가 항의한 점, 더욱이 오회실의 독단적인 조치에 의해 석차가 변경된 점 등에 의문을 품고 이 쟁장사건을 허구로 보는 견해가 한국학계에서는 유력하다.[31] 이를 대체로 역사적

31) 卞麟錫(1967), 「唐代 外國使 爭長의 硏究: 「續日本紀」所載의 所謂 古麻呂抗議를 중심

사실로 긍정하고 있는 일본인 연구자들 중에도 748~755년간 신라 사신이 당에 온 기록이 없으며, 751년 7월 안서도호 고선지가 탈라스의 전투에서 대식국大食國이 지원하는 서역의 군대에 대패大敗하여 적대적 관계로 돌입한 대식국에서 그 직후 당에 사신을 보낸 사실이 없고, 또한 대식국과 연합하여 당의 서역 패권覇權에 도전하고 있던 토번 역시 이때 당에 사신을 보낸 기록이 보이지 않으므로, 신라와 대식 · 토번 양국 사신의 존재를 거론한 오토모노 고마로의 보고 내용은 사실과 동떨어진 그 자체로 날조된 것으로 보고 있다.[32)]

이 문제와 관련하여 참고할 수 있는 것이 당의 이조李肇가 819년경에 찬撰한 『한림지翰林志』의 기록이다. 이에 의하면 9세기 초두 당으로부터 가장 정중丁重하게 취급된 나라가 토번이고, 그 다음이 회골回鶻(위구르) · 신라 · 발해 순이었으며 남조는 그 다음이었다. 당의 책봉을 받지 않은 일본은 제번군장諸蕃君長에 상당하는 지위가 아니었을까 생각된다.[33)] 일본의 입당청익승入唐請益僧 엔닌[圓仁]의 『입당구법순례행기入唐求法巡禮行記』(권 1, 839년 2월 27일 조)에 의하면

으로」, 『亞細亞硏究』 10~4(통권 28), 129~145쪽. 卞麟錫는 1987년 「唐代外國使의 爭長事例에서 본 古麻呂抗議의 再論」, 『東洋史學硏究』 26을 발표한 바 있다.

32) 山尾幸久(1978), 「百濟三書と日本書紀」, 『朝鮮史硏究會論文集』 15, 32~33쪽 ; 1984, 「견당사 史料로 본 고대 한 · 일 관계사」, 『季刊京鄕 · 思想과 政策』, 제2권 제1호, 136~138쪽. 한편 일본학계의 연구사를 면밀히 검토한 池田溫은 당의 외국사신 접견이 동쪽과 남쪽 나라의 사신을 동반, 서쪽 · 북쪽의 경우는 서반으로 양분하여 구성하던 관례에서 볼 때 일본을 서반에 배치했다는 일본 사신의 말은 상식에 어긋나며, 당과 밀접한 관계였던 신라가 동반 제1의 자리를 차지한 것은 당연하다고 논했다. 다만 현존의 불충분한 기록만 갖고 신라를 비롯하여 토번 · 대식국 등이 조하하지 않았던 것으로 추론하는 데는 찬성하기 어렵고, 실제로 일본 측의 항의는 있었던 것으로 보았다. 池田溫의 (1995), 「天寶後期の唐 · 羅 · 日關係をめぐって」, 『卞麟錫敎授 還曆記念 唐史論叢』, 241~246쪽.

33) 金子修一(1998), 「唐代國際關係における日本の位置に關する一試論」, 『古代文化』 제50권 9호 ; 2001, 앞의 책, 254~255쪽.

839년 1월 13일 당의 조하朝賀 의식에서 신라와 남조 사신이 석차 제1열列, 일본 사신 후지와라노 츠네쓰구[藤原常嗣]는 남조 사신 다음의 제2열列에 위치했음을 알 수 있다.[34)]

3. 대외관계의 특질 – 다원적 정보 전달체계의 성립

이상으로 8세기 동아시아에서 주축主軸을 이루고 있던 당왕조와 그 주변의 신라 · 발해 · 일본 등 세 나라의 국제관계의 변천을 개관해보았다. 이를 통해 다른 시기에는 찾아볼 수 없는 몇 가지 대외관계의 특징적인 사실들을 추출抽出할 수 있다고 생각된다. 우선 주목되는 사실은 각국 간의 공식적 및 비공식적 접촉이 크게 늘어난 점이다. 당과 주변 3국 간의 접촉을 보면 신라의 사행 횟수가 8세기에 급격히 늘어나 가장 빈번했고, 발해가 그 다음이었다. 신라의 상대등上大等 김사인金思仁에 의해 무진사無盡寺에 시입施入된 종(일본 대마도對馬島 국분팔번궁國分八幡宮 소장 · 현재 망실亡失)의 명문에 745년을 '천보사재을유天寶四載乙酉'라 표기하고 있어, 바로 전년前年 정월 초에 당이 천보 3년을 동同 3재로 고친 사실이 어김없이 반영되어 있다. 또한 1942년 경주 황복사지皇福寺址 3층석탑 해체 복원 때 나온 사리함의 뚜껑 안쪽에 새겨진 명문(706년 작성)에는

34) 金文經 역주(2001), 『엔닌의 입당구법순례행기』, 도서출판 중심, 119쪽. 엔닌은 僧圓澄의 傳言이라고 하면서 당시 諸蕃 5국이 조하의식에 참석했다고 했으나, 『唐會要』 권96, 99에는 남조 · 일본 · 室韋의 3국이 참석한 것으로 되어 있다. 당시 위구르는 멸망 직전의 상황이었고, 토번 또한 종전에 비해 크게 약화되었음에 비해 남조는 당과 화평관계에 있을 때였다. 한편 신라의 閔哀王 정권은 838년 1월 성립 이래 金祐徵(뒤에 神武王)을 지지하는 淸海鎭大使 장보고에 의해서 서남해안이 봉쇄되는 등 크나큰 견제를 받고 있을 때이므로, 사신을 파견할 수 없는 처지가 아니었을까 짐작된다.

『다라니경』 1권을 안치安置한 사실이 보이는데, 이 『무구정광대다라니경無垢淨光大陀羅尼經』이 측천무후 치세 말경인 704년 인도 출신의 승려 미타산彌陀山에 의해서 한역漢譯된 것이라면 당시 신라와 당 사이의 정보전달의 즉각성卽刻性에 놀라지 않을 수 없을 정도이다. 일본의 경우는 상대적으로 접촉 빈도가 매우 낮은 편이었으나, 발해와의 긴밀한 접촉을 통해서 부족한 대륙정보를 일부 보충할 수 있었다.

숙위宿衛제도가 발달하고, 유학생 · 유학승의 파견이 크게 증가한 점도 주목되는 사항이다. 신라는 당과의 친선관계를 획기적으로 강화하기 시작한 640년대 후반부터 왕족 · 귀족 자제들을 당에 숙위로 보냈다. 그 결과 김춘추金春秋의 장남인 김법민金法敏(뒤의 문무왕)이 650년 진덕여왕이 몸소 태평송太平頌을 수놓은 비단을 당의 고종에게 바쳤고, 차남인 김인문金仁問은 23세 때인 651년 당에 건너간 이래 입당 횟수 7번에 통산 22년간을 당에서 지내다가 694년 4월에 죽었다. 그 외에도 진골 귀족 출신인 김양도金良圖는 6번 당에 들어갔다가, 신라와 당 사이에 군사적 충돌 위기가 고조된 670년경 당의 옥중에서 죽었고, 김유신의 장남 김삼광金三光도 숙위 경력을 갖고 있다. 8세기에 들어와 성덕왕이 당과의 국교를 크게 개선하는 가운데 활용한 것이 바로 숙위제도였다. 713년 '왕자' 김수충金守忠이 당에 갔는데, 그는 4년 뒤 귀국할 때 공자와 10철哲 · 72제자의 도상圖像을 갖고 와 이를 국학國學에 비치하게 되었다. 그 뒤 김충신金忠臣(信), '왕제王弟' 김사종金嗣宗으로 이어졌는데, 숙위로 뽑힌 사람들을 왕의 아들 혹은 동생이라 한 까닭은 당시 발해가 왕자 · 왕제를 숙위로 파견한 데 따른 경쟁의식 때문인 듯하다. 발해는 당과 정식으로 국교를 수립하기 전인 705년 왕자를 당에 보내 입시入侍하게 한 일이 있으며, 718년 2월 대술예大述藝를, 725년 1월 왕제(혹은 왕자) 대창발가大昌勃價를, 726년 3월 왕자 대도이행大都利行을, 729년 2월 왕제 대호아大胡雅를, 729년 8월 왕제 대림大琳을 숙위로 보낸 기록이 보인다.

또한 숙위 출신이거나 혹은 유학생 중에는 장기간 중국에 체류한 뒤 귀화하는 경우도 발생했다. 최근 국내에 알려진 중국 서안西安 비림碑林박물관 소장 '대당고금씨묘지지명大唐故金氏墓誌之銘'은 772년에 죽은 김씨 부인의 묘지명인데, 그의 아버지는 삼한三韓 귀족으로 태복경太僕卿(종3품 상上)을 역임하고 곤주도독袞州都督(종2품 상당)에 추증追贈되었다고 한다. 그런데 『삼국사기』에는 8세기 전반 왕족 출신으로 당에서 숙위할 때 태복경을 제수除受받은 인물로는 730년 2월에 입당한 지만志滿과 733년 7월 태복원외員外경 직에 있다가 본국 신라에 대해 발해를 공동으로 치려는 당의 청병請兵사절단의 부사副使 임무를 띠고 일시 귀국한 김사란金思蘭 등이 있는데, 김씨 부인의 아버지는 어쩌면 후자였을 개연성이 크다고 생각된다.[35] 한편 일본의 아베노 나카마로는 716년 유학생으로 당에 와서 공부하면서 동기생 기비노 마키비[吉備眞備]와 함께 특히 명성이 높았다. 735년 귀국할 기회가 오자 기비는 본국에 돌아가 신지식층을 대표하는 관료로 큰 역할을 맡게 되었지만, 당 현종에게서 귀국 허락을 받지 못한 아베는 관료로서의 생활을 계속, 비서감秘書監·위위경衛尉卿(종3품)에까지 올랐다. 그리고 그간 조형朝衡이라 성명을 바꿨다. 그런데 752년 견당대사 후지와라노 기요카와가 중국에 왔을 때 기비는 특별히 부사副使 자격으로 동행하여 아베와 만났다. 결국 아베의 귀국문제는 이들의 적극적인 주선으로 해결되었다. 그리하여 아베는 753년 1월 대사와 함께 귀국 제1선을 타고 중국을 출발했으나 항해 중 폭풍우를 만나 멀리 안남安南에 표착, 755년 여름 가까스로 장안에 귀환할 수 있었다. 더욱이 이 해 11월 안사의 난이 일어나 수도가 반란군에 의해 점령되는 등 8년간 혼란이 계속됨에 따라 아베와 후지와라 두 사람은

---

35) 李泳鎬(2010), 「金思蘭 : 唐을 선택한 망명자」, 『伏賢史林』 28, 95~102쪽.

결국 귀국할 기회를 얻지 못한 채 당에서 생을 마감하게 되었다. 아베는 진남도호鎭南都護에까지 올랐고 시문詩文이 뛰어나 이백李白 · 왕유王維 등과 사귀다가 770년 70세로 재당 생활 54년간을 마감했다. 역시 가인歌人으로서도 명성이 높았던 후지와라는 당에서 벼슬하여 이름까지 키요가와[淸河]를 가와키요[河淸]로 고쳤는데, 특진特進 겸 비서감까지 올랐다가 779년 71세로 죽었다.

동아시아 여러 나라 사이에 상호 접촉이 빈번해지는 가운데 원활한 의사소통과 국가 간 긴밀한 협조를 담보하기 위한 수단의 하나로 각국의 주요 행정기관들 사이에 이른바 첩장牒狀 혹은 첩문牒文이란 공문서가 등장한 것도 새로운 현상이라 할 수 있다. 신라의 집사執事(부部)첩牒(829년 집사부가 집사성으로 개명된 뒤로는 집사성첩), 발해의 중대성첩中臺省牒, 일본의 태정관첩太政官牒이 바로 그것으로, 특히 9세기에 3국간에 널리 유행했는데 그 선구적인 모습이 이미 8세기 중엽에 드러나고 있다. 8세기를 통해 신라와 일본의 양국 관계가 냉랭한 가운데서도 지속될 수 있었던 데는 여러 가지 요인이 작용했었다. 특히 일본 측의 입장에서 볼 때 견당사절단이 이용하는 선박이 항해 중 태풍이나 파도의 급변으로 조난당할 경우 신라 측의 빠른 구조가 절실히 요망되었다. 764년 7월 신라 사신 김재백金才伯이 집사부의 첩문을 갖고 대재부 박다진博多津에 도착했는데, 그가 일본에 파견된 이유는 당의 칙사勅使인 한조채韓朝彩 내상시內常侍가 발해에서 사명을 마친 뒤 신라의 국경지대로 와서 일본의 입당학문승入唐學問僧인 계융戒融이 과연 무사히 발해에서 본국으로 돌아갔는지, 어떤지를 일본 당국에 확인해달라고 요청을 했기 때문이었다. 이에 대재부는 신라의 집사부 첩문을 본국의 건정관乾政官(태정관)에 보고, 입당학문승 계융이 지난해 10월 고려국(발해)으로부터 일본에 돌아왔다는 연락을 받은 뒤 대재부가 이 사실을 잘 알고 있으며 곧바로 신라국에 통지한다는 내용의 보첩報牒을 신라 사신에게 넘겼다. 아마도 이 공문은 경주에서 사은사謝恩使로 임명된 소판蘇判 김용金容에게 전달되어 당은포일 것으로 짐작되는 서해안 포구에서 본국으로의 출항出港을 미루며 결말을 기다리고 있던 한조채에게 넘겨졌을 것이다.[36)]

일본의 견당대사로 752년 입당했던 후지와라노 기요카와가 사명을 마친 뒤 753년 1월 귀국선에 올랐다가 안남에 표착하여 갖은 우여곡절 끝에 장안으로 귀환한 사실은 앞에서 검토한 바 있다. 결국 그는 곧이어 터진 안사의 난이란 엄청난 혼란에 직면하여 귀국할 기회를 끝내 놓치고 말았지만, 실제로 그의 생존 소식이 본국에 전해져 그를 당에서 구출하여 안전하게 귀국시키기 위한 대규모의 공작이 759년 소리 없이 진행되었다. 그리고 당시 신라를 치기 위해 일본정부와 군사적 제휴관계를 맺고 있던 발해가 이 공작에 적극적으로 협력하게 된 것은 그 지리적 조건으로 볼 때 당연한 일이기도 했다. 후지와라 전 대사의 생존 소식은 758년 9월 발해로부터 본국에 귀환한 견遣발해사 오노노 다모리가 12월 조정에 보고한 당의 반란 소식 가운데 포함되었을 것으로 짐작되는데, 이듬해 2월 일본 천황은 귀국을 앞둔 발해 대사 양승경楊承慶을 통해서 발해왕에게 후지와라 전 대사를 당에서 맞아들여 귀국시키는 일에 협조해 달라고 정식으로 요청했다. 이와 동시에 일본은 후지와라와 아베노 나카마로 등을 구출하여 귀국시키기 위한 '영전입당대사사迎前入唐大使使'로 고구려 유민 계

36) 朱國沈과 魏國忠은 共著인 『渤海史稿』(1984, 黑龍江省文物出版社)에서 한조채가 762년 당 代宗이 문왕(대흠무)을 발해국왕으로 책봉한 册書를 갖고 온 것이 아닐까 추측했는데(濱田耕策(1995), 「留唐學僧戒融の日本歸國をめぐる渤海と新羅」, 『佐伯有淸先生古稀記念 日本古代の傳承と東アジア』, 吉川弘文館, 406쪽), 한편 濱田은 신라 측의 謝恩使 김용의 임무는 귀국하는 한조채를 따라 함께 입당하는 것이 아니라 경주에서 서해안 포구로 이동하여 일본정부의 공문을 전달하는 데 그친 것으로 보았다. 어차피 당 황제의 칙사가 방문했으므로 謝恩의 명분이 생겼고 또한 그로부터 발해국의 내부 정보도 얻었을 터이므로 실제로 사은할 가치도 있었을 것이라는 논법이다.(그의 논문, 419~421쪽)

통의 고원도高元度를 임명, 그는 759년 3월 하순 양승경 일행과 함께 발해를 향해 출국했다. 고원도는 발해에 도착한 뒤 당에 가는 발해 사신을 따라나섰다. 그는 당으로부터 "후지와라노 가와키요(당에서 사용한 이름)를 돌려보내고자 하지만, 아직 잔적殘賊들이 남아 있는 등 난이 평정되지 않았으므로, 귀국 길에 어려움이 많을까 걱정이 된다. 그대는 마땅히 남로南路를 취하여 먼저 돌아가 복명復命하라"는 취지의 칙명을 받고 소주蘇州로 가서 귀국선을 탔다고 했으나, 그가 당에서 대재부로 돌아온 것은 761년 8월의 일이었고, 단신單身이었다.

고원도를 대표로 한 사절단의 구체적인 활동에 대해서는 매우 단편적인 기록이 보일 뿐이지만, 759년 10월 일본에 오다가 동해에서 폭풍을 만나 대마도對馬島에 표착한 발해국 사신 고남신高南申이 발해국왕의 국서 대신 휴대한 중대성中臺省 첩문에 의하면 당으로 후지와라 전 대사를 맞으러 간 사절단의 총수는 99인으로, 그 중 단장을 비롯한 11인이 중국 현지 교섭에 나섰다고 한다. 고남신은 760년 정월 일본 궁정宮廷에서 통상적인 방물方物과 함께 후지와라 전 대사가 당에서 천황에게 올리는 표문表文을 바쳤다. 이로 미루어볼 때 고원도 등 일행이 당에 간 지 얼마 안 되어 후지와라를 만나는 데 성공했음을 짐작할 수가 있다. 이 같은 초기 성과는 고남신을 따라 본국에 돌아온 후지와라 영접사절단의 판관判官이었던 우치쓰쿠라노 마타나리[內藏全成]를 통해 알게 되었을 것이다. 그런데 이로부터 1년 7개월 뒤 사절단의 대표인 고원도가 홀로 귀국함으로써 사명은 실패로 끝나고 말았다. 여기에는 신라인들과 관련된 후일담이 전해진다. 신라 정계의 거물급 인사였던 김은거金隱居가 760년대 후반에 당에 사신으로 갔다가 귀국하는 편에 후지와라와 아베 등이 본국의 가족 친지들에게 보내는 서신을 전해달라고 맡긴 점이다. 이는 769년 11월 대마도對馬島에 도착한 신라 사신 급찬級湌 김초정金初正이 이듬해 3월 일본 관원의 물음에 대한 답변 때 발설한 것인데, 실제로 그는 후지와라 등의 서신을 휴대하고 있었다.

일본 조정은 신라사신이 한갓 사사로운 용무 때문에 일본에 왔으나, 당나라의 소식과 더불어 당에 있는 후지와라 등의 서한을 전해 준 노고에 보답하여 특별히 대재부로 하여금 사절단에 잔치를 베풀 것을 명령하기까지 했다. 김은거는 767년 당에 사신으로 가서 혜공왕惠恭王의 책봉을 요청했고, 이듬해 7월 대공大恭의 난이 일어난 뒤 10월 집사부 시중侍中이 되어 770년 12월까지 재임했다. 그런데 일본 측 기록에는 그가 숙위왕자로 당에 체류할 때 후지와라 등과 서로 알게 된 것으로 기술되어 있다. 774년 3월 대재부에 도착한 신라의 예부경禮府卿 사찬沙湌 김삼현金三玄은 일본에 온 까닭을 묻는 관리에게 우호友好를 닦고 아울러 대재부로 후지와라노 가와키요의 글을 전해드리고자 왔다고 답변한 바 있다. 공교롭게도 그에게 질문을 던진 관리 중에는 우치쓰쿠라노 마타나리가 있었는데, 당시 그는 대외기大外記 직함에 외종外從 5위하位下의 위계位階를 갖고 있었다. 이 내장內藏은 779년 11월 대재부에 단독 출장을 나와서 신라사신 김난손과 문답을 나누는 등 외국 사신 접대 분야에서 두각을 나타냈다.

8세기 동아시아 국제관계에서 주목되는 하나의 현저한 현상은 문화적 수용에 대한 강한 욕구라고 할 수 있다. 당의 율령제와 그를 뒷받침하는 중국 예제禮制의 도입·수용은 중앙집권적 정치체제를 구축하는 데 필수적인 사항이었지만, 중국의 주변 국가들은 그밖에 일반 문학작품에 이르기까지 큰 관심을 보였다. 『신당서』 권161 「장천전張薦傳」에 의하면 그의 조부 장문성張文成의 문명文名이 동돌궐 제2제국을 중흥시킨 묵철가한默啜可汗(716년 부하에게 살해됨)에게까지 알려졌다고 하는데, 신라와 일본의 사신이 중국에 오면 반드시 금보金寶를 내어 그의 글을 사갔다고 한다. 장문성은 전기傳奇소설인 『유선굴遊仙窟』의 작자로 알려진 인물이다. 하기야 그로부터 백 년쯤 지난 9세기 초가 되면 백거이白居易의 시문詩文이 신라와 발해 그리고 일본에서 큰 환영을 받게 되지만, 그 선구적인 동향은 이미 8세기 초부터 나타났다고 할 수 있다.

또한 외국 사절을 맞아 궁정宮廷의 공개된 장소에서 시연詩宴을 여는 것이 하나의 관례처럼 정착된 것도 8세기경부터 나타난 현상으로 보인다. 723년 8월 평성경에 온 신라 사신 한내마韓奈麻 김정숙金貞宿 일행은 궁내 태극전太極殿 옆에 위치한 조당朝堂에서 공식적인 환영을 받은 외에 우대신右大臣 나가야왕[長屋王]의 저택에 마련된 시연詩宴에 초대를 받았음이 일본 최초의 한시집漢詩集『회풍조懷風藻』(751년 찬撰)에 나타난다. 여기에는 일찍이 승려 신분으로 신라에 유학왔다가 귀국한 뒤 환속하여 대학요大學寮에서 시문을 가르치는 문장박사로 활동하고 있던 야마다 산보[山田三方] 등 당시 일본을 대표하는 문인 · 관료들의 시문이 실려 있다. 이로부터 반세기 이상이 경과한 779년 10월 경 대재부에 도착한 신라사절단도 평성경으로 안내를 받아 이듬해 정초 조당朝堂에서 열린 천황 임석하의 환영 연회에 참석했는데, 사절단의 간부 중에는 김유신의 후손인 김암金巖이 부사副使, 원효元曉대사의 손자인 설중업薛仲業이 대판관大判官으로 있었다. 더욱이 사절단은 국서國書를 휴대하지 않았음에도 불구하고 제주도에 표류한 일본의 견당사절단 판관判官 우나카미노 미카리[海上三狩] 등을 구조하여 대동한 까닭에 매우 돈독敦篤한 환대를 받았다. 김암은 일찍이 숙위로 당에 체류했던 인연으로 마침 궁중 연회에 동석한 당사唐使의 판관 고학림高鶴林과 서로 아는 사이였다. 무엇보다도 당시 일본 황족 출신으로 대학두大學頭에 문장박사를 겸하고 있던 한문학의 대가 오우미노 미후네[淡海眞人三船]가 평소 『금강삼매경론』의 저자인 원효대사를 흠모하고 있던 차에 마침 그 손자인 설중업을 만나게 되자 감격한 나머지 원효를 기리는 시를 지어 선물로 주기까지 했다. 9세기 초두에 건립된 원효를 기리는 서당화상비문誓幢和尙碑文에 설중업이 일본에서 만났다고 한 상재上宰는 바로 오우미노 미후네인 것으로 짐작된다.[37] 한

37) 李基東(1992), 「薛仲業과 淡海三船의 交歡 : 統一期 新羅와 日本과의 문화적 교섭의

편 발해의 사절단이 9세기 중엽 이후 일본에서 수행한 외교 활동으로 크게 다뤄진 것이 이 시연詩宴이었는데, 그 기원은 8세기 중엽으로 소급된다. 즉 758년 10월 일본 사신 오노노 다모리의 귀국선에 동승하여 일본에 온 발해사절단에는 유수한 한시 작가인 양태사楊泰師가 부사副使로 있었다. 사절단은 이듬해 정초 궁중으로 안내되어 조당朝堂에서 베풀어진 연회에 참석했고, 며칠 뒤에는 정계의 최고 실력자인 후지와라 나카마로의 저택에 마련된 잔치에도 초대를 받았다. 후지와라는 756년 5월 성무천황의 죽음과 함께 한꺼번에 분출噴出하기 시작한 국내의 정치적 불안을 해소하기 위한 방편으로 마침 당나라가 안사의 난으로 신라의 안전문제에 신경쓸 수 없게 된 것을 호기好機로 간주, 발해를 끌어들여 신라를 공동으로 치려는 군사계획을 추진하고 있을 때였다. 그런만큼 발해사신에 대한 환대는 전례 없이 융숭했다. 이때 양태사 등이 일본 문인·관료들의 송별시送別詩에 화답한 것이 9세기 초 일본에서 칙찬勅撰한 시집인 『경국집經國集』 권 13에 일부 실렸다.

당시 신라와 일본에서 중국문화를 수용하려는 강한 욕구는 단지 서적의 구입에 그치지 않고 뛰어난 문사文士 혹은 고승高僧을 직접 초빙하는 데까지 진전되었다. 750년대는 신라의 경덕왕이 모든 주州·군郡·현縣 명칭과 관부官府 및 관직명을 각각 757년과 759년에 우아한 한식漢式으로 고쳤는데, 일본 또한 후지와라노 나카마로의 주도하에 태정관太政官을 건정관乾政官, 우대신右大臣을 대보大保, 태정관 예하 8개 성省의 이름을 인의예지신仁義禮智信과 문무절文武節을 합친 8개의 덕목德目을 따서 개정했다. 이는 당제唐制를 따른 것이 아니라 실제로 발해의 제도를 모방한 것이라는 견해도 나온 바 있었으나 본디 발해의 6부部 이름이 측천무후 때의 것을 모방한 점에 유의한다면 역시 당풍唐風의 영향으

한 斷面」, 『歷史學報』134·135 합집 : 1997, 앞의 책, 一潮閣, 182~194쪽.

로 파악할 여지가 크다. 이처럼 당풍의 모방이 휩쓸던 시기에 중국인 고승, 유학자를 초빙하려는 움직임이 일어난 것은 당연한 추세라고 하겠다. 당의 승려 도선道璿(702~760)이 일본 불교계의 의뢰를 받아 736년 일본에 와서 율사律師로 활약하고 있었으나, 743년 성무천황이 대불 건립의 조詔를 발표한 이래 보다 관록과 명성이 높은 고승을 초빙할 필요성이 절실해졌다. 748년까지 5회에 걸쳐 일본 도항渡航에 실패한 바 있는 감진鑑眞(687~763)이 752년 당에 온 대사 후지와라노 기요카와에게 정식 초청을 받은 데다 또한 일본이 당의 조정에 대해서도 출국 허가를 요청했으므로 이 제의에 응하여 그가 마침내 753년 12월 견당사의 귀국선편으로 대재부에 안착安着한 것은 잘 알려진 사실이다. 감진은 곧바로 입경入京하여 754년 4월 대불 앞에서 성무태상천황과 황태후, 천황 등의 수계受戒에 계사戒師로 의식을 주관했고, 그 뒤 권소승도權少僧都 · 대승도大僧都를 거쳐 승정僧正이 되었다.

그런데 그와 같은 시기에 초빙 제의를 받은 소영사蕭穎士(707~759)는 비록 제1급의 명사는 아니었으나 『구당서』 권190 下 「문원전文苑傳」과 『신당서』 권202 「문예전文藝傳」에 입전立傳된 인물이었다. 『구당서』에는 그의 명성이 알려져 신라 사신이 그에게 본국 사람들이 스승으로 모시고 싶어 한다는 초청 의사를 밝혔다고 했는데, 『신당서』에는 왜국倭國 사신이 그에게 초빙 의사를 제의하자 중서사인中書舍人의 요직에 있던 장점張漸 등이 안 된다고 간諫하여 중지된 것으로 기술되었다. 한편 『태평광기太平廣記』 권164에 인용된 장저張著의 『한림성사翰林盛事』에는 이를 신라 측의 초빙이라고 했으나, 『당시기사唐詩紀事』 권27 「가옹賈邕」 조에 수록된 유태진劉太眞의 「송소영사부동부서送蕭穎士赴東府序」에는 동왜東倭의 사신이 개인적으로 부탁하지 않고 당의 황제에게 표문表文을 올렸으나 본인이 사양한 것으로 되어 있다. 대다수의 일본인 연구자들은 소영사를 초청한 주체 측을 일본으로 보고 있는데, 다만 통일신라시대에 비해 훨씬 풍부한 자료가 남아 있는 일본 측 문헌에 소영사 초청을 직접적으로 시사示唆하는 기사가 전혀 보이지 않는다는 등의 이유를 들어 신라 사신의 초청으로 생각하는 것이 옳다는 견해도 나오고 있다.[38)]

8세기를 통해 동아시아 여러 나라 사이에 다면적多面的으로 이루어진 상호 접촉과 인식의 성과를 당 덕종 정원貞元(785~805) 연간 재상 가탐賈耽이 체계적으로 정리하여 몇 종의 지리서와 지도를 제작했다. 『구당서』 권138의 「열전列傳」에 의하면 그는 평소 당과 교섭하고 있던 주변 여러 나라의 사절이나 외국에 다녀온 본국 사절에게 여러 가지 지리적 정보를 탐문, 수집하여 관직에서 물러난 뒤 801년 『해내화이도海內華夷圖』와 『고금군국현도사이술古今郡國縣道四夷述』 40권을 지어 황제에게 바쳤다고 한다. 『신당서』 권58 「예문지(2)」에 보이는 『가탐지도賈耽地圖』 10권이란 『해내화이도海內華夷圖』가 아닐까 짐작된다. 한편 『신당서』 권43(下) 「지리지(7 · 下)」에는 그의 『도리기道里記』를 인용하여 사이四夷로 통하는 중요한 7개의 교통로가 기술되어 있는데, 이 『도리기』란 예문지에 보이는 『황화사달기皇華四達記』 10권이 아닐까 생각된다. 이 『도리기』에는 발해의 5경京에 대한 설명과 더불어 발해 왕성의 북쪽으로 덕리진德里鎭을 경유하여 천 리里에 흑수말갈 남쪽에 이른다고 하여 발해의 북쪽 세력권의 한계를 암시하고 있다. 『삼국사기』 지리지의 삭주朔州 및 명주溟洲 조에는 곳곳에 가탐의 '사이술四夷述' 혹은 '고금군국지古今郡國志'를 인용하고 있는데, 이는 『고금군국현도사이술古今郡國縣道四夷述』의 약칭略稱으로 보아야 할 것이다. 그런데 이들 기사는 발해의 책성부柵城府(혼춘琿春)에서 동해안을 따라 남쪽으로 신라와의 국경지대인 삭주朔州 천정군泉井郡(현 덕원德源)에 이르는 곳까지 39개의 역驛

38) 池田溫(1988), 「蕭穎士招聘は新羅か日本か」, 『榎一雄博士頌壽記念 東洋史論叢』, 汲古書院, 1~19쪽 ; 1995, 앞의 논문, 247~249쪽.

이 설치되었던 사실, 혹은 동해안과 현 강원도 산간 내륙지역에 위치한 삭주와 명주의 비좁은 접양接壤지대에 대해서까지 주의를 기울이고 있던 사실을 보여준다. 한편 가탐의 활동 시대에 당에서 유학한 일본의 학문승 영충永忠이 발해 촌락사회의 지배 실태에 대한 견문을 기록으로 남긴 것(『유취국사類聚國史』 권193 「수속부殊俗部」 발해 상의 796년 4월 무자戊子 조)도 이와 서로 통하는 탐구정신의 발로일 것이다. 그는 772년경 발해를 거쳐 당에 건너갔고, 그 뒤 795년 2월 발해 사신 여정림呂定琳이 영충의 서신書信을 갖고 오자 일본조정은 796년 5월 본국으로 귀환하는 발해 사신에게 영충의 유학 비용과 태정관서太政官書를 맡겨 당에 있는 본인에게 전달하도록 의뢰한 바 있다. 그는 805년 귀국하여 소승도小僧都에 올랐다.[39)]

4. 맺음말

8세기 동아시아의 국제관계는 동란이 끊이지 않은 격동의 시대였던 7세기와는 달리 매우 안정되고 그 자체로 평온한 시대였다. 이처럼 사정이 크게 일변一變한 데는 신라 · 발해 · 일본의 세 나라가 줄곧 당과 긴밀한 교섭을 유지하면서 당의 율령제를 도입 수용하여 국가의 지배체제를 정비하는 데 열중한 점을 들 수 있다. 허나 무엇보다도 당이 고구려 멸망 후 동아시아 방면에 대한

39) 다만 永忠 관련의 자료를 학계에 정리 소개한 石井正敏은 上記 『類聚國史』의 발해 촌락사회에 대한 기사는 종래 학계에서 해석한 것과는 달리 永忠 등의 書狀의 일부로 보기 어렵고, 어쩌면 奈良시대 발해 관련 기록집에 근거하여 『日本後紀』 편자에 의해 기록된 문장일 가능성이 있다고 지적한 바 있다. 石井(1976), 「渤海の日唐間における中継的役割について」, 『東方學』 51, 72~79쪽 ; 林相先 편역(1990), 앞의 책, 227~236쪽 참조.

제국주의적 침략전쟁을 포기한 데 보다 근본적인 원인이 있다고 생각된다. 이는 8세기를 통해 당이 동아시아 방면을 제외한 나머지 주변지역에서 이민족에 대해 기미羈縻정책에 의한 간접통치를 포기하지 않으려 한 결과 북아시아 방면의 동돌궐 · 거란 · 해나 서아시아 방면의 토번 · 위구르 등과 줄곧 교전상태에 있었던 점을 상기想起할 때 더욱 그러한 느낌이 든다.

이 시기 동아시아의 국제관계는 당에 대한 주변 삼국의 조공 · 책봉 등 형식적인 외교관계 이외에도 숙위宿衛제도라든지 유학생 · 유학승의 파견, 당나라 고승의 초빙 등 다면적인 접촉을 통해서 원활하게 유지되었다. 더욱이 신라 · 발해 · 일본 상호 간의 개별적인 외교 교섭과 교역, 문화의 교류, 인적人的 접촉이 매우 빈번하게 이루어졌다. 특히 국가 간에 긴급을 요하는 업무가 있을 때는 각국의 주요 행정기관들 사이에 첩문 형식의 공문서를 통해 이를 해결하려는 실무적인 의사소통의 전달 수단이 등장하기까지 했다. 이는 기본적으로 삼국의 정치형태라든지 일반 행정 · 법제가 유사성類似性을 띠고 있었기 때문에 가능한 것이었다고 생각된다. 이 같은 의미에서 8세기 동아시아세계의 고유한 구조를 상정想定하는 것도 전혀 불가능한 일만은 아니라고 할 수 있다. 하기야 동아시아의 안정된 국제관계가 8세기 중엽 당에 안사의 난이 일어나고, 뒤이어 조정에 반항적인 번진세력이 대두하는 등 당제국의 약화로 말미암아 위협을 받은 것은 사실이다. 그럼에도 10세기 초두에 당이 멸망할 때까지 동아시아세계의 안정과 평화는 그런대로 유지되었다.

8세기 동아시아 역사의 구조

북경대학교 **왕샤오푸**

1. 당과 신라를 중심축으로 성립된 국제적인 균형
2. 국제적 평화에 대한 공통적인 관심
3. 조화로운 문화 발전
4. 지역 사회에서 다원화 사회로의 전환

왕샤오푸 [王小甫]

북경대학교 역사학과 교수

대표논저 | 『隋庸五代史-世界帝國-開明開放』(2008, 三民出版社), 『唐朝對突闕的戰爭』(1996, 廣東人民出版社), 『唐 · 吐蕃 · 大食政治關係史』(1992, 北京大學出版社), 『盛唐時代與東北亞政局』(편저, 2003, 上海辭書出版社), 『創新與再造 : 隋唐至明中葉的政治文明』(공편, 2009, 北京大學出版社), 『古代中外文化交流史』(공편, 2006, 高等教育出版社) 외 다수

8세기 동아시아 역사의 구조

북경대학교 **왕샤오푸**

필자는 중일역사 공동연구에 참여하여 '7세기 전후 동아시아 국제관계 구조의 형성'이라는 주제를 통해 (1) 7세기 이전의 동아시아 국제관계, (2) 백강白江 전투(663) 이전의 동아시아 국제관계, (3) 신라통일이 동아시아 국제관계에 미치는 영향, (4) 발해의 건국과 동아시아 국제관계 구조의 형성 등 4가지의 논점에 대해 발표했다. 이상의 논지에서 알 수 있는 것은 바로 7세기의 동아시아는 격동의 시대로 각국은 서로 여러 형태로 얽혀져 새로운 동아시아 국제관계 구조가 형성되었다는 점이다. 그 결과 8세기 동아시아는 비교적 안정적으로 발전할 수 있었다. 필자는 이 현상에 주목하여 '8세기 동아시아 역사의 구조'라는 주제로 (1) 당과 신라를 중심축으로 형성된 국제적인 균형, (2) 국제적 평화에 대한 공동적인 관심, (3) 조화로운 문화의 발전, (4) 지역중심에서 다원화 사회로의 변화 등 4가지 관점을 중점적으로 논의하겠다. 이 부분에 있어서 부족한 부분이 있다면 많은 지적을 바란다.

1. 당과 신라를 중심축으로 성립된 국제적인 균형

7~8세기 동아시아 국제관계에서 중요한 전환점이 출현하게 되었다. 바로 중국의 동북부에 발해(698~926)가 건국된 것이다. 고구려 멸망 후에 당은 그들의 통치력이 미치지 못하는 지역에서 계속적인 통치를 시행하기 위해 도호부都護府를 설치했다. 그러나 평양에 설치한 안동도호부는 오히려 요동지역으로 철수하게 되었다. 이런 상황으로 당은 국제 전략적인 면에서 상당한 제약을 받게 되었다. 따라서 이 시기는 당이 국제적인 통제력을 상실하는 시기로 당의 서부에서는 토번吐蕃왕조(629~846)가 급속도로 강성하게 되는 계기를 제공했다.[1] 670년 설인귀薛仁貴는 10만 군사를 이끌고 서역을 경략하려 했으나 오히려 청해靑海 대비천大非川에서 패배했다. 그 후 당과 토번은 청장고원靑藏高原과 심지어 서역에서까지 오랫동안 전쟁이 지속되었다.[2] 이런 토번의 강력한 발전은 동돌궐東突厥이 부흥하게 되는 원인이 되기도 했다. 동돌궐은 당 정관貞觀 4년(630)에 북돌궐北突厥이 멸망한 후 유주幽州(현재 북경)에서 영주靈州(현재 영하성 영무靈武)지역에 거주하던 돌궐의 일부로 당시에 이미 당에 항복한 상태였다. 50년 후에 그들은 당이 토번과 전쟁을 하는 틈을 통해 반란을 일으켰고, 결국 682년에 동돌궐한국東突厥汗國(682~745, 학계에서는 돌궐제이한국突厥第二汗國 또는 후한국後汗國이라 부른다)을 건국하게 된다. 비록 동돌궐의 중요거점은 막북漠北 오덕건산烏德鞬山(울독군산鬱督軍山이라고도 한다. 현재 몽골 항애산杭愛山)지역이었지만, 자주 남쪽으로 약탈하여 당의 국경에서는 큰 문제가

---

1) 졸문(2003), 「總論：隋唐五代東北亞政治關係大勢」, 『盛唐時代與東北亞政局』 ; 上海, 上海辭書出版社, 5~10쪽.

2) 졸저(2010), 「唐初安西四鎭的棄置」, 『唐, 吐蕃, 大食政治關係史』, 北京 ; 中國人民大學出版社, 68~109쪽.

되었다. 더욱이 묵철默啜이 지도자였을 때(691~716) 동서로 만 리에 걸쳐 세력을 확장했고, 따라서 북방의 여러 소수민족들은 차츰 그들의 지배를 받게 되었다.[3] 동돌궐은 40여 만의 군대를 동원하여 해마다 당의 국경을 침범하는 한편, 토번과 연합하는 등 최고로 강성한 전성기를 지내고 있었다.[4]

동돌궐의 부흥은 당의 변경지역에서 가장 심각한 문제였다. 따라서 당은 동부의 지역방어선을 축소할 수밖에 없었고, 심지어는 동북지역에 주둔한 영주營州(현재 요녕성 조양朝陽)의 군사를 동원하여 동돌궐의 침략을 막아야만 했다. 영주는 역대로 중원왕 조가 동북지역을 통치할 때 가장 중요한 최전방 요충지였다. 그 지역에는 해奚, 거란契丹 등 다양한 민족이 거주하고 있었는데, 당은 평로군平盧軍을 설치하여 실위室韋와 말갈靺鞨 등 민족들을 통치했고 또한 전략적으로 안동도호부와 직접적인 호응관계를 가지고 있었다.[5] 무주武周 연재延載 원년(694)에

> "섣달 갑술일, 묵철이 영주를 약탈했다. 실위가 반란을 일으키니 우응양위右鷹揚衛 대장군 이다조李多祚를 파견하여 이를 격파했다."[6]

---

3) 『舊唐書』 권194상, 「돌궐전」 상: "거란과 해는 697년 이후 자주 침략을 당했다."(5,172쪽) ; 『新唐書』 권219, 「北狄室衛傳」 : "그 나라에는 군주가 없고 오로지 추장만이 있었는데, 이들을 모두 '莫賀咄'이라 불렀다. 攝莽은 그 부족을 이끌고 돌궐에 투항했다."(6,176쪽) ; 같은 책 「北狄渤海傳」 : 黑水靺鞨은 "때때로 돌궐에게 吐屯을 요청하였는데 이를 모두 먼저 우리에게 알려왔다."(6,180쪽) (여기서 吐屯은 돌궐에서 각 부족에 파견하여 조세 수입을 감시하던 관리를 가리킨다. 『新唐書』 권215하, 「돌궐전」 하, 6,056쪽).

4) 『舊唐書』 권194상, 「돌궐전」상, 5,172쪽 ; 『新唐書』 권215상, 「돌궐전」 상, 6,046쪽.

5) 『舊唐書』 권38, 「지리지」 一, "平盧軍節度使"조, 1,387쪽 ; 같은 책, 권39 「지리지」 二, "柳城"조, 1,521쪽.

6) 『통감』 권205, 6,493쪽.

영주에서 발생한 이 소란으로 인해 동북아시아 정국은 거대한 연쇄적인 반응이 시작되었다.

만세통천萬歲通天 원년(696)에는 무주 조정에서 토번과 돌궐에게 동시에 전쟁을 벌였기에 오히려 앞뒤로 적을 맞는 상황이 되었다.[7)]

> "하오월 임자일에 영주의 거란 송막도독松漠都督 이진충李盡忠과 귀성주자사歸誠州刺史 손만영孫萬榮이 반란을 일으키니 영주가 함락되고 도독인 조문홰趙文翙가 살해되었다. 진충은 만영의 매부로 모두 영주성 부근에서 거주하고 있었다."
>
> "진충은 스스로 최고의 가한(지도자)이라 스스로 칭하고 영주에 주둔하면서 만영을 선봉으로 삼았다."[8)]

이 대규모 반란은 1년 넘게 계속되었고, 동아시아의 정세에 중대한 영향을 끼치게 되었다.

거란의 반란으로 인해 당 조정은 변방의 군정시설을 철수하였고, 영주는 당의 통제력을 상실하여 무정부 상황이 된다. 이에 고구려가 멸망한 후 속말말갈粟末靺鞨과 일부 고구려유민들은 영주지역에서 30여 년 동안 당의 통치를 받았으나 이 기회를 이용하여 당의 지배에서 벗어나 도망칠 수 있었다. 속말말갈은 '구국舊國(현재 길림성 敦化 지역)'이라 불리는 옛 거주지역으로 이동하여 스스로의 세력을 확장하기 시작했다. 측천무후는 거란의 반란 때문에 어쩔

---

7) 『통감』 권206, 측천무후 神功원년(697) "武懿宗軍至趙州"의 기재에 의하면 孫萬榮은 멸망당하기 전 일찍이 비통에 빠져 : "지금 당에 귀순하더라도 그 죄가 너무 크다. 돌궐에 귀순하면 죽음을 당하고, 신라에 귀순하더라도 역시 죽음뿐이니 이를 어찌해야 하는가!"(6,521쪽) 이로써 거란이 반란을 일으켰으나 각국의 관계와 시기에 관하여 여러 가지를 고려하고 있음을 알 수 있다.

8) 『통감』 권205, 6,505~6,506쪽.

수 없이 말갈을 회유할 수밖에 없었고, 그들의 지도자인 걸걸중상乞乞仲象을 진국공震國公(진震을 '진振'으로 표기하기도 한다)으로 책봉했다. 그러나 다른 말갈부족들은 이 책봉을 받아들이지 않았다. 거란의 반란을 진압한 후 측천무후는 군사를 파견하여 말갈을 복속하려 했다. 그러나 중상의 아들인 대조영大祚榮이 이끄는 여러 부족들의 강력한 저항을 받았다. 더욱이 거란은 반란이 실패로 끝난 후에도 남은 부족과 해 모두 동돌궐에 투항했고, 돌궐의 세력은 중원왕조가 말갈을 공격하려는 길목을 막고 있었다. 이런 상황을 이용한 대조영은 국가를 건국할 수 있게 되었고, 국가 이름은 부친이 당에게서 책봉 받았던 이름을 계승하여 진국震國을 개국한다. 그 후 선천先天 2년(713)에 당의 책봉을 받아 발해渤海라는 국명을 얻었다.[9]

발해의 건국과 발전으로 인해 당과 신라의 얼어붙었던 양국관계가 다시 우호적인 동맹관계로 변화하게 된다. 발해는 건국 후 끊임없이 중국의 동북부 지역에서 세력을 확장했을 뿐 아니라 한반도까지 강역을 넓혀 통일신라의 발전을 방해했다. 당 조정은 효과적으로 발해를 견제하기 위해 신라와 관계를 회복하여 당과 신라가 동시에 발해를 견제하는 정책을 추진했다. 신라 역시 중국 대륙과의 전통적인 우호관계 회복을 희망하였기에 한편으로는 당과 동

---

9) 『新唐書』 권219, 「북적발해전」, 6,179~6,180쪽 ; 『舊唐書』 권199하, 「北狄渤海靺鞨傳」, 5,360쪽. 그 기재된 내용에서 알 수 있는 것은 발해는 처음부터 끝까지 중원왕조를 종주로 삼았기에 그 정권의 합법성은 중앙정부의 책봉에 달려 있었다. 그러므로 그 내부에서는 전쟁이 발생하기도 했다. 참고 졸문, 「總論 : 隋唐五代東北亞政治關係大勢」4 「靺鞨, 女眞之遞興」과 「唐朝與新羅關係史論——兼論統一新羅在東亞世界中的地位」, 『盛唐時代與東北亞政局』16~19, 338~339쪽 ; 金子修一(1999), 「由唐朝看給與渤海名分的意義」, 『東亞史中的國家和地域』(唐代史研究會報告第八集) ; 東京, 刀水書房, 402~424쪽 ; 浜田耕策(2000), 『渤海國興亡史』, 東京 : 吉川弘文館, 16~17쪽 ; 馬一虹(2002), 「唐封大祚榮"渤海郡王"號考——兼及唐朝對渤海與高句麗關係的認識」, 『北方文物』, 제2기, 61~66쪽.

맹을 통해 발해의 세력을 막았고, 다른 한편으로는 당의 선진 문화를 대대적으로 받아들여 본국의 발전을 촉진하려 했다. 이 방면의 연구 성과에 따르면 신라가 699년 당에 사신을 파견한 것이 이런 국제적인 상황과 관련이 있다는 주장이 있다.[10)]

703년 이래 당에 가장 많은 사신을 보낸 나라는 바로 신라이다.[11)] 8세기 30년대 당과 신라의 관계는 더욱 크게 진전을 보였다. 개원開元 21년(733) 현종玄宗은 신라와 군사적인 협력을 통해 발해를 협공하려 했고, 신라에서는 이에 적극적으로 호응하여 군사를 즉시 파병했다. 이런 군사적 행동은 겨울의 한파와 많은 눈 때문에 물러날 수밖에 없었지만, 현종은 군사적인 실패에도 불과하고 신라의 적극적인 모습을 인정해야 했기에 결국 당 조정은 신라와의 국경을 패강浿江(현재 대동강)으로 삼는 것을 승인하게 된다.[12)] 이런 양국 관계는 지속적인 우호관계에서 전면적인 우호관계로 발전하게 되었다. 당 조정에서는 신라군대를 통해 발해를 격파하려고 했기에 신라의 국왕에게 특별히 영해군사寧海軍使라는 장군의 이름을 수여했는데, 등주登州(현재 산동성 蓬萊)에서 발해의 공격을 당했던 군사적 교훈을 되새겨[13)] 해상 안전의 의미까지 내포하고 있는 것이다.[14)] 이후 신라 국왕의 장군 칭호는 당 중기 신라 남부에 장보고張保皐

10) 黃約瑟(1997), 「武則天與朝鮮半島政局」, 『黃約瑟隋唐史論集』, 中華書局, 72~73쪽.
11) 앞의 책, 73쪽.
12) 黃約瑟, 「讀<曲江集>所收唐與渤海及新羅敕書」, 『黃約瑟隋唐史論集』, 95~102쪽. 참고 ; 陳寅恪(1982), 『唐代政治史述論稿』, 上海古籍出版社, 150~151쪽 ; 졸문(2005), 「新羅北界與唐朝遼東」, 『史學集刊』, 제3기, 44~45쪽.
13) 『통감』 권213, 당 현종 개원23년(732) 9월 "발해 말갈의 국왕인 武藝가 장수 張文休에게 명령하여 登州를 약탈하다"조, 6,798쪽. 아울러 두 『당서』의 新羅傳을 참고.
14) 『舊唐書』, 「동이신라전」, 5,337쪽. 『新唐書』에서도 : "발해말갈이 등주를 약탈하니 (신라 국왕) 興光이 군사를 이끌고 이들을 공격하려고 등주에 도착했다. 당 황제는 흥광에게 寧海軍大使로 직위를 수여하고 말갈을 공격하도록 했다."(6,205쪽) 이는 신라

의 청해진青海鎭이 설치될 때까지 계속되었다.[15] 결국 8세기 30년대에 당과 신라는 동맹관계를 회복한 후 양국은 더더욱 긴밀한 관계를 가지게 되었고, 양국의 우호관계는 통일신라의 사회발전에 큰 영향을 미치게 된다.[16]

필자가 이 방면을 연구한 결과에 의하면 통일신라와 당 조정은 긴밀한 관계를 가지고 있었고, 통일신라는 당에게 중요한 대상국이었기에 당시의 일본과 당의 관계와는 비교조차 할 수 없을 만큼 신라와 당의 관계는 중요한 동맹관계를 가지고 있었다.[17]

또한 당과의 관계라는 관점에서는 통일신라와 발해는 동등한 입장을 가지지 못했다. 이 관점에 대해 학자들은 『속일본기續日本紀』 권35 「광인천황기光仁天皇紀」 보구寶龜10년(779) 하사월 신묘 조에는 다음과 같은 기록이 있다고 지적한다.

> "예전에 속전粟田이 당에 사신단과 진인眞人 등은 초리楚劢에서 출발하여 장안의 장락역長樂驛에 도착한 후에 오품 관리들이 그들을 맞이하며 황제의 칙명을 전하는 등 당 조정에서는 일본 사신단에게 합당한 답례를 하지 않았다. 신라에서는 태렴泰廉왕자가 사신으로 장안에 도착하니 관리들은 황명을 받들어 사신단을 맞이했고, 사신단의 마차에서 내려 답례를 했다. 그러나 발해의 사신은 모두 말에서 내린 후에 예의로 답했다."

학자들은 당에 사신이 도착했을 때 일본사신에게는 답례를 하지 않았고,

국왕이 주동적으로 출병했기에 그런 연유로 장군의 이름을 얻게 되었다. 발해는 황해의 해적을 이용하여 등주를 약탈했기에 이보다 먼저 신라와 군사적인 충돌이 발생했을 가능성이 있다. 참고 浜田耕策, 「新羅王權與海上勢力——特別有關張保皐的清海鎭與海賊」, 『東亞史中的國家和地域』, 454~455쪽.

15) 浜田耕策, 『新羅王權與海上勢力——特別有關張保皐的清海鎭與海賊』, 455~456쪽.

16) 졸문, 『唐朝與新羅關係史論——兼論統一新羅在東亞世界中的地位』, 331쪽.

17) 앞의 책, 336~368쪽.

신라사신에게는 곧장 답례를 했으며, 발해사신에게는 먼저 예의를 표한 것을 본 후에 답례를 했다는 기록을 참고하여 당은 상대방에 따라 외교적인 예의와 형식을 달리했다고 주장한다. 발해는 당이 동북방에서 기미정책을 실시한 후에 여러 부족이 모여 성립된 국가였기에 실제로 당의 입장에서 발해의 국제적인 지위는 통일신라와 같다고 할 수는 없다. 이런 상황을 일본도 알고 있었고, 이는 통일신라와의 우호관계를 위해 지속적으로 실시된 것이다. 즉 통일신라와 당이 시종일관 철저하게 우호관계를 위해 노력하고 있음을 보여준다고 할 수 있다.

당과 신라와의 관계를 종합해보면 8세기에 이르러 전통적인 우호관계를 회복한 후에 양국의 관계는 더더욱 긴밀해졌음을 알 수 있다. 당과 신라 간의 전면적이고 대규모적인 문화교류에 따라 통일신라 사회는 급속도로 발전할 수 있었고, 신라의 독자적인 문화를 만들 수 있는 계기가 되었다. 때문에 당 현종은 신라를 '군자의 나라'라고 부르게 된다. 동시에 신라의 많은 사람이 당의 문화 발전에 지대한 공헌을 하게 되었다. 통일신라는 스스로의 문화 발전과 당과의 긴밀한 우호관계로 인해 국제적인 지위는 계속적으로 높아지게 되었다. 8~9세기 당과 신라의 전략적 동반자적 관계는 동아시아의 중심축으로 당시 동아시아의 국제정세에 균형을 잡는 역할을 했기에 2백여 년 동안 안정적인 국제질서를 유지하는 원동력이 되었다. 이런 당과 신라의 국제적인 역할은 오늘날에 있어서도 역사적으로 큰 중대한 의의를 가지고 있다.

2. 국제적 평화에 대한 공통적인 관심

발해가 당시의 혼란한 시기를 이용하여 건국을 하자 당에서는 신속하게 책봉을 하게 되는데, 이는 여러 약한 부족들이 돌궐에 협력하는 것을 방지하기 위한 전략적인 의도가 있었다. 그러나 국제 형세는 빠른 속도로 변화했다.[18] 716년 묵철이 자객에 의해 살해당한 후 돌궐의 세력은 약화되었고, 또한 719년 대조영이 사망하자 대무예大武藝가 계승한 후 발해의 국내외 정책에 변화가 발생한다.[19]

묵철이 사망한 그 다음 해 당 조정에서는 요서 유성柳城(현재 요녕성 조양朝陽)을 수복하고 동북부 지방을 통치하기 위해 영주도독부를 설치한다. 그 후 개원8년(720) 9월에 해와 거란이 은혜를 배반하였으니 이들을 토벌하기 위해 효위랑장섭랑중驍衛郎將攝郎中 장월張越을 말갈에 파견했다.[20] 여기서 언급하는 말갈은 발해가 아니라 아마도 흑수말갈黑水靺鞨을 가리키는 것으로 추정할 수 있다.[21] 이에 722년5월 흑수말갈의 지도자 예속리계倪屬利稽는 당에 사신을 파

18) 말갈이 자립한 지 오래지 않아 측천무후는 그 지도자를 震國公으로 책봉했다. 中宗(705~710)은 즉위한 후 "책봉을 다시 하려 했으나 거란과 돌궐이 해마다 약탈을 하여 그 명이 전해지지 않았다."(『舊唐書』, 「발해말갈전」, 5,360쪽); 玄宗 先天2년(713) 崔忻을 파견하여 "대조영을 左驍衛 대장군과 발해군왕으로 명하고, 그가 忽汗州를 통치하고 있었기에 홀한주 도독으로 임명하니 이후 말갈의 이름을 버리고 발해라고만 부르게 되었다."(『新唐書』, 「발해전」, 6,180쪽). 여순 황금산에서 최흔이 사신으로 출발할 때 새긴 석각이 발견되었다. 당시 육로로는 돌궐과 거란이 방해하고 있었기에 당의 사신은 발해를 가기 위해 육로보다는 해로를 택해 이동했다. 佟柱臣(1989), 「張建章墓志考」, 『中國東北地區和新石器時代考古論集』, 文物出版社, 73쪽 참고.

19) 黃約瑟, 『讀〈曲江集〉所收唐與渤海及新羅敕書』, 87쪽; 浜田耕策(2000), 『渤海國興亡史』, 28~33쪽.

20) [宋] 王欽若 외 편(1988), 『冊府元龜』 권986, 「外臣部 · 征討」5, 中華書局影印本, 11,584쪽 상단.

21) 浜田耕策(2000), 28쪽. 발해가 건국한 이후 중국과 일본의 사료에서 '말갈'이라고만 표기된 단어의 대부분 흑수말갈을 가리킨다. 예를 들어 일본의 『類聚國史』 권193, 「발해」 上에 "그 나라는 2천 리에 달하지만 주, 현, 역관은 없고, 곳곳마다 마을이 있는데, 모두 말갈부락이다. 그 백성은 말갈인이 많고, 토착인은 적은데, 모두 토착인이 그 마을의 촌장을 맡고 있다. 큰 마을은 도독, 그 다음은 자사, 그 아래의 백성들은 모

견하니 현종은 즉시 발리주勃利州(현재 러시아 하바로브스크)의 자사로 책봉했다.[22)]

"개원13년 안동도호 설태청薛泰請은 흑수말갈의 지역에 흑수군을 설치했다. 계속적으로 가장 세력이 큰 부족을 흑수부로 바꾸었으며 그 지도자를 도독으로 삼았고 남은 부족들의 자사를 그 도독의 관할에 속하게 했다. 중국에서는 장사長史를 파견하여 남은 부족을 감시하고 통제했다. 16년 그 도독에게 이헌성李獻誠이라는 성과 이름을 하사했고, 그로 하여금 운휘장군雲麾將軍과 흑수경략사를 겸임하게 했다. 또한 유주幽州 도독에게 그들을 단속하게 하여 이후로 조공이 끊이지 않았다."[23)]

이로써 알 수 있는 것은 당은 동북지역에 소극적인 방어전략(본문 제 4절 참고)을 시행하고 있었고, 단지 정치적인 수단을 통해 서로 다른 세력들 사이에서 이해관계에 따라 그들을 조정할 수밖에 없었다. 그러나 이런 정책은 발해의 대무예가 왕권을 강화하여 실시한 '척대토우斥大土宇'[24)]정책과는 모순이 발생하게 된다. 대무예는 계속적으로 흑수에 군사를 파병했을 뿐 아니라 8세기 30년대 초에는 돌궐, 해, 거란과 동맹을 맺고 요서지역을 공격했고, 심지어는 황해의 해적을 이용하여 산동반도 북부에 있는 등주를 공격했다. 이런 상황이 발생하자 당은 신라와 연합 출병하여 발해의 의도를 무산시켰다.

그러나 대무예 시기에 일어난 당과의 충돌은 2백여 년간의 당과 발해의 관

두 수령이라고 부른다." 발해 국내에는 토착인과 말갈이 대립하고 있어 토착인을 관리로 삼고, 말갈인을 백성으로 삼았는데, 이 점에서 발해와 흑수말갈이 확연하게 구분된다. 그렇지만 이 부분에 대해 계속적인 연구가 필요하다.

22) 『新唐書』 권219, 「북적흑수말갈전」, 6,178쪽.

23) 『舊唐書』 권199하, 「북적말갈전」, 5,359쪽.

24) 『新唐書』 권219, 「북적발해전」, 6,180쪽.

계에서 좋지 못한 관계였을 뿐이고, 이는 아마도 대무예의 개인적인 성향과 관련이 있다고 할 수 있다.[25] 동돌궐은 이 시기에 이미 전성기가 지나 점차 국력이 약해져 하향세를 보였고, 거란은 발해와 당이라는 국가 사이에서 독립할 수 있는 역량이 없었기에 발해는 신라와의 대치적인 상황만을 고려해야 했다. 따라서 개원23년(735)을 전후로 대무예는 동생 대무경大茂慶을 당에 보내 그간의 잘못한 점을 인정하고 아울러 돌궐의 상황을 당에 알렸다.[26] 이후 당과 발해의 관계는 안정적으로 변화했고, 양국 간의 교류가 끊임없이 계속되었다.

어쨌든 여러 정치세력들이 난립하여 모순적인 상황에 탄생한 발해는 이후 경제와 문화의 발전으로 '해동성국'이라는 이름을 얻게 되었으나, 군사적으로는 오히려 예전과 같지 못하게 되었다. 당과 북방의 강력한 유목민족들 때문에 발해는 중원으로 진출할 수도 그렇다고 초원을 정복하기도 불가능했다. 당에서 '안사의 난安史之亂(755~763)'이 발생하여 번진할거藩鎭割據 국면이 발생하자 발해는 조금씩 요동지역을 잠식하기 시작한다.[27] 이 지역은 강력한 정치적 통치와 군사적 방어가 없었기에 후에 거란은 무혈입성을 할 수 있었다.[28]

실상 발해는 형식적으로 관료제도가 발달한 중앙집권국가라고 보기는 힘들다. 오경五京을 제외한 지방과 기층사회, 더욱이 새로 정복한 흑수말갈 지역

25) 당과 발해의 관계에서 大武藝의 정책이 역대 발해의 국왕과 비교해 매우 다른 모습을 보인다. 그는 당과 흑수말갈이 교류하는 것이 발해를 협공하는 것이라 여겼고, 동생인 大文藝의 권고를 듣기는커녕 오히려 당에 간 동생을 암살하기도 했다. 당을 공격할 역량이 부족하다는 것을 알고서도 바다를 건너 산동 등주를 공격하는 등 정상적이지 못한 그의 행동으로 볼 때 혹시 그에게 정신 또는 건강에 문제가 있을 것이라는 지적도 있다.

26) 黃約瑟, 『讀〈曲江集〉所收唐與渤海及新羅敕書』, 103~108쪽 ; 浜田耕策(2000), 38쪽.

27) 魏國忠(1995), 「渤海王國据有遼東考」, 『東北民族史研究(二)』, 中州古籍出版社, 200쪽.

28) 王綿厚(2000), 「唐末契丹進入遼東的歷史考察」, 『東北古族古國古文化硏究(中권)』, 黑龍江教育出版社, 255쪽.

은 표면상으로 군현제를 시행하고 있으나, 실제적으로는 전통적인 부족형태에 따라 조직되어 부족의 지도자들이 여전히 권력을 가지고 있는 상황에서 발해 조정의 통제력은 미약했다. 때문에 정치적인 제도와 사회적인 현실이 차이가 나기에 자연히 모순적인 발생할 수밖에 없었고, 이런 충돌을 피하기 위해 발해 조정에서는 각 부족의 지도자에게 일본과 해상무역을 적극적으로 권유했고, 북방 수렵민족의 경제방식인 물물교환이라는 경제적인 수요를 조금씩 만족시킬 수 있었다.[29] 8~9세기에 일본과의 교류는 기본적으로 발해 정부의 적극적인 의도로 성립되었다.[30] 그러나 8세기 중엽 이후에는 정치적인 목적은 줄어들고 경제와 문화적인 부분에서 더 많은 역할을 하게 된다.[31] 동시에 신라와 일본 간의 교류가 악화된 상황에서 발해는 당과 일본 모두와 교류하였기에 당과 일본의 교류에 중요한 교량 역할을 하고 있었다.[32]

북한 학자의 주장에 따르면, "신라는 733년 당을 도와 발해를 협공하려 했으나 실패한 후에도 발해와의 관계는 이해할 수가 없다. 단지 발해의 남경남해부南京南海府(현재 함경북도 경성 부근으로 추정함)가 신라와 중요한 교역을 담당하고 있었다는 것을 알 수 있다. 발해가 신라와 교류했다는 사실에서 볼 때 양국의 관계가 빈번했음을 의심할 여지가 없다. 양국이 계속적으로 전쟁

---

29) 李成市(1998), 「古代東北亞諸民族的對日本通交——以穢, 高句麗, 渤海爲中心」, 『東亞的古代文化』, 夏 · 96號, 大和書房, 90~93쪽； 鈴木靖民(1999), 「渤海國家的構造與特質——首領, 生産, 交易」, 『朝鮮學報』, 第170輯, 10~18쪽 ; 馬一虹(1999), 「渤海與唐朝的關係」, 『亞洲游學』 6期 『渤海與古代東亞』 特集, 東京 : 勉誠出版社, 46~49쪽 ; 古畑徹, 『環日本海諸"地域"間交流史中的渤海國』, 425, 438쪽 ; 浜田耕策(2000), 『渤海國興亡史』, 5~8, 126, 153쪽.

30) 古畑徹, 『環日本海諸"地域"間交流史中的渤海國』, 434~438쪽.

31) 馬一虹(1998), 「八世紀中葉之渤海與日本的關係——以762年渤海第六次遣日本使爲中心」, 『國學院大學大學院紀要(文學研究科)』, 第29輯 抽印本.

32) 浜田耕策, 55, 60~63, 103~104, 111, 171, 180쪽.

없는 평화로운 상태에서 볼 때 양국의 관계를 알 수 있다."[33] 계속해서 "당과 일본의 활발한 무역과는 다르게 발해와 신라 사이의 무역은 그다지 활발하지 않았다. 이는 앞서 언급한 정치, 경제적으로 모종의 원인이 있었기 때문이지만, 양국 국경의 민간에서는 사사로운 소규모 무역이 계속되었다. 이밖에 여러 차례 국가 사절이 오고 가는 과정에서 약간의 국가무역이 벌어지기도 했다. 당시 양국이 왕래하는 교통로는 신라의 동북쪽 국경인 천정군泉井郡(현재 德源)에서 출발하여 동해안의 육로를 따라 발해의 남경남해부와 동경용원부東京龍原府(柵城이라 부르기도 한다. 천정군에서 이곳까지 39개의 역을 거쳐야 했다)에 이르는 길이였다."[34]

필자는 예전에 혹시 일본이 신라가 외교와 군사 방면에서 대동강을 넘어 고구려의 옛 지역(당의 안동도호부가 통치하는 지역)[35]으로 진출하는 것을 견제하는 것이 아닐까 하는 의문이 든 적이 있다. 지금 다시 생각해보니 이 문제는 증거가 부족하여 단지 추측만 할 뿐이다. 연구결과에 따르면 고구려가 멸망한 같은 해 같은 달, 일본 천지천황天智天皇7년(668)9월 신라는 일본에 사신을 보냈고, 이후 문무천황文武天皇4년(700)까지 모두 32년간 신라에서는 일본에 29번, 일본에서는 신라에 11번 사신을 보냈다. 양국의 사신단이 단기간에 이렇게 빈번한 왕래를 했던 사실로 볼 때 양국 관계가 매우 긴밀했음을 알 수 있다. 비슷한 시기에 일본은 699년 일곱 번째로 견당사를 보냈고 이후 701년까지 32년간 당과 교류가 없었다. 이로 알 수 있는 것은 이 시기 신라는 당과의

---

33) 朝鮮科學院歷史研究所 편, 賀劍城 역(1962), 『朝鮮通史』 상권, 三聯書店, 55쪽.
34) 조선과학원 역사연구소(1975), 연변대학 번역조 역, 『朝鮮通史』 상권(第一分册) 제7장 「新羅和渤海的發展」, 吉林人民出版社, 250~251쪽.
35) 졸저, 『盛唐時代與東北亞政局』, 33쪽.

관계가 긴박했기에 당에 대항하기 위해 일본과 교류를 하게 된 것이다.[36] 일본은 단지 신라의 우호적인 입장에 적극적으로 호응한 것으로, 상반되게 견제작용을 했다는 것은 불가능한 것이라 할 수 있다. 7세기 말에 이르러 신라는 당과 관계가 우호적으로 변화했으나 발해의 건국 등 여러 가지 이유로 당과 연합하여 이러한 위협에서 벗어나고 노력했고, 그 과정에서 703년 이래로 당에 가장 많은 사신을 보내게 되었다.[37] 이런 상황에서 신라와 일본의 관계는 점차 소극적으로 변하게 되었고, 결국 779년 이후 신라는 일본과 외교관계를 단절한다.[38] 그러나 양국관계는 냉랭하게 변했을 뿐 나당전쟁 같은 직접적인 군사 충돌은 없었다. 문헌에 기재되어 있는 이 시기의 사건을 살펴보면 일본은 몇 차례 신라를 공격하려 했으나 실제적으로는 모두 발생하지 않았다.[39] 따라서 신라를 군사적으로 견제하거나 위협했다는 것이 현실적으로는 불가능했다는 것을 알 수 있다.

일본에서는 백강전투에서 패한 교훈에 대해 천지천황 이래로 역대 천황들 모두 심각하게 고찰하고 반성했다. 이 과정에서 그들은 당시의 일본이 당에 대항할 힘이 없었음을 인정하고, 일본이 동아시아에서 강국이 되기 위해서는

36) 福田忠之, 『試論金馬渚的高句麗政權與新羅的半島統一』, 北京大學歷史係2003級博士研究生東北亞古代史讀書報告之二, 4~5쪽.

37) 졸저, 『盛唐時代與東北亞政局』, 13쪽.

38) 福田忠之, 『古代日本華夷思想與唐代東北亞國際關係——以日本與新羅關係爲中心』(未刊稿), 32, 53쪽.

39) 馬一虹(1998), 「八世紀中葉之渤海與日本的關係——以762年渤海第六次遣日本使爲中心」, 『國學院大學大學院紀要(文學硏究科)』, 第29輯 抽印本, 261~281쪽; 浜田耕策(2000), 49~53쪽; 『三國史記』 권8, 「新羅本紀」 第八記載, 신라 聖德王 30년(731) 夏四月에 "일본의 군함 300척이 바다를 건너 우리의 동쪽을 침략하니 왕이 출병하여 그들을 물리쳤다."(98쪽). 그러나 일본의 사서에서는 이와 같은 기록이 없기에 실제로 일본이 신라를 공격했는지에 대해 의문점이 있다.

반드시 중앙집권제도의 시행을 통해 왕권을 강화하고 국가를 부강하게 하는 정책을 실시해야 함을 알게 되었다. 즉 이러한 인식을 통해 백강전투의 패배가 발생한 이후 40여 년을 노력하여 일본은 여러 방면에서 장족의 발전을 거둘 수 있었다. 일본의 통치계층이 백강전투의 패배에서 얻은 두 번째 교훈은 일본의 정치 · 경제 · 문화가 빠르게 발전해야 한다는 것이다. 이는 일본 국내의 평화적인 환경이 필요할 뿐 아니라 대륙의 선진 문화를 반드시 수용해야 함을 의미한다. 이를 위해 국제적인 평화는 반드시 필요한 것이었다. 따라서 이어지는 나라奈良시대(710~794)는 일본에 있어서 새로운 대외관계가 시작되는 시기라고 할 수 있다.[40)]

어느 일본학자는 평론에서 "백강전투 패배 이후는 아마도 메이지유신과 2차 세계대전 후와 같이 국가가 발전하기 위해 필요에 따라 적국의 국가체제와 문화를 받아들였던 시기라고 할 수 있다."고 했다. 필자는 이 주장과 다르게 생각한다, 즉 백강전투 패배 후에 일본에서는 당의 문화를 배워 율령제 국가를 만들지만 중요한 국가정책은 과거 지역을 중심으로 한 정치에서 신중, 평화, 발전으로 바뀌게 되었다고 생각한다. 일본의 모리 기미유키森公章는 『'백촌강白村江'이후』의 제3장 「율령국가 '일본'의 성립」에서 제5절의 제목을 '소극적인 외교'로 전환했는데, 작자는 한반도와의 외교 포기, 탐라耽羅(현재 제주도)의 원조 요구 거절, 당과의 외교 회피, 신라에 조공, 당 문화의 모방, '소중화小中華'관의 형성 등의 내용을 상세하게 설명하고 있다. 제8차 견당사 이래로 비록 주로 당의 문화를 배우기에 힘쓰고 있지만 당에게 책봉을 요구하지 않고 심지어는 '번국蕃國'[41)]으로 취급 받아도 기꺼이 받아들였다. 예전과 비교하면

40) 上垣外憲一(2000), 『日本文化交流小史 - 從東亞傳統文化着眼』, 東京, 中央公論新社, 49쪽.

41) 森公章(1999), 『"白村江"之后』, 東京 : 講談社, 214~215쪽. 예를 들면 『續日本紀』

이전과는 달리 정치적으로 신중하게 보이는 것이라 할 수 있다.

견당사의 사명은 일본 국내의 정책을 평화롭게 발전시키는 것이었다. 이는 당시 동아시아 국제관계의 관점에서도 그 증거를 찾을 수 있다. 먼저 살펴볼 것은 더는 전쟁과 같은 군사적 충돌이 없어졌다는 점이다. 이는 앞서 언급한 바와 같이 문헌기록에 의하면 이 시기에 일본은 몇 차례 신라를 공격하려고 기도했으나 모두 현실적으로는 발생한다. 그 다음으로는 지역을 중심으로 하는 정국이 발생했고, 이는 방어적인 개념까지 지역적으로 한정하는 상황이 발생한다. 당 중기에 발생한 안사의 난 역시 이 범주에 속한다.[42] 비록 이와 같이 일본은 동아시아에서 정치적으로 7세기 이전과 같이 적극적인 모습을 보이지 않지만, 오히려 이런 일본의 정책은 자국의 장기적인 평화와 발전을 얻게 되었다. 잘 알려진 바와 같이 일본에서 이른바 율령제 국가라는 의미는 특징 있는 전통문화를 내포하고 있으며, 이 시기에 성립되었다. 이를 일러 '새옹지마'라는 표현이 가장 적절하다고 할 수 있다. 따라서 우리들은 지나간 역사를 돌아보면서 다시 한 번 자세하게 살펴볼 필요가 있다.

권19에는 754년 일본 사신이 신라 사신과 당에서 '서로 우위에 있다는 논쟁'이 있었다. 어쨌든 논쟁의 주요 쟁점은 바로 蕃國의 지위에 있었다. 졸문, 『唐朝與新羅關係史論——兼論統一新羅在東亞世界中的地位』, 336~368쪽 참고. 사료에서는 일본이 당에게 表를 올렸다는 기록이 보이지 않기에 국가 간의 교류에 있어서 대등이라는 문제가 제기될 수 있다. 대만의 徐先堯는 이 점에 대해 "아마도 중국 천자는 일본의 국왕에게 『敕書』를 내렸기에 일본국왕이 천자에게 조공을 올리는 표를 어찌 올리지 않았겠는가?"라고 지적한다. 서선요(2003), 『二王尺牘與日本書紀所載國書之硏究——隋唐期中日關係史之一章』, 臺北 : 藝軒圖書出版社, 200~201쪽 참고.

42) 西嶋定生(1985), 『日本歷史的國際環境』, 東京大學出版會, 120쪽 ; (1997, 『(新訂增補) 續日本紀』 권21, 淳仁天皇 天平寶字 2년(758) 12월 戊申條, 東京 ; 吉川弘文館普及版, 257~258쪽.

3. 조화로운 문화 발전

많은 학자들이 동아시아의 역사와 문화에는 공통적인 부분을 가지고 있다는 점을 주목하고 있다. 이런 공통적인 요소로 한자문화, 유교문화, 율령제도, 불교신앙 등 4가지로 정의하는 주장도 있다. 이 4가지 공통요소로 가장 기본이 되는 것은 바로 한자문화이다. 다시 말하자면 유교, 율령제, 불교는 모두 중국의 한자를 통해 동아시아로 전파된 것이라 할 수 있다. 때문에 어떤 학자(주로 일본 학자)는 동아시아세계를 '한자문화권'으로 부르기도 한다.

8세기 전반기 중국은 이른바 '성당盛唐(당의 전성기)'시대에 진입했고, 이 시기에 '개원지치開元之治(713~741)'와 '천보성세天寶盛世(742~755)'가 출현한다. 개원시기는 정치적으로 안정되었고, 경제적으로는 물자가 풍부했으며, 국내외에서는 평화가 지속되었다. 두우杜佑의 『통전通典』에 기재된 내용은 다음과 같다.

> "개원13년 태산에서 봉선을 행하니 쌀 한 말에 13문, 청주青州와 제주齊州에서는 곡식 한 말에 5문이었다. 이후 천하에는 귀중한 물건이 없어지게 되었고, 양경兩京에서는 쌀 한 말에 20문이 되지 않았고, 국수는 30문, 비단 한 필은 210문이었다."

개원20년에 이르러서는 전국의 호구는 786만 호이고, 인구는 4,543만 명 이상으로 조사되었는데, 이 숫자는 당 초기에 비해 1.5배가 증가한 것이다. 사회경제의 번영은 문화의 발전을 촉진시켰다. 이 시기의 당시唐詩는 후대에서도 가장 유명하고, 당시의 저명한 시인으로는 고적高適, 잠참岑参, 왕유王維, 특히 시선詩仙 이백과 시성詩聖 두보가 모두 이 시대에 활동했다. 당 중기의 저명한 시인(이들을 '대력십재자大曆十才子'라고 부른다) 역시 이 시기에 교육을 받았다. 또한 음악, 회화, 조각, 동상 등 예술 역시 크게 발전한 시기였다. 두보는 『억석憶昔』에서 당시의 번영했던 모습을 시로써 묘사했다.

"지난 날 개원 시절의 화려함을 되돌아보니(憶昔開元全盛日)
작은 마을에서도 모든 집이 가득 차 있고(小邑猶藏萬家室)
쌀은 기름지고 좁쌀은 실하니(稻米流脂粟米白)
모든 창고마다 가득 차 있네(公私倉廩俱豊實)
천하의 모든 길에는 도적이 없고(九州道路無豺虎)
먼 길도 아무 때나 떠날 수 있네(遠行不勞吉日出)
제齊와 노魯의 비단을 실은 수레가 끊이지 않고(齊紈魯縞車班班)
남자는 밭을 갈고 여자는 길쌈하여 모두가 평안하네(男耕女桑不相失)"

이 시에서 묘사한 바와 같이 개원시기는 태평성세라고 할 수 있었다.

성당시기의 중국문화는 주변국가와 지역의 문화 발전에 지대한 영향을 미쳤고 8세기에 이르러서는 동아시아에서 당나라의 문화가 최고조로 영향력을 발휘했다.

발해는 당을 모방하여 각종 제도를 만들어 시행했다. 정치적으로는 중앙에 삼성三省, 육부六部, 칠사七寺, 문적원文籍院, 주자감胄子監, 항백국巷伯局 등을 설치했고, 지방에서는 경京, 부府, 주州, 현縣 등의 행정제도를 실시했다. 또한 관리들에게 수여하는 품계와 훈작勳爵 제도를 시행했다. 당 조정은 기미부羈縻府를 설치했는데, 발해 역시 당 조정에서 파견한 장사를 수용했고, 파견된 장사의 지위는 발해의 국왕과 세자 다음에 위치했다. 군사적으로 발해는 역시 당의 16위衛 제도를 모방하여 10위를 설치했고, 후기에는 좌우신책군左右神策軍과 좌우삼군左右三軍을 설치했다. 발해의 수도인 상경성上京城은 장안을 모방하여 건설되었는데, 주위가 32리에 달해 당시 동북지역에서는 가장 큰 도시였다. 발해의 교통은 매우 발달하여 조공을 위한 도로, 영주, 거란, 신라, 일본, 흑수말갈 등의 지역으로 향하는 6개의 거대한 도로체계를 가지고 있었다. 발해와 당은 경제적으로 매우 긴밀한 관계를 가지고 있었으며, 양국은 조공과 답례라는 형식으로 국가 간의 무역을 진행했다. 양국은 등주와 청주에서 대규모로 호시互市를 개설하였고, 당은 청주에 발해관을 세워 발해의 사신을 영접하거나 해상 교통의 편의를 제공했다.

사상과 문화 측면에서 한자는 발해에서도 통용되는 문자였고, 유교 역시 발해의 통치에서 중요한 역할을 했다. 발해는 끊임없이 장안으로 학생들을 유학 보내 당을 모방하여 비슷한 교육제도를 설립하는 한편 발해의 유학생들은 당의 과거시험에 자주 참가하기도 했다. 발해 국왕은 사신을 파견하여 『당예唐禮』, 『삼국지三國志』, 『진서晉書』, 『십육국춘추十六國春秋』 등을 필사하기도 했다. 중원의 불교는 발해에 널리 전파되어 발해에서 불교가 성행했다. 발해의 문학, 회화, 조각, 동상 등 여러 예술적인 부분에서 대부분 중원문화의 영향을 크게 받았고, 발해의 예술적 성취는 매우 높은 평가를 받았다. 발해인들의 생활풍속은 중국의 영향을 받아 중국인들과 점차 비슷한 경향을 보였다. 발해의 옛 수도인 오동성敖東城 남쪽으로 5km 떨어진 육정산六頂山에서 발해 보력寶曆7년(780)에 사망한 정혜공주貞惠公主의 무덤이 발견되었다. 묘비는 해서체로 쓰인 한문비문으로 그 형태는 당대 비문에 사용된 형태와 똑같았다. 특이한 사실은 무덤의 구조가 집안의 고구려 무덤과의 형식상 일치하지만 무덤 입구에 세워진 돌사자는 당의 조각을 모방하여 만들었다는 점이다. 길림성 화용현和龍縣에서 동북방으로 25km에 위치한 용두산龍頭山에서 발해 대흥大興56년(793)에 사망한 정효공주貞孝公主의 무덤이 발견되었다. 무덤내부의 벽화와 묘지는 모두 당 문화의 영향을 받았다는 것을 한눈에 알 수 있을 만큼 그 당시 당의 문화는 동아시아에서 지대한 역할을 하고 있었다.

신라는 건국 이래 경상북도 경주를 수도로 삼았다. 신라 도성은 궁성宮城과 월성月城을 중심으로 만들었고, 도시가 마치 바둑판처럼 가로와 세로로 구분되었다. 현재 경주의 일부 지역에는 옛 규격을 나누던 담장이 아직 남아 있다. 이런 정형화된 도시 규격은 중국의 장안 유적, 일본의 나라 유적과 비교해보면 모두 많은 부분에서 유사점들이 보인다. 당의 문학, 의학, 천문, 역법 등은 모두 신라로 전해졌고, 회화, 조각, 음악 역시 신라에 깊은 영향을 주었다. 현존하는 경주 석굴암의 석불과 보살상은 당 시기의 조각상과 매우 비슷한 형태를 가지고 있다.

불교는 통일신라 시기에 통치계층에 사상적으로 많은 영향을 주었다. 때문에 유능하고 걸출한 승려들이 구법을 위해 당으로 향했다. 당에서 그들은 여러 고승들의 가르침을 받은 후 신라로 귀국하여 새로운 종파를 창건했다. 신라에 전해진 중국불교의 종파는 천태종, 법상종, 화엄종, 선종 등이다. 신라 승려 혜초는 어린 나이에 당에 도착하여 개원7년(719)을 전후로 해로를 이용하여 인도로 불법을 구하는 순례를 시작했고, 돌아올 때는 육로인 실크로드를 통해 장안으로 돌아왔다. 혜초가 당에 도착한 시기는 대략 개원16년(728)으로 추정된다. 근대시기 돈황에서 혜초의 『왕오천축국전』이 발견되었는데, 남아시아, 서아시아, 중앙아시아의 50여 개 국가와 지역의 상황에 대해 기재되어 있다. 『왕오천축국전』은 7~8세기 중앙아시아의 국제관계, 민족, 풍속, 종교, 문화교류에서 극히 중요한 학술적 가치를 가지고 있다. 혜초는 당에 돌아온 후 개원21년(733)에 김강지金剛智에게 유가밀교瑜伽密敎를 배웠고, 불경번역에 힘쓰다가 중국에서 원적했다.

이름난 고승 지장地藏은 본래 신라 왕족이었다. 개원 연간에 중국에 도착하여 구화산九華山에서 수도를 했고, 그 후 신라의 승려와 사람들이 바다를 건너 그의 문하에서 수행하려 했다. 화성사化成寺에서는 일시에 승려와 신도들이 몰려들어 대규모 사찰이 되었다. 정원貞元10년(794) 지장은 그 사찰에서 99세에 원적했다. 사료에 의하면 지장이 원적한 후 상서로운 조짐이 자주 나타났는데 이 현상이 불경에서 지장보살의 상서로움과 비슷하다고 한다.[43)] 이에 불교 신도들은 그가 지장보살의 화신이었다고 믿고 정성껏 모셔 그 후로는 구화산에서 향이 끊이지 않았고, 중국불교 4대 명산이 되었다. 고승인 무상無相법사의 속성은 김으로 신라의 세 번째 왕자로 태어났다. 개원16년(728)에 장안에 도착하여 현종을 배알하고 후에는 사천지방에서 선승禪僧으로 유명한 처적處寂의 문하에서 수도하여 법명을 받았다. 무상은 사천지역에서 20여 년간 중생을 계도했고, 보응寶應원년(762)에 성도成都에서 원적했다. 선종에서 갈라진 조동종曹洞宗을 창건한 마조도일馬祖道一은 일찍이 무상의 문하에서 수행했고 그 후 홍법弘法 역시 부분적으로 무상의 법통을 계승했다.

한국의 이기백은 "유교가 불교에 대항하는 독립된 사상으로 대두되기 시작되었는데, 이는 통일신라의 중기에 출현한 새로운 현상이었다. 682년에 설립된 국학國學은 이런 발전의 결과였다. 오래지 않아 717년 공자의 10철哲, 72현賢의 그림을 당에서 가져와 국학에 안치하였다. 750년을 전후로 이 국가 기구는 태학감太學監이라는 이름으로 개칭하였고, 그곳에서 가르치는 교수에 대해 2가지 직책으로 구분하여 시행했다. …… 매 학기마다 『논어』와 『효경』을 반드시 이수해야 했고, 그 밖에 중국의 경전, 예의禮儀, 역사, 문학 등을 이수해야 했다"고 밝혔다.[44)] 『신당서新唐書』「신라전新羅傳」에는 "신라를 군자의 나라라고 부르는데, 『시경』과 『상서』를 알고 있기 때문이다"라고 나온다. 따라서

43) 『全唐文』 권694, 費冠卿, 「九華山化成寺記」.
44) 이기백 저 · 厲帆 역(1994), 『韓國史新論』, 北京 ; 國際文化出版公司, 88쪽.

현종은 일찍이 경학으로 유명한 형숙邢璹을 관리로 파견하였다. 또 "국가 교육제도의 건립을 기초로 788년 정부관원을 인선하기 위한 국가고시제도가 반포되었다. '독서삼품과讀書三品科'라 불리는 이 시험에 참여한 인원을 대상으로 중국 문헌에 정통한 정도에 따라 3등급으로 구분하여 그에 합당한 관직을 제수했다. 시험은 태학감에서 배웠던 서적에서 출제되지만, 그러나 문학적 소양이 매우 뛰어난 자들을 기록하여 파격적으로 고위급 직위를 제수하기도 했다. 이들은 오경五經, 삼사三史(『사기』·『한서』·『후한서』), 제자백가에 정통한 순서에 따라 인사가 진행되었는데, 이는 국가고시가 유교적인 학문과 소양을 강조한 것이고, 골품제도에 따른 혈연적 세습 인선을 막고자 하는 의도가 명백히 보이는 것이라 할 수 있다"라고 기록이 있다.[45)]

일본은 『대보율령大寶律令』을 나름대로 수정하여 701년 율령제 국가를 건립하였고, 대륙과 외교가 단절된 지 32년이 지난 후 제8차 견당사를 파견했다. 이 견당사는 대륙과 통교해야 한다는 정치적인 목적이 아니라 문화를 배운다는 입장을 확실하게 가지고 있었다.[46)] 따라서 『구당서舊唐書』「일본전日本傳」에는 문화에 대한 부분이 특별히 기재되어 있다.

> "장안3년(703), 대신들과 진인은 조공품을 가지고 도착했다. 사신으로 온 진인은 호부상서에 해당하는 인물로 머리에 쓰고 있는 덕관德冠에 꽃이 4가지 모습으로 다르게 꽂혀있고, 보라색 도포에 비단으로 요대를 했다. 진인은 경서와 역사에 능통할 뿐 아니라 문장에도 능하여 화기로운 분위기가 멈추지 않았다. 천자가 인덕전麟德殿에서 연회를 베풀었고 사선경司膳卿을 제수받은 후 본국으로 귀국했다."

45) 앞의 책, 88쪽.
46) 森公章, 『"白村江"以後』 제3장 제6절, 「兩種對唐觀」, 212쪽.

문화를 바꾸려는 일본의 노력이 결국 그 결과를 본 것으로 그들은 당과 같은 국가 조직을 건설하기 위해 노력했고, 마침내 중국과 같은 문화를 형성시킬 수 있었을 뿐 아니라 국제사회에서 인정을 받는 계기가 되었다.[47] 일본은 이렇게 스스로에게 자부심을 자주 표현했다. 『속일본기續日本紀』 권3 경운慶雲원년(704) 추칠월秋七月 갑신삭甲申朔 조에

> "당나라 사람들은 우리를 가리켜 '해동에 대왜국大倭國이 있다는 소식을 자주 듣는데, 백성들은 모두 풍요롭고 예의는 바르게 행하니 군자국이라 부른다. 지금 사신의 예의 바른 행동을 보니 어찌 믿지 않겠는가!"

라고 기재된 내용이 보인다.

이로부터 일본은 성심을 다하여 중국문화를 배운 후 견당사가 중국에서 활동하려는 것을 주요 목적으로 하였다.[48] 예를 들면 서북대학西北大學에서 수집한 『증상의봉어정공묘지贈尙衣奉御井公墓志』에 다음과 같은 내용이 있다.

> "공公의 성은 정井이고, 자字는 진성眞成, 일본이라는 나라에서 하늘이 용납하여 마음대로 하게 한다고 했다. 그러므로 먼 곳에서 상국上國까지 말을 타고 왔다. 예악에 능하고 의관을 정제하고 조정에 배알하니 함께하는 것은 어렵겠구나!"

47) 앞의 책, 213쪽.
48) 앞의 책, 217~218쪽.

4. 지역 사회에서 다원화 사회로의 전환

8세기 당은 중국 고대 역사에서 매우 중요한 전환기라고 할 수 있다. 천보天寶14년(755) 11월 당의 전성시기에 안사의 난이 발생한다. 중국의 역사학자 진인각陳寅恪 선생은 "안록산은 결국 실패하고 그의 부장들은 하삭河朔 지역을 나누어 통치하면서 중앙정부와 대결하는 국면에 접어들고 당 왕조는 이후 다시 발전하지 못하고 결국 멸망에 이르게 된다."며[49] "당의 역사는 크게 전기와 후기로 나눌 수 있는데, 현종시기의 안사의 난이 그 분기점이다."라고 말했다.[50] 또한 "당의 전반기는 남북조 시기의 끝을 계승했다고 한다면 후반기는 송이 건국하기까지라고 할 수 있다. 정치, 사회, 경제적인 측면에서는 이 같은 구분이 가능하지만 문화, 학술적인 측면에서는 이렇게 구분할 수는 없다."[51] 고 주장했다. 이 주장에 대해 다시 한 번 그 의미를 살펴보면 안사의 난은 당의 전반기와 후반기를 나누는 전환점일 뿐 아니라 중국역사를 거시적으로 보았을 때 중국고대사를 전반기와 후반기로 구분하는 전환점으로 보는 것도 가능하다고 생각한다.

지역적, 정치적인 측면에서 "당은 우문태宇文泰의 관중關中 중심의 정책을 계승하여 전국의 중심이 서북부 일대에 한정되었고, 토번이 강성했을 때부터 200년 동안 지속되었다. 그러므로 당의 최고 전성시기는 동북지역에서 현상유지를 위해 소극적인 전략을 실시했을 때였고, 전국의 군사력, 재력을 적극적으로 동원하여 서쪽의 변경을 개척하면서 중앙아시아를 통치하는 것이 관

49) 陳寅恪, 『唐代政治史述論稿』, 28쪽.

50) 陳寅恪(1982), 「記唐代之李武衛楊婚姻集團」, 『金明館叢稿初編』, 上海 ; 上海古籍出版社, 237쪽.

51) 陳寅恪(1982), 296쪽.

롱關隴 지역의 안전을 확보하는 국가정책이었다. 이렇듯 동북지역에 대한 소극적인 정책은 당 시기에만 시행되었던 것이 아니라, 오대 시기와 송대에서도 역시 당과 비슷한 소극적인 정책을 진행했다."[52]라고 언급한 바와 같다. 진인각 선생은 이른바 "동북에 대한 소극적인 정책"이 안록산과 사사명 같은 무리들이 병권을 장악할 수 있었고, 결국 반란이 발생하는 원인이 되었다고 주장한다. 안록산과 사사명은 모두 동북 영주[53] 부근의 다양한 민족의 혼혈로 그 지역의 많은 언어를 할 수 있었고, 돌궐과 기타 다른 민족의 내부사정도 잘 알고 있었기에 적은 수로도 큰 승리를 거둘 수 있어서 당에 등용되었다. 안록산은 자신의 전공으로 인해 유주절도사인 장수규張守珪의 추천을 얻게 되었고, 마침내 영주에 주둔한 평로절도사가 되었다. 당시 토번은 관롱의 서쪽에서 세력을 크게 확장하고 있었기에 당 조정에서는 관롱지역의 안전을 위해 서쪽으로만 모든 관심을 보였고, 동북지역에 대해서는 소극적으로 유지하는 전략을 실시했다. 이에 안록산은 자신이 처한 상황을 정확하게 인식하여 동북지역의 해와 거란을 진압한다는 명목으로 군사를 모을 수 있었다.

안사의 난이 끼친 가장 좋지 않은 영향으로는 국가가 대규모적으로 군사지역화 되었고, 따라서 번진이 할거하는 상황이 초래한 것이다. 안사의 난이 끝난 후 반란을 진압하기 위해 변경지역 이외에 설치한 절도사는 전국 방방곡곡에 그들의 세력을 확대하였다. 타협이라는 방식으로 안록산과 사사명의 부하 장군을 회유하는 데 성공했지만, 하북과 산동 지역의 번진할거 국면은 이미 돌이킬 수 없는 상황에 이르게 된다. 번진할거로 인해 중앙정부는 국내에서 가장 부유한 지역의 인력과 재력을 상실하게 되었는데, 당시 하북과 산동

52) 陳寅恪, 『唐代政治史述論稿』, 133쪽.

53) 현재 요녕성 서부의 朝陽으로 자고이래로 다양한 민족이 만나는 곳으로 유명하다. 그러나 서북의 돈황은 오히려 중원의 내지와 거리상으로 더 가까운 편이다.

은 전국 인구와 재정수입의 1/4을 넘게 보유한 지역이었다. 이런 절도사들의 반독립적인 상황은 당이 멸망한 후에도 계속되었고, 오대 시기에 이르러 비로소 해결되었다.

중앙정부의 약화로 당과 주변지역의 여러 부족들을 효율적으로 영향력을 가지고 통제하지 못하는 상황이 발생한다. 당 시기에 동아시아 정치구조는 이후 천여 년간 북방의 여러 민족[54]이 지속적으로 중원에 진출하는 관계로 변화하게 된다. 필자는 중국의 동북지역에서 민족 스스로가 발전한 부분도 있겠지만 동아시아의 정치형세와 사회변화의 방향, 즉 당의 소극적인 정책이 주변민족과 국가의 변화에 영향을 주었기 때문이라고 본다. 따라서 보다 더 공간적인 관점을 확대한다면 중국대륙과 그 연해지역뿐 아니라 지역적, 역사적으로 긴밀한 관계를 가지고 있었던 한반도와 일본열도까지 포함해야 한다고 생각한다. 이 부분에 관해서는 다른 곳에서 이미 언급하였기에[55] 본문에서는 더는 논의하지 않겠다.

발해와 통일신라는 지역, 정치적 원인 때문에 서로 적대 상태였지만,[56] 신라는 동아시아의 정치적 구조에 있어서 장기적으로 모두 당과 우호적인 관계를 가지고 있었기에 발해가 한반도로 세력을 확대하는 것은 사실상 매우 어려운 문제였다.[57] 때문에 발해는 북방으로 세력을 확장할 수밖에 없었고 주

54) 당 이후 역대로 중원에 진출했던 북방 민족은 거란(요), 흑수말갈과 여진(금), 실위와 몽고(원), 만주족(청) 등이 있다.

55) 졸문(2003), 『總論 : 隋唐五代東北亞政治關係大勢』

56) 통계에 의하면, 8세기 30년대에 전쟁이 끝나고 나서 9세기 20년대에 이르는 80여 년의 시기에 신라와 발해는 모두 3차례에 걸쳐 사신을 보냈다. 상대방에 대한 이해가 없어 두려움을 가지고 있었던 신라는 발해 사람들이 긴 털, 톱 같은 치아, 날카로운 손톱을 가지고 있으며, 심지어 식인의 풍습을 가지고 있다고 생각했다. 참고 浜田耕策(2000), 137~140쪽.

57) 『遼史』 권38, 「지리지」 二, '東京遼陽府興遼縣' 조에는 "당 원화(元和)시기에 발해국

로 지역적으로 고립된 흑수말갈의 지역으로 발전하게 되며,[58] 이와는 별도로 동해를 건너 지역적으로 고립된 일본열도와 교류하는 기회를 만들었다.[59] 발해의 수도는 천보 연간(742~756)에 예전의 수도(현재 길림성 敦化)에서 현주顯州(후에 中京顯德府로 이름을 바꾼다. 현재 길림성 和龍西古城)로 천도한다. 756년 상경용천부上京龍泉府(현재 흑룡강성 寧安東京城)로, 정원貞元 연간(785~805)에 또 다시 동경용원부東京龍原府(현재 길림성 琿春八連城)로 천도한다.[60] 발해의 천도한 위치를 살펴보면 발해가 공간적으로 어떻게 발전방향을 삼고 있는지 명확하게 알 수 있다.[61]

기존의 연구성과는 발해가 동쪽으로는 교류를 하고 북쪽으로는 개척하고 있다는 점에서 일치한다. 위에서 논의하였듯 8~9세기의 동해를 둘러싼 교류는 기본적으로 국가의 수요와 정책을 위해 이루어졌음을 보여준다.[62] 그러나 발해가 멸망한 후 동해를 중심으로 한 해상교류는 빠른 속도로 사라졌고, 동북아시아에서 해상교통의 중심은 황해로 이동한다.[63] 이런 점은 많은 의문점

왕 大仁秀는 남쪽으로 신라를 공격하기 위해 북쪽에 여러 부락에 군과 읍을 설치했다."(457~458쪽)라는 내용이 있다. 『新唐書』, 「발해전」에는 "仁秀가 바다를 정벌하여 북쪽으로 그 영토를 크게 확장했다." (6,181쪽)라는 기록이 있기에 실제로 신라를 공격한 사실은 없었던 것 같다.

58) 馬一虹(2001), 「8世紀中期以後黑水靺鞨與渤海關係考」, 『文史哲』, 6期, 82~87쪽.

59) 程尼娜(2001), 「渤海與日本交聘中"高麗國"的辯析」, 『吉林大學社會科學學報』, 4기, 70~71쪽.

60) 浜田耕策(2001), 66쪽. 사료에 따르면 東京龍原府는 발해가 일본과 교류에 있어서 출발하는 곳이다. (『新唐書』 권219, 「북적발해전」, 6,182쪽) 따라서 학계에서는 일반적으로 발해가 동경용원부로 천도한 이유가 일본과의 교류 때문이라고 인식하고 있다. 그러나 어떤 학자는 동경용원부로 천도한 이유가 신라와의 관계를 개선하기 위해서라고 주장하기도 한다. 浜田耕策(2000), 87~88쪽 참고.

61) 松井 외, 『契丹勃興史』, 13쪽.

62) 古畑徹, 『環日本海諸"地域"間交流史中的渤海國』, 434~438쪽.

63) 앞의 책, 439~442쪽.

들을 내포하고 있다. 이른바 '해동성국'이라 불릴 만큼 문화가 발달했던 발해가 현지 사회에 얼마만큼 영향을 주었는가 하는 점이다. 생산력 수준이 사회 발달에 미치지 못한다면 거란 같은 유목민족들은 아마도 현지 문화에서 사라지는 중요한 원인이 될 수 있기 때문이다. 거란이 발해를 멸망시킨 후 발해의 옛 지역에는 동단국東丹國이 건국되었고, 거란을 상대로 몇 차례에 걸쳐 반란을 일으켰다. 이에 거란은 그 지역의 주민을 대규모로 거란의 발생지인 요동과 요서 지역으로 이주시켰다.[64] 928년에는 심지어 그 수도를 요양遼陽으로 천도하여 남경南京이라 불렀고 그 후에 이주한 거란 사람들은 이곳을 동경東京으로 불렀다.

당 소종昭宗 건녕乾寧4년(897) 7월 신라와 발해는 각각 당과의 관계에서 분쟁이 발생했다. 『동문선東文選』에 수록된 최치원崔致遠의 「사부허북국거상표謝不許北國居上表」에 이런 정황에 대해 자세히 기술하고 있다. 그 내용을 보면 신라의 태도와 입장을 확연히 알 수 있다. 그 내용을 간략히 살펴보면 다음과 같다.

> 지난 건녕乾寧4년7월에 발해 하정왕자賀正王子 대봉예大封銳가 상소를 올려 발해가 신라보다 먼저 하기를 요청했습니다. 대봉예가 받은 칙지勅旨에는 "국명의 선후先後는 원래 국가의 강함과 관계가 있는 것이 아니니 나라의 순서를 어찌 국력의 차이로 고칠 수 있겠는가? 마땅히 예로부터 전해지는 예법과 제도에 따라야 한다는 것을 알리겠다"고 했습니다. 발해의 원류는 고구려가 멸망하기 전 본래 우췌부락疣贅部落으로 말갈[65]의 한 부류인 이들이 번영하여 그 세력을 확장하니 이들을 속말소번粟末小蕃이라 부르게 되었고 이 속말소번은 일찍부터 고구려를 따랐기에 이주하여 고구려에 포함되었습니다. 측천무후가 조정을 대부분 장악했을 때 이들의 지도자인 걸사우乞四羽

64) 韓茂莉(1999), 『遼金農業地理』, 北京 ; 社會科學文獻出版社, 26~33쪽.
65) 원문에는 "鞅羯"로 되어 있는데, 이는 아마 잘못 기재된 것이라 생각된다.

와 대조영 등은 영주에서 죄를 짓고 도망하여 황구荒丘를 점령한 후 진국振國을 개국하게 되었습니다. 그때 고구려의 일부였던 효음梟音은 백산白山에서 세력을 형성하고 있었고, 치의鴟義는 흑수黑水에서 세력을 확장하여 거란과 같이 약탈을 감행했습니다. 또한 돌궐과 교류하면서 넓은 평원에서 거주하고 여러 번 요수遼水에서 약탈하며 그 후 10년간 이러한 약탈을 하다가 결국 중원왕조에게 항복을 하게 되었습니다. 대조영은 나라를 건국한 후에 신라에게 같은 민족이기에 도와달라는 요청을 해와 우리 신라에서는 대조영에게 신하에게 수여하는 5품 대아찬大阿餐을 제수했고, 그 후 선천(선천)2년 발해군왕渤海郡王으로 책봉하였습니다. 근래에 들어 그들이 대륙과 관계가 좋아지고 세력을 크게 확장하면서 기존의 대우에 반발을 한다고 하는데, 국가간에는 지켜야 할 것이 있습니다. 우리 신라는 예로부터 중국 관제에서 가장 높은 진관秦官의 극품極品을 받았고, 저 발해는 주례周禮의 하경夏卿을 얻었을 뿐인데, 최근 들어 갑자기 대륙의 총애를 받게 되었습니다. 오랑캐는 그 욕심이 끝이 없으니 요堯 임금과 순舜 임금 같은 성군도 오랑캐에 대해서는 많은 걱정을 하였습니다. 이들은 예전의 등滕나라의 다툼을 틈타 스스로 갈왕葛王이라는 이름을 얻는 것과 같은 무리이니, 황제폐하께서 훌륭한 판단으로 단번에 이 문제를 해결하지 않으셨다면 우리 신라에서는 염치와 예절이 스스로 무너졌을 것이고, 저 북방 오랑캐는 기고만장하게 될 것입니다. 이는 예전에 남월南越을 평안하게 하고자 하는 한문제漢文帝의 깊은 뜻과 말로써 동조東曹를 해결한 위태조魏太祖의 언변이 천하에 알려지는 것과 다름이 없습니다. 이로부터 팔예八裔가 성급하게 바라는 것을 절대로 들어 주시지 않는다면 온 천하에 망동하는 무리들이 없어질 것입니다. 어떤 일이 있더라도 규칙과 제도를 확실하게 한다면 이러한 분쟁은 조용히 사라질 것입니다.66)

이 표문에서 보이듯 9세기 말에 당과 신라는 모두 국력이 약해져 발해는 이 기회를 이용하여 자신의 국제적인 지위를 높이려 했다 그러나 당의 거절과 신

66) 韓國古代史研究會 편(1995), 『韓國古代史資料集』, 서울 : 지식산업사, 204쪽.

라의 견제로 인해 발해의 의도는 실패로 돌아갔다. 9세기에 이르러서도 당과 통일신라와의 긴밀한 우호관계는 시종일관 한결 같았다. 그러나 필자는 이런 우호적인 관계가 통일신라 스스로가 '소중화'라는 의식을 형성함에 영향을 주지는 않았을 것으로 생각한다. 위 표문에서 알 수 있는 것은 발해가 건국한 후에 신라의 책봉을 받았다는 사실이다. 앞에서 언급한 바와 같이 최소한 8세기 초 일본은 당과의 외교관계에서 실제적으로는 신라에 의존했음을 알 수 있다. 『신당서』「동이담라전東夷儋羅傳」의 기재에 의하면 그 나라는 "처음에는 백제를 섬겼고, 인덕麟德(664~665) 연간에 지도자가 조공을 오니 황제를 따라 태산太山에 도착했다. 후에 신라를 섬겼다."고 한다. 이밖에 실위, 거란[67] 등 중국 동북의 북방민족과 교류가 있었다. 이러한 관계에 대해 신라가 '소중화'적인 정치적 의도가 있었음을 알 수 있다. 그래서 비록 필자는 "통일신라와 발해는 서로 적대관계로 마치 한 국가가 남북으로 나뉘어 대치하고 있다"[68]는 주장에 동의하지 않지만, 신라의 통일이 역사적으로 절대로 폄하되어서는 안 된다고 생각한다. 이기백의 "결국 통일에 성공한 신라의 영토와 백성들이 만든 사회와 문화는 이후 한반도에서 역사적으로 주류가 되었다"[69]는 주장과 같다.

당 문화에 대한 소개[70]에 의하면 전통적으로 일본 학계에서는 "당풍唐風문

---

67) 『요사』 권39, 「地理志三 · 中京道」: 中京大定府에 "大同驛에서는 송의 사신을 접견, 朝天館에는 신라의 관리, 來賓館에는 西夏의 관리를 머무르게 했다."고 나온다(482쪽). 그러나 같은 곳에는 중경대정부가 聖宗 統和 25년(1007)에 비로소 만들어졌다는 기록이 있다. 통일신라는 935년 이전에 고려에 의해 멸망했기 때문에 중경이 조천관에서 사신을 접대했다는 것은 아마 예전에 거란과 신라와의 관계가 남아 있는 것으로 추정할 수 있다.

68) 졸문, 『新羅北界與唐朝遼東』.

69) 이기백(1994), 『韓國史新論』, 74쪽.

70) 본문에서는 일본의 '당풍 문화'와 '국풍 문화'의 관계에 대해 논의하도록 하겠다. 井上亘(2010), 「類聚的世紀 : 遣唐使以后」, 『北京大學歷史學係與驅澤大學學術研討會論文

화에서 국풍國風문화로"를 언급할 때 이른바 '당풍 문화'는 헤이안시대 전기의 홍인弘仁, 정관貞觀문화(9세기)를 가리킨다. 이는 당시의 천황 모두가 당의 문화를 좋아했기 때문이고, 또한 이 시기에 '삼대한시집三大漢詩集'(814년의 『능운집凌雲集』, 818년의 『문화수려집文華秀麗集』, 827년의 『경국집經國集』)이 편찬되었기 때문이기도 하다. 다른 한편으로 천평天平문화기(8세기)의 『만엽집萬葉集』과 후대의 국풍 문화(10~11세기 전반)시기의 『고금화가집古今和歌集』이 있다. 이 사이에 홍인, 정관문화기에는 일본 화가집和歌集이 없었기에 헤이안시대 전반기를 '국풍의 암흑시대'라고 부른다. 그러나 중국학자들의 관점은 이와 다르다. 중국학자는 일본의 견당사시대(630~838)의 하쿠호[白鳳]문화, 천평天平문화, 홍인, 정관문화를 모두 '당풍 문화'라고 부른다.[71]

최근의 연구경향은 중국학자들의 관점에 대해 긍정적이다. 예를 들면 "미술과 공예품에서 보이는 아스카[飛鳥]문화(6세기 중엽~7세기 중엽)는 기본적으로 도래인(한반도에서 도래한 이주민)의 문화, 하쿠호문화(7세기 후반) 역시 도래인의 기술을 기초로 시작되었으나 당의 영향을 받았으며, 천평문화 시기에 이르러서는 이 시기를 대표하는 동대사東大寺 등의 불상 혹은 정창원正倉院의 보물에서 성당盛唐시기 문화의 영향이 매우 지대했음을 쉽게 찾아볼 수 있다.", "이로써 알 수 있는 것은 '국풍 문화'가 일본인만의 문화이기에 '일본문화'라고 부를 수 있다. 따라서 '당풍 문화에서 국풍 문화'라는 과정은 일본문화가 형성되는 과정을 의미하는 것이라 할 수 있다. 다시 말하면 일본인은 수당문화를 받아들인 후 자신들에게 알맞은 일본문화를 만들었다고 할 수 있는 것이다."[72] 등 이다.

集』, 64~74쪽 참고.

71) 王新生(2006), 『日本簡史』, 北京 ; 北京大學出版社, 41~44쪽.

72) 井上亘, 「類聚的世紀 : 遣唐使以后」, 65~66쪽.

학계는 전통적으로 당풍 문화가 약해진 후 국풍 문화가 비로소 성립되었다고 인식하고 있다. 그러나 헤이안시대에 정통한 학자들의 관점은 이와 다르다. 그들은 진정으로 중국 문화를 이해한 후 이를 기초로 일본에서는 자신만의 특징이 가미된 독특한 문화를 만들었다고 생각한다. 실제로 8세기까지 일본은 계속 중국문화를 수입했고, 9세기 후반에 이르러서야 비로소 중국에서 수입했던 내용들을 분류하고 정리하기 시작했다. 그런 연후에 스스로에게 맞게 자신들의 문화를 만들었다고 할 수 있다. 견당사가 시작된 이래 일본인들은 200년이라는 시간이 지나서야 당의 문화를 이해할 수 있었다. 중국의 전통문화는 그 역사가 매우 유구하다. 따라서 중국문화를 진정으로 이해한다는 것은 결코 쉬운 일이 아니다. 그렇지만 고대의 일본 학자들은 결코 포기하지 않고 계속적으로 중국문화를 받아들여 이해하려고 노력했다. 이런 과정에서 수많은 선배학자들이 중국으로 향하는 항해 속에서 거친 파도를 헤쳐 중국에 도착했고 때로는 생명을 잃기도 했다. 이런 값비싼 대가를 치른 후에 중국의 문물과 문화가 일본에 전해졌고, 이를 정리하고 분류하면서 중국문화를 이해할 수 있었다. 그 결과 일본의 독자적인 문화체계가 형성하여 문화적인 주체성을 가지게 된다.[73)]

지난 20세기 1990년대 이래 지구는 중요한 정치적 변화를 맞이하게 되었고, 세계는 더욱 다양한 형태로 발전하면서 지역 간에 협력하는 추세가 더더욱 강조되어 결국 세계적인 경제위기가 발생했다. 사회의 다양성은 역사의 발전에 대해 전통적인 단일화된 사고방식에 변화가 필요하게 되었다. 따라서 기존의 방식과는 다른 다양한 시각으로 동아시아의 역사와 국제관계를 재조명할 수 있게 되었다. 서로 다른 국가의 생산방식과 형태는 반드시 교류가 필요

73) 앞의 책, 73쪽.

하다. 동아시아 역사의 국제관계 구조는 세계 어느 지역과 비교해 보아도 유사성을 가지고 있음을 알 수 있다. 즉 그 형성과정에 있어서 모두가 똑같이 일치하는 역사적 발전은 아니지만 각국의 수요와 그에 걸맞은 행동에 따라 결정된다고 할 수 있다. 이런 공통적인 목표를 달성하기 위해 조화로운 공존과 평화로운 행동이 무엇보다 중요하다. 따라서 8세기는 동아시아 역사 변화에서 매우 중요한 시기이다. 당시의 국제관계와 문화교류는 지역사회의 발전을 촉진했을 뿐 아니라 경제적인 이익을 물론, 풍부하고 다양한 경험을 제공했다. 이런 점에서 볼 때 현재 각국 학자들이 공통적으로 연구한다면 더 다양하고 심도 깊은 연구가 가능하리라 확신한다.

일본의 8세기 동아시아사 연구 현상과 과제

네이교대학 **야마사키 마사토시**

야마사기 마사토시 [山崎雅稔]

데이쿄[帝京]대학 외국어학부 강사

대표논저 | 『한일 교류의 역사 -선사부터 현대까지- 』(공저, 2007, 혜안), 「新羅國執事省牒으로 본 紀三津失使旨事件」(2008, 『7~10세기 동아시아 문물교류의 제상』, 해상왕 장보고 국제공동연구논문집), 「甄萱政権과 日本의 交涉」(『韓國古代史研究』 第35, 2004), 「承和の変と大宰大弐藤原衛4條起請」(『歴史學研究』 751, 2001), 「貞観8年応天門失火事件と新羅海賊」(2000, 『人民の歴史学』 146) 외 다수

일본의 8세기 동아시아사 연구 현상과 과제

데이쿄대학 **야마사키 마사토시**

1. 머리말

필자에게 주어진 과제는 8세기 동아시아사에 관한 일본의 연구현황을 정리하고, 금후의 과제를 제시하는 것이다. 관련 문헌으로는 사카우에 야스토시[坂上康俊]·모리 기미유키[森公章]의 「고대 동아시아 국제질서의 재편과 일한관계—7~9세기古代東アジア國際秩序の再編と日韓關係－7~9世紀」[1]가 근년의 연구동향을 정치精緻하게 정리했고, 8세기에 대해서도 신라, 발해 및 당과의 교류·대외관계의 논점을 명쾌하게 논하고 있다. 소고에서는 두 사람의 논고를 포함한 선학의 연구를 참조하면서 나라시대奈良時代의 대외관계사를 둘러싼 문제에 대해 검토한다.

1) 日韓歷史共同委員會編 (2010), 『第2期日韓歷史共同研究報告書』, 第1分科會篇.

2. 문제의 소재 – 국민국가와 고대사연구

최근 10년, 동아시아의 역사학 · 역사교육에서는, 일국사一國史(내셔널히스토리)로부터의 탈피를 기축으로 한 역사인식의 공유를 향한 모색,[2] 인류사 혹은 글로벌히스토리의 가능성이 현재적 과제로서 부상해왔다. 이른바 역사학적 사고에 있어서 '트랜스내셔널화의 진행'이 전개되고 있다.[3] 이 상황은 냉전체제의 해체와 아시아경제의 발전, 시장 · 금융 · 인간 · 물자 이동의 지구규모의 확대, 혹은 지식산업사회의 전략적 어프로치의 필요성을 배경으로, 방법론으로는 근대에 성립하는 역사학의 체제가 국가라는 조건을 전제로 해온 것을 상대화하려는 지향성을 갖는다.

자주 거론되듯이 근대역사학은 국가를 단위로 세계의 역사를 이해하고, 거기에 보다 자국의 정통성을 획득하고, 국민의식 · 국민적 정세성의 형성에 기여해왔다. 그리고 그런 까닭에 역사는 일국사적으로 구성되고 자국사 중심의 관점에서 언급되는 것이 일반적이다. 그것은 근대역사학이 갖는 속성이기도 하다.[4] 국수주의와 아시아침략에 가담한 전전戰前의 역사학과 결별하면서 출발했을 전후戰後의 역사학 연구에서도 국민국가 · 국민경제 · 국민문화라는 틀에 의해 역사를 파악하려고 하는 '네이션의 이야기'는 전혀 의심받지 않고, 도

2) 辛珠柏 저 · 吳仁濟 역(2009), 「韓中日三國の高校世界史教科書における第二次世界大戰」, 『歷史評論』 715號. 辛珠柏은 "三國은 세계화(국제화)를 구가하고 글로벌스탠다드에 걸맞은 자국민의 육성을 교육 목표로 하는 한편, 내셔널리즘 교육도 또 강화하고 있다"고 지적한다. 일본의 애국심의 강제 등 우려할 만한 문제는 의연 산적해 있다.

3) 南塚信吾(2010), 「回顧と展望2009年の歷史學界 歷史理論」, 『史學雜誌』, 第119編 第9號.

4) 尹海東 저 · 裵貴得 역(2010), 「トランスナショナル · ヒストリーの可能性－韓國近代史を中心に－」, 『季刊日本思想史』, 76號.

리어 오랫동안 역사학 연구의 중심적 과제로 위치했다.[5] 일본에서 이러한 국민국가를 주어진 조건, 필연으로 하는 역사인식에 대해 의문이 제기된 것은 1980년대이고, '국민국가'라는 용어가 명확한 의미를 갖고 사용되기 시작한 것은 1990년대 중반이다.[6] 다만 역사학에서 근대성과 근대국가의 틀을 자각하면서 그것을 상대화해서 역사를 파악하려고 하는 시좌視座는, 20세기말의 단계에서도 동아시아제국 간에 반드시 공유할 수 있게 된 것은 아니었다. 도리어 한국 · 중국 간에는 고구려사 · 발해사가 어느 국의 역사에 속하는가 하는, 역사의 귀속성을 둘러싼 논의가 국제적인 문제가 되었고, 한일양국에서도 고구려 광개토왕비문과 칠지도명문의 해석, 왜구의 민족적 구성을 둘러싼 논쟁이 일본인 연구자 대 한국인 연구자라는 구도에서 다루어지기도 했다. 또 고대의 문화 · 기술교류 혹은 도래인 등의 인적교류에 대해서 일본에 대한 시혜적 측면을 강조하는, 마치 근대사와 같은 양상의 논의를 뒤바꾸는 역사서술이 한국의 국정교과서에 실리는 등 자국사 인식을 전제로 한 논의가 전개되었다.[7]

윤해동[8]은 "국가를 넘어 국가 사이를 횡단하고 관통하는 시각을 갖지 않는 한, 인류의 역사를 바르게 파악하는 일은 불가능하다."고 지적했다. 그러한 문제의식에 기초해서 근년에는 일국사를 넘은 트랜스내셔널 히스토리, 혹

---

5) 加藤章(2004), 「序論 · 行き交う歴史教育 · 携える歴史像をめざして」, 同編著, 『越境する歴史教育－國境を越えて, 世代を越えて』, 教育史料出版會.

6) 阿部安成(2002), 「『國民國家』の歴史學と歴史意識」, 歴史學研究會編, 『歴史學における方法的轉回』 I 現代歴史學の成果と課題 1980~2000년, 青木書店.

7) 고대 일한 관계사 연구상의 문제에 대해서는 山崎雅稔(2000), 歴史教育研究會編, 「研究動向 · 古代日韓關係史に關する研究」, 『日本と韓國の歴史教科書を讀む視点－先史時代から現代までの日韓關係史』, 梨の木舍 등 참조. 한국어판은 한국역사교과서연구회 외 편(2000), 『역사교과서 속의 한국과 일본』, 혜안.

8) 尹海東(2010), 「トランスナショナル · ヒストリーの可能性－韓國近代史を中心に－」, 前揭.

은 지구사, 세계사, 교착하는 역사, 인간중심의 역사를 상대화하는 생태사, 환경사라는 새로운 역사학의 시좌 · 방법이 제기되기에 이르렀다. 트랜스내셔널 히스토리 그 자체는 이제까지의 국가사를 전제로 하면서 그것을 넘으려고 하는 과도적인 성질을 융합하고 있다. 이 사이 일본 · 한국 · 중국의 역사학 연구자, 역사교육에 종사하는 교사를 중심으로 행해진 역사인식의 공유, 공통교재의 개발을 목표로 한 국제적인 시도[9]는 그 가능성과 과제를 추구하는 데에 큰 의의를 갖는 것이고, 8세기 동아시아의 교류 · 사적 전개도 그러한 논의에 접속해야 함이 전제 과제임에 틀림없다.

이와 관련해서 모두冒頭에서 언급하고 싶은 것은 '동아시아', '아시아' 개념, 근대의 음화陰畵로서의 나라시대사의 문제이다. '동아시아', '아시아'라는 용어의 개념규정은 논자 · 문제설정에 따라 다양하고, 나카미 다테오[中見立夫][10]가 정리한 바와 같이 지구적인 틀로서의 '아시아'는 중국(홍콩, 대만을 포함) · 한반도 · 일본이고, 때로는 몽골이 포함되는 일도 있다. 역사적으로는 중국을 중심으로한 조공관계와 그 장으로서의 '동아시아 세계', 역사문화권으로서는 중국 · 조선 · 일본 · 베트남이라는 '한자유교문화권'을 가리키고 사용되었다. 또 퉁구스계 민족을 중심으로 한 역사적 문화권으로서의 '동북아시아'가 상정되는데, 중국 동북부와 한반도는 지역적으로는 '동아시아', '동북아시아' 어느 범주에도 포함되는 경우가 있다.

9) 그 성과물로서는, 『日韓共通教材朝鮮通信使』(明石書店, 2005년), 『未來をひらく歷史－東アジア三國の近現代史』(高文硏, 2005년), 『ジェンダーの視点からみる日韓近現代史』(梨の木舍, 2005년), 『向かい合う日本と韓國 · 朝鮮の歷史』 前近代編上 · 下(青木書店, 2006년), 『日韓交流の歷史』(明石書店, 2007년) 등을 들 수 있다.

10) 中見立夫(1999), 「北東アジアからみた東アジア」, 濱下武志編, 『東アジア世界の地域ネットワーク』, シリーズ國際交流3, 山川出版社.

원래 아시아라는 말은 유럽인에 의해 만들어진 외생적外生的인 개념이고[11], 그것은 15세기에서 17세기의 이른바 대항해시대의 바닷길로 인도양을 경유해서 유럽과 동중국해 교역권이 연결된 시대의 산물이다. 나미키 요리히사[竝木賴壽][12]에 의하면, 일본에서 아시아개념이 수용된 것은 19세기의 일이고, 네덜란드인이 나가사키[長崎]에 가져온 유럽의 세계지리정보에 관심이 고조되고 일본열도 주변의 지리정보가 쇄신되면서 서양에 대한 하나의 지역으로서 아시아를 이해하는 견해가 나타났다. 그리고 근대에서는 구미열강에 의한 식민지주의의 전개가 아시아라는 지역을 부각시켰다. 즉 다른 아시아지역이 유럽제국의 식민지 · 반식민지로 전락하는 중에, 일본은 보다 일찍 구미적인 근대화를 추진하여 사회변혁을 성공시켜 식민지화의 위기를 벗어났다. 일청전쟁日淸戰爭 · 일로전쟁日露戰爭의 승리는 일본의 번영을 확신시킨 것이고, 일본민족의 우월성에 대한 자각을 촉진했다. 이른바, '일본민족은 다른 아시아 제민족과는 다른 독자의 역사와 전통을 갖고, 그 성숙함이 근대의 발전을 이룩하였다'는 생각이 일본인의 아시아관을 낳았고, 규정했다. 일본형 오리엔탈리즘에서도 언급해야 할 아시아관은, 일본 근대화의 성공과 함께, 동서냉전구조에 있어서 일미안전보장조약에 기초하여 미국에 군사적 · 정치적 · 경제적 종속되며 경제성장을 이룩함에 따라 20세기말까지 오랫동안 유지되고, 일본인은 마치 일

---

11) 增井三夫(2004), 「15~17世紀のアジアとヨーロッパの中心 · 周邊認識－歷史教育 · 歷史的思考の多様性を考える－」, 加藤章編著, 『越境する歷史教育－國境を越えて, 世代を越えて』, 教育史料出版會 ; Reinhard Erich Zöllner 저 · 植原久美子 역(2009), 『東アジアの歷史－その構築－』, 明石書店에 의하면, 이것은 아시리아의 「acu」(日出을 의미한다)가 語源이고, 라틴어 유래의 Orient와 동의이다. '유럽인으로부터 본 동에 있는 지역'을 가리키는 말에서 유래한다.

12) 竝木賴壽(2008), 『日本人のアジア認識』, 山川出版社, 世界史リブレット.

본이 아시아의 중심인 것 같은 환상을 품게 되었다.[13] 그러나 아시아에 대한 일본 · 일본인의 우월은 중국 · 인도 · 한국이라는 아시아제국의 국제경쟁력의 상승 속에서 무너져가고, 오랜 역사로부터 보면, 일본은 다시 '동아시아의 주변국'이 되어간다는 견해[14]조차 제기되고 있다. 어느 것이든 그러한 자국중심적인 언설이 제국 간에 공유될 수 있는 가능성이 없다는 것은 명백하다.

역사학에 눈을 돌리면, 19세기 후반에 탄생한 역사학의 체제는 세계의 역사를 서양사 · 동양사 · 일본사의 3개로 구분함에 따라 성립된 것이다.[15] 그것은 근대화의 성공 및 근대국가의 모델로서 일본이 배울 만한 서양의 역사, 서양을 좇아가야 할 일본의 역사, 일본이 주도해야 할 대상으로서 뒤떨어진 동양의 역사라는 구조였고, 동양(아시아)의 틀 속에 일본을 넣지는 않았다. 이러한 '탈아론'적이라고도 말할 수 있는 학문체제 속에서 정체사관, 인민부재의 정태적인 역사관을 특징으로 하는 동양사연구도 육성되었다.[16]

전후의 역사학에서도 다나카 다케오[田中健夫]가 대외관계사를 "자타의 차이와 공통점을 밝히고, 자기를 인식하는 작업"[17]으로서, 자타自他 · 자기인식론自

13) 白石隆(2000), 『海の帝國－アジアをどう考えるか－』, 中公新書.

14) 宮嶋博史(2010), 「日本史認識のパラダイム轉換のために－「韓國併合」100年にあたって－」, 『思想』, 第1029號. 宮嶋는 '東아시아의 중심으로서의 일본사'라는 인식을 전환하고, '동아시아의 주변부로서의 일본사'의 전개를 자각적으로 이해해야 할 것이라고 한다.

15) 近代歷史學의 체제에 대해서는, 吉田悟郎(1990), 『自立と共生の世界史學－自國史と世界史－』, 青木書店 ; 南塚信吾(2007), 『世界史なんていらない？』, 岩波書店 ; 南塚信吾(2009), 「世界史は動いている」, 『歷史學研究』, 第850號 참조. 이 古體制가 대학의 연구실 체제로서 현재에 이르기까지 존속하고 있었던 일도 사실이다.

16) 五井直弘(1976), 「東洋史研究者における日本と中國」, 『近代日本と東洋史學』, 青木書店 ; 旗田巍(1966), 「日本における東洋史學の傳統」, 幼方直吉 · 遠山茂樹 · 田中正俊 編, 『歷史像再構成の課題』, 御茶の水書房.

17) 田中健夫(2003), 『對外關係史研究のあゆみ』, 吉川弘文館.

己認識論으로 위치시키고 있듯이, 혹은 '동아시아세계론'을 제기한 니시지마 사다오[西嶋定生]가 "일본의 역사를 생각하는 경우에, (중략) 그 역사는 일본만으로 완결한다고 생각하기 쉽다. 그러나 일개 국國만으로 독자의 역사를 전개하는 것이 아니고, 역사는 주변 제민족 · 제국가와 관계하면서 전개한다. 그것을 반성하는 과정에서 동아시아세계의 설정은 유효하다"[18]고 서술하고, 지역세계론으로서의 '동아시아세계론'의 유효성을 일본인의 역사인식에 대한 질문, 일본을 중심으로 묘출되어 온 역사의 상대화라는 시좌로부터 설명했듯이, 문제의 기축을 어디까지나 일본 · 일본인의 역사적 자기규정성에 두고 있다. 그것은 현재 중요한 문제이지만, 일본사를 전제로 한 '동아시아세계'라는 점을 우리들은 자각해야 할 것이다.

요컨대, '동아시아'는 자국중심의 지리인식과 역사의 이야기 속에서 살아온 근대의 소산이란 측면을 갖는다. 일본에서의 동아시아 개념에 대해서 언급한 것이지만, 언어적으로는 'East Asia'의 번역어로서, 지리적으로는 일본 · 한국을 포괄하는 광역적인 지리 호칭이다. 일본, 한국에서 공통적으로 사용되는 '동아시아'라는 용어는, 실제로는 각 국가의 틀을 전제로 파악해온 성질을 갖고 있기 때문에 쌍방의 개념에는 차이가 있고, 그 점에서 번역 불가능성을 포함하고 있다.[19]

18) 西嶋定生(2002), 「東アジア世界の形成と展開」, 『西嶋定生東アジア史論集』, 第3卷, 東アジア世界と册封體制, 岩波書店.

19) 한국사를 통사적으로 보면, 중국 동북부와 함께 중앙아시아에 이르는 초원을 지배한 유목민족 집단의 정복왕조의 동향이 시야에 들어오지만, 일본사 연구에서는 유라시아 전체의 동향을 바탕으로 한 분석은 아직까지 희박하다. 동아시아의 용어와 개념에 대해서는, 李成市(2008), 「古代東アジア世界論再考－地域文化圏の形成を中心に－」, 『歴史評論』, 第697號.

한편 이성시李成市[20]가 지적한 나라시대(710~794) 역사상의 근대성은, 본론에 직결하는 문제로서 주목된다. 이성시는 구리타 모토쓰구[栗田元次]의 『나라시대의 특성奈良時代の特性』(日本放送協會出版, 1935)을 통해서 고대일본의 역사 · 문화적 특질이 명치기明治期의 일본의 정치 · 외교의 과제를 투영하면서 도출되고, 구성되었다는 점을 지적하였다. 구리타 모토쓰구는 그밖에 『국사교육원론國史教育原論』(同文書院, 1930), 『사적연구일본의 특성史的研究日本の特性』(賢文館, 1937) 등의 저서가 있는데, 『국사교육원론國史教育原論』을 참조하면, 역사교과서적인 고대사 서술의 틀은 이미 이 시기에 만들어졌다고 해도 좋다. 즉 추고조推古朝의 정치를 담당한 성덕태자聖德太子는 황위신장皇位伸長 · 국가통일을 꾀하고 대외적으로는 "조선에서 잃어버린 우리 정권의 회복"을 위해 노력하고, "당시의 세계적인 대세력인 수隋"와 "순수한 대등의 국교를 창시"하여 해외로 국위를 떨쳤다. 또 문화적으로는 대륙의 신문화의 이입에 노력하고, 불교의 흥륭과 함께 천문 · 역학, 유교 · 법가사상, 가람건축 · 불교조각 · 회화 · 음악 등 학문과 예술의 쇄신을 꾀했다고 해서, 성덕태자 시대를 "고대사상의 최고봉으로서 찬란한 빛"을 방출한 시대였다고 평가한다. 이어 대화개신大化改新에서 나라시대에 걸쳐서는 호족정치를 부정하고 왕정복고를 이룩한 시대였고, 당 문화를 섭취하여 일본의 문화가 "세계성을 갖기에 이르렀다"고 평가한다.[21]

주목할 만한 것은, 명치유신明治維新을 "제2의 대화개신"이라고 평가하고, 아울러 "우리나라 본연의 모습인 천황의 친정을 복구하여, 중앙집권이 확립되고, 전국민이 직접 천황의 통치를 입기에 이르렀다"[22]고 한 점이다. 아울러

20) 李成市(1997), 『東アジアの王權と交易－正倉院の寶物が來たもうひとつの道－』, 青木書店.
21) 栗田元次(1935), 「聖德太子と大化の精神」, 『奈良時代の特性』, 日本放送協會出版.
22) 栗田元次(1935), 「奈良時代の現代性」, 前揭 『奈良時代の特性』.

소가씨[蘇我氏] 토멸 후의 대화개신, 오미령[近江令] 제정에 이르는 역사과정과, 덕천막부德川幕府로부터 대정봉환大政奉還과 명치신정부明治新政府의 탄생, 대일본제국헌법大日本帝國憲法 발포에 이르는 역사과정의 유사성을 지적하고, 명치기와 대화개신 이후 나라시대의 공통요소를 정리한 점이다. 이 공통요소라는 것은, '제도帝都'의 고정(헤이조쿄[平城京]와 도쿄천도[東京遷都]), 직업 세습의 타파(씨성제도氏姓制度에서 관위 · 관직제도로의 전환, 사농공상의 신분제도의 파기 · 직업선택의 자유)이고, 또 대외관계로서는 첫째 중국 · 만주와의 국교수립, 둘째 '이종족'의 복속, 셋째는 외래문화의 섭취라는 것을 거론한다.[23] 중국 · 만주와의 국교수립은 "진정한 국교는 나라시대의 전후와 현대에 불과하다."고 하여, 고대의 성덕태자의 대수외교對隋外交, 성무천황聖武天皇시대의 발해와의 국교수립을, 막말기幕末期의 미국 · 네덜란드 · 영국 · 러시아 등 구미제국과의 국교개시, 이른바 '쇄국에서 개국으로'라는 대외관계의 흐름, 만주건국(1932) 후의 '공수동맹'의 체결이라는 새로운 상황을 투영해 파악하려고 한 것이다. '이종족'의 복속은 일본고대가 아키다[秋田] · 쓰가루[津輕] · 오시마[渡島]의 에미시[蝦夷] 및 남도南島(남서제도南西諸島)를 복속 · 조공을 받았던 것에 대해, '현대'의 일본이 홋카이도[北海道] · 지시마[千島]의 개척 및 대만臺灣 · 가라후토[樺太] · 조선朝鮮 등을 판도에 넣은 일을 동일하게 이해한 것이다. 그리고 외래문화의 섭취는, 나라시대에서 당 문화에 대한 왕성한 수입정신과 명치기의 문명개화, 즉 서양문화의 수입을, 고대와 '현대'의 공통점으로 파악하였다.

이리하여 구리타는 대외관계의 진전, 외래문화의 영향과 거기에 동반한 국운의 발전이라는 시좌에서 명치유신 후의 '현대'와 고대의 공통성을 지적하려

23) 이 외에 구리타는 대화개신 후의 近江令에서 大寶律令 制定에 이르는 外來法 계수와 대일본제국헌법 제정을 고대와 '現代'의 공통점으로 거론하고 있다.

고 했다. 추고조의 대수외교가 '대등외교'였다는 관점은, 607년(추고推古15)에 오노노 이모코[小野妹子]가 수에 갖고 간 국서國書 "일출처천자치서일몰처천자무양日出處天子致書日沒處天子無恙"(『隋書』「왜국전」)을 논거로 한다. 하지만 근대에서 이러한 역사적 평가가 도출된 것은 이성시가 지적한 듯이 막말기에 미국 · 영국을 비롯한 제외국과 일본 간에 체결된 불평등조약의 해소야말로 명치정부의 주된 외교상의 과제였던 것에 의한다. 서양 근대법의 계수, 서양문명의 수입도 동일하고, 이것이 7세기에서 8세기, 추고조에서 나라시대에 이르는 역사에 투영되었다.

또 구리타가 당 문화의 수용에 대해서, "현대에 있어서 서양문화와 완전히 같고, 여기에 우리나라의 문화가 보다 세계성을 갖기에 이르렀다는 것도 공통"되는 점을 강조하고, "외래문화 수용의 현저함과 동시에 여기에 굴종하지 않고, 조국肇國의 정신에 입각해서 고유의 장점을 발휘한 자주적 태도도 한층 두드러진 유사점"이라고 논하고 있듯이, 외래문화의 섭취를 나라시대의 특질로 이해함에 있어서 자국 고유의 정신문화 · 역사의 취급이 문제가 되었다. 구리타의 논저에서는 이 점에도 많은 지면을 할애하고 있다. 동 '민족의 특성'[24]에서는, "문화에서도 국토와 민족과 같이 새롭게 밖으로부터 들어와 더해진 것이 많지만, 그 때문에 완전히 본래의 모습을 잃어버리지는 않고, 이윽고 외래의 것이 국풍에 동화해서 그 발전이 융성했던 점에 유사성이 보인다."고 하여, 일본인이 외래문화를 동화하는 힘을 갖은 것을 강조하고 있다. 이러한 중에 발견되는 것이 스가와라노 미치자네[菅原道眞]의 역할이다. 894년(관평寬平 6), 우다천황宇多天皇은 견당사遣唐使의 파견을 계획하지만, 견당대사遣唐大使에 임명된 스가와라노 미치자네의 건의에 의해 중지되고, 이로써 당 사절파견은 마지

24) 栗田元次(1937), 『史的研究日本の特性』, 賢文館.

막이 된다. 이 일은 당의 쇄미를 근거로 한 스가와라노 미치자네의 '영단'으로서 평가하고, 당과의 교류단절을 기회로 헤이안시대[平安時代] 일본에는 '국풍문화國風文化'라고 불리는 일본의 자연 · 풍토에 어울리는 독자의 민족적인 문화가 전개되었다고 교과서에서도 서술되었다. 이미 이러한 단선적인 이해는 부정되지 않지만[25], 대외관계 · 문화사 이해가 이러한 틀 속에서 논의되는 배경에는, 구리타의 저술에서 엿볼 수 있듯이, 근대국가 성립과정에서 서양화와 민족 고유성의 발견을 둘러싼 갈등이 있고, 외래문화의 수용의 도착지를, 고대사를 통해서 예견하려고 하는 문화론으로서의 경향을 간취할 수 있다.

그럼 견수사遣隋使 오노노 이모코의 파견에 의한 수와의 대등외교, 당 문화의 수입과 나라시대의 세계성, 스가와라노 미치자네에 의한 견당사의 중지, 이를 계기로 하는 국풍 문화의 전개라는 고대사상古代史像의 문제성은, 어디까지나 수당과의 관계를 기축에 놓고, 한반도와의 교류가 사상捨象되었다는 점이다. 이른바 고대사 이해의 원류에는 견당사 중심, 중국 중심의 사관이 존재한다.[26] 수당의 정치적 · 문화적 영향을 과소평가할 수는 없지만, 이를 극복해가는 것이 고대 대외관계사 연구의 커다란 과제이고, 1970년 이래 연구의 조류가 되었다.

전후의 고대사 연구에서 동아시아와의 관련에서 일본의 역사를 이해하려고 하는 시각은, 마에다 나오노리[前田直典] · 도마 세이타[藤間生大] · 니시지마 사다오 혹은 이시모다 쇼[石母田正] 등의 선구적인 연구가 주도했다. 마에다 나오

---

25) 견당사 중지를 계기로 한 국풍 문화의 전개라고 하는 단선적인 이해는 부정되고 있다. 이 점에 대해서는 木村茂光(1997), 『「國風文化」の時代』, 青木書店 참조. 河添房江(2005), 『源氏物語時空論』, 東京大學出版會는 '국풍 문화'를 대표하는 작품으로 되어 온 『源氏物語』가 헤이안시대의 唐物 수용, 취미를 배경으로 쓰였음을 지적한다.

26) 李成市(1997), 『東アジアの王權と交易－正倉院の寶物が來たもうひとつの道－』, 青木書店.

노리는 타 지역과의 교류를 경시하고 일본사상을 파악해 온 역사관을 극복하기 위해 동아시아 문화사상의 평행선을 도출할 필요성을 논하고 있다.[27] 이른바 동아시아의 공시성共時性에 주목하려고 하는 것이다. 또 도마 세이타는 『동아시아 세계의 형성東アジア世界の形成』(春秋社, 1966)에서, 동아시아 역사사상歷史事象의 연동성을 파악하고, 국가의 흥망, 사회변동, 민족 · 민중의 활동이 광역에 미치는 다이나미즘 속에서 일어나고 있다는 것을 밝히려고 하였다. 그리고 근년에 이르러 고대 동아시아사 연구 · 고대 일본의 대외관계사의 이론적 가설로서 커다란 영향을 미친 것은, 1960년대에 제기된 니시지마 사다오[西嶋定生]의 동아시아세계론, 책봉체제론[28]이며, 이시모다 쇼의 '동이東夷의 소제국小帝國'론, 국제적 계기론[29]이다. 니시지마 사다오는 책봉체제론에서 동아시아

27) 前田直典(1948), 「東アジヤに於ける古代の終末」, 『歷史』 第1卷 第1號 ; 藤田高夫(2010), 「東アジアの共時性」, 松浦章編, 『東アジアにおける文化情報の發信と受容』, 關西大學アジア文化交流硏究叢刊大4輯은 前田의 소론을 재평가한다. 前田 論文은 아시아에서 근대의 시작은 거의 동시이면서, 고대의 개시는 제각기 지역에 있어서의 통일국가의 형성기가 되고, 일본과 중국에서는 7세기에서 8세기의 격차가 있고, 동시에 고대의 종말에도 일본, 한반도에서는 11세기에서 13세기인 것에 대해 京都學派에 따르면, 3세기에서 4세기이고, 게다가 커다란 거리가 있다고 하는 시대구분의 실상을 제기한다. 그리고 중국의 고대 말기를 당 말까지 내려 이 문제는 해소된다고 한다. 이 지적은 1950년대 말의 중국사 시대구분 논쟁으로 이어진다. 또 井上章一(2008), 『日本に古代史はあったのか』, 角川學芸出版은 京都學派의 시대구분에 의거해 고대사는 무엇인가하는 문제를 제기한다. 앞으로 동아시아에 있어서 역사인식의 공유를 구한다고 한다면, 국가 단위에서 행해져 온 시대구분도 동아시아사 속에서 검증하는 일이 요청된다.

28) 西嶋定生(2002), 「東アジア世界と冊封體制–六–八世紀の東アジア」, 『西嶋定生東アジア史論集』, 第3卷, 東アジア世界と冊封體制, 岩波書店(1962년 初出, 원제는 「六–八世紀の東アジア」) ; 同書, 「東アジア世界の形相と展開」(1973년 初出, 원제는「東アジア世界」. 두 편 모두 李成市 편, 西嶋定生 저(2000), 『古代東アジア世界と日本』, 岩波書店에 수록.

29) 石母田正(2000), 「日本古代における國際意識について–古代貴族の場合–」, 『石母田正著作集』, 第4卷, 古代國家論, 岩波書店, 2000–10, 1962 初出 ; 同書 수록 「天皇と

에는 중국왕조와 주변제국과의 사이에 맺어진 정치적 관계를 기축으로 한 국제적 정치질서가 있다는 점을 제기하였고, 이시모다 쇼는 국제적 계기론을 통해 고대국가에 국제적 계기가 사상될 수 없는 문제가 존재하고, 내정과 외교가 항상 불가분의 관계에 있다는 점을 지적하고 있다. 이 두 사람의 이론적 제기에 의해, 이후의 고대사 연구에서 동아시아사의 총체적 파악, 상호관계의 파악이 불가피한 과제가 되었다.[30] 두 사람의 연구도 중국 중심의 역사이해에 끌려가고 있다는 점을 지적하고 있는데, 다음 절에서는 두 사람의 연구를 언급하면서 근년의 연구성과, 과제를 정리하고자 한다.

3. '동아시아세계론'을 둘러싸고

동아시아세계는 1950년대에 전후의 교육개혁에 의한 고등학교 세계사의 탄생이라는 사회적 요청하에서 근대 이전의 세계를 구성하는 지역세계의 하나로서 구상된 개념이다. 영향을 준 것은 우에하라 센로쿠[上原專祿]의 역사적 세계론이다. 우에하라는 일본이 직면한 위기, 현실의 사회정세, 국제관계를 분석하면서 일본국민의 입장에서 세계사를 배우는 의미를 묻고, '실제문제의 성격과 구조를 명확히 하고 이를 근거로 해서 문제해결의 방법을 찾기' 위한 세계사상世界史像의 주체적 형성을 과제로 내건다. 그리고 인간의 역사에서 근

『諸蕃』－大寶令制定の意義に關連して－」(1963년 初出). 日本の古代國家』(『石母田正著作集』, 第4巻 수록, 岩波書店, 2000－10, 1971 初出). 두 사람의 연구에 대한 현재의 어프로치로서, 廣瀨憲雄, 「東アジア地域對外關係の研究動向－『冊封體制』論 · 『東アジア世界』論과 『東夷の小帝國』論を中心に－」, 『歷史の理論と教育』, 第129號 · 130號 合併號를 들 수 있다. 본론도 廣瀨 씨의 고찰에 배운 바가 많다.

30) 鈴木靖民(1985), 「日本律令國家と新羅 · 渤海」, 『古代對外關係史の研究』, 吉川弘文館.

본적으로 중대한 사건으로서, 세계의 일체화, 즉 '자본주의의 발전에 동기가 부여된 유럽에 의한 제세계의 통활과 지배라는 일체화된 세계의 형성'을 거론한다. 이 근대에 대한 성찰과 함께 근대 이전에는 제지역에 자기완결적인 세계가 존재했다고 생각하였다. 구체적으로는, "유럽적 질서로 일체화된 세계가 출현하기까지 적어도 동아시아세계, 인도세계, 이슬람세계, 유럽세계의 4개의 세계가 제각기 고유의 문화와 생활양식을 만들어내고, 제각기 독자의 역사를 전개시켜 갔다"고 하고, 제지역 세계의 형성으로부터 통합에 이르는 역사를 세계사로서 구상한 것이다.[31] 이때 우에하라와 함께 세계사교과서의 작성에 참여한 사람이 니시지마 사다오다.[32] 니시지마는 1960년대로부터 70년대에 걸쳐 동아시아세계를 역사적인 공간으로서 설정하고 그 실증작업을 시도해 나갔다.

동아시아세계론의 개요는, 한자漢字 · 유교儒教 · 율령律令 · 불교佛教라는 공통의 문화가 중국왕조를 중심으로 하는 정치구조를 매개로 해서 주변 제지역에 수용되고, 전개되었다는 것이다. 그 지역은 구체적으로 중국 · 조선 · 일본 · 베트남이다. 니시지마는 "이 지역에서 가장 빨리 국가를 형성하고 고도의 문명을 달성한 중국이 그 문명과 정치권력을 주변 제지역으로 확대하여 형성된 것으로, 그 영역 내에서는 언어, 민족의 상위가 있지만, 중국문명과 그 정치권력의 영향하에서 제각기 국가를 형성하고 문화를 전개시켰다"[33]고 하고, 총

31) 上原專祿(1955), 「世界史像の新形成」, 『世界史像の新形成』, 創文社. 上原 등에 의해 편집된 『高校世界史』(1956, 實教出版)는 1958年度 문부성 검정에서 불합격되고, 改訂稿가 『日本國民の世界史』(1960, 岩波書店)로서 출판되어 반향을 불러일으키고 있다. 嶋定生(1960), 「八年間のゼミナール」, 『圖書』 133號, 岩波書店도 참조.

32) 이 점에 대해서는 니시지마 사다오의 회고록을 통해 이성시가 재평가하고 있다. 李成市 편, 西嶋定生 저(2009), 『古代東アジア世界と日本』, 岩波書店.

33) 西嶋定生(2000), 「東アジア世界の形成と展開」; 李成市編 · 西嶋定生, 『古代東アジア

체적으로 완결한 역사구조를 이해하려고 하였다. 아직 중국문명이 침투하지 않았던가, 수용되어도 그 후의 역사과정 중에서 그 흔적을 소실한 티베트, 중앙아시아, 몽골, 캄보디아, 라오스 등 제지역은 동아시아세계에서 제외된다.

고대중국에 기원하는 전달수단 한자를 이용해서 공자의 가르침에 기초한 사상, 신앙의 체계, 특히 군자君子가 갖추어야 할 정치이념, 가족도덕을 규범으로 하는 인간의 윤리를 설파한 유교, 정치제도로서의 율律과 령令 그리고 불교가 전파됐다. 인도의 불타에서 시작된 불교는 동아시아, 동남아시아, 티베트 등에 신앙을 퍼뜨리는데, 중국에서는 일찍부터 불교경전의 한역이 행해지고, 이것이 조선, 일본에 전해졌다. 여기에서 말하는 불교는 '한역불교漢譯佛教'를 가리킨다. 동아시아세계를 인식가능하게 한 것은 4개로 대표되는 문화적 공통성이고, 그런 까닭에 이들 문화를 공유하는 지역권을 '동아시아문화권', '한자문화권'이라도 부른다. 그리고 '동아시아세계론'의 특징은, 이들 문화적 공통성이 중국 황제와 주변국가의 수장 사이에 맺어진 정치적 관계, 즉 책봉관계를 통한 문화의 전파에 의해 실현되었다는 점이다. 이른바 '책봉체제론'은 1962년의 「6~8세기의 동아시아6~8世紀の東アジア」에서 처음으로 제창된 학설이다. 니시지마는 해당 시기의 동아시아제국의 흥망, 국제정세의 추이가 중국왕조를 중심으로 하는 책봉체제의 전개와 연동하는 것으로서 고찰하였다. 책봉이라는 것은 '책冊을 받아 봉건封建한다'는 의미이고, '봉토封土를 나눠주고 그 지역의 군장으로 임명한다는 사령서辭令書를 수여한다'는 임명 행위를 말한다.[34] 원래는 주周시대에 천자와 제후 사이에 맺어진 봉건제封建制의 이념이었다. 진한시대秦漢時代에는 국내의 작제적爵制的 질서의 정비에 동반하여, 황제와

世界と日本』, 岩波書店.

34) 西嶋定生, 「冊封體制と東アジア世界」(李成市編, 西嶋定生 前掲書).

주변제국의 수장사이에 관작의 수수를 매개로 한 외신外臣의 제도를 가리키는 것이다. 한대초기漢代初期에는 남월南越 · 민월閩越 · 동월東越 · 야랑夜郎 · 전滇 및 무제武帝 이전의 위씨조선衛氏朝鮮 등이 책봉에 의해 외신外臣이 되었는데, 제각기 국내에서는 독자의 법이 있고, 중국왕조의 지배, 법이 직접으로 미치는 일은 없었다. 책봉체제라는 것은 황제가 주변제국의 수장을 '국왕國王', '공公' 등에 임명하여 구축된 국제질서체계를 말하고, 그것이 가장 잘 나타난 것이 6세기에서 8세기에 이르는 남북 양조 및 수당과 '동변제국東邊諸國', 즉 고구려, 백제, 신라, 발해와의 관계라고 하였다. 변천은 있지만, 8세기에 신라왕은 "개부의동삼사좌효위대장군사지절계림주도독제군사낙랑군왕신라왕開府儀同三司左驍衛大將軍使持節鷄林州都督諸軍事樂浪郡王新羅王", 발해왕은 "좌효위대장군사지절도독계루군대도독발해군왕左驍衛大將軍使持節都督桂婁郡大都督渤海郡王"(후에 '발해국왕')이라는 국왕호 및 칭호를 수수받았다. 이러한 책봉관계를 매개로 율령 등 중국의 문물제도가 보급되었다고 생각하는 것이다.

중국을 중심으로 한 정치세계의 '동아시아세계'가 실체화하는 선상에서 그 이데올로기적 측면을 담당했던 것이 화이사상과 왕화사상이다. 화이사상이란 중국이 세계의 중심으로서, 중국의 천자가 지배하는 영역을 중화中華, 주변을 동이 · 서융 · 남만 · 북적이라 부르는 이적夷狄의 지地로 간주하는 사상이다. 중화와 이적의 구별은 군신질서 · 가족질서를 기본으로 하는 인간의 행위규범인 '예禮'의 실현 유무에 따른 것이고, 여기에서 이적의 땅은 '예'를 기본으로 한 사회적 질서가 행해지지 않은 땅이라는 관념이다. 한편 왕화사상은 천자의 덕이 이적에게 미치는 것을 정치의 이상으로 하는 정치사상이고, 이적이 예의 질서를 받는 일에 의해 황제의 덕치德治가 완성을 본다는 것이다. 이들의 분리와 통합의 정치사상은 전한前漢 후반부터 후한後漢 초에 유교의 국교화를 매개로 해서 황제관념皇帝觀念과 봉건사상을 결부시켜 '동아시아세계'가 형성되는 제조건을 정비하였다. 책봉관계를 맺은 제국은 중국왕조의 번신蕃臣으로서 황제의 덕화와 질서가 미치고 있는 곳으로 보았다. 그리고 그 때문에 황제의 덕을 배반하거나 예에 어긋난 경우가 있다면, 황제에 의한 외교적 규제, 혹은 군사적 규제가 발동된다. 고구려 토벌은 그 전형이다. 중국왕조는 이 책봉관계에 의해 국제관계의 안정과 국내외에서의 황제권위가 발현하는 장으로 기도하고, 주변제국의 수장은 국제적 지위의 승인을 배경으로 하는 국내적 권위의 확립, 인근과의 관계에서 자국을 유리하게 이끌어가는 것을 기대하였다.

정치적, 문화적으로 '동아시아세계'가 완성하는 것은, 남북조시대에 이원적인 책봉관계가 해소되는 수의 중국통일 후의 일이지만, 그것은 10세기 당의 멸망과 함께 변모한다. 오대십국시대에는 신라 · 발해가 계속해서 멸망하고 당이 직접 지배하고 있던 베트남이 독립한다. 문화적으로 보면, 요遼의 거란문자契丹文字, 금金의 여진문자女眞文字, 서하西夏의 서하문자西夏文字, 일본의 가나문자[假名文字] 등 중국주변의 제지역에 독자의 표음문자가 등장하고 문자문화에 변화가 생긴다. 더욱이 송대宋代에는 중국경제의 발전을 축으로 해서 경제적 세계, 교역적 세계로서 '동아시아세계(동아시아교역권)'가 출현한다. 정치적으로는 몽골에 의한 중원지배를 거쳐 14세기 명明의 성립에 의해 책봉과 감합무역에 의한 국제질서가 출현하고 청대에 이른다. 그 후 '동아시아세계'는 19세기 유럽열강의 등장에 의해 해체되지만, 그 후도 사람들의 의식, 행동을 계속 규정해나갔다고 한다.[35)]

'동아시아세계론'은 한정된 시대, 지역에서 검출된 책봉체제란 국제관계의 구조적 이해를 기초로 후에 이론적으로 보완되고 확대해석된다. 또 고대에 한정되지 않고 중세, 근세를 관통하는 지역개념으로서, 동남아시아와 인도도 그

35) 西嶋定生, 「東アジア世界の形成と展開」, 前揭.

범주에 포함하면서 전개된다. 그것은 동아시아지역의 신축성, 유동성을 적극적으로 파악하려고 한 결과인 동시에 지역세계의 개념규정을 애매하게 한다고 할 수 있을 지도 모르지만, 동아시아의 포괄적 파악을 시도한 점에서 그 유효성을 인정해도 좋다.

전술한 바와 같이 니시지마의 소론은, 그 후의 연구에 커다란 영향을 주었는데, 일찍부터 비판적 견해도 제시되었다. 기토 기요아키[鬼頭清明]가 『일본 고대국가의 형성과 동아시아日本古代國家の形成と東アジア』(校倉書房, 1976)에서 제기한, 대체로 동아시아제국은 일체적인 동아시아적 세계를 구성하고 있는 것인가 하는 의문, 중국을 중심으로 한 세계 제국론적 이해에 대한 의문, 그리고 동아시아제국의 주체적인 발전, 제국 상호 간의 관계의 평가에 대한 의문을 꼽을 수 있다.

우선 책봉체제론은 중국왕조와 주변제국(고구려 · 신라 · 백제 · 발해)의 국제관계를 실증적 기초로 해서 도출한 것이다. 그러나 당의 국제관계는 동변제국과의 교통에 머무르는 것이 아니다. 도리어 당의 역사에서는 때로는 대항관계에 있던 돌궐 · 위구르 · 토번 등 북방, 서방의 제세력의 존재가 결정적인 의미를 갖는다. 당은 7세기를 통하여 토욕혼吐谷渾 · 돌궐突厥 · 고구려高句麗 등의 제국을 멸망시키지만, 그 후에 재흥한 돌궐(돌궐 제 2가한국可汗國) · 철륵鐵勒 · 해奚 · 거란契丹 · 돌기시突騎施 · 위구르 · 토번吐蕃 등 주변민족 · 국가와 전쟁과 화목을 반복했다.[36] 돌궐은 8세기에는 당과 비교적 안정된 관계를 유지했지만, 토번은 손첸감보[松贊岡保]의 출현 후, 급속히 국력을 상승시켜 당과 대치했다. 때때로 당의 서역 경영을 위협하고, 안사의 난의 혼란을 틈타 일시적으로

36) 森安孝夫(2007), 『シルクロードと唐帝國』 序章, 興亡の世界史 · 第5巻, 講談社.

장안長安을 점거하는 등 적대적인 관계에 있었다. 야마우치 신지[山內晋次][37]가 개원년간開元年間의 당의 외교문서의 형식 분류를 통해 밝힌 바와 같이, 당시 당을 중심으로 하는 국제관계에는 토번－돌궐 · 돌기시－신라－해 · 거란－발해 · 남조－호밀護密 · 식닉識匿 · 발률勃律 · 계빈罽賓 · 일본이라는 서열이 존재했는데, 일본은 신라 · 발해의 상위에서 벗어나 당의 국제관계의 외연에 위치했다. 반면 북아시아, 서방의 내륙아시아 제세력과의 관계가 중시되었음을 알 수 있다.

또 당이 대립하고 있는 주변제족 · 제국가와의 관계는, 책봉뿐 아니라, 기미정책 · 화번공주강가和蕃公主降嫁 등이 있고, 그것도 일원적인 것이 아니고, 일관된 것도 아니었다. 중국왕조와 동변제국의 관계로 표시된 동아시아세계는 당을 둘러싼 내륙아시아 혹은 동유라시아의 역사적 동향과 다원적인 국제관계를 기초로 재검토되어야 한다.[38] 그리고 이러한 시각은 당대사唐代史 연구자에 의해서도 제기되고 있다. 장안에 도읍한 당의 황제는 중화세계의 지배자로서 천하에 군림하는데, 그 출현은 북위北魏를 이은 선비계鮮卑系 왕조 내지는 척발국가拓拔國家에 이르고, 그 점에서 당은 북방 이민족이 중심이 되어 건설된 국가였다는 것을 이와미 기요히로[石見清裕]가 지적했다.[39] 세오 다쓰히코[妹尾達

37) 山內晋次(2003), 「唐朝の國際秩序と日本－外交文書形式の分析を通して－」, 『奈良平安期の日本とアジア』, 吉川弘文館(1986년 初出).

38) 이러한 시좌의 필요성에 대해서는, 石見清裕(2009), 『唐代の國際關係』, 世界史リブレット, 山川出版社 ; 廣瀨憲雄(2010), 「倭國 · 日本史と東部ユーラシア－6~13世紀における政治的連關再考」, 『歷史學硏究』, 第872號를 비롯한 여러 연구자들이 지적하고 있다.

39) 당의 건국에는 李淵과 혼인 관계에 있던 匈奴系의 費也頭部의 협력이 있었다고 한 것은 石見清裕 연구에 상세하다(간편한 것으로서, 同(2009), 『唐代の國際關係』, 山川出版社). 630년에 太宗 李世民이 東突厥을 멸할 즈음에, 유목민 집단의 군장이 태종에 대해 '天可汗'의 칭호를 주었는데, 森安孝夫는 이를 초원 세계의 제군장 拓跋可汗의

彦][40]는 당이 농경지역을 통합하는 제국으로서 출현했음을 지적했다. 더욱이 모리야스 다카오[森安孝夫][41]는 종래의 중국왕조의 흥망사를 축으로 하는 역사관을 극복하기 위해서는 중앙유라시아의 시점에서 중국사의 일부로서 당 왕조사를 상대적으로 파악해 갈 필요가 있다고 주장했다.

책봉체제론을 전제로 한 '동아시아세계론'은 히로세 노리오[廣瀨憲雄][42]가 지적했듯이 자기완결적인 지역세계상이고, 더구나 일본사의 이해를 염두에 둔 것이며, 중국 중심 · 일본 중심의 역사이해라는 측면을 갖고 있다. 그러나 '동아시아세계'의 존재를 전제로 해서 역사를 이해하려고 한다면, 그것은 스스로가 한정된 역사에 빠지게 된다. 무라이 쇼스케[村井章介][43]가 지적했듯이 지역설정은 개개의 시대, 개개의 문제에 즉해서 역사를 이해하기 위한 가설적인 틀이고, 처음부터 실체적인 공간이 확대되어 있는 것은 아니다. 그러한 의미에서 국가 상호 간의 관계와 인간과 문물의 이동, 교류를 다면적으로 파악해야 할 필요가 있다.

다음으로 한자 · 율령 · 유교 · 불교의 4요소로 대표되는 중국문명의 주변제국 · 제지역으로의 파급이 중국의 책봉체제에 가담함으로써 일어난다는 니시지마의 문화전파론에 대해서 술한다. 중국에서 발달한 국가적 인신지배를 위

위에 선 大可汗으로서의 승인이고, 이것은 唐이 拓跋國家라는 것에 유래한다고 하였다(森安孝夫 前揭書).

40) 妹尾達彦(2010), 「長安の變貌」, 『歷史評論』, 720號 등.

41) 森安孝夫, 『シルクロードと唐帝國』(前揭).

42) 廣瀨憲雄, 「古代東アジア地域對外關係の研究動向－『册封體制』論 · 『東アジア世界』論と『東夷の小帝國』論を中心に－」(前揭).

43) 歷史學硏究會編(2002), 『戰後歷史學を檢證する－歷硏創立70周年記念－』, 歷史學硏究會에 수록된 討論會 「地域と民族」에서의 村井章介의 發言. 村井는 藤間生大, 『東アジア世界の形成』(前揭)에 대해서 동아시아사가 근대적인 국가의 이미지로 이해되고 있음을 지적한다.

한 법, 사회규범, 사상, 학문 혹은 종교시스템의 수용은, 모체가 되는 언어의 이해, 즉 한자능력의 획득을 통해 이루어졌다.[44] 그러나 일본의 초기불교가 우선 백제를 매개로 해서 수용하고, 고구려, 신라 불교와의 교류에 의해 발전했듯이 그 수용과정이 반드시 중국과의 책봉관계를 전제로 하지 않은 것을 알 수 있다. 견수사 · 견당사의 파견을 통해서 유학승留學僧 · 청익승請益僧이 수 · 당의 불교 제파를 배우지만, 나라시대의 국가불교 · 법회체계의 중심적 사원이었던 동대사東大寺가 신라화엄종과 인적교류를 갖고, 그 사상적 영향을 받고 있듯이,[45] 8세기 단계에는 외래사상으로서 불교를 중국불교의 영향만으로 논할 수는 없다.

7세기를 통한 고대 일본의 국제國制의 전환은 추고조에 예제禮制의 계수 · 관인질서의 구축 · 불교의 흥륭, 효덕孝德 · 천지조天智朝의 지방지배제도(국國 · 평評 · 오십호五十戶, 국國 · 군郡 · 이제里制)의 정비, 호적제도에 의한 개별 인신지배의 지향, '오미령[近江令]'(존부存否에 대해서는 제설이 있다)의 제정, 천무天武 · 지통조持統朝의 아스카키요미하라령[飛鳥淨御原令](681년 편찬개시, 689년 제사반포諸司頒布)를 기축으로 하는 정치 제제도의 개혁, 즉 천황호의 채용, 후지와라쿄[藤原京]의 조영, 중앙관인 · 관사제의 정비에 의한 호족층의 관료화, 신라 골품제도와의 관련이 지적[46]되는 팔색八色의 성姓 제정, 신기神祇 · 불교정

44) 河野貴美子(2010), 「古代日本における『周易』の受容」, 『國文學硏究』, 早稻田大學國文學會, 161集. 河野는 漢字文獻이 漢字를 공통의 문화 기반으로 하면서도 각 지역에서 개별적으로 전개하고, 그 派生形을 낳는 일이야말로 일본, 동아시아지역 특유의 문화현상이라고 지적한다.

45) 신라 불교 특히 화엄교학의 영향에 관한 연구사에 대해서는, 坂上康俊 · 森公章, 「古代東アジア國際秩序の再編と日韓關係－7~9世紀－」(前揭)를 참조.

46) 李成市(2004), 「新羅文武 · 神文王代の集權政策と骨品制」, 『日本史硏究』, 第500號. 天武 · 持統朝의 국제 정비에 대해서는, 同「古代東アジア世界論再考－地域文化圈の形成を中心に－」(前揭)참조. 신라에서도 永徽律令 또는 그 이전의 율령을 참조하여

책 · 연중행사 · 국가의례의 정비, 『일본서기』, 『고사기』의 편찬에 의한 역사 · 전승 · 신화의 공정작업公定作業의 추진 등을 거쳐 대보원년大寶元年(701)에 영휘령永徽令을 참조하여 편찬된 대보율령의 제정 · 시행에 의해 완성된다. '왜'로부터 '일본'으로 국호를 변경한 것도 7세기 후반의 국제정세의 변화 및 국내정치의 전개와 축을 같이 한 것이다.

일본(왜)은 630년에 처음으로 당에 견사했다. 그러나 태종은 원국遠國으로부터의 내조라는 이유로 '세공歲貢'(매년의 조공)을 면제하고(『구당서』「왜국전」), 왜왕에 대한 책봉을 행하지 않고, 이후도 책봉이 행해진 일은 없었다.[47] 국제의 정비를 서두른 것은 7세기 중반 당에 의한 백제 · 고구려 토멸, 백제부흥전쟁에서 왜의 패배에 의한 국가적 위기를 배경으로 하고 있다. 667년에서 669년에 걸쳐 구 백제령에 주둔하는 당군과의 교섭이 행해진 것에 불과하고 이후 701년까지 30년간 당 황제에게 견사하지 않았다. 한편, 백제 망명귀족의 수용과 함께 신라와는 거의 매년 사자를 교환했고, 국가형성사상 신라와의 교섭의 역할이 주목된다.[48]

한자의 전파도 마찬가지이다. 고대 일본의 한자 수용은 모리 히로미치[森博達]의 『일본서기』의 음운학적 연구와 고바야시 요시노리[小林芳規][49]의 각필문헌

독자의 내용을 갖는 율령이 정비되고, 7세기 후반에 官制, 軍制, 지방행정 제도의 쇄신이 꾀해지고 있고, 일본에서의 국가 체제의 정비는 이러한 신라의 영향을 받아 행해졌다고 보이고, 신라의 四等官制(令 · 卿 · 大舍 · 史), 外位制의 적용, 9등관제가 일본에 영향을 주었다(鈴木靖民, 「日本律令國家と新羅 · 渤海」前揭).

47) 이후 일본으로부터의 견사는 마지막 838년(승화承和 5)의 파견까지 15회回에 불과하다. 또 일본(왜)이 중국 왕조의 책봉을 받은 것은 5세기의 대송외교, 14세기의 대명외교에 한한다.

48) 鈴木靖民, 「日本律令國家と新羅 · 渤海」(前揭).

49) 森博達(1999), 『日本書紀の謎を解く』, 中央公論新社 ; 小林芳規(2004), 『角筆文獻研究導論』, 上卷 · アジア篇, 大修館. 小林의 연구에 대해서는, 同(2007), 「東アジアの角

角筆文獻 연구에서 도래계 지식인, 한반도의 영향이 지적되었고, 또 근년 출토례가 증가하고 있는 한국의 고대목간에 관한 연구를 통해 점차 새로운 사실이 밝혀지고 있다. 예를 들면, 중국에는 유례가 없는 일본에서 만들어졌다고 생각되는 '포鮑', '전畠' 등은 안압지 출토 목간木簡, 나주 복암리유적 출토 목간을 통해 한반도에서 사용된 문자였음이 판명되었다.[50] 종래 일본의 고대목간을 통해 한국의 것과 유사성이 있음이 지적되었는데, 문자뿐 아니라 고대일본의 문서행정시스템을 전제로 한 통치, 지방행정에 어떻게 도입되었고, 그 전개를 생각하는 데에 참조할 만한 내용을 갖고 있어 기대가 높아지고 있다.[51]

니시지마가 거론한 요소 이외에 중국문명 수용의 일례로 들 수 있는 것은 도성제都城制일 것이다.[52] 일본이 수용한 고대중국의 도성형태는 주례형周禮型과 장안형長安型 2개이다. 주례형은 중국도성의 이상형으로 간주되었고, 『주례』의 「고공기考工記」에 나온다. 방형의 성벽을 갖는 왕성의 중앙에 궁궐이 위치하고, 성내에는 도로가 방격상方格狀으로 놓여있다. 694년에 지통천황持統天皇이 천도한 후지와라쿄가 그 이상을 구현하려고 한 것이라고 생각된다. 이에 반해 헤이조쿄 · 헤이안쿄(平安京)는 당의 장안성을 모방한 것이다. 당의 장안성

筆文獻－その交流の軌跡を辿る－」, 『和漢比較文學』, 第38號 참조. 角筆文獻의 대부분은 불교 경전, 漢籍 등의 漢字文를 해독할 때에 角筆로 지면을 눌러 볼록시켜 문자, 부호 등에 의해 그 발음과 주석을 기입하는 것이고, 중국을 원류로 하여 한반도, 나아가 일본에 전해졌다. 小林은 일본에 전래하고 나라시대에 光明皇后(701~766년)의 장서가 된 新羅僧 元曉가 찬술한 『判比量論』(671)에 신라의 假名 · 符號 · 節博士가 확인되고, 新羅僧 表員이 찬술한 『華嚴文義要決』에 이용된 요코토点(点吐)의 분석에서 平安時代初頭 이전의 초기 訓点이 신라의 영향을 받아 시작되었을 가능성을 지적하였다.

50) 平川南(2010), 「正倉院佐波理加盤付屬文書の再檢討」, 『日本歷史』, 750號.

51) 木簡學界編(2010), 『木簡から古代がみえる』, 岩波書店.

52) 都城制에 관해서는 연구사도 많지만, 여기에서는 佐藤信(2005), 「問題提起－東アジア古代都市論の可能性」, 『年報都市史研究』, 13號, 特集東アジア古代都市論, 山川出版社에 따라 문제를 정리하였다.

은 태극궁太極宮이 도성의 북변 중앙부에 위치하고 있는 것이 특징이고, 북위 낙양성洛陽城의 계보를 잇고, 그 구성이 북방민족의 영향을 받은 도성이라고 한다. 후지와라쿄는 장안성에 비해 중화적 이념을 보다 잘 반영한 구조를 취하고 있는데, 『주례』의 이상에 즉한 도성이 중국이 아닌, 일본에 출현한 일은 흥미롭다. 견당사의 견문에 의하면 후지와라쿄에서 헤이조쿄로의 천도는 장안성형長安城型으로의 변경을 지향했기 때문이라는 설이 있다. 발해는 상경룡천부上京龍泉府(中國 · 黑龍江省 · 寧安縣 · 東京城)를 중심으로 오경五京(中京顯德府 · 東京龍原府 · 南京南海府 · 西京鴨綠府)을 경영했는데, 방형플랜의 나성羅城을 갖고, 장안형과 같은 도성의 북변 중앙에 궁궐을 지었다. 이노우에 가즈토井上和人[53]는 지형도 분석으로부터 발해의 상경용천부의 평면플랜이 평성경을 참고해서 조영되었을 가능성을 지적한다. 한편 신라의 월성月城을 중심으로 하는 왕도의 구성은, 중앙궁궐형에 가까운 것이고, 주변에 산성이 축조되어 있는 점을 특징으로 한다. 신라의 율령제, 도성제에 대해서 금후의 연구가 기다려지는데, 현시점에서는 당의 율령과 도성제를 적극적으로 모방한 것은, 도리어 당과의 책봉관계를 갖지 않았던 일본이었다고 할 수 있다. 일본의 율령법 체계의 계수와 도성의 조영에 대해서는, 신라를 종속국가로 하고 그 위에서 군림하려고 하는 국제의식의 반영으로 보는 설도 있다.

한편 오바타 미치루[小幡みちる][54]가 지적하듯이 당은 한반도제국의 책봉 시에 도교를 전했던 일이 알려져 있다. 그것은 당이 자국을 중심으로 하는 '제국

---

53) 井上和人(2008), 『日本古代都城制の研究－藤原京 · 平城京の史的意義－』, 吉川弘文館.

54) 小幡みちる(2003), 「唐代の國際秩序と道教－朝鮮諸國への道教公傳を中心として－」, 『史滴』第25號, 同(2007), 「8世紀後半の日唐關係と道教」, 『史滴』, 第29號 ; 同(2005), 「日本古代の道教受容に關する一考察－8世紀前半の日唐關係を通じて－」, 『早稲田大學大學院文學研究科紀要』, 第50輯 · 第4分册.

적 질서를 종교적으로 보완한다'는 목적하에 왕권의 상징으로서 중시되고 있던 도교를 이용하려 한 것이다. 또 일본은 8세기 전반에 견당사를 파견하여 당의 도교를 접했는데, 국내에서는 적극적인 수용을 피하고, 체계적인 도교사상의 형성을 보지 못했다. 오바타가 언급했듯이 니시지마가 거론한 동아시아 세계의 문화적 특질 4개 요소는, 어디까지나 현대적인 시점에서 보는 것이고, 도교와 같이 보편성을 가질 수 있는 문화요소로는 되지 않았던 일도 있다. 그러한 제요소를 포함해서 중국의 문화가 어떻게 주변지역에 전파해가는가가 새롭게 논의될 것이다.

그중에 다양성, 복합성을 인정해야 하지만, 동아시아에 있어서는 정치 · 학문 · 문예 · 고전 · 종교 · 제의 · 행동규범 등 모든 면에서 중국왕조의 정치문화를 기축으로 한 문화적 가치 공유의 기반이 역사적으로 형성되어 갔다. 니시지마가 한자문화권이라 특징지었듯이 그 매개체 중 하나가 한자능력이고, 왕권 간의 네트워크로서 중국왕조와의 책봉 · 조공관계 및 제왕조 간에 교류를 했다.

책봉 · 조공관계는 형식적이지만 황제와 주변제국의 왕 사이에 군신관계를 설정한다. 그런 까닭에 책봉체제론이 주변제국의 내재적 발전과 국제관계에서의 주체적인 행위를 경시하고 있다고 하는 비판이 있다. 그러나 주변제국의 왕권에서 중국왕조와의 책봉 · 조공관계는 국제관계 · 국내통합에서 자기를 어떻게 규정하는가 하는 문제이고, 반드시 타율적인 문제가 아니다.[55] 당의 출현은 주변제국에 새로운 정치적, 군사적 과제를 주었다. 그 결과 거기에 동반한 국내 모순의 해소 및 광역적인 국제긴장의 연환이라고 하는 사태가 일

55) 橋本雄(2008), 「室町日本の對外觀－室町殿の『內なるアジア』を考える－」, 『歷史評論』, 第697號.

어났다. 7세기 중반에 백제 의자왕, 고구려 연개소문, 신라 김춘추, 왜의 나카노오에[中大兄]에 의한 권력집중은 그 일례이지만, 근년 이 외에도 다음과 같은 가능성이 지적되었다.

7세기 후반에 당과 동맹관계를 맺은 백제 · 고구려를 멸한 신라는, 그 후 한반도 전역을 지배하려는 당의 주둔군을 축출했다. 근년 이 배경에는 670년에서 당-토번의 3차에 걸친 전쟁의 결과, 당이 패배하고, 안정도독부安靜都督府를 구자龜茲에서 서주西州로 철퇴시켰다는 사실과, 이를 계기로 해서 신라에 의한 한반도에서 당 세력의 축출, 돌궐의 부흥, 거란의 반란, 발해의 건국이라는 광역적인 변동이 유기적인 연관을 갖고 연쇄적으로 일어났던 일이 지적된다.[56] 또 8세기 후반에 당에서 일어난 안사의 난 때에는, 758년(천평보자天平寶字 2) 9월에 발해에서 귀국한 견발해사遣渤海使 오노노 다모리[小野田守]에 의해 안록산 · 사사명의 동향에 관한 정보가 전해졌다. 이때, 당의 황제가 구원요청을 위해 발해국왕 앞으로 보낸 국서의 내용에 대해서도, 일본에 정보가 제공되었고(『속일본기』 천평보자 8년 9월조), 후지와라노 나카마로[藤原仲麻呂] 정권 내부에서는 안록산이 서방을 제압하지 못하고 해동海東으로 향할 가능성을 두려워하고, 동시에 이 기회를 틈타 신라에 침공을 기도하여, 행군식行軍式을 대재부大宰府에 설치하고 3년 계획으로 병사를 수련, 5백 척의 군선 건조를 시작으로 한 군사체제의 정비를 추진한다(759~761). 한편 내란으로 당에 억류되었던 견당사 후지와라노 가와키요[藤原河清]를 귀국시켜 당의 정세에 관한 정보를 얻기 위해 고원도高元度를 당에 파견하여 적극적인 정보 수집을 행하고 있음을 볼

---

56) 菅沼愛語(2010), 「八世紀前半の唐 · 突厥 · 吐蕃を中心とする國際情勢」, 『史窓』, 67號 ; 菅沼愛語ほか(2009), 「七世紀後半の『唐 · 吐蕃戰爭』と東部ユーラシア諸國自立への動き」, 『史窓』, 66號 ; 鈴木靖民(2010), 「遣唐使と古代の東アジア」, 遣唐使船再現シンポジウム編『遣唐使船の時代－時空を驅けた超人たち－』, 角川學芸出版社 참조.

수 있다. 신라출병계획에 관해서는 발해와 연휴를 꾀했다는 사카요리 마사시[酒寄雅志] 등의 설[57]도 있고, 호타테 미치히사[保立道久]의 연구와 같이 동시대의 안사의 난을 비롯한 유라시아 전체의 역사 속에서 파악하려는 관점도 있다.[58] 호타테는 755년의 안사의 난은 서투르키스탄의 달라스 강 싸움에서 소스디아나제국과 압바스조朝 이슬람연합군이 고선지高仙芝가 이끄는 당군을 격파했다는 유라시아의 격동을 배경으로 일어난 것이고, 이 시기를 틈타 발해는 일본의 후지와라노 나카마로 정권에 신라출병을 권유했다고 지적한다.

안사의 난은 위루르의 협력을 얻어 당군이 762년 10월에 낙양을 탈환하여 종식을 맞이하는데, 거기에 앞서 발해는 왕신복王新福을 파견하여 당의 정세에 관한 새로운 정보[59]를 전했다. 그 내용에 대해서는 허보설도 있다. 그러나 후루하타 도루[古畑徹][60]는 사조의史朝義가 위루르에 현종·숙종의 사망을 전하고 있어, 당으로부터의 정식 통달이 아닌, 해·거란·발해 등의 제국을 자기편으

57) 酒寄雅志(2001), 「八世紀における日本の外交と東アジア情勢」「渤海國家の史的展開と國際關係」, 『渤海と古代の日本』, 校倉書房 ; 石井正敏(2001), 「初期日本·渤海交涉における一問題」, 『日本渤海關係史の研究』, 吉川弘文館 등, 그 이해를 둘러싸고 세부적으로는 견해가 나누어진다. 근년의 논고로서는 古畑徹(2008), 「渤海王大欽茂の『國王』進爵と第六次渤海使－渤海使王新福による安史の亂情報の檢討を中心に－」, 『集刊東洋學』, 第100號가 있다.

58) 保立道久(2004), 「東大寺大佛と新羅出兵計畵」, 『歷史地理教育』 8월호 ; 同(2004), 『黄金國家－東アジアと平安日本－』, 青木書店도 8·9세기世紀의 일본왕권, 國制와 동아시아의 접속을 논한다.

59) 『續日本紀』 卷天平寶字7年(763) 正月 庚申條에, "高麗大使王新福言, 李家太上皇少帝竝崩, 廣平王攝政. 年穀不登, 人民相食. 史家朝議, 稱聖武皇帝. 性有仁恕, 人物多附. 兵鋒甚强, 無敢當者. 鄧州襄陽已屬史家, 李家獨有蘇州. 朝聘之路, 固未易通"라고 되어 있듯이, 玄宗·肅宗의 사망 후, 廣平王(代宗)에 의한 섭정, 淮南地方의 정세와 아직 사절을 통하기 어렵다는 상황 판단이 일본에 전해지고 있다.

60) 古畑徹, 「渤海王大欽茂の『國王』進爵と第六次渤海史－渤海使王新福による安史の亂情報の檢討を中心に－」(前揭).

로 하려고 한 사조의 세력이 당의 정세에 관한 정보를 전했을 가능성을 지적하고, 그것이 일본에 전해졌다고 한다. 이러한 신라의 한반도 전역의 영유화, 발해에 의한 정보의 제공, 일본의 신라출병계획은 양국이 주체적인 국제정세의 판단에 기초하여 인국과의 연휴, 인국에 대한 대항 · 침공을 꾀했음을 보여주는 것이다.

7세기에서 10세기 초에 걸쳐 당을 기축국가로 놓고, 당을 중심으로 하는 국제적인 정치관계와 거기에 반드시 규정되지 않은 제국 간의 네트워크, 정치적 관계를 묘출하는 일은 당의 건국에서 멸망에 이르는 동아시아 · 유라시아의 공시성共時性에 관한 문제이다. 니시지마 사다오가 제기한 책봉체제론 · 동아시아세계론은, 역사적 공간으로서의 동아시아를 생각하기 위한 이론적 가설로서 여전히 유효하지만, 그것을 비판적으로 계승해 가는 일이 필요하다고 지적되었다. 고대 동아시아사상은 경우에 따라서는 중국왕조의 흥망을 중심으로 하는 서술을 취하는데, 이를 피하고자 하면 자국 중심 혹은 자민족 중심적인 서술에 빠지기 쉽다. 니시지마의 주장이 갖고 있는 한계를 넘어 동아시아 교류사의 구체상을 어떻게 파악해 가는가는, 금후에도 커다란 과제로 존재할 것이다.

4. 동이의 소제국론과 대당 · 대신라 관계

본절에서는 이시모다 쇼가 제기한 동이의 소제국론과 그 후의 연구성과를 기초로 해서 일본의 대신라對新羅 · 대발해관계사對渤海關係史 연구에 대해 언급한다. 이시모다는 일본의 고대국가가 갖는 대외적 특질로서 신라를 번국蕃國, 열도 내에 거주하는 에미시 · 하야히토[隼人] 등을 이적으로 삼고 그 위에 군림하려고 하는 '동이의 소제국'의 성격을 갖는다고 지적하였다.

오마치 겐[大町健][61]이 정리한 바와 같이, 오마치의 주장은 4세기말 이래의 왜왕권이 중국왕조에 조공하는 한편, '임나'를 축으로 해서 백제 · 신라 등을 조공국으로 예속시키려고 하는 '대국'의 지위를 국제적으로 승인받는 정책을 취했다는 이해를 전제로 한다. 6세기 '임나'의 멸망, 7세기 백제의 멸망, 8세기 신라의 이탈을 거쳐 실체적인 것으로부터 형식적 · 명목적인 것으로 변화했는데, '대국'의식은 고대귀족의 국제의식, 대외정책을 규정했다고 한다. 그리고 내보령이 이러한 '동이의 소제국'의 체제를 법제화하고 천황을 정점으로 하여 국가의 통치권이 미치는 범위를 '화내化內', 그 외부에 있어 '교화敎化'에 미치지 않는 지역을 '화외化外'로 하고, '화외'를 '인국隣國'으로 보는 당, '번국'인 조선제국, '이적'인 에미시 · 하야히토 등으로 구별한 점에서 국제적 의의를 갖는다고 하였다. 또 대보의 견당사는 '동이의 소제국'의 지위를 당에게 승인받는 일이 그 목적이었다고 하고, 그 때문에 완성된 대보율령을 지참했다고 한다. '당은 인국隣國', '신라는 번국'이라는 구별은 『영집해令集解』 공식조서식조公式詔書式條 소인所引의 「고기古記」에 "인국자대당隣國者大唐, 번국자신라야蕃國者新羅也"라는 기록을 근거로 하는데, 「고기」의 성립은 738년(천평10)이고, 대보령 당시에는 양자의 구별이 없었다고 생각된다.[62]

이시모다가 제시한 고대일본의 제국성 이해의 전제에는 고대 로마제국에 의한 이민족 지배가 있고, 임나 지배라는 현시점에서는 낡은 역사인식이 존재하는 것도 분명하다. 그러한 사실인식과 함께 제국帝國 · 민족民族이라는 용어

61) 大町健(2004), 「東アジアのなかの日本律令國家」, 歷史學硏究會 · 日本史硏究會編, 『日本史講座』, 第2卷.

62) 森公章(1998), 「古代日本における對唐觀の硏究」, 『古代日本の對外認識と通交』, 吉川弘文館.

의 개념 자체를 어떻게 파악하는가 하는 문제도 논의의 대상이 되고 있다.[63] 또 일본의 '대국'적 지위, 즉 '동이의 소제국' 체제의 승인이 견당사의 파견 등 중국왕조와의 통교를 전제로 했다고 하는 이해는, 중국 중심 사관, 이른바 견당사 중심사관의 측면이 있다. 그러나 견당사에 의한 율령의 휴대를 표시하는 사료는 존재하지 않고, 도리어 당은 일본에 율령제 시행의 사실을 인식하지 않았다고 생각되는 일[64], 당의 칙서에 "칙일본국왕주명악어득勅日本國王主明樂御得"(『당승상곡강장선생문집唐丞相曲江張先生文集』)이라고 하고, "주명악어득主明樂御得"(스메라미코토), 즉 천황의 일본어 이름을 일본국왕의 성명으로서 기록하고, 천황호의 존재를 일본 측이 당에 전하지 않았던지, 인식하지 않았다고 생각되어 '대국'적 지위를 국내의 자인自認에 머물고, 대외적으로는 신라와 발해와의 외교사절 왕래 중에서 나타난 것에 불과하다. 『속일본기』 등 정사에는 명기하지 않았지만, 견당사는 당에 대한 조공사이고, 『입당구법순례행기入唐求法巡禮行記』 개성開成4년 7월 16일조 등에 보이듯이 그 일은 견당사 자신도 이해하고 있었다.

동시에 '소제국'이라는 표현에 나타나 있듯이, 이시모다가 일본의 고대국가를 왜소화된 제국으로 이해하고 있는 점은, 이시카미 에이치[石上英一][65]에 의해 열도 외부에 대한 실효적 지배가 없었던 일, 번국·이적의 조공을 내국內

63) 大町健, 「東アジアのなかの日本律令國家」(前揭) ; 廣瀨憲雄, 「古代東アジア地域對外關係の研究動向－『冊封體制』論 · 『東アジア世界』論と『東夷の小帝國』論を中心に－」(前揭). 石母田正 자신에 의한 帝國理解에 대해서는 石母田正(1989), 「古代における『帝國主義』について－レーニンのノートから」, 『石母田正著作集4 古代國家論』, 岩波書店가 있다.

64) 716년(靈龜 2년)의 견당사가 가져온 澗幅布에 '白龜元年調布'라는 것은 唐側이 '疑其僞'라고 의심하고 있다(『舊唐書』, 「東夷傳」, 倭國條).

65) 石上英一(1987), 「古代東アジア地域と日本」, 『日本の社會史』Ⅰ, 列島內外の交通と國家, 岩波書店.

國의 부역이라는 '조調'를 갖고 규정하지 않으면 안 되는 일, 행정구획으로서 '국'을 설정하여 일본이 제국적 질서를 유지하고 있는 듯한 의제擬制를 깔고 있는 일 등 질적 · 양적 측면에서 제국의 왜소성이 지적된다. 또 백제의 망명귀족, 도래인에 대해 백제왕성百濟王姓을 부여한 사실은, 백제왕권의 포섭을 의미하고 일본의 제국성을 표시하는 것이다.[66)]

또 이시모다는 9세기 단계(헤이안시대 전기前期)에는 대신라관계의 파탄에서 국제관계를 규정한 '동이의 소제국'적 구조는 붕괴하고 그때까지 보이지 않았던 배외주의, 외국인에 대한 폐쇄적인 태도를 띠게 된다고 지적하고 있다.[67)] 이 배외적 · 폐쇄적 의식의 맹아는 신라인에 대한 귀화금지 정책으로서 구현되고, 고대 대외관계의 전환을 표시하는 지표로서 주목되어 왔다.[68)] 이 논문이 발표된 1960년대 초두는 「일미안전보장조약」 개정에 대한 데모, 항의 활동이 벽에 부딪치는 시기에 해당하고, 이시모다는 그 중에서 재일조선인에 대한 차별에 눈을 돌리고 있다.[69)] 고대 · 중세사 연구자인 이시모다에게는 국가 · 국제관계에 대한 현실적 과제에 기초한 역의 접근이 현저하고,[70)] 고대일

---

66) 石上英一, 「古代東アジア地域と日本」(前揭) ; 長瀨一平(1986), 「白村江敗戰後における『百濟王權』について」, 『千葉史學』, 第6號 ; 田中史生(1997), 『日本古代國家の民族支配と渡來人』, 校倉書房.

67) 石母田正(1973), 「日本古代における國際意識について－古代貴族の場合－」, 『日本古代國家論』, 第Ⅰ部, 岩波書店(1962년 初出).

68) 佐伯有淸(1970), 「九世紀の日本と朝鮮」, 『日本古代の政治と社會』, 吉川弘文館 ; 石上英一(1982), 「古代國家と對外關係」, 『講座日本歷史』, 第2巻, 古代2, 東京大學出版會 등.

69) 石母田正(1960), 「最近の諸事件と民衆の國際意識」, 『歷史評論』, 第124號. 동 논문에서 이시모다는 전후 일본에서는 새로운 국제 의식이 싹텄지만, 日米安全保障條約改定으로부터 일본이 미국 제국주의하에서 극동에서 다시 제국화하는 것을 염려한다. 재일조선인 문제라는 것은 적십자의 북조선 귀국 운동에 대한 외무성의 대응을 둘러싼 문제.

70) 川本隆史(1998), 「民族 · 歷史 · 愛國心－「歷史教科書論爭」を歷史的に相對化するため

본의 제국성 및 그 왜소성에 대한 이시모다의 연구배경도 근대일본의 제국주의와 함께 미국의 우산하에 들어가고 아시아제국을 대하는 전후의 일본을 그는 어떻게 파악하고 있는지, 그러한 시좌에서 검증이 요청된다.

한편 8세기 일본은 당 · 신라 · 발해와 교류하였다. 당과의 교류에 관해서는 근년 당대의 정진성井眞成 묘지墓誌(開元22) · 서주자사두사선徐州刺史杜嗣先 묘지(先天2)[71]가 발견되고, 견당사의 위치를 새롭게 논의하게 하였다. 전자는 중국에서 발견된 최초의 일본인 묘지이고, 정진성은 717년(양로원養老元)에 견당사선에서 아베노 나카마로[阿部仲麻呂] · 기비노 마키비[吉備眞備] 등과 함께 입당入唐하여, 734년(개원22)에 장안에서 사망하였다. 당 조정은 종5품 관위를 추증하여 산수滻水 근처에 매장하였다. 2004년 10월 공표 후, 고대 일중관계를 보여주는 사료로서 주목되었는데, 묘지의 크기는 약 40cm로 당대의 것으로서는 규모가 작고, 묘지문도 짧고 또 여백이 있는 것으로 보아 당이 일본의 사절을 우대한 표시가 아니라고 지적되었다.[72]

한편, 두사선杜嗣先 묘지는 702년에 도해한 아와타노 마히토[粟田眞人] 등의 내조에 관한 내용을 포함하고, 대보의 견당사를 통하여 국호로서 '일본'이 중국에 전해졌음을 판명하는 최고의 금석사료이다.[73] 즉, "우속황명원피又屬皇明遠

に－」, 小森陽一 · 高橋哲哉編, 『ナショナルヒストリーを越えて』, 東京大學出版會 ; 河西英通, 「歷史的思考力の形成空間としての東アジア」, 加藤章編 前揭書 수록.

71) 井眞成墓誌에 대해서는 專修大學 · 西北大學共同プロジェクト編(2005), 『遣唐使の見た中國と日本－新發見「井眞成墓誌」から何がわかるか－』, 朝日新聞社(2005) ; 東野治之(2007), 『遣唐使』, 岩波書店 등 참조.

72) 石見淸裕(2004), 「入唐日本人『井眞成墓誌』の性格をめぐって－中國唐代史の立場からみると－」, 『アジア遊學』, 第70號.

73) 『舊唐書』 倭國日本傳은 669년(天智 8년) 파견한 견당사와 702년(大寶 2년) 파견한 견당사 기사 사이에 왜로부터 일본으로의 국호 변경에 대해서 기술하고 있고, 그 의미가 杜嗣先 墓誌에 의해 밝혀지게 되었다고 말할 수 있다.

被, 일본래정日本來庭, 유칙有勅, 영공여리회원令公與李懷遠 · 두로흠망豆盧欽望 · 축흠명등빈우번객祝欽明等賓于蕃客, 공기어화共其語話(하략)"라는 문언을 새기고 있고, 사절의 수용에 즈음해서는, 초주楚州 도착 후, 학식자學識者 두사선杜嗣先과 재상宰相 경험자 이회원李懷遠이 의해 일본 측의 견사 의도, 마히토의 교양 등에 대해서 신중한 협의를 하고, 장안행을 허락하였음을 알 수 있다.[74] 당시 중국은 측천무후則天武后가 주周를 건국한 시기에 해당한다. 가네코 슈이치[金子修一][75]에 의하면, 장안에 들어간 견당사가 우대받은 배경에는 주를 둘러싼 국제관계와 함께 황태자로서 중종中宗의 지위를 굳히려고 하는 무후武后의 움직임이 있었던 것이고, 그것이 『구당서』 「왜국일본전倭國日本傳」이 집절사執節使 아와타노마히토[粟田眞人]에 대한 호의적인 평가로 이어졌다고 한다. 당과 일본의 관계를 추구하기 위한 새로운 자료로 주목되는 2개의 묘지는 양국 간의 교류만을 중심에 두고 이해할 수 있는 것은 아니고, 양국을 둘러싼 국제관계, 당 측의 사정에 비추어 그 사료적 가치가 검토되고 있다. 그 과정에서 권덕영 등의 성과를 토대로 한 신라와 발해의 견당사 연구도 행해지게 되었다[76]는 것을 거론해 둔다.

그런데 정치사상으로서 화이사상의 사상적 영향을 받아 이론화된 '대국'

---

74) 杜嗣先 墓誌에 대해서는 高橋繼男, 「最古の「日本」-「杜嗣先墓誌」の紹介-」(前揭), 『遣唐使の見た中國と日本-新發見「井眞成墓誌」から何がわかるか-』 수록) ; 森公章(2008), 『遣唐使と古代日本の對外政策』, 吉川弘文館 참조.

75) 金子修一(2009), 「則天武后と杜嗣先墓誌-粟田眞人の遣唐使と關連して-」, 『國史學』, 第197號. 가네코는 『舊唐書』 倭國 日本傳과 같은 唐의 사료에서 이민족의 사절 개인을 호의적으로 취급하는 예는 드물다고 한다.

76) 權悳永(1997), 『古代韓中外交史-遣唐使研究-』, 一潮閣. 일본의 견당사는 대체로 20년에 1번, 혹은 천황 교체기에 파견되고 있고, 거의 매년 파견된 신라의 견당사과는 성격을 달리한다. 또 '견당사'라는 용어는 신라 사료에는 보이지 않는다.

의식과 자국 중심의 세계관은 동아시아 각국에 퍼져있고[77], 일본에 한정된 것은 아니었다. 그 때문에 일본이 대외적으로 '대국'으로서의 지위를 주장한다면, 당과 신라의 그것과 충돌할 가능성을 갖고 있다. 당과의 관계에서는, 778년(보구寶龜9)의 당사唐使 내일來日 1건을 거론할 수 있다. 이 당사는 775년(보구6)에 견당사로서 입당한 부사副使 오노노 이와네[小野石根] 등을 보낸 칙사勅使 조보영趙寶英·판관判官 손흥진孫興進으로, 오노노 이와네·조보영 등은 일본으로 향하는 도중 조난 당해 사망했기 때문에 판관判官 손흥진孫興進이 입경入京하게 되었다. 일본에서 당사의 입경은 후에도 이 1회만으로 이때 당사 손흥진의 접대, 특히 천황과 당사의 대면 자세가 문제가 되었다. 견당사 제3선으로 귀국한 오노노 시게노[小野滋野]는 당사의 내조 목적을 '인호隣好'를 맺기 위한 것이라고 설명하고, 대재부에서의 처우를 '번례蕃例', 즉 신라에 준하는 것으로 하였다.[78] 그러나 입경 후의 대응에 관해서는 귀족들 사이에 천황과 당의 번국의 왕으로서 행동할 것인가, 당사를 번국의 사자로서 대우해도 좋을 것인가의 논의가 전개되고, 그 결과 당사와 대면한 광인천황光仁天皇은 자리에서 내려와 스스로 번국의 왕으로서의 예를 취했다고 하는 일화가 전해지고 있다.[79] 일본

77) 酒寄雅志(1993), 「華夷思想の諸相」, 荒野泰典他編, 『アジアのなかの日本史』V, 自意識と相互理解, 東京大學出版會.

78) 『續日本紀』 寶龜 9년 10월 乙未條에, "但今唐客隨臣入朝. 迎接祇供. 令同蕃例. 臣具牒大宰府. 仰令准擬."로 되어 있다.

79) 『大澤淸臣本壬生家文書』(散逸)에, "維寶龜十年歲次己未四月卅日, 唐國使孫興進等入京. 五月三日將欲禮見. 余奉勅撰朝儀. 時有大納言石上卿, 言稱, 彼大此小, 須用藩國之儀. 余對日, 昔仲尼辱齊侯於夾谷, 相如叱秦王於黽池, 自古以來, 賢人君子, 皆欲致己君於他君之上, 不以大小强弱而推謝, 此忠臣義士之志也. 今畏海外一個使, 欲降万代楷定天子之號, 是大不忠不孝之言也. 時人皆服此言之有理. 然遂降御座□□□□. 嗚呼痛哉. 不任憤鬱之懷, 聊緝此論垂示後昆." 이 1건에 대해서는 森公章, 「古代日本における對唐觀の研究」(前揭) 참조. 사료는 江戶時代를 올라가지 않는다고 하는 廣瀨憲雄의 지적도 있다[同(2005), 「倭國·日本の隋使·唐使に對する外交儀禮」, 『ヒストリ

이 당에 대해서 사대주의를 취한 사례이다.

근대에 시작하는 전통적인 역사관으로서의 당과의 대등외교사관에 대해, 상술의 내용은 모두 이것을 부정한 것이다. 근대적인 국제관계를 투영한 국가 간의 대등한 관계를 고대사에 적용시킬 수는 없다. 그 의미에서 고대일본의 국제적 위상에 재검토해야 한다.

니시지마 · 이시모다 이후의 연구에서는 풍부한 일본사료의 분석을 통해서 신라 · 발해의 외교사절이 갖고 온 국서의 형식, 내용, 사절파견의 연기年期, 외교의례제도의 전개, 사절파견의 배경으로서의 국내외의 사정, 일본의 대외의식 등의 제측면에서 연구가 행해져왔다.[80] 근년 발해사, 일발교섭사에 관한 연구성과가 연이어 공표되고, 연구사 정리를 여러 연구자가 하고 있고, 8세기의 이데올로기는 신라와의 관계를 축으로 형성되고 있으며, '동이의 소제국론'의 이해에 직결하는 문제를 포함하고 있어 신라와 일본의 교섭을 중심으로 논하기로 한다.

히라노 다쿠지[平野卓治][81]는 고대일본 율령국가의 대외교통의 성격으로서 대신라관계를 분석하고 거기에 2개의 논리축이 존재함을 지적하고 있다. 첫째는 율령국가 성립 이전의 천황에 대한 인격적인 공납–봉사관계를 전제로 해서, 조공물로서의 '조調'를 강제하는 논리이다. 『일본서기』, 『고사기』 편찬과 함께 성문화된 신라 혹은 삼한정벌의 전승에 근거한 복속사상이고, 신라사新羅使 일본 내왕 시에는, 민매기[敏賣崎] · 나니와쓰[難波津]에서 신주神酒를 내리

ア』, 第197號].

80) 研究史에 대해서는, 坂上康俊 · 森公章, 「古代東アジア國際秩序の再編と日韓關係－7~9世紀－」(前揭) 참조.

81) 平野卓治(1994), 「日本古代國家の成立 · 展開と對外『交通』」, 『歷史學硏究』, 第664號 ; 同(1996), 「九世紀における日本律令國家と對新羅『交通』」, 『日本古代の國家と祭儀』, 雄山閣出版.

는 전통화된 의식에 의해 양자의 관계를 재확인하였다. 두번째는 중화사상을 전제로 해서 '신물信物' '방물方物'을 조공하는 논리로서, 히라노는 2개의 논리는 8세기에서도 한편으로 수렴되는 일 없이 얽히면서 나타났다고 한다. 일본 주체의 양국 관계는 668년(천지天智7) 이래 당과 군사적으로 대립하는 상황에 있던 신라가 왜와의 교섭을 재개시킬 때, 대왜협력 노선을 취하여 자국의 역사적 복속을 용인하고, 신라사가 '원황조대遠皇祖代'로부터 천황에게 '봉사奉仕' 해왔다고 하는 조공의 내력을 구주口奏하는 일이 항례화한 것을 전제로 형성된 것이고,[82] 현실의 국제관계의 실체를 표시하는 것은 아니었다. 신라는 690년대에는 당과관계를 회복시켜 대일관계로부터 대당관계로 비중을 옮긴다. 당과의 관계 안정화에 동반하여 일본에 조공외교를 행할 필요도 희박해지고, 779년(보구10) 김난손金蘭孫의 내일을 끝으로 양국의 정식교섭은 중단되고, 이후는 견당사를 파견할 때, 선박 조난시의 보호, 통과를 허락받을 목적으로만 일본에서 사절을 파견하게 된다. 그러나 신라에 조공형식의 외교를 구하는 일본 측의 입장은 8세기를 통해 일관되게 유지되고, 9세기에도 관념으로서 유지되어 고대 일본 지배층의 신라관을 규정하게 되었다.

신라의 외교자세의 변화에 대해서 헤이안시대 전기의 지배층이 그 시작을 성무천황의 시대(724~749)에서 구하고 있듯이,[83] 이 시기 신라는 자국을 조공국으로 자리매김하려고 하는 일본의 의도를 회피하여 대등형식의 외교를 구하게 되어 관계가 악화된다. 성무천황의 치세에는 발해사절의 내일이 있었고,

82) 河內春人(1999), 「詔勅 · 處分にみる新羅觀と新羅征討計畫」, 『駿台史學』, 第180號는 신라 측의 발언에 근거하여 신라 복속이 역사적인 주장을 하고 있다고 한다. 동 논문은 신라정토계획의 좌절이 新羅蕃國視의 붕괴를 초래했다고 한다.

83) 『續日本後紀』 承和 9년 8월 丙子條에 "新羅朝貢, 其來尙矣. 而起自聖武皇帝之代, 迄于聖朝, 不用舊例. 常懷姦心, 苞茅不貢."이라고 되어 있다(藤原衛起請).

또 견당사의 남도로南島路에 의한 귀국, 감진鑑眞의 내일 등 외교상의 전환기였다. 일본은 701년(대보원大寶元) 정월, 후지와라쿄 대극전大極殿에서 집행된 원단조하 시에, '번이지사자蕃夷之使者'로서 신목대후神睦大后(효소왕모孝昭王母)의 상喪을 고하기 위해 전년 내일한 신라사 살찬薩飡 김소모金所毛를 참례시키고 조공사로서 취급하고, 도 703년에는 효소왕의 상을 고하기 위해 내일한 김복호金福護에게는 "짐사朕思, 기번군수거이역其蕃君雖居異域, 지어복육至於覆育, 윤동애자允同愛子"[84]라며 천황과 신라왕과의 관계를 부자관계로 빗대어 조를 내리고, 706년(경운慶雲3)의 견신라사 비노무라지 키요마로[美努連淨麻呂]의 파견에 있어서는 신라왕에게 국토 안녕과 '장수조공지후례長脩朝貢之厚禮'[85]와 일본에 대한 조공을 위로하는 칙서를 주는 등 신라를 일본의 조공국으로 위치시키기를 주장하고 있다. 또 우대신右大臣, 좌대신左大臣이 신라사와 인견引見하는 일도 있었다.[86] 이러한 관계는 720년대를 통해 일단 유지되었던 듯이 보이지만, 730년대가 되면, 734년(천평6) 신라사(김상정金相貞)가 자국을 '왕성국王城國'이라고 언급한 일을 문제 삼아 귀국시키고, 743년에는 신라사(김서정金序貞)가 복속의 의미를 나타내는 '조調'를 토지의 산물을 의미하는 '토모土毛'라고 고친 이유로 귀국 조치를 취하는[87] 등 신라의 조공을 전제로 한 대일외교의 방침의 전환을 꾀하

84) 『續日本紀』 大寶 3년 閏3월 辛酉朔.

85) 『續日本記』 慶雲 3년 10월 癸卯.

86) 『續日本紀』 和銅 2년 5월 壬午條에 "是日, 右大臣藤原朝臣不比等引新羅使於弁官廳內. 語曰, 『新羅國使, 自古入朝. 然未曾與執政大臣談話. 而今日披晤者, 欲結二國之好成往來之親也. 』(下略)"라는 기사가 보인다. 또 『懷風藻』에는 長屋王이 신라사를 佐保邸에 초대한 일이 보인다. 정권 담당자가 외교의 채널을 갖고 있다는 것은, 佐藤信(1997), 「古代の『大臣外交』についての一考察」, 村井章介 · 佐藤信 · 吉田伸之編, 『境界の日本史』, 山川出版社 ; 河內春人(2000), 「新羅使迎接の歷史的展開」, 『ヒストリア』, 第170號.

87) 『續日本紀』 天平15년(743) 3월 乙巳條에, "新羅使調改稱土毛, 書奧注物數, 稽之舊例大失常禮"로 되어 있다. "書奧注物數"라는 물품명과 그 수를 적어 넣은 것이고, 여기

려고 했던 일을 엿볼 수 있다. 게다가 737년(천평9) 2월에 복명한 견신라사가 "신라국실상례新羅國失常禮, 불수사지不受使旨"라는 신라의 경위를 보고받아 조정에서는 '견사문기유遣使問其由' 혹은 '발가정벌發加征伐'의 의견이 상주되는 등 일본 측도 강경한 태도로 신라에 출병해야 한다는 의견이 분출한다.

이러한 변화의 배경에는 신라국내의 상황으로서, 성덕왕대로부터 경덕왕대에 걸쳐 정치, 문화의 융성과 함께 732년 흑수말갈黑水靺鞨의 조공문제를 발단으로 하는 발해의 등주登州 공격 시에 신라가 당의 요청에 따라 출병하고, 그 공적에 의해 대동강 이남의 영유를 승인받는 등 발해와의 군사적 긴장에 대응한 당·신라의 동맹관계 성립이라는 국제관계의 변화가 존재했던 일이 지적된다.[88] 이 해, 신라는 '내조년기來朝年期'의 설정을 요청하고 있고, 이에 따라 일본은 3년에 한 번이라는 회답을 주어 사자 김난손을 귀국시켰다. 또 『속일본기』에서는 대일 협조노선을 취한 재상 김순정金順貞이 사망하고, 효성왕孝成王 및 김사공金思恭으로 정치권력이 이행함에 따라 양국 관계가 악화했다고 하는 인식을 확인할 수 있다. 김순정에 관해서는 726년(신구神龜3)의 김주훈金奏勳이 내일한 때, 전년 6월에 사망했음이 전해지고 있고, 일본 측은 '충사아조忠事我朝', '현신수국賢臣守國'을 이유로 부물賻物로서 황시黃絁 100필疋·면綿 100둔屯을 사여하고 있다.[89] 김순정의 생전, 대일외교가 순조로웠다고 하는 인식은 신라 측에도 있었고, 774년(보구5)에 내일한 예부경禮府卿 김삼현金三玄 등은 그 내조에 대해서 「재당대사후지와라노가와키요서在唐大使藤原河淸書」의 전달

에서는 조공의 의지를 나타내는 調物이라는 표시가 없음을 문제 삼고 있다.

88) 濱田耕策(1983), 「新羅中·下代の內政と對日外交－外交形式と交易をめぐって－」, 『學習院史學』, 第21號. 新羅 孝成王代의 國際關係에 관한 연구로서는 井上直樹, 「八世紀中葉の新羅·唐關係－孝成王代を中心に－」, 『唐代史研究 』, 第12號.

89) 『續日本紀』 神龜 3년 7월 戊子條. 다만, 신라는 722년(聖德王21)에 '日本賊路'를 차단하는 毛伐郡城을 쌓고, 일본을 경계한 군사적 방어책을 취하고 있음을 볼 수 있다.

과 함께, "본국상재금순정지시本國上宰金順貞之時, 주즙상심舟楫相尋, 상수직공常修職貢. 금기손옹今其孫邕, 계위집정繼位執政. 추심가성追尋家聲, 계심공봉係心供奉. 시이是以, 청수구호매상빙문請修舊好每相聘問"[90]과 '구호舊好'를 닦기 위해 도래했다고 그 사유를 설명한 일이 보인다. 이에 대해 김태렴金泰廉이 내일한 752년(천평4년), 조당朝堂에서의 향연에서 내린 조詔에는, "신라국래봉조정자新羅國來奉朝庭者, 시자기장족원황태후평정피국始自氣長足媛皇太后平定彼國, 이지우금以至于今, 위아번병爲我蕃屏. 이전왕승경而前王承慶·대부사공등大夫思恭等, 언행태만言行怠慢, 궐실항례闕失恒禮"[91]라고 되어 있고, 신라내조가 기장족원황대후氣長足媛皇太后(神功皇后)에 의한 평정에 시작한다는 일, 그러나 전왕 승경承慶(孝成王의 휘諱, 재위 737~742)·대부大夫 김사공金思恭 등이 '언행태만'이라고 해서 '항례恒禮'를 결하고 있음이 거론되고 있다.

신라의 왕자 김태렴 이하 700명 규모의 사절파견은, 일본의 요구에 따라 조공의 의지를 표명하여 환대받고, 입경 후에 성무천황의 발원으로 조영되어 개안공양開眼供養이 행해진 동대사 비로사나불毘盧舍那佛에의 예배를 행하고, 아울러 귀족층과 대대적인 교역을 하였다.[92] 이 견사는 김태렴에 의해 "신라국왕언新羅國王言, 일본조림천황조정日本照臨天皇朝庭, 신라국자新羅國者, 시자원조始自遠

90) 『續日本紀』 寶龜 5년 3월 癸卯條. 禮府卿金三玄等は, 大宰府에서 '問新羅入朝由使'의 내조이유가 조사된 결과, 구례에 따르지 않고 진상해야 할 '調'(御調)를 '土毛'라고 칭하고, 그 목적을 修好라고 한 것에 放還의 조치가 내려지고 있다.

91) 『續日本紀』 天平勝寶 4년 6월 壬辰條. 詔는 '今彼王軒英, 改悔前過, 冀親來庭'라는 景德王이 通使를 구하고 王子 泰廉을 파견한 것을 즐거워하는 내용을 갖는다. 金思恭은 聖德王 시대의 재상이고, 그 이름이 거론되고 있는 것은 성덕·경덕왕이 부자 관계라는 것을 의식한 것이라고도 생각된다.

92) 李成市, 『東アジアの王權と交易－正倉院の寶物が來たもうひとつの道－』(前揭) ; 田村圓澄(2002), 「平城京の新羅使」, 『古代東アジアの國家と佛敎』, 吉川弘文館은 金泰廉 一行의 大佛巡禮로서의 성격을 지적한다.

朝, 세세불절世世不絕, 주즙병련舟楫竝連, 내봉국가來奉國家. 금욕국왕친래조공진어조今欲國王親來朝貢進御調. 이고념而顧念, 일일무주一日无主. 국정이란國政弛亂. 시이是以, 견왕자한아손태렴遣王子韓阿飡泰廉, 대왕위수代王爲首, 솔사하삼백칠십여인입조率使下三百七十余人入朝. 겸령공종종어조兼令貢種種御調. 근이신문謹以申聞"(『속일본기』 천편승보 4년 6월 기축조)라고 발언했던 일이 전해지고 있다. 당의 빈례에서는 번주가 내조할 경우는 표서表書의 봉정은 필요 없고, 왕의 사자가 내조한 경우는 표문을 지참하는 것이 관례였다. 일본도 신라에 대해서 표문의 지참을 요구하지만,[93] 신라사에 의한 의사전달이 표문이 아니고 구주口奏에 의한 것은 표문에 의해 신하의 예를 명언하는 것을 피한 것으로 생각된다.

김태렴의 내일로부터 양국관계는 개선으로 향하는가 생각되는 그 순간, 이듬해 753년(당 천보12재載) 정월, 당의 조하朝賀의 자리에서 견당사 대반소마려大伴小麻呂는 신라사절과 석차 싸움을 벌이고, 동년 8월, 견신라사 오노노 다모리가 경덕왕과의 접견이 허락되지 않은 채 귀국하는 등 이를 계기로 관계는 급속히 악화한다. 이 석차 싸움의 내용은, 오토모노 고마로[大伴古麻呂]가 "대당천보십이재大唐天寶十二載, 세재계사정월삭계묘歲在癸巳正月朔癸卯, 백관제번조하百官諸蕃朝賀. 천자어봉래궁함원전수조天子於蓬萊宮含元殿受朝. 시일是日, 이아차서반제이토번하以我次西畔第二吐蕃下, 이신라사차동반제일대식국상以新羅使次東畔第一大食國上. 고마려론왈古麻呂論曰, 자고지금自古至今, 신라지조공대일본국구의新羅之朝貢大日本國久矣. 이금렬동반상而今列東畔上, 아반재기하我反在其下. 의불합득義不合得. 시장군오회실견지고마로불긍색時將軍吳懷實見知古麻呂不肯色, 즉인신라사卽引新羅使, 차서반제이토번하次西畔第二吐蕃下. 이일본사차동반제일대식국상以日本使次東畔第一大食國上"

93) 『日本書紀』 推古 29년(621)條에 "是年, 新羅遣奈末伊彌買朝貢, 仍以表書奏使旨. 凡新羅上表, 蓋始起于此時歟."라고 보이고, 7세기 전반의 신라사의 상표에서는 表文이 사용되고 있음을 알 수 있다.

이라고 조정에 보고함으로써 알려졌다.[94] 이 보고에서 견당사가 '제번'으로부터의 사절로서 조하朝賀에 참석한 일, 일본이 조공국으로 자리매김한 신라보다도 그 석차가 하위에 놓인 것을 알 수 있다. 당 측이 고마로의 주장에 따라 양국 사절의 석차를 바꾼 것은, 그 주장을 인정했다고 하기보다는 사태의 분규를 피하기 위한 조치일 것이다. 이 한 건은 그 이전에 견당사를 파견하면서, 당 측에게는 신라가 일본의 조공국이라고 하는 인식이 없었다는 것을 보여준 사건이고, 국제관계의 현실에 있어서 당을 인국, 신라를 번국으로 하는 '동이의 소제국'체세가 성립할 수 있었던 것이 아니었음을 의미한다.

760년(천평보자4)의 김정권金貞卷의 내일에 즈음하여, 후지와라노 나카마로 정권은 무쓰[陸奧]안찰사按察使 후지와라노 에미노 아손 아사카리[藤原惠美朝猲]를 대재부에 파견하여 왕자(김태렴)를 파견한 전회에 비해 사절이 경미하다고 질책하고, 금후는 '전대지인專對之人', '충신지례忠信之禮', '잉구지조仍舊之調', '명험지언明驗之言'의 4항목을 구비하여 내조할 것을 요구하여 사절을 귀국시킨다.[95] '왕자' 파견은 천무天武 · 지통조持統朝의 기사에 산견하고, 일본은 이상으로서 그렇게 하지 않으면 조공사로서의 사명을 띠고, 빈례에 어울리는 인물의 파견을 요청했던 것이다.[96] 그 후 764년(천평보자8)에 김재백金才伯이 대재부에 이르러, 당의 칙사 한조채韓朝彩기 일본승日本僧 가이유[戒融]의 귀국정보를 구하고 있음을 전하고, 769년(神護景雲3)에는 김초정金初正이 당의 후지와라 기요카와 · 아베노 나카마로[阿倍仲麻呂]의 서신의 전달을 구실로 해서 '토모'를 바쳤

94) 『續日本紀』 天平勝寶 6년 正月 丙寅條.

95) 『續日本紀』 天平寶字 4년 9월 癸夘條.

96) 『日本紀略』 弘仁 5년 5월 乙卯條에, "新羅王子來朝之日, 若有朝獻之志者, 准渤海之例. 但願修隣好者, 不用答禮, 直令還却. 但給還粮."라고 하듯이, 헤이안 시대 초두에도 王子來獻을 이상적인 新羅朝貢의 형태로 보았다.

다. 768년에는 '매신라교관물買新羅交關物'의 구입을 목적으로 좌우대신 이하에 대재부면大宰府綿이 하사되고, '토모'의 헌상은 귀족관인층과의 교역을 전제로 한 것이라고 생각되고, 750~760년대에는 교역을 주목적으로 한 사절의 파견이 기도되었을 가능성을 시사한다. 조모립녀병풍하첩문서鳥毛立女屛風下貼文書로서 발견된 '매신라물해買新羅物解'의 연구[97]로 밝혀졌듯이, 신라사가 가져온 교역품은 당을 중개로 하여 획득한 중국, 서아시아, 동남아시아산 금속제품 · 안료 · 향목 등이었고, 동시에 신라귀족의 가산조직家産組織 혹은 공방 등에서 생산된 수공업제품이고, 외교사절의 파견으로 이루어지는 대외교섭은 그 교역의 장으로서 기대되었다. 또 그러한 외교, 교역은 왕권에 의한 국내통합의 일환이기도 하였다. 8세기 후반에서 9세기에 걸쳐서는 신라상인에 의한 당, 일본에서의 교역활동이 활발해지는 시기였고, 왜 이 시기에 신라상인이 등장하는가 하는 문제와 신라를 둘러싼 국내외의 상황과 국내체제를 염두에 두고 검토할 필요가 있다.[98]

신라의 견일본사는 779년(보구10) 김난손金蘭蓀을 최후로 종료된다. 이 사절

97) 東野治之(1977), 「正倉院氈の墨書と新羅の對外貿易」, 『正倉院文書と木簡の硏究』, 碓書房, 李成市, 『東アジアの王權と交易』(前揭).

98) 727년(神龜 4년)에 시작되는 발해사는, 그 초기에는 武官의 파견을 구성상의 특징으로 하고, 「結援」 즉 군사적인 연휴를 모색하기 위한 견사였지만, 안사의 난이 종식하는 760년 이후는 문관을 파견하고 당초의 정치적, 군사적인 교섭을 떠나 경제적인 교섭을 목적으로 한다. 그 구성원으로서의 靺鞨 제부족을 포함하고, 貂 · 虎 · 熊 등의 毛皮와 麝香, 人參, 蜜 등의 산물을 가져왔다. 발해 영내의 제부족의 수렵, 채집과 대외 교역이 밀접하게 연결되어 그것이 왕권의 지배 구조와도 관련이 있다는 지적은 鈴木靖民(1985), 「渤海の首領に關する予備的考察」, 『古代對外關係史の硏究』, 吉川弘文館 ; 同(1999), 「渤海國家の構造と特質－首領 · 生産 · 交易－」, 『朝鮮學報』, 第170號. 발해의 촌락 구조에 관한 귀중한 사료로서, 『類聚國史』 卷193 · 延曆 15年(796) 4月 戊子條가 있다. 760年代의 新羅 · 渤海使節의 성격 변화는 안사의 난 이후의 국제관계 및 해상 교통의 변화와 연동한다고 보아도 좋다.

은 동년 가을 귀국하는 견당사 제4선이 탐라耽羅에 표착하고, 도민에게 억류된 견당판관遣唐判官 우나카미노 미카리[海上三狩], 당사唐使 고학림高鶴林 등을 맞이하기 위해 하도장인下道長人을 신라에 파견한 것이 계기가 되었는데, 표문을 휴대하지 않았음에도 불구하고, 빈례에 따라 대우받았다고 하는, 그때까지의 신라사의 처우와는 성격이 다른 측면이 보인다. 이미 지적이 있듯이[99], 신라사 중에는 부사副使 김암金巖, 대판관大判官 설중업薛仲業이 포함되어 있고, 김암의 내일에 관해서는 『삼국사기』열전, 「김유신전金庾信傳」하下에, "대력십사년기미大曆十四年己未, 수명빙일본국受命聘日本國. 기국왕지기현其國王知其賢, 욕륵류지欲勒留之. 회대당사신고념림래會大唐使臣高念林來, 상견심구相見甚懼. 왜인인암위대국소지倭人認巖爲大國所知, 고불감류故不敢留. 내환乃還"이라고 하여, 그가 입당 경험자이고 고념림高念林(高鶴林)과는 지인관계였던 일, 또 설중업薛仲業에 관해서는 같은 책 「설총전薛聰傳」에, "세전일본국진인증신라사설판관시서운世傳日本國眞人贈新羅使薛判官詩序云, 상람원효거사소저금강삼매론嘗覽元曉居士所著金剛三昧論, 심한불견기인深恨不見其人. 문신라국사설聞新羅國使薛, 즉시거사포손卽是居士抱孫. 수불견기조雖不見其祖, 이희우기손而喜遇其孫. 내작시증지乃作詩贈之. 기시지금존언其詩至今存焉, 단불지기자명자이但不知其子名字耳"라 하고, 고선사서당화상비高仙寺誓幢和尙碑에 "대력지춘大歷之春, 대사지손한림자중업大師之孫翰林字仲業, □사창명□使滄溟, □□일본□□日本, 피국상재인□어彼國上宰因□語"라고 하여 설중업은 원효의 손이고, 오미노 미후네[淡海三船]라고 간주된 '일본국진인日本國眞人'과 대면했던 일이 알려지고 있다. 오미노 미후네는 『대당화상동정전大唐和上東征傳』(감진鑑眞의 전기傳記)을 저술했는데, 그 말권에는 감진을 추도하는 고학림의 한시漢詩가 실려 있

99) 平澤加奈子(2006), 「八世紀後半の日羅關係－寶龜十年新羅使を中心に－」, 『白山史學』 第42號 ; 李基東, 「薛仲業と淡海三船の交歡－統一新羅と日本の文化的交涉の一斷面－」, 『國史學』, 第151號 등.

고, 779년의 당사, 신라사의 내일 때에 각국 문인들의 교류가 있었음이 판명되었다. 고학림이 탐라에 억류되고 일본에 간 것을 안 신라가 김암 · 설중업을 파견했던 것은 당사를 매개로 해서 원활한 대일외교를 기도했기 때문이다.

김난손 일행의 귀국에 즈음하여, "부신라국夫新羅國, 세련주즙공봉국가世連舟楫供奉國家. 기래구의其來久矣"라고 하여, 신라에 대해 어디까지나 조공국으로서 행동할 것을 요구하고 있듯이, 일본은 신공황후神功皇后의 신라토벌 전설에 규정된 신라에 대한 자리매김을 포기하지는 않았다. 결과적으로 그것이 후지와라노 나카마로의 권력집중 과정에서의 출병계획의 진행과 신라의 대일외교의 단절을 초래했는데, 이러한 대외 이데올로기를 변경해 나갈 가능성이 일본에는 없었던 것일까. 9세기에는 신라해적의 습격, 국경영역에서 신라인과의 밀무역이라는 새로운 차원의 교류를 배경으로 해서 신라에 의한 침공의 가능성이 선전되고, 군사적 방위체제와 사원, 신사의 봉폐, 독경을 통한 안정화를 꾀한다. 그 중에서 교류를 단절한 신라는 '고적古敵'으로서 관념되어 간다. 한편으로는 장보고와 엔닌[円仁]과 같은 신라 · 일본이라는 국가를 넘나드는 국제적 인격을 갖는 인물도 등장한다. 7세기 후반에서 8, 9세기에 걸쳐서 일본의 대신라관계는, 신라를 하위에 두려고 하는 국가체제를 넘어 다양한 가능성을 갖고 전개해갔을 것이다. 상술한 오미노 미후네 같은 문인의 교류, 국제의식도 그 하나일 것이다. 그것을 석출析出해서 『일본서기』, 『속일본기』의 역사관에 의존하는 일없이 교류의 제상을 밝히는 것이 필요하다.

5. 맺음말

이상 개념으로서의 동아시아, 근대일본의 국제적 과제를 투영하여 태어난 고대사상의 틀, 책봉체제론에 기초한 '동아시아세계론', '동이의 소제국론'을 중심으로 본론의 과제에 대한 접근을 시도하였다. 고대 동아시아, 고대 일본의 국제관계를 전망한 니시지마 사다오, 이시모다 쇼의 이론적 제기 및 이론축에 대한 비판적 검토, 간과된 다양한 국제관계, 대외교섭의 배경, 그 영향·작용을 받은 국내의 정치적, 사회적 동향 혹은 불교, 학예, 기술면에서의 교류, 거기에 따라 일어난 문화복합을 실증적으로 밝힌 연구성과는 많다. 21세기의 과제로서 국가를 넘어 전개된 교류의 제양상에 따라 다가오는 동아시아사상에 대한 국제적인 논의를 근간으로 하여 역사인식의 공유 가능성을 모색해야 함을 모두冒頭에서 언급했는데, 니시지마, 이시모다의 연구를 어떻게 극복해 갈 것인가 하는 과제는 하나의 중요한 지표가 될 것이다.

본고의 작성은 근년 공표된 수많은 일본어 문헌에 의존했지만, 동시대의 한국어, 중국어 문헌을 참조한 논문이 증가하고 있다. 자성의 마음으로 말한다면, 일본 국내의 논의에만 구속되지 않고, 밖으로 열린 연구시좌가 고대 동아시아연구에 한층 더 요구될 것이다. 세부적으로 논하지 못한 부분도 많다. 이 점에 대해서는 후일을 기대하며 마치고자 한다.

Ⅱ. 동아시아 각국의 상호교류

8세기 전반 당조의 대돌궐 · 거란 전략

고려대학교 **김택민**

김택민

중국 중세사 전공, 고려대학교 사범대학 교수

대표논저 | 『중국 토지경제사 연구』(1998, 고려대학교출판부), 『중국 고대 형법』(2002, 아카넷), 『3000년 중국역사의 어두운 그림자』(2006, 신서원), 『역주당률소의』 명례편 · 각률편상하(공역, 1994~1998, 한국법제연구원), 『역주당육전』(공역, 2003~2008, 신서원) 외 다수

8세기 전반 당조의 대돌궐 · 거란 전략

고려대학교 **김택민**

1. 머리말

712년에 즉위한 당 현종玄宗의 통치 시기는 개원 시기 29년(713~741)과 천보 시기 14년(742~755)을 합해서 43년이며, 특히 개원 시기는 '개원開元의 치세治世'로 불린다.[1] 『구당서舊唐書』「현종기玄宗紀」 사신왈史臣曰은 개원 시기의 정치에 대해 많은 미사여구를 동원하여 성세盛世가 구현되었다고 상찬했다. 봉수烽燧가 급하지 않을 정도로 세계[화융華戎]가 하나가 되었고, 서번西蕃의 군장君長은 새끼다리를 넘어 옥문관玉門關을 두드리고, 북적北狄의 추장들은 취막毳幕을 버리고 안문관雁門關으로 달려왔다. 남쪽 상군象郡 · 염주炎州의 완물玩物과 계림雞林 · 곤해鯤海의 보배는 외교 담당 관청[상서象胥 · 전속典屬]에 밀려들어 왔다.

---

1) '개원지치開元之治'는 『舊唐書』 권11, 「代宗紀」, 316쪽 史臣曰에 처음으로 보인다. 최근에는 北京大學에서 『盛唐時代與東北亞政局』(上海辭書出版社, 2003)의 제목으로 책을 내기도 해서 '盛唐'도 '治世'와 유사한 뜻으로 쓰이기도 하는데, 이는 원래 唐詩의 全盛時期인 개원에서 大曆 연간을 지칭하는 말이다(宋 嚴羽, 『滄浪詩畫』, 詩辨).

외국의 군주들이 대궐[단지丹墀] 아래에서 합장경배하고 시위대侍衛隊 앞에서 오랑캐 노래를 부르니, 모든 오랑캐들에게 관대冠帶를 두르게 하고 만 리까지 중국의 법을 펼 수 있게 되었다고 하면서 가위可謂 '태평太平'의 시대라고 극찬했다.[2] 『신당서新唐書』「현종기」의 사론왈史論曰은 태평의 치세로 평가하기를 유보하고 있지만,[3] 같은 책 「지리지地理志」에서는 "당의 성시盛時인 개원開元 · 천보天寶 때를 들면…… 남북은 한漢의 성盛함과 같고, 동東은 미치지 못하고 서西는 넘쳤다"라고 평가했다. 『자치통감資治通鑑』도 현종의 치세에 대해 때때로 그 실상을 들어 상찬을 아끼지 않았는데, 개원 28년(740) 12월 조에서는 "이 해 천하의 현縣은 1,573이고, 호戶는 8,412,871, 구口는 48,143,609이다. 서경西京 · 동도東都의 미米 한 곡斛의 값은 200전이 안 되고, 견絹 한 필의 값도 또한 같았다. 해내海內가 부유하고 평안하여 사람들이 비록 만 리 길을 갈지라도 작은 무기도 지니지 않았다"[4]고 했다. 이에 대해 호삼성胡三省은 "개원開元의 승평承平으로도 호구는 오히려 한漢의 성시盛時에 미치지 못한다. 당이 일어선 이래 치세는 적고 난세는 많았다"고 하여 당의 성세를 높게 평가하는 데 주저하는 느낌을 주지만, 이 시기 당의 형세는 중국사에서 보기 드문 성세인 것만은 확실한 것 같다.

이 같은 형세를 반영하듯 당의 국고도 매우 충실해서 천보 8년(749)에는 "황제가 백관을 이끌고 좌장左藏을 참관하고 백帛을 차등 있게 주었다. 이 때 주현州縣이 부유하여[은부殷富] 창고에 쌓인 곡식과 비단[백帛]은 곧잘[동動] 만으로 헤아렸다. ––– 황제는 국용國用이 넉넉하므로 금백金帛을 보기를 거름이나 흙

2) 『舊唐書』 권9, 「玄宗」下, 236쪽.
3) 『新唐書』 권5, 「玄宗」, 154쪽. "方其勵精政事, 開元之際, 幾致太平, 何其盛也."
4) 『資治通鑑』 권214, 「唐紀」 30, 玄宗 開元 28년 12월, 6,843쪽.

[분양糞壤] 같이 여겨 총애하는[귀총貴寵] 가문에 상사賞賜가 끝이 없었다"[5]라고 하였다. 또한 "당시는 태평한[승평承平] 날이 오래되어 의논하는 사람들은 대부분 중국에서는 무기를 녹여 (없애는 것이) 좋겠다고 말하여 민간에서 병기를 가지는 것을 금하였고, 자제子弟가 무관武官이 되면 부형은 물리치며 멸시하였다. 맹장猛將과 정병精兵은 모두 서북에 모였고, 중국은 무비武備가 없었다"[6]고 했다.

현종의 통치시기가 이처럼 성세로 평가되지만, 정작 이 시기에도 전쟁은 많았다. 우선 현종이 즉위하던 해 당은 2만 8천 명을 동원하여 해족奚族을 습격했지만 전멸히고 시령관 이하가 포로가 되어 처형되는 참패를 당했다.[7] 이 당시에는 돌궐의 위협도 심각했는데, 693년부터 돌궐을 통치하기 시작한 묵철默啜은 한편으로는 당과 화전和戰을 반복하면서 다른 한편으로는 유목 세계를 정복하여 영토는 동서 만 리萬里에 이르고 공현控弦이 40만이 되어 힐리가한頡利可汗 이후 가장 강성해서 새로 즉위한 현종에게는 개원 4년(716) 그가 발예고拔曳固의 '병졸迸卒'에게 살해될 때까지 가장 큰 위협세력이었다.[8] 동북지역의 거란족契丹族은 696년 이진충李盡忠·손만영孫萬榮이 봉기하여 당조와 일대 격전을 벌인 끝에 패망했으나, 현종 치세에는 개원 6년(718)년 가돌우可突于가 세력을 잡고 다시 거세게 도전하였으므로 그가 개원 22년(734) 동족인 이과절李過折에게 살해될 때까지 양자 사이에 치열한 전쟁 국면이 전개되었다. 서북에서는 토번吐蕃이 당조와 첨예하게 대립각을 세우고 화전 양면에서 당조와 주도권 다툼을 벌이고 있었으며, 하서와 서역西域의 여러 나라도 당과 토번 사이에서 향배向背가 일정치 않았다. 남쪽에서는 만족蠻族 또는 요족獠族이라는 부르는 여러

5) 『資治通鑑』 권216, 唐紀 32, 玄宗 天寶 8載 2월, 6,893쪽.
6) 『資治通鑑』 권216, 唐紀 32, 玄宗 天寶 8載 4월, 6,895쪽.
7) 『資治通鑑』 권210, 唐紀 26, 玄宗 先天 원년 6월, 6,672~6,673쪽.
8) 『舊唐書』 권194상, 突厥上, 5,172쪽.

종족들 및 남조南詔가 토번과 연대하면서 당의 남쪽 경계를 위협했다.

이처럼 현종의 치세에 주위 이민족의 위협은 지속적으로 매우 엄중했다. 그럼에도 중원이 이들의 말발굽 아래 짓밟히지 않고 태평의 국면이 조성될 수 있었던 요인들은 무엇이었는가? 이에 대한 답은 당 조정이 각 방면의 적대 세력에 대해 적절한 전략으로 대처했고, 그것이 주효한 점에서 찾을 수 있을 듯하다.

우선 토번과의 대결에서는 때때로 화친 정책을 쓰기도 했으나 대체로 고선지高仙芝, 가서한哥舒翰 등 이민족 출신 장수들을 대거 활용하여 적극적인 공세 전략을 취한 것이 주효했다고 볼 수 있다.[9] 남방의 여러 민족들[만蠻·요獠]의 위협에 대해서는 전적으로 환관宦官 양사욱楊思勖에게 책임을 맡겨 적극적인 공세를 취함으로써 단시일 내에 제압했다.[10]

그런데 돌궐과 거란의 위협에 대해서는 토번이나 남방 민족들과는 다른 전략이 구사되었던 것 같다. 이들의 위협에 대해서는 대규모의 군대를 동원하더

9) 『資治通鑑』의 753년(天寶 12載)의 기사는 "이 때 중국은 강성하여 安遠門에서 서쪽의 당 경계 끝까지 1만 2천 리는 閭閻이 서로 바라다보이고 桑麻가 덮여 있어 천하에서 부유하고 넉넉함이 농우 같은 곳이 없었다. 哥舒翰이 매번 사인을 파견하여 아뢸 때는 항상 흰 낙타를 타고 하루에 5백 리를 달리게 하였다"(『資治通鑑』 권216, 「唐紀」 32, 玄宗 天寶 12載 8월, 6,919쪽)고 하였다. 또한 이는 "현종이 개원 중에 이미 四夷를 병탄할 뜻이 있어 변장들을 10여 년 동안 바꾸지 않은 결과였다"(『資治通鑑』 권216, 「唐紀」 32, 玄宗 天寶 6載 12월, 6,889쪽)고 하였다.

10) 宦官 楊思勖은 남중국의 여러 종족들의 도전을 매우 성공적으로 제압하였다. 722년에는 安南의 梅叔焉을 참수하고 시체를 쌓아 京觀을 만들고 돌아왔다.(『資治通鑑』 권212, 玄宗 開元 10년 8월, 6,750쪽) 724년에는 溪州의 覃行璋을 사로잡고 3만 급을 참수했다.(『資治通鑑』 권212, 玄宗 開元 12년 7월, 6,760쪽) 726년에는 邕州 封陵의 梁大海 등 3천 명을 사로잡고 2만 급을 참수했다(『資治通鑑』 권213, 玄宗 開元 14년 12월, 6,774쪽). 728년에는 春·瀧 등 주의 陳行範 등이 도전해서 40여 성을 함락하고 稱帝하였으나 그 해 12월 양사욱이 진행범을 사로잡고 6만 급을 참수했다(『資治通鑑』 권213, 玄宗 開元 15년 12월, 6,781~6,783쪽).

라도 적극적으로 공세를 취하는 동향을 찾기 어려운 대신 모종의 특수한 전략이 가동되고 있었다. 즉 돌궐의 경우는 발예고의 '병졸' 힐질략頡質略이 묵철을 기습하여 살해함으로써 돌궐 자체의 위협뿐만 아니라 주변 세력의 위협까지 현저히 해소되었고, 거란의 위협도 가돌우가 동족 이과절에게 살해됨으로써 현저하게 약화되어 갔다. 여기서 주목되는 바는 묵철을 살해한 힐질략이나 가돌우를 살해한 이과절이 당과 깊은 관계가 있고, 이들이 당조가 펼치고 있던 모종의 특수한 전략에 따라 행동했을 것으로 보이는 몇 가지 증거자료들이 있다는 사실이다. 본고에서는 이 점에 착목하여 현종 치세 때 당조의 대외전략의 일단을 고찰해보려고 한다.

2. 당과 돌궐의 대결과 학령전 · 힐질략의 역할

1) 돌궐과 당조의 대결 국면

650년 거비가한車鼻可汗이 사로잡혀 장안으로 압송된 후 돌궐은 두 개의 도호부 아래 10도독부都督府와 19주로 편성되어 당의 기미지배羈縻支配를 받는 처지가 되었고, 이후 거의 30년 동안 당과 돌궐 사이에는 평화가 유지되었다.[11)]

11) 『舊唐書』 권194上, 「突厥」上, 5,165~5,166쪽. "車鼻旣破之後, 突厥盡爲封疆之臣, 於是分置單于 · 瀚海二都護府. 單于都護領狼山 · 雲中 · 桑乾三都督, 蘇農等一十四州, 瀚海都護領金微新黎等七都督, 仙萼賀蘭等八州, 各以其首領爲都督 · 刺史. 高宗東封泰山, 狼山都督葛邏祿社利等首領三十餘人, 竝扈從至嶽下, 勒名於封禪之碑. 自永徽已後, 殆三十年北鄙無事." 다만 『新唐書』(권215上, 突闕上, 6,042쪽)에는 單于都護가 領하는 蘇農 等의 州가 '二十四'로 되어 있는데, 胡三省은 『新唐書』가 맞다고 논증했다(『資治通鑑』 권199,「唐紀」15, 高宗 永徽 원년 9월, 6,272쪽).

그러다가 당 고종 조로調露 원년(679) 30년 동안의 침묵을 깨고 선우도호부單于都護府 관내에서 돌궐의 아사덕온부阿史德溫傅와 아사덕봉직阿史德奉職이 반기를 들었고, 이에 도호부 관내의 24주가 호응하였다.[12] 당은 홍려경鴻臚卿 소사업蕭嗣業 등을 보내 토벌에 나섰으나 패배해 만 명이 전사했다. 이어서 돌궐은 해奚와 거란을 동원하여 당의 영주營州를 침략하였으나 영주도독에게 패하였다. 당은 그 여세를 몰아 예부상서禮部尙書 배행검裴行儉 등을 사령관으로 삼고 30만을 동원하여 대대적인 공격을 벌인 끝에 승리할 수 있었다.[13] 영륭永隆 원년(680)에도 힐리가한頡利可汗의 종형의 아들 아사나복념阿史那伏念이 가한으로 즉위하여 아사덕온부와 연합하고 당을 침공하여 당군을 크게 깨뜨렸으나, 아사나복념이 배행검의 반간계反間計에 걸려들어 아사덕온부를 사로잡아 항복했다가 둘 다 처형되었다.[14]

영순永淳 원년(682)에는 아사나골돌록阿史那骨咄祿[15]이 다시 흩어진 돌궐의 무리를 모아 결집하고 당의 변경을 침공했다. 골돌록은 힐리가한의 먼 친속인데, 아사나복념이 패배한 뒤 무리를 모아 점차 강성해져서 스스로 가한이 되었다. 그러나 골돌록군은 설인귀薛仁貴에게 대패했다.[16] 다음 해에 골돌록은 당

12) 單于都護府 24州는 650년(高宗 永徽 원년) 高侃(『通典』 권198, 「突厥」中, 5,432쪽에는 高偘으로 되어 있다)이 車鼻可汗을 사로잡아 장안으로 압송한 뒤 돌궐 지역에 설치한 羈縻州이다.(『資治通鑑』 권199, 「唐紀」15, 高宗 永徽 원년 9월, 6,271~6,272쪽)

13) 『舊唐書』 권194상, 「突厥」上, 5,166쪽. 『資治通鑑』 권202, 「唐紀」18, 高宗 調露 원년 10월에서 永隆 원년 3월까지, 6,392~6,396쪽.

14) 『舊唐書』 권194상, 「突厥」上, 5,166쪽. 『資治通鑑』 권202, 「唐紀」18, 高宗 開耀 원년 정월~10월 조, 6,400~6,404쪽.

15) 『舊唐書』(권194상, 5,167쪽)와 『新唐書』(권215상, 6,044쪽)「突厥傳」에서는 '骨咄祿'이라 하였으나 『資治通鑑』(권203, 6,412쪽)에서는 '骨篤祿'이라 하였다. 이는 胡三省이 "骨篤祿亦曰骨咄祿"이라고 音註한 것처럼 같은 이름에 대한 다른 音寫일 뿐이다.

16) 『舊唐書』 권194상, 「突厥」上, 5,167쪽. 『資治通鑑』은 阿史那骨篤祿의 并州 및 單于府의 북쪽 경계에 대한 침공을 682년(永淳 원년) 10월의 일로 기록하였다(권203, 「唐紀」

의 선우도호부를 포위했고,[17] 울주蔚州를 침공하여 자사를 죽였는데, 풍주도독豊州都督이 반격했지만 그도 역시 골돌록군에게 죽었다.[18] 광택光宅 원년(684)에는 골돌록이 삭주朔州를 침공하여 인민과 관리들을 살육하자 측천무후가 대비를 강화했다.[19] 수공垂拱 2년(686) 골돌록이 다시 삭주朔州 · 대주代州를 침공하자 당군이 막아 싸웠으나 대패하여 5천 명이 전사하였다. 다음 해 8월 흑치상지黑齒常之가 돌궐을 대파했으나, 찬보벽爨寶璧이 이끈 당의 정병 만 3천 명은 전멸했다.[20]

장수長壽 2년(693) 골돌록이 죽고 그의 제弟 묵철이 가한이 되어 영주를 공격했다. 측천무후는 백마사白馬寺의 승僧 설회의薛懷義에게 18명의 장군을 이끌고 토벌하게 했으나 돌궐군을 만나지 못하고 철군했다.[21] 그런데 무슨 이유인지 알 수 없으나 이 때 갑자기 묵철이 당에 사자를 파견하였다. 이에 측천무후는 크게 기뻐하며 묵철을 좌위대장군左衛大將軍으로 책수冊授하고, 귀국공歸國公에 봉하고 물物 5천 단을 주었다. 다음 해 묵철이 다시 사절을 파견하여 화의를 청하자 천선가한遷善可汗을 더해 주었다.[22]

만세통천萬歲通天 원년(696) 거란의 이진충李盡忠과 손만영孫萬榮이 군대를 동원하여 영주부營州府를 함락하자 묵철은 당에 사절을 보내 하서河西 항호降戶를 돌려주면 자기 부락민과 힘을 합해서 거란을 토벌하겠다고 청했다. 묵철은 일

19, 6,412쪽).

17) 『資治通鑑』 권203, 「唐紀」19, 高宗 弘道 원년 2월 조, 6,413쪽.

18) 『舊唐書』 권194상, 「突闕」上, 5,167쪽. 『資治通鑑』에서는 豊州刺史 崔智辯이 사로잡혔다고 기록하였다(권203, 「唐紀」19, 高宗 弘道 원년 5월 조, 6,414쪽).

19) 『舊唐書』 권194, 「突闕」中, 5,167쪽.

20) 『舊唐書』 권194, 「突闕」中, 5,167쪽.

21) 『通典』 권198, 「突闕」中, 5,435쪽.

22) 『舊唐書』 권194상, 「突闕」上, 5,168쪽. 『資治通鑑』에는 默啜의 靈州 침공이 694년(則天后 延載 원년) 정월의 일로 기록되어 있다(권205, 「唐紀」21, 6,493쪽).

부 항호를 돌려받아 거란을 공격해서 이진충 · 손만영의 처자를 포로로 잡는 등 큰 승리를 거두었다.[23] 한 때 매우 큰 세력을 형성하여 당을 위협했던 이진충 · 손만영이 당의 공격에 의해서가 아니라 돌궐의 묵철에게서 받은 타격에 의해 그 세력이 꺾였다는 점은 의미심장하다. 뒤에서 정리하겠지만 당은 가능하면 출혈을 최소화하면서 적대세력을 견제하고 격파하는 것을 대외전략의 기조로 유지해왔다는 점에서 특히 그렇다.

묵철은 항호와 거란의 무리를 획득해서 세력이 점차 강성해졌다. 항호는 함형咸亨(670~673) 연간에 당으로 항복해와서 풍주豊州 등 6주에 거주하고 있던 자들을 가리킨다. 묵철은 이진충을 공격하는 대가로 당으로부터 이들 항호를 모두 되찾고 아울러 선우도호부의 땅을 찾아서 세력을 확대하려 했던 것이다. 아울러 묵철은 농기구와 종자 등도 요구했다. 당조는 항호는 돌려주었지만 농기구 등은 주지 않으려 했다. 이에 묵철은 당의 사신을 구금했는데, 당조는 묵철의 군세를 두려워하여 모든 항호를 돌려보내고 농기구 등을 주었다. 이로써 묵철은 더욱 강성해졌다.[24]

앞서 묵철은 딸이 있다고 하면서 화친을 청했는데, 측천무후는 그녀를 무승사武承嗣의 아들 회양왕淮陽王 무연수武延秀의 비妃로 삼기로 하고, 698년 우표도위대장군右豹韜衛大將軍 염지미閻知微 등 사절에게 많은 금과 백帛을 주어 묵철에게 보냈다. 무연수 등이 도착하자 묵철은 무연수가 이 씨가 아니라는 이유로 그를 구금하고 당의 사신 염지미를 남면가한南面可汗으로 임명하여 10만 명을 이끌고 당의 변방 군軍을 공격케 했다. 이에 정난군사靜難軍使 모용현즉慕容玄崱은 5천 명을 이끌고 돌궐에 투항하였다. 곧 이어서 묵철이 규주嬀州 · 단주檀

23) 『資治通鑑』 권205, 「唐紀」21, 則天后 萬歲通天 원년 10월 조, 6,510쪽.
24) 『舊唐書』 권194상, 「突厥」上, 5,168쪽.

州로 침범해 들어오자 측천무후는 사타충의沙吒忠義와 장인단張仁亶을 각각 총관總管으로 삼아 30만을 이끌고 공격하게 하고 염경용閻敬容에게 15만을 거느리게 하여 후원하게 하였다. 그렇지만 묵철은 또 울주蔚州를 침공하여 비호현飛狐縣을 함락하고 계속해서 정주定州를 공격해서 자사를 죽이고 백성들의 가옥을 불태우고 남녀를 노략하고 노소를 가리지 않고 모두 죽였다.[25)]

이처럼 묵철의 형세가 거세지고 공격이 날카로워지자 측천무후는 묵철을 죽인 자는 왕으로 봉한다는 것을 상으로 내걸고, 묵철을 '참철斬啜'로 고쳐 불렀다.[26)] 그러나 묵철의 공격은 더욱 가속화되어 조주趙州를 포위하여 압박하자 그 장사長史 당파약唐波若은 성을 들어 묵철에게 호응하였고, 자사刺史 고예高叡는 포로가 된 후 항복하지 않고 살해되었다.[27)] 이런 상황이 되자 측천무후는 여릉왕廬陵王을 황태자로 책립하고 행군대원수로 삼았는데,[28)] 그 군대가 출발하기 전에 묵철은 조주趙州와 정주定州의 남녀 8, 9만을 약탈하고 지나는 곳마다 살육한 것이 헤아릴 수 없었다. 이에 당군唐軍은 감히 전투할 엄두를 내지 못했고 적인걸이 10만 명으로 추격했지만 미치지 못했다. 성력聖曆 원년(698) 묵철은 막북漠北으로 돌아와 조직을 재정비했는데, 거느린 군대가 40만이고 영토가 만 리였으며, 서북의 제이諸夷가 모두 그에게 의부依附해 있어 중국을 매우 가볍게 보았다.[29)] 구시久視 원년(700)에는 농우隴右의 여러 목감牧監에서 말

25) 『舊唐書』 권194상, 「突厥」上, 5,169쪽. 『資治通鑑』에는 默啜이 閻知微를 南面可汗으로 삼으면서 唐民을 관할하게 하려 한다고 말했다고 기록되어 있다(권206, 「唐紀」22, 則天后 聖曆 원년 8월 조, 6,531쪽).

26) 『舊唐書』 권194上, 「突厥」上, 5,169쪽.

27) 『舊唐書』 권187상, 「高叡傳」, 4,877쪽. 『資治通鑑』 권206, 「唐紀」22, 則天后 聖曆 원년 9월 조, 6,534쪽.

28) 皇太子가 직접 出行하지는 않고, 대신 河北道行軍副元帥 狄仁傑이 知元帥事가 되어 군대를 지휘했다(『資治通鑑』 권206, 「唐紀」22, 則天后 聖曆 원년 9월 조, 6,534쪽).

29) 『資治通鑑』 권206, 「唐紀」22, 則天后 聖曆 원년 9월 조, 6,535쪽.

만여 필을 약탈해갔다.[30]

돌궐은 701~702년에도 계속 당을 침공하였다.[31] 장안 3년(703)에는 묵철이 사자를 보내 여식을 황태자의 자의 처로 삼아줄 것을 청했다. 측천무후는 도리 없이 이를 허락했다. 묵철은 말 천 필 및 방물을 예물로 보냈다. 측천무후도 이에 대한 답례로 많은 물품을 주었다. 중종中宗이 즉위하자 묵철은 다시 침공했다. 당군은 패하여 6천 명이 전사했고, 농우의 여러 목감에서 군마 만여 필을 약탈당했다. 중종은 청혼을 거절하고 묵철의 목을 베는 사람은 국왕으로 봉하고 제위장군諸衛將軍을 수여하며, 물 2천 단을 주겠다고 상을 내걸었다.[32] 그리고 내외관內外官에게 각각 돌궐을 깨뜨릴 방책을 올리라고 명했다.

이 명에 따라 우보궐右補闕 노보盧俌가 상소했는데, 그는 만이蠻夷로 만이蠻夷를 공격하는 이이제이以夷制夷 전략을 쓰고, 말 잘하고 용기가 있는 자를 상을 걸고 모집하여 이들로 하여금 여러 이민족[제번諸蕃]과 결합하여[방결旁結] 함께 공격하여 취하는 방법을 쓸 것을 주장하였다.[33] 이는 초원의 많은 유목세

30) 『舊唐書』 권194상, 「突厥」上, 5,169~5,170쪽. 『資治通鑑』 권207, 「唐紀」23, 則天后 久視 원년 12월 조, 6,553쪽.

31) 『資治通鑑』(권207, 「唐紀」23, 則天后 長安 원년~2년.)에 기록된 것만 4회이다(701년 8월, 702년 1~3월, 7월, 9월).

32) 『舊唐書』 권194상, 「突厥」上, 5,170쪽. 여기 物이 무엇을 가리키는지 분명치 않은데 아래에 적은 제도가 참고가 될 것이다. 당의 制度에서 10段을 賜한다고 하면 그 비율은 絹 3匹, 布 3端, 綿 4斤이고, 만약 雜綵 10단이면 絲布 2필, 紬 2필, 綾 2필, 縵 4필로 구성된다. 만약 외국인[蕃客]에게 주는 錦綵 10단이라면 錦 1張, 綾 2필, 縵 4필, 綿 4屯의 비율이다. 무릇 時服을 줄 때 一具라고 한 경우 전부 지급하고 一副라고 한 경우 감해서 지급한다. 元正과 冬至의 宴會 때 "賜束帛有差者"라고 한 경우 5품 이상은 5필, 6품 이하는 1필이며 命婦는 그 남편이나 자식에 준한다. 『唐六典』 권3, 尙書戶部金部郎中條(「譯註唐之典」上, 355~356쪽) ; 『資治通鑑』 권192, 「唐紀」8, 高祖 武德 9년 12월, 6,028쪽 胡三省 音註.

33) 『舊唐書』 권194상, 「突厥」上, 5,171쪽.

력 가운데 우호세력을 은밀하게 확보하여 필요한 경우 우익으로 활용하는 방법으로 중원왕조들이 항용 채택했던 전통적인 대외전략인데, 묵철을 제거하는 데에도 그대로 적용되었다. 이에 대해서는 뒤에서 다시 정리하게 될 것이다.

이 무렵 묵철은 당의 사신을 살해하는 등 위협의 강도를 높였다. 당도 이에 맞서 방어 태세를 강화했다. 그런데 당에서 예종睿宗이 즉위하자 묵철은 화친을 청하였고, 당은 송왕宋王 성기成器의 여식을 금산공주金山公主로 삼아 출가시켰다. 묵철은 그의 아들을 당으로 보냈는데, 당은 그에게 우효위원외대장군右驍衛員外大將軍을 수여했다. 그러나 곧 예종이 현종에게 전위轉位하여 화친 교섭은 더는 진전되지 않았다.[34)]

현종이 즉위할 무렵 돌궐은 서쪽으로 사갈娑葛, 동쪽으로 거란 및 해를 지배하여 그 땅은 동서로 만여 리에 달하고 공현控弦이 40만으로 힐리 이후 가장 강성했다. 그러나 군대의 위세를 믿고 무리를 학대했고, 묵철이 이미 늙어 무리들이 점차 도망하고 흩어지기 시작했다. 개원開元 2년(714)에는 그의 아들과 매서妹壻를 보내 정기精騎를 거느리고 북정도호부北庭都護府를 핍박했지만 아들은 당군의 포로가 되어 참수되었고, 매서는 묵철의 처벌이 두려워 귀환하지 못하고 당으로 귀부했다. 당은 그에게 좌위대장군을 수여하고 연북군왕으로 봉했으며, 그의 처는 금산공주로 삼고, 택 1구, 노비 10인, 말 10필, 물 천 단을 주었다. 다음 해 십성부락十姓部落의 좌우상오左右廂五와 자서子壻인 고구려高句麗의 막리지莫離支 고문간高文簡 등 수령층이 대거 항복해왔는데, 모두 만여 장帳이나 되었다. 당에서 이들에게 대장군大將軍을 수여하고 왕으로 봉하거나 도독으로 삼으며, 많은 물품을 준 것은 말할 필요도 없다.[35)]

34) 『舊唐書』 권194상, 「突厥」上, 5,172쪽.
35) 『舊唐書』 권194상, 「突厥」上, 5,172~5,173쪽.

그렇지만 묵철은 714년 돌기시突騎施를 정복하고,[36] 715년 갈라록葛邏祿 · 호록옥胡祿屋 · 서니시西尼施 등을 여러 번 격파했고,[37] 같은 해 가을 철륵 구성九姓의 수령 아포사阿布思 등과 적북磧北에서 전쟁을 벌여 구성을 궤멸시켰고,[38] 또 716년에는 구성 가운데 하나인 발예고를 대파했다. 그러나 묵철의 이 같은 정복전쟁들은 오히려 유목세력들을 적대세력으로 만들었고 결국에는 그들이 당과 연대하거나 당에 귀부하는 결과를 가져왔다.[39] 그리고 그 해 6월 묵철은 발예고를 대파한 뒤 승리에 취해 방비 없이 귀환하다가 어이없게도 버드나무 숲속에 매복하고 있던 발예고의 '병졸'에게 습격당하여 목이 잘리고 말았다. 이리하여 24년 동안 강력한 군사력으로 쉼 없이 당을 공략하던 묵철이 허무하게 죽고, 그의 머리는 입번사入蕃使 학령전을 통해 경사로 전해졌다.[40] 묵철이 죽은 후 골돌록의 아들 궐특근闕特勤이 묵철의 아들 및 여러 동생들과 친신親信 모두를 죽이고 그의 형 묵극연默棘連을 세웠다. 이가 비가가한毗伽可汗이다. 비가가한은 묵철 때의 아관 돈욕곡暾欲谷을 모주謀主로 삼아 당과 대결을 지양止揚하고 내부를 정비하는 정책을 폈다.[41] 이로써 돌궐은 당에 대하여 더는 강력한 적대세력으로서 위상을 유지하지는 못하게 되었다.

---

36) 『資治通鑑』 권211, 「唐紀」 27, 玄宗 開元 2년 12월, 6,707쪽.

37) 『資治通鑑』 권211, 「唐紀」 27, 玄宗 開元 3년 3월, 6,710쪽.

38) 『舊唐書』 권194상, 「突闕」上, 5,173쪽.

39) 葛邏祿 · 胡祿屋 · 西尼施 등은 당군의 묵철 공격을 지원했고(『資治通鑑』 권211, 玄宗 開元 3년 3월, 6,710쪽), 阿布思는 묵철에게 패한 후 무리를 이끌고 와서 당에 항복했으며,(『舊唐書』 권194상, 突闕上, 5,173쪽) 拔曳固 · 迴紇 · 同羅 · 霫 · 僕固 등 역시 묵철에게 패한 후 당으로 와서 항복했다(『資治通鑑』 권211, 玄宗 開元 4년 6월, 6,719쪽).

40) 『通典』 권198, 「突闕」中, 5,439쪽 ; 『舊唐書』 권194상, 「突闕」上, 5,173쪽 ; 『資治通鑑』 권211, 「唐紀」 27, 玄宗 開元 4년 6월, 6,719쪽.

41) 『舊唐書』 권194상, 「突闕」上, 5,173~5,174쪽.

2) 발예고 '병졸' 힐질략과 당의 입번사 학령전의 역할

693년부터 716년까지 당조에 대해 매우 위협적이었던 돌궐의 가한 묵철을 살해한 사람은 발예고의 '병졸迸卒' 힐질략이고[42] 그와 함께 묵철의 머리를 동도東都로 전한 사람은 당의 입번사入蕃使 학령전[43]이다.

묵철의 목을 벤 힐질략은 '병졸迸卒'[44]이라고 되어 있는데, 이에 대하여 호삼성胡三省은 "군대가 패하여 무너지고 흩어지면[궤산潰散] 사졸士卒들은 흩어져 내달리므로 병졸迸卒[병주迸走]이라 한다"[45]고 주석을 달았다. 따라서 '병졸迸卒'은 '패잔병'으로 번역할 수 있을 것 같다. 그렇지만 힐질략은 단순한 패잔병인 것 같지 않다. 그는 묵철의 목을 벤 후 그것을 당시 돌궐에 봉사奉使로 와 있던 입번사 학령전에게 가지고 가서 그와 함께 동도에 있는 당의 궁궐宮闕로 찾아가 전달했는데, 이로 보면 그는 학령전과 사전에 연결되어 있었을 뿐만 아니라 모종의 언질을 듣고 있었을 가능성이 높고, 따라서 단순한 패잔병이었다기보다 조금은 특수한 인물이었던 같다. 그리고 그가 묵철을 습격하여 살해한 것은 자신의 종족을 대파한 데 대한 복수심 못지않게 당 조정이 내건 현상금과 관품도 중요한 동기가 되었을 가능성을 부정할 수 없을 듯하다.

앞에서 살펴본 바와 같이 당시 묵철의 목에는 높은 관품과 무거운 상금이

---

42) 『通典』 권198, 「突厥」中, 5,439쪽 ; 『舊唐書』 권194상, 「突厥」上, 5,173쪽 ; 『資治通鑑』 권211, 「唐紀」 27, 玄宗 開元 4년 6월, 6,719쪽.

43) 『新唐書』(권215상, 「突厥」上, 6,049쪽)에는 郝靈筌이 郝靈佺으로 되어 있는 등 郝靈筌의 名은 전하는 기록마다 다르다(陳寅恪, 「新樂府-新豊折臂翁」, 『元白詩箋證稿』, 三聯書店, (2001), 178~179쪽 참조).

44) 『舊唐書』 권194상, 「突厥」上, 5,173쪽. 『資治通鑑』 권211, 唐紀 27, 玄宗 開元 4년 6월, 6,719쪽. 『通典』 권198, 「突厥」中, 5,439쪽. 四庫全書本 『通典』에는 '迸卒'이 '逆率'로 되어 있으나 현행 校勘本에는 迸卒로 고쳐놓았다. 5,449쪽의 주 47) 참조.

45) 『資治通鑑』 권211, 「唐紀」 27, 玄宗 開元 4년 6월, 6,719쪽.

걸려 있었다. 먼저 698년경 묵철이 정주定州를 공격해서 자사를 죽이고 남녀를 노략질하며 노소를 다 죽였다는 소식을 들은 측천무후가 "묵철의 목을 벤 자는 왕으로 봉封한다"는 조칙을 내린 바 있고,[46] 중종中宗이 즉위한 705년에는 돌궐이 침입하여 당군 6천 명을 죽이고 원주原州·회주會州까지 진격하여 농우군목의 말 만여 필을 약탈해가자 당 조정은 기왕에 허락했던 묵철의 청혼을 거절하고 "묵철의 목을 베거나 포로로 잡는 자는 국왕으로 봉하고 제위대장군諸衛大將軍을 수여하고 물 2천 단을 주겠다"는 조칙을 내림과 동시에 내외관內外官에게 돌궐을 깨뜨릴 계책을 올리라고 명한 바 있다.[47] 힐질략은 아마도 묵철의 목에 걸린 이 같은 현상금과 관작에 대한 정보를 스스로 입수했거나 학령전을 통해 전해들었을 것이다. 그런데 마침 자신의 종족을 대파하고 귀환하던 묵철을 노리다가 방비가 허술한 틈을 타서 습격하여 그의 목을 벤 뒤, 그 목을 학령전에게 전하고 함께 동도로 가서 관작과 상금을 받기 위해 예궐했다고 보지 않으면 안 된다.

그러면 힐질략은 과연 동도에 가서 상금을 받고 관작을 얻었는가? 과문한 탓인지 모르지만 그가 관작과 상금을 받았다는 기록을 찾기는 어렵다. 그렇지만 718년 2월 울주蔚州 횡야군橫野軍을 산북山北으로 옮기고 한병漢兵 3만 명을 주둔시켜 구성九姓의 응원군으로 삼았을 때 발예고도독拔曳固都督 힐질략, 동라도독同羅都督 비가말철毗伽末啜, 습도독霫都督 비언比言, 회흘도독回紇都督 이건힐리발夷健頡利發, 복고도독僕固都督 예륵가曳勒歌 등에게 각각 기병騎兵을 내게 하여 전·후·좌·우군 토격대사討擊大使로 삼고 모두 천병군天兵軍의 절도節度를 받게 했을 때 내린 제서制書[48]에는 "구성 등이 최근 공훈을 세워 앞서 걸오桀驁를 제거

---

46) 『舊唐書』 권194상, 「突厥」上, 5173쪽 ; 『新唐書』 권215상, 突厥上, 6,046쪽.

47) 『舊唐書』 권194상, 「突厥」上, 5173쪽.

48) 『册府元龜』 권986, 「外臣部」 備語5, 11,651쪽下 ; 『資治通鑑』 권212, 「唐紀」 28, 玄宗

했다"고 하고 있다. 또 같은 해에 나온 돌궐에 대한 공격명령서 〈대거번한병북벌돌궐하제大擧蕃漢兵北伐突厥下制〉[49]에도 이들이 "절개를 지키고 충성을 바쳐 그 흉괴兇魁를 효수하고 유얼遺孽을 소제했다"고 한 것으로 보면 이 제서들에 보이는 힐질략과 묵철의 목을 벤 사람이 동일인이라고 보아도 무리가 없을 듯하다. 따라서 힐질략이 묵철의 목을 벤 공으로 당조로부터 자기 종족의 도독으로 임명되었다고 볼 수 있다. 그리고 이 제서에 "발예고 도독 힐질략 등은 모두 망웅望雄 번서蕃緖로 성망聲望이 삭수朔垂에 떨쳤고 융략戎略이 이미 밝다"고 한 것으로 보면 그가 단순한 병졸이 아니라 발예고의 추장급에 상당하는 자가 아닐까 생각되기도 한다. 그렇기 때문에 힐질략은 당이 내건 관작과 상금에 관한 정보를 입수하고 있었을 뿐만 아니라 입번사와도 연락이 닿아 있었다고 볼 수 있다. 그리고 위에서 언급한 〈대거번한병북벌돌궐하제〉에 힐질략의 지위가 '발예고도독拔曳固都督 계락군왕稽雒郡王 좌무덕대장군左武德大將軍'으로 되어 있는 것을 보면 그가 묵철의 목에 걸린 관작을 다 받았다는 것을 확인할 수 있다. 이 같은 사실을 가지고 좀 더 유추해 본다면 그는 당의 관작과 상금을 얻기 위해서 뿐만 아니고 당조의 후원을 얻어 자신의 종족에 대한 지배권을 확보하려는 목적을 가지고 묵철을 습격했던 것으로 볼 수 있다.

이처럼 묵철의 목을 벤 힐질략이 포고된 바의 관작을 다 얻은 데 반하여 힐질략으로부터 묵철의 목을 넘겨받아 힐질략과 함께 그 목을 동도에 전한 학령전郝靈筌은 5품의 낭장을 받은 데 그쳤고, 그것도 1년이 지난 후였다. 처음에 묵철의 목을 대궐에 바친 뒤 학령전은 반드시 두터운 상이 돌아올 것이라고 확신했던 같다. 그러나 당시 재상이던 송경宋璟은 황제가 아직 젊으므로 후일

開元 6년 2월, 6,732쪽.

49) 『冊府元龜』 권986, 「外臣部」 征討5, 11,583쪽上下 ; 『全唐文』 권21, 「元宗皇帝」, 251하~252하.

총애를 받고 이익을 얻으려는 자들이 무력을 과시하여 나라에 사단事端을 만들까 염려하여 상주는 것을 억제하고 해를 넘겨 겨우 우무위랑장右武衛郎將을 제수하니 학령전이 울분으로 먹지 못하고 죽었다[50]고 한다. 송宋 엽적葉適은, 학령전이 묵철의 목을 전한 일은 대공大功이라 할 수 있어 두터운 상을 주지 않을 수 없었을 터인데 무슨 명목으로 상을 주지 않을 수 있었는지 납득할 수 없다고 하고서, 사단을 만들까 염려하여 5품 낭장을 제수한 것은 아마도 본래 송경의 말이 아니었을 것이라고 주장한 바 있다.[51] 그렇지만 당의 두우杜佑가 송경의 이 처사가 있고 나서 개원開元의 성세가 다할 때까지 다시 무력으로 영토를 개척하자[개변開邊]고 의논하는 자가 없어 마침내 중국中國이 안녕安寧하고 외이外夷 역시 조용했다[52]고 평한 것을 보면 이 기사는 사실로 보아도 좋을 듯하다.

문제는 돌궐에 가 있던 학령전의 지위이다. 『구당서』와 『신당서』의 「송경전宋璟傳」 및 「돌궐전突厥傳」에는 학령전의 지위가 입번사로 되어 있다.[53] 입번사는 '당 조정에서 외국에 파견된 사인使人'이라는 뜻을 가지며, 관련 사서들에 기재된 입번사의 용례들을 보면 고위 조신朝臣들로 충임充任하는 것이 상례였던 것으로 보인다.[54] 또한 입번사로 외국에 나가는 경우 사사로이 외국의 군주나 유력자들을 만나 예를 표하는 데 필요한 경비를 따로 마련해 주었던 듯한데,[55] 언제부터인가 관에서 이를 지급할 수 없게 되자 부가富家의 자제들

50) 『新唐書』 권124, 「宋璟傳」, 4,394쪽.
51) 『習學記言』 권43, 「唐書 列傳」.
52) 『舊唐書』 권147, 「杜佑傳」, 3,980쪽.
53) 『舊唐書』 권194상, 「突厥」上, 5,173쪽 ; 『新唐書』 권124, 「宋璟傳」, 4,394쪽 ; 같은 책, 권215상, 「突厥」上, 6,048쪽.
54) 예를 들면 733년(개원 21년)에 토번에 간 李暠는 종실로 工部尙書였다(『舊唐書』 권112, 「李暠傳」, 3,336쪽). 821년(長慶 원년) 회흘에 和親使로 간 胡證은 京西·京北巡邊使의 本官에다 檢校工部尙書를 더했다(『舊唐書』 권163, 胡證傳, 4,259쪽).
55) 예를 들면 733년 李暠가 吐蕃使로 갈 때는 國信物 1만 필과 함께 私覿物 2천 필을 주

을 불러 사자에게 재물[자資]을 들이게 하고 관으로 임명하는 제도가 있게 되었다.[56] 이 같은 경로에 따라 임용되는 관을 사적관私覿官이라 하는데, 때로는 이를 금지하고 다시 관에서 비용을 지급하기도 했지만,[57] 원화元和(820) 15년에는 회흘로 들어가는 사자使者는 사적정원관私覿正員官을 13원員, 토번으로 들어가는 사자는 8원을 주어[58] 사적私覿 비용을 조달할 수 있도록 조치하고 있는 것을 볼 수 있다.

그런데 학령전은 황제가 파견하는 통상의 입번사와는 달리 조신朝臣도 아니었을 뿐만 아니라 지위도 낮은 무관이었다. 즉 『신당서』 「현종기」에는 학령전의 지위가 '대무군大武軍 자장子將'으로 기록되어 있고,[59] 『자치통감資治通鑑』에는 "대무군의 자장으로 돌궐에 명을 받고 봉사奉使로 와 있었다"[60]고 기록되어 있다. 이에 대해서 호삼성은 "자장은 소장小將이다. 당령에 따르면 군에는 대장 1명, 부副(대장大將) 2명, 판관 2명, 자장 8명이 있고, 자장은 행진行陣을 분담分擔하는 역할을 맡는다"고 주석했다. 또 『당육전唐六典』에 "(병사) 5천 명마다 총관 1인을 두는데 절충도위折衷都尉로 충임하고, 1천 명에 자장 1명을 두는

어 보냈다(『舊唐書』 권112, 「李暠傳」, 3,336쪽).

56) "長慶元年, 太和公主出降回紇, 詔以本官檢校工部尙書充和親使. 舊制, 以使車出境, 有行人私覿之禮, 官不能給, 召富家子納貲于使者而命之官. 及證將行, 首請釐革, 儉受省費, 以絕償官之門. 行及漠南, 虜騎繼至, 狼心犬態, 一日千狀, 欲以戎服變革華服, 又欲以王姬疾驅徑路, 證抗志不拔, 守漢儀, 黜夷法, 竟不辱君命."(『舊唐書』 권163, 「胡證傳」 4,259쪽).

57) 元和 7년(812) --- 入蕃使不得與私覿正員官, 量別支給以充私覿. 舊使絕域者, 許賣正員官十餘員, 取貨以備私覿, 雖優假遠使, 殊非典法, 故革之. (『舊唐書』 권15, 「憲宗」下, 441쪽).

58) 元和 15년(820) 入廻紇使宜與私覿正員官十三員, 入吐蕃使與八員.(『舊唐書』 권16, 「穆宗」, 476쪽).

59) 『新唐書』 권5, 玄宗, 125쪽.

60) 『資治通鑑』 권211, 「唐紀」27, 玄宗 開元 4년 6월, 6,719쪽.

데 과의도위果毅都尉로 충임한다"[61]고 하였고, 과의도위는 상부上府는 종5품하, 중부中府는 정6품상, 하부는 종6품하이므로,[62] 자장은 최하 종6품하 이상의 관품을 가진 무관이라고 말할 수 있다.

또한 호삼성은 "자장은 행진을 분담하는 역할을 맡는다"고 설명했고, 진자앙陳子昂의 「사의표謝衣表」[63]에는 이름을 알 수 없는 장수가 왕효걸王孝傑이 대토번전對吐蕃戰에서 패사한 상황을 전하면서 "사졸들은 부상을 입고 자장은 많이 죽었다"고 한 기사 등도 있다. 이를 통해 보면 『한어대사전』의 정의定義처럼 자장은 "대장 밑에서 행진의 포열, 금고金鼓, 졸오卒伍의 부서를 관장하는 부장 또는 편장偏將"에 해당하는 지위라고 볼 수 있다.

그렇다면 대장 밑에서 행진의 포열, 금고, 졸오의 부서를 관장하면서 전투에 임하고 있어야 할 학령전이 명령을 받들고 봉사로 돌궐에 들어가 있으면서 힐질략으로부터 묵철의 목을 받아 올 수 있었던 정황은 어떻게 설명할 수 있을 것인가? 호삼성은 "자장은 소장이다"라고 설명했는데, 소장에 관한 사료들을 보면 이 정황을 그려내는 데 도움이 될 만한 사료들이 있다. 예를 들면 헌종憲宗 원화元和 6년(811) 정여경鄭餘慶이 이부상서吏部尙書가 되었을 때, 의공醫工 최환崔環이라는 자를 회남소장淮南小將에서 황주사마黃州司馬로 발탁한다는 칙敕이 상서성尙書省[남성南省]에 이르자 정여경이 이를 봉환封還하면서 "제도諸道의

61) 『唐六典』 권5(1991), 尙書兵部, 中華書局, 159쪽.(『譯註唐六典』상, 권5, 尙書兵部, 512쪽) 『唐六典』 尙書兵部에는 "무릇 각 군 · 진에는 5백 인마다 압관 1인을 두고, 1천 인마다 자총관 1인, 5천 인마다 총관 1인을 둔다. 무릇 각 군 · 진의 使와 부사 이상은 모두 4년마다 한 번 교체하며, 총관 이상은 6년마다 한 번 교체하고 압관은 병사의 (교체에) 따라 교체한다. 부사와 총관은 절충도위 이상의 관원에서 취하여 충임하고, 자장 이상은 과의도위 이상의 관원에서 취하여 충임한다." 이 기사로 보면 자장은 자총관을 가리키는 것으로 보인다.

62) 『舊唐書』 권44, 「職官」3, 1,905쪽.

63) 『全唐文』 권210, 「陳子昻」, 2,127쪽 상.

산장散將을 까닭 없이 정원正員 오품관五品官으로 제수하는 것은 요행徼幸의 길을 여는 것이다"[64]라고 말하고 있다. 그런데 호삼성이 "산장은 아장牙將의 산원散員이다"[65]라고 설명한 것을 보면 소장은 원액員額에 포함되지 않는 지방 관청의 무관임을 알 수 있다. 또한 소장은 직급이 매우 낮았다고 한 기사도 보이고 있고,[66] '아교牙校'[67] '소교小校'[68]라는 별칭으로 불리기도 하였다. 그리고 소장과 관련된 사료들을 보면 대개 군사軍使의 봉사나 가사家事를 담당하는 역할을 하는 실례를 많이 볼 수 있다.[69] 결국 학령전이 봉사로 돌궐에 가 있었다는 것은 이들 소장들처럼 산장의 신분으로 특별한 임무를 띠고 있었던 것으로 보이고, 그 때문에 힐질략과 선이 닿아 있었다고 보아도 좋을 듯하다. 『구당서』 왕

64) 『舊唐書』 권158, 「鄭餘慶傳」, 4,165쪽 ; 『册府元龜』 권469, 臺省府 封駁, 5,589쪽下.

65) 『資治通鑑』 권250, 「唐紀」66, 毅宗 咸通 원년 3월, 8,082쪽.

66) 『北夢瑣言』 권8. 韋氏女配劉謙事. "丞相韋公宙出鎭南海, 有小將劉謙者, 職級甚卑, 氣宇殊異, 乃以從猶女妻之. 其內以非我族類, 慮招物議, 諷諸幕寮請諫止之. 丞相曰.. 此人非常流也, 他日吾子孫或可依之, 謙以軍功拜封州刺史. ---"

67) 『舊五代史』 권135, 「劉陟傳」, 1,807쪽.

68) 『十國春秋』 권61, 武皇后韋氏.

69) 唐蔡京尙書爲天德軍使, 衙前小將顧彦朗彦暉, 知使宅市買, 八座有知人之鑒, 或一日, 俾其子叔向已下, 備酒饌於山亭, 召二顧賜宴, 八座俄而卽席, 約令勿起, 二顧惶惑, 莫喩其意, 八座勉之曰, 公弟兄俱有封侯之相, 善自保愛, 他年願以子孫相依, 因遷其職級, 洎黃寇犯闕, 顧彦朗領本軍, 立收復功除東川加使, 相蔡叔向兄弟往依之, 請叔向爲節度副使, 仍以丈人行拜之, 軍府大事皆諮謀焉, 顧相薨, 其弟彦暉嗣之, 亦至使相.(『北夢瑣言』 권4, 蔡京尙書拔顧氏昆弟) ---范陽公以兵部尙書入覲到京, 旬日拜特進門下侍郎兼戶部尙書平章事, 三鎭有來賀, 宰輔得其人, 時公以步蹇, 未任衙謝上, 官命中書官就宅問計, 對曰, 臣待罪台司, 五環星歲前後, 三鎭以甘言佞臣, 美貺餌臣, 臣皆拒而不納, 或所論奏, 不違程式者, 翌日允之, 仍召奉使小將, 顯布皇恩, 且誡曰, 事出此口言歸彼耳可否面定不自外來無爲賄妄于其間也前日馹書已告爾帥矣宜以覆族爲慮以是知臣一心事主必合---(『唐闕史』 卷下, 盧相國指揮鎭州事) 鄂州小將某者, 本田家子. 旣仕, 欲結豪族, 而謀其故妻因相與歸寧殺之, 于路棄尸江側, 并殺其同行婢已, 而奔告其家, 號哭云爲盜所殺, 人不之疑也. 後數年, 奉使至廣陵, 舍於逆旅, 見一婦人賣花, 酷類其所殺婢, 旣近---(『太平廣記』 권130(1961), 鄂州小將, 中華書局, 924쪽)

준전王晙傳에 "근래 변경에 있는 장사들이나 안번사인安蕃使人들은 아첨하는 말을 많이 지어냅니다. 어떤 자는 북로北虜가 파멸破滅했다고 하고, 어떤 자는 항호降戶가 안정安靜되어 있다고 하는데 뜻이 자기 공을 드러내고자 하는 것이지 나라를 위한 것이 아닙니다. 원컨대 이런 말들을 살펴서 원려遠慮를 행하여 변황邊荒을 편안하게 한다면 백성들에게 다행일 것입니다"[70]라는 말을 보면 이른바 안번사인이라는 특수 직책을 가진 자들도 있었음을 알 수 있다. 다시 말하면 학령전이 봉사로 돌궐에 들어가 있었다는 것도 안번사인과 마찬가지로 이민족의 경내에 들어가 모종의 공작을 벌이고 있음을 말하는 것이라고 보아도 크게 무리가 없을 듯하다.

3. 당과 거란 사이의 대결과 왕회 · 이과절의 역할

1) 당과 해 · 거란의 대결 국면

당 현종이 즉위하기 직전인 712년 6월 당군은 해를 공격하다가 대패했다. 이 전쟁이 있기 전 거란과 해의 방어를 총괄하는 유주대도독은 설눌薛訥이었다. 설눌은 20여 년 동안 유주대도독을 맡고 있으면서 방어에 주력하여 이 지역에 평화가 지속되었다.[71] 그러나 설눌을 대신하여 유주대도독이 된 손전孫佺

70) 『舊唐書』 권93, 「王晙傳」 2,987쪽.

71) 薛訥은 薛仁貴의 자로 측천무후가 將門임을 기려 발탁해서 使攝左武威衛將軍 安東道經略으로 삼았다. 곧 幽州都督에 拜受되고 安東都護를 겸했다. 薛訥은 20여 년간 유주도독으로 있으면서 吏民을 편안히 하고, 擧兵하여 出塞하지 않고, 이민족들 역시 침범하지 않았다. 薛訥은 燕州刺史 李璡과 사이가 벌어져 李璡이 劉幽求에게 모함하니 劉幽求가 좌우림장군 孫佺으로 대신하게 하였고, 薛訥은 并州長史로 천직되었다(『舊

은 "설눌이 여러 해 변방에 있으면서 끝내 영주를 복구하지 못했는데 지금 방비가 없는 틈을 타서 공격하면 반드시 공을 세울 수 있을 것이다"라고 하고서 병 2만과 기병騎兵 8천으로 공격하였으나 냉형冷陘에서 전멸했다.[72]

이런 패전 때문이겠지만 현종은 712년 8월 즉위하자마자 동북 지방에 발해군, 항양군, 회유군을 설치하고 5만 군을 주둔시켰다.[73] 그러나 11월에는 해·거란 2만 기가 다시 어양漁陽에 침입하였다. 이 때 유주도독幽州都督 송경宋璟은 성문을 닫고 출전하지 않으니 침입자들은 대대적으로 약탈해서 돌아갔다.[74] 이에 예종은 현종에게 변방을 순행하도록 권유하였다. 현종은 하서河西·농우隴右에서 연주燕州·계주薊州까지 서에서 동으로 순행하여 장수를 선발

唐書』 권93, 「薛訥傳」 2,983쪽 ; 『資治通鑑』 권210, 「唐紀」26, 玄宗 先天 원년 2월, 6,672쪽).

72) 『舊唐書』(권199하, 「奚國傳」, 5,355쪽)에는 孫佺이 孫儉으로 되어 있고, 發兵 수도 12萬으로 되어 있다. 그러나 본고는 아래와 같은 『資治通鑑』의 기사에 따르기로 한다. 孫佺은 좌효위장군 李楷洛, 좌위위장군 周以悌를 이끌고 병 2만, 기 8천을 삼군으로 나누어 해와 거란을 습격했다. 장군 烏可利가 간하기를 "길아 험하고 날이 더우니 적군 깊숙이 습격하면 반드시 패할 것입니다"라고 하였다. 그러나 孫佺이 李楷洛에게 4천기를 거느리고 진격하게 했는데 해의 8천 기를 만나 해락이 불리했지만 孫佺이 겁을 먹고 감히 구하지 못하고 후퇴하려 했지만 해가 공격하여 당군이 대패하였다. 孫佺이 산을 의지해서 진을 펴고 방어하자 李大酺가 使人를 보내 孫佺에게 "(당) 조정은 이미 나와 화친하였는데 지금 대군을 왜 왔는가?" 하고 물으니 孫佺이 "나는 칙을 받들어 招慰하러 왔는데 楷洛이 절도를 듣지 않고 멋대로 전투를 벌였다. 목을 베서 사죄할 것을 청한다"고 답했다. 다시 李大酺가 "그렇다면 國信은 어디에 있는가?" 하고 물으니 孫佺이 군중의 帛을 모두 모은 만 필과 함께 자포 금대 어대를 선물로 주었다. 李大酺가 "장군은 남으로 돌아가고 서로 놀라게 하지 말기를 청한다"고 하였으나 장사들이 놀라 대오가 없어지게 되자 해의 군대가 추격하여 사졸 모두가 궤멸되었다. 孫佺과 周以悌는 포로가 되어 돌궐에게 보내져 묵철이 살해했다. 李楷洛과 烏可利는 탈출해서 귀환했다(『資治通鑑』 권210, 「唐紀」26, 玄宗 先天 원년 6월, 6,672~6,673쪽).

73) 『資治通鑑』 권210, 「唐紀」26, 玄宗 先天 원년 8월, 6,675쪽.

74) 『資治通鑑』 권210, 「唐紀」26, 玄宗 先天 원년 11월, 6,678쪽. 이 침입 기사는 다른 책에서는 발견되지 않는다.

하고 병졸을 훈련하는 것을 참관하고, 유주도독 송경을 좌군대총관左軍大總管, 병주장사幷州長史 설눌을 중군대총관中軍大總管, 삭방대총관朔方大總管이자 병부상서兵部尙書인 곽원진郭元振을 우군대총관右軍大總管으로 임명하였는데,[75] 이는 여러 북방 민족들의 위협에 효과적으로 대처하기 위해 지휘체계를 개편한 것이다.

영주도독부營州都督府는 원래 유성柳城에 두고 해와 거란지역을 감독케 했었다. 그런데 측천무후 치세 때인 696년 해와 거란이 영주를 공격하여 함락했으므로, 이후 도독부는 유주 동쪽 어양성漁陽城에 기치寄治했었다. 이 때 "말갈 · 거란 · 해가 대부분 당에 항복하려 했지만 당이 영주를 건영하지 않기 때문에 의투依投할 곳이 없고 묵철이 침요侵擾한 바 되어 그에게 붙었다. 만약 당이 영주를 복건하면 서로 이끌고 귀화할 것이다"라고 건의하는 사람이 있고, 병주장사幷州長史로 화융和戎 · 대무大武 등의 군주절도사軍州節度使를 맡고 있던 설눌薛訥이 이를 믿고 거란을 공격할 것과 영주를 다시 둘 것을 주청했다. 현종도 냉형冷陘의 패배를 복수할 생각으로 거란을 토벌하고자 했으므로,[76] 714년 7월 설눌에게 6만 군을 동원하여 거란을 공격하였으나 난수산灤水山 협곡에서 거란군의 복병에 의해 앞뒤로 차단되어 십중팔구가 죽는 대참패를 당했다.[77]

그러나 716년 6월 돌궐의 묵철이 살해됨으로써 형세가 크게 변하게 되었다. 우선 그 여파로 발예고 · 회흘 · 동라 · 습霫 · 복고僕固의 철륵鐵勒 오부五部

75) 『資治通鑑』 권210, 「唐紀」26, 玄宗 先天 원년 11월, 6,679쪽.

76) 『資治通鑑』 권210, 「唐紀」26, 玄宗 開元 2년 정월, 6,695쪽. 여러 신하들과 姚崇 등은 신중히 할 것을 간언했지만, 玄宗은 薛訥을 紫薇黃門三品으로 삼고 군대를 거느리고 契丹을 공격하게 했다.

77) 『資治通鑑』 권211, 「唐紀」27, 玄宗 開元 2년 7월, 6,702쪽. 姚崇과 左監門衛將軍 杜賓客, 定州刺史 崔宣道 등이 병兵 6만을 거느리고 출전했다. 杜賓客은 盛夏에 士卒들이 무기와 식량을 짊어지고 敵境 깊숙이 들어가서는 성공하기 어렵다고 말렸지만, 姚崇은 듣지 않았다. 姚崇은 수십 기로 포위망을 뚫고 나와 죄를 다른 장수들에게 돌렸으나 削奪官職되었고, 다른 장수들은 모두 斬首되었다. 杜賓客만이 형을 면했다.

가 당에 항복하여 대무군 북北에 머물게 됨으로써,[78] 철륵구성이 당의 우호세력으로 확보됨과 동시에 양번의 배후이자 동시에 위협세력이던 돌궐의 세력이 현저하게 약화되었다. 아마도 이 때문이겠지만 이어서 거란의 이실활李失活과 해의 이대포가 휘하의 무리를 이끌고 와서 당에 항복했다. 이에 대해서 호삼성은 "무후武后 만세통천萬歲通天(696~697) 연간 해·거란이 반叛했다. 현종이 즉위한 후 손전孫佺·설눌이 계속 패했으나 양번兩蕃이 감히 그 승세를 타서 중국을 침범하지는[빙릉憑陵] 못하고 마침내 서로 이끌고 와서 항복했는데, 이는 중국의 형세가 안정되고 강해 그들의 마음을 굴복케 할 수 있었기 때문이었다"고 평했다.[79] 당 조정은 이실활을 송막군왕松幕郡王 행좌금오대장군 겸 송막도독으로 삼고, 그 8부락의 추장을 자사로 삼아 이진충이 반기를 들기 이전의 기미부주를 회복시켰다. 이대포는 요락군왕饒樂郡王 행금오대장군 겸 요락도독으로 삼았다. 이실활은 이진충의 종부제이다.[80]

해와 거란이 당나라로 귀부한 것을 계기로 717년 3월 영주도독부를 유성柳城에 복구하고 영주도독이 평로군사平盧軍使를 겸하고 관내管內의 주현州縣과 진수鎭戍를 모두 예대로 복구해서[81] 이 지역의 방비 태세를 갖추었다. 그해 11월 거란의 이실활이 입조하니, 동평왕東平王의 외손 양씨楊氏를 영락공주永樂公主로

---

78) 『資治通鑑』 권211, 「唐紀」27, 玄宗 開元 4년 6월, 6719쪽.

79) 『資治通鑑』 권211, 「唐紀」27, 玄宗 開元 4년 8월, 6,720쪽.

80) 『資治通鑑』 권211, 「唐紀」27, 玄宗 開元 4년 8월, 6,720쪽. 胡三省 音註 ; 貞觀 말 거란 達稽部를 峭落州, 紇便部를 彈汗州, 獨活部를 無逢州, 芬問部를 羽陵州, 突便部를 日連州, 芮奚部를 徒河州, 墜斤部를 萬丹州, 伏部를 匹黎 赤山 2주로 하니, 모두 松漠府의 6부 10주였다. 지금 다시 그 추장을 각각 자사로 삼은 것이다.

81) 『資治通鑑』 권211, 「唐紀」27, 玄宗 開元 5년 2월, 6,727쪽. 貝州刺史 宋慶禮가 營州를 복구하자고 건의했으며, 태자첨사 姜師度를 營田支度使로 삼고 宋慶禮 등과 함께 축성하여 3旬만에 마쳤다. 송경례는 淸勤嚴肅하여 屯田 80여 所를 열고 流散한 자들을 모아 경작케 함으로써 수년 만에 창고가 충실하고 市里가 점차 번영하게 되었다고 한다.

삼아 처로 주었다.[82] 다음 해 이실활이 영락공주와 함께 귀국하게 되자 공주가 가지고 갈 예물로 6천 단을 주었다.[83] 이는 당조 편에 선 거란왕에 대한 특별한 예우임은 말할 필요도 없다.

718년 거란왕 이실활이 죽고 그의 제 사고娑固가 계승했다.[84] 사고는 아관牙官 가돌우可突于가 효용驍勇해서 무리의 마음을 얻고 있었으므로 시기하여 제거하고자 하였다. 720년 가돌우가 거병하여 사고를 공격하니 사고는 패하여 영주로 도주했다. 영주도독 허흠담許欽澹은 안동도호 설태薛泰에게 효용 5백 명을 거느리고 해왕 이대포와 함께 사고를 받들고 가돌우를 토벌케 했으나 패하여 사고와 이대포는 가돌우에게 죽고 설태는 생포되었다. 그렇지만 가돌우는 사고의 제弟 울우鬱于를 주主로 삼고 사신을 파견하여 죄를 청했고 황제는 가돌우의 죄를 사면하고 울우를 송막도독으로, 이대포의 제 노소魯蘇를 요락도독으로 삼았다.[85] 가돌우가 죄를 청했다는 것은 지금 전하는 〈래거란왕거부가돌우서勑契丹王據埒可突于書〉[86]를 통해서도 확인되는 바이지만, 이는 당과 급격한 대치를 모면하려는 전략적 선택이었을 것이다. 뒤에서 보는 바대로 당에 대한 그의 굴종적인 자세는 오래가지 않았다.

현종은 급변하는 동북 지방의 정세에 대처하는 방편의 하나로 북변에서 무력을 과시하고자[요병耀兵] 722년 10월 진주도독 장수결張守潔 등 치적이 있는

82) 『資治通鑑』 권211, 「唐紀」27, 玄宗 開元 5년 11월, 6,730쪽.

83) 『冊府元龜』 권974, 「外臣部 褒異」1, 11,445쪽下. 『冊府元龜』에는 李失活이 奚王으로 되어 있다.

84) 『資治通鑑』 권212, 「唐紀」28, 玄宗 開元 6년 5월, 6,733쪽.

85) 『資治通鑑』 권212, 「唐紀」28, 玄宗 開元 8년 11월, 6,743쪽. 『資治通鑑』에는 '可突干'으로 되어 있으나 『舊唐書』 「契丹傳」(199下)와 『新唐書』 「契丹傳」(219), 『文苑英華』 蕃書4(권471) 등 다수의 책에는 '可突于'로 되어 있다.

86) 1966, 『文苑英華』 권471, 蕃書4 勑契丹王據埒可突于書, 中華書局 2,407쪽上.

지방관을 제위장군諸衛將軍으로 임명했다.[87] 그러면서도 한편으로는 거란과 해의 왕과 귀족들에게 막대한 비단을 주어 그들과의 우호 관계를 굳히고자 했다. 즉 724년 3월 사신을 파견하여 견絹 8만 단을 나누어 주게 하면서, "해는 5부락이 있으니 마땅히 물物 3만 단을 주되 그 가운데 2만 단은 먼저 정행병征行兵과 유혁병遊奕兵 및 백성들에게 지급하고, 나머지 만 단은 동광공주東光公主, 요락왕饒樂王, 아관衙官, 자사, 현령에게 지급하라. 거란은 8부락이 있으니 마땅히 물 5만 단을 주되, 그 가운데 4만 단은 정행병과 유혁병 및 백성들에게 지급하고, 나머지 만 단은 연공주燕公主, 송막왕松漠王, 아관衙官, 자사, 현령에게 주되, 균평하게 지급하도록 힘쓰고 지급을 마친 뒤 아뢰어라"[88]고 하였다.

여기서 해족과 거란족에게 지급된 8만 필 가운데 6만 필이 정행병과 유혁병 및 백성들에게 지급되고 있는 점은 매우 특별한 의미가 있어 보인다. 정행병은 당연히 전쟁에 참여한 병사이지만 유혁병은 순라병巡邏兵이므로 평소에는 그 지역의 치안 유지를 위해 복역하는 군대일 것이다. 그런데 당조가 거란족이나 해족의 정행병과 유혁병에 대해서 특별히 많은 물자를 지급하고 있는 점으로 보면, 이들 가운데 상당수는 당조 편에 서서 전투에 참여하였거나, 향후에도 당조를 위해 동원될 수 있는 용병이었을 가능성이 있다.

거란에서는 왕 울우鬱于가 죽고 토우吐于가 뒤를 이었는데, 그가 다시 가돌우와 사이가 벌어져 공주를 데리고 당으로 도망했다가 돌아가지 못했다. 이에 가돌우는 이진충李盡忠의 제弟 소고邵固를 주主로 삼았는데, 당은 이를 인정하지

87) 『資治通鑑』 권212, 「唐紀」28, 玄宗 開元 10년 10월, 6,753쪽; 『册府元龜』 권626, 環衛部 選任, 7,521쪽下. "張守潔爲隴右道按察使秦州都督, 玄宗開元十年以爲右監門衛將軍. 又以江南道按察使宣州刺史霍廷玉爲右驍騎將軍, 山南西道按察使梁州都督裴觀爲左右衛將軍, 定州刺史高豫兼判左右衛將軍, 坊州刺史韋琳兼判右武衛將軍, 帝將北巡大展六軍之容, 故歷選岳牧之良者, 分掌戎挍."

88) 『册府元龜』 권975, 「外臣部」 褒異2, 11,449쪽上.

않을 수 없었다. 그러나 현종이 태산 봉선을 위해 동으로 순행巡幸할 때 소고가 행제소로 찾아갔다. 현종은 그를 우림대장군羽林大將軍 정절군경략대사靜折軍經略大使로 삼았다.[89] 726년 정월에는 거란 송막왕松漠王 이소고李邵固를 광화왕廣化王으로, 해 요락왕饒樂王 이로소李魯蘇를 봉성왕奉誠王으로 삼았다. 또한 황제의 생질甥姪 진씨陳氏를 동화공주東華公主로 삼아 이소고의 처로 주고, 성안공주成安公主의 여女 위씨韋氏를 동광東光공주로 삼아 이로소의 처로 주었다.[90] 이처럼 당 조정은 가돌우의 처사를 사후 승인하는 것으로 만족하지 않을 수 없는 형편이었다.

730년 5월 거란의 가돌우가 당 조정에 찾아왔으나 당시 동평장사同平章事 이원굉李元紘은 그를 예우禮遇하지 않았다. 아마도 그에 대한 적대감정을 그대로 노출시킨 처사였을 것인데 좌승상左丞相 장열張說은 그의 마음을 사지 못한 이원굉의 처사를 매우 우려했다. 장열의 염려대로 가돌우는 그의 왕 소고를 살해하고 그 국인을 이끌고 해의 무리를 위협해서 돌궐에 항복하고 당에 대해서는 다시 반기를 들었다. 이에 해왕 노소 및 그 처 위씨와 이소고의 처 진씨가 모두 당으로 도망쳐왔다. 이에 당 조정은 유주장사幽州長史 조함장趙含章에게 가돌우를 토벌케 했다. 또 중서사인 배관裴寬, 급사중 설간薛侃 등에게 관내關內·하동河東·하남河南·하북河北의 용사를 모집하게 하고, 6월 선우대도호單于大都護 충왕忠王 이준李浚에게 하북도행군원수河北道行軍元帥를 겸하고 어사대부 이조은李朝隱, 경조윤 배주裴伷를 부원수로 삼아 18만을 거느리고 해와 거란을 토벌케 했다. 그러나 충왕 이준은 직접 행군에 나서지는 않았다고[91] 하고, 또 전투

89) 『資治通鑑』 권212, 「唐紀」28, 玄宗 開元 13년 12월, 6,769쪽. 胡三省은 개원 4년 거란이 와서 항복했을 때(『資治通鑑』, 6,720쪽) 송막부에 靜折軍을 두고 그 추장을 經略大使로 삼았는데, 이는 중국의 군대가 움직이지 않았는데도 거란이 스스로 항복했으므로 '靜'으로 먼 곳을 折衝했다는 뜻이라고 주석했다.

90) 『資治通鑑』 권213, 「唐紀」29, 玄宗 開元 14년 정월, 6,770쪽.

91) 『資治通鑑』 권213, 「唐紀」29, 玄宗 開元 18년 5월, 6,789~6,790쪽.

의 결과에 대해서도 기록이 없다. 아마도 소리만 요란하게 위협하는 수준에 그친 것이 아닌가 생각된다.

그렇지만 730년 6월 가돌우가 평로에 침입했을 때는 당의 선봉사先鋒使 오승빈烏承玼이 이들을 격파했다.[92] 또 732년 2월에는 당군이 본격적으로 공세를 취하여 일부 크게 패배한 군대도 있었지만 전체적으로 거란 · 해를 대파하고 참수한 것이 많았다. 이에 가돌우는 멀리 숨고, 해의 추장 이시쇄고李詩瑣高는 5천 장帳을 이끌고 투항했다. 당 조정은 이시쇄고에게 귀의왕歸義王의 작爵을 주고 귀의주도독歸義州都督으로 중임하고 그 부락을 유주幽州 경내境內로 이주시켰다.[93] 또한 당 조정은 이시쇄고에게 물 10만 단을 주고,[94] 아울러 배요경에게 명하여 견 20만 필을 가지고 가서 공을 세운 해의 관들에게 나누어주게 하였다.

배요경이 해족에게 비단을 나누어주는 작업과정을 보면 마치 군사작전을 수행하듯이 기민하면서도 은밀했다. 배요경은 그 부하들에게 "융적戎狄은 탐욕스럽고 잔인하니 지금 재물을 가지고 그 경계에 깊숙이 들어감에 대비를 하지 않을 수 없다"고 말하고, 먼저 기일을 정해오게 하고 길을 나누어 함께 나아가서 하루아침에 나누어주기를 마쳤다. 그런데 돌궐과 실위室韋가 과연 약탈하려는 군대를 출동시켜 거의 도달하고 있었고 배요경은 이보다 앞서 귀환했다.[95] 사실 20만 필이라는 수량은 엄청난 것이다. 1필의 중량을 2kg 정도로 친다면 20만 필은 40만kg가 되고, 수레 한 대에 200kg을 적재한다고 치면 2,000대의 수레가 동원되어야 한다.[96] 그런데 이 많은 수레를 이끌고 수백 km를 달

92) 『資治通鑑』 권213, 「唐紀」29, 玄宗 開元 18년 6월, 6,790쪽.

93) 『資治通鑑』 권213, 「唐紀」29, 玄宗 開元 20년 2월, 6,797쪽.

94) 『舊唐書』 권199하, 北狄 契丹, 5,356쪽.

95) 『資治通鑑』 권213, 「唐紀」29, 玄宗 開元 20년 6월, 6,798쪽 ; 『冊府元龜』 권655, 「奉使部 謀略」, 7,849쪽上.

96) 絹 1필은 폭 1尺 8寸, 길이 40尺이다. 『漢語大詞典』 附錄 「中國歷代度制演變測算簡

려 은밀하게 그리고 안전하게 우호세력에게 전달해야 했을 것이니, 대단히 위험한 군사작전이었을 것이다. 그리고 이처럼 당조가 위험을 무릅쓰면서까지 물량 공세를 벌일 수밖에 없었던 이유는 거란을 견제하기 위해서는 많은 물량으로 그들의 마음을 사로잡아 두지 않으면 안 되었기 때문일 것이다.

그 무렵 유주절도사 조함장趙含章이 거만鉅萬의 장물죄를 받아 조당에서 장을 맞고 양주로 유배 길에서 죽은 사건이[97] 발생했다. 절도사가 거만의 장물 취득으로 죄를 받은 사실을 달리 해석해 보면, 당시 유주는 거란과 해를 대상으로 많은 물자를 이용하여 작전을 수행하고 있었기 때문에 절도사가 이를 기화로 거만의 물자를 횡령한 것으로 볼 수도 있을 것이다.

732년 10월 유주절도사 겸 하북채방처치사河北采訪處置使에게 16주 및 안동도호부를 거느리게 했다.[98] 이 주들은 모두 하북도에 속해 있고 인구가 많은 점으로 보면 유주절도사에게 충분한 재정적 지원을 확보해 주기 위해 이런 조치를 내렸던 것으로 보인다. 그런가 하면 734년 4월에는 삭방절도사朔方節度使 신안왕信安王 이의李禕에게 관내도채방처치사關內道采訪處置使를 겸하게 하고 12주를 더 거느리게 했다.[99] 이것도 마찬가지로 절도사에게 재정적 지원을 충분히 해 주기 위한 조치임은 말할 필요도 없다.

733년에는 유주도부총관幽州道副總管 곽영걸郭英傑이 거란과 전투하다 패사敗死하는 등 또 다시 당군이 거란에게 대패하는 사건이 일어났다. 당시 절도사 설초옥薛楚玉은 곽영걸에게 정기精騎 만 및 항복한 해족 군대를 거느리고 거란을

表」에 따르면 1척은 30㎝이므로 1필은 폭 54㎝, 길이 12m이다. 비단의 중량과 수레 적재량은 필자가 짐작해 본것이다.

97) 『資治通鑑』 권213, 「唐紀」29, 玄宗 開元 20년 6월, 6,798쪽.

98) 『資治通鑑』 권213, 「唐紀」29, 玄宗 開元 20년 11월, 6,799쪽.

99) 『資治通鑑』 권214, 「唐紀」30, 玄宗 開元 22년 4월, 6,806쪽.

공격케 했고, 거란의 가돌우는 돌궐 군대와 연합해서 대항했다. 그러나 해족이 양 다리를 걸치고 있으면서[100] 흩어져 험지에서 자신들을 보호하고 있었으므로 당군이 불리했고 곽영걸은 전사했다. 나머지 6천 명은 힘써 싸우기를 멈추지 않았고, 거란군이 곽영걸의 머리를 보여주었으나 끝내 항복하지 않고 모두 거란군에게 죽었다.[101]

상황이 이렇게 되자 당 조정은 왕군결王君㚟이 죽은 후 토번의 방어를 맡고 있던 장수규를 유주장사幽州長史 겸 어사중승御史中丞 영주도독營州都督 하북절도부대사河北節度副大使로 전보하고, 곧 하북채방처치사河北採訪處置使를 더해주었다. 장수규는 일찍이 대돌궐전에서 큰 공을 세운 바 있고, 유주에 오래 주둔하여 이 지역의 사정에 밝았다.[102] 과연 장수규는 734년 6월 거란을 대파하고, 사자를 보내 승전보를 바쳤다.[103]

가돌우는 거란왕의 폐립을 마음대로 하면서 당의 공격을 여러 차례 막고 결정적인 패퇴를 안겨주었지만, 장수규가 유주절도사로 취임한 이후에는 여

100) 奚族이 양다리를 걸치고 있던 상황은 『文苑英華』(권471, 蕃書4, 2,406쪽下)에 전하는 張九齡의 「勅投降奚等書」에 보인다. "새로 투항한 해족 등에게 勅한다. 너희는 본래 작은 국가[小蕃]로 스스로 存立할 수 없고 근래 나에게 의지하여 조금 안전할 수 있었다. 그런데도 늘 양 다리를 걸치면서[常持兩端] 갑자기 배반하여 은혜를 잊고 의리를 저버리니 이게 어찌 사람의 마음이겠는가? 지금 너희가 다시 귀부했다고 들었는데 역시 응당 과오를 깨달았기 때문일 것이나 困蹙하기 때문이라는 嫌疑를 면하기 어렵다. 너희가 만약 성심으로 마음을 닦고 영원히 寄命하게 되면 편의대로 處置하게 할 것이니 마땅히 하나하나 듣고 따르며 이전의 허물을 버릴 것이며 다시 효과가 나타나면 官과 賞의 諸事는 모두 예전과 같이 할 것이니 각각 마땅히 힘쓰고 은혜를 저버리는 일이 없도록 하라."

101) 『舊唐書』 권199하, 「北狄 契丹傳」, 5,353쪽 ; 『資治通鑑』 권213, 「唐紀」29, 玄宗 開元 21년 3월 윤월, 6,801~6,802쪽.

102) 『舊唐書』 권103, 「張守珪傳」, 3,193~3,194쪽.

103) 『資治通鑑』 권213, 「唐紀」29, 玄宗 開元 22년 6월, 6,807쪽.

러 번 패했다. 가돌우는 상황이 곤핍해지자 사자를 보내 항복했다. 장수규는 항복이 거짓임을 알고 관기管記 우위기조右衛騎曹인 왕회王悔를 거란으로 보내 도모하게 했다. 왕회가 그 아장牙帳에 도착해서 거란의 상하를 살펴보니 특별히 항복할 뜻이 없고 단지 아장을 서북으로 옮겨 돌궐을 끌어들이는 계획을 꾀하고 있었다. 왕회는 당시 거란 아관牙官 이과절李過折과 가돌우 사이에 권력 다툼으로 불화가 있음을 알고 이과절에게 가돌우를 도모하도록 설득했다. 이과절은 밤에 군대를 출동하여 굴열과 가돌우 및 그 일당을 모두 죽이고 무리를 이끌고 항복했다.[104)]

2) 당의 유주 관기 왕회와 거란의 아관 이과절의 역할

거의 15년 동안 거란의 국정을 장악하고 있으면서 공격해오는 당군에게 참혹한 패배를 안겨주던 가돌우의 최후에 관한 이야기 역시 돌궐의 묵철가한의 그것과 마찬가지로 허망하다. 유주절도부幽州節度府의 관기라는 지위에 있던 왕회라는 자가 항복의 뜻을 전한 거란 진영으로 가서 가돌우와 더불어 거란의 병마兵馬를 나누어 맡고 있던 거란 아관 이과절을 설득하여 그 왕과 실권자인 가돌우를 죽이고 항복했다는 것이 골자인데, 그렇게도 장기간 치열하게 대립하던 두 적대 진영 사이에서 일방의 사자가 타방의 인물을 설득하여 일망타진했다는 점에서 더욱 그렇다.

그런데 『구당서』 「장수규張守珪전」에는 왕회의 관직이 관기管記 우위기조右衛騎曹[105)]로 기록되어 있지만 같은 책 「북적北狄 거란전」에는 우위기조는 없이 단

104) 『舊唐書』 권103, 「張守珪傳」, 3,194쪽; 『資治通鑑』 권214, 「唐紀」30, 玄宗 개원 22년 12월, 6,808~6,809쪽.

105) 右衛騎曹는 右衛騎曹參軍의 약칭으로 정6품하이다.(『舊唐書』 권44, 「職官」3, 1,898쪽.)

지 관기라고만 되어 있고,[106] 『신당서』「북적 거란전」에는 "그 아관 이과절과 가돌우가 안으로 불평不平하므로 장수규가 객客 왕회를 시켜 몰래 (이과절을) 맞이하고 (당나라) 군대로 가돌우를 포위하니, 이과절이 밤에 가돌우와 굴열 및 그 지당支黨을 수십 인을 참하여 스스로 귀복歸服했다"[107]고 되어 있다.

『신당서』의 이 기사는 그 출처를 확인할 수 없고 사료가 윤색되었을 가능성도 전적으로 배제할 수는 없지만, 왕회의 지위를 '객'이라고 한 점은 매우 특기할 만하다. 왜냐하면 왕회가 짧은 시간 안에 이과절을 설득할 수 있었던 점으로 보면 사전에 이미 상당한 진분을 쌓고 있었고 그래서 서로 중대사를 의논할 수 있을 만큼 신뢰하고 있었던 점을 표현하고 있다고 보여지기 때문이다. 즉 왕회는 비록 기실참군記室參軍[관기]이나 우위기조 같은 관직을 가지고 절도사의 참모직을 수행하고 있지만, 실은 거란을 왕래하면서 첩보를 수집하거나 특수임무를 수행하는 자들을 지휘하는 첩보전의 책임자였을 가능성이 높고, 그 때문에 '객'이라는 칭호를 붙여준 것은 아닐까 생각된다. 정황적인 판단이지만, 장수규는 거란의 정세를 면밀하게 살피고 있었으므로 이과절과 가돌우가 불화하고 있는 정황을 충분히 파악해서 사전에 이과절과 내통하고 있던 왕회를 파견하여 음모를 진행시켰다고 볼 수 있다. 다시 말하면 장수규 및 왕회와 이과절은 사전에 충분히 내통하면서 가돌우와 굴열을 제거하는 경우 이과절에게는 거란의 통치권을 보장하는 보상이 약속되어 있었다고 짐작해도 좋지 않을까 생각된다. 이 같은 짐작은 당조가 가돌우를 제거한 후 이과절에게 수여한 관과 지급된 상품으로 확인할 수 있을 것이다.

『구당서』「북적 거란전」 에 따르면 개원 23년(735) 정월 가돌우의 목이 동

106) 『舊唐書』 권199下, 「北狄 契丹傳」, 5,353쪽.
107) 『新唐書』 권219, 「北狄 契丹傳」, 6,171쪽.

도에 전해지자, 조칙으로 이과절을 북평군왕北平郡王으로 봉하고 아울러 특진特進과 검교송막도독檢校松幕都督을 수여하고 금의錦衣 1부副, 은기銀器 10사十事, 견채絹綵 3천 필을 주었다.[108] 다만 『자치통감』에는 "거란지병마중랑契丹知兵馬中郎 이과절이 승리를 바치자 제制하여 그를 북평왕 검교송막주도독檢校松幕州都督으로 삼았다"[109]고 되어 있어 이과절에게 먼저 '거란지병마중랑'이라는 관직이 있었음을 보여주고 있는데, 이는 제조制詔로 정식 관작이 내리기 전에 임시로 부여된 관직인 것 같다. 또한 『자치통감』「고이考異」는 "『실록實錄』에 '동유주절도부대사同幽州節度副大使'라고 하였고, 『구당서』「북적 거란전」에 '수특진授特進 검교송막주도독'이라 하였다. 안按컨대 과절이 비록 공이 있으나 당은 유주절도사로 삼으려 하지는 않았을 것이다. 지금 『구당서』를 따른다"[110]라고 한 것으로 보면 이과절이 당으로부터 받은 관작에 대해서는 다른 사료도 있음을 알 수 있다.

이과절은 그 왕과 실권자를 살해하고 스스로 지배자가 되고 당으로부터 관작을 받았지만, 그 해에 가돌우의 여당餘黨 니례泥禮에게 살해되었다.[111] 그리고 그 아들들도 모두 살해되었고 한 아들 자건剌乾만이 안동安東으로 도망하여 죽음을 면했다. 그런데 니례는 이과절을 제거한 뒤 곧바로 당에 이 사실을 전

108) 『舊唐書』 권199下, 「北狄 契丹傳」, 5,353쪽.

109) 『資治通鑑』 권214, 「唐紀」30, 玄宗 개원 23년 정월, 6,809쪽.

110) 『資治通鑑』 권214, 「唐紀」30, 玄宗 개원 23년 정월, 6,809~6,810쪽.

111) 『册府元龜』(권967)에는 泥禮, 『唐會要』(권96)도 泥禮, 『太平寰宇記』(권199)도 泥禮, 校點本 『舊唐書』(권199하, 「北狄 契丹」, 5,353쪽)도 泥禮로 되어 있다. 『資治通鑑』 考異 ; 『舊唐書』에는 可突于의 餘黨 泥裏[北京 校勘本은 禮]에게 피살되었다고만 하고 조정에서 니리를 어떻게 처치했는지에 대해서는 언급이 없다. 지금 張九齡集에 있는 〈賜契丹都督涅禮勅〉과 〈賜張守珪勅〉(『全唐文』 권285, 2,888~2,889쪽)에 "涅禮自擅 難以義責 而未有名位 恐其不安 卿可宣示朝旨 使知無他也."라고 하였으니 대개 泥裏는 涅禮이다(『資治通鑑』 권214, 「唐紀」30, 玄宗 개원 23년 12월, 6,812~6,813쪽).

하고 "이과절의 형벌이 잔학하여 무리가 불안해해서 죽였다"는 점을 설명했다고 한다.[112] 장구령張九齡이 지은 〈칙거란도독열례서勅契丹都督涅禮書〉에 따르면 "이과절李過折이 중인衆人의 분노로 인해 완흉頑兇한 무리를 주멸하니 모든 부락部落 추호酋豪들이 서로 이끌고 나에게 귀부하였으므로 이미 사람을 시켜 사안에 따라 상을 주게 하였던 바 또한 안녕을 얻었다고 말하니 이과절을 왕으로 봉한 것이 어찌 공에 대한 상賞뿐이겠는가! 역시 백성百姓의 중의衆意가 그 무존撫存에 의지하고 있음을 따른 것이다"라고 하여 이과절에 대한 강한 미련과 애착을 보이면서도 "역시 죄 없는 사람을 죽이고 매질이 많아 무리의 정서가 불안하다고 들었는데 마침내 비명에 갔구나"라고 하여 니례의 설명을 받아들이고 그를 송막도독으로 임명하였다. 다만 같은 글에서 "경의 나라의 법이 군장에 대한 의리가 없어 예로부터 이와 같음을 짐은 알고 있다. 그러나 이과절은 경의 왕인데 악惡이 있다고 함부로 죽인다면 왕 노릇하기가 또한 어렵지 않겠는가? 아마도 경이 왕이 되면 뒷사람이 또한 그렇게 할 것이다. 항상 스스로 지킬 수 없다면 누가 왕 되기를 원하겠는가! 역시 후사를 염려하고 예방해야지 어찌 목전의 것만 취하는가?"[113]라고 책망했다고 하는데, 여하튼 당으로서는 새로 등장한 실권자를 인정하고 그와 연대하는 것 외에 다른 선택의 여지는 적었을 것이다.

이렇게 하여 해와 거란이 당의 편에 서게 되자 돌궐이 해와 거란을 공격했으나 니례와 해왕 이귀국李歸國이 돌궐을 격파했다.[114] 그렇지만 거란과 해의

112) 『資治通鑑』 권214, 「唐紀」30, 玄宗 개원 23년 12월, 6,813쪽.

113) 『資治通鑑』 권214, 「唐紀」30, 玄宗 개원 23년 12월, 6,812~6,813쪽. 이 기사는 장구령의 〈勅契丹都督涅禮書〉(『文獻英華』 권471, 「蕃書」, 2,407쪽下)의 일부 취지를 요약한 것이다.

114) 『資治通鑑』 권214, 「唐紀」30, 玄宗 개원 23년 12월, 6,813쪽.

내부에는 여전히 돌궐에 마음을 두고 당 편에 선 세력을 제거하려는 움직임이 있었다. 당에서 해도독奚都督 이귀국에게 보낸 칙서에 "해의 아관衙官 욕운철褥雲轍이 함부로 다른 모의를 꾸미고 부락을 이간하고 아울러 돌궐에 마음을 두고 경을 도모하려 했으나"라고 하거나, "짐이 근자에 듣기에 돌궐이 경의 양번兩蕃을 멸하려 한다는 말을 듣고"라고 한 것으로 이를 짐작할 수 있었다. 이 같은 동향에 대해 당 조정은 관직과 상을 미끼로 해족과 거란을 확실한 우호 세력으로 확보하려 했는데, 이는 당 조정의 대외전략 중 핵심적인 요소가 되었다.[115]

그렇지만 여전히 거란과 해는 당에 완전히 복속되지 않았는데, 이후에는 주로 안록산과 사사명史思命이 거란과 해와의 전쟁을 담당했고, 그들은 이를 통해서 세력을 확대하여 마침내 대반란을 일으켰다.

---

115) 이귀국에게 勅한다. 근래 장수규의 表에 칭찬하는 것을 보았다. 해의 아관 褥雲轍이 함부로 다른 모의를 꾸미고 部落을 이간하고 아울러 돌궐에 마음을 두고 卿을 도모하려 했으나 卿의 忠義一心을 알고 糾逖[督察懲治]에 숨기지 못하였다. 위기를 당하여 변고를 제압하고 과연 罪人을 체포하니 이는 비록 하늘이 그 충심을 이끈 것이지만 또한 卿의 誠效가 능히 드러난 것이다. 이미 주멸되었다고 들었는데 이는 스스로 멸망한 것이다. 諸蕃을 위한 짐의 含養은 매우 두터운 것이니 사람이라면 역시 은혜를 알아야 한다. 다만 백성들은 無識하여 쉽게 놀라서 安危動靜은 사람에게 달려 있으니 卿의 才能으로 스스로 率伏케 하고 威惠를 가하도록 마음을 써서 猜嫌하지 않게 하라. 어지러운 무리들이 이미 제거되었으니 마땅히 편안해졌을 것이다. 官과 賞을 설치한 것은 오직 공을 세움을 기다리는 것이니 진실로 성심을 다한다면 어찌 賞을 못 받을까 근심하겠는가? 마땅히 각각 勉勵하여 짐의 뜻에 부응하라(『文苑英華』 권471, 「蕃書」4, 2406쪽下). 해도독 우금오위대장군 歸誠王 李歸國에게 칙한다. 짐이 근자에 듣기에 돌궐이 경의 양번을 멸하려 한다는 말을 듣고 먼저 장수규에게 신칙하여 엄히 防護하라 하였다. 지금 涅禮가 이미 兇徒를 격파했다는 말을 들었는데 그들이 餘燼을 수합하여 다시 掩襲할 것이 염려된다. 卿은 열례와 서로 腹背가 되는 것이 좋을 것이다. 다만 돌궐이 완전히 소탕되지 않으면 後患이 끝내 깊어질 것이니 경은 그 귀환하는 군대를 살펴 그 喪氣를 타고 諸將과 計會하여 쫓아 추격하되 때를 잃어서는 안 될 것이다. 마땅히 이를 생각하라(『文苑英華』 권471, 「蕃書」4, 2,406쪽下).

4. 당조의 대돌궐 · 거란 전략의 기조 – 결론을 대신하여

이상에서 당과 돌궐, 당과 거란 사이의 대결 국면 및 돌궐의 묵철과 거란의 가돌우를 제거하는 인물들의 성격을 고찰해보았다. 다시 간략하게 당과 돌궐, 그리고 당과 해 · 거란 사이의 대결 국면을 표로 간략하게 정리해보면 뚜렷하게 특징이 드러난다.

먼저 당과 돌궐 사이의 대결 국면은 대체로 돌궐군이 당의 변경 부주府州를 공격하여 심대한 피해를 입히고, 이에 대해 당의 중앙정부에서 대규모의 행군을 편성해서 반격하는 형식으로 전개되었다. 그런데 당군이 대규모의 반격을 통해 돌궐을 패퇴시켜 소기의 성과를 거둔 것은 679년 배행검이 30만을 동원한 때뿐이고, 693년 설회의 등 18장군이 반격한 때, 698년 사타충의 등이 45만을 동원하고 적인걸이 10만으로 추격한 때 모두 승패에 대한 기록이 없거나 적을 조우하지 못했다는 기록뿐이다.

당과 거란 · 해 사이의 대결은 돌궐의 경우와 조금 달라서 기왕에 당의 기미주로 편성된 거란 · 해의 반당反唐 움직임에 대해 당의 대규모 선제공격 형식으로 전개되었지만 당군이 대패하는 경우가 많았는데, 730년 18만을 동원한 대대적인 공격 작전에 대해서는 전투 결과에 대해 아무런 기록이 없다.

이처럼 양자 모두 대규모로 편성된 당군의 공격에 대해서는 실제적인 진행 상황이나 결과에 대해서 전하는 기록이 없는 경우가 적지 않다. 대신 돌궐이나 거란을 제압하는 데 결정적인 계기가 되는 사건, 즉 돌궐의 묵철이 암살되는 것은 발예고의 힐질략에 의해서이고, 거란의 가돌우가 피살되는 것도 동족 아관牙官 이과절을 통해서 이루어졌듯이 당과의 대결 국면을 주도하던 인물들의 제거는 당에 의해서가 아니라 유목민족들을 통해 이루어졌다.

〈표 1〉 당과 돌궐의 대결 연보

679년	돌궐 공격(아사덕온부 · 아사덕봉직) 돌궐 영주 침공(해와 거란 동원) 당의 공격(배행검 30만 동원)	당군 패배(만 명 전사) 돌궐 패배 돌궐 패배
680년	돌궐 공격(아사나복념 · 아사덕온부) 당 배행검의 반간계	당군 패배 돌궐 패배 * 아사나복념이 아사덕온부를 사로 잡아 항복 둘 모두 처형
682년	돌궐 공격(아사나골돌록)	돌궐 패배(당 설인귀 승리)
683년	돌궐 공격(아사나골돌록)	당군 패배(울주자사 사망)
684년	돌궐 공격	당의 인민 살육됨
686년	돌궐 공격	당군 패배(5천 명 전사)
687년	돌궐 공격	당군 승리(흑치상치) 당군 패배(만 3천 명 전멸)
693년	돌궐 공격(묵철가한) 당의 반격(설회의 등 18장군)	승패 기록 없음 승패 기록 없음
696년	돌궐 거란의 이진충 · 손만영 공격	당을 위한 공격
698년	돌궐 공격 당의 반격(사타충의 30만 등 45만)	당의 군사 항복(5천 군과 함께) 승패 기록 없음
698년	돌궐 계속 침략 당의 반격(적인걸의 10만) 당 묵철의 목에 상을 걸음.	정주 · 조주자사 전사, 8, 9만 살육 당군 전투할 엄두를 내지 못함 상은 왕의 작위
700년	돌궐 공격	농우 목감에서 말 만 필 약탈
701–702년	돌궐 계속공격	돌궐의 공격 4차, 당군 대응 실패
705년	돌궐 공격 당 묵철의 목에 상을 걸음	당군 패배(6천 명 전사), 말 만 필 약탈 상은 왕의 작위, 대장군, 물 2천 단
714년	돌궐 공격, 북정도호부 핍박	돌궐 패배, 묵철 아들 전사, 매서妹胥 항복
714–716년	묵철의 돌기시 및 철륵 9성 공격	
716년	묵철 발예고의 힐질략에게 살해됨	힐질략과 학령전이 묵철의 목 전달

〈표2〉 당과 해 · 거란의 대결 연보

712년	당의 해 공격 거란 · 해 당 공격(2만 기)	당의 대패(보병 2만, 기병 8천 전멸) 당군 출천하지 않음
714년	당의 거란 공격(설눌 6만 군)	당군 대패(당군 십중팔구 전사)
716년	철륵 5부 내항來降 거란왕(이실활李失活) · 해왕(이대포李大酺) 내항來降	묵철이 살해된 결과의 여파 묵철이 살해된 결과의 여파
720년	당의 거란(실권자 가돌우) 공격 가돌우 죄를 청함	당군 패배(당 장군 생포, 거란 · 해왕전사)
724년	당 해 · 거란에게 비단 8만 필 줌	왕과 귀족, 정행병 · 유혁병에게 나누어줌
730년	당의 거란 공격(18만 동원) 거란(가돌우의 당 공격)	전투 결과에 대한 기록 없음 거란 패배
732년	당의 거란 공격 해의 추장 이시쇄고 래항 당 해의 관료들에게 20만 필 줌	당군 일부 패배, 그러나 거란 · 해 대파 귀의왕으로 봉하고 물 10만 필 줌 배요경이 은밀하게 직접 가서 전달함
733년	당의 거란 공격	당군 대패, 해족은 양다리를 걸침
734년	당의 거란 공격	거란 대패 당의 왕회가 거란의 아관 이과절을 유인하여 가돌우 등의 목을 베서 바침

이처럼 당군은 대규모 군대를 동원하여 공격하는 대신 이민족의 힘을 빌어 적대세력의 수장을 제거해서 전세를 반전시켜 갔는데, 이는 당 조정이 선택했던 전략의 기조에서 비롯된 것으로 이해해도 좋을 듯하다. 예를 들면 변경 사람들이 장인단張仁亶 이후 최고의 명장으로 인정했던 왕충사王忠嗣는 진을 맡고 나서 변경 안정에 힘쓰면서 항상 말하기를 "태평시대의 장수는 단지 사졸을 무순撫循 훈련하면 되고 중국의 힘을 피곤하게 해서 공명을 노려서는 안 된다"고 했다. 그는 군중에 있을 때는 밤낮으로 전투만 생각하고, 첩자를 보내 그 틈을 엿보다가 승리할 만하면 군사를 일으켰으므로 나가면 반드시 승리했다

[116]고 한다. 다시 말하면 대규모의 군대를 동원하여 유목세력을 공략하는 것은 중국의 힘을 피곤하게 하는 것으로 양책이 되지 못한다. 그러므로 대규모의 군대 동원은 위세를 과시하는 것으로 충분하고, 대신 부단히 첩자를 파견하여 틈을 엿보고 있다가, 유력자를 포섭하여 그들로 하여금 적대세력의 주동 인물을 제거함으로써 제압하는 전략을 선택한 것으로 이해할 수 있다.

이런 전략은 중종中宗이 내외관들에게 돌궐의 묵철을 깨뜨릴 방책을 올리라고 명했을 때 우보궐右補闕 노보盧俌가 올린 상소문에 그 기조가 선명하게 제시되어 있다. 그는 "만이蠻夷를 이용하여 만이를 공격하는 방법은 중국의 장산長算입니다. 그러므로 진탕陳湯이 서역을 통제統制하여 질지郅支를 멸망시켰고, 상혜常惠는 오손烏孫을 이용하여 흉노를 패배시켰습니다. 청컨대 반초班超 · 부개자傅介子 같이 말 잘하고 용기가 있는 자를 상을 걸고 모집하여 여러 이민족[제번諸蕃]과 결합하게[방결旁結] 해서 그들과 함께 공격하여 취하자"고 주장하였다.[117] 노보는 전한대 흉노 및 서역 세력을 제압하는 데 중요한 역할을 한 진탕 · 상혜 · 부개자과 후한대의 반초를 제시하고 이들이 썼던 방법을 채택하자고 주장했는데, 이들이 행사했던 방책이야말로 바로 중국을 피곤하게 하지 않고 최소한의 인원으로 적대세력을 제압하는 것이었다. 그들의 행적을 개략적으로 정리해보면 다음과 같다.

진탕은 전한前漢 원제元帝 때 흉노의 질지선우郅支單于를 공격하여 참수한 인물이다. 당시 흉노는 다섯 선우가 쟁립爭立하다가 호한야선우呼韓邪單于가 한에 항복했는데, 질지선우는 이를 기회로 삼아 호한야의 땅을 병합하고, 한의 사자를 욕보이거나 죽이고, 강거康居로 피신해서 그 왕을 죽이고 스스로 차지하

---

116) 『資治通鑑』 권215, 「唐紀」31, 玄宗 天寶 4년 2월, 6,863~6,864쪽.
117) 『舊唐書』 권194상, 「突闕」上, 5,171쪽.

였다. 원제 건소建昭 3년(기원전 36) 진탕은 도호都護인 기도위騎都尉 감연수甘延壽와 함께 부교위副校尉로 서역西域으로 나갔으나, 오히려 감연수보다 앞장서서 주도적으로 질지를 공격하는 작전을 수행해 갔다. 그는 오손의 군대와 한의 둔전병을 동원하여 질지를 공격하면 승산이 있다고 보았다. 그는 제서制書를 교조矯造하여 한의 둔전병과 호족병胡族兵 4만을 동원하여 강거를 공격하여 질지를 참수함으로써 서역을 완전히 평정하기에 이르렀다.[118] 그렇지만 승상丞相과 어사대부는 그가 교제矯制한 것을 싫어하여 그의 공을 인정하지 않으려 했다.[119] 이에 대해서 종정宗正 유향劉向은 백만百蠻을 통괄해서 만난萬難을 극복하고 질지를 참수해서 서역을 확보한 공은 비할 수 없이 크며, 그것도 한의 군대를 번거롭게 하지 않고 군량미를 조금도 쓰지 않고 이루어냈다는 점에서는 대완大宛을 정복한 이사장군貳師將軍 이광리李廣利의 공에 비해 백 배나 된다고 주장했다.[120] 유향의 이 주장은 받아들여져서 진탕과 감연수의 공이 인정되었는데, 교제의 죄를 묻지 말라는 조칙에서도 "비록 법을 범한 바는 있으나 안으로 1부夫의 역役도 번거롭게 하지 않고 부고府庫의 저장貯藏도 풀지 않고 적의 양식을 군용으로 쓰면서 만 리 밖에서 공을 세웠다"[121]는 점을 들었다.

상혜常惠는 소무蘇武와 함께 흉노에 사자로 가서 10여 년간 억류되어 있다가 돌아와 광록대부光祿大夫가 되었다. 전에 구자국龜玆國이 한의 사자 교위校尉 뇌단賴丹을 살해했으나 응징하지 못했는데, 상혜가 이사吏士 5백 명과 오손烏孫 너머의 서국병西國兵 2만 명을 동원하고, 부사副使에게 구자龜玆의 동쪽 나라들에서 2만 명을 징발케 하고, 오손병烏孫兵 7천 명과 함께 3면에서 구자를 공격했

118) 『漢書』 권70, 「陳湯傳」, 3,010~3,012쪽.
119) 『漢書』 권70, 「陳湯傳」, 3,016쪽.
120) 『漢書』 권70, 「陳湯傳」, 3,018쪽.
121) 『漢書』 권70, 「陳湯傳」, 3,019~3,020쪽.

다. 상혜는 군대가 모두 집결하기 전에 먼저 사람을 보내 그 왕에게 한의 사자를 죽인 상황을 문책했다. 이에 왕이 사자를 보내 "나의 선왕 때 귀인 고익姑翼이 잘못한 바이고 나는 죄가 없습니다"라고 하니, 상혜는 그를 결박해 보내게 해서 참수했다.[122)]

부개자傅介子는 소제昭帝 원봉元鳳(기원전 80~75) 연간 준마감駿馬監으로 대완大宛에 사신으로 갔다가 누란樓蘭과 구자국을 문책하라는 조령을 받았다. 이는 앞서 구자와 누란 모두 한漢의 사자使者를 살해했기 때문이다. 부개자는 누란왕으로부터 정보를 입수하여 구자에 이르러 그곳에 와 있던 흉노 사자를 죽였다. 부개자는 대장군 곽광霍光에게 "누란과 구자가 여러 번 반했는데 주멸하지 않고 징벌이 없습니다. 제가 구자를 지날 때 그 왕의 측근을 쉽게 포섭할 수 있었습니다. 가서 암살해서 위엄을 여러 나라에 보이고 싶습니다"라고 했다. 부개자와 사졸들은 모두 금폐金幣를 가지고 가서 누란왕을 유혹해서 죽이고 목을 가지고 왔다. 황제는 부개자가 한나라 사자 셋과 안식安息과 대완大宛의 사자를 죽이고 재물을 훔친 누란왕을 죽이면서, 한의 군대를 번거롭게 하지 않은 점을 치하했다.[123)]

반초班超는 후한 명제明帝 영평永平 16년(73) 서역에 사자로 가서 그의 이사 36명과 함께 그의 몰래 선선鄯善에 온 흉노의 사자 및 그 무리 130여 명을 죽였다.[124)] 반초는 30여 명의 종자만을 데리고 다니면서 한에 적대적인 세력을 제거하고 우호적인 군주를 세우는 등의 공을 세웠다. 예를 들면 구자왕이 소륵왕疏勒王으로 세운 구자인龜玆人 두제兜題를 제거하고 죽은 소륵왕의 형의 아들 충忠을 왕으로 세웠다. 장제章帝 건초建初 3년(78) 반초는 소륵 · 강거 · 우전于

122) 『漢書』 권70, 「常惠傳」, 3,003~3,004쪽.
123) 『漢書』 권70, 「傅介子傳」, 3,001~3,002쪽.
124) 『後漢書』 권47, 「班超傳」, 1,572~1,573쪽.

實 · 구미拘彌의 군대 만 명으로 고묵姑墨의 석성石城을 공격하여 7백 급을 참수하여 마침내 서역의 모든 나라를 평정했다.[125] 또 화제和帝 영원永元 6년(94)에는 구자와 선선 등 8개국 연합군 7만 명과 이사 · 상인 천 4백 명을 편성하여 언기焉耆를 토벌하기도 했다.[126] 이와 같이 서역 지역 자체의 군대를 이용하여 반한反漢 국가를 정벌하고 서역의 여러 길을 뚫었다. 그는 중원의 군대와 양식을 소비하지 않고도 제 민족 사이의 갈등 관계를 적절히 이용하여 반한 세력을 견제하였다.[127] 또한 금백을 이용하여 우호 세력을 확보하는 방법을 쓰기도 하였다.[128] 반초는 서역 50여 국이 모두 후한에 실자를 늘이고 속하게 하는 공을 세웠다. 95년 그의 공을 치하하면서 내린 조칙은 다음과 같다. "전에 흉노가 서역을 오로지 하고 하서를 침략하니 영평(58~75) 말에는 낮에는 성문을 닫았다. ……선제先帝께서는 백성들의 목숨을 중히 여겨 병역을 일으키는 것을 꺼렸으므로 군사마軍司馬 반초에게 우전于寘의 서부에서 군사를 모으게 했다. 반초가 총령葱領을 넘고 현도縣度에 이르러 출입하기를 22년 동안 하니 서역의 모든 나라가 빈종賓從시키지 않음이 없게 되었다. 그 왕을 바꿔 세워 그 사람들을 편안하게 했다. 중원의 힘을 동원하지 않고 군대[융사戎士]를 번거롭게 하지 않고도 먼 지역 사람들을 화목하게 하고, 습속이 다른 사람들의 마음을 같게 했고, 천주天誅를 행사하여 오랜 치욕을 제거했으며, 장사將士들의 원수를 갚았다"고 했다.[129]

이상에서 보듯이 전한의 진탕 · 상혜 · 부개자와 후한의 반초는 각각 한나

125) 『後漢書』 권47, 「班超傳」, 1,575쪽.
126) 『後漢書』 권47, 「班超傳」, 1,581쪽.
127) 『後漢書』 권47, 「班超傳」, 1,576쪽.
128) 『後漢書』 권47, 「班超傳」, 1,579쪽.
129) 『後漢書』 권47, 「班超傳」, 1,582쪽.

라에 적대적인 세력을 제압하는 데 공이 컸지만, 그것만으로 이들의 공이 높이 평가된 것이 아니다. 그들의 공을 높이 평가하는 진정한 이유는 중원의 군대와 양식을 소비하지 않고 소기의 목적을 이루었기 때문이다. 그들은 중원의 군대를 출동시키지 않을 뿐만 아니라 중원에서 군수품을 조달하지 않고, 변경에서 한나라 둔전병과 이민족 군대를 동원하는 것만으로 한에 적대적인 세력을 제압한 점에서 높은 평가를 받고 있는 것이다. 중원의 군대를 대규모로 동원하는 것, 그리고 이들을 위한 군량미와 기타 군수품 조달이 얼마나 어려운 일인지에 대해서는 양 『한서漢書』 등 사서에 많이 기재되어 있는 바이지만,[130] 당대에도 이는 금기사항과도 같았다. 예를 들면 개원 초(713)에 안서부대도호 곽건관郭虔瓘이 관중병關中兵 만 명을 모집하여 안서로 보내 토격討擊케 하되 모

130) 王莽 시대의 嚴尤는 군량미 확보와 운송의 어려움을 이렇게 설명했다. "지금 天下는 가뭄이 극심하여 매년 饑饉이 드는데, 西北邊이 더욱 심하다. 30만 군대를 출동시키고 300일 분의 식량을 확보하려면 동쪽 끝인 海岱에서 지원을 받고 남으로는 江淮에서 취해야 겨우 갖출 수 있다. 그 거리를 계산하면 1년 지나도 다 취합할 수 없어 먼저 도착한 부대는 露天에서 거처해야 하니 군사들은 피로하고 무기는 녹슬어 세력을 쓸 수 없으니 이것이 첫째 어려움이다. 변경은 이미 텅 비어 軍糧을 댈 수 없어 내부의 郡國에서 조달해야 하는데 서로 이어지지 못하니 이것이 둘째 어려움이다. 1인당 300일의 식량을 계산하면 乾糧 18斛으로, 牛力이 아니면 운송할 수 없는데 소 또한 스스로 먹을 것 20斛을 더 실어야 하니 매우 무겁다. 胡地는 모래와 소금기가 많아 대부분 水草가 부족하므로 과거의 일로 살펴보면 군대가 출동하고 나서 100일이 못되어 소가 다 죽어 없어지나 운송할 식량은 아직 많지만 사람이 짊어질 수는 없으니 이것이 셋째 어려움이다. 호지는 가을과 겨울이 매우 춥고 봄과 여름에는 바람이 심하게 불어 가마솥과 연료를 많이 가지고 가야 하는데 그 무거움을 감당할 수 없고, 먹을 식량과 마실 물은 네 계절이 지나면 군대에 질병의 우려가 생기기 때문에 전대에 오랑캐 정벌전은 100일을 넘기지 않았는데 이는 오래 하고 싶지 않아서가 아니라 세력의 불능함 때문이니 이것이 넷째 어려움이다. 군대의 출동에는 무거운 군장비가 따르게 되므로 민첩한 정예병이 적더라도 빠르게 진군할 수 없어 오랑캐가 서서히 숨더라도 形勢上 따라잡을 수 없고, 요행이 오랑캐를 만나도 군장비가 겹겹이 따르니 만약 험한 장애를 만나면 일렬로 진군해야 하는데 오랑캐가 전후를 차단하면 위태로움을 예측할 수 없으니 이것이 다섯째 어려움이다(『漢書』 권94下, 「匈奴傳」, 3,824쪽).

두 공승公乘을 주고 숙식熟食을 제공하자고 주청해서 이를 허락했을 때 장작대장將作大匠 위주韋湊는 이에 대해 다음과 같은 반론을 주장했다. "만 명이 행군하여 6천 리의 노정을 가는데 탈 것과 숙식을 제공할 경우 연도의 주현州縣은 공급할 능력이 없습니다. 진주秦州·농주隴州의 서쪽은 점차 인구가 적어지고 영주涼州를 넘어서면 모두 사막뿐인데, 그곳의 사람들을 보내면 (행군에 군량미를) 공급할 수 없습니다. 만 명의 군인에게 지급해야 할 상사賞賜 비용도 극히 많고, 만 리에 걸친 양식 운반은 손실이 매우 큰데, 설령 승리한다 해도 얻는 것은 얼마이겠습니까? ---한漢 무제武帝가 제위에 올라 국토를 넓힐 뜻을 지니고 서쪽으로 절역絕域과 통하고 북으로 흉노를 공격해서 비록 진기한 것을 많이 얻고 수급을 많이 베었지만 중국은 피로하고 곤궁해져서 거의 위험한 지경에 이르렀습니다."[131)]

앞에서 언급한 바와 7세기 후반에서 8세기 전반에 걸쳐 돌궐이나 해·거란의 위협이 대두될 때마다 당 조정은 대규모의 행군을 편성했지만 적극적인 공세 작전은 많지 않아 보인다. 대신 돌궐의 묵철가한을 제거할 때는 입번사 학령전을 통해 발예고의 힐질략의 손을 빌었고, 거란의 가돌우를 제거할 때는 객 왕회를 통해 거란의 아관 이과절의 힘을 빌려 목적을 이루었다. 이들도 역시 당의 군대와 양식을 소비하지 않고 국가의 현안을 해결했다는 점에서 양한 시대의 진탕 등과 같은 역할을 했다고 볼 수 있다. 중종이 돌궐을 제압할 대책을 올리라고 명했을 때 노보가 제창한 전략을 채택해서 시행했고, 그것이 효과를 발휘한 것이다. 대규모의 군대 동원은 항상 비용이 과다하고 큰 부담이 되기 때문에 위세를 과시하는 수준에서 멈추고, 대신 비용을 최소화하는 전략이 꾸준히 모색되어 왔다고 생각된다. 따라서 입번사 학령전이나 객 왕회를

131) 『舊唐書』 권103, 「郭虔瓘傳」, 3,189쪽.

이용하는 전략은 일시에 이루어진 것이 아니라 오래전부터 준비된 것으로 볼 수 있다.

다만 입번사나 객을 활용하는 특수전략도 대군을 출동할 경우보다는 현저히 적은 규모이지만 상당히 많은 비용이 소요되는 것 또한 사실이다. 앞의 몇 개 사례에서 보듯이 당에 투항한 자나 우호적인 세력에게는 막대한 비단이나 금품이 지급되어야 했고, 당 조정은 이민족 수장들에게 관작과 상은 염려하지 말라고 누누이 당부하고 있다.

이 시기 변경의 부주府州에는 막대한 물량의 견포 등이 지급되고 있었는데,[132] 이는 주둔군이나 행군의 봉록에 충당하는 부분이 더 크겠지만, 그 못지 않게 이민족의 수장이나 당의 전략에 협조하는 자들에게 지급하기 위한 몫도 적지 않았을 것이다. 그리고 최근 토로번吐魯番 아사탑나阿斯塔那와 객랍화탁喀拉和卓 고분古墳에서 발견된 포布나 견은 각 지방에서 용조庸調로 납부된 것이 좌장左藏에 수납되어 통일적으로 관리되고 이것이 이 지역의 부주 또는 군에 지급된 것이 확인되고 있다.[133] 서두에서도 언급한 바와 같이 개원 · 천보 시기 좌장의 저장물이 고금에 짝이 없을 만큼 가득찼다고 하고,[134] 당 현종은 쓰임이

132) 『通典』(권6, 「賦稅」下)에 따르면, 開元 시기 및 天寶 시기에 邊境을 개척하여 공훈을 세우는 것이 많은 까닭에 軍用이 날로 증가하여 米粟을 사들이는데 360만 疋 · 端이 소용되었고, 衣로 지급한 것이 530만, 별도 지급한 것이 210만(河東 50만, 幽州와 劍南 각 80만이다) 당 조정의 매년 布 · 絹 · 綿의 수입은 2,700만 端 · 屯 · 疋이었다. 이 기사는 『資治通鑑』(권215, 唐紀 31, 玄宗 天寶 원년 정월, 6,851쪽)과 『舊唐書』(권38, 「地理」1, 1,385쪽)에도 기재되어 있는데, 표현과 수치가 조금씩 다르다.

133) 王炳華(1981.1), 「吐魯番出土唐代庸調布硏究」, 『文物』 58~59쪽. 출토된 당대의 墨書의 題記가 있는 포와 견은 당의 河南道, 山南東道, 山南西道, 江南東道, 江南西道, 劍南道에서 수납된 것으로 각각 주 · 현 · 향 · 리와 년월의 묵서와 주현의 인장이 찍혀 있는 것이 있다. 이는 좌장의 勘驗의 증거가 된다.

134) 『資治通鑑』 권216, 「唐紀」32, 玄宗 天寶 8載 2월, 6,893쪽.

날로 사치스럽고 후궁들에 대한 상사에 절제가 없는데도 좌 · 우장에서는 이를 취하려고 하지 않았다고 하는데,[135] 이는 좌 · 우장의 용도가 주로 군비를 충당하기 위한 것으로 국가전략을 위한 용도로 쓰였기 때문일 것이다.

135) 『資治通鑑』 권215, 「唐紀」31, 玄宗 天寶 4년 10월, 6,868~6,869쪽.

8세기 동북아 정세의 변화와 당조의 대응체제

– 평로절도사 겸임의 '압번사' 계통 관직들

동국대학교 **정병준**

정병준

동국대학교 사학과 교수

대표논저 | 『중국학계의 북방민족 · 국가연구』(공저, 2008, 동북아역사재단), 「李正己 一家의 藩鎭과 渤海國」(2007, 『중국사연구』 50), 「중화인민공화국의 藩屬理論과 고구려 귀속문제」(2007, 『고구려연구』 29), 「押新羅渤海兩蕃使와 張保皐의 對唐交易」(2009, 『중국고중세사연구』 21) 외 다수

8세기 동북아 정세의 변화와 당조의 대응체제

- 평로절도사 겸임의 '압번사' 계통 관직들

동국대학교 **정병준**

1. 머리말

8세기 동북아시아는 격동의 시대였다. 특히 당 현종 말년에 일어난 안사의 난(755~763)은 중국뿐 아니라 동아시아 정세에도 큰 영향을 미쳤다. 이후 당조는 주변국가나 민족에 대해 공세보다는 수세의 입장, 또 충돌보다는 타협적 태도를 견지하였다. 이러한 당조의 정책은 대내적으로 번진藩鎭의 발호에 시달리면서 외치보다는 내치에 주력한 때문이기도 하지만 주변국의 민족적 성장과도 무관하지 않다. 이후 약 1세기 이상 동북아의 국제관계는 비교적 평온한 시기를 보냈다.

안사의 난이 일어난 원인은 여러 가지를 지적할 수 있지만, 대외관계의 측면에서 본다면 당의 이민족정책의 한계를 지적할 수 있다. 8세기에 들어 거란과 해가 새롭게 활동을 개시하고 발해가 또 하나의 세력으로 등장하면서 당은 그 대책 마련에 고심해야 했다. 물론 동북방면의 동향은 북방 동돌궐과 서방 토번의 활동과도 밀접하게 연동되어 나타났다. 특히 거란과 해는 동돌궐의 성쇠와 밀접한 관련을 가지며 내부와 이반을 반복하면서 당을 위협하였다.[1] 이런 가운데 안사의 난을 일으킨 안록산은 거란 등을 막아내는 전지기지였던 요서遼西 영주營州의 평로군에서 대두하여 세 절도사를 겸임하기에 이르렀다. 당은 군사력의 집중을 경계하지 않았던 것이 아니지만, 이것이 다른 요인들과 결부되어 마침내 안사의 난으로 귀결되었다.

이처럼 안록산이 대두하기까지는 나름의 복잡한 내력이 있었다. 당은 동북민족들의 정세 변화에 맞추어 관련 정책을 꾸준히 조정하였는데, 이를 단적으로 보여주는 것이 그들을 관리하는 관직(즉 압번사)체계의 변화이다. 즉 평로절도사 등이 겸임하였던 '압번사' 계통의 사직使職(즉 영외관令外官)의 설치와 변화가 그것이다. 율령관제는 본래의 항속적 특성으로 인해 운영상 탄력성이 떨어진 반면, 율령을 보완하기 위한 사직은 상황의 변화에 따라 유연하게 설치할 수 있었다.

동북방면의 이민족을 관리하기 위해 최초로 설치한 사직은 압번락사押蕃落使였다. 이는 7세기 말에 일어난 거란 이진충의 반란으로 붕괴되었던 동북 군사체제를 재건하는 과정에 거란과 해를 감시·감독하기 위한 기구였다. 이어 영

1) 王義康(2009), 「唐代東北諸族的來附與突厥」, 『중국고중세사연구』 22에서는 동돌궐이 세력을 떨치면 契丹, 奚, 霫, 室韋 등 당의 동북방면 민족들이 동돌궐에 귀속되고, 동돌궐이 쇠약해지면 바로 당에 내부하는 양상을 간략하면서도 세밀하게 잘 정리하고 있다. 이러한 연환성은 동돌궐이 일시 멸망하고 薛延陀가 세력을 떨쳤을 시기에도 마찬가지였다. 나아가 왕은 발해 역시 북방 초원지대 정세에 따라 동돌궐에 귀부하기도 하고 당에 귀부하기도 하였다고 하는데, 이는 근래 중국 학계에서 많이 강조되는 견해이다(魏國忠(2006), 『渤海國史』, 中國社會科學出版社, 494~497쪽 등). 하지만 발해를 거란·해 등과 같은 차원에서 논하는 것에는 동의하기 어렵다. 거란과 해 등은 아직 국가적 성장을 이루지 못한 상태에서 동돌궐과 직접 국경이 닿아 있었던 데 반해, 발해는 건국 후 얼마 지나지 않아 곧 국가적 성장을 이루었을 뿐 아니라 동돌궐과 직접 국경이 닿아 있지도 않았다. 따라서 그들을 모두 같은 차원에서 논할 수 없는 것은 자명하다. 이는 본문에서도 언급하겠다.

주에 평로절도사가 설치되면서 관내제번사管內諸蕃使를 겸임하였다. 그리고 발해가 새로운 위협세력으로 대두하자 압양번발해흑수사부경략사押兩蕃渤海黑水四府經略使(이하, 압사부사)를 설치하여 대응하였는데, 이 역시 평로절도사가 겸임하였다. 그로부터 얼마 후 안사의 난이 일어나 국내외 정세가 크게 변화하자 압신라발해양번사押新羅渤海兩蕃使와 압해거란경략사押奚契丹經略使를 설치하였다(이하, 압신라발해사와 압해거란사). 두 관직은 산동으로 남하한 평로절도사와 유주幽州의 노룡盧龍(=유주)절도사가 각각 겸임하였는데, 압사부사의 기능을 분화·확대시킨 것이라고 할 수 있다.

이들 관직 중 관내제번사와 압사부사에 대해서는 그 성격을 두고 두 가지 시각이 있다. 리후[黎虎]는 이들을 일반적 '압번사'의 일종으로 보는 데 반해, 무라이 쿄코[村井恭子]는 안무사按撫使나 경략사經略使 등과 같은 군사계통의 관직으로 보고 고찰의 대상에서 제외하고 있는 것이다.[2] 무라이의 시각은 압사부사에 대한 히노 카이자부로[日野開三郎]의 견해[3]를 수용한 데 따른 것으로 추측된다. 이러한 시각의 차이는 '압번사'뿐 아니라 평로절도사가 겸임한 사직들의 전개 시기 및 성격 규정상의 미묘한 차이로 이어지는데, 필자는 리후와 마찬가지로 두 관직도 일반 압번사에 해당한다고 본다.[4] 하지만 무라이의 연구는 압번사의 설치과정을 심도 있게 연구하면서 기존에 다소 애매하던 개념을

2) 黎虎(1998), 『漢唐外交制度史』, 蘭州大學出版社, 509~501쪽 ; 村井恭子(2003), 「押蕃使の設置について-唐玄宗期における對異民族政策の轉換」, 『東洋學報』 84-4, 55쪽. 다만 村井도 두 사직을 「服屬異民族 관련 사직표」에는 게재하였다(32쪽). 이하, 논저와 사료의 出典은 처음에만 적겠다.

3) 日野開三郎(1984), 「玄宗の平盧軍節度使育成と小高句麗國」, 『日野開三郎東洋史學論集』 8, 三一書房, 236쪽.

4) 즉 압양번발해흑수사부경략사는 압양번발해흑수4부사와 4부경략사의 결합체이며, 전체적으로 군사적 성격을 지닌 '압번사'일 것으로 보는 것이다. 이는 본문에서 언급할 '四府經略判官'(『속일본기』) 등을 통해 짐작하였다.

명확하게 설정하는 등 몇 가지 점에서 중요한 견해들을 제시하고 있다.

본 연구는 안사의 난을 전후하여 당의 동북방면을 관할하기 위해 설치하였던 관직체계의 변화 양상을 살펴보면서 8세기 동북아 정세의 변화 속에 내재된 몇 가지 의미를 생각해보려는 것이다. 특히 평로절도사 관할로 편입되는 안동도호부의 군사력은 안사의 난을 거치면서 평로군의 핵심세력으로 부상하였다. 그때 가장 중요한 역할을 한 것은 고구려 유민들이었고, 이들이 마침내 평로절도사 권력까지 장악하여 신라와도 관계를 맺게 되었다. 그러면서 설치된 압신라발해사에 관한 연구는 동아시아사에서 차지하는 발해와 신라의 위치를 유기적으로 연결하여 이해하는 데 나름의 중요한 관점을 제공할 것으로 생각한다.[5)]

2. 압번락사에서 관내제번사로

당 건국 이후 동북 방명의 민족이나 국가를 최전방에서 상대한 기구는 영주도독부營州都督府였다(당 중기에 한때 유성군柳城郡이라 함). 영주는 만 리장성 밖의 요서 대릉하大陵河 상류에 위치하여 북으로 거란契丹과 해奚, 동으로는 요동반도와 한반도로 연결되는 교통요충지에 위치하여 많은 이민족이 혼재하였고 동시에 여러 민족과 국가가 서로 충돌하기도 하였다.

동돌궐이 당 태종에게 멸망한 후인 정관 22년(648) 11월 거란 추장 굴가窟可

5) 지금까지 해당 사직들에 대해서는 많은 연구자들이 언급하였다. 하지만 그 모두를 일괄하여 계통적으로 고찰한 연구는 나와 있지 않다. 黎虎와 村井恭子의 연구는 '압번사' 일반을 다룬 것이다. 해당 사직들에 대한 계통적 고찰을 통해 기존에 다루어지지 않았던 사실이나 측면들이 몇 가지 새롭게 부각될 것이다.

와 해 추장 가도자可度者가 무리를 이끌고 당에 내부하였다. 그러자 태종은 각각에 송막도독부松漠都督府, 요락도독부饒樂都督府를 설치하고[6] 이들을 기미하기 위해 영주에 동이도호東夷都護를 두고 영주도독이 겸임하게 하였다.[7] 동이도호는 동이교위東夷校尉에서 안동도호부安東都護府로 바뀌는 중간적 관직으로 거란과 해만이 아니라 습霫과 말갈도 관리하였다.[8]

당 고종은 고구려를 멸망시킨 후 새로 안동도호부를 설치하여 고구려 고지 등[9]을 관할하였다.[10] 이로써 당의 동북지역 지배기구는 요동의 안동도호부,

---

6) 두 도독부가 설치된 위치에 대해서는 기록이 명확하지 않다. 이에 그 위치를 둘러싸고 다양한 견해가 제시되었는데, 예를 들면 李松濤, 王義康, 章群은 원래의 故地에 설치되었다고 보고(각각 2003, 「論契丹李盡忠 · 孫萬榮之亂」, 王小甫 主編, 『盛唐時代與東北亞政局』, 上海辭書出版社, 98쪽 ; 「唐代東北諸族的來附與突厥」, 34~35쪽 ; 1986, 『唐代蕃將研究』, 聯經, 135쪽), 張澤咸는 유주와 영주 경내에 설치되었다고 보고(1993, 「唐朝與邊境諸族的互市貿易」, 『魏晉南北朝隋唐史』 1993-1, 32쪽 ; 1995, 『唐代工商業』, 中國社會科學出版社, 442쪽), 李錦繡는 영주성 근방에 설치되었다고 하고(1998, "城傍"「與大唐帝國」, 『唐代制度史略論稿』, 中國政法大學出版社, 257~258쪽), 金子修一은 영주에서 멀지 않은 곳에 설치되었을 것이라 하고(2001, 「唐代の異民族における郡王號」, 『隋唐の國際秩序と東アジア』, 名著刊行會, 208쪽), 劉統은 고정된 치소가 없이 水草를 따라 다녔을 것이라고 한다(1998, 『唐代羈縻府州研究』, 西北大學出版社, 103~104쪽).

7) 『通典』 권200, 「邊防」16, 契丹, 정관 22년 11월 조, "契丹帥窟可率其部內屬, 以契丹部爲松漠都督府, 拜窟可爲持節十州諸軍事 · 松漠都督於營州, 兼置東夷都護, 以統松漠 · 饒樂之地, 罷護東夷校尉官(中華書局, 5,486쪽) ; 『舊唐書』 권83, 「張儉傳」, "遷營州都督, 兼護東夷校尉. 太宗將征遼東, 遣(張)儉率蕃兵先行抄掠. …… 其後, 改東夷校尉爲東夷都護, 仍以儉爲之"(中華書局, 2,776쪽) 등. 동이도호에 임명된 이는 張儉이 유일하였다.

8) 李大龍(2003), 『都護制度研究』, 黑龍江敎育出版社, 250~259쪽 ; 李大龍(2004), 「校尉에서 都護로 : 唐代 동북변강 민족 관리 기구의 변천」 ; 이영옥 역, (2004)『중국의 동북변강 연구』, 고구려연구재단, 78쪽 등. 여기서 또 李는 동이교위에서 동이도호로 바뀐 것은 단순한 관명의 변화가 아니라, 동북 정세의 변화에 따른 '기구 개혁의 중대 조치'였다고 평가한다.

9) 李大龍(2003), 『都護制度研究』, 259~260쪽.

10) 『唐六典』 권30, 도호부 조, "都護 · 副都護之職, 掌撫慰諸蕃, 輯寧外寇, 覘候姦譎, 征

요서의 영주도독부, 또 만리장성 안의 유주도독부幽州都督府 세 기구가 서로 병립하면서 기각지세를 이루는 형세로 완비되었다.[11)]

하지만 이러한 형세는 7세기 말에 일어난 거란족의 반란으로 일거에 붕괴되었다. 즉 무측천 만세통천 원년(696) 5월 송막도독 이진충과 손만영孫萬榮이 반란을 일으켜 영주를 함락시키고 남하하여 하북河北지역를 유린하면서 영주도독부와 안동도호부가 한동안 폐지되었던 것이다. 애초 거란은 부활한 동돌궐과 해의 지원을 받으며 반란을 일으켰지만, 동돌궐과 해가 이반하면서 결국 반란은 진압되었다. 이후 거란과 해는 동돌궐에게 귀속되었고, 동돌궐은 당에 대한 공세를 늦추지 않는다. 그런 중인 697년(또는 698년)에는 발해가 건국되어 동북아지역의 새로운 변수로 등장하였다. 발해는 처음에 동돌궐과 연계하였지만, 현종 선천 2년(713) 당이 동돌궐 등을 견제하기 위해 발해왕을 발해군왕渤海郡王 · 홀한주도독忽汗州都督에 책립하였다.[12)] 훗날 당은 다시 발해를 견제하기 위해 신라와 관계를 개선하는데, 이러한 것은 동북아 정세가 그 배후지까지 포함하여 서로 유기적 관계로 움직였음을 보여준다.

영주는 중종 신룡 원년(705) 유주 경내에 임시 관아를 두는 형식으로 부활하여 어양현漁陽縣과 옥전현玉田縣 2현을 거느렸다.[13)] 하지만 이는 영주지역을 회복하려는 당의 의지표현 정도에 지나지 않았다. 안동도호부 역시 무측천 장

討携離, 長史 · 司馬貳焉. 諸曹如州 · 府之職", 中華書局, 755쪽) ; 『新唐書』 권49하, 백관지4하, "都護掌統諸蕃, 撫慰 · 征討 · 敍功 · 罰討, 總判府事", 中華書局, 1,317쪽.

11) 李松濤, 「論契丹李盡忠 · 孫萬榮之亂」, 96쪽 등. 다만 안동도호부는 당이 나당전쟁에서 패하면서 고종 상원 3년(676) 2월 遼東郡故城으로, 다음 해인 고종 의봉 2년 新城으로 후퇴한다.

12) 전후 상황에 대해서는 김종복(2009), 『발해정치외교사』, 일지사, 92쪽 등 참조.

13) 『舊唐書』 권39, 「지리지」, 영주 조, 中華書局, 1,521쪽. 당시 치소는 어양성에 두었다(『資治通鑑』 권211, 현종 개원 2년 정월 조, 6,695쪽).

안 4년(704) 8월에서 중종 신룡神龍 원년(705) 4월 사이에 유주에서 부활하였지만, 역시 원래의 기능을 회복할 수는 없었다. 당시 안동도호는 유주도독과 영주도독을 겸한 당휴경唐休璟이 겸임하였다.[14] 이제 유주가 당시 동북 방어의 중심이 되었던 것이다. 이런 가운데 해와 거란은 유주까지 침입해 들어왔고,[15] 당은 유주를 중심으로 한 지역의 군사력을 크게 강화할 수밖에 없었다.[16] 현종 선천 2년(713) 2월 유주절도사가 설치된 것[17]은 바로 그러한 배경에 따른 것이다.[18] 안동도호부는 개원 2년(714)에 유주에서 평주平州로 옮겼는데, 평주는 유주절도사 관할이었다.[19]

현종 개원 4년(716) 6월 묵철가한默啜可汗이 원정 도중에 전사하면서 동돌궐이 혼란에 빠지자 7월에 거란의 이실활李失活과 해의 이대포李大酺 등이 부락을 이끌고 다시 당에 내부하였다. 그러자 현종은 그들을 각각 송막군왕 · 송막도

14) 당시의 안동도호부 상황에 대해서는 日野開三郎(1984), 「唐の高句麗討滅と安東都護府」, 『日野開三郎東洋史學論集』 8, 三一書房, 32쪽 ; 李大龍, 『都護制度硏究』, 270~271쪽 ; 劉統, 『唐代羈縻府州硏究』, 98쪽 ; 楊曉燕(2003), 「唐代平盧軍與環渤海地域」, 王小甫 主編, 『盛唐時代與東北亞政局』, 上海辭書出版社, 238쪽 등 참조.

15) 『資治通鑑』 권210, 예종 경운 원년(710) 12월 조, 6,659~6,660쪽 등. 이때 유주도독 薛訥이 추격하였으나 이기지 못하였다고 하는데, 당시 유주도독은 안동도호를 겸임하였을 것이다. 이후 거란의 침공과 대응에 대해서는 李松濤, 「論契丹李盡忠 · 孫萬榮之亂」, 103쪽 참조.

16) 여기에는 군사력에 필요한 재정과 민정에 대한 권한도 포함되었고, 또 그 지리적 범위도 하북에까지 미쳤다(『資治通鑑』 권210, 예종 경운 원년(710) 12월 및 예종 연화 원년(712) 6월 및 현종 선천 원년(712) 8월과 11월 조, 6,659~6,660쪽, 6,672쪽, 6,675쪽, 6,678쪽 등). 李松濤, 「論契丹李盡忠 · 孫萬榮之亂」, 104쪽 ; 李松濤, 「試論安史亂前幽州防禦形勢的改變」, 王小甫 主編, 『盛唐時代與東北亞政局』, 118~119쪽 등.

17) 『唐會要』 권78, 諸使中, 范陽節度使 조, 上海古籍出版社, 1,691쪽.

18) 李松濤는 "유주의 군사력을 강화하는 것은 兩蕃과 동북 諸族의 침입을 방어할 뿐 아니라 山東의 정세를 안정시키는 데도 유용하였다"고 말한다(「試論安史亂前幽州防禦形勢的改變」, 118쪽).

19) 日野開三郎, 「唐の高句麗討滅と安東都護府」, 33쪽.

독과 요락군왕 · 요락도독에 제수하고 장군 설태薛泰를 압번락사에 임명하여 '독군진무督軍鎭撫'하게 하였다.[20] 압번락사는 거란과 해를 대상으로 설치되었던 것이다. 무라이 쿄코에 의하면, 그때까지의 '압번사'는 내속한 이민족 수장에게 수여되었는데, 설태가 압번락사에 임명되면서부터 중앙에서 파견한 사람이 임명되기 시작하였다. 이들 두 가지 성격의 압번사는 계속 병존하였다. 그리고 '압번사'를 설치한 이유는 도호부都護府와 변주 도독부邊州都督府를 중심으로 하는 기미주羈縻州 지배가 붕괴하던 시기에 기미주에 대한 통제력을 유지 내지는 강화하기 위한 것이며, 기미주의 움직임을 현지에서 감시하고 조정에 보고하는 직무를 수행하였다. 이러한 것은 절도사가 압번사를 겸임하게 되었을 시기에도 마찬가지였다고 말한다.[21] 압번락사 설태의 기본 직무는 기미부주인 송막도독부와 요락도독부를 감시하고 그 동향을 보고하는 것이라고 할 수 있다. 그런데 압번락사가 설치되었을 때 영주는 아직 유주 경내에 있었고[22] 다른 기구와의 통속관계가 명확하지 않다.

현종은 다음 해인 개원 5년(717) 3월 원래의 유성柳城에 다시 영주를 설치하였다.[23] 『자치통감』 권211, 개원 5년 2월조를 보자.

---

20) 『新唐書』 권219, 「거란전」, 6,170쪽 ; 『資治通鑑』 권211, 개원 4년 6월과 7월 조, 6,719~6,720쪽.

21) 村井恭子, 「押蕃使の設置について」, 40쪽, 44쪽, 48쪽, 51~53쪽 등 ; 村井恭子(2009), 「唐代押蕃使的出現和歐亞東部國際形勢的變化」, 『중국고중세사연구』 22, 73~74쪽. 이에 앞서 日野開三郎도 관내제번사 등은 기미주를 관리하기 위한 것이라고 지적하였으나, 특별하게 주의를 기울이지 않았다(日野開三郎, 「玄宗の平盧軍節度使育成と小高句麗國」, 236쪽).

22) 村井恭子, 「押蕃使の設置について」, 40쪽.

23) 이실활 등이 투항하기 전인 개원 2년 정월에 영주지역을 회복하려는 시도가 있었으나, 실패하였다(『資治通鑑』 권211, 개원 2년 정월 조, 6,695쪽). 이는 당시의 군사적 상황이 매우 수세에 있었음을 나타낸다.

> 해와 거란이 내부하자 패주자사貝州刺史 송경례가 영주를 다시 설치하자고 청하였다. 3월 제서를 내려 유성에 영주도독을 다시 설치하며 평로군사를 겸하게 하고, 관내 주현州縣과 진수鎭戍를 모두 예전처럼 설치하였다(6,727쪽).

평로군은 이때 처음으로 설치되었다.[24] 하지만 당시의 평로군과 영주는 유주절도사의 지휘를 받는 위치에 있었다. 그런 중인 개원 6년(718) 6월 압번락사 설태가 현종에게 돌궐 등의 동정을 보고하자, 현종이 영주도독 송경례 등과 함께 협력[籌度]하라는 답신을 보내기도 하였다.[25]

개원 7년(719) 평로군사는 평로군절도사로 승격되면서 '관내제번사'를 겸임하였다. 즉 『신당서』 권66, 방진표方鎭表, 개원 7년 조를 보면

> 평로군사를 승격시켜 평로군절도 · 경략經略 · 하북지탁河北支度 · 관내제번급영전등사管內諸蕃及營田等使로 삼고, 안동도호 및 영營 · 요遼 · 연燕 3주를 겸령兼領하게 하였다(1,833쪽).

라고 한다. 즉 평로절도사가 신설되면서 관내제번사 외에도 재정 관련 사직들을 겸임하고, 안동도호부와 요주 · 연주까지 관할하였다. 또 안동도호부는 이때 치소를 평주平州에서 영주 경내로 옮기고, 평로절도사가 안동도호를 겸임하였던 것이다.[26] 영주도독은 당연히 평로절도사가 겸임하였다. 한편, 『당회요』 권78, 제사중諸使中, 평로군절도사 조에는 앞의 『신당서』 방진표와는 조금 다

24) 『新唐書』 권66, 「方鎭表3」, 1,832쪽.

25) 『册府元龜』 권992, 「外臣部」, 備禦5, 개원 6년 6월 조, "與宋慶禮等籌度, 勿失事理"(中華書局, 11,652쪽). 村井恭子, 「押蕃使の設置について」, 42쪽 참조. 楊曉燕은 이 『책부원귀』의 기사 등을 근거로 안동도호 설태가 捍(押)蕃使를 겸임하였다고 하지만 오류이다(「唐代平盧軍與環渤海地域」, 193쪽).

26) 日野開三郎, 「唐の高句麗討滅と安東都護府」, 33쪽.

른 기록이 전한다.

> 개원 7년 윤7월에 장경충張敬忠이 평로군절도사에 제수되었는데, 이때 처음 절도節度라는 관호가 생겨났다. 8년 4월에는 허흠염許欽琰이 이에 제수되면서 관내제군管內諸軍·제번급지탁諸蕃及支度·영전등사營田等使를 겸임하였다(1,692쪽).

말하자면 개원 7년 평로절도사가 설치되고, 그 이듬해 허흠담이 평로군절도사에 제수되면서 관내제번사를 겸임하였다는 내용이다. 두 기록을 종합하면, 개원 7년 장경충이 평로절도사에 임명될 때 관내제번사도 함께 겸임하였던 것으로 추측된다.[27)]

관내제번사의 '관내'는 평로절도사의 관할지역을 가리킨다.[28)] 당시 변주邊州의 도독이나 절도사 등은 관하에 다수의 기미부주羈縻府州를 거느리고 있었는데, 영주는 만 리장성 밖에 위치하여 경내에 다양한 민족들이 거주하였다. 『구당서』 권39, 지리지, 영주 조를 보자.

> 무덕 원년 영주총관부로 바꾸고 요주와 연주 2주를 관할하고, 유성柳城 1현을 관할하였다. 7년에 도독부로 바꾸고 영주와 요주 2주를 관할하였다. 정관 2년에는 또 창주昌州를 관할[督]하였다. 3년에 또 사주師州와 숭주崇州 2주를 관할하였다. 6년에 또 순주順州를 관할하였다. 10년에 또 신주愼州를 관할하니, 모두 7주를 관할하였다. 만세통천 2년에 거란 이만영에게 함락되었다(1,521쪽).

27) 吳廷燮, 『唐方鎭年表』 3책, 中華書局, 1,278쪽.

28) 村井恭子가 작성한 '압번사' 목록에 의하면, '압번사'에 관내라는 글자가 붙은 것은 관내제번가가 유일하다(「唐代押蕃使的出現和歐亞東部國際形勢的變化」, 76~78쪽).

영주가 관할하였던 주는 정주正州가 아니라 거의 돌궐, 해, 거란, 말갈족으로 구성된 기미주였다. 이진충이 반란을 일으키기 직전 영주 관할의 기미주는 15개였는데, 거란의 반란으로 이들 기미주 역시 곡절을 겪게 되었다. 그 상당수가 반란에 가담하자[29] 당은 이들을 만 리장성 이남으로 임시로 이주시켰다. 『신당서』 권43하, 지리지7하, 기미주, 하북도河北道의 돌궐주突厥州 조를 보면

> 이진충이 영주를 함락하자, (영주도독부의) 순주를 유주도독부에 예속시키고, 서주瑞州를 송주宋州 경내로 옮겼다가, 신룡 초에 북으로 옮겨 다시 유주도독부에 예속시켰다(1,126쪽).

라고 하고, 또 같은 책 권43하, 기미주, 하북도의 해주奚州 · 거란주契丹州 · 말갈주靺鞨州 조를 보면

> 이진충이 영주를 함락하자, 현주玄州를 서주徐州 · 송주宋州 경내로 옮기고, 위주威州를 유주 경내로 옮기고, 창주昌州 · 사주師州 · 대주帶州 · 선주鮮州 · 신주信州 5주를 청주靑州 경내로 옮기고, 숭주崇州 · 신주愼州 2주를 치주淄州 · 청주 경내로 옮기고, 이빈주夷賓州를 서주徐州 경내로 옮기고, 여주黎州를 송주宋州 경내로 옮겼다. 하남河南으로 옮긴 10주는 신룡 초에 북으로 옮기고, 2년에 모두 유주도독부에 예속시켰다(1,128쪽)

라고 한다. 즉 이진충 등이 영주를 함락한 후 돌궐 · 해 · 거란 · 말갈족으로 구성된 순주, 서주, 현주, 위주, 창주, 사주, 대주, 선주, 신주信州, 숭주, 신주愼

29) 楊曉燕, 「唐代平盧軍與環渤海地域」, 171~172쪽. 그리고 대조영 집단은 기미주로 편제되지 않았지만, 그들 또한 거란의 반란에 동조하였을 것으로 본다(송기호(1995), 『渤海政治史硏究』, 일조각, 62~64쪽 ; 김종복, 『발해정치외교사연구』, 69~70쪽).

州, 이빈주, 여주 13주를 가까운 유주 또는 하남의 청주 · 치주 · 서주 · 송주로 옮겼다가, 중종 신룡 연간(705~707)에 모두 유주로 옮겨 유주도독부에 예속시켰던 것이다.[30] 이어 개원 5년(717) 3월 유성에 다시 영주를 설치하였을 때 "관내 주현과 진수를 모두 예전처럼 설치하였다"고 하였는데, 이후 영주를 떠났던 기미주의 상당수는 다시 순차적으로 귀환하거나 복구되었다.[31]

그런 중 설치된 관직이 바로 관내제번사였다. 말하자면, 평로절도사가 설치되면서 관내의 기미주를 복구하는 임무를 맡았던 것이 관내제번사였던 것이다. 여기에는 안동도호부 관하의 기미주를 관리하는 권한도 포함되었을 것으로 생각된다.[32] 이 관직은 평로절도사가 겸임하였지만, 독자적 관부官府를 두고 다수의 속관을 거느렸을 것이다.[33]

그렇다면 압번락사는 어떻게 되었을까? 이영선李永宣 묘지명에 의하면, 그는 개원 8년(720) 2월 '양번사兩蕃使' 설태의 지휘를 받는 총관에 임명되었다고 한다.[34] 이때의 양번사는 개원 4년에 설치된 압번락사가 분명하다. 그렇다면 관내제번사와 압번사가 병존하였던 셈이다. 하지만 관내제번사를 겸임한 평로절도사는 송막도독부와 요락도독부까지 관할하는 위치에 있었기 때문에, 설령 양자가 병존하였다고 해도 이미 상하관계가 생겼을 것이다.[35]

---

30) 馬馳(1998), 「唐幽州境僑治羈縻州與河朔藩鎭割據」, 『唐研究』 4, 200~204쪽 등.

31) 楊曉燕, 「唐代平盧軍與環渤海地域」, 174~176쪽.

32) 안동도호부 관할의 기미부주는 관내제번사가 안동도호를 통해 관리하였을 수도 있지만, 지금으로서는 그 관리형태를 명확히 모르겠다.

33) 村井恭子, 「押蕃使の設置について」, 30쪽 참조.

34) 「唐故雲麾將軍左威衛將軍兼靑山州刺史上柱國隴西李公(永宣)墓誌銘并序」, 『全唐文補遺』 5, 三秦出版社, 390쪽.

35) 村井恭子가 朔方節度使의 '압번사'를 분석한 바의 의하면, 안사의 난 이후가 되면 삭방절도사가 겸임하는 압번사 아래에 하위 압번사들이 다수 생겨난다(「押蕃使の設置について」, 49~50쪽).

이렇게 볼 때 평로절도사는 완전한 체계를 갖춘 듯하다. 하지만 당시 평로절도사는 거란 등을 독자적으로 방비할 역량이 부족하였다. 동돌궐의 비가가한毗伽可汗이 세력을 떨치자 거란 등이 다시 당을 배반하였던 것이다.[36] 즉 개원 8년(720) 11월 거란의 대신大臣 가돌간可突干이 거란왕 이사고李娑固에게 반기를 들자 이사고가 영주로 도망쳐왔다. 평로절도사 겸 영주도독 허흠담이 안동도호 설태에게 명하여 해의 이대포, 이사고와 함께 토벌하게 하였으나 패배하여 설태가 사로잡히고 영주는 위기에 빠졌다. 이에 허흠담이 투관渝關으로 후퇴하자[37] 가돌간이 울간鬱干을 왕으로 세우고 사신을 보내 죄를 청하였다. 현종이 가돌간의 죄를 사면하고 울간을 송막도독, 이대포의 동생 노소魯蘇를 요락도독으로 삼았다.[38] 하지만 이는 표면적 복속에 불과하였다. 『구당서』 권39, 지리지, 영주 조를 보면

> 개원 8년에 다시 어양漁陽으로 옮겼다가 개원 11년에 다시 옛 유성 치소로 되돌렸다(1,521쪽).

즉 영주를 유주의 어양현[39]으로 옮겼다가 개원 11년(723)에 다시 유성으로 옮겼다고 한다.[40] 당은 유주절도사의 군사력을 더욱 강화하였다. 『신당서』 방진표3에 의하면, 개원 8년 유주절도사가 본군주경략대사本軍州經略大使를 겸하며

36) 李松濤, 「試論安史亂前幽州防禦形勢的改變」, 121~122쪽.
37) 『舊唐書』 권199하, 「북적 거란전」, 5,352쪽.
38) 『資治通鑑』 권212, 개원 8년 11월 조, 6,743쪽.
39) 어양현은 개원 18년에 같은 유주의 玉田縣과 三河縣과 함께 분리되어 薊州가 된다(『舊唐書』 권39, 지리지, 유주 및 계주 조, 1,516쪽, 1,518쪽).
40) 개원 10년 전후에 臧懷亮이 안동대도호 · 영주도독 · 평로절도사 및 海運大使에 임명되었다. 즉 村井恭子(2006), 「唐代東北海運和海運使」, 張金龍 主編, 『黎虎教授古稀紀念 中國古代史論叢』, 世界知識出版社, 724쪽 참조.

하북제군대사河北諸軍大使를 절도하였고, 15년에는 유주절도대사가 하북지탁·영전사를 겸하였고, 18년에는 계주薊州와 창주滄州까지 관할하였다.[41] 하지만 가돌간은 개원 18년 5월 거란왕 소고邵固를 죽이고 굴열屈烈을 왕으로 세운 후 해의 무리를 위협하여 함께 돌궐에 투항하였다. 그러자 해왕 노소와 그 처(당의 공주, 위씨韋氏) 및 소고의 처(공주, 진씨陳氏)가 평로[42]로 도망쳐왔다. 현종은 유주 장사長史 조함장趙含章 등에게 각지의 군대를 이끌고 거란과 해를 토벌하게 하였다. 그때 가돌간이 평로를 공격해왔지만, 평로선봉사平盧先鋒使 오승자烏承玼가 격퇴하였다.[43]

이후에도 유주절도사의 권한은 더욱 강화되었다. 『신당서』 권66, 방진표3, 개원 20년(732) 조를 보면

> 유주절도사가 하북채방처치사河北採訪處置使를 겸하고 위주衛州, 상주相州, 명주洺州, 패주貝州, 기주冀州, 위주魏州, 심주深州, 조주趙州, 항주恒州, 정주定州, 형주邢州, 덕주德州, 박주博州, 체주棣州, 영주營州, 막주鄚州 16주 및 안동도호부를 증령增領하였다(1,835쪽).[44]

라고 한다. 이제 유주절도사는 하북도의 감찰권과 영주 등 하북 16주 및 안동

41) 『新唐書』 권66, 방진표3, 1,832~1,833쪽.
42) 『舊唐書』 권219, 「북적 거란전」, 6,171쪽.
43) 『資治通鑑』 권213, 개원 18년 5월과 6월 조, 6,789~6,790쪽 ; 『韓昌黎文集校注』 권6, 「烏氏墓碑銘」, "開元中, 尙書管平盧先鋒軍, 屬破奚·契丹, 從戰捺祿, 走突干"(上海古籍出版社, 397쪽). 李松濤는 "당시 평로군이 영주 경내에 있었는지는 알 수 없지만, 현종이 유주상사 조함장에게 토벌하는 제서를 내린 것으로 볼 때 영주 평로군이 한 역할은 직접적이지 않은 듯하다"고 말한다(「試論安史亂前幽州防禦形勢的改變」, 123쪽).
44) 개원 27년에 완성된 『唐六典』 권5, 兵部郎中 조에는 "河北幽州節度使, 其統有經略, 平盧, 靜塞, 威武, 淸夷, 橫海, 高陽, 唐興, 恒陽, 北平十軍, 安東鎭守, 渝關守捉, 北平守捉三使屬焉"(中華書局, 157~158쪽)이라 한다.

도호부까지 관할하게 되었다. 이때의 안동도호부는 위상이 하락하여 사실상 주(도독)와 동등한 등급이 되었다.[45] 이러한 통합적 군사체제는 이후 일정한 효력을 발휘한다. 즉 개원 22년 6월 유주절도사 장수규張守珪가 거란을 대파하고, 12월에는 마침내 거란왕 굴렬과 가돌간을 참수하였다.[46] 이후에도 평로절도사는 계속 설치되었다고 해도, 새로운 방비체계가 만들어지기 전까지 유주절도사의 지휘를 받거나 아니면 종속적 위치에 있었던 것으로 보인다.[47]

개원 27년 유주절도사는 하북해운사河北海運使를 새로 겸임하였다.[48] 그 전에는 평로절도사가 하북해운시를 겸임하기도 하였는데, 그 주된 직책은 영주로 군량을 옮기는 것이었다.[49] 히노 카이자부로가 지적하였듯이 영주는 군량 자급이 어려워 다른 지역으로부터 보급을 필요로 한 지역이었는데,[50] 이제 유

---

45) 日野開三郎, 「玄宗の平盧軍節度使育成と小高句麗國」, 237쪽. 또한 『당회요』 권24, 諸侯入朝, 玄宗 開元 18년 11월 조를 보면 "勅, 「靈, 勝, 涼, 相, 代, 嶲, 豊, 洮, 朔, 蔚, 嬀, 檀, 安東, 疊, 廓, 蘭, 鄯, 甘, 肅, 瓜, 沙, 嵐, 鹽, 翼, 戎, 愼, 威, 西, 牢, 當, 郎, 茂, 驩, 安, 北庭, 單于, 會, 河, 岷, 扶, 拓, 安西, 靜, 悉, 姚, 雅, 播, 容, 燕, 順, 忻, 平, 靈, 臨, 薊等五十九州爲邊州. 揚, 益, 幽, 潞, 荊, 秦, 夏, 汴, 澧, 廣, 桂, 安十二州, 爲要州(上海古籍出版社, 537쪽)라고 한다. 이에 의하면 안서도호부 등도 주과 같은 등급이 되어 있다.

46) 『資治通鑑』 권214, 개원 22년 6월 및 12월 조, 6,807~6,808쪽.

47) 李松濤, 「論契丹李盡忠 · 孫萬榮之亂」, 105쪽 ; 楊曉燕, 「唐代平盧軍與環渤海地域」, 161쪽. 다만, 楊曉燕, 「唐代平盧軍與環渤海地域」, 189쪽에서 지적하듯이 개원 12년 7월의 조서에 평로와 유주가 나란히 거론되고(『책부원귀』 권992, 備禦5, 11,653쪽), 또 개원 15년 5월 潁王 李澐과 鄂王 李涓 등을 각각 안동도호 · 평로군절도대사와 유주도독 · 하북절도대사 등에 나란히 제수되고(『舊唐書』 권, 현종본기상, 191쪽), 또 개원 28년 평로절도사가 압사부사를 겸임하는 것(후술)이 보인다. 이에 楊은 평로절도사와 유주절도사의 밀접한 관계를 지적하면서도(188쪽), 이들 사료를 근거로 적어도 개원 15년과 개원 28년에는 다시 독립된 군진이 되었다고도 말한다.

48) 『新唐書』 권66, 방진표3, 1,836쪽.

49) 村井恭子, 「唐代東北海運和海運使」, 728쪽.

50) 日野開三郎, 「玄宗の平盧軍節度使育成と小高句麗國」, 257쪽 등.

주절도사가 영주에 대한 군량 보급까지 관할하였던 것이다.

3. 압양번발해흑수사부경략사

평로절도사가 관내제번사가 겸임하던 개원 10년(722) 5월 흑수말갈의 수령 예속리계倪屬利稽가 내조하자 현종은 그를 발리주자사勃利州刺史에 임명하였다.[51] 이어 개원 13년 안동도호 설태가 흑수말갈에 흑수군黑水軍을 설치하자고 건의한 것을 받아들여 가장 큰 부락을 흑수부黑水府로 삼고 수령을 도독으로 삼아 제부諸部 자사를 관할하게 하였다. 아울러 당은 현지에 장사長史를 두어 감독하였다. 개원 16년(726)에는 흑수도독에게 이헌성李獻誠이라는 이름을 하사하며 운휘장군雲麾將軍 겸 흑수경략사黑水經略使를 제수하고 동시에 유주도독을 그 압사押使로 삼으니 이로부터 조공이 끊이질 않았다고 한다.[52]

이때 주목되는 것은 유주도독을 압사로 삼았다고 하는 사실이다. 문맥으로 볼 때 압사는 정식관명이었을 가능성이 있는데, 만약 그렇다면 일단 '압흑수(부)사'라고 칭할 수 있다. 유주도독은 곧 유주절도사이다. 즉 평로가 흑수말갈과 더 가까웠음에도 불구하고 유주절도사가 압흑수사를 겸임하였던 것이다. 그리고 '압번사'는 기미부주를 관리하였다는 무라이 쿄코 등의 견해를 상기하면, 압흑수사는 기미부주인 흑수부를 감시하고 그 동향을 보고하는 역할을 하였다고 볼 수 있다. 이 경우, 당이 흑수부에 파견한 장사와 압흑수사의

51) 『新唐書』 권219, 北狄, 黑水靺鞨傳, 6,178쪽.

52) 『舊唐書』 권199하, 「북적 말갈전」, 5,359쪽 ; 『新唐書』 권219, 북적, 흑수말갈전, 6,178쪽. 자세한 상황에 대해서는 王承禮, 『발해의 역사』, 송기호 역(1998), 한림대학 아시아문화연구소, 70~71쪽 ; 김종복, 『발해정치외교사』, 105~112쪽 등 참조.

관계가 궁금하지만 전자는 율령관제에 속하고 후자는 사직이어서 제도적으로는 직접 관련이 없다. 하지만 "유주도독을 압사로 삼았다"라고 하는 것을 감안하면, 율령관제와 사직이 함께 운영되는 상항에서 유주절도사(유주도독)가 압흑수사를 겸임하면서 장사를 통해 흑수말갈을 감시·감독하였을 가능성은 있다고 생각된다.

그로부터 얼마 후 발해가 흑수말갈을 둘러싸고 당과 충돌하였다. 즉 개원 20년(732) 9월 발해 무왕武王이 장문휴張文休를 보내 바다로 산동반도의 등주를 공격하고, 다음 해에는 직접 군대를 이끌고 산해관 근처의 마도산馬都山에 이르러 주변 성읍城邑을 공략하였다. 이때 무왕의 진격을 막아낸 것이 평로선봉장平盧先鋒將 오승자였다.[53] 당시 오승자의 활약은 평로군의 중요성을 잘 보여준다.[54] 평로군은 개원 20년 3월 당 신안왕信安王 이위李禕가 유주절도사 조함장 등을 거느리고 해와 거란을 대파할 때도 큰 역할을 수행하였다.[55] 발해의 당 공격으로 평로군의 중요성은 더욱 부각되었을 것이다.

발해 무왕의 당 공격은 동돌궐과 거란·해와도 연계된 행동으로[56] 이제 발해가 거란·해와 함께 새로운 동북방면의 위협세력이 될 수 있음이 인지되었

53) 『韓昌黎文集校注』 권6, 「烏氏墓碑銘」, 397쪽 ; 『新唐書』 권136, 오승자전, 4,596~4,597쪽 ; 『資治通鑑』 권213, 현종 개원 21년 정월 조의 「考異」, 6,800쪽.

54) 「唐右武衛將軍高府君(欽德)墓誌銘并序」을 보면 "(公)自寧遠將軍, 制兼幽州副節度·知平盧軍事, 才可爲裨副冠首. …… 伊先君身死王事, 鴻澤酬汲, 贈一子官, 解褐陶城府果毅, 職自先君遺效. …… 以開元卄一年九月十有九日, 終于柳城郡公舍"(『全唐文補遺』 1, 三秦出版社, 192쪽)라고 보인다. 오승자가 무왕을 막아낼 무렵 전후에 고구려 유민 高欽德이 유주부절도사 겸 지평로군사로서 평로군을 책임졌을 것으로 추측된다.

55) 『資治通鑑』 권213, 개원 20년 3월 조, 6,797쪽.

56) 王小甫(2003), 「總論: 隋唐五代東北亞政治關係大勢」, 王小甫 主編, 『盛唐時代與東北亞政局』, 18쪽 등.

다.[57] 이에 현종은 동북민족과 국가를 통합적으로 관리하는 새로운 관직을 설치하였다. 『당회요』 권78, 제사중諸使中의 평로절도사 조를 보자.

> 개원 28년(740) 2월 왕곡사王斛斯를 평로군절도사에 임명하면서 압양번 · 발해 · 흑수등사부경략처치사黑水等四府經略處置使를 겸하게 하고 이를 정액定額으로 정하였다(1692쪽).[58]

여기서 양번은 거란과 해, 사부는 송막 · 요락 · 홀한 · 흑수 네 도독부를 가리킨다. '정액'은 임시적인 것이 아니라 지속성을 가진 정규관직이라는 말이다.[59] 그런데 그 전에 현종이 내린 〈칙평로사오지의서勅平盧使烏知義書〉를 보면 왕곡사에 앞선 평로절도사 오지의가 발해와 흑수를 절도節度하였다는 내용이 전한다.[60] 하지만 관련 문맥으로 볼 때 아마도 발해와 당의 관계가 개선된 후 평로절도사에게 흑수말갈과 발해를 관리하게 한 것에 불과하며,[61] 정식으로 압사부사를 설치한 것은 아니라고 생각된다. 그렇다면 당은 이때 처음으로 발해(기미주)를 '압령押領'하는 관직을 두었는데, 이는 흑수말갈 등과는 크게 다

57) 李松濤, 「論契丹李盡忠 · 孫萬榮之亂」, 103쪽. 이에 대해 王小甫는 무왕의 당 공격은 일시적인 것에 불과하다고 강조한다(「總論: 隋唐五代東北亞政治關係大勢」, 26쪽). 그러나 설령 그렇다고 해도, 발해는 언제든지 당과 일전을 불사할 수 있다는 태도를 보여준 사건으로 평가해야 할 것이다. 이러한 발해의 태도가 오히려 당으로 하여금 유화책으로 나오게 하였을 수 있다.

58) 『新唐書』 권66, 방진표3, 1,836쪽.

59) 사직에 '정액'이라는 말이 사용된 것은 사직의 고정화 과정을 잘 보여준다.

60) 『唐丞相曲江張先生文集』 권9, "渤海 · 黑水近復歸國, 亦卿節度想所知之"(四部叢刊正編31, 법인문화사, 56쪽).

61) 魏國忠, 『渤海國史』, 269쪽 ; 曲金良, 「당조 신라인구의 해외거주 공간분포와 항구 네트워크에 대한 연구 -9세기 산동반도와 강회연해를 중심으로」 ; 金建人 등(2008), 『7~10세기 동아시아 문물교류의 諸相』, 해상왕장보고기념사업회, 114쪽.

른 점이다. 거란과 해는 당에 내속하자마자 압번락사를 두었고, 흑수말갈에 대해서는 기미부주를 설치함과 동시에 압흑수사를 설치하였을 뿐 아니라 장사까지 두어 감시하였다. 4부는 비록 같은 기미부주라고 해도 당과의 관계 수준 및 위상이 각각 달랐음을 보여준다. 한편, '압사부사'는 경략사를 겸임하면서 부사, 판관 각 1인의 막직관幕職官을 더 두었을 것이다.[62)]

개원 29년(741) 3월 유주절도부사幽州節度副使 안록산이 평로군절도사 · 압사부사에 임명되었다. 즉 『안록산사적安祿山事跡』 권상卷上, 개원 29년 3월 조를 보면

> 마침내 안록산이 영주도독, 충평로군절도사充平盧軍節度使, 지좌상병마사知左廂兵馬使, 영전營田 · 수리水利 · 육운사부陸運使副, 압양번발해흑수사부경략(使), 순화주자사順化州刺史에 제수되었다(上海古籍出版社, 2~3쪽).

라고 한다. 평로절도부사가 압사부사를 겸임한 것인데, 당시 평로절도사는 유주절도사가 겸임하였을 것이며, 실제로 평로를 관리한 것은 평로절도부사였다.

다음 해인 현종 천보 원년(742) 정월 안록산이 평로절도사에 임명되면서 평로 번진은 완전한 독립을 이루었다.[63)] 즉 『안록산사적』 권상, 천보 원년 정월 조를 보면

> 평로를 나누어 따로 절도로 삼고, 안록산을 좌우림대장군원외치동정원左羽林大將軍員外置同正員, 겸유성군태수兼柳城郡太守, 지절충평로군持節充平盧軍, 섭어사대부攝御史大夫, 관내채방처치등사管內採訪處置等使에 임명

62) 『新唐書』 권49하, 「百官志」, 外官, 절도사 조, 節度使封郡王, 則有奏記一人, …… 兼支度 · 營田 · 招討 · 經略使, 則有副使 · 判官各一人, 支度使復有遣運判官 · 巡官各一人(1,309쪽).

63) 楊曉燕, 「唐代平盧軍與環渤海地域」, 161쪽.

하였다(3쪽).

라고 한다.[64] 유성군은 그 해 2월 주州를 일괄적으로 군으로 바꾸면서 붙인 명칭이다. 앞에서 개원 20년 유주절도사가 하북채방처치사를 겸하였던 것을 언급하였는데, 개원 29년에는 어사중승 장리정張利貞이 하북채방사河北採訪使에 임명되어 평로에 이른 것이 보인다.[65] 그러다가 천보 원년 정월 평로절도사 안록산이 관내채방사가 됨으로써 평로의 감찰권까지 장악하였던 것이다. 앞에서 언급하였듯이 개원 20년 안동도호부는 유주절도사에 예속되었지만, 이즈음에는 다시 평로 관할이 되었다. 『자치통감』 권215, 천보 원년 정월 조를 보자.

> 평로절도는 실위室韋와 말갈靺鞨을 진무鎭撫하였다. 평로 · 노룡盧龍 2군, 유관수착楡關守捉, 안동도호부를 통솔하며 영주와 평주 2주의 경내[境]에 주둔하였다. 영주에 치소를 두었다. 병사는 3만 7,500명이었다[호삼성 주; 평로군은 영주성 안에 있었고 병사는 1만 6천 명이었다. 노룡군은 평주성 안에 있었고 병사는 1만 인이었다. 유관수착은 영주성 서쪽 480리에 있었고 병사는 3천 명이었다. 안동도호부는 영주 동쪽 200리에 있었고 병사는 8,500명이었다](6,849쪽).

당시 안동도호부의 병력은 8천500명이라고 하는데, 『통전通典』 권172, 주군州郡 2와 『구당서』 권38, 지리지1 등에는 700필의 군마가 있었다는 기록이 더 보인다.[66] 또 『신당서』 권66, 방진표3의 천보 2년 조를 보면

---

64) 『新唐書』 권225상, 「안록산전」, 6,412쪽 ; 『資治通鑑』 권215, 천보 원년 정월 조, "分平盧別爲節度, 以安祿山爲節度使"(6,847쪽).

65) 『안록산사적』 권상, 천보 29년 3월 조, 2쪽.

66) 1988, 『通典』 권172, 「州郡典」2, 中華書局, 4,481~4,482쪽 ; 『舊唐書』 권38, 「지리지」1, 1,387쪽

> 평로군절도사는 요서고성遼西故城에 치소를 두었고, 부도호副都護가 보정군사保定軍使를 영領하였다(1,837쪽).

라고 한다. 그런데 당시 평로절도사가 치소를 요서고성에 두었다는 것은 앞뒤가 맞지 않는다. 아마도 평로절도사는 안동도호부의 오류로 생각된다.[67] 안동도호부는 개원 11년(723) 3월 연군燕郡에 치소를 두었다가 천보 2재(743)에 요서고성으로 옮겼던 것이다. 안동부도호가 지휘하는 보정군은 안동도호부의 주력군으로 뒤에 큰 활약을 한다. 한편, 평로절도사가 관할하게 된 평주는 만리장성 안쪽에 위치한 주인데, 평로절도사가 독립하면서 그곳까지 관할하였던 것이다. 그리고 앞의 『자치통감』의 기록 등에는 평로절도사의 주된 임무가 실위와 말갈을 방어하는 것이라고 하지만 전후 활동을 보면 여전히 거란과 해에 대한 군사작전이 가장 중요하였다.[68] 이는 뒤에 기술할 내용을 통해서도 알 수 있다.

천보 3재(744) 3월 평로절도사 안록산은 범양절도사范陽節度使를 겸임하면서 범양(즉 유주)으로 치소를 옮겼고, 천보 10재 2월에는 범양 바로 서쪽에 위치한 하동절도사河東節度使까지 겸임하였다.[69] 이러한 겸임은 개인적 은총에 따른 것이기도 하지만 군사적 효율성을 높이기 위한 조치라고도 생각된다.[70] 이진충의 반란 이전에 유주, 영주, 안동도호부가 서로 기각지세를 이루던 시기에

---

67) 日野開三郎, 「玄宗の平盧軍節度使育成と小高句麗國」, 274쪽, 285~286쪽 ; 정병준(2005), 「平盧節度使 侯希逸 －安東都護府의 軍將에서 平盧淄靑節度使로」, 『중국사연구』 39, 60쪽.

68) 楊曉燕은 "개원 초기 이래 평로군은 兩蕃(거란과 해)을 다스리는 직책을 맡았다"고 단정한다(「唐代平盧軍與環渤海地域」, 161쪽.

69) 『안록산사적』 권상, 3쪽, 11쪽.

70) 당의 서방에서도 여러 개의 절도사를 겸임한 것이 보인다. 즉 李松濤, 「論契丹李盡忠·孫萬榮之亂」, 105쪽 등.

비해, 다소 뒤로 물러선 지역에 포진하였지만 군사적으로는 더욱 강력하며 통합적 제도라고 할 수 있다. 그리고 『자치통감』 권215, 천보 원년 정월 조 등에 의하면 범양절도사는 해와 거란을 방비하고 하동절도사는 삭방절도사와 함께 동돌궐을 방비하는 임무를 지녔다. 당시 범양절도사는 9만 1,400명의 병력과 6,500필의 군마, 하동절도사는 5만 5천의 병력과 1만 4,800필의 군마를 보유하였다.[71]

안록산은 황제의 은총을 얻기 위해 해와 거란을 자주 공격하였다. 그러자 천보 4재 9월 해와 거란이 당에서 시집간 공주(화번공주)를 살해하고 반란을 일으켰다. 이 반란은 안록산에게 격파되었다. 그때 안록산이 현종에게 올린 상주문에는 "거란을 토벌하며 북평군北平郡에 이르렀다"고 하는 것이 보인다.[72] 북평군은 평주를 가리키는데, 곧 평로절도사 관할 지역이다.

천보 7재 6월 현종은 안록산에게 철권鐵券을 주며 유성군개국공柳城郡開國公에 봉하였는데, 해당 조서에는 안록산의 관직명이 상세히 적혀 있다.

> 표기대장군驃騎大將軍 겸 우림대장군원외치동정원員外置同正員, 겸어사대부, 범양군대도독부장사, 유성군태수, 지절범양절도 · 경략 · 탁지 · 영전부대사副大使 · 지절도知節度, 겸평로절도사, 탁지 · 영전 · 육운陸運 · 압양번발해흑수사부경략처치 및 평로 · 하북전운轉運 및 관내채방등사, 상주국 · 유성현개국백柳城縣開國伯 안록산은 …… 유성군개국공에 봉한다(『안록산사적』 권상, 7쪽).

유주절도사는 개원 27년 하북해운사를 겸임하였지만, 당시는 육운사와 평

71) 松丸道雄 等 編(1996), 『中國史』 2(三國 · 唐), 山川出版社, 449쪽의 표14 「十節度使表」 참조.

72) 『資治通鑑』 권215, 천보 4재 9월과 10월 조, 6,868쪽.

로 · 하북전운사를 모두 겸임하고 있었다. 두보杜甫가 개원 · 천보 연간을 회고하는 〈석유昔遊〉라는 시에서

> 이 시절에는 창고가 충실하고 도로가 천하에 시원스레 뚫려 있었다.
> ……
> 군왕은 재물을 아끼지 않고 영웅다운 인재를 거느렸다.
> 유연幽燕에서 성대하게 무력을 동원하니 물자 공급이 수고로웠다.
> 강남에서 곡식과 비단을 실어 바다 건너 봉래蓬萊를 지났다.
> 고기 먹는 30만 병사들, 사냥터에서 누른 먼지를 일으켰네[73]

라고 하여, 강남에서 물자를 '유주'(영주 포함)로 수송하던 상황을 전한다. "유연에서 성대하게 무력을 동원했다"는 것은 안록산이 범양절도사로서 범양(유주)에 있으면서 전쟁을 수행하였던 것을 말한다. 하지만 그가 지휘하는 평로군이 최전방에서 거란을 상대하였음은 두말할 나위도 없다. 또 「견회遣懷」라는 시에서는 "현종이 무력을 숭상했어도, 천하는 아직 쇠락하지 않았다. 용맹한 장수가 서역을 정벌하고, 긴 창으로 거란을 격파하였네"[74]라고 하여, 안록산 등이 거란과 싸웠던 사실을 말하고 있다. 또한, 앞의 조서를 통해 안록산이 압사부사를 계속 겸임하였던 것도 확인된다.

천보 9재 5월[75] 현종이 안록산을 동평군왕東平郡王에 봉하는 제서에도 당시의 관직명이 상세히 보인다.

---

73) 『杜詩詳注』 3책, 中華書局, 1,435~1,436쪽 ; 한성무 저, 김의정 역(2007), 『두보 평전』, 호미, 457~459쪽 참조.

74) 『杜詩詳注』 3책, 1449쪽.

75) 『舊唐書』 권9, 「현종본기하」, 천보 9재 5월 조, 224쪽 ; 『資治通鑑』 권216, 천보 9재 5월 조, 6,899쪽.

개부의동삼사開府儀同三司 · 겸우우림군대장군원외치동정원兼右羽林軍大將軍員外置同正員 · 어사대부 · 범양대도독부장사 · 유성군태수柳城郡太守 · 지절持節 · 충범양절도경략充范陽節度經略 · 탁지 · 영전 · 육운 · 압양번발해흑수등사부 · 절도처치節度處置 · 급평로군하북해운及平盧軍河北海運 · 병관내채방등사并管內採訪等事 · 상주국上柱國 · 유성군개국공 안록산은 …… 동평군왕에 봉한다.[76]

여기서는 마치 범양절도사로서 압사부사를 겸한 듯이 적혀 있지만, 평로절도사의 자격으로 해당 관직을 겸임한 것으로 보아야 한다. 이어 천보 9재 8월에는 안록산이 하북채방사까지 겸임하였다.[77] 이후에도 그의 관직 겸임은 계속되는데,[78] 이러한 것은 그만큼 동북방면의 방비가 위중하였던 상황을 전한다. 그 무렵 서방에서는 고선지가 탈라스 전투에서 아랍군에게 패배하였지만,[79] 농우절도사隴右節度使 가서한哥舒翰이 크게 활약하여 토번을 공략하고 있었다.[80] 당시에도 당은 서방을 더 중시하였을 수 있지만, 안록산의 권한 강화를 보면 동북방면에 대해서도 상당한 심혈을 기울였던 것은 분명하다.

이후에도 안록산은 거란 등을 자주 공격하였다. 즉 천보 10재 정월 숙번熟蕃 거란과 해를 유인하여 연회를 벌인 후 몰래 독을 넣어 죽이고 또 그 수십 인

76) 『冊府元龜』 권129, 帝王部, 봉건, 천보 9재 10월 조, 1552쪽 ; 『全唐文』 권25, 「封安祿山東平郡王制」, 中華書局, 289쪽 ; 『안록산사적』 권상, 8쪽.

77) 『안록산사적』 권상, 8쪽.

78) 『資治通鑑』 권216, 천보 13재 정월 조, 6,923~6,924쪽 ; 『안록산사적』 권상, 13재 정월 조, 18쪽.

79) 『資治通鑑』 권216, 천보 10재 4월 조, 6,907~6,908쪽.

80) 『資治通鑑』 권216, 천보 8재 6월 조 및 同書 권217, 천보 12재 5월 및 천보 13재 7월 조, 6,896쪽, 6,918쪽, 6,927쪽 등 ; 정병준(2005), 「'營州城傍高麗人' 王思禮」, 『고구려연구』 19, 269~271쪽 참조.

을 사주하여 대수령을 죽이게 하였다.[81] 또 같은 해 8월 3도道(즉 절도사)의 5만 군대를 이끌고 해의 기병 2천을 향도로 삼아 평로를 경유하여 거란을 공격하였다. 하지만 안록산은 거란의 아장牙帳에 이르러 대패하였다. 평로병마사 사사명史思明은 산과 계곡으로 달아났고 평로수장平盧守將 사정방史定方이 정예부대 2천을 이끌고 안록산을 구출하였다. 안록산은 급히 평로의 실위室韋 기미주인 사주師州로 돌아갔으나, 휘하 병사는 모두 망실되었다.[82] 다음 해 3월에 안록산은 지난번의 패배를 만회하기 위해 번蕃·한漢의 보기步騎 20만을 동원하여 거란을 공격하였다. 하지만 삭방절도사와의 제휴가 실패하면서 성과를 거두지 못했다.[83] 천보 13재 4월 안록산은 해를 격파하고 그 왕 이일월李日越을 포로로 잡았다고 상주하였다.[84]

4. 평로군의 남하와 '압번사'의 분화

안록산의 대두는 동북민족들의 군사적 압력에 따른 결과라고도 말할 수 있다. 그러나 변방 군사력이 중앙군을 능가할 경우에는 언제든 중앙과 모순이 발생할 수 있다. 이런 가운데 안록산은 재상 양국충과 반목이 심화되자 천보 14재(755) 11월 범양과 평로의 군대 및 예하 이민족 부대를 이끌고 반란을 일

81) 『안록산사적』 권상, 12~13쪽.

82) 『資治通鑑』 권215, 천보 10재 8월 조, 6,908~6,909쪽. 『안록산사적』 권상, 13쪽에는 안록산이 패배하여 '평로성'으로 도망쳤고, 또 사정방이 거느린 군대의 숫자가 3천이었다고 기술되어 있다. 한편, 『舊唐書』 권200상, 안록산전, 5,369쪽에는 천보 11년 8월로 적혀 있다.

83) 『資治通鑑』 권216, 천보 11재 3월 조, 6,910쪽 ; 『안록산사적』 권상, 13~14쪽.

84) 『資治通鑑』 권215, 천보 13재 4월 조, 6,908~6,909쪽.

으켰다. 그 직전 범양절도부사 가순賈循에게 범양, 평로절도부사 여지회呂知誨에게 평로, 별장別將 고수암高秀巖에게 하동을 각각 다스리게 하였다. 그리고 안록산은 파죽지세로 하북지역을 남하하여 같은 해 12월 낙양을 점령한 후 이듬해인 천보 15재(756) 설날 아침 낙양에서 연국燕國 황제를 칭하였다. 그러나 반란군은 당의 가서한이 지키는 동관潼關을 돌파하지 못한 채 전선이 교착되었고, 하북에서는 상산태수常山太守 안고경顔杲卿과 평원태수平原太守 안진경顔眞卿 등의 강력한 저항에 직면하였다.

이런 가운데 천보 15재 4월 반란의 2대 본거지의 하나인 평로에서 안동부대도호安東副大都護 · 보정군사保定軍使 마영찰 등이 이반의 움직임[85]을 보이자, 안록산은 심복 한조양韓朝陽을 파견하여 여지회로 하여금 마영찰을 유인하여 죽이게 하고 여지회를 평로절도사로 임명하였다. 당시 안동부도호는 안동도호부의 실질적 수장이었다.

마령찰이 살해되자 평로군 군장인 유객노劉客奴 등이 안동도호부의 보정군 군장인 왕현지王玄志 · 후희일侯希逸과 호응하며 한조양과 여지회를 공격하여 죽이고 바다로 하북의 안진경을 통해 조정에 소식을 전하였다. 이에 안진경은 양식과 의복 등을 보내주었다.[86] 같은 4월 당조는 유객노를 평로절도사에 임명하였는데, 『구당서』 권145, 유전량전劉全諒傳을 보자.

85) 그 무렵 범양에서도 반란의 움직임이 있었지만, 韓朝陽에게 평정되었다. 즉 『안록산사적』 卷下, "僞節度留後賈循, 右虞候程超謀以范陽歸順, 爲(安)祿山僞度支副向潤客所覺, 潛令送赦書, 使韓朝陽告之. …… (賈)循不虞(韓)朝陽之害己, 與朝陽款曲行禮, 朝陽引之密語, 抽佩刀斬之. …… 以平盧持節呂知誨爲留後, 亦爲本軍所殺, 又加(向)潤客右散騎常侍, 代之"(31쪽).

86) 정병준(2002), 「安史의 亂과 李正已」, 『동국사학』 37, 527~528쪽 ; 정병준, 「平盧節度使 侯希逸」, 52~54쪽.

천보 15재 4월 유객노를 유성군태수, 섭攝어사대부, 평로절도 · 지탁 · 영전 · 육운, 압양번발해흑수사부경략 및 평로군사를 제수하고, 정신正臣이란 이름을 내려주었다. 또 왕현지를 안동부대도호, 섭어사중승, 보정군 및 영전사에 임명하였다(3,938~3,939쪽).

이때도 평로절도사는 압사부사를 겸임하였다. 그 외 왕현지는 안동부대도호와 보정군사에 임명되었고, 함께 거사에 참여하였던 후희일, 이정기李正己 등도 조정의 관직을 수여받았다.[87] 이정기는 고구려 유민이며, 그 역시 보정군에 속하였거나 아니면 안동도호부의 군장이었을 가능성이 높다.[88] 후희일의 모친은 이정기의 고모였기 때문에 후희일 역시 고구려 유민이었다고 보는 경우도 있지만,[89] 아직 명확한 것은 아니다. 뒤이어 유정신(즉 유객노) 등은 당군의 일원이 되어 반란의 본거지인 범양을 공격하여 많은 전과를 올렸다. 그때 해왕 아독고阿篤孤가 유정신과 합류하여 거짓으로 만여 기병으로 범양을 함께 함락시킬 것을 약속하고 후성後城 남쪽에 이르러 밤중에 갑자기 평로군을 공격하였다. 평로병마사 이충신李忠臣이 맞서 온천산溫泉山에서 격파하고 대수령 아포리阿布離를 사로잡아 참수하였다.[90] 또, 천보 15년 5월에는 해와 거란이 자주 범양에 침입하여 우마牛馬와 자녀子女를 약탈하면서 범양성 아래에서 며칠간 머물렀는데, 성에는 나약한 병사 수천 명밖에 없었다. 성을 지키던 향윤객向潤客이 악인樂人 중 장대나 줄을 탈 줄 아는 자들에게 병사를 주어 출전시켰

87) 정병준, 「安史의 亂과 李正己」, 529~523쪽.

88) 정병준, 「平盧節度使 侯希逸」, 54쪽.

89) 楊曉燕, 「唐代平盧軍與環渤海地域」, 167쪽.

90) 『舊唐書』 권145, 李忠臣傳, 3,940쪽 ; 『新唐書』 권224하, 「이충신전」, 6,387쪽 ; 『冊府元龜』 권358, 將帥部, 立功11, 4,247쪽.

지만, 대패하고 대부분 도륙되었다.[91] 해 등의 움직임은 얼마 후 평로군의 동향에 큰 영향을 미친다.

같은 해(756) 6월 8일 동관이 반란군에게 함락되면서 갑자기 전세가 역전되어 현종은 장안을 버리고 촉으로 달아나고, 당의 곽자의郭子儀와 이광필李光弼은 하북에서 철군하였다.[92] 유정신도 같은 6월 범양을 공격하려다가 사사명에게 대패하고 겨우 도망쳐 평로의 북평北平(즉 평주)을 지켰다.[93] 10월 사사명이 하북을 모두 평정하자,[94] 12월 평로의 임시책임자였던 서귀도徐歸道가 배반하여 북평의 유정신을 독살하였다.[95]

그 전에 서귀도는 발해에 사신을 보내 기병 4만을 지원해 줄 것을 요청하였다. 즉 『속일본기續日本記』 권21, 순인천황淳仁天皇 천평보자天平寶字 2년(숙종 건원乾元 원년, 758) 12월 무신 조를 보면, 일본의 견발해사遣渤海使 소야조신전수小野朝臣田守 등이 일본으로 귀국하여 지덕至德 원재(756)의 평로 상황을 보고한 것이 적혀있다.

> 평로유후사平盧留後事 서귀도가 과의도위果毅都尉 · 행유성현行柳城縣 · 겸사부경략판관兼四府經署判官 장원간張元澗을 발해에 파견하여 병마를 징발하며 말하기를 "올해 10월 마땅히 안록산을 공격할 것이니 왕께서는 기병 4만을 보내 도적 토평을 도와주길 바란다"라고 하였다. 발해는 다른 마

91) 『안록산사적』 권하, 31쪽.

92) 『舊唐書』 권145, 「이충신전」, 3,940쪽 ; 『新唐書』 권224하, 「이충신전」, 6,387쪽.

93) 『舊唐書』 권200상, 「사사명전」, "屬潼關失守, …… 光弼入土門, 思明隨後邀擊之, 已而回軍併行擊劉正臣, 正臣易之, 初不設備, 遂棄軍保北平, 正臣妻子及軍資二千乘盡沒" (5,377쪽) ; 『資治通鑑』 권218, 至德 元載 6월 조, 6,980쪽.

94) 『資治通鑑』 권219, 지덕 원재 10월 조, 7,006쪽.

95) 日野開三郎, 「安史の亂と渤海の小高句麗國占領」, 『日野開三郎東洋史學論集』 8, 311쪽 ; 楊曉燕, 「唐代平盧軍與環渤海地域」, 191쪽.

> 음이 있을까 의심하여 사신을 억류하고 돌려보내지 않았다. 12월 병오에 서귀도가 과연 북평의 유정신을 짐독鴆毒으로 죽이고, 몰래 안록산과 통모하였다(前篇, 吉川弘文館, 258쪽).

여기서 주목되는 것은 발해에 사신으로 간 장원간의 직함이 '사부경략판관'이었다는 점이다. 사부경략판관이란 '압사부사'의 판관을 말한다. 서귀도가 압사부사의 직책도 수행하였던 것이다. 그리고 장원간이 사부경략판관의 직함으로 발해에 파견된 것은 압사부사가 발해에 대해서도 공식적으로 통용되었음을 엿보게 한다. 하지만 발해는 사태를 관망하며 원군을 보내지 않았다. 같은 해 10월 당군이 대패하고 반란군의 우세가 확인되자 12월 서귀도가 유정신을 독살하고 안록산과 내통하였던 것으로 생각된다.[96] 지덕 2년(757) 정월 초 안록산은 서귀도를 평로절도사에 임명하였다. 그러자 안동도호부의 왕현지와 후희일 등이 서귀도를 습격하여 죽였다.[97] 『속일본기』에는 앞 기사에 이어서

> 유주절도사 사사명이 천자를 공격할 모의를 하였다. 안동도호 왕현지가 그것을 알고 정예부대 6천여 인을 이끌고 유성柳城을 공격하여 서귀도를 참살한 후 스스로 권지權知평로절도를 칭하고 나아가 북평에 진주하였다.

라고 기술되어 있다. 안동도호부 또는 보정군이 평로의 향방에 결정적 역할을 수행하였던 것이다. 앞 절에서 천보 초기 안동도호부는 8,500명의 병사와 700필의 군마를 보유하였다고 언급했는데, 왕현지가 동원한 6천은 그 중에서 차

96) 정병준(2007), 「李正己 一家의 藩鎭과 渤海國」, 『중국사연구』 50, 130~131쪽.

97) 『資治通鑑』 권219, 지덕 2재 정월 조, 7,017쪽 ; 『舊唐書』 권145, 「유전량전」, 3,939쪽 ; 『新唐書』 권144, 「후희일전」, 4,703쪽.

출하였을 것이다.[98] 곧이어 군인들이 왕현지를 추대하여 번수藩帥로 삼았다.[99] 이때 안동도호부 또는 보정군이 주동이 되었을 것은 두말할 나위도 없다. 이제 평로의 실권은 후희일과 이정기를 포함한 안동도호부의 군장들이 장악하였다.

숙종은 다시 반격에 나서 지덕 2재(757) 9월에 장안, 10월에는 낙양을 수복하였다. 그리고 다음 해(758) 2월 숙종이 왕현지를 평로절도사에 임명해주었다.[100] 그 임명시기가 늦은 것은 숙종이 왕현지가 유정신을 죽였다고 판단한 때문일 수 있다. 즉 중국문헌에는 한결같이 왕현지가 유정신을 살해한 것으로 기술되어 있는데,[101] 이것은 왕현지가 죽은 이후에도 끝내 그 진상이 제대로 밝혀지지 않았음을 암시한다. 그럼에도 숙종이 유정신을 평로절도사에 임명한 것은 반란이 진행 중인 상황임을 감안하여 평로를 당 진영에 잡아두기 위한 것으로 이해된다.[102]

같은 해(758) 4월 왕현지는 발해에 장군 왕진의王進義를 파견하여 숙종의 칙서를 전하였다. 그 내용은 이전과 마찬가지로 원병을 요청한 것으로 짐작된다. 하지만 발해는 이번에도 사태를 관망하면서 당으로 사신을 보내 상황을

98) 안동도호부 예하에는 보정군 외에도 회원군懷遠軍과 안동수착安東守捉이 있었다. 이들을 모두 합쳐 8천 5백 명이었던 것이다(정병준, 「平盧節度使 侯希逸」, 48쪽). 왕현지가 차출하였던 6천 명은 보정군 병사가 중심이었다고 여겨진다.

99) 『舊唐書』 권145, 「이충신전」, "正臣卒, 又與衆議以安東都護王玄志爲節度使"(3,940쪽).

100) 『資治通鑑』 권220, 乾元 원년 2월 조, 7,052쪽.

101) 『舊唐書』 권145, 「劉全諒傳」, "正臣仍領兵平盧來襲范陽, 未至, 爲逆賊將史思明等大敗之, 正臣奔歸, 爲王玄志所酖而卒"(3,939쪽) ; 『資治通鑑』 권219, 지덕 2재 정월 조, 7,017쪽 등.

102) 평로군은 뒤에 번진 할거의 선구적 역할을 한다. 만약 왕현지가 유정신을 죽인 것으로 인식하면서도 숙종이 절도사에 임명해 준 것이라면, 이는 이후 평로군의 발호에 하나의 단서를 제공한 것이라 할 수 있다.

살피게 하였다.[103)]

같은 해인 건원 원년(758) 12월 왕현지가 병으로 죽자 이정기가 군사를 일으켜 후희일을 번수로 추대하였다. 명백한 하극상이었지만 숙종은 이번에도 어쩔 수 없이 후희일을 평로절도사에 임명해주었다.[104)] 후희일도 압사부사를 겸하였을 것이다. 이정기는 이후 평로군에서 상당한 실권을 가졌다고 볼 수 있다. 절도사 후희일은 범양의 향윤객向潤客과 이회선李懷仙 등의 공격을 받았으나 그때마다 군사들을 격려하여 잘 막아냈다.

하지만 후희일이 절도사에 오른 2년 후인 숙종 상원上元 2년(761) 12월 당의 구원이 끊어진 상태에서 북쪽에서 해가 평로를 공격해왔다. 그러자 후희일은 이정기와 함께 군사 2만여 인을 거느리고 범양의 방어선을 돌파하며 지금의 천진天津 부근까지 남하한 후 뗏목을 이용하여 바다로 산동지역으로 들어갔다. 쑨후이칭[孫慧慶]은 당시 평로군의 이동 규모를 다음과 같이 산정하였다. 즉 2만여 명 중 약 1만 6천 명이 가족을 동반하였을 것이며, 매 가족을 5명으로 계산하면 약 8만 명이 된다. 여기에 가족을 동반하지 않은 군인 5천 명을 합하면 합계 8만 5천명이 된다. 또, 왕현지 시기에도 3천 명의 군인이 하북지역으로 남하하였는데, 이들과 그 가족을 함께 더하면 모두 약 10만 명 정도가 된다. 그리고 10만 중 가장 많은 숫자를 점한 것은 한족이었지만, 그 다음으로 많은 숫자는 한화漢化가 비교적 많이 된 이정기 일가를 포함한 고구려인 등이라고 보았다.[105)] 하오리[郝黎]도 이러한 추산은 비교적 믿을 수 있다고 동의하

103) 『續日本記』 권21, 258쪽.

104) 『資治通鑑』 권220, 건원 원년 12월 조, 7,064쪽 ; 『舊唐書』 권124, 「후희일전」, 3,534쪽 ; 『新唐書』 권144, 「후희일전」, 4,703쪽.

105) 孫慧慶(1992), 「唐代平盧節度使南遷之后瑣議」, 『北方文物』 1992-4, 74쪽.

였다.[106] 말하자면 후희일과 함께 산동으로 이동한 인원은 대략 8만 5천이 된다는 것이다. 이런 대규모 인원이 전투를 거듭하며 뗏목으로 이동하는 과정을 상상해 본다면, 대장관이라 볼 수도 있지만, 새로운 삶을 개척하려는 강인하면서도 처절한 투쟁의 모습을 그려볼 수도 있다. 후희일이 남하한 직후 평로 지역은 바로 해에게 함락되었다.[107]

그 다음 해인 대종代宗 보응寶應 원년(762) 5월 후희일을 평로치청절도사平盧淄青節度使에 임명해주었다.[108] 그때 후희일이 관할한 지역은 청주青州 등 6주였다. 하지만 후희일은 안사의 난이 종결된 후인 영태永泰 원년(765) 5월 이정기에게 쫓겨나고 두 달 후 이정기가 평로치청절도사에 임명되었다. 이정기의 정변은 안사의 난을 평정할 때 총지휘자였던 복고회은僕固懷恩이 반란을 일으킨 틈을 탄 것이었고, 숙종도 반란 평정을 위해 그대로 절도사에 임명해주었던 것이다.[109] 그리고 『구당서』 권124, 「이정기전」을 보면

> 조정에서 이정기에게 평로치청절도관찰사, 해운 · 압신라발해양번사, 검교공부상서, 겸어사대부, 청주자사를 제수하였다(3,535쪽).

고 한다.[110] 여기서 처음으로 압신라발해양번사라는 관명이 보이는데, 이때의

---

106) 郝黎(2003), 「唐代淄青鎮的特點」, 『青島科技大學學報』 2003-4, 76쪽.

107) 정병준, 「安史의 亂과 李正己」, 543쪽 ; 평로군이 남하한 후 당이 다시 영주지역을 수습하는 과정에 대해서는 日野開三郎, 「安史の亂と渤海の小高句麗國占領」, 320~322쪽 참조.

108) 『資治通鑑』 권222, 보응 원년 5월 조, 7,126쪽

109) 정병준(2002), 「平盧節度使 李正己에 대해-代宗時期를 중심으로」, 『진단학보』 94, 108~110쪽.

110) 그 외 다른 문헌을 함께 대조해 보면, 당시 이정기가 받은 보다 정확한 관명은 平盧淄青節度 · 觀察 · 支度 · 營田 · 海運押新羅渤海兩蕃使, 檢校工部尙書, 兼御史大夫, 青

양번[111]은 신라와 발해를 가리킨다. 후희일은 영주에서의 압사부사 관명을 그대로 유지하였으나, 이정기를 평로절도사에 임명하는 것을 계기로 새로운 관명을 설치한 것으로 보인다.[112] 한편, 이정기의 대두는 곧 고구려 유민의 대두를 의미했다. 양샤오옌[楊曉燕]은 그 역사적 의미를 다음과 같이 설명한다.

> 서귀도를 주살하면서 후희일을 비롯한 고구려인들이 평로의 정치무대 중심으로 들어섰다. 그가 절도사가 될 수 있었던 것은 이정기 덕분이다. (안사의 난이 평정된) 이후 하북은 안사 세력의 범위가 되지만, 평로군에는 안사 세력이 대두하지 않았다. 이는 후희일과 이정기 등 고구려 장령을 핵심으로 하는 집단이 평로군을 엄격하게 장악하였음을 나타낸다. 이 집단의 다른 고구려인들이 요직을 차지한 점도 평로치청의 발전에 중요한 역할을 하였다. 이정기의 족형 이유李洧는 서주자사徐州刺史를 지내다가 당에 귀순하였다. 이유의 장수인 고승종高承宗이 서주자사를 이었는데, 그 역시 고구려 출신으로 자못 의심된다. 이에 후희일과 이정기 등 고구려인을 중심으로 기타 민족을 규합하여 탄생한 평로군의 통치집단을 '고구려 무인집단'이라 부르겠다. 이들은 정치적으로 안사 집단과 완전히 다른 별개의 민족집단이며, 당에 대해서도 조금의 충순지심忠順之心도 가지지 않았다. 그들이 안사의 난 중에 당을 지지한 이유는 단지 근왕勤王의 이름으로 확장의 실리를 챙기기 위한 것에 지나지 않았다(요약).[113]

州刺史이었다(정병준, 「安史의 亂과 李正己」, 551~552쪽).

111) '兩蕃'은 시대에 따라 지칭하는 것이 달랐는데, 안사의 난 이후에는 주로 토번과 회흘을 가리켰다고 한다(『資治通鑑』 권234, 덕종 정원 원년 5월 조의 호삼성 주, 7,545쪽.

112) 정병준(2009), 「押新羅渤海兩蕃使와 張保皐의 對唐交易」, 『중국고중세사연구』 21, 358쪽.

113) 楊曉燕, 「唐代平盧軍與環渤海地域」, 191~192쪽. 또한 167~168쪽에서는 "고구려 혈통의 후희일 및 고구려인 이정기가 전후로 평로군의 최고 수장에 오른 것은 평로 관할 구역의 고구려 유민 세력이 컸음을 나타낸다"고도 한다.

평로군의 통치집단을 '고구려 무인집단'이라 명명한 것은 이정기 일가를 넘어 고구려 유민 대중의 존재를 인정한 것으로 주목된다. 필자는 이전에 평로군의 남하를 고구려 유민사의 일대 사건으로 주목할 필요가 있다고 지적한 적이 있다.[114] 여기서 안동도호부의 역사적 의의의 한 가지를 지적하면, 이 기구는 처음에 당이 고구려인을 통치하기 위해 설치하였으나, 뒤에는 고구려인을 중원으로 진출시켜 고구려인이 중국인을 지배하게 하는 역할을 하였다는 점이다.

지앙칭보[姜清波]는 압신라발해양번사의 직무를 세 가지로 설명하였다. 첫째는 외교와 속국(또는 번속국藩屬國)에 관한 업무를 관장하였다. 즉 당 조정과 신라 · 발해를 소통시키는 업무, 사신 접대, 해당 국가에 관한 정황 보고, 당 조정의 의사 전달 등이 그것이다. 둘째는 입당한 사람들에 대한 통행증(과소過所)을 발행하였다. 그 대상에는 일본도 포함되었는데, 이는 국내의 치안질서 및 당과 신라 등의 외교와 종번관계宗藩關係를 유지하기 위한 것이다. 셋째는 당조와 번국蕃國 간의 육상 혹은 해상 무역을 관장하였다. 이정기 일가는 압신라발해사와 더불어 육운사와 해운사도 관장하였는데, 이들 관직을 이용하여 외국과의 교역을 크게 발전시키고 거액의 재부를 모아 장기 할거의 경제적 기초를 마련하였을 것이라고 말한다.[115]

압신라발해사라는 새로운 관직을 설치한 이유는 무엇일까? 해당 관직은 동북방의 발해와 동방의 신라를 함께 '압령押領'한다는 특징이 있다. 이 중 신라에 대해서는 산동지역이 지리적으로나 역사적으로 밀접한 관련이 있기 때

114) 정병준(2008), 「고구려 유민 연구」, 정병준 등, 『중국학계의 북방민족 · 국가 연구』, 동북아역사재단, 101쪽.

115) 姜清波(2010), 「試論唐代的押新羅渤海兩蕃使」, 『入唐三韓人研究』, 暨南大學出版社, (원래는 『暨南學報』 2005-1), 233~234쪽. 대외 교역에 대한 姜의 설명은 강봉룡의 견해와도 비슷하지만(2004, 『장보고』, 한얼미디어, 67쪽), 조금 신중하게 접근할 필요가 있다고 생각된다(정병준, 押新羅渤海兩蕃使와 張保皐의 對唐交易」, 361쪽).

문에 특별한 의문이 없다. 그런데 발해의 경우에는 이전에 유주절도사가 압사부사를 겸임하였던 적도 있기 때문에, 오히려 유주절도사가 맡는 것이 순리에 가까울 수 있다. 혹자는 유주절도사가 할거적 태도를 보였기 때문이라고 할 수도 있지만, 이정기는 사마광이 지목하는 최고의 이반자이다.[116] 또 혹자는 당시 유주와 발해를 연결하는 통로가 해 등에 의해 점령되었기 때문이라 할 수도 있다. 하지만 요서의 평로절도사가 발해를 압령한 시기에도 양자를 연결하는 통로는 매우 불안정했다.

이런 점에서 이정기가 발해를 압령한 것은 많은 생각을 하게 한다. 물론 산동반도가 발해와 연관이 없었던 것은 아니다. 즉 현종 선천 원년(713) 대조영을 책봉하는 사신으로 파견된 최흔崔訢이 등주登州를 경유하였고, 또 현종 개원 20년(732) 발해가 산동지역을 공격한 것도 지리적 연계성을 말한다. 이러한 상황을 반영하여 현종은 산동지역에 두 개의 경략수착經略守捉을 두어 '해구海寇'에 대비하기도 하였다.[117] 하지만 이들 사례는 해당 관직을 설치한 이유의 일면을 설명할 수는 있어도 역사적 필연성을 설명하기에는 부족한 느낌이 든다.

지앙칭보는 압신라발해사를 설치한 이유를 두 가지로 설명한다. 첫째는 안사의 난으로 혼란해진 동북아질서를 안정시키고 당의 종주국 지위를 회복하기 위한 것이다. 둘째는 산동반도가 발해와 신라로 통하는 교통의 요지에 위치하였다는 지리적 이점에 따른 것이라고 한다.[118] 수긍되는 견해이지만, 다소 당위적이고 평면적이라는 생각이 든다.

이러한 논의와는 별개로, 양샤오옌은 산동반도와 영주와 발해국으로 둘러싸인 환발해지역의 민족유동과 문화교류의 역사와 그 의미를 고찰하면서 다

116) 정병준, 「安史의 亂과 李正己」, 538~539쪽.
117) 『通典』 권172, 州郡2, 序目下, 4483쪽.
118) 姜清波, 「試論唐代的押新羅渤海兩蕃使」, 232쪽.

음과 같은 견해를 제시한다. 즉 5호16국 이래 영주를 포함한 환발해지역에는 고구려인이 대거 천사되었다. 전연의 모용황慕容皝이 고구려를 공격하여 5만여 구를 포로로 삼아 영주지역 등으로 옮긴 것은 그 예의 하나에 불과하다. 그리고 북위 선무제宣武帝가 청주에 고구려묘高句麗廟를 세우게 한 것은 산동반도에 적지 않은 고구려인이 있었음을 나타낸다. 당대에 들어서는 백제 유민을 서주徐州와 연주兗州 등, 고구려 유민을 하남지역(산동반도 포함) 등으로 옮겼고, 이진충의 반란이 일어났을 때는 영주의 기미주들을 청주青州와 치주淄州 등지로 옮겼다. 그 대부분은 다시 원래 내지는 다른 지역으로 옮겨갔지만, 그들이 남긴 흔적이나 영향은 결코 홀시할 수 없다. 이러한 상황은 신라가 한반도를 통일한 후에도 계속 이어져 원인圓仁이 입당했을 무렵 산동반도와 회하 및 운하로 등지에는 많은 신라인 촌락이 흩어져 분포하였다. 이것이 가능했던 배경에는 육로와 해로 모두로 서로 잘 소통되는 지리적 환경이 있었다. 대조영 역시 영주에 오랫동안 거주하면서 한문화漢文化를 익힐 수 있었고, 당과 발해의 교류도 활발하게 이루어졌다. 이러한 조건이 바로 평로군의 남하를 가능하게 하였으며, 그 지역에서 확고한 근거지를 마련하고 세력을 떨칠 수 있게 하였다. 동시에 평로군의 남하는 환발해지역 간의 교류활동을 더욱 촉진시키는 작용을 하였다고 강조한다.[119)]

양楊은 환발해지역의 민족과 문화의 유동성을 설명하는 데 그쳤지만, 이러한 논의는 압신라발해사의 설치 이유를 생각하는 데 많은 시사점을 준다. 특

119) 楊曉燕, 「唐代平盧軍與環渤海地域」, 198~202쪽. 이 중 대조영이 영주에서 漢文化에 훈도되었다는 것은 다른 중국학자들이 말하는 것이기도 하다. 하지만 대조영은 영주에서 '城傍'이라는 특수한 군사조직으로 편성되어 원래의 습속을 유지하면서 군사기술을 배웠을 뿐이다(정병준(2007), 「營州의 大祚榮 集團과 渤海國의 性格」, 『동북아역사논총』 16, 37쪽).

히 평로군의 남하는 환발해지역의 교류활동을 크게 진작시키는 작용을 하였을 뿐 아니라, 그 소통의 공간을 한반도의 신라까지 확대시켰을 것이라는 전망도 가능하다. 즉 평로군의 남하로 인해 환발해지역의 북방적 요소가 산동지역으로 대거 이입된 후 이것이 한반도와도 직접 관련을 맺게 되었다는 것이다. 이러한 측면에서 당시 산동지역은 북방과 동방이 조우하는 접점이 되었다고 할 수 있다. 압신라발해사의 설치는 바로 평로군의 남하에 따른 민족적·문화적 소통구조의 변화를 반영한 것이 아닐까? 말하자면 환발해지역의 민족적·문화적 유동성과 혼종성混種性이 한반도의 신라를 포함한 황해지역으로까지 확대되면서 이전까지 북방 또는 동방을 구별하여 관리하던 대외관련 업무를 더욱 효율적으로 관리하기 위한 조치였을 수 있다. 신라에 대해서는 고종 용삭 3년(663) 4월 계림주도독부鷄林州都督府를 설치하였으나 이때 처음으로 이를 압령하는 관직을 설치하였다. 이것은 당이 신라에 관한 업무를 더욱 적극적으로 행하기 위한 조치임이 분명하다. 어쩌면 당과 신라의 관계가 이를 기점으로 새로운 단계로 들어섰다고 말할 수 있을 지도 모른다.

그리고 압신라발해사는 '압번사'로서 여전히 기미부주를 관리하는 성격을 지닌 것으로 생각된다. 다만, 계림주와 홀한주라는 기미주 명칭이 있었음에도 불구하고 신라와 발해라는 고유국호를 사용한 것은 두 나라의 위상이 일반 기미주와는 다른 점을 나타내는 것일 수 있다. 물론 이전의 압양번발해흑수사부경략사押兩蕃渤海黑水四府經略使라는 관명과 대비해보면, 2부府를 생략한 것이거나 기미주의 대용어로서 국호를 단순하게 사용하였을 수도 있기 때문에 지금 단계에서 단언하기는 어렵다. 제도적인 측면에서 더 천착된 연구가 요망된다.

그렇다면 발해와 신라를 동시에 관장할 경우의 효율성은 구체적으로 무엇을 지적할 수 있을까? 우선 당시 동아시아 국제무대에서 발해와 신라는 별개로 존재하지 않았다는 점이다. 즉 두 나라의 외교적 이해관계는 서로 유기적으로 연결되어 있었고 그에 따라 이들을 하나의 관부官府에서 통일적으로 관리할 필요성이 생겼다는 것이다. 이 경우 유주절도사는 신라를 압령하기에는 지리적으로 적합하지 않고 역사적 배경도 미약하다. 대신 평로절도사는 지리적으로 신라 · 발해와 가까울 뿐 아니라 민족 · 문화적으로도 발해와 낯설지 않다. 게다가 평로절도사는 이전에 발해를 압령한 경험까지 가지고 있다. 물론 평로의 무인집단 입장에서 신라가 다소 낯선 존재일 수 있지만, 산동반도가 역사적으로 신라와 관련이 깊고 민중 속에 '신라인'[120]의 흔적이 있기 때문에 관계를 가지는 데 큰 어려움은 없었을 것이다.[121] 나아가 지앙칭보도 지적하였듯이 압신라발해사는 일본에 대한 업무[122]도 수행하였는데, 외교적으로 필요한 경우에는 발해와 신라에 더해 일본까지 포함한 외교적 조율도 가능하다고 하겠다. 이러한 통일된 조정력은 동북아에 대한 당의 외교적 효율성을 더욱 높일 수 있었을 것으로 생각된다. 하지만 '압번사'의 원래 직무가 기미부주 관리라고 한다면, 압신라발해사의 기본 직무는 어디까지나 신라 · 발해에 관한

120) 楊曉燕과 김문경 등이 사용하는 표현인데, 즉 신라의 한반도 통일 후 백제인과 고구려인도 모두 신라인으로 통칭되었다는 것이다(김문경,김문경 등 편 (1993), 「張保皐, 해상왕국의 사람들」, 『장보고 해양경영사연구』, 이진, 91쪽 등).

121) 혹자는 이정기가 고구려 출신이기 때문에 신라에 적대적이고 발해에 우호적이었다고 보기도 한다. 하지만 이정기 일가는 번진의 안위를 가장 우선하였고, 당조가 자신들을 부정하지 않는 한 당조와의 공존을 모색하였다. 이런 가운데 개인적 감정으로 외교를 전개했다고 보기는 어렵다(정병준, 「李正己 一家의 藩鎭과 渤海國」, 126쪽, 147~148쪽)

122) 劉鳳鳴(2010.5), 「押新羅渤海兩蕃使與東方海上絲綢之路的繁榮」, 『魯東大學學報(哲學社會科學版)』, 39쪽에서는 흑수국과 일본과의 무역과 인적 왕래에 관한 사무도 평로절도사가 관장하였다고 한다. 또 윤재운(2006), 『한국 고대무역사 연구』, 경인문화사, 194쪽에서는 '押新羅渤海兩蕃等使'라고도 보이는 것을 지적하며 '등' 자를 추가한 것은 신라와 발해뿐만 아니라 일본 등 기타지역과의 교역도 책임지게 한 것이다고 말한다.

업무였다고 해야 할 것이다.

이에 더해 교역상의 문제를 말해보겠다. 중국왕조는 전통적으로 주변국을 '기미'하는 수단의 하나로 교역(호시互市)을 이용하였다. 주변국에서는 가능한 한 많은 물자를 입수하고 싶었지만, 중국왕조는 교역을 정치적으로 활용하기 위해 황제가 허가한 경우에만 외국과의 교역을 허락하는 원칙을 고수하였다. 하지만 안사의 난을 경계로 이러한 원칙이 바뀌어 변경 절도사나 도독(자사)에게 일정한 교역관리권을 허용하게 되었다.[123] 그러면서 교역금지품목을 제외하면 지역 관부官府의 관리하에 비교적 자유로운 교역이 전개되었다. 이러한 상황은 당의 입장에서 볼 때 왕조권력의 분산을 의미하지만 반드시 손실만 있었다고 볼 수는 없다. 즉 변경의 관부가 교역을 관리하면서 주변국이 보다 손쉽게 당과 교역할 수 있었고, 그 결과 이전과는 다른 차원에서 주변국을 끌어안아 국제질서를 안정시키는 효과도 있었을 것으로 생각된다. 물론 사무역의 증가는 주변국 입장에서도 경계해야 할 면이 있다. 중국황제와 마찬가지로 주변의 국왕들도 대외교역권을 정치적으로 이용하였기 때문이다. 하지만 당시의 국제교역은 공무역과 사무역이라는 이분법만으로는 재단할 수 없는 매우 다양한 양상으로 전개되었다. 즉 조공무역 안에도 사무역이 포함될 수 있고, 사무역으로 보이는 것에도 공적 성격의 교역이 있었다. 후자의 대표적인 예는 장보고의 대당교역이다. 그의 교역은 신라와 당의 공인하에 행해진 '광의의 공무역'이라 할 수 있다.[124] 이러한 공적 성격을 띤 교역은 주변국과 당을 더욱 밀착시키는 효과가 있었을 것이다. 발해와 신라는 국제무대에서

123) 榎本淳一(2008), 『唐王朝と古代日本』, 吉川弘文館, 84쪽, 132쪽, 138쪽, 139~140쪽, 275쪽 ; 劉玉峰(2012), 『唐代工商業形態論稿』, 齊魯書社, 208쪽.

124) 정병준(2010), 「唐代의 互市와 張保皐의 對唐交易」, 『중국사연구』 69, 216~217쪽, 230~234쪽.

사실상 대등한 존재였다. 하지만 유주지역과 산동반도는 교역상의 조건이 크게 다르다. 교역 면에서 당시 유주는 아무래도 변경에 속하였지만, 산동반도는 양자강 일대의 양주揚州와 연결되어 천하의 진보들이 끊임없이 드나드는 곳이었다.[125] 당이 두 나라를 '압'하는 이상 양자의 외교적 위상에 비추어 발해에 대해서도 교역상 동등한 조건을 부여하는 것이 동북아 안정에 도움이 되었을 것이다.

이상과 같은 이해는 앞에서 말한 지앙칭보의 견해와도 상반되지 않는다. 요컨대 당이 동북아질서를 다시 안정시키고 왕조의 권위를 회복하기 위한 방안으로 발해와 신라를 동시에 압령하는 관부를 신설하였는데, 여기에는 평로군의 남하에 따른 민족 · 문화적 소통구조의 변화와 지리적, 외교적, 교역적 상황 등 제반 조건들을 종합적으로 고려한 정책적 배려가 있었던 것이라고 할 수 있다. 압양번발해흑수사부경략사라는 관호에 비해, 압신라발해사에는 경략사가 빠져 있는데, 이는 군사가 아닌 외교나 교류의 측면을 중시하게 된 것을 나타낸다. 평로군의 남하에 의해 조성된 환경은 장보고 시대로 연결되어 신라인들이 활발한 해상활동을 펼치는 토대가 되었다고 생각된다.

후대 사서史書인 『구당서』와 『신당서』 등에는 발해와 신라를 북적北狄과 동이東夷로 분리하여 입전立傳하였다. 이는 고구려와 신라를 모두 동이전에 넣었던 것과 다르다. 발해를 북적전에 넣은 것은 무엇보다도 발해의 영역에 말갈인이 많이 살았기 때문일 수 있다. 하지만 이는 말갈을 지나치게 강조하고 또 동이, 북적, 서융, 남만이라는 전통적 인식에 매달린 데 따른 것으로 생각된다. 적어도 압신라발해사가 설치되었던 당 후기에서 오대 초기에 이르는 약 170년 동안은 두 나라가 환발해지역과 황해지역을 아우르는 열린 소통공간에

125) 정병준, 「李正己 一家의 交易活動과 張保皐」, 526~527쪽, 536~537쪽.

서 민족적, 문화적, 정치적, 교역적으로 공유하는 것이 많았음을 인식해야 할 것이다. 해당 관직의 존재는 적어도 당은 그렇게 인식하였음을 말한다. 그리고 그 기간은 발해역사의 거의 2/3를 차지하고 통일신라의 경우에도 비슷하다. 이런 면에서도 평로군의 남하는 중대한 역사적 의미를 지닌 사건이라 할 수 있다.

마지막으로, 압해거란사에 대해 살펴보자. 안사의 난 중에 해가 유주와 평로군을 공격하였다는 것은 앞에서 언급하였다. 그 뒤 해와 거란은 한동안 큰 활동을 보이지 않다가 덕종德宗 정원貞元 연간과 헌종憲宗 이후 번성했다.[126] 그러나 당시는 북방의 회흘回紇이 세력을 떨칠 때여서 그에 복속되어 있었다.[127] 이런 가운데 해가 당을 자주 침공하였는데, 이를 주로 상대한 것은 역시 유주절도사였다. 당시 유주절도사는 압해거란경략사를 겸임하였는데, 즉 『구당서』 권12, 덕종본기상, 정원 원년(785) 7월 조를 보면

> 전탁주자사前涿州刺史 · 겸어사중승 유평劉怦을 유주장사 · 어사대부 · 유주노룡절도부대사 · 겸지절도관리탁지兼知節度管理度支 · 영전 · 관찰 · 압해거란경략押奚契丹經略 · 노룡盧龍 등의 사使에 임명하였다(349쪽).

라고 하고, 『당회요』 권78, 제사중諸使中, 친왕요령절도사親王遙領節度使의 정원 16년 11월 조를 보면

> 무왕撫王 굉紘을 개부의동삼사 · 행行유주대도독부장사 · 충充유주노룡군

126) 『資治通鑑』 권253, 僖宗 廣明 원년 7월 조의 호삼성 주에 수록된 宋白의 글, 8,231쪽. 여기에는 達靼이 두 민족의 공격을 받아 부락이 분산되면서 혹은 거란에 투항하고 혹은 발해에 의탁하고, 점점 陰山으로 이동하였다는 내용이 보인다.

127) 『資治通鑑』 권246, 무종 회창 2년 9월 조, 7,967쪽.

> 절도 · 관찰 · 처치, 압해거란양번 · 경략 · 노룡 등 군의 대사에 임명하였다(1,698쪽).

라고 한다. 즉 정원 원년 또는 그 이전의 어느 시점에 유주절도사가 압해거란경략사를 겸임하였던 것이다. 그리고 『당회요』 권96, 해, 문종 대화大和 원년(827) 조를 보면

> 고사故事에 일찍이 범양절도사를 압해거란양번사로 삼았다. (숙종) 지덕 이후 번신藩臣이 봉토를 마음대로 다스리는 경우가 많았으나 조정은 관대하게 대하고 스스로를 지키는 데만 힘쓰며 변경을 돌아보지 않았기 때문에 두 번蕃이 침구하는 일이 적었다. 매년 조공할 때 항상 수백 인을 보냈다. 유주에 이르면 그 추장 35인을 선발하여 궁궐로 보내고, 인덕전麟德殿에서 인견引見하고 금백金帛을 하사하여 돌려보냈는데, (그 사이) 나머지는 모두 (유주에) 머무는 것을 상례로 하였다(2,037쪽).

라고 하여, 안사의 난 이후 번진의 발호로 인해 당이 동북 변경에서 일을 벌이지 않자 해와 거란이 변경을 침범하는 것이 적었고, 또 그들이 조공하면 당이 후대하였던 것이 기술되어 있다. 이러한 상황은 그 시기에 보편적으로 나타난 현상이라 해도 좋다. 다만, 고사(현종시기)에 범양절도사가 압해거란양번사를 겸임하였다고 하지만 이는 '압사부사'를 가리키는 것이 분명하다.

유주절도사는 발해와 사신을 몇 차례 교환하였다.[128] 하지만 그것은 양자

128) 「唐故殿中監張君(光祚)墓誌」, 『唐代墓誌彙編續集』, 上海古籍出版社, 711쪽 ; 『北夢瑣言』 권13, "張建章爲行軍司馬, 後歷郡守. 尤好經史, 聚書至萬卷. …… 曾齎府戎命往渤海, 遇風濤, 乃泊其船. 忽有青衣泛一葉舟而至. …… 又回至西岸, 經太宗征遼碑, 半在水中, …… "(上海古籍出版社, 103~104쪽) ; 「唐蘇州刺史兼御史大夫張府君(建章)墓地銘」, 『唐代墓誌彙編』 下, 上海古籍出版社, 2,511쪽 등. 사신을 교환한 각각의 전후 상황과 배경에 대해서는 日野開三郎, 「渤海國の隆昌と小高句麗國の子國化」,

가 지리적으로 근접한 가운데 필요한 현안을 해결하기 위한 것에 불과한 것으로 생각된다. 즉 상시적 관계로 보기는 어렵다. 이는 제도적으로 유주절도사가 발해를 압령할 지위에 있지 않았기 때문이기도 하지만 환발해지역을 둘러싼 당시 상황에 따른 것으로 볼 수 있다.

5. 맺음말

고구려가 멸망한 후 당의 동북지역 지배기구는 안동도호부, 영주도독부, 유주도독부가 서로 병립하면서 기각지세를 이루는 형세로 완비되었다. 하지만 이러한 형세는 7세기 말에 일어난 거란족의 반란으로 일거에 붕괴되었고, 그 사이에 발해가 건국되어 새로운 변수로 등장하였다. 이에 당은 거란 등의 침공을 막기 위해 현종 선천 2년(713년) 유주절도사를 설치하고 군사력을 증강해나갔다. 이 해에 당은 발해왕을 발해군왕 · 홀한주도독에 책립하였다. 개원 4년(716) 6월 묵철가한이 전사하면서 동돌궐이 혼란에 빠지자 그 해 7월 거란과 해가 당에 내부하였다. 현종은 이들을 송막도독부와 요락도독부로 편제하고 동시에 압번락사를 두어 관리하였다. '압번사'는 도호부와 변주邊州도독부를 중심으로 하는 기미주 지배가 붕괴되던 시기에 기미주에 대한 통제력을 새롭게 유지 내지는 강화하기 위한 관직이다. 압번락사는 송막도독부와 요락도독부라는 기미부주를 관리하는 직무를 가졌던 것이다.

개원 5년(717) 3월 현종은 영주를 원래대로 복구하면서 평로군을 설치하였

『日野開三郎東洋史學論集』 8, 348~352쪽 ; 魏國忠 等, 『渤海國史』, 149쪽, 280쪽, 286~287쪽 등 참조.

다. 개원 7년(719)에는 평로절도사가 설치되면서 관내제번사를 겸임하였는데, '관내'는 영주(평로) 지역을 가리킨다. 앞서 영주에는 다양한 민족들로 구성된 기미주들이 많았는데, 이진충이 반란을 일으켰을 때 당이 유주와 하남지역으로 옮겼다가 순차적으로 영주로 복귀시키거나 복구하였다. 관내제번사는 바로 이러한 시기에 설치되어 경내의 기미부주를 관리하는 역할을 맡았던 것이다. 압번락사는 그 하위관직이 되었다. 하지만 동돌궐의 비가가한이 세력을 회복하자 거란 등이 다시 반란을 일으켰다. 평로절도사는 이를 감당하지 못하고 다시 유주로 치소를 옮겼으며, 당은 유주절도사의 군사력을 더욱 강화시키게 된다. 개원 20년(732) 유주절도사는 영주 등 하북 16주 및 안동도호부까지 관할하였다. 그 후 평로절도사가 계속 설치되었다고 해도, 새로운 방비체계가 만들어지기 전까지 유주절도사의 지휘를 받거나 겸임하는 위치에 있었다.

그 전인 개원 10년(722) 흑수말갈이 당에 내부해오자 다음 해 흑수도독부를 설치하고 아울러 장사를 파견하여 감독하였다. 그리고 개원 16년(727)에는 유주절도사(유주도독)가 겸임하는 '압흑수사'를 설치하였는데, 제도적으로 이 역시 흑수부라는 기미주를 관리하기 위한 것이라 할 수 있다. 장사는 직무상 압흑수사에 예속되었을 것이다. 흑수말갈을 둘러싸고 발해와 당 사이에 갈등이 생기자 발해 무왕이 개원 20년(732) 9월에 등주, 다음 해 산해관 부근을 직접 공격하였다. 이에 당은 동북지역의 민족 · 국가를 보다 통일적이며 체계적으로 관리할 필요성을 인식하게 되었다. 발해와 관계가 개선된 후인 개원 28년(740) 2월 압사부경략사를 설치하였는데, '사부'란 기미주인 송막도독부 · 요락도독부 · 홀한도독부 · 흑수도독부를 가리킨다. 당은 이때 처음으로 홀한주(발해)를 '압령押領'하는 관직을 두었는데, 이는 흑수말갈 등과는 크게 다른 점이다. 거란과 해는 당에 내속하자마자 압번락사를 두었고, 흑수말갈에 대해서는 기미부주를 설치함과 동시에 압흑수사를 설치하였을 뿐 아니라 장사까지 두어 감시하였다. 4부는 비록 같은 기미부주라고 해도 당과의 관계 수준 및 위상이 각각 달랐음을 보여준다.

현종 천보 원년(742) 정월 안록산이 평로절도사에 임명되면서 평로 번진은 완전한 독립을 이루었다. 그리고 안동도호부도 평로절도사가 관할하였다. 이후에도 당은 평로와 유주의 군사력을 계속 강화하여 동북정책이 어느 정도는 성공을 거두는 듯했다. 이어 천보 3재(744) 3월 평로절도사 안록산은 범양范陽(즉 유주)절도사를 겸임하였고, 천보 10재(751) 2월에는 하동절도사까지 겸임하였다. 이러한 겸임은 개인적 은총에 따른 것이기도 하지만 군사적 효율성을 높이기 위한 조치이기도 했다. 하지만 변방 군사력이 중앙군을 능가할 경우에는 언제든 중앙과 모순이 발생할 수 있다. 모순이 심화되자 천보 14재(755) 11월 안록산은 반란을 일으켜 낙양을 점령하고 황제를 칭하였다. 그러나 얼마 후 평로에서는 유객노(즉 유정신) 등이 안록산에 반기들었다. 그러자 당이 그를 평로절도사 · 압사부사에 임명하였다. 반란 중인 건원 원년(758) 12월 이정기가 후희일을 번수로 추대하였는데, 숙종은 어쩔 수 없이 후희일을 평로절도사 · 압사부사에 임명해 주었다. 이들은 안동도호부 예하의 무장들로 이정기는 고구려 유민이고 후희일의 모친은 이정기의 고모였다. 얼마 후 평로군은 산동지역으로 남하는데, 그 숫자는 병사와 가족을 합해 약 8천 5천이 되었을 것으로 추산된다. 이러한 대규모 집단의 남하는 환발해지역의 북방적 요소가 산동지역으로 대거 이입되어 환발해지역의 교류활동을 크게 진작시키고, 나아가 그곳에서 신라적 요소와 결합하며 소통의 공간을 한반도의 신라까지 확대시키는 결과를 가져왔다.

영태 원년(765) 이정기가 다시 정변을 일으켜 후희일을 몰아내자, 대종은 다음 해 그를 평로절도사 · 압신라발해사에 임명하였다. 이때 압신라발해사가 처음 설치되었는데, 이 관직의 특징은 동북방의 발해와 동방의 신라를 함께 '압령'한다는 점이다. 서로 이질적일 수도 있는 양자를 동시에 압령한 것은 당시 동아시아 국제무대에서 발해와 신라가 별개로 존재하지 않았고, 또 평로군의 남하로 인해 조성된 환발해지역의 민족적 · 문화적 혼종성混種性이 한반도의 신라까지 연결되었던 제반 상황을 반영한 것으로 생각된다. 즉 이전까지 북방 또는 동방으로 구별하여 관리하던 대외관련 업무를 통일적으로 관리하는 것이 유용하다는 인식에 따랐다는 것이다. 압신라발해사는 제도적으로 계림주와 홀한주를 관리한 것이라 할 수 있다. 이 경우 기미주가 설치되지 않은 일본 등에 대한 업무는 부수적인 것일 수밖에 없다. 평로군의 남하에 따른 새로운 환경은 훗날 장보고시대로 연결되어 신라인들이 활발한 해상활동을 펼치는 토대가 되었다고 생각된다.

후대 사서인 『구당서』와 『신당서』 등에는 발해와 신라를 북적과 동이로 분리하여 입전하였다. 이는 고구려와 신라를 모두 동이전에 넣었던 것과 다르다. 발해를 북적전에 입전한 것은 무엇보다도 발해의 영역에 말갈인이 많이 살았기 때문일 것이다. 하지만 이는 말갈을 지나치게 강조하고 또 동이, 북적, 서융, 남만이라는 기계적 인식에 매달린 때문으로 생각된다. 적어도 압신라발해사가 설치되었던 당 후기에서 오대 초기에 이르는 시기에는 두 나라가 환발해지역과 환황해지역을 아우르는 열린 소통공간에서 민족적, 문화적, 정치적, 교역적으로 공유하는 것이 많았음을 인식해야 할 것이다. 해당 관직의 존재는 적어도 당은 그렇게 인식하였음을 말한다.

압해거란경략사는 덕종 정원 원년(785) 또는 그 이전의 어느 시점에 설치되어 유주절도사가 겸임하였다. 당은 안사의 난 이후 동북 방면으로 일을 벌이지 않았고, 그러자 해와 거란도 변경을 침범하는 경우가 적었다. 그 대신 그들이 조공하면 후대하는 정책을 취한 것이 기록에 보인다.

사절 왕래를 통해 본 8세기의 나당관계

부산외국어대학교 **권덕영**

권덕영
부산외국어대학교 역사관광학과 교수
대표논저 | 『재당 신라인사회 연구』(2005, 일조각), 『韓國古代金石文 綜合索引』(2002, 학연문화사), 『古代韓中外交史-遣唐使硏究』(1997, 일조각), 「고대 동아시아인들의 국외여행기 찬술」(2010, 『동국사학』 49), 「大唐故金氏夫人墓銘과 관련한 몇가지 문제」(2009, 『한국고대사연구』 54) 외 다수

사절 왕래를 통해 본 8세기의 나당관계

부산외국어대학교 **권덕영**

1. 머리말

동아시아사에서 7세기는 격동과 변혁의 시기였다. 중원대륙에서는 수隋가 망하고 당唐이 일어나 주위세력을 통합하여 대제국을 건설하였고, 한반도에서는 당과 연합한 신라가 백제와 고구려를 멸망시키고 삼국을 통일하였다. 이어서 고구려 옛 땅에 발해가 들어섬으로써 이른바 남북국시대가 개막되었다. 그리고 일본에서는 종전의 소아씨蘇我氏 정권이 몰락하고 대화개신大化改新을 단행하여 국가체제를 일신하였으며, 백제를 구원한다는 명분으로 한반도에 군대를 파견하여 이른바 '동북아 대전'에 참전하였다.

약 1세기 동안 지속되던 격동의 동아시아는 8세기에 들어와 안정을 되찾아 갔다. 비록 당에서 안사의 난과 같은 반란이 일어나 당왕조 내부적으로 커다란 정치 · 경제 · 사회적 변화를 초래했으나, 동아시아 국제관계의 측면에서는 비교적 일관성 있는 안정기조를 유지하였다. 이런 점에서 8세기 동아시아의 국제관계는 평화와 안정의 시기였다고 할 수 있다.

8세기 동아시아의 안정적인 국제관계 속에서 신라와 당 사이에 인적 왕래가 빈번했음은 말할 것도 없다. 신라와 당 사이의 인적 왕래는 형태와 목적에 따라 몇 가지로 나눌 수 있다. 국가 간의 공식채널을 통한 내왕인지의 여부에 따라 공적 왕래와 사적 왕래로, 양국 간의 물리적 충돌 여부에 따라 평화적 왕래와 적대적 왕래로, 내왕한 인물의 규모에 따라 개인적 왕래와 집단적 왕래로 나눌 수 있다. 그런데 평화적 국제관계가 지속된 8세기 당과 신라 사이에는 사절단과 같은 공적이면서도 집단적 왕래가 주류를 이루었다.

일찍이 필자는 약 3세기에 걸친 나당관계사를 삼국이 경쟁적으로 당에 접근하며 당과의 관계를 정립해나가던 모색기摸索期, 김춘추의 입당을 계기로 양국이 군사동맹을 맺고 백제와 고구려를 멸망시킨 동맹기同盟期, 고구려 멸망 후 한반도 지배권을 둘러싸고 당과 신라가 마찰을 빚었던 갈등기葛藤期, 나당 간의 갈등이 극복되고 양국 간의 교류와 교섭이 왕성하게 이루어지던 안정기安定期, 당과 신라의 정치적 혼란으로 양국관계가 원활하지 못했던 소원기疎遠期의 다섯 시기로 분류한 적 있다.[1] 그런데 신라와 당은 일시적인 갈등을 제외하고는 전반적으로 평화적이고 친밀한 관계를 지속하였다. 이러한 나당 간의 친선관계를 유지·발전시키는데 중요한 역할을 한 것은 양국을 오간 사절단이었다.

나당 양국의 사절 왕래에 관해서는 종전에도 많은 사람이 관심을 가지고 연구해왔다. 그러나 지금까지의 연구를 일별하면, 대부분이 신라에서 당에 보낸 이른바 견당사遣唐使와 당에서 신라에 파견한 당사절을 유기적으로 관련시켜 고찰하지 않고 각기 별개의 주제로 다루어왔다. 이러한 연구경향은 나당관

1) 권덕영(2006), 「羅唐交涉史에서의 朝貢과 冊封」, 『한국 고대국가와 중국왕조의 조공·책봉』, 고구려연구재단 연구총서 15, 235~247쪽.

계사를 입체적으로 재구성하는 데 일정한 한계가 있다. 이에 본고에서는 종래 각기 개별적으로 다루어온 견당사와 당사절의 왕래를 상호 연계시켜, 나당 양국 간 사절 왕래가 가장 빈번했던 8세기의 나당관계사를 조망하고자 한다.

2. 8세기 이전의 나당관계

1) 모색과 동맹

수나라 말기의 혼란을 틈타 진양晉陽에서 거병한 이연李淵이 여러 군웅들과 연계하여 618년에 수를 무너뜨리고 당을 건국하였다. 이에 한반도의 삼국은 다투어 사신을 보내 당과의 외교관계 수립을 꾀하였다. 그 중에서 수양제의 대대적인 침략을 세 차례나 받았던 고구려가 삼국 중 가장 먼저 사신을 보내 대당관계 개선에 노력하였고, 이어서 신라와 백제가 차례로 사신을 보내 신왕조 당에 접근하였다. 삼국의 이러한 움직임에 대하여 당은 매우 신중하게 대처하였다. 즉 당은 이들 삼국이 조공하는 순서에 따라 곧바로 책봉하지 않고, 624년에 이르러 일제히 삼국의 왕을 책봉함으로써 한반도 삼국의 세력균형과 상호견제를 꾀하였다.[2)]

624년을 기점으로 당과 조공 · 책봉관계를 수립한 삼국은 국내적으로는 서로 간의 우위를 차지하고 국제적으로는 자국의 위상을 높이기 위하여 경쟁적으로 당에 접근하였다. 우선 고구려는 당으로부터 책봉을 받기 이전부터 대당외교에 적극적이었는데, 622년에 당 고조가 제안한 양국 포로교환 제의를 받

2) 申瀅植(1984), 「三國의 對中外交」, 『韓國古代史의 新研究』 일조각, 314쪽.

아들여 만여 명의 중국인 포로를 당으로 돌려보냈다. 그리고 당의 책봉 이후에는 불교와 도교 승려들을 당에 보내고, 당 태종의 즉위와 돌궐 힐리가한頡利可汗의 격파를 경하하는 사절단을 보내는 등 당 건국초기 양국관계는 대체로 우호적인 관계를 유지하였다.

그러나 631년에 당나라 사신 장손사張孫師가 고구려의 대수對隋 전승기념물인 경관京觀을 허문 사건을 계기로 양국관계는 점차 소원해져, 고구려는 수나라 때부터 쌓기 시작하던 천리장성을 서둘러 완공하여 당의 침입에 대응하였고, 당 역시 고구려에 대한 의구심을 가지고 641년에 직방랑중職方郎中 진대덕陳大德을 보내 고구려의 정세를 탐문하였다.[3] 그러한 상황 속에서 642년에 연개소문이 정변을 일으켜 영류왕을 시해하고 보장왕의 즉위시켰으며, 신라 공격에 대한 당의 중재노력을 거부하는 등의 강경 대외정책을 구사하였다. 이에 당은 645년에 대대적으로 고구려를 침략함으로써 이후 당과 고구려는 전쟁상태에 돌입하였다.

백제 역시 일찍부터 대당관계에 힘을 기울였다. 백제는 621년에 처음 당에 사신을 파견한 이후 660년에 망할 때가지 총 25차례의 견당사를 보냈는데, 무왕대武王代에는 무려 17회의 견당사를 보냄으로써 당과의 친선관계를 과시하였다. 그 결과 당 태종은 무왕에 대하여 "처음과 끝이 한결같았다[克固始終]"

---

3) 『舊唐書』권46, 經籍志와 『新唐書』권58, 藝文志에 소개된 작자 미상의 「奉使高麗記」는 진대덕이 고구려의 지리와 풍속을 세밀하게 조사하여 귀국한 후 작성한 사행 복명서로 추정된다. 그런데 『翰苑』 세주에 「高麗記」라는 이름으로 그 내용의 일부가 인용되어 있다. 吉田光男(1977), 「『翰苑』註所引「高麗記」について-特に筆者と作成年次」, 『朝鮮學報』 85, 1~30쪽 ; 武田幸男(1994), 「高麗記」と高句麗情勢」, 『民族文化의 諸問題-于江權兌遠教授定年紀念論叢』, 세종문화사, 119~144쪽 ; 高福順 · 姜維公 · 戚暢(2003), 『高麗記研究』, 吉林文史出版社 ; 동북아연구재단 역, 『고려기(高麗記)연구』, 내부자료 번역 15.

라 할 정도로 백제를 신뢰하게 되었다.[4] 그러한 백제가 의자왕대에 이르러 신라의 모함으로 당으로부터 신뢰성에 의심을 받기도 하였으나, 곧바로 부여강신扶餘康信을 보내 오해를 풀고 당의 고구려 원정에 적극적으로 참여하겠다는 의사를 전달함으로써[5] 종전의 관계를 지속할 수 있었다. 그러나 645년에 실제로 당이 고구려 침공을 감행하자 백제는 종전의 군사원조 약속을 저버렸을 뿐만 아니라 오히려 그 틈을 타 신라를 공격함으로써 제당관계濟唐關係는 파탄을 맞게 되었다.

이처럼 고구려와 백제는 630년대와 640년대를 거치면서 종전의 우호적인 관계를 유지하지 못하고 당과 불편한 관계로 나아갔으나 신라와 당은 이 시기에 오히려 관계가 돈독해져갔다. 신라는 621년에 처음으로 당에 사신을 파견한 이래 정기적인 하정사는 물론 새로운 왕이 즉위하면 그 사실을 알리고 책봉을 받았으며 때때로 백제와 고구려의 침략을 호소하고 당의 원조를 요청하는 등 국내외적인 정치상황을 매번 당에 알리고 자문을 구하였다. 그러면서도 신라는 한때 당의 의심을 받아 선덕왕善德王 폐위 압력을 받기도 하였으나,[6] 645년에 당이 고구려를 침공할 때 신라가 백제와 달리 군사 3만 명을 내어 도와줌으로써 나당관계는 결정적으로 신뢰관계로 나아갈 수 있었다.[7]

640년대 나당관계 진전에 결정적인 역할을 한 사람은 김춘추金春秋였다. 642년에 백제 무왕이 군사를 보내 대야성大耶城을 함락하고 대야주 도독 품석品釋 부부를 살해하는 사건이 일어났다. 김춘추는 이 사건을 가문의 치욕과 국가적

---

4) 金壽泰(1991), 「百濟의 滅亡과 唐」, 『百濟硏究』 22, 156~157쪽.

5) 백제에 대한 당의 의심과 백제의 해명 등에 대한 내용은 「貞觀年中撫慰百濟王詔」(『文館詞林』 권364)에 자세히 소개되어 있다.

6) 최현화(2004), 「7세기 중엽 羅唐關係에 대한 考察」, 『史學硏究』 73, 33~44쪽.

7) 朱甫暾(1992), 「文館詞林에 보이는 韓國古代史 관련 外交文書」, 『慶北史學』 15 ; 2002, 『금석문과 신라사』, 지식산업사, 372쪽.

위기로 생각하고 고구려에 들어가 원병을 요청하였으나 실패하고 다시 일본을 방문하였다. 그러나 일본에서의 성과도 여의치 않았던지 647년에 당에 들어가[8] 당 태종과 군사동맹을 체결하였다. 이로써 삼국의 대당관계는 나당관계로 일원화되었고, 아울러 당을 둘러싼 외교관계의 모색기가 마무리되었다.

앞에서 언급하였듯이 647년 김춘추의 입당을 계기로 신라가 한반도의 대당관계를 독점하였다. 그러한 사실은 김춘추가 입당한 다음 해부터 고구려와 백제의 견당사 파견이 격감한 데 비하여 신라는 오히려 증가했다는 점에서 쉽게 알 수 있다. 즉 고구려는 648년 이전에 평균 1.45년마다 한 차례씩의 사신을 파견하였으나, 그 이후에는 평균 5년마다 1회의 사신을 파견하였다. 그리고 백제는 김춘추 입당 이전에 1.17년마다 한 차례씩의 견당사를 파견하였고, 그 이후에는 평균 6년마다 1회의 사신을 파견하였다. 반면 신라는 백제가 망한 660년까지 총 32회의 견당사 가운데 김춘추 입당시까지가 20회로 평균 1.35년마다 1회의 견당사를 파견하였으나, 그 이후에 12차례의 견당사를 보내어 평균 1년에 1회의 사신을 파견하였다. 이런 점에서 647년 김춘추의 입당은 삼국의 대당관계에 있어서 중요한 획기라 할 수 있다.

김춘추의 입당에 관해서는 『삼국사기』를 비롯한 한국과 중국의 여러 자료에 기록되어 있다. 이들 자료에 의하면, 김춘추는 아들 문왕文王과 함께 당에 들어가 태종에게 신라의 위급한 상황을 설명하고 군사를 요청하여 허락을 받았으며, 국학에서 석전의식釋奠儀式과 강론을 참관하고 아울러 신라의 장복章服을 바꾸어 중국제도에 따르기를 청하자 태종이 김춘추 등에게 진귀한 의복을 내려주었다고 한다. 이에 김춘추는 문왕을 숙위로 남겨두고 신라로 돌아왔다.

---

8) 김춘추의 입당시기가 『三國史記』 권5, 신라본기에서 말하는 648년이 아니라 647년이었다는 사실에 관해서는 權悳永(1997), 『古代韓中外交史-遣唐使研究』, 일조각, 26~31쪽 참조.

김춘추가 당에 들어가 태종을 만난 목적은 642년 대야성 전투의 참패로 인한 신라의 위기를 탈피하기 위한 군사요청이었음은 말할 것도 없다. 그때 당 태종과 맺은 밀약의 내용 일부가 문무왕의 〈답설인귀서答薛仁貴書〉에 소개되어 있거니와, 신라와 당이 힘을 합쳐 백제와 고구려를 차례로 멸망시킨 후 백제 땅은 신라가 차지하고 고구려는 당이 차지한다는 내용이었다.[9] 그러한 동맹을 보증하기 위하여 김춘추는 당의 연호와 의관제를 채용하고 문왕을 숙위로 남겨두었던 것이다. 연호 채용과 의관제 습용 그리고 숙위의 파견은 나당동맹을 결성 · 유지하기 위한 고육지책이었겠으나, 결과적으로 신라는 자주국으로서의 명분을 군사동맹이라는 실리와 바꾼 셈이 되었다.

김춘추의 입당을 계기로 군사동맹관계를 구축한 신라와 당은 보다 빈번한 사절교환을 통하여 서로의 결속을 다져나갔다. 이 시기 신라는 당과의 동맹관계를 유지하기 위하여 부단히 노력하였다. 649년 5월에 당 태종이 죽고 고종이 즉위하자 진덕여왕은 김법민金法敏을 당에 보내 도살성道薩城에서의 백제군 격파 사실을 당에 알리고, 고종 즉위에 대한 축하와 당 제국의 위대함을 노래한 〈오언태평송五言太平頌」〉을 바쳤다. 그리고 신라왕족의 자제들을 교대로 당 왕실에 보내 숙위를 담당하게 하였고, 백제와 고구려 정세를 당에 알려주었으며 려제麗濟 토벌의 향도를 자임하였다.

648년부터 약 20년 동안 지속된 나당동맹기에 신라정국을 주도한 사람은 나당 간 군사동맹을 맺고 돌아온 김춘추와 그의 처남 김유신이었다. 김춘추는 진덕왕을 이어 무열왕으로 즉위함으로써 명실상부한 신라의 제일인자가 되었고, 김유신은 신라의 군사권을 장악하고 김춘추의 정치적 구상과 야망을 물

9) "山川土地 非我所貪 玉帛子女 是我所有 我平兩國 平壤已南百濟土地 竝乞你新羅 永爲安逸"(『三國史記』 권7, 문무왕 11년).

리적으로 뒷받침해 주었다. 뿐만 아니라 김춘추와 김유신 가문은 대당외교까지 전담하다시피 하였다. 전후 7차례나 입당하여 대당외교를 수행한 김인문金仁問, 김춘추 귀국 후 당 고종의 즉위 축하사절로 파견된 김법민, 숙위로 활동하다가 귀국하여 재차 견당사로 활동한 김문왕 등은 모두 김춘추의 아들이다. 그리고 문무왕 6년(666)에 숙위차 입당하여 문무왕의 고구려 토벌 계획을 당에 전하고 군사를 청하여 당의 고구려 정벌군과 함께 귀국한 김삼광金三光은 김유신의 장남이었고, 고구려 멸망 직후 나당 간 전쟁의 기운이 감돌던 문무왕 9년에 사죄사로 입당한 김흠순金欽純은 김유신의 아우였다. 그리고 김유신의 서자 군승軍勝도 수차례에 걸쳐 당을 왕래한 것으로 보인다.[10] 이처럼 당시의 나당관계는 이들 두 가문에 의하여 시작되고 유지되었으며 마침내 삼국통합이라는 형태로 결실을 맺었다.

2) 갈등과 화해

김춘추와 당 태종 사이에 맺은 군사동맹은 660년 백제 멸망 이후 서서히 금이 가기 시작하였다. 당초 신라와 당은 서로 힘을 합하여 백제와 고구려를 멸망시킨 후, 백제 땅은 신라가 차지하고 고구려 땅은 당이 갖기로 약속하였다. 그러나 당은 백제 옛 땅에 웅진도독부熊津都督府를 두고 의자왕의 아들 부여융扶餘隆을 내세워 백제를 자신의 영토로 삼으려는 야욕을 드러내었다. 이에 신라는 당의 한반도정책에 의구심을 가지고 당을 경계하게 되고, 당 역시 신라의 움직임을 예의주시하였다. 그러나 강력한 고구려 정벌을 목전에 두고 있던 양국은 상호 불신감을 최대한 자제하고 668년에 힘을 합쳐 고구려를 멸망시켰

10) 權悳永(1997), 앞의 책, 256~257쪽.

다. 고구려 멸망 후 잠복해 있던 신라와 당의 갈등은 마침내 표면화되어 양국은 전면전에 돌입하게 되었다. 그것이 이른바 나당전쟁羅唐戰爭이다.

나당전쟁의 전말에 대해서는 이미 자세한 연구가 있거니와,[11] 전쟁과정에서 신라와 당의 군사동맹은 완전히 와해되었다. 그렇다고 하여 양국 간의 조공·책봉의 외교시스템까지 붕괴된 것은 아니었다. 양국이 전쟁을 치루는 과정에도 신라는 꾸준히 사절을 보내 조공하고 아울러 당의 한반도정책의 부당성과 전쟁의 불가피성을 역설하였다. 신라의 화전和戰 양면책에 대하여 당은 문무왕 14년(674)에 당시 장안에 머물고 있던 김인문을 신라왕으로 임명하고 문무왕의 관작을 취소하였다. 이에 신라는 사죄사를 보내 잘못을 시인하자 문무왕의 관작을 복위시켜 주었다. 그러나 양국의 갈등은 여전히 지속되었다.

680년대에 들어와 나당 갈등의 장본인이었던 문무왕과 당 고종이 죽고 신문왕과 측천무후가 새로 등장하자, 나당 간의 불화는 점차 치유되어 갔다. 잘 알려져 있는 바와 같이, 측천무후는 고종이 재위하던 670년대 후반부터 실질적인 권력을 행사하다가 고종이 죽은 후 중종中宗과 예종睿宗을 연이어 폐하고, 690년에 국호를 주周로 바꿈과 동시에 자신이 황제로 즉위하였다. 중국사상 최초로 여황제가 된 측천무후는 신왕조의 정통성과 합법성을 확보하여 권력을 안정시키고 새로운 왕조의 기틀을 다지기 위하여 주 왕조에 적극적이지 않은 수많은 기존관료들을 퇴출시키는 대신 신진관료들을 대거 등용하였다.[12]

---

11) 나당전쟁의 발발과 전개과정 등의 구체적인 내용에 관해서는 다음의 연구가 참고된다. 서영교(2006), 『羅唐戰爭史 研究』, 아세아문화사 ; 노태돈(2009), 『삼국통일전쟁사』, 서울대학교출판부.

12) 측천무후의 권력장악과 운용에 관해서는 아래의 논문을 참고한다. 横田滋(1956), 「武周政權成立の前提」, 『東洋史研究』 14-4, 25~45쪽 ; 孫敏佐(1983), 「則天武后의 權力集中策」, 『慶北史學』 6, 113~152쪽 ; 任大熙(1996), 「則天皇太后 執政期의 政治와 人物」, 『魏晉隋唐史研究』 2, 155~181쪽 ; 任大熙(2003), 「唐高宗 統治

또한 그는 자신의 덕화가 사이四夷에까지 미치고 있음을 드러내 보이기 위하여 주변국을 회무하고 외국사절을 초빙하였다. 신라 역시 주 왕조의 회무 대상이었음은 말할 것도 없다. 7세기 후반 측천무후가 집권하여 국내외 정치의 새로운 변화를 모색하던 이러한 정국 속에서, 고구려 멸망 이후 경색되었던 나당관계는 점차 교섭재개의 화해 분위기가 조성되어 갔다.

한편 신라는 신문왕대에 들어와 무열·문무왕대 계속된 전쟁으로 흐트러진 민심을 바로잡고 피폐해진 국내의 제반사항을 정비할 필요가 있었다. 이에 신문왕은 김흠돌金欽突의 난을 계기로 전제왕권 수립에 반대하는 귀족들을 숙청하고 관제를 개혁하였으며, 오묘제五廟制를 처음으로 제정하고[13] 국학國學을 세워 인재양성에 나섰다. 전후 복구와 체제정비를 서두르던 신문왕의 입장에서, 당과의 불화는 자신의 구상을 실현하는 데 결코 도움이 되지 않았을 것이다. 따라서 신라는 당과의 관계개선에 나서지 않을 수 없었다.

발해 건국 또한 나당관계의 정상화를 촉진하였다. 696년에 영주營州에서 일어난 이진충李盡忠의 난 와중에서 대조영이 무리를 이끌고 동모산東牟山에 이르러 698년에 진국振國 곧 발해를 건국하였다. 그 후 대조영은 주변의 여러 집단들을 흡수하여 세력을 확장하고 돌궐과 연계하여 당에 대항하였다.[14] 고구려 옛 땅에 자리 잡고 점차 강성해지던 발해는 당뿐만 아니라 신라에게도 부담스러운 존재였을 것이다. 이에 양국은 발해를 견제하기 위하여 서로 간의 교류

後期의 政治와 人物」, 『中國學報』 47, 523~546쪽.

13) 邊太燮(1964), 「廟制의 變遷을 통해 본 新羅社會의 發展過程」, 『歷史教育』 8, 68~69쪽 ; 濱田耕策(1982), 「新羅の神宮と百座講會と宗廟」, 『東アジア世界における日本古代史講座』 9, 學生社, 241~242쪽 ; 나희라(1997), 「신라종묘제의 수용과 그 내용」, 『韓國史研究』 98, 59~64쪽 ; 蔡美夏(2000), 「新羅 惠恭王代 五廟制의 改定」, 『韓國史研究』 108, 37~39쪽.

14) 발해 건국과 초기 정치상황에 관해서는 宋基豪(1995), 『渤海政治史研究』, 일조각 참조.

와 협력이 필요하였다. 이러한 7세기 후반의 국내외적인 여러 요소들이 복합적으로 작용하여 나당관계는 교섭재개의 화해 분위기가 조성되어 갔다.

『구당서』와 『삼국사기』 등에 의하면, 681년에 문무왕이 죽고 신문왕이 즉위하자 당 고종이 신라에 사신을 보내 정명政明 곧 신문왕을 신라왕으로 책봉하고 문무왕의 관작을 그대로 이어받게 했다고 한다.[15] 한반도 영유권을 둘러싸고 전쟁을 치른 후 사절 왕래가 끊어졌던 상황에서 당이 사신을 보내 신문왕의 즉위를 축하하고 그의 왕위계승을 승인한 것은 단절되었던 나당관계를 복구하려는 의도였던 것으로 보인다.

당의 국교재개 노력에 대하여 신라의 반응은 비교적 냉담하였다. 나당관계사를 일별하면 쉽게 알 수 있듯이, 당 조정에서 신라의 새로운 왕을 책봉하면 신라는 으레 답사答使를 보내 책봉에 감사를 표하였고 또 당에서 새로운 황제가 즉위하면 사신을 보내 축하하였다. 그러나 신문왕은 자신의 책봉에 대한 사은사를 보내지 않았을 뿐더러 2년 후인 683년에 당 고종이 죽고 중종이 즉위하였으나 여전히 침묵으로 일관하였다. 그 이유는 여러 가지가 있었겠으나, 주된 이유는 신문왕을 책봉하기 위하여 신라에 온 당사신이 태종 무열왕의 묘호廟號를 개칭할 것을 강압적으로 요구했기 때문이 아니었을까 한다.[16]

태종 무열왕은 중대 왕조를 개창하였고 삼국통일의 기반을 닦았던 신라의

15) 『三國史記』 권8에는 당의 책봉을 막연하게 신문왕 즉위년조에 수록하고 있으나, 『舊唐書』 권5 · 『唐會要』 권95 · 『冊府元龜』 권964 · 『資治通鑑』 권202 등에는 당이 신문왕을 책봉한 사실을 開耀 원년(681) 10월의 일로 기록하였다.

16) 『三國史記』 권8, 신문왕 12년조와 『삼국유사』 권1, 태종춘추공조에 당이 태종 무열왕의 묘호를 바꾸도록 요청한 사실이 소개되어 있다. 그러나 이들 두 기록 사이에는 요청한 시기가 다르게 기술되어 있다. 본고에서는 黃雲龍(1982), 「新羅太宗廟號의 紛糾始末」, 『동국사학』 17, 15~18쪽과 權悳永(1997), 앞의 책, 45쪽에 의거하여 그 시기를 신문왕 2년으로 간주한다.

중흥 군주이다. 그 결과 무열왕은 중 · 하대 신라왕실에서 존숭의 대상이 되었다. 혜공왕대에 오묘제를 개정할 때 무열왕을 문무왕과 더불어 불천지주不遷之主로 모셨고,[17] 애장왕대 오묘제를 다시 개정할 때는 무열왕과 문무왕의 사당을 별도로 만들어[18] 불천지주의 정신을 그대로 유지했다. 그러한 무열왕의 묘호를 바꾸라는 당의 요구를 신문왕이 선뜻 받아들일 수 없었을 것이다.

무열왕의 묘호 개칭 문제로 당에 냉담한 반응을 보였던 신문왕은 동왕 6년(686) 2월에 돌연 견당사를 보내 『예기』와 문장에 관한 서적을 청하고 신라 구법승으로서 당에 머물던 원측圓測의 방환을 요청하였다. 이에 측천무후는 담당 관서에 명하여 길흉요례吉凶要禮를 베끼고 『문관사림文館詞林』 중에서 모범이 될 만한 것을 가려 뽑아 50권의 책으로 엮어 신라에 보내주었다.[19] 그러나 원측의 방환은 정중히 거절하였다.[20] 측천무후가 신라사절을 이처럼 환대한 데는 전술한 측천무후의 당 조정 집권의지가 개재되어 있었음은 말할 것도 없다.

이처럼 680년대의 화해무드 속에서 신라와 당은 각각 한 차례씩의 사절 교환을 통하여 종전 단절되다시피 하였던 나당관계에 변화를 모색하였다. 그러나 692년에 신문왕이 죽음으로써 나당관계 개선 노력은 결실을 맺지 못하고 그 과업은 효소왕에게로 넘어갔다. 『구당서』와 『삼국사기』 등에 의하면, 692년에 신문왕이 죽고 효소왕이 즉위하자 측천무후가 사신을 보내 신문왕의 죽

17) 『三國史記』 권32, 잡지(1) 제사.

18) 『三國史記』 권10, 애장왕 2년 봄 2월.

19) 『舊唐書』 권199, 신라 ; 『唐會要』 권36, 蕃夷請經史 ; 『册府元龜』 권999, 외신부 請求 ; 『三國史記』 권8, 신문왕 6년 2월.

20) 圓測의 방환 요청에 관한 내용은 崔致遠이 지은 「飜經證義大德圓測和尙諱日文」에 나와 있다. 그런데 위의 글에서 측천무후가 원측의 방환을 거절했다고 하였으나, 사실은 원측 자신이 신라에 돌아갈 의향이 없었다. 이 점에 관해서는 權悳永(1993), 「新羅 圓測의 入唐과 歸國問題」, 『羅唐佛敎의 再照明』, 대한전통불교연구원, , 175~195쪽 ; 2007, 「신라 '西化' 구법승과 그 사회」, 『정신문화연구』 107, 339쪽 참조.

음을 조문하고 효소왕을 보국대장군행좌표도위대장군輔國大將軍行左豹韜衛大將軍 계림주도독鷄林州都督 신라왕으로 책봉했다고 한다.[21] 당의 이러한 조처에 대하여 효소왕은 답사를 보내지 않았다.

신라의 불응에도 불구하고 측천무후는 재차 신라에 국교재개를 시도하였는데, 그것의 계기가 된 것은 김인문의 죽음이다. 668년에 생애 일곱 번째로 당에 들어가 귀국하지 않고 그곳에 머물던 김인문은 694년 4월에 당나라 장안에서 죽었다. 이에 측천무후는 조산대부朝散大夫 행사례시대의서령行司禮寺大醫署令 육원경陸元景 등을 보내 김인문의 유해를 신라에 송환해주었다.[22] 당의 이러한 적극적이고 우호적인 외교공세 때문이었는지 효소왕은 동왕 8년(699) 2월에 견당사를 보내 당에 방물을 바쳤다.

효소왕 8년의 견당사 파견은 나당관계 복원에 중요한 의미를 가지고 있다. 당은 690년 측천무후의 즉위와 더불어 주나라 역曆을 채용하여 자월子月 곧 음력 11월을 정월로 삼았다가 700년에 인월寅月 곧 음력 1월을 다시 정월로 삼았다.[23] 그런데 『삼국사기』 권8, 효소왕 9년(700)조에 "인월을 정월로 삼았다"고 하므로, 전년에 파견된 견당사가 당의 정삭正朔을 받아왔음을 추지할 수 있다. 정삭 수수는 신속관계를 전제로 하는 정치적 의례이다. 이런 점에서 효소왕 8년의 견당사 파견은 단절되었던 나당관계를 실질적으로 복구하는 계기가 되었다고 하겠다. 그러나 본격적인 나당교섭은 2년 후에 즉위한 성덕왕대부터 전개되었다.

---

21) 『舊唐書』 권199, 신라 ; 『三國史記』 권8, 효소왕 즉위년 ; 『册府元龜』 권964, 외신부 封册(2).

22) 『三國史記』 권44, 열전 김인문. 김인문의 생애에 관해서는 權悳永(2004), 「金仁問小傳」, 『文化史學』 21, 2004, 417~439쪽 참조.

23) 『舊唐書』 권6, 載初 원년 정월 및 久視 원년 10월.

3. 나당 간의 사절 왕래

1) 견당사의 파견

고구려 멸망 이후 단절되다시피 하였던 나당관계는 신문왕의 즉위와 측천무후의 집정을 계기로 변화의 기미가 보이다가, 8세기의 개막과 더불어 마침내 회복되었다. 비록 효소왕대 정삭 수수를 통해 신라와 당은 예전 관계를 회복하였으나, 빈번한 사절 왕래를 통해 나당관계를 재정립한 것은 성덕왕대부터였다.

성덕왕은 재위 36년 동안에 46회의 견당사를 파견하였다. 성덕왕은 즉위 이듬해(703)에 정월과 7월 두 차례에 걸쳐 견당사를 보낸 이래 동왕 36년(737)에 사찬 김포질金抱質을 하정사로 당에 파견하기까지 다양한 목적으로 당에 사절을 파견하였다. 성덕왕대 견당사 파견에 관해서는 일찍이 필자가 정리한 적이 있기 때문에[24] 여기서 일일이 소개할 필요가 없다. 다만 그 대략적인 추이를 살펴보면, 성덕왕은 즉위 원년과 3년, 14년, 19년, 20년을 제외하고는 매년 한 차례 이상 견당사를 파견하였다. 특히 동왕 5년과 34년에는 한 해 동안에 3차례의 사절단을 보내는 등 정력적으로 대당교섭을 추진하였다. 그 결과 성덕왕은 평균 1년에 약 1.3회의 견당사를 파견함으로써 역대 왕들 가운데 가장 빈번하게 당에 사절을 파견하였다.

737년 2월에 성덕왕이 죽고 효성왕이 즉위하였다. 효성왕은 즉위 직후 견당사를 보내어 성덕왕의 죽음과 자신의 즉위를 알렸고,[25] 또 동왕 2년 3월에

24) 權悳永(1997), 앞의 책, 45~57쪽.
25) 『唐會要』 권95, 신라전.

김원현金元玄[26)]이 입당하여 새해를 축하하였다. 이후 약 4년간 신라에서 견당사를 파견한 기록이 보이지 않다가 효성왕이 죽은 동왕 6년(742) 5월에 신라사신이 입당하여 조공했다고 한다.[27)] 그들은 효성왕이 죽기 이전에 신라를 떠났을 터이므로 효성왕대의 마지막 견당사였던 셈이다.

742년 5월에 효성왕이 죽고 그의 아우 헌영憲英 곧 경덕왕이 즉위하여 곧바로 고애사를 보내 효성왕의 죽음과 자신의 즉위를 당에 알렸다. 이에 당 현종은 이듬해 찬선대부贊善大夫 위요魏曜를 보내어 조문하고 헌영을 개부의동삼사사지절대도독계림주제군사겸충지절영해군사신라왕開府儀同三司使持節大都督鷄林州諸軍事兼充持節寧海軍使新羅王으로 책봉하였다. 그 후 경덕왕은 동왕 3년에 3회의 견당사를 파견하는 등 재위 24년 동안 견당사를 총 16회 파견하였다.

765년에 경덕왕이 죽고 혜공왕 건운乾運이 즉위하였다. 그러나 혜공왕은 종전처럼 즉위 직후 곧바로 견당사를 파견하지 않고 2년 후인 동왕 3년(767) 7월에 김은거金隱居를 당에 보내 경덕왕의 죽음과 자신의 즉위를 알리고 책봉을 청하였다.[28)] 당제는 김은거를 자신전紫宸殿에서 인견하고 신라왕의 요청에 따라 다음 해 창부랑중겸어사중승倉部郎中兼御史中丞 귀숭경歸崇敬과 감찰어사 육정陸珽 그리고 고음顧愔 등을 신라에 보내 혜공왕을 개부의동삼사신라왕開府儀同三司新羅王에 책봉하였다. 아울러 혜공왕의 어머니인 만월부인滿月夫人을 왕태비王太妃에

26) 『冊府元龜』 권971, 외신부 조공(4)에서는 金元玄을 大臣이라 하였으나 구체적인 職名은 알 수 없다.

27) 『冊府元龜』 권971, 외신부 조공(4).

28) 『三國史記』 권9, 혜공왕 3년 7월. 이 외에도 김은거의 입당 사실은 『舊唐書』(권199) 신라전, 『冊府元龜』(권972) 조공(5)조 및 같은 책(권965) 봉책(3)조 등에 실려 있으나, 이들 중국문헌들에서는 그이 입당을 대력 2년(혜공왕 3)조에 일괄 수록하였다. 한편 『全唐文』 권387에 실려있는 「送歸中丞使新羅弔祭冊立序」는 신라왕의 조문 겸 책봉을 위하여 귀숭경이 당을 떠날 때 獨孤及이 그의 壯途를 격려하기 위하여 지은 글이다.

봉하였다. 이에 혜공왕은 동왕 4년 9월에 사은사를 보내 책봉에 감사하였다.

이즈음 신라에서는 일길찬 대공大恭과 아찬 대렴大廉 형제가 반란을 일으켜 왕궁을 33일간이나 포위하였다가 진압되었다. 또 동왕 6년에는 대아찬 김융金融이 반란을 일으켰다가 죽음을 당하는 등 나라 안이 극도로 혼란스러웠다. 『신당서』 권220, 신라전에서 "때마침 그 나라 재상들 사이에 권력 다툼이 일어나 서로 싸워서 나라가 크게 어지러웠는데, 3년만에야 진정되었다"라고 하였듯이,[29] 대공의 난으로 시발된 일련의 반란과 국내 소요사태는 3년만인 혜공왕 7년경에야 어느 정도 안정을 되찾을 수 있었다.

신라 국내정세의 불안으로 일시 중단되었던 견당사 파견은 혜공왕 8년에 재개되었다. 『삼국사기』 권9, 혜공왕 8년(772)조에 의하면, 이 해 정월 이찬 김표석金標石을 당에 보내 새해를 축하하자 대종代宗이 그에게 위위원외소경衛尉員外少卿의 벼슬을 주어 돌려보냈다고 한다. 그리고 동왕 9년(773)에는 4월과 6월 두 차례에 걸쳐 신라 견당사가 입당하였다. 4월의 견당사는 신년 축하 사절로서 금 · 은 · 우황 · 어아주魚牙紬 · 조하주朝霞紬 등의 방물을 당에 바쳤고, 6월의 견당사는 사은사였다.

『구당서』 권199, 신라전에서 "대력 9년(774)부터 12년까지 신라는 매년 사신을 보내어 조공했는데 1년에 두 번씩 올 때도 있었다"고 했듯이, 혜공왕 10년(774, 대력 9)에 신라는 4월과 10월 두 차례 걸쳐 견당사를 파견하였다. 그리고 다음 해 역시 정월과 6월 두 차례 견당사가 입당하였고, 혜공왕 12년에는 7월과 10월에 각각 신라 견당사가 입당 · 조공하였다. 그리고 『책부원귀』 권972, 외신부 조공(5) 대력 12년(혜공왕 13, 777) 12월조에 신라사신이 와서 공물을 바쳤다는 기사가 보이는데, 이것이 혜공왕대의 마지막 견당사였다.

29) 『新唐書』 권220, 신라전.

780년 4월 김지정金志貞의 난 와중에서 혜공왕이 죽고 나물왕 10세손인 김양상金良相 곧 선덕왕宣德王이 즉위함으로써 155년간의 하대가 개막되었다. 김양상은 성덕왕 31년에 김충신金忠信과 숙위를 교대하기 위하여 입당했다가 그곳에서 죽은 김효방金孝芳의 아들로,[30] 즉위 후 1년이 지난 동왕 3년(782) 윤정월에 처음 견당사를 파견하였다. 그러나 어떤 이유에서인지 모르지만, 이때의 견당사는 혜공왕의 죽음과 신왕의 즉위 사실을 당에 알리지 않았다.[31]

선덕왕은 동왕 5년 한찬韓粲 김양공金讓恭을 당에 파견하여[32] 비로소 신라의 왕위교체 사실을 알리고 책봉을 청하자 다음 해 정월 혹은 2월에[33] 덕종이 호부랑중 개훈蓋塤과 비서승 맹창원孟昌源 등을 보내어 김양상을 검교태위사지절대도독계림주자사영해군사신라왕檢校太尉使持節大都督鷄林州刺史寧海軍使新羅王에 책봉하였다.[34] 그러나 이 해 정월 13일 선덕왕이 죽고 김경신金敬信이 즉위하자 선

30) 김양상도 일찍이 견당사 혹은 숙위로서 당에 다녀온 경력이 있었던 것으로 보인다. 『舊唐書』 권12, 德宗本紀 貞元 원년 2월조에서 '檢校秘書監金良相'을 신라왕으로 책봉한다고 하여 김양상이 신라왕에 책봉되기 이전에 이미 당의 관작을 가지고 있었기 때문이다.

31) 『册府元龜』 권962, 외신부 封册(3)조에서 "貞元元年正月 以秘書丞孟昌源爲國子司業兼御史中丞 新羅弔祭册立使 先是建中四年 新羅王金乾運卒 無子 國人立其上相金良相爲王"이라 했듯이 당은 혜공왕의 죽음과 김양상의 즉위시기를 建中 4년(선덕왕 4)으로 알고 있었고, 당의 책봉도 선덕왕 6년에 이르러 겨우 행하여졌다는 점에서 그러한 사실을 추지할 수 있다.

32) 『祖堂集』 권17, 雪岳陳田寺 元寂禪師傳. 金讓恭의 입당 시 元寂禪師 道義가 동행·입당하였다.

33) 『三國史記』 권9, 신라본기와 『册府元龜』 권962, 外臣部 封册(3)조에서는 정월이라 하고, 『舊唐書』 권12, 德宗本紀에서는 2월 丙戌(21일)이라 하였다.

34) 『三國史記』 권9, 신라본기와 『舊唐書』 권12, 德宗本紀 ; 같은 책 권199, 신라전 ; 『新唐書』 권220, 신라전 ; 『唐會要』 권95, 신라전에서는 이 때 신라에 온 당의 册封使를 戶部郎中 蓋塤이라고만 하였다. 그러나 『册府元龜』 권965, 外臣部 封册(3)條에서는 貞元 원년(선덕왕 6, 785) 정월에 秘書丞 孟昌源을 國子司業 兼 御史中丞으로 삼아 신라왕의 弔問 兼 册立使로 삼아 신라에 보냈다고 한다.

덕왕에게 주었던 관작을 김경신이 그대로 이어받도록 하였다.

원성왕은 즉위 2년(786) 4월에 김원전金元全을 보내어 방물을 바쳤다.[35] 시기적으로 보아 김원전은 전년 당의 책봉에 대한 사은사였을 법하다. 당 덕종은 칙서를 내려 원성왕을 격려하고 아울러 왕과 왕비 및 재상들에게 각기 비단과 옷 등을 내렸다. 원성왕 5년(789)에는 김준옹金俊邕을 당에 파견하였고[36] 익년에는 김언승金彦昇을 견당사로 보냈다.[37] 이들은 견당사의 임무를 완수하고 귀국하여 모두 대아찬의 관등을 받았다.

원성왕 8년(792) 7월에는 신라사신이 당에 입조하여 신라 제일의 미인으로 몸에서 향기가 나는 미녀 김정란金井蘭을 바쳤다고 한다.[38] 그런데 『삼국유사』 권2, 원성대왕조에, 신기한 구슬을 몸에 지님으로써 원성왕의 총애를 받았던 사미 묘정妙正이 당에 사신으로 가는 모某 잡간匝干에게 딸려서 당제에게 바쳐진 설화를 전하고 있다. 설화 내용으로 보아, 『삼국유사』에서 말하는 사미 묘정은 전술한 미녀 김정란과 동일인으로 보인다. 따라서 이때의 견당사는 잡찬의 관등을 가진 어떤 사람이었다고 하겠다. 이후 798년 원성왕이 죽을 때까지 신라가 견당사를 파견한 기록은 보이지 않는다.[39]

798년 12월 29일에 원성왕이 죽고 다음 해에 김준옹이 즉위하여 소성왕이 되었다. 소성왕은 그 해 7월 사신을 보내어 9척 되는 인삼을 당에 바쳤으나 덕

35) 『三國史記』 권10, 원성왕 2년 4월.
36) 『三國史記』 권10, 소성왕 즉위년.
37) 『三國史記』 권10, 헌덕왕 즉위년.
38) 『三國史記』 권10, 원성왕 8년 7월.
39) 그렇다고 하여 이 기간 동안에 나당 간의 사신 왕래가 杜絕되었다고는 생각되지 않는다. 『삼국유사』 권2, 원성대왕조에, 원성왕 11년 당나라사신이 신라에 와서 한 달간 머물다가 돌아갔다는 기록에서 추지할 수 있듯이 그 기간 동안에도 양국 간의 사신왕래는 여전했다.

종이 그것을 인삼이 아니라 하여 받지 않았다.[40] 이때의 사신은 소성왕 즉위 후 처음 보내는 견당사였고, 다음 해 당에서 책봉사를 보냈던 점 등으로 보아 그들은 원성왕의 죽음과 소성왕의 즉위 사실을 알리기 위하여 파견되었음을 알 수 있다. 신라의 왕위교체 사실을 접수한 당은 다음 해 4월[41] 김준옹을 개부의동삼사검교태위신라왕開府儀同三司檢校太尉新羅王에 봉하는 조치를 내리고,[42] 사봉랑중 겸 어사중승 위단韋丹을 조위 겸 책봉사로 삼아 신라로 떠나보냈다. 그런데 마침 그 해 6월 소성왕이 죽었으므로 위단은 운주鄆州까지 왔다가 되돌아갔다.

이처럼 8세기의 신라는 성덕왕이 닦아놓은 기반 위에서 꾸준히 견당사를 파견하였다. 비록 780년 4월에 김지정의 난 와중에서 혜공왕이 죽고 선덕왕이 즉위함으로써 이른바 신라 하대 왕위쟁탈전의 서막이 열렸으나, 견당사 파견이라는 관점에서 보면 나당관계는 중대와 다를 바 없었다. 이 시기 신라는 정기적으로 하정사를 보내 신라의 사정을 알렸고, 수시로 사은사와 고주사告奏使 그리고 경조사慶弔使 등을 보내 당과의 외교관계를 돈독히 하였다. 이상의 8세기 신라 견당사의 파견 실태를 표로서 정리하면 아래의 〈표 1〉과 같다.

〈표 1〉 8세기 견당사 파견

구 분	성덕왕	효성왕	경덕왕	혜공왕	선덕왕	원성왕	소성왕
파견 횟수	46	3	16	12	2	3	1
재위 기간	36	5	24	15	5	14	1

40) 『三國史記』 권10, 소성왕 원년 7월.

41) 800년의 소성왕 책봉에 관하여서는 『三國史記』 권10, 애장왕 즉위년조를 비롯한 각종 문헌에 기록되어 있다. 그러나 이를 800년 4월이라 명시한 것은 『舊唐書』 권13, 德宗本紀와 『資治通鑑』 권235, 德宗紀 및 『책부원귀』 권965, 외신부 봉책(3)조이다.

42) 『三國史記』 권10, 애장왕 9년 2월조에 실린 견당사 金力奇의 말에 의하면, 이 때 王母와 王妃에 대한 책봉도 아울러 행하여졌음을 알 수 있다.

2) 당사절의 내왕

8세기에는 신라 견당사의 빈번한 입당뿐만 아니라 당의 사절 역시 꾸준히 신라를 내왕하였다. 우선 성덕왕대에 세 차례의 당사절이 내왕하였다. 『자치통감』·『삼국사기』·『구당서』·『책부원귀』 등에 의하면, 702년에 신라 효소왕이 죽자 측천무후가 그의 죽음을 애도하여 이틀간 조회를 정지하고 다음 해 4월 신라에 사신을 보내 조문했다고 한다.[43] 아울러 측천무후는 성덕왕을 신라왕으로 책봉하고 효소왕이 가지고 있던 장군과 도독의 관작을 성덕왕이 이어받도록 했다. 그러나 이때 신라에 온 당의 사신이 누구였는지는 알 수 없다. 이것이 성덕왕대에 도래한 첫 번째 당사절이다.

성덕왕대 두 번째로 신라에 온 당사절은 동왕 11년(712)의 노원민盧元敏이다.[44] 8세기 초 당의 내부사정은 매우 복잡하였다. 고종의 왕비였던 측천무후가 690년에 당왕조를 뒤엎고 주周를 세워 자신이 황제가 되었다. 그러나 705년 재상 장간지張柬之와 최현위崔玄暐 등이 거병하여 무후를 폐하고 당의 국호를 회복하여 중종을 복위시켰다. 장간지 등에 의해 재차 제위에 오른 중종은 710년에 자신의 왕비 위후韋后와 그 집안사람들에 의하여 독살되고 중무重茂가 즉위하여 소제少帝가 되었으나, 곧이어 예종 단旦의 셋째 아들 융기隆基가 반反 위

---

43) 『舊唐書』 권199, 신라 ; 『책부원귀』 권964, 외신부 봉책(2) ; 『三國史記』 권8, 성덕왕 즉위년 ; 『資治通鑑』 권207, 長安 3년. 성덕왕대 초 당 사절의 도래에 대하여 『舊唐書』·『책부원귀』·『三國史記』에는 성덕왕 즉위년(702) 조에 수록하였고, 『資治通鑑』에는 장안 3년 조에 수록하였다. 동일한 사실에 대한 기록이 이처럼 1년 차이를 보이는 것은, 전자는 효소왕의 죽음에 초점을 두고 서술한 기사이고 후자는 성덕왕의 책봉에 초점을 맞추었기 때문이다. 따라서 당이 사신을 보내 성덕왕을 책봉한 시기는 『資治通鑑』에서 말하는 성덕왕 2년(703)이 타당하다고 하겠다.

44) 『三國史記』 권8, 성덕왕 11년 3월.

후 세력을 결집하여 위씨 정권을 무너뜨리고 일찍이 측천무후에 의하여 폐위되었던 예종을 복위시켰다. 그러나 예종 역시 얼마 가지 못하고 712년 8월에 융기에게 선양함으로써 융기 곧 현종玄宗이 즉위하였다.

당의 사신 노원민은 바로 현종의 즉위를 전후한 시기 신라에 왔던 것이다. 『삼국사기』 권8에서는 712년 3월에 노원민이 신라에 왔다고 하였으나, 그가 성덕왕의 이름이 현종의 그것에 저촉된다는 사실을 말하고 성덕왕의 이름을 바꿀 것을 요구한 점으로 보아 노원민은 712년 8월 이후에 신라에 왔을 가능성이 높다. 그렇다면 노원민은 융기가 제위를 물려받은 사실을 통보하기 위하여 신라에 왔음직하다. 어쨌든 당으로부터 개명을 요청받은 성덕왕은 자신의 이름을 곧바로 흥광興光으로 바꾸었다.[45)]

성덕왕대의 세 번째 당사절은 동왕 32년(733)에 604명의 대규모 사절단을 이끌고 신라에 온 내사內史 하행성何行成과 부사 태복원외경 김사란金思蘭 일행이다.[46)] 732년 9월에 발해 무왕이 장문휴張文休를 보내 당나라 등주를 공격하여 등주자사 위준韋俊을 죽이고 산동반도 일대를 유린하였다. 발해의 공격을 받은 당은 좌령군장군 갈복순葛福順에게 명하여 발해를 토벌하는 한편 신라 군사를 동원하여 발해 남쪽을 공격하고자 하였다. 이에 현종은 733년 정월에 하행성을 우두머리로 한 대규모 사절단을 보내, 성덕왕에게 개부의동삼사영해군사開府儀同三司寧海軍使의 관작을 더해주고 군사를 내어 발해를 공격하도록 종용하였다. 당의 요청을 받은 성덕왕은 김유신의 손자인 윤중允中과 윤문允文 형제

---

45) 『三國史記』 권8 성덕왕 즉위년과 『당회요』 권95, 신라전에 의하면, 성덕왕은 先天(712~713) 연간에 이름을 興光으로 바꾸었다고 한다.

46) 사절의 우두머리가 何行成이었다는 사실은 최치원이 지은 「上太師侍中狀」(『三國史記』 권46, 열전 최치원)과 張九齡이 대작한 「勅新羅王金興光書」(『文苑英華』 권471, 蕃書 4)에 실려 있고, 당시 사절단의 규모가 604명이었다는 것은 『삼국유사』 권2, 효성왕조를 통하여 알 수 있다.

를 비롯한 4명의 장군에게 군사를 이끌고 발해 남쪽을 공격하도록 했으나 악천후로 성과 없이 철수하였다.

737년 2월에 성덕왕이 죽고 효성왕이 즉위하여 같은 해 12월에 그 사실을 당에 알렸다. 당 현종은 성덕왕이 죽었다는 소식을 듣고 오랫동안 슬퍼하고, 좌찬선대부 형숙邢璹을 섭홍려소경攝鴻臚少卿에 임명하여 대사로 삼고 솔부병조참군 양계응楊季鷹을 부사로 삼아 신라에 보내 조문 · 제사하였다. 그리고 성덕왕에게 태자태보를 추증하고 효성왕을 개부의동삼사 신라왕으로 책봉하였다. 형숙이 신라로 떠날 즈음 현종이 서문을 짓고 태자 이하 백관이 모두 시부詩賦를 지어 전송했다고 한다.[47] 한편 형숙은 『도덕경道德經』 등을 효성왕에게 바치고 신라에서 유학을 강의하면서 다음 해까지 머물다가 본국으로 돌아갔다.

『삼국사기』에는 효성왕대에 형숙 이외 2차례의 당나라 사절이 더 왔던 것으로 기록되어 있다. 하나는 동왕 2년 2월조 말미에 "당이 사신을 보내 왕비 박씨를 책봉하였다[唐遣使 詔冊王妃朴氏]"라는 기사이고, 다른 하나는 동왕 4년 봄 3월조에 "당이 사신을 보내 부인 김씨를 왕비로 책봉하였다[唐遣使 冊夫人金氏爲王妃]"라 한 기사이다. 이 기사에 의거하여 효성왕대에 박씨와 김씨 두 명의 왕비가 있었다 혹은 그렇지 않다 등의 논의가 있어 왔으나,[48] 이 문제는 본고의 주제에서 벗어나므로 여기서 언급하지 않겠다. 다만 효성왕 2년 2월 당에서 사절을 보내왔다는 기록은 선뜻 수긍하기 어렵다. 왜냐하면 당시 형숙 등이 신라에 와 있었음에도 당에서 왕비 책봉을 위하여 재차 사절단을 보냈

47) 『舊唐書』 권199, 신라 ; 『책부원귀』 권975, 외신부 褒異(2) ; 『三國史記』 권9, 효성왕 2년 2월.

48) 井上秀雄(1974), 「新羅朴氏王系の成立」, 『新羅史基礎硏究』, 東出版, 351~362쪽 ; 李丙燾, 『國譯 三國史記』, 乙酉文化社, 149쪽 ; 金壽泰(1990), 「新羅 中代 專制王權과 眞骨貴族」, 서강대대학원 박사학위논문, 106~117쪽 ; (1992)「新羅 孝成王代 朴氏王妃의 再登場」, 『湖西史學』 19 · 20합집, 67~84쪽.

을 리가 없기 때문이다. 만약 효성왕 2년 2월에 당의 사신이 박씨를 왕비로 책봉한 것이 사실이라면, 그때 왕비를 책봉한 당나라 사신은 아마 형숙 일행이었을 것이다. 그러나 효성왕 4년의 당사절 도래에 대해서는 부정할 근거가 없다. 따라서 본고에서는 효성왕 4년에 당사절이 신라에 와서 새로 왕비가 된 김순원의 딸 혜명惠明을 왕비로 책봉한 것으로 파악하고자 한다.

742년 5월에 효성왕이 죽고 경덕왕이 즉위하자 다음 해 5월에 당 현종이 찬선대부 위요魏曜를 보내 조문하고 경덕왕을 신라왕으로 책봉하였다. 이때 현종이 보낸 조서가 『삼국사기』를 비롯한 여러 자료에 소개되어 있거니와,[49] 거기에 의하면 전왕 효성왕의 관작을 경덕왕이 그대로 이어받도록 하였다. 아울러 현종이 직접 주석한 『효경』 1부를 경덕왕에게 주었다고 한다.

한편 『속일본기』 권25, 천평보자天平寶字 8년(764) 7월 갑인조에, 당의 사신 한조채韓朝彩가 당에서 유학한 일본승 계융戒融이 무사히 본국으로 돌아갔는지 여부를 알아보기 위하여 발해를 거쳐 신라에 온 사실이 기록되어 있다. 762년에 당은 대흠무大欽茂를 발해군왕에서 발해국왕으로 승격 · 책봉하였다. 그때 당의 책봉조서를 가지고 발해에 간 사람이 바로 한조채였다.[50] 그런 한조채가 763년 10월 신라에 와서, 그와 발해까지 동행했던 유학승 계융의 안부를 일본에 직접 알아봐줄 것을 신라조정에 요청하였던 것이다. 이에 신라는 김재백金才伯을 일본에 보내 계융의 안전귀국을 확인해주었다.[51]

사실 한조채의 신라행은 당을 떠날 때부터 예정되어 있던 것이 아니라, 계

---

49) 『三國史記』 권9, 경덕왕 2년 3월 ; 『册府元龜』 권965, 외신부 봉책(3) ; 『全唐文』 권24, 元宗.

50) 金毓黻(1995), 『渤海國志長編』 권3, 世紀1 大興 25년 및 26년 ; 濱田耕策, 「留唐學僧戒融の日本歸國をめぐる渤海と新羅」, 『日本古代の傳承と東アジア』, 吉川弘文館, 1995, 404~407쪽.

51) 『속일본기』 권25, 天平寶字 8년 7월 갑인.

융의 안전한 귀국여부를 확인하기 위한 단순한 방문에 지나지 않았다.[52] 그렇다면 한조채는 당 조정이 신라에 보낸 공식사절이 아니었다고 할 수 있다. 따라서 본고에서는 한조채를 신라에 도래한 당사절의 범주에 포함시키지 않는다.

앞 절에서 언급했듯이, 765년에 경덕왕이 죽고 혜공왕이 즉위한 후 김은거를 당에 보내 책봉을 요청하였다.[53] 이에 당 대종은 다음 해 창부랑중 겸 어사중승 귀숭경歸崇敬과 감찰어사 육정陸珽 그리고 고음顧愔 등을 신라에 보내, 혜공왕을 개부의동삼사 신라왕으로 책봉하고 그의 어머니 만월부인을 왕태비로 책봉하였다. 〈책신라왕김건운문冊新羅王金乾運文〉과 〈책신라왕태비문冊新羅王太妃文〉에 의하면, 혜공왕 책봉문은 대력 3년(768) 정월 28일에 내려졌고 왕태비의 그것은 같은 해 2월 10일에 내려졌다.[54] 따라서 귀숭경 일행은 그로부터 멀지 않은 시기에 책봉조서를 가지고 당을 출발했을 터이므로, 그들은 768년 여름쯤 신라에 도착했을 것이다.

780년 4월에 혜공왕이 죽고 김양상 곧 선덕왕이 즉위하여 동왕 5년(784)에 그러한 사실을 당에 알렸다.[55] 이에 당 덕종은 다음 해 정월 혹은 2월에 호부랑중 개훈蓋塤과 비서승 맹창원孟昌源을 국자사업 겸 어사중승에 임명하여 신라에 보내 김양상을 신라왕으로 책봉하였다.[56] 그런데 이달 13일에 선덕왕이 죽

52) 濱田耕策(1995), 앞의 논문, 416~421쪽.

53) 『舊唐書』 권199, 신라 ; 『책부원귀』 권965, 외신부 封冊(3) ; 『三國史記』 권9, 혜공왕 3년 7월.

54) 「冊新羅王金乾運文」과 「冊新羅王太妃文」은 『唐大詔令集』 권129와 『全唐文』 권415 및 권49에 수록되어 있다.

55) 權悳永(1997), 앞의 책, 71쪽 참조.

56) 『舊唐書』 권199, 신라 ; 『책부원귀』 권965, 외신부 封冊(3); 『三國史記』 권9, 선덕왕 6년 정월.

고 김경신 곧 원성왕이 즉위하자 선덕왕에게 주었던 관작을 원성왕이 그대로 이어받도록 했다고 한다. 그러므로 원성왕 즉위시에는 당의 책봉사가 신라에 오지 않은 셈이다.

비록 원성왕 즉위시에는 당사절이 오지 않았으나, 그후 동왕 11년(795)에 당사절이 한 차례 신라에 온 적 있다. 즉 원성왕 11년에 당나라 사신이 신라 서울에 와서 한 달 정도 체류하다 돌아갔는데, 이때 함께 왔던 하서국河西國 사람이 분황사 우물에 살던 호국룡을 붙잡아 가는 것을 원성왕이 알아차리고 되찾아온 설화가 『삼국유사』에 전한다.[57] 이때 신라에 왔던 당의 사신이 누구였으며 그들이 왜 신라에 왔는지 등에 관해서는 명확히 알 수 없다.

그런데 『당국사보唐國史補』와 『태평광기太平廣記』에 위 『삼국유사』의 이야기를 연상시키는 흥미로운 일화 하나가 소개되어 있다. 즉 언젠가 원의방元義方이 신라에 사신으로 갔다가 돌아오던 중 어느 섬에 도착하였더니 그곳에 우물이 있었으므로 뱃사람들이 모두 그 샘물을 떠 마셨다. 그런데 갑자기 거기서 작은 뱀이 나왔으므로 선박을 총괄하던 주사舟師가 "용이 진노했다"고 하며 급히 그곳을 떠나 몇 리를 항해하니, 사흘 밤낮 동안 바람과 비가 쏟아지고 벼락과 번개가 쳤다고 한다.[58]

여기서 이들 두 설화는 모두 용을 모티브로 하였다는 점에서 동일 사절의 행적일 가능성이 높다. 게다가 원의방은 805년 신라에 사신으로 왔던 원계방元季方의 친형이었으므로, 그가 신라에 사신으로 왔다면 동생인 원계방보다 먼저였을 터인데 805년 이전으로부터 멀지 않은 시기에 신라에 도래한 당사절 가운데 대사大使의 존재가 알려지지 않은 경우는 원성왕 11년의 사절 밖에 없

57) 『삼국유사』 권2, 원성대왕.

58) 『당국사보』 下 ; 『太平廣記』 권423, 龍(6) 元義方.

다. 따라서 본고에서는 원의방 일행을 원성왕 11년의 당사절로 간주하고자 한다. 이상에서 살펴본 8세기 신라에 도래한 당나라사절을 정리하면 다음의 〈표 2〉와 같다.

〈표 2〉 8세기 신라에 도래한 당사절

도래시기	사신명(관직)	목적	전거	기타
703년 (성덕왕 2)		조문, 성덕왕 책봉	A8, B199, D964, E207	
712년 (성덕왕 11)	노원민盧元敏	현종 즉위 통보, 성덕왕 개명 요구	A8	성덕왕 흥광興光으로 개명
733년 (성덕왕 32)	하행성何行成(내사, 고품) 김사란金思蘭(부사, 태복원외경)	신라 발해공격 요청, 관작 추가 수여	A8 · 46, B199, D975, E213, F95, G2, H284, 문원영화文苑英華471	
738년 (효성왕 2)	형숙邢璹(좌찬선대부, 홍려소경) 양계응楊季膺(부사, 솔부병조참군)	성덕왕 추증 · 조문, 효성왕 책봉	A9, B9 · 199, C220, D964 · 975, F95	
740년 (효성왕 4)		왕비 책봉	A9, D975	
743년 (경덕왕 2)	위요魏曜(찬선대부)	조문, 경덕왕 책봉	A9, B199, D965, H24	효경 증여
768년 (혜공왕 4)	귀숭경歸崇敬(창부랑중 겸 어사중승) 육정陸珽(부사, 감찰어사) 고음顧愔(부사, 감찰어사)	조문, 혜공왕과 왕모 책봉	A9, B149 · 199, C145 · 220, D654 · 965, E, F95, H49 · 415, 당대조령집唐大詔令集129	
785년 (선덕왕 6)	개훈蓋塤(호부랑중) 맹창원孟昌源(비서승, 국자사업 겸 어사중승)	선덕왕 책봉	A9, B12 · 199, C220, D965, F95	
795년 (원성왕 11)	원의방元義方		G2, 당국사보唐國史補(下), 태평광기太平廣記423	하서국인 동행

* A: 삼국사기, B: 구당서, C: 신당서, D: 책부원귀, E: 자치통감, F: 당회요, G: 삼국유사, H: 전당문

4. 8세기의 나당관계

1) 조공과 책봉

잘 알고 있듯이 조공은 주나라의 종법적宗法的 봉건제도하에서 제후가 정기적으로 천자에게 조근朝覲하고 공물貢物을 바침으로써 군신 간의 의리를 밝히고 천자와 제후 사이의 결속을 공고히 하기 위하여 고안된 정치의례이다. 그러나 주 왕조의 멸망과 더불어 봉건제도가 소멸하고 강력한 통일왕조인 진, 한이 등장하자 종래 중국 내에서 행해지던 조공의례는 중국과 주변국가들 사이의 국제질서로까지 그 외연이 확대되었다. 특히 한나라 이후 조공제도는 중국 중심의 동아시아 전통사회에서 주변국가와의 외교관계를 규정짓는 기본적인 제도로 정착, 활용되었다.

신라가 처음 당에 조공한 것은 당이 건국된 지 3년 후인 진평왕 43년(621)이었다. 그 후 신라는 당이 멸망할 때까지 꾸준히 당에 사신을 보내, 단일 왕조로서는 가장 많은 횟수인 170여 차례에 걸쳐 다양한 형태의 견당사를 파견하였다.[59] 그것을 유형별로 나누면 하정사賀正使, 사은사謝恩使, 고진사告陳使, 주청사奏請使, 경조사慶弔使 등의 다섯 가지로 나눌 수 있다. 이 가운데 하정사는 매년 정월 초하루에 당나라 정전正殿에서 열리는 하정식에 참석하여 당실의 번영을 기원하고 당제를 축수하던 신년 축하 사절로, 신라는 거의 매년 당에 하

59) 조공은 책봉을 전제로 왕이나 사신이 정기적으로 책봉국에 찾아가 국내사정을 알리고 공물을 바치는 의식이므로, 엄격히 말하면 신라가 당에 보낸 사절단을 모두 조공사절이었다고 말할 수 없다. 그러나 신라의 견당사 파견은 조공과 책봉이라는 외교시스템 속에서 행해졌기 때문에, 비록 전형적인 조공과 다소 거리가 있으나, 신라 견당사의 대부분을 조공사절로 간주해도 틀린 말은 아닐 듯싶다.

정사를 보냈다. 이에 따라 하정사는 신라가 당에 보낸 전체 견당사의 절반가량을 차지하게 되었다.[60]

하정사가 정기적으로 파견하던 사절인 반면 사안이 있을 때 부정기적으로 파견하던 사절단도 있었다. 우선 사은사는 당조로부터 어떠한 시혜를 받았을 때 그것에 고마움을 표하기 위하여 보내는 사절이고, 고진사는 신라 국내 또는 당과의 일이 생겼을 경우 사건의 진상을 곡진하게 알리거나 시비를 가리기 위하여 파견하던 사절이다. 그런데 고진사는 신라왕의 죽음을 알리는 고애사告哀使, 전쟁에서의 승리를 알리는 고첩사告捷使, 시비곡직을 알리는 고주사告奏使, 잘못을 시인하고 용서를 구하는 사죄사謝罪使 등으로 다시 나눌 수 있다.

그리고 주청사는 왕과 왕모 및 왕비의 책봉은 물론 귀족자제들의 당 국학에의 입학, 당에 체류하고 있던 신라인들의 방환, 서적과 물건의 사여, 군사요청 등과 같은 특정사안을 당에 요구할 때 보내던 사절이고, 경조사는 당 왕실의 경사에 대한 축하 혹은 흉사에 대한 위문을 위해 보내던 사절이다. 나당관계가 안정적으로 전개되던 8세기에 하정사는 물론 사은사를 비롯한 부정기 사절단의 파견도 이루어졌는데, 그러한 것들을 정리하면 다음의 〈표 3〉과 같다.

〈표 3〉 8세기의 부정기 견당사 일람

사은사		고진사		주청사		경조사	
703년 (성덕왕 2)	책봉 사은	703년 (성덕왕 2)	성덕왕 죽음 고애	728년 (성덕왕 27)	국학생 입학 요청	725년 (성덕왕 24)	봉선의식 경하
724년 (성덕왕 23)	예물사여 사은	737년 (효성왕 1)	효성왕 죽음 고애	735년 (성덕왕 34)	패강진 신라군 주둔 요청	762년 (경덕왕 21)	조문 겸 즉위 축하

60) 權悳永(1997), 앞의 책, 150~154쪽.

733년 (성덕왕 32)	예물· 관작수여 사은	767년 (혜공왕 3)	혜공왕 죽음 고애	767년 (혜공왕 3)	혜공왕 책봉 요청		
735년 (성덕왕 34)	사은	799년 (소성왕 1)	소성왕 죽음 고애	784년 (선덕왕 5)	선덕왕 책봉 요청		
736년 (성덕왕 35)	패강진 사여 사은						
744년 (경덕왕 3)	사은						
764년 (경덕왕 23)	사은						
768년 (혜공왕 4)	책봉 사은						
786년 (원성왕 2)	책봉 사은						

이처럼 신라는 다양한 형태의 사절단을 지속적으로 당에 보내 양국 친선관계를 유지하였다. 그런데 전통적인 의미의 조공에는 '빙聘'과 '조朝'가 있어, 빙은 제후의 신하가 왕을 대신하여 천자를 알현하는 것이고 조는 제후가 직접 천자를 찾아가는 것을 말한다.[61] 그러한 이념은 당대까지 이어져 「대당개원례大唐開元禮」에는 주변국의 왕이 직접 왔을 경우와 사신이 대신 왔을 때의 의례를 각각 다르게 규정해 놓았다. 그 중에서 번주蕃主 곧 주변국의 왕이 직접 천자를 찾아왔을 때는 구두로 국내 사정을 아뢰고, 사신이 왔을 경우에는 표문으로써 번주의 말을 대신하도록 하였다.[62] 그런데 신라는 왕이 직접 당나라에 들어가 조공한 적이 없고, 모두 사신이 그것을 대신하였다. 이에 신라사신은 당의 규정에 따라 신라왕의 의지를 적은 표문을 반드시 지참하지 않을 수 없었다.

조공의례에서 빼놓을 수 없는 것이 방물의 헌상이다. 방물을 토물土物이라

61) 『春秋公羊傳』 隱公 11년, "諸侯來曰朝 大夫來曰聘".

62) 『通典』 권131, 開元禮纂類(26) 賓禮.

일컫는 데에서도 알 수 있듯이 방물은 지방의 토산물이 주요 대상 품목이었다. 후술하듯이 신라가 당에 보낸 방물은 금 · 은 · 동 등의 광물류와 포백 · 어아주 · 조하주와 같은 직물류, 우황 · 인삼 등의 약재류, 말 · 개 등의 동물류가 주류를 이루고 있다. 이 중에서도 신라의 공물은 금 · 은 · 우황 · 인삼이 대표적인 품목이었다.

신라의 조공에 대하여 당은 책봉으로 응대하였다. 책봉은 종주국이 주변국가의 군장에게 특정한 관작과 그에 상응하는 물품을 내려줌으로써 주변국 군장의 지위와 자격을 부여하고 공인하여 자신에게 신속시키고 종주국의 권위를 과시하는 정치의례의 일종이다. 이는 조공과 표리관계를 이루는 것으로, 책봉제도 역시 중국 주대周代 중원 내부의 질서체계로 제도화되었다가 진, 한 이후 대외관계로까지 확대 적용된 것이다.

신라와 당 사이에도 책봉의례가 행해졌음은 말할 것도 없다. 즉 당은 선진시대 이래 이어져온 중화사상의 전통에 기대어 종주국으로서 신라를 책봉하였고, 신라는 조공을 통하여 당의 책봉에 응하였다. 당은 신라의 다양한 사람들에게 관작과 직위를 내려주었는데, 그 대상은 크게 3부류로 나누어진다. 즉 신라왕, 왕비와 왕모, 신라관인이 그들이다.

당이 신라왕을 처음으로 책봉한 것은 624년에 진평왕을 주국낙랑군공신라왕柱國樂浪郡公新羅王으로 책봉한 것이다. 이후 당은 망할 때가지 줄곧 신라왕을 책봉하였다. 8세기에 당이 신라왕을 포함한 왕모와 왕비에 대한 책봉 사실을 정리하면 다음 표와 같다.

〈표 4〉 당의 책봉

책봉시기	피책봉자	책봉내용	사유	책봉사	전거
702년 (성덕왕 1)	성덕왕	보국대장군행좌표도위대장군계림주도독신라왕輔國大將軍行左豹韜衛大將軍鷄林州都督新羅王	즉위		A8, B199, D964
707년 (성덕왕 6)	성덕왕	표기대장군驃騎大將軍	가수 加授		F95
713년 (성덕왕 12)	성덕왕	표기장군특진행좌위위대장군사지절대도독계림주제군사계림주자사상주국낙랑군공신라왕驃騎將軍特進行左威衛大將軍使持節大都督鷄林州諸軍事鷄林州刺史上柱國樂浪郡公新羅王	가수		A8
733년 (성덕왕 32)	성덕왕	개부의동삼사영해군사開府儀同三司寧海軍使(태위지절영해군사계림주대도독太尉持節寧海軍事鷄林州大都督)	가수	하행성, 김사란	A8.46, B199, D964 · 975
738년 (효성왕 2)	성덕왕 효성왕	태자태보太子太保 개부의동삼사신라왕開府儀同三司新羅王(개부의동삼사사지절대도독계림주제군사겸지절영해군사신라왕開府儀同三司使持節大都督鷄林州諸軍事兼持節寧海軍使新羅王)	추증 즉위	형숙, 양계응	A9, B199, D964 · 975, F95
740년 (효성왕 4)	효성왕비	왕비王妃			A9, D975, F95
743년 (경덕왕 2)	경덕왕	개부의동삼사사지절대도독계림주제군사겸지절영해군사신라왕開府儀同三司使持節大都督鷄林州諸軍事兼持節寧海軍使新羅王	즉위	위요	A9, B199, G24
768년 (혜공왕 4)	혜공왕 혜공왕모	개부의동삼사신라왕開府儀同三司新羅王 태비太妃	즉위	귀숭경, 육정, 고음	A9, B11, 199, C220, D965 · 976, F95, G49 · 415, 당대조령집129
785년 (선덕왕 6, 원성왕 1)	선덕왕 원성왕	검교태위사지절대도독계림주자사영해군사신라왕檢校太尉使持節大都督鷄林州刺史寧海軍使新羅王 검교태위사지절대도독계림주자사영해군사신라왕檢校太尉使持節大都督鷄林州刺史寧海軍使新羅王	즉위 즉위	개훈, 맹창원	A9, B12, F95

* A: 삼국사기, B: 구당서, C: 신당서, D: 책부원귀, E: 자치통감, F: 당회요, G: 전당문

다른 나라도 마찬가지겠으나, 당은 신라에서 새로운 왕이 즉위하면 책봉사를 파견하여 그들 책봉하였다. 물론 모든 왕에 대하여 책봉사를 파견한 것이 아니라, 당에 갔던 신라 견당사를 통하여 책봉조서를 간접적으로 전달하는 이른바 '순부조서順付詔書'의 형식을 취하는 경우도 있었다.[63] 그러나 대부분의 경우 당의 책봉사가 직접 신라에 와서 신라왕을 책봉하였다.

흥미로운 것은 신라에 온 당의 책봉사는 대부분 유학과 문장에 뛰어난 엘리트 학자였고 유능한 관료였다는 사실이다. 형숙은 『주역정의약례소周易正義略例疏』를 저술하고 황태자에게 경학을 강의하는 태자시독太子侍讀을 역임함으로써 현종으로부터 뛰어난 유학자로 인정받았고, 귀숭경은 고전과 예제에 밝아 사관수찬 · 집현전교리 · 국자사업 · 한림학사와 같은 문한직을 두루 역임하였고 『통지通志』의 예의지禮儀志를 찬술하였으며 문집 20권을 남겼다. 귀숭경과 함께 온 육정은 경사에 박통하였으며 고음은 『신라국기』를 저술하였다.

당이 신라왕을 책봉할 때 신라왕의 지위에 걸맞은 관작을 함께 내려주었다. 그런데 신라왕들에게 사여된 관작은 시기에 따라 약간씩 달랐다. 우선 나당교섭 초기인 모색기(618~647)에 당은 신라왕에게 주국낙랑군공柱國樂浪郡公의 관작을 주어 고구려, 백제와 균형을 유지하였으나, 동맹기(648~668)에 들어와 나당관계가 보다 친밀해지자 종래 종2품의 훈관인 주국과 군공을 각각 정2품 상주국上柱國과 군왕郡王으로 올리고, 종1품 문산관인 개부의동삼사開府儀同三司를 추가하였다. 이후 8세기의 안정기에는 〈표 4〉에서 볼 수 있듯이 신라왕은 계림주대도독, 보국대장군행표도위대장군, 영해군사 등의 관작이 더해졌고, 이어서 정1품인 태위太尉와 태사太師 등이 덧붙여졌다. 이처럼 당이 책봉

---

63) 성덕왕 12년에 당에 들어갔던 金貞宗이 성덕왕을 驃騎將軍 特進 行左威衛大將軍 使持節大都督 鷄林州諸軍事 鷄林州刺史 上柱國 樂浪郡公 新羅王으로 책봉하는 현종의 조서를 가지고 온 것이 대표적인 사례이다.

한 관작은 8세기를 정점으로 하여 후대로 갈수록 높아졌다. 이러한 사실은 시간이 흐를수록 당 중심의 동아시아 국제사회에서 신라의 위상이 점차 높아졌음을 말해주는 동시에 나당 양국 사이의 조공 책봉관계가 더욱 밀착되어갔음을 의미한다고 하겠다. 그러한 것은 8세기의 활발한 사절왕래에 기인한다.

8세기에 들어와 당은 신라왕뿐만 아니라 왕비와 왕모도 책봉하였다. 당이 처음으로 책봉한 왕비는 효성왕비였다. 그후 소성왕비, 애장왕비, 흥덕왕비, 문성왕비를 정식 '왕비'로 책봉하였고, 혜공왕, 소성왕, 애장왕, 흥덕왕의 경우에는 왕의 이머니까지 '태비'로 책봉하였다. 왕모와 왕비에 대한 책봉이 신라의 요청에 의한 것인지 아니면 당이 일방적으로 책봉한 것인지는 알 수 없으나, 그들 역시 당의 책봉조서를 통하여 이루어졌다.[64]

한편 왕과 왕비(모)에 대한 책봉과 다소 성격이 다르지만, 당왕조는 신라관인에게도 당의 관작을 수여하였다. 중국왕조가 주변국 관리에게 관작을 수여한 사례는 한대까지 거슬러 올라가는데, 당대에도 광범위하게 시행되었다. 그중에서 신라는 30여 명의 관인이 당으로부터 각종 관작을 수여받은 사실이 확인된다. 그리고 당의 관직을 받은 신라관인들은 대부분 견당사절단이었다. 신라 견당사로서 당의 관작을 받은 사례에 관해서는 일찍이 필자가 자세하게 정리한 적이 있거니와,[65] 그들은 본국 관함에 상응하는 당의 관작을 받았다. 이처럼 당은 신라의 왕과 왕비, 왕모, 관인을 대상으로 광범위하게 책봉하였다. 결국 신라와 당은 조공과 책봉이라는 의례를 통하여 양국의 정치적 관계를 유지했다고 하겠다.

---

64) 신라왕비에 대한 책봉조서는 현전하지 않으나, 왕모에 대한 책봉조서로는 代宗이 혜공왕의 어머니 滿月夫人을 태비로 책봉한 「冊新羅王太妃文」이 전해지고 있다.

65) 權悳永(1977), 앞의 책, 184쪽 표 2-9 참조.

2) 경제 · 문화교류

전근대 동아시아의 무역은 그 주체에 따라 공무역과 사무역으로 나누어진다. 공무역은 양국을 대표하는 관인들 사이에서 공식적으로 물품을 교환하는 무역형태로, 주로 조공과 회사回賜라는 외교의례를 통하여 행해졌으므로 보통 조공무역이라 한다. 반면 사무역은 영리를 추구하는 개인들 간에 상품을 교환하는 무역형태이다.

이 가운데 8세기에는 공무역이 주로 성행하였다. 공무역은 다양한 형태로 전개되었는데, 공무역의 업무를 담당한 사람들이 바로 빈번히 당과 신라를 왕래했던 사절단이었다. 이들은 어디까지나 외교사절이므로 그들의 일차적 목적이랄까 명분은 양국 간의 친선과 우의를 다진다는 정치적인 데 있었다. 그러나 그 이면에는 정치적 의미 외에, 특히 동아시아사회가 비교적 안정되었던 8세기의 신라 견당사들은 교역과 선진문물의 수입이라는 문화 · 경제적 욕구가 강했다.

전술하였듯이 견당사는 본국 왕을 대신하여 당제唐帝에게 조회하고 표문과 공물을 바치고, 당조는 그것에 대하여 회사품을 주었다. 이러한 공물과 회사품의 교환을 통한 양국 간의 물물교환이 고대 동아시아세계의 가장 일반적인 공무역 형태였다.

조공과 회사를 통하여 신라와 당은 어떤 물품을 얼마만큼 교역하였는지 자세히 알 수 없다. 그러나 기록에 남아 있는 몇몇 조공(〈표 5〉)과 회사(〈표 6〉)의 품목을 살펴보면 8세기 나당무역의 성격의 일부를 유추할 수 있다.

〈표 5〉 신라의 조공품

연대	목적	품목	전거
723년 (성덕왕 22)		금, 은, 과하마, 우황, 인삼, 미발美髮, 조하주, 어아주, 누응령鏤鷹鈴, 해표피 등	A8, B220, C971, D95
730년 (성덕왕 29)		금, 소마小馬, 개, 두발, 해표피	A8, C975,
731년 (성덕왕 30)	하정	금, 은, 우황 등	A8, C975, E40
734년 (성덕왕 33)	사은	금, 은, 우황, 인삼, 소마, 개, 포, 두발, 해표피	A8, C971
744년 (경덕왕 3)	사은	말	A9
748년 (경덕왕 7)		금, 은, 우황, 인삼, 60총포總布, 어아주, 조하주, 두발	D95
773년 (혜공왕 9)	하정	금, 은, 우황, 어아주, 조하주 등	A9, C972, D95
799년 (소성왕 1)	고애	인삼	A10

* A: 삼국사기, B: 신당서, C: 책부원귀, D: 당회요, E: 전당문

〈표 6〉 당의 회사품

연대	목적	품목	전거
724년 (성덕왕 23)	하정 회사	금포錦袍, 금대金帶, 채소포綵素布	A8, B975 · 980, D40
731년 (성덕왕 30)	하정 회사	능채綾綵, 백帛	A8, B975, D40
733년 (성덕왕 32)		백앵무白鸚鵡, 자라수포紫羅繡袍, 금은전기물金銀鈿器物, 서문금瑞紋錦, 오색라채五色羅綵	A8, B975, C95,
786년 (원성왕 2)	사은 회사	나금릉채羅錦綾綵, 은합銀榼, 은완銀椀, 채색비단, 옷	A10

* A: 삼국사기, B: 책부원귀, C: 당회요, D: 전당문

위의 〈표 5〉와 〈표 6〉에 의하면 신라의 조공품은 금 · 은 · 동 등의 광물류와 포 · 백 등의 직물류, 우황 · 인삼 등의 약재류 그리고 말 · 개 · 매 등의 동물류로 대략 이루어져 있었다. 반면에 당의 회사품은 능綾 · 나羅 등의 비단이 주요 품목이었고 이외에 각종 세공품과 검劍 · 극戟 등의 의장용 무구류와 서적 등이었다. 이 중에서도 신라의 금 · 은 · 우황 · 인삼과 당의 비단은 대표적인 양국의 공적 교역품목이었다. 그리고 후대로 갈수록 신라의 수출품목이 다

양해지고 고급화되었음을 알 수 있다.[66]

조공무역 외에도 관시무역과 호시무역도 공무역의 한 형태였다. 그리고 비록 비공식적이기는 하나 견당사들은 본국 왕실 혹은 개인적인 필요에 의하여 당물을 구입하였다. 당률에 의하면, 견당사들의 개인적인 교역활동은 원칙적으로 금지되었다. 『당률소의唐律疏議』 위금편衛禁篇에, 외국사절로서 입국한 사람이 사사로이 시장에서 교역하면 교역한 물품의 양에 따라 남의 물건을 훔친 죄에 준하여 처벌받도록 규정하고 있는 것이 그 예이다. 심지어 사절단은 왕래 도중 일반백성은 물론이고 특별한 용무가 없이는 주 · 현의 관인들과도 접촉하지 못하도록 하여 사적 교역을 방지하려 하였다.[67] 그러나 당조정의 허락을 받으면 공공연하게 물건을 매매할 수 있었다. 713년에 입당한 말갈 왕자가 시장에 가서 교역하가를 청하자 그것을 허락하였고,[68] 716년에 해국奚國의 사신이 양시兩市에서 물화物貨의 교역을 청하여 허락받은 적이 있었다.[69] 그리고 717년에 일본 견당사는 장안의 양시뿐만 아니라 지방의 주 · 현의 시장에서까지 외국으로의 반출금지 품목을 제외한 물품의 교역을 허락받았다.[70] 이러한 교역행위는 사절단을 통한 조공제도의 범주 내에서 이루어진 것이므로 넓은 의미의 공무역의 유형에 포함시켜도 무방하리라 생각된다.[71]

---

66) 申瀅植(1981), 『三國史記 研究』, 一潮閣, 253쪽.

67) 『唐律疏議』 衛禁篇, "因使私有交易者 準盜論 疏議曰(중략)因使者 謂因公私入蕃 蕃人因使入國 私有交易者 謂市買博易 各計贓準盜論 罪止流三千里(중략)蕃客入朝 於在路不得與客交雜 亦不得令客與人言語 州縣官人若無事 亦不得與客相見 卽是國內官人百姓 不得與客交關".

68) 『冊府元龜』 권971, 外臣部 朝貢(4).

69) 『冊府元龜』 권999, 外臣部 請求 및 互市.

70) 東野治之는 「奈良時代遣唐使の文化的役割」(1979, 『佛教美術』 122, 40쪽)에서 『冊府元龜』 권974, 외신부 褒異 開成 5년 10월 乙卯條의 기사를 이상과 같이 해석하였다.

71) 盧德浩(1983), 「羅末 新羅人의 海上貿易에 관한 研究-張保皐를 중심으로」, 『史叢』

견당사가 가지고 간 신라상품은 당에서 호평을 받았다. 752년에 김태렴金泰廉 일행이 약 120여 종에 이르는 각종 물건을 일본에 가지고 가서 일본귀족들을 상대로 그것을 판매하였듯이[72] 견당사의 입당 시에도 조공품 외의 여러 가지 신라상품을 당에 가져갔을 것이다. 견당사를 통한 그러한 대당 수출 역시 자국의 산업발달에 기여하였을 것으로 생각된다. 더욱이 조공품의 가치에 따라 회사품의 양이 결정되므로 각국은 보다 정교하게 만들어진 고가의 물건을 생산하려고 노력했을 터이고, 당물을 구입하기 위하여 견당사가 지참했던 물건 역시 고가품이었음직하다. 결국 이러한 대당무역의 수요경향에 부응하려는 노력은 한국고대의 산업발전에 촉진제가 되었다고 하겠다.

한편 신라에 파견된 당나라사절도 신라상품을 다량 구매하여 본국에 돌아가 이윤을 남겼다. 『책부원귀』 권654, 봉사부 염신廉愼 귀숭경전에 의하면, 옛날부터 신라에 사신으로 파견되는 사람은 많은 자금을 가지고 가서 해동에서 물건을 구매하여 돌아와 이익을 남기는 것이 상례였으나 귀숭경은 그렇지 않았다고 한다. 이처럼 당사절 역시 신라에서 교역활동을 하였다.

나당사절의 활동으로서 빼놓을 수 없이 것은 문화적 활동이다. 견당사의 문화활동은 당문화 수입과 신라문화의 당 전파로 크게 나눌 수 있다. 그 중에서도 견당사는 당의 선진문화를 수입하는 데 크게 기여하였다. 우선 견당사들은 당으로부터 불경과 사서 · 문집 등의 각종 서적을 수입 · 홍포하였다. 성덕왕 2년(703)의 견당사 김사양은 당으로부터 『최승왕경最勝王經』을 가지고 이듬해 돌아왔고,[73] 김사양이 귀국한 이듬해에 입당한 김지성金志誠 역시 당으로부

27, 5쪽.

72) 池田溫(1995), 「天寶後期の唐 · 羅 · 日關係をめぐって」, 『卞麟錫教授還曆記念 唐史論叢』 209~225쪽.

73) 『三國史記』 권8, 성덕왕 3년 3월.

터 「무구정광다라니경」을 가지고 돌아왔다.[74)]

불교 경전뿐만 아니라 견당사들은 예서禮書, 의학서, 역서, 문장 등도 구득하였다. 당 현종이 특별히 『효경』을 신라에 내려주었다고 하는데,[75)] 그것을 가지고 온 사람 역시 견당사였음은 의심의 여지가 없다. 그리고 원성왕대 말 혹은 애장왕대 초의 하정사로 추정되는 박여언朴如言은 의학서적인 『광리방廣利方』 5권을 당으로부터 구득해왔다.[76)] 『광리방』은 정원 연간(785~804)에 편찬되었으므로[77)] 당시로서는 최신 의학서적이라 해도 좋을 듯싶다.

그리고 성덕왕 13년(714) 숙위차 입당한 김수충金守忠이 동왕 16년에 돌아올 때 공자와 그의 10철 · 72제자의 도상圖像을 가지고 왔으므로 신라는 그것을 국학에 안치하였다. 김수충은 그 때 아마 도상뿐만 아니라 그들과 관련된 유교

---

74) 「皇福寺石塔金銅舍利函銘」에 의하면, 성덕왕 5년(706) 5월 30일에 성덕왕이 신문왕과 神睦太后 그리고 효소왕의 명복을 빌기 위하여 佛舍利 4개, 순금 阿彌陀像 1구, 그리고 「無垢淨光陀羅尼經」 1권을 석탑 2층에 봉안했다고 한다. 그런데 「無垢淨光陀羅尼經」은 측천무후 長安 4년(704)에 彌陀山이 번역한 것으로 아미타신앙과 밀접한 관계가 있는 경전이다. 704년 당에서 번역된 경전이 706년 5월 30일 신라의 皇福寺石塔에 봉안될 수 있었던 것은 그 사이 누군가에 의하여 이 경전이 신라에 전래되었음을 뜻한다. 그 사이 많은 사람들이 나당 간을 왕래하였겠지만, 「無垢淨光陀羅尼經」의 신라 전래자로서 가장 유력시되는 인물은 이 경전 번역이 완료된 다음 해 3월에 견당사로서 입당한 金志誠이다.

75) 崔致遠 撰, 「謝恩表」, 『東文選』 권33.

76) 본문에서 후술할 바와 같이 朴如言의 입당 시기는 劉禹錫이 淮南節度使 杜佑의 幕僚로서 활동하던 시기에 해당한다. 劉禹錫은 795년 博學宏詞科에 급제한 후 淮南節度使 杜佑의 幕下에 들어가 봉사하다가 얼마 후 監察御史로 영전되었다. 이 때 그는 王叔文, 柳宗元 등과 함께 정치개혁을 시도하였으나 실패하고 805년 朗州司馬로 좌천되었다. 그러므로 신라 하정사 박여언은 800년을 전후한 시기 즉 원성왕 말~애장왕 초경에 입당했던 셈인데, 그 사이 신라 견당사 입당 사실은 소성왕 원년(799)과 애장왕 5년(804)의 그것이 있다. 입당 연대로 보아 소성왕 원년에 입당하여 9척되는 人蔘을 바친 사절단이 바로 박여언 일행이 아니었을까 한다.

77) 劉禹錫이 지은 위의 奏請書에서 "貞元廣利方五卷" 운운하는 점으로 보아, 이 책은 貞元 연간에 만들어졌음을 추지할 수 있다.

경전까지도 함께 가져오지 않았을까 한다.

이처럼 견당사들은 당으로부터 각종 서적을 구입해 돌아와 그것을 신라에 보급하였다. 더욱이 앞에서 소개한 신라 견당사에 의한 불경 수입의 민첩성으로부터 알 수 있듯이, 유교 경전류와 사서 · 의학서 · 역서 등 각종 당의 신간 서적들 역시 견당사의 손을 통하여 신속히 본국에 수입되었으리라는 것을 충분히 짐작할 수 있다. 이런 점에서 견당사는 당 전적 수입의 첨병 역할을 했다고 하여도 좋을 듯싶다.

견당사들은 양국 간 문화 · 학술 · 종교인의 인적 교류에 기여하였다. 당과 정기적인 교통편이 없었을 당시 견당선과 상선은 도당유학생과 구법승들의 주요 왕래 방편이었다. 이 중에서도 그들은 견당선을 많이 이용하였다. 구법승이 사절단의 배를 이용하여 중국을 왕래한 것은 이미 삼국시대부터였다. 신라 진평왕 22년(600)에 원광은 조빙사 나마 제문諸文과 대사 횡천橫川을 따라 귀국하였고, 지명智明은 동왕 24년 입조사 상군上軍, 담육曇育은 동왕 27년에 입조사 혜문惠文의 배를 타고 귀국하였다. 그리고 자장은 문인 승실僧實 등과 함께 견당사 신통神通의 배를 타고 입당하였다가[78] 선덕왕 12년 정월에 입당한 견당사를 따라 귀국하였다. 도의선사는 선덕왕宣德王 5년(784)의 견당사 김양공의 배를 타고 입당하였다.[79] 9세기의 사실이지만, 낭혜화상 무염無染은 헌덕왕 14년(822)의 하정사 김흔金昕,[80] 범일梵日은 흥덕왕 11년(836)에 김의종의 배를 타

78) "大唐貞觀十二年 我國仁平五年戊戌 隨我使神通 入於西國"(「皇龍寺刹柱本記」).한편 慈藏의 귀국은 선덕왕의 요청에 의하여 이루어졌으므로, 그는 선덕왕 12년 정월에 입조한 신라 견당사의 배를 이용하여 신라에 돌아왔을 것으로 생각된다.

79) 『祖堂集』 권17, 雪岳陳田寺 元寂禪師傳.

80) 崔致遠이 찬술한 「聖住寺 朗慧和尙碑銘」과 『祖堂集』 권17, 兩朝國師無染傳에 의하면, 무염은 長慶初에 왕자 金昕을 따라 입당했다고 한다. 그런데 『三國史記』 권44, 金陽傳에서, 金昕은 長慶 2년(822)에 견당사로 파견되었다고 한다. 이들 기록을 종합해보면,

고 입당하였으며, 김의종이 돌아올 때는 혜목산화상 현욱玄昱이 동행하였다. 이 외에도 많은 서학 구법승들이 견당선을 이용하여 나당 간을 왕래하였다.[81]

도당 유학생 역시 견당사를 따라 주로 당을 왕래하였다. 비록 8세기 견당사가 유학생을 데리고 입당해 국학에 입학시킨 사례는 보이지 않으나, 640년 당 태종의 유학진흥책에 고무되어 삼국은 견당사를 파견하여 귀족 자제들을 당 국학에 입학시켰고, 신라 헌덕왕 17년에 김흔은 김윤부金允夫 · 김입지金立之 · 박량지朴亮之 등 예비국학생 12명을 데리고 입당하였으며 귀국 시에는 앞서 당에 갔던 최리정崔利貞 · 김숙정金叔貞 · 박계업朴季業 등을 이끌고 돌아온 사실 등을[82] 감안하면 8세기에도 충분히 그랬을 가능성이 있다.

한편 신라에 내왕한 당사절은 신라의 문화와 사회상을 견문하고 돌아가 자국에 전파하였다. 혜공왕 4년(768)에 귀숭경을 수행하여 신라에 왔던 고음은 『신라국기』를 저술하였고, 애장왕 5년(805)에 원계방과 함께 신라에 왔던 마우馬于는 『신라기행新羅紀行』을 저술하여 신라의 사정을 당에 전하였다. 이처럼 신라와 당 사이의 정치교섭과 경제교역 그리고 문화교류는 대부분 양국을 왕래한 나당사절단에 의하여 이루어졌다.

無染은 장경 2년 즉 헌덕왕 14년에 김흔을 따라 입당하였음을 알 수 있다.

81) 雙峰和尙 道允은 825년 '入朝使'의 배를 타고 입당하였고(『祖堂集』 권17), 圓朗禪師는 856년에 '賀正使'를 따라 당에 들어갔다(「月光寺 圓朗禪師碑銘」). 그리고 了悟禪師 順之와 太子寺 朗空大師, 廣照寺 眞澈大師 등도 모두 나당 간의 왕래에 견당선을 이용하였다.

82) 『三國史記』 권10, 헌덕왕 15년 5월 ; 『책부원귀』 권999, 외신부 請求 敬宗 寶曆 원년 5월.

5. 맺음말

전근대 동아시아 사회에서 사절왕래는 왕조 사이의 친소관계親疎關係를 나타내는 척도라 해도 과언이 아니다. 신라와 당은 두 왕조가 공존하던 290년 동안 사절을 빈번히 교환하였다. 그 중에서도 신라와 당을 포함한 동아시아 국제정세가 안정된 8세기에 가장 활발하게 이루어졌다. 신라의 경우 전체 178회의 견당사 가운데 약 47%인 83회를 이 시기에 파견함으로써 평균 1.2년마다 1회의 사절을 보낼 정도로 빈도가 높았다.

신라와 당의 사절 왕래는 양국의 정치적 결속은 물론 경제, 문화교류를 활성화시키는 계기가 되었다. 주지하듯이 전근대 동아시아는 중국 중심의 국제질서가 형성되어 있었다. 8세기는 바로 당왕조가 동아시아세계의 중심적 역할을 맡고 있던 시기였다. 그러한 시기에 신라와 당은 조공과 책봉이라는 정치의례를 통하여 상호 우호와 협력을 유지해갔는데, 양국 우호관계를 유지하고 강화시키는 과업을 담당한 존재가 바로 신라와 당의 사절단이었다.

8세기의 빈번한 사절 왕래는 경제교역과 문화교류 역시 활발하게 만들었다. 사무역이 발달하지 않았던 8세기 동아시아에서는 조공무역, 관시무역, 호시무역과 같은 공무역이 국제무역의 주류였다. 공무역을 통하여 신라는 금·은·우황·인삼과 같은 다양한 토산물을 당에 수출하였고, 비단·서적·도자기와 같은 물품들을 수입하였다. 그런데 이러한 나당 간의 공무역을 맡아 행하던 사람들은 양국의 사절단이었다.

신라와 당의 문화교류 역시 사절단의 몫이었다. 8세기는 당의 문화가 절정에 이른 시기였다. 이 시기 당을 방문한 각국의 사절들은 당의 문화와 예술 그리고 사상을 견문하고 학습하여 본국에 이식시켰고, 외국을 방문한 당나라 사절 역시 이방異邦의 문화를 자국에 소개하였다. 당과 신라 사이에서도 예외가 아니었다. 특히 신라는 8세기의 빈번한 견당사 파견을 통하여 당의 최신 학문과 사상을 받아들여 자국 발전의 기틀로 삼았다.

이처럼 8세기 신라와 당 사이의 정치교섭과 경제교역 그리고 문화교류는 대부분 양국을 왕래한 나당사절단에 의하여 이루어졌다. 이들 사절단에 의하여 신라의 번영은 물론 양국관계가 안정적으로 유지되었다. 이런 점에서 8세기 나당 간의 빈번한 사절왕래는 양국의 친선 우호관계를 나타내주는 지표라 하겠다.

8세기 신라의 동아시아 외교와 영빈 체계

국사편찬위원회 **박남수**

1. 머리말
2. 8세기 신라 · 일본 간의 외교형식 분쟁
3. 『대당개원례』와 신라 · 일본의 빈례
4. 신라 영빈 관사의 운영과 그 성격
5. 맺음말

박남수

국사편찬위원회 편사연구관

대표논저 | 「752년 金泰廉의 대일교역과 '買新羅物解'의 香藥」(2009, 『한국고대사연구』 55), 「益山 彌勒寺址 출토 金鋌과 백제의 衡制」(2010, 『한국사연구』 149), 「포항중성리신라비에 나타난 신라 6부와 관등제」(2010, 『사학연구』 100) 외 다수

8세기 신라의 동아시아 외교와 영빈 체계

국사편찬위원회 **박남수**

1. 머리말

8세기 동아시아는 당나라를 중심으로 신라, 발해, 일본, 그리고 서역과 동남아시아를 연결하는 문물교류와 외교의 공간이었다. 특히 나당전쟁 이후 발해의 등장으로 새로운 국제질서가 형성되면서 동아시아 각국은 새로운 문물과 국가체제를 정비해갔다. 신라와 당나라 간에는 효소왕孝昭王 8년(699) 신라가 당나라에 사신을 보낸 이후 성덕왕聖德王 12년(713)에 이르러 이전의 관계를 회복하였다. 신라와 일본의 외교관계는 일반적으로 779년 이후에 단절된 것으로 보고 있다.

그런데 신라와 일본의 관계에 있어서 일본 측 기록에는 신라를 '조공국朝貢國'으로 서술한 데 대해, 『삼국사기』에는 일본사신을 '일본국사日本國使'로서 기술하고 있다. 이로써 8세기 무렵 신라와 일본의 외교관계를 일본 측 기록을 중심으로 신라를 '부용국付庸國 · 번국蕃國'으로 간주하여 '신라가 일본에 대하여 대등한 외교관계를 설정하면서 조공관계 폐기를 요구하고 일본이 이를 거부하는 것'이라는 논리를 전개하거나,[1] 일본으로서도 율령국가 건설에 필요한 선진문물의 전수자로서 백제를 대신한 신라라는 매개자가 필요했던 것으로 이해하기도 한다.[2] 또한 당시에 신라가 일본과 교섭할 필요성이 없었다고 간주함으로써 『삼국사기』 기록을 중심으로 양국 간의 국교정상화는 애장왕대에 이르러서야 가능하였다는 주장이[3] 있었다. 아울러 일본 측 기록이 압도적으로 많은 것을 인정하고 소중화적 이념으로 포장된 일본 측 자료에 대하여 엄밀한 사료비판으로써 역사상을 재구성하거나,[4] 신라의 정치상황을 중심으로 신라 · 일본 간의 외교관계를 살피기도 한다.[5] 또한 신라의 일본에 대한 '공조물貢調物'이, 당나라의 신라에 대한 증여물과 동일한 양상을 보인다는 점에서, 신라의 선진의식과 자부심을 드러내는 것으로 풀이하면서 일본 측 기록의 한계를 지적하기도 한다.[6]

1) 石母田正(1973), 「日本古代における國際意識について」 · 「天皇と諸蕃」, 『日本古代國家論』 I, 岩波書店, 312~359쪽 ; 濱田耕策(1979), 「新羅聖德王代の政治と外交」, 『朝鮮歷史論集』 上 ; 2002, 『新羅國使の硏究』, 吉川弘文館, 122쪽 ; 古煙徹(1983), 「7世紀末から8世紀初にかけての新羅 · 唐關係」, 『朝鮮學報』 107, 54~59쪽.
2) 關晃(1965), 「遣新羅使の文化史的意義」, 『山梨大學 學藝學部硏究報告』 6, 56~57쪽 ; 2002, 「遣新羅使의 문화사적 의의」, 『張保皐關係硏究論文選集: 中國篇 · 日本篇』, 해상왕장보고기념사업회, 715~717쪽 ; 鈴木靖民(1985a), 「日本律令制の成立 · 展開と發展」, 『古代對外關係史の硏究』, 吉川弘文館, 13~21쪽 ; 金恩淑(1998), 「일본과의 관계」, 『한국사』 9, 국사편찬위원회, 282쪽.
3) 신형식(1990), 「통일신라의 대일관계」, 『통일신라사연구』, 三知院, 327~330쪽.
4) 연민수(2003), 「統一期 新羅와 日本關係: 公的 交流를 중심으로」, 『강좌 한국고대사』 4, 한국고대사회연구소, 209~285쪽.
5) 김선숙(2006), 『新羅 中代 對日關係史硏究』, 韓國學中央硏究院 박사학위청구논문.
6) 新川登龜男(1988), 「日羅間の調(物産)の意味」, 『日本歷史』 481, 17~18쪽.

필자는 8세기 전반 일본에 파견된 이른바 '신라사신'을 국가 간 외교관계 속에서 파견된 공식사신으로 보기 어렵다는 관점을 피력한 바 있다. 먼저 일본에 파견된 신라사신들이 국서를 지니지 않고 '공조지사貢調之使'가 아님을 천명하였으며, 9세기 전반 일본관료들이 성무천황聖武天皇(724~749) 이래로 '신라사신'을 신라의 공식 외교사절로 인정하지 않은 점에서 이를 짐작할 수 있었다. 또한 8세기 일본에 대한 '신라사신新羅使臣'의 성격을 7세기 후반부터 734년 왕성국 발언 이전까지(제1기)의 신라 '공조貢調' 물품과 734년 이후 연력延曆 18년(799) '신라에 사신 보내는 것을 정지'한 조치까지(제2기)의 신라물新羅物을 비교함으로써, 1기의 물품이 국왕의 위세품이나 왕실의 궁중수공업장에서 생산된 데 대해, 2기 물품은 진골귀족이나 일반 수공업장에서 생산된 것이었음을 확인하였다. 이로써 2기 곧 734년 이후 8세기의 신라사신을 국가 간 외교관계로 인정하기 어려운 점이 있음을 지적하였다.[7)]

그런데 양국 간의 외교적 갈등이 외교형식에서 비롯하였음에도 불구하고, 8세기 동아시아 외교형식의 구체적인 내용이나 운용상, 그리고 신라의 영빈체계나 관사 등에 대해서는 미진한 점이 있었다. 이에 본고에서는 신라-일본 간의 외교형식 분쟁의 문제의 소재를 파악하고, 당나라의 외교의례가 신라와 일본에 언제, 어떻게 전래되었으며, 어떠한 형식으로 채용되어 운용되었는지를 살피고자 한다. 특히 신라의 영빈의례나 외교관사에 대해서는 관련기록이 부족하기 때문에 당나라 빈례와 함께 신라의 그것을 전승한 것으로 여겨지는 고려의 빈례를 바탕으로 재구성하고자 한다. 제현의 질정을 바란다.

7) 박남수(2007), 「통일신라의 대일교역과 애장왕대 '交聘結好'」, 『사학연구』 88.

2. 8세기 신라 · 일본 간의 외교형식 분쟁

『일본서기日本書紀』와 『속일본기續日本紀』에는 문무왕 8년(668) 신라가 일본에 사찬沙飡 김동엄金東嚴을 파견한 이후 신라와 일본 간에 순조로운 외교관계를 지속하였던 것으로 전한다. 양국 간의 외교적 갈등은, 『속일본기』에 따르면 735년 신라사신 김상정金相貞 등이 신라를 '왕성국王城國'이라 일컬음으로써 반각返却되면서부터였다.[8] 이후 신라와 일본의 교섭은 갈등의 연속이었던 것으로 전한다. 효성왕 원년(737)에는 일본의 견신라사遣新羅使 일행을 경주에 들어오지 못하게 하여 돌려보냈으며, 효성왕 2년(738)에는 신라사 김상순 등이, 경덕왕 원년(742)에는 김흠영 등이 사행을 하지 못하고 되돌아오는 사태가 연이어졌다. 일련의 사태에 대하여 『삼국사기』에는 경덕왕 원년(742) 겨울 10월에 "일본국사가 왔으나 불납不納하였다"라는 기사만이 전한다.

이러한 사태의 이면에는 성덕왕 30년(731) 4월 "일본국 병선兵船 300척이 바다 건너 동변東邊을 습격하자 왕이 출병케 하여 대파大破시켰다"[9]는 양국 간의 군사적 충돌 때문이 아닌가 하는 의심을 갖게 한다. 사실 성덕왕 30년(731) 일본의 신라 동변습격사건에 대해서는 친일본 정책을 주도한 것으로 알려진 김순정金順貞의 사망 이후 신라와 일본 사이에 외교적 정책의 변화 때문이 아닐까 추측할 수도 있다.[10] 이에 727년 발해가 일본에 사신을 파견하고 732년에 등주登州를 공격한 것, 그리고 그 이듬해에 신라와 당이 공동전선을 형성하였던

8) 『속일본기』 권 12, 天平 7년(735) 2월 癸丑.

9) 『三國史記』 권 8, 신라본기 8, 성덕왕 30년(731) 4월.

10) 鈴木靖民(1985b), 「金順貞 · 金邕論」, 앞의 책, 327쪽 ; 전덕재(1997), 「신라 중대 대일외교의 추이와 진골귀족의 동향」, 『한국사론』 37, 서울대, 21~25쪽 ; 延敏洙, 앞의 논문, 274~275쪽.

점에 주목하여, 신라-당과 발해-일본의 모종의 군사적 동맹의 체결 가능성을 상정하기도 한다.[11)]

그런데 일본 측의 기록을 일별할 때에, 각 사료의 편찬시기에 따라 용어사용에 차이가 있음을 살필 수 있다. 곧 『일본서기』에는 사행을 마치고 귀국한 신라사신을 '파귀(지)罷歸(之)', '귀지歸之', '귀국歸國', '반우본토返于本土', '반지返之' 등으로 서술한 데 대해, 『속일본기』에서는 '환국還國' 이 한 차례 보이긴 하나 대체로 '환번還蕃', '귀번歸蕃'이나 '반각', '방환放還' 등으로 서술되었다는 점이다. '파귀(지)'가 사행을 마치고 귀국한 것을 서술한 데 대해, '환번', '귀번' 등은 신라를 번국시藩國視한 관점을 드러낸다고 할 수 있다. 이러한 데는 『일본서기』가 양국 간의 사신 내왕이 순조로웠던 때에 찬술되었고[12)] 『속일본기』는 양국 간에 빈례賓禮의 형식문제로 갈등이 첨예화된 무렵에 찬술되었다[13)]는 점을 지적할 수 있다. 특히 『속일본기』에서는 신라사신이 평성궁平城宮에 들어가 천황을 봉견奉見한 경우에만 환번, 귀국, 환 등의 용어를 사용하고, 축자筑紫 또는 대재부大宰府에서 되돌아간 경우에는 모두 반각, 방환 등으로 서술하였다. 신라사신이 축자에서 되돌아온 경우라도 『일본서기』에서 이를 모두 파귀 곧 사행을 마치고 돌아갔다고 서술한 것과는 차이가 있다.

일본 측 사료의 서술상의 특징을 차치하고라도 신라와 일본 간의 외교형식에 대한 갈등은, 760년 김정권金貞卷의 일본파견 시에 일본 측이 빈대賓待를 하지 않고 신라 측에 요청한 데서 잘 드러난다. 곧 일본은 양국 간의 외교 정상화

11) 이성시(1997a), 「渤海の對日本通交と交易」, 『東アジア王權と交易』, 青木書店, 132~137쪽. 이와 관련한 기왕의 연구는 조이옥(2002), 「8세기 중엽의 발해와 일본의 관계」, 『한국고대사연구』 25, 174쪽 참조.

12) 『속일본기』 권 6, 和銅 7년(714) 2월 戊戌.

13) 『일본후기日本後紀』 권 5, 연력 16년(797) 2월 己巳.

를 위해서는 '전대지인專對之人', '충신지례忠信之禮', '잉구지조仍舊之調', '명험지언明驗之言' 네 가지 요건을 갖출 것을 요청하였다.[14] 이러한 원칙은 김정권의 파견 시에 갑자기 세워진 것은 아니었고, 735년 김상정의 '왕성국' 발언 이후 지속된 문제를 정리한 것으로서 일본의 견신라사 파견 정지 때까지 지속되었다.

먼저 '전대지인'은 이미 752년 김태렴金泰廉이 일본에 파견되었을 때에 국왕의 내조를 요청한 데서[15] 처음 살필 수 있다. 그 이후 760년 김정권의 일본파견 시에 이를 요청하였으나, 신라 측의 별다른 반응이 없자 763년 김체신金體信의 파견 시에 다시 왕자가 아니라면 집정대부執政大夫 등이 입조할 것을 요청하였다.[16] 또한 780년 김난손金蘭蓀 등이 일본에 파견되었을 때에 경사輕使를 보낸 데 대해 불만을 표하면서 구주口奏가 아닌 표주表奏로 사지使旨를 표할 것을 요청하였다.[17] 일본 측의 '전대지인'에 대한 요구에도 불구하고 신라는 지속적으로 '경사'로 일관하였다. 곧 752년 신라왕자로 등장하는 대아찬 김태렴을 제외하고는 모두 아찬으로부터 대나마에 이르는 중앙부처 차관급인 경卿 상당의 인물로 구성되었다.[18] 이는 신라의 당나라사신들이 왕자 외에 병부시랑, 창부시랑, 병부낭중, 집사시랑, 예부경, 사빈경으로 구성된 것과 흐름을 같이 한다.[19] 다만 당나라사신의 경우 진골귀족 출신들이 대부분이었던 데 대하여, 일본에 파견된 사신의 경우 714년의 김원정金元靜은 중아찬으로서 6두품이었

---

14) 『속일본기』권 23, 天平寶字 4년(760) 9월 癸卯.
15) 『속일본기』권 18, 天平勝寶 4년(752) 6월 壬辰.
16) 『속일본기』권 24, 天平寶字 7년(763) 2월 癸未.
17) 『속일본기』권 36, 寶龜 11년(780) 2월 庚戌.
18) 이에 대하여 중앙의 중요부서의 정책을 심의·결정하는 핵심 멤버들이 대일사절의 수석대표로 파견한 것으로 풀이하기도 한다(延敏洙, 앞의 논문, 269쪽).
19) 김선숙은 이찬으로부터 왕자에 이르는 왕자나 고위급 관리들이 일정한 기간에 걸쳐 賀正·숙위 등의 목적으로 파견된 것과 차이가 있는 것으로 보았다(김선숙, 앞의 논문, 1~2쪽). 그러나 왕자를 제외한 사신들의 관등은 크게 차이가 있어 보이지 않는다.

음을 확인할 수 있다. 또한 780년 대일사절 가운데 대판관大判官 설중업薛仲業도 6두품으로 확인된다.[20] 이에 대일외교에 있어서 진골 신분자가 파견된 경우가 없지 않았을 것이나 6두품 계열이 중요 직분을 맡으면서 대일사절의 주요한 역할을 하지 않았을까 추측된다.

다음으로 '충신지례'에 대한 일본 측의 요청은 『속일본기』에 매우 오랜 것으로 서술되어 있다. '충忠'은 신라를 일본의 번국 이른바 '신라가 일본의 신속국臣屬國'임을 의미하며, '신信'은 그에 따른 '조공사의 파견'을 상징한다. 따라서 '잉구지조'는 '충신지례'에 따른 신라의 일본에 대한 '상공常貢' 곧 조공의 강제와 그에 따른 의례를 요청한 것이라 할 수 있다. 이는 752년 김태렴의 일본파견 시 "신라가 일본에 번병蕃屛으로서 조공을 한 것이 신공황후의 신라토벌 이후로 지금까지 계속되었고, 전왕前王 승경承慶(효성왕)과 대부大夫 사공思恭 등이 말과 행동이 게으르며 항례恒禮를 잃은 까닭에 사신을 보내 죄를 물으려 했다"[21]고 한 데서 명확하게 드러난다. 그런데 앞서 살폈듯이 『속일본기』는 『일본서기』보다 신라를 번국시한 관점을 드러낸 것으로서, 이러한 관념은 『일본서기』 지통기持統期 3년(689)의 신공황후 전설담을 『속일본기』 편찬의 주요한 이념으로 채록한 것으로 지적되고 있다.[22] 사실 김태렴은 평성경平城京에 들어가는 연도의 영로의식 때에 마상馬上에서 일본천황의 제칙에 답하는 위의를 보였으며, 국서를 지니지 않고 국왕의 의사를 사주辭奏로써 전달하고, 그가

20) 이기백(1971), 「新羅 六頭品 硏究」, 『省谷論叢』 2 ; (1984), 『신라정치사회사연구』, 일조각, 41쪽.

21) 『속일본기』 권 18, 天平勝寶 4년(752) 6월 壬辰.

22) 연민수, 앞의 논문, 276~281쪽. 山尾幸九도 『일본서기』·『古事記』 신공황후의 신라정토담을 율령국가의 천황天皇·번신藩臣 이데올로기의 연기緣起에 지나지 않는 것이라 지적하였다.(山尾幸九(1989), 「律令國家への轉換と東アジア」, 『古代の日朝關係』, はなわ書房, 480~481쪽).

가져간 물품을 공조가 아닌 "개인 자격으로 준비한 신라의 물품[私自所備 國土微物]"이라고 밝혔다. 이러한 김태렴의 태도는 김삼현金三玄의 경우에도 스스로를 '공조사'가 아님을 밝히고, 8세기 '신라사신'이 국서를 지니지 않고 국왕의 의사를 사주로써 전달한 것에서 일관되게 되풀이하고 있음을 살필 수 있다. 이는 승화承和 9년(842) 등원조신위상藤原朝臣衛上의 청원문에서 일본관료들이 성무천황(724~749) 때부터 '신라사신'을 신라의 공식 외교사절로 인정하지 않은 것과 흐름을 같이하는 바, 『속일본기』에서 신라를 번국으로 여겨 조공을 요청하는 일본 측의 모습과는 전혀 상반된 것임을 알 수 있다.

마지막으로 '명험지언'이란 국가 간 외교관계, 곧 사신의 내왕에서 반드시 갖추어야 할 국서國書를 지칭한다. 당나라의 경우 주변국에 대해 황제의 조칙詔勅을 내리고 주변국은 당나라황제에게 표表를 올리는 조공관계를 유지하였다. 752년 일본에 파견된 김태렴에게 일본은, 국왕이 친히 온다면 사주로도 가능하나 다른 사신의 경우 반드시 표문表文을 가지고 올 것을 요청하였다. 780년 김난손 또한 구주로써 사지를 밝혔으나, 일본은 이후로 반드시 표함表函이 있어야만 빈대할 것임을 천명하였다. 이는 신라가 일본에 사신을 파견하는 데 있어서 일본 측의 요청과는 전혀 다른 외교형식을 취하였음을 보여준다.

사실 신라와 일본 간의 외교적 접촉과정에서 신라사신이 신라를 왕성국이라 밝히고, 가져간 물품을 토모土毛 또는 국신물國信物이라 일컬으며, 국서 없이 사주 또는 구주로써 사지를 밝힌 것은, 신라사신이 조공사가 아니라고 밝힌 것과 흐름을 같이하는 외교적 표현임에 분명하다. 이러한 신라의 외교적 의사 표현은 8세기 동아시아 국제질서와 관련한 당나라의 빈례와 신라 · 일본의 당 빈례 채용과정을 이해할 때에 보다 분명하게 드러나지 않을까 생각된다.

3. 『대당개원례』와 신라 · 일본의 빈례

당은 국가의례의 규범으로서 건국 초에는 수례隋禮를 사용하였다. 당 태종 때에 방현령房玄齡 · 위징魏徵 등은 수례를 증보하여 길례吉禮(61편), 빈례(4편), 군례軍禮(20편), 가례嘉禮(42편), 흉례凶禮(11편) 총 138편의 『정관례貞觀禮』를 찬술하였다. 고종 현경顯慶 3년(658)에 장손무기長孫無忌 등이 이를 다시 증보하여 총 130권의 『현경례顯慶禮』를 완성하였으나, 식령式令이 섞이고 부회傅會된 부분이 많아 상원上元 3년(676)에 다시 『정관례』를 사용하였다. 이로 말미암아 고종 때에는 『정관례』와 『현경례』가 함께 사용되어, 사안에 따라 임의적으로 적용함으로써 정해진 제도가 없었다. 현종玄宗 개원開元 14년(726) 통사사인通事舍人 왕암王嵒이 『예기禮記』의 구문과 실제 사용되는 법식을 절충하여 사용할 것을 상소하였으나, 장열張說이 『예기』는 고칠 수 없으므로 『정관례』와 『현경례』를 절충하여 당례唐禮로 삼을 것을 주청하였다. 이에 집현원 학사 서견徐堅, 좌습유 이예李銳 등과 그 뒤를 이은 소숭蕭嵩 등이 개원 20년(732) 9월 『대당개원례』를 완성하였다.[23)]

『대당개원례』는 총 150권으로, 서례序例 3권, 길례 75권, 빈례 2권, 군례 10권, 가례 40권, 흉례 20권으로 구성되었다. 빈례는 다시 번국주蕃國主 · 번국사蕃國使의 봉견에 따른 의식(권 79)과 황제가 이들에게 연회를 베푸는 의식(권 80)으로 구분된다. 전자는 번국주래조蕃國主來朝 이속백영로以束帛迎勞, 견사계번주견일遣使戒蕃主見日, 번주봉견蕃主奉見, 수번국사표급폐受蕃國使表及幣로, 후자는 황제연번국주皇帝宴蕃國主, 황제연번국사皇帝宴蕃國使로 이루어졌다. 이에 번국주와 번국사신蕃國使臣들이 당나라에 내조하면, 이에 따라 사신을 보내어 저들의 사

23) 『新唐書』 권 11, 志 1, 禮樂 1.

행에 대한 노고를 위로하는 영로迎路의식과 황제를 봉견하는 의식, 그리고 황제가 이들에게 연회宴會를 베푸는 의식으로 구분된다.

그러므로 당나라의 빈례는 사이四夷의 군장君長과 그 사자使者를 접대하기 위한 것으로 요약된다.[24) 『대당개원례』에는 홍로시로부터의 의례만이 수록되어 있으나, 번국사신이 당나라에 도착하면 도착지의 소관 주州 혹은 도독부都督府를 통하여 중앙정부로부터 입국허가를 받아야 했다. 이들 견당사들은 첩문으로써 소관 현 또는 진에 도착사실을 알리면, 현 · 진은 주 혹은 도독부에 보고하고 다시 중앙에 알린 다음 입국을 허가하는 칙지勅旨에 따라, 식량과 숙박지를 제공받고 일정한 인원만이 관할관청의 호송 겸 안내인의 안내로 조공물과 함께 장안으로 향하였다. 신라 · 일본의 견당사는 대체로 등주 · 양주 · 소주에 도착하여 장안 동쪽 장락역長樂驛에 이르면, 당제는 칙사를 보내어 이들을 영접하였다. 견당사들은 홍로객관이나 예빈원 등의 관관官館에 머물렀는데, 이로부터 황제가 사신을 보내어 영로하고, 사신을 인견하거나 연회를 베풀었다.[25)]

당나라의 빈례는 홍로객관이나 예빈원 등 관관에 머물던 견당사들에게 영로, 황제봉견, 황제가 베푸는 연회 등에 관한 절차를 세밀하게 정비한 것이다. 이러한 의례는 일찍부터 신라에 알려졌던 것으로 생각된다. 진평왕이 당나라에 보낸 사신을 당 고조高祖가 친히 로문勞問하고 유문소庾文素를 보내어 내빙來聘한 것이나 주자사朱子奢를 보내어 조유詔諭한 것은,[26)] 당시 당나라의 영빈의례迎賓儀禮를 보여준다. 당의 빈례는 수나라의 그것을 이어받은 것으로서, 조공 당사국인 신라는 그 의례법식에 대한 정보를 이미 획득하였을 것으로 여겨진다.

---

24) 『新唐書』 권 16, 志 6, 禮樂 6.
25) 권덕영(1997), 「입당과 귀환절차」, 『고대한중외교사』, 일조각, 170~187쪽.
26) 『三國史記』 권 4, 新羅本紀 4, 眞平王 43년(621) 秋 7월.

그 후 진덕왕 2년(648) 김춘추가 당나라에 사신으로 갔을 때에, 당태종唐太宗이 광록경光祿卿 유형柳亨을 교郊에 보내어 위로하고, 친견한 후 국학國學 등의 시찰을 허락함과 아울러 어제온탕御製溫湯 및 진사비晉祠碑, 신찬진서新撰晉書 등을 전하면서 연회에서 금백金帛 등을 하사하였다.[27] 이는 당나라가 새로이 완성한 『정관례』의 일면을 보여주는 것으로 주목된다.

사실 김춘추는 당의唐儀를 청하여 허락받고 겸하여 중국의 의대衣帶를 하사받았다.[28] 그가 귀국하여 진덕왕 3년(649) 신라의 복제服制를 중국의 복제로 바꾸고, 동왕 4년에는 중국의 연호를 사용하는 한편 그 이듬해에는 조원전朝元殿에서 백관百官의 하정례를 거행하였다. 김춘추가 청하였다는 '당의' 또는 '장복章服'에는 복제뿐만이 아니라 의례까지 포함되지 않았을까 여겨지는데, 『삼국사기』 색복조에서는 "김춘추의 청에 따라 당 현종이 당의를 따를 것을 허락하면서 겸하여 의대衣帶를 하사하였다"고 하였고, 본기에서는 "김춘추가 신라의 장복을 고쳐 중화제中華制를 따를 것을 청하자 현종이 진복珍服을 하사하였다"고 기술하고 있다. 두 기사의 내용이 의복에 한정된 것처럼 보이나, 장복은 의례에 사용되는 휘장과 의복을, 그리고 당의는 의대를 포괄하는 의례 전반을 시사하는 바, 이때에 당의 의례 일반이 수용되었다고 보아 좋지 않을까 한다.

『삼국사기』에는 진덕왕 5년(651) 하정례가 조원전에서 처음 시작된 것으로 전한다.[29] 그런데 진평왕대의 사정을 전하는 『수서』 「신라전」에는 "매년 정월 원단元旦에 서로 하례賀禮하는데, 왕은 연회를 베풀어 뭇 관원의 노고를 치하

27) 『三國史記』 권 5, 新羅本紀 5, 眞德王 2년(648).
28) 『三國史記』 권 33, 雜志 2, 色服.
29) 『三國史記』 권 5, 新羅本紀 5, 眞德王 3 · 4 · 5년.

한다"고 하여,[30] 이미 진평왕대에 하정례가 있었음을 알 수 있다. 따라서 진덕왕 5년의 하정례는 중국의 조관복을 갖춘 백관들이 중국의 새로운 의례 곧 『정관례』에 따라 하정례를 거행한 것으로 보아 좋을 것이다.

그런데 『구당서』와 『신당서』에는 신문왕 6년(686) 신라가 사신을 보내어 『당례』 1부와 기타 문장文章을 보내줄 것을 청하자, 측천무후가 해당 관사에 명하여 『길흉요례吉凶要禮』와 『문관사림文館詞林』 가운데 규계規誡가 될 만한 것을 골라 쓰게 하여, 모두 50여 권의 책을 만들어 내려주었다고 한다.[31] 이에 대해 『삼국사기』에는 『당례』를 『예기』라고 하였는데, 대체로 신라가 당나라에 요청한 것은 당례나 예전禮典일 것으로 여겨지고 있다.[32]

측천무후가 해당 관사에 명하여 내려준 『길흉요례』는 신라의 사정에 맞추어 규계가 될 만한 것만을 간추린 것으로서, 686년 당나라에서 사용되던 의례일 것으로 생각된다. 측천무후 당시의 당례는, 현경 3년(658)에 『현경례』 130권이 찬수되었지만 상원上元 3년(676)의 조칙에 따라 『정관례』와 『현경례』가 함께 사용되던 시기였다. 특히 『길흉요례』와 『문관사림』 가운데 규계가 될 만한 것을 골라 썼다고 한 것으로 보아, 『길흉요례』는 오례五禮 가운데 양국의 사정이나 풍속이 다른 까닭에 바로 적용하기 어려운 군례, 빈례, 가례를 제외하고 길례와 흉례만을 적출하여 사여한 것이 아닌가 여겨진다.[33] 따라서 측천

30) 『수서』 권 81, 東夷列傳 46, 新羅.

31) 『舊唐書』 권 199, 東夷列傳 149, 新羅.

32) 나희라(2003), 「종묘제의 수용과 의미」, 『신라의 국가제사』, 지식산업사, 175~177쪽 ; 채미하(2006), 「신라 중대 오례와 왕권」, 『한국사상사학』 27, 127~130쪽.

33) 濱田耕策(1984), 「新羅の祀典と名山大川の祭祀」, 『呴沫集』 4 ; (2002), 앞의 책, 69쪽. 다만 濱田은 '길흉요례'를 길례와 흉례로부터 국가에 필수적인 禮를 초록한 것으로 보았다가(濱田耕策(1984), 「新羅の神宮と百座講會と宗廟」, 『東アジア世界における日本古代史講座 9-東アジアおける儀禮と國家』, 241쪽), 다시 '길흉요례'가 길례와 흉례에 한정한 것인지, 아니면 오례를 포괄한 것인지는 분명하지 않지만 『정관례』와 『현경

무후가 사여한 길흉요례는 당시 당나라에서 사용되고 있는 『정관례』와 『현경례』의 길례와 흉례 가운데 긴요한 부분만을 가려내어 편찬한 것으로 생각된다.

한편 일본의 경우, 735년 입당유학생入唐留學生 하도조신진비下道朝臣眞備가 태연력경太衍曆經·측영철척測影鐵尺 등과 함께 당례 130권을 바쳤다고 한다.[34] 하도조신진비가 당나라로부터 가져온 당례가 130권이었다는 것으로 보아 장손무기 등이 현경 3년(658)에 찬수한 현경례가 분명해 보인다. 이에 대해 발해는 개원 26년(738) 6월 27일 당례를 베껴 적기를 구하여 허락받았다고 하는 바,[35] 개원 20년(732) 9월에 반행된 『대당개원례』(150권)의 전래 사실을 시사하는 것으로 여겨진다. 신라에 『대당개원례』가 전래된 것은 확인하지 않지만, 발해의 경우로 미루어 발해와 비슷한 시기가 아닐까 짐작된다. 일본의 경우 735년 현경례가 처음 전해졌다면, 개원례의 일본 전래는 그 이후로 보아야 할 듯하다.[36] 다만 『대당개원례』의 빈례는 당나라가 주변제국의 사신을 맞이하는 의례였던 만큼, 신라나 발해, 일본이 그대로 이를 수용하였다기보다는 각국의

례』, 『예기』 가운데 긴요한 것만을 초록하여 신라에 전한 것으로 이해하였다. 이에 대해 石井正敏은 여러 책으로부터 길흉의 요례를 채록하여 하사한 것으로 풀이하였으며(石井正敏(2001), 「第二次渤海遣日本使に關する諸問題」, 『日本渤海關係史の研究』, 吉川弘文館, 359~360쪽), 채미하는 五禮를 포괄하는 것으로 보았다(채미하, 위의 글, 128~130쪽).

34) 『속일본기』권 12, 天平 7년(735) 4월 辛亥.

35) 『唐會要』 권 36, 蕃夷請經史, "開元 26年(738) 6月 27日 渤海求寫唐禮 許之".

36) 한편 推古期(592~628)에 隋의 江都集禮가 이미 일본에 전래되었을 것으로 보기도 하나(瀧川政次郎(1963), 「江都集禮と日本の儀禮」, 『岩井博士古稀記念 典籍論集』, 345~346쪽), 율령국가 초기로부터 9세기 초엽까지는 당의 제도에 준하는 빈례가 행해진 것으로 추론하기도 한다.(田島公(1985), 「日本の律令國家の'賓禮'-外交儀禮より見た天皇と太政官」, 『史林』 68-3, 47, 82~83쪽) 물론 중국의 빈례가 추고기推古期에 일본에 소개되고 대보율령大寶律令에 규정되었을 가능성이 높으나, 735년에 현경례가 처음 전래된 것이 분명한 만큼 개원례의 전래는 735년 현경례 수용 이후라고 보아야 할 것이다.

실정에 맞춰 고쳐 운영하였다고 보는 것이 옳을 듯하다.

당나라 주변국의 빈례에 대해서는 일본 측 기록에 어느 정도 남아 있으며, 그 가운데 752년 김태렴의 일본파견 때의 기록이 『속일본기』에 자세히 전한다. 김태렴의 일본파견 시 일본 측 빈례의 과정은 (1) 도착지到着地(대재부)에서의 안치安置 (2) 존문사存問使의 파견 (3) 영객사領客使에 의한 경상京上 (4) 난파難波에서의 환영歡迎 → 난파관難波館으로의 안치 (5) 입경시入京時의 교로郊勞 (6) 홍로관鴻臚館으로의 안치, 위로사慰勞使 · 노문사勞問使의 파견과 장객사掌客使의 임명 (7) 조정에서의 사지 주상奏上, 공헌물貢獻物 봉정奉呈 (8) 제행사諸行事에의 참가 (9) 천황 출어하出御下의 향연饗宴, 수위授位 · 사록賜祿 (10) 신하에 의한 향연 (11) 홍로관鴻臚館에서의 일본의 국서 사여賜與 (12) 귀국향객사歸國鄕客使에게 인솔되어 출경出京 (13) 난파관에서의 연향讌饗 → 귀국歸國으로 정리된다.[37] 이는 일견해도 중국의 빈례와 그 대강에 있어서는 상응하는 점이 있다.

한편 현존 자료만으로 신라의 빈례에 대한 내용을 파악하기는 쉽지 않다. 이에 신라의 빈례를 승계한 것으로 여겨지는 고려의 빈례를 바탕으로,[38] 신라가 당 · 일본사신을 영접하였던 단편적인 사실을 재구성함으로써 그 실상을 파악하는 것이 유효하리라 판단된다.

먼저 신라에 파견된 당나라사신은 대체로 등주에서 출발하여 신라의 당항

37) 이성시, 앞의 책, 111~113쪽.

38) 고려의 빈례는 주변국과의 국제적인 외교관계의 성격을 띤 당의 빈례의 개념을 따른 것으로서, 『고려사高麗史』 예지禮志에는 송 · 요 · 금 등의 북조北朝와 명明에 관한 내용만이 소략하게 전한다. 특히 북조관계는 의종 때에 최윤의崔允儀가 만든 『고금상정례古今詳定禮』에 바탕한 것이며, 明과의 관계는 고려 후기 연대기에서 채록한 것으로 지적되거니와(李範稷(1983), 「高麗史 禮志 '軍禮 · 賓禮'의 검토」, 『明知史論』 1, 68~70쪽), 본고에서는 『고려도경』에 보이는 고려의 송사 영접에 관한 빈례를 바탕으로 신라의 빈례를 재구성하고자 한다.

진黨項津이나 회진會津에 도착하였다. 문무왕文武王 8년(668) 6월 12일 유인궤劉仁軌는 황제의 칙명을 받들어 숙위宿衛인 사찬 김삼광金三光과 함께 당항진에 도착하였고,[39] 839년 신무왕 책봉을 위한 청주병마사靑州兵馬使 오자진吳子陳의 사행使行[40]과 840년 2월 보조선사가 편승하여 신라에 올 수 있었던 평로사平盧使 일행[41] 등은 등주를 출발하여 신라에 도착하였다. 또한 개성開成 2년(837) 현욱玄昱이 대당조공사 김의종金義宗의 귀국선을 이용하여 무주武州 회진에 도착하였고,[42] 천우天祐 8년(911) 진철선사眞澈禪師가 입당 구법을 마치고 나주羅州 또는 무주 회진으로 귀국하였다.[43] 이로써 볼 때에 당나라사신들은 대체로 등주를 출발하여 당항진 또는 회진에 도착하였다고 보아도 좋을 것이다.

이들 당나라의 사신들은 앞서 유인궤의 사례에서와 같이 신라인 숙위를 대동하기도 하였다. 무열왕 7년(660) 6월 당나라에 숙위로 파견된 김인문과 소정방이 당병을 이끌고 덕물도德物島에 도착한 것도 숙위가 당나라사신이나 당군의 향도로서 활동한 사례로 주목된다. 또한 이들 신라 숙위는 당나라와 신라 간의 소식을 주고받는 메신저로서 주요한 역할을 하였던 것으로 여겨지는데, 숙위로 있었던 김인문이 고구려 정벌을 위한 당군의 출병에 앞서 신라에 돌아와 기일을 전한 것[44]에서 그러한 사정을 짐작할 수 있다.[45]

---

39) 『三國史記』 권 6, 新羅本紀 6, 文武王 8년(668) 6월 12일.

40) 圓仁, 『入唐求法巡禮行記』 권 2, 開成 4년(839) 6월 18일.

41) 金遠 撰, 「寶林寺普照禪師彰聖塔碑」: 朝鮮總督府 편(1919), 『朝鮮金石總覽』 上, 62쪽.

42) 『祖堂集』 권 17, 慧目山和尙 玄昱.

43) 崔彦撝 찬, 「廣照寺眞澈大師寶月乘空塔碑」, 조선총독부 편, 앞의 책, 126쪽 ; 「五龍寺法鏡大師普照慧光塔碑」, 조선총독부 편, 위의 책, 164쪽.

44) 『三國史記』 권 42, 列傳 2, 金庾信(中) 문무왕 원년(661) 6월.

45) 신형식은 중고기의 숙위는 조공 · 인질人質 · 문화적文化的 외교사절外交使節로서 기능하였고, 중대에 이르러 비군사적 임무를 주로 하여 활발한 문화적 · 경제적 기능을 가진 왕성한 조공사로서 당과 신라 사이의 교량적 임무를 지녔던 것으로 이해하였

유인궤와 소정방의 경우 전쟁이라는 특수한 상황이긴 하나, 대체로 당나라 사신의 출발에 앞서 미리 신라에 통보하면 이에 따른 의례를 준비하였던 것으로 보아도 좋을 듯하다. 사실 고려 인종 때에 송나라가 사신을 파견하기에 앞서 반드시 먼저 소개서紹介書를 고려에 보내어 알림으로써 고려 궁내의 장령전長齡殿에서 그것을 받았다고 한다.[46] 이에 고려는 군산도群山島부터 객관客館을 마련하고 선박을 내어 사신을 맞이함과 아울러 오방기五方旗를 갖춘 병사들이 군산도의 해안에 도열하는 등의 의식을 갖추었는데,[47] 송나라사신이 국경에 들어설 때부터 돌아갈 때까지 군산도에서 영접하고 전송했다고 한다.[48]

고려의 사례로 미루어볼 때에 신라에서도 당사신의 파견사실을 미리 알 수 있는 장치가 있었을 것으로 여겨진다. 사실 당 고종이 예부시랑禮部侍郎 악붕구樂鵬龜를 신라에 파견할 때에, 신라에서는 당 나라 사신이 장차 올 것이라는 소식을 미리 들었다고 한다.[49] 이로써 볼 때에 신라에도 고려의 소개서와 같은 장치가 있었으리라 예상되며, 그 역할은 대체로 당황제 숙위로 있던 신라인들이 하였을 것으로 생각된다. 보구寶龜 원년(770) 3월 정묘丁卯에 일본의 견당사 등원하청藤原河淸 등이 신라의 숙위 김은거金隱居에게 서신을 부탁함으로써 일본에 파견된 김초정金初正 등이 이를 전달한 사례가 있거니와,[50] 신라 숙위가 동아시아 외교가에서 행하였던 역할을 보여주는 것으로 주목된다. 또한 당나라 사신의 입경入境에 대한 영접은 무열왕이 태자 법민을 보내어 덕물도에서 소정

다(申瀅植(1966),「신라의 대당 교섭상에 나타난 숙위에 대한 일고찰」, 『역사교육』 9, 103~104, 124, 149~160쪽).

46) 『宣和奉使 高麗圖經』 권 6, 宮殿 2, 長齡殿.

47) 『宣和奉使 高麗圖經』 권 14, 旗幟 旗幟 · 권 17, 祠宇, 五龍廟.

48) 『宣和奉使 高麗圖經』 권 33, 舟楫 巡船.

49) 『삼국유사』 권 2, 紀異 2, 文虎王 法敏.

50) 『속일본기』 권 30, 寶龜 원년(770) 3월 丁卯.

방 일행을 맞이한 것, 그리고 당항진에 도착한 유인궤 일행을 김인문이 성대한 예식禮式으로 인도하여 맞이한 사례에서, 덕물도가 입경하는 당사신을 처음 맞이하는 곳일 가능성이 높다. 또한 당나라사신 일행이 당항진 또는 회진에 도착할 때에도 그에 따른 의례를 베풀었을 것이다.

『고려도경』에는 송나라사신의 배가 예성항禮成港에 도착하면 고려의 채색배가 이들을 맞이하고, 사자가 조서를 받들어 상륙하여 조서를 봉안하고 쉰다고 한다. 이는 예성항에 객관이 마련되었음을 시사하는 바, 당나라사신의 배가 도착하는 당항진이나 회진에도 동일하였을 것으로 생각된다. 당항진에 도착한 유인궤 일행을 김인문이 성대한 예식으로 인도하여 맞이하였다는 것은, 도착한 항구에서 『고려도경』과 같은 의례가 베풀어졌음을 시사한다. 『고려도경』에는 송사 일행이 이튿날 새벽에 조서를 채색가마에 싣고 군의장軍儀仗의 인도를 받아 서교정西郊亭에 이르면, 신기대神旗隊가 기旗를 세우고 나머지 의장들과 연접해 저들 송사를 호위하여 개경에 들어간다고 한다. 이들 의장은 신기대의 기병을 선두로 북과 호각, 관혁등장貫革鐙杖의 천우군위千牛軍衛, 황색깃발과 표미豹尾·의극儀戟 및 화개華蓋를 잡은 금오장위군金吾仗衛軍, 그 뒤로 백희소아百戲小兒, 가공歌工과 악색樂色, 예물의 갑匣이 행진하고 그 뒤로 큰 쇠 향로, 조서, 제문 등을 실은 채색가마가 따르는 만 명이 넘는 행렬이었다고 한다.[51)]

외국사신의 영로 행사에 기병을 동원한 사례는 『속일본기』 보구 10년(779) 4월 신묘辛卯조의 기사에서도 살필 수 있다. 특히 이 기사는 당시 당나라, 신라, 발해, 일본의 외교의례를 상호 비교할 수 있는 자료로서 주목된다.

> 4월 신묘 영당객사領唐客使 등이, ① "당사唐使의 행렬이 좌우로 기를 세우고,

---

51) 『宣和奉使 高麗圖經』 권 24권, 節仗.

또한 대장帶仗이 있으며 행렬의 관官들이 기를 세운 전후에 서는데, 신들이 고례古例를 살펴보았으나 이러한 의례를 살피지 못하였습니다. 이를 금지하라는 지旨가 없으니 엎드려 처분을 바랍니다"고 아뢰었다. (이에) "오직 대장을 허락하되 기를 세우지는 못하도록 하라"고 하였다. 또 ② "지난번 견당사遣唐使 속전조신진인粟田朝臣眞人 등이 초주楚州로부터 출발하여 장락역에 이르자 5품 사인舍人이 칙勅을 전하여 위로하였는데, 이때 절하며 사례하는 예는 보지 못하였습니다. 또한 ③ 신라 조공사 왕자 태렴이 서울로 들어오던 날 관의 사신이 명을 선포하고 영마迎馬를 내려 주었는데, 사신의 무리들은 고삐를 거두고 말 위에서 답례하였습니다. 다만 ④ 발해국의 사신만이 모두 말에서 내려 두 번 절하고 무도舞蹈하였습니다. 이제 당객을 인솔하는데 어떤 예에 준거하여야 하겠습니까"라고 아뢰니, ⑤ "진퇴의 예와 행렬의 순서는 모두 별식別式에 갖추어져 있으니, 이제 사신의 처소에 내려 마땅이 이 별식에 근거하여 어긋나지 않도록 하라"고 하였다(『속일본기』 권 35, 보구 10년(779) 4월 신묘辛卯).

위의 기사에서 ①은 일본에 파견된 당나라사신이 일본에 도착하여 행하였던 의례를, ②는 장락역에서 일본 견당사 속전조신진인粟田朝臣眞人 일행이 당나라 영로의식을 견문한 내용으로 당나라황제의 전칙 과정을 보여준다. ③은 752년 김태렴 일행이 도일하였을 때에 일본천황의 사자가 명을 선포하였는데, 김태렴이 마상에서 답례하는 위의를, ④는 발해사신이 천황의 명에 대하여 말에서 내려 무도로써 답례한 것을 보여준다. ⑤는 779년 일본에 이미 외국사신에 대한 진퇴의 예와 행렬의 순서를 식式으로서 정하였음을 보여준다.

②에서 일본이 당나라에서의 견문으로써 당나라사신 영접에 대한 전고로 삼았음을 살필 수 있다. ④에서 발해사신은 천황의 전칙을 무도로써 답하였거니와 이는 홍인弘仁·연희식부식延喜式部式의 「제번사표諸蕃使表 및 신물信物을 받는 의儀」 가운데 「발해국사진왕계병신물표渤海國使進王啓并信物表」에 따른 것으로

서 『대당개원례』 권 78의 빈례 중 「황제수번사표급폐皇帝受蕃使表及幣」의 형식이 계승된 것으로 헤아려진다.[52] 이는 발해가 일본과 적극적으로 외교관계를 유지하고자 하는 노력의 일단과 관련될 것이다. 그러나 ③에서 김태렴의 위의는 오히려 상국으로서의 면모를 보이는 것으로서, 『속일본기』 일반으로 보이는 '신라사절 입조入朝의 의'가 일본 지배층의 신라 · 남도南島 · 하이蝦夷 · 하적蝦狄에 대한 사이적四夷的 의식을 보여주는 것이라는 지적[53]과는 차이가 있다. 또한 이때에 일본의 당나라사신을 맞이하는 의례에 대하여 『속일본기』에는 '당사가 서書를 올렸다', '당사에게 조당朝堂에서 잔치를 베풀었다' '당사에게 선칙宣勅하였다' '당사에게 위계位階를 더하여 내리고 녹물祿物을 내렸다'고 기술함으로써, 신라사신을 영접하는 의례에 대한 기사와 크게 다르지 않다. 다만 당시의 조의朝儀를 찬정한 기록인 대택청신大澤淸臣 소장所藏 〈임생관무가문서壬生官務家文書〉에는 일본조정의 논의 끝에 대납언大納言 석상경石上卿이 '당나라는 크고 일본은 작으니, 모름지기 번국藩國의 의례儀禮를 베풀어야 한다'고 함으로써 결국 일본이 번국으로서 당나라사신을 맞이하였다고 전하고 있어,[54] 『속일본기』의 기록과는 차이가 있다. 이로써 보건대 천황이 일컬은 진퇴의 예와 행렬의 순서를 정한 식式(⑤)이란 당나라사신에 대한 번국지의藩國之儀임에 분명하고, 『속일본기』에서 당사의 빈례는 신라사신에 대한 빈례의 서술과 동일한

52) 박석순(2002), 「일본고대 율령제하 덴노[天皇]의 외교기능에 대한 분석」, 『일본고대국가의 왕권과 외교』, 경인문화사, 51쪽.

53) 鈴木靖民(1985a), 앞의 논문, 앞의 책, 22~23쪽.

54) "維寶龜十年(779) 歲次己未 四月卅日 唐國使孫興進等入京 五月三日將欲禮見 余奉勅撰朝儀 時有大納言石上卿言爾 彼大此小 須用藩國之儀 余對曰 … 今畏海外一個使 欲降萬代楷定天子之號 是大不忠不孝之言也 時人皆服此言之有理 然遂降御座 嗚呼痛哉 …" (栗田寬(1887), 「石上宅嗣補傳」, 栗田勤 輯(1901), 『栗里先生雜著』 中 권 8, 東京, 66쪽 ; 田島公, 앞의 논문, 78~79쪽)

바, 위에서 보인 김태렴의 위의 또한 신라가 대국으로서 면모를 보인 것이라 보아 좋을 것이다.[55)]

한편으로 ①에서 일본에 파견된 당나라사신이 행렬의 좌우로 기를 세우고 대장을 한 사실을 살필 수 있다. 이는 개성 연간(836~840) 서역西域에 파견된 당나라사신들이 정절旌節을 세우고 행렬한 것과 동일한 형상이다.[56)] 이러한 중국사신들의 행렬은 『고려도경』에서 송나라사신이 조서 가마[조여詔輿]를 따라 오사모烏紗帽와 도금쌍록대塗金雙鹿帶를 한 하절下節들이 길 양쪽으로 갈라서서 행진하고, 선무하군宣武下軍이 도금기명塗金器皿과 절節을 잡은 데서도 살필 수 있다. 정절의 뒤로는 송의 정사와 부사가 조서詔書를 따라 성 안으로 들어가고, 공식 회견에 가고 하는 데는 모두 두 필의 말이 함께 달리는데 관직의 서열 순에 따르며, 이들 송나라사신을 접대하는 고려의 반사伴史는 인진관引進官으로 송나라 부사 오른쪽에 몇 걸음 떨어진 거리에서 나란히 가고 굴사屈使가 그 다음에 간다고 한다.[57)] 『속일본기』에 보이는 당나라사신의 기와 대장은 『고려도경』에서 송나라 선무하군이 잡은 도금기명과 모절旄節, 그리고 하절의 도금쌍록대로써 찬란한 빛을 발하여 외국에 영광스러움을 보이기 위한 것에 상응하는 것으로 여겨진다.

당나라사신의 위의는 송나라사신의 그것과 흡사한 바, 고려의 송사를 맞이하는 의식은 이미 전대 신라의 그것을 승계한 것이 아닐까 생각한다. 사실 고

55) 지적되듯이 신라가 大國으로서 일본을 번국시한 것은 「聖德大王神鐘銘」(771)에 "聖德大王 … 四十餘年 臨邦勤政, 一無干戈 驚擾百姓. 所以四方隣國 萬里歸賓, 唯有欽風之望 …"이라 하여 '四方隣國 萬里歸賓'하였다는 표현이나, 承和 3년(836) 기삼진을 돌려보내면서 보낸 신라 執事省牒에 "恕小人荒迫之罪 申大國寬弘之理"라고 한 데서도 살필 수 있다(李炳魯(1996), 「8세기 일본의 외교와 교역」, 『日本歷史研究』 4, 10~11쪽).

56) 『舊五代史』 권 138, 外國列傳 2, 吐蕃.

57) 『宣和奉使 高麗圖經』 권 24, 節仗, 次充代下節 · 次宣武下節 · 次使副.

려의 많은 제도는 당나라와 신라의 것을 계승 발전한 것인 만큼, 빈례 또한 당나라의 그것에 전범을 구한 신라의 것을 상당 부분 이어받았을 것이기 때문이다. 8세기 일본에서 기병을 내어 신라, 당나라사신을 맞이한 것도 이러한 신라의 빈례와 무관하지 않을 것이다.

한편 신라의 중앙에서 파견한 영접관 일행과 공주公州 또는 무주 총관摠管(도독都督)은 당항진 또는 회진으로부터 경주에 이르는 길에서 당사를 영접하였을 것이다. 당사 일행이 왕경의 교외郊外에 도착하면 시위부가 이들을 호위하여 『고려도경』에 전하는 것과 같은 일련의 융성한 교로를 행하였을 것으로 보인다.

회진을 비롯하여 경주에 이르는 연도에는 이들 사신을 위한 객관客館이 있었으리라 생각되며, 경주에도 이들 사신을 위한 빈관賓館이 마련되었을 것이다. 원성왕이 귀국하는 당사를 뒤쫓아 하양관河陽館에서 친히 향연을 베풀었다는 데서[58] 하양河陽에 사신들의 객관이 있었고 경주–하양을 연결하는 사신들의 내왕로를 확인할 수 있다. 하양은 고려 현종 9년(1018)에 지금의 영천永川을 고친 이름인 바,[59] 당나라사신들이 회진 또는 당항진으로부터 하양을 통하여 경주에 이르렀음을 알 수 있다. 아마도 그들 당사신들은 염지통 내지 북요통을 이용하여 하양–북교北郊인 경주 서북쪽의 건문역乾門驛–북문北門을 통해 입경하였을 것이다.[60] 또한 문무왕 2년(662) 당나라사신이 관에 머무르면서 조칙으로 왕에게 개부의동삼사상주국낙랑군왕신라왕開府儀同三司上柱國樂浪郡王新羅王을 봉하였다는 데서[61] 경주에 빈관이 있었음을 확인할 수 있다.

---

58) 『삼국유사』 권 2, 紀異 2, 元聖大王.

59) 『고려사』 권 57, 志 11, 地理 2, 慶尙道 河陽縣 ; 『新增東國輿地勝覽』 권 27, 慶尙道 河陽縣.

60) 驛과 도로망에 대해서는 井上秀雄(1974), 「新羅王畿の構成」, 『新羅史基礎研究』, 東出版, 400~405쪽 참조.

61) 『三國史記』 권 6, 新羅本紀 6, 文武王 2년(662) 春 1월.

『고려도경』에는 송나라사신을 맞이하는 빈관 곧 순천관順天館은 본래 문종의 별궁을 송사신을 접대하기 위한 관사로 고친 것이라고 하였다. 순천관의 중앙에는 정청正廳, 관회館會 때 쓰이는 외랑外廊, 두 채의 작은 정자와 음악을 연주하는 막옥幕屋이 있고, 정청을 지나 정사와 부사의 거실이 있는 낙빈정樂賓亭, 상절이 거처하는 내랑內廊, 그 서쪽 자리의 남쪽에 관반관館伴官의 자리를 두고 그 북쪽에 조서를 봉안하는 곳이 있었다고 한다. 그 밖에 중 · 하절 이하 뱃사람까지 신분에 따라 거처하는 낭옥廊屋이 있었는데, 중문은 용호군龍虎軍이 지키며 오직 나라의 관원만 여기서 만나고 관사 안에서 연회를 할 적에는 정청으로 올라간다고 한다.[62] 서긍은 이를 평하여 "고려 사람은 본래부터 공손하였고 또 조정에서 위무함이 체모가 있었기 때문에, 그들의 관사를 건립한 것에는 제도의 사치스러움이 왕의 거처를 능가하는 점이 있다"고 하였다.[63] 신라 왕경의 빈관 또한 고려의 순천관과 대체로 유사한 모습이지 않았을까 추측된다.

다음으로 문무왕 2년(662) 당나라사신이 관에 머무르면서 조칙으로 왕을 개부의동삼사상주국낙랑군왕신라왕에 봉하였다는 데서, 조서를 주고받는 의례가 있었을 것으로 판단된다. 『고려도경』에는 순천관에 있는 조위詔位의 전각에 조서를 봉안하였다가, 10일 이내에 길일吉日을 택해 이를 전했다고 한다. 또한 국왕 봉견일 하루 전에 먼저 설의관說儀官을 보내어 정사와 부사를 만나고, 당일에 굴사가 순천관에 당도하여 조서를 받든 도할관과 제할관의 채색가마를 인도하였다고 한다. 이에 의장과 병갑이 이를 맞이하여 인도하는 영조迎詔의례, 국왕이 조서를 인도하여 회경전會慶殿의 막위幕位에 조서를 봉안하는 도

62) 『宣和奉使 高麗圖經』 권 27, 館舍, 順天館 · 館廳.
63) 『宣和奉使 高麗圖經』 권 27, 館舍, 館舍.

조導詔의례, 그리고 국왕과 나라의 관원들이 황제의 안위를 묻고 무도와 재배再拜로써 조서를 받는 수조受詔의례, 조문사절로서 행하는 불사佛事의 제전祭奠과 조위弔慰의 예 등이 차례로 진행되었다.[64]

고려국왕이 조서를 받고 나면, 회경전 마당 한가운데서 연례燕禮가 베풀어졌다. 곧 송나라사신을 정사 · 부사 등 서열에 따라 접견하는 사적私覿의 의례, 그리고 동쪽 처마 끝 국왕의 뒤에 영관令官 · 국상國相 · 상서尙書 이상이 서고, 나머지 문무 관원들은 동서 양편으로 나뉘어 뜰 가운데 도열하며, 백관 앞에는 초롱을 잡은 사람들이, 그리고 백관의 뒤에는 위군衛軍들이 각각 의장물들을 잡고 서 있는 연의燕儀를 갖추었다. 연의에 따른 헌수獻酬, 그리고 서열에 따른 습의襲衣와 금은대金銀帶의 사여를 끝으로 사신들은 객관으로 귀환하였다.[65] 특히 연의에는 각종 장식과 장막으로 꾸며지고, 정 · 부사를 비롯한 상절上節 · 중절中節 · 하절석下節席의 안열案列과 욕위褥位가 정해져 각 신분에 따라 과일 · 안주 · 기명 등을 차등 있게 대접하였다. 그 밖에 사신 일행이 관사에 돌아가면 왕이 관원을 보내어 불진회拂塵會라는 연회를 5일에 한 번씩 개최하며, 관반이 서신으로 정사와 부사를 그 위位로 초청하여 연음燕飮의 예와 같이 하는 과위過位의 예가 베풀어지기도 하였다. 이 관회 때에 송나라사신들은 송나라에서 가져온 온갖 보완寶玩 · 고기古器 · 법서法書 · 명화名畫 · 이향異香 · 기명奇茗 등을 늘어놓아, 술이 한창일 때 좋아하는 것에 따라 원하는 대로 집어서 주었다고 한다.[66]

조서를 전달하는 선명례宣命禮를 마치면 송나라사신은 귀국하고자 하는 뜻을 서신으로 전하고, 왕은 날을 잡아 서신으로 표장表章을 바칠 것을 고하였다.

---

64) 『宣和奉使 高麗圖經』 권 25, 受詔, 迎詔 · 導詔 · 拜詔 · 祭奠.
65) 『宣和奉使 高麗圖經』 권 26, 燕禮, 私覿 · 燕儀 · 獻酬.
66) 『宣和奉使 高麗圖經』 권 26, 燕禮, 館會.

배표拜表의례는 대체로 수조의례와 동일한데, 왕은 재배 후에 홀笏을 띠에 꽂고 꿇어앉아 집사관으로부터 표를 받고서 무릎으로 가서 정사에게 바치면, 정사는 꿇어앉아서 받아 부사에게 준다. 부사는 다시 인접관引接官에게 준 뒤에 좌석으로 간다. 배표연拜表宴을 마치면 신봉문神鳳門에 장막을 치고 빈객과 주인의 자리를 마련하는데, 왕이 정사와 부사에게 술을 따라 주고 작별하면 사신일행은 물러나 표를 담은 갑匣을 채색가마 속에 놓고 의장병의 인도하에 관사로 돌아간다.[67] 정사와 부사가 귀국 길에 오를 때는 이날 일찍이 순천관을 떠나 서교정에 당도하는데, 이때 왕은 국상을 보내어 그 안에 술과 안주를 갖추어 놓게 한다. 상절과 중절은 동서의 행랑에 자리 잡고 하절은 문밖에 자리 잡으며 술이 15차례 돌고서 파한다. 정사와 부사는 관반館伴과 문밖에서 말을 세우고 작별인사를 하고, 관반은 말 위에서 친히 술을 따라 사자에게 권한다. 마시는 것이 끝나면 각각 헤어진다. 이보다 앞서 접반관 및 송반관送伴官과는 관사에 도달하자 곧 헤어지는데, 귀로에 오르게 되면 이곳에서 다시 동행하여 군산도에서 바다로 나갈 때까지 같이 간다.[68]

신라의 빈례에 대한 자료는 거의 남아 있지 않으나, 당나라황제가 사신을 통해 전조傳詔하거나[69] 노자老子 · 도덕경道德經 등을 보낸 데 대해 예를 갖추어 받았다는 것,[70] 그리고 당나라사신이 전왕이나 왕족의 죽은 데 대해 조위하고 칙제勅祭한 것,[71] 조위하고 책명을 내린 것[72] 등에서, 『고려도경』에 보이는 영

67) 『宣和奉使 高麗圖經』 권 26, 燕禮, 拜表 · 門餞.

68) 『宣和奉使 高麗圖經』 권 26, 燕禮, 西郊送行.

69) 『三國史記』 권 6, 新羅本紀 6, 文武王 9년(669) 冬 · 권 46, 列傳 6, 强首.

70) 『三國史記』 권 9, 新羅本紀 9, 孝成王 2년(738) 夏 4월 ; 『三國遺事』 권 2, 紀異 2, 景德王 · 忠談師 · 表訓大德.

71) 『三國史記』 권 6, 新羅本紀 6, 文武王 1년(661) 冬 10월 29일 · 文武王 5년(665) 春 2월.

72) 『三國史記』 권 6, 新羅本紀 6, 文武王 2년(662) 春 1월 · 新羅本紀 8, 聖德王 1년(702)

조와 배조拜詔하는 수조의례受詔儀禮 및 불사의 제전과 조위의 예를 상정할 수 있다. 또한 신라의 국왕이 당사신에게 금백을 더욱 두터이 내린 데서[73] 당의 빈례와 마찬가지로 연의에 따른 금백의 사여 등을 살필 수 있다.

그렇다면 신라의 당나라사신 영접과 관련한 단편적인 자료에서, 당나라사신의 해로를 통한 입경 시의 영접, 당항진 또는 회진 도착에 따른 영접, 그리고 중앙에서의 파견관 및 지방관에 의해 도착지로부터 경주 교외에 이르기까지의 영접, 경주 교외에서의 교로를 거쳐 왕경의 객관에 이르기까지의 의장행렬, 그리고 왕궁에서의 수조의례 및 제전과 연의, 연회에서의 물품사여 등의 과정을 복원할 수 있다. 당나라사신들은 사적으로 많은 비단을 가지고 와 신라의 물품과 무역하여 많은 이득을 취하기도 하였다. 대력大曆 초(765) 경덕왕의 조문사절로 신라에 사신으로 파견된 귀숭경歸崇敬을 "당나라에서 신라에 사신으로 파견된 자들이 해동에 이르러 구하는 바가 많아 많은 비단을 가지고 가 신라의 물품을 무역하여 이익을 취하였으나, 귀숭경은 일체 그렇지 아니하였다"고 칭송한 데서,[74] 사행에 수반한 교역도 이루어졌음을 알 수 있다.

이들 당사신은 경상의 역순으로 귀국하였는데, 764년 신라에 사신으로 파견된 한조채韓朝彩가 신라의 서쪽 포구에서, 사은사謝恩使 소판蘇判 김용金容에게 부탁한 승 계융戒融의 일본도착 사실에 대한 일본 측 보첩報牒을 기다렸다는 데서 살필 수 있다.[75] 이들 당사신의 귀국에는 대체로 소판 김용과 같은 사은사가 동행하였던 듯하다. 이는 신라사신이 일본에 파견되면 으레 일본의 견신라

秋 7월 · 新羅本紀 10, 憲德王 1년(809) 秋 8월.

73) 『三國史記』 권 6, 新羅本紀 6, 文武王 5년(665) 春 2월.

74) 『舊唐書』 권 149, 列傳 99, 歸崇敬.

75) 『속일본기』 권 25, 淳仁天皇 天平寶字 8년(764) 7월 甲寅.

사가 파견된 사실과 비교된다.[76)]

이러한 신라의 당나라사신에 대한 빈례는 『고려도경』에서의 송나라사신에 대한 의례와 통하는 바가 있으며, 『대당개원례』의 영빈의례와 꼭 일치하지는 않으나 대체적인 순서나 의례의 형식 등에 상응하는 바가 많다. 곧 중국의 빈례가 중국과 주변제국의 관계를 형식화하였다는 점에서, 당나라와 신라의 빈례는 주객이 바뀐 점을 고려한다면 대체로 유사한 형식을 갖추었다고 할 수 있다.

일본사신이 신라에 온 경우 이렇다 할 의례절차가 보이지 않으나, 일본국사를 효소왕 7년(698) 3월에는 왕궁의 남쪽 전각으로 보이는 숭례전崇禮殿에서,[77)] 그리고 애장왕 4년(803) 신라-일본 간 교빙결호交聘結好한 이후로 애장왕哀莊王 7년(806)과 헌강왕憲康王 4년(878)에는 정전인 조원전에서 각각 인견引見하였다.[78)] 이로써 왕궁의 전각인 숭례전 또는 정전인 조원전에서 일본사신의 신라국왕에 대한 봉견례奉見禮가 있었음을 알 수 있다. 또한 애장왕 9년(808) 신라국왕이 일본사신을 두터운 예로 대접하였다는 것으로[79)] 미루어 일단의 연례를 예상할 수 있다. 일본사신의 신라에서의 체류기간이 5~6개월에 이른다는 점에서 경주에 일본사신을 위한 객관이 설치되었고, 이들 사신이 경주에 이르는 동안의 영로의례가 베풀어졌을 것으로 짐작된다.

---

76) 신라의 일본사신파견에 수반하여 일본의 견신라사 파견이 이루어진 것을 신라의 우수한 항해술과 해상교통을 신라가 장악한 때문으로 파악하기도 하나(田村圓澄(1975), 「新羅送使考」, 『朝鮮學報』 90, 71~72쪽 ; 심경미(1999), 「신라 중대 대일관계에 관한 연구」, 『백산학보』 52, 638쪽), 오히려 양국 간의 외교의례적 측면에서 살펴야 하지 않을까 한다.

77) 『三國史記』 권 8, 新羅本紀 8, 효소왕 7년 · 권 11, 新羅本紀 11, 憲康王 4년(878) 秋 8월.

78) 『三國史記』 권 10, 新羅本紀 10, 哀莊王 7년(806) 春 3월.

79) 『三國史記』 권 10, 新羅本紀 10, 哀莊王 9년(808) 春 2월.

특히 일본국사의 인견장소가 연회 또는 관악觀樂의 전각인 숭례전[80]에서 정전인 조원전[81]으로 바뀐 것은 일본사신에 대한 빈대의 변화를 시사하는 것이 아닌가 한다. 곧 『대당개원례』에는 번국주의 봉견 장소를 태극전太極殿, 번국사신의 봉견 장소를 소어지전所御之殿으로 구분하였거니와, 효소왕 7년(698) 일본사신을 인견한 숭례전은 일종 개원례의 '소어지전'에 상응하며, 애장왕 4년(803) 이후 일본사신을 인견한 조원전은 당나라의 태극전에 상당한다는 점에서 양자 간의 빈대의 차이를 인정할 수 있기 때문이다. 이는 후술하듯이 애장왕 4년(803) 양국 간의 교빙결호가 그 분기점으로 작용하지 않았나 한다.

한편 이들 일본사신이 어떠한 경로를 통하여 신라에 입경하였는지는 분명하지 않다. 다만 5세기 초 미사흔未斯欣이 일본으로부터 귀국할 때에 율포栗浦(울산蔚山)의 해안 곧 굴헐역屈歇驛을 경유하여 귀경하고, 신문왕 때에 충원공忠元公이 장산국萇山國(동래東萊) 온천으로부터 굴정역屈井(火)驛을 거쳐 귀경하였다는 점, 그리고 굴헐역(굴정역)으로부터 왕경에 이르는 길목에 관문성關門城이 있었다는 점에서, 일본사신은 울산 방면으로부터 모벌리毛伐里의 관문을 통과하여 신라의 왕경에 이르렀던 것으로 추정하기도 한다.[82]

그런데 승화 3년(836) 12월 신라 집사성은 일본 태정관太政官에서 첩문을 보낸 바, 그 첩문에는, '집사성이 청주菁州에 첩문을 보내어 청주에 억류한 일본사신 기삼진紀三津을 돌려보내도록 하고, 기삼진에게 집사성 첩을 일본에 전달하도록 하였음'을 살필 수 있다.[83] 이는 청주가 대일본 교류의 입출항으로 기

80) 『三國史記』 권 10, 新羅本紀 10, 哀莊王 8년(807) 春 2월 · 憲德王 6년(814) 春 3월.

81) 신라에서 백관의 하정지례賀正之禮를 받은 곳이 조원전이었다(『三國史記』 권 5, 新羅本紀 5, 眞德王 5년(651) 春 1월 1일)는 점에서, 조원전은 왕궁의 正殿이 아니었을까 여겨진다.

82) 濱田耕策(1990), 「新羅の迎賓機構」, 『古代文化』 42-8 ; 2002, 앞의 책, 150~153쪽.

83) 『續日本後紀』 권 5, 仁明天皇 承和 3년(836) 겨울 12월 3일.

능하였음을 보여준다.[84)]

따라서 박제상朴堤上이 일본으로 출발하고 미사흔이 귀국한 곳이 율포(울산)였고 통일기에 있어서도 울산이 경주의 관문항이었던 점은 분명하지만 대일교류의 관문이 울산으로부터 청주로 바뀐 점을 인정해야 할 듯하다. 이는 일본 평성경의 관문항이 난파임에도 대신라 관문이 축자竺紫 또는 대재부였다는 점에 비교할 수 있다.

사실 근래에 발굴 보고된 울산 반구동 유적은 6~7세기 건물지와 통일신라시대의 건물지 및 목책, 라말여초에 축성된 토성, 그리고 토기류와 기와 등의 유물을 보여준다. 특히 통일신라시대에 쌓은 것으로 여겨지는 목책木柵은 완도 청해진에 설치된 원목열에 비교되는 것으로서, 망루의 시설이나 구조의 견고함, 구릉을 감싸고 있는 형태 등으로 미루어 볼 때 장기간 방비용 성城 및 항구와 관련된 기능을 겸하였던 것으로 추정되고 있다.[85)] 특히 개운포는 조선시대에 왜구의 침입이 잦은 곳으로서 좌도수군절도사영左道水軍節度使營을 두어 방비하였던 관방의 요충지였던 바, 개운포 안쪽 만에 위치한 율포(굴아화촌屈阿火村, 하곡河曲; 울산)는 본래 신라 왕경의 대일본 관문으로 기능하다가 왜적의 침구 등에 대처하기 위해 그 기능을 청주로 옮기면서 평성경의 난파와 같은 항구의 역할을 하지 않았을까 짐작된다.

율포로부터 경주에 이르는 연도에는 성덕왕 21년(722) 일본의 습격에 방비하고자 관문성을 쌓았거니와,[86)] 울산 반구동의 목책 유적은 경주 동남방의 관

---

84) 全基雄(1997), 「나말려초의 對日關係史 硏究」, 『韓國民族文化』 9, 10쪽 ; 박남수(2006) 「8~9세기 韓 · 中 · 日交易과 張保皐의 經濟的 基盤」, 『대외문물교류연구』 4, 131~132쪽.

85) 김현철 · 윤상덕(2009), 「고찰-목책 · 토기」, 『울산반구동유적』(본문), 울산발전연구원 문화재센터, 329~331, 345쪽.

86) 『삼국유사』 권 2, 紀異 2, 孝成王.

문성과 마찬가지로 일본의 침략을 방비하기 위한 유적으로 보아야 할 듯하다.[87] 관문은 신라의 삼국통일 이후 보편화된 축성방식으로서, 『신당서』「신라전」에는 '그 나라는 산이 수십 리 이어져 있는데 그 협곡을 철합鐵闔으로써 막아 관문이라고 부른다. 신라는 이곳에 항상 노사弩士 수천 명을 주둔시켜 지키게 한다'고 하여 국경이나 왕경 방비의 의미를 지닌 것이었다. 신라가 동북경을 확장해가는 과정에서 축성한 문무왕 15년(675)의 관성關城과 철관성鐵關城, 동왕 21년(618)의 탄항관문炭項關門[88] 및 경주 동남방의 관문성 등은 주로 분수령의 협곡에 관문을 설치하여 통로를 차단하고 양쪽 산줄기에 장성長城을 쌓는 방식이었다. 따라서 신라 중대의 관문 · 장성 등을 쌓은 기사는 『신당서』「신라전」의 관문 기사와 같은 성격의 것으로 이해된다.[89] 특히 성덕왕 2년(703)의 일본사신단이 총 204명에 이르는 규모라는 점에서 국방상의 요충지인 율포와 관문성을 거쳐 입경入京하였다기보다는, 대규모 사신단의 동태파악이나 왕경의 경비에 유효한 청주(강주康州) 일원을 대일교류의 관문으로 옮겼다고 보아 좋을 듯하다.

주지하듯이 청주는 신문왕神文王 5년(685) 거타주居陁州를 나누어 설치하였다

---

87) 한편 빈전경책濱田耕策은 관문성이 축성된 722년을 전후하여 율栗'포浦'가 동東'진津'으로 개칭된 것으로 보고, 관문의 기능에 관련하여 그 동남에 위치한 울산지역에서도 '포浦'에 항구의 기능을 충실하게 하는 '진津'이 조성되었을 것이라 추측하였다. 이에 관문성 축성은 왜국 · 일본의 사절단이 신라에 출입하는 것을 심사 · 관리하는 것이 제1목적이며 일본의 적을 배제하는 것이 제2목적인 것으로서, 이와 기능적으로 연속된 울산지역의 항구정비사업이 관문성 축성을 전후한 무렵에 진행된 것으로 보았다(濱田耕策(2010.11.20), 「新羅時代の蔚山港口」, 『신라의 대외관계와 울산항-반구동유적 발굴 기념 국제 학술대회』, 울산대 박물관 등, 1~4쪽).

88) 『三國史記』 7, 新羅本紀 7, 문무왕 15년 · 21년.

89) 池內宏(1929), 「眞興王の戊子巡境碑と新羅の東北境」, 『古蹟調査特別報告』 第6册, 朝鮮總督府, 43~78쪽.

가 경덕왕 때에 강주로 이름을 고쳤다.[90] 청주(강주)가 언제부터 일본사신의 입출항으로 기능하였는지는 분명하지 않다. 다만 효소왕 7년(698) 3월 일본국사를 숭례전에서 인견하였다고 한 바, 숭례전은 그 명칭으로 보아 궁중의 남쪽 전각이지 않았을까 생각된다. 곧 예禮는 유교의 기본적 덕목인 오상五常 가운데 남쪽을 의미하거니와, 『삼국사기』 유명미상지분有名未詳地分 가운데 보이는 서남방향의 곤문역坤門驛과 남쪽의 해남통海南通[91]이 이에 상응하지 않을까 하며, 일본사신이 강주로부터 해남통을 통하여 남교南郊에 이르면 곤문역으로부터 교로를 베풀고 객관에 들지 않았을까 추리된다.[92]

지금까지 『대당개원례』와 752년 김태렴을 맞이하는 일본의 빈례, 그리고 『고려도경』에서 고려가 송나라사신을 맞는 의례에 바탕하여 신라의 빈례를 재구성하고자 하였다. 이들 빈례의 내용을 비교하면 다음 표와 같이 정리할 수 있다.

〈표〉 8세기 빈례 내용

	『대당개원례』의 빈례	김태렴에 대한 일본의 빈례[93] (752)	『고려도경』의 송사宋使에 대한 빈례	신라의 당사에 대한 빈례
1			송宋 조정의 소개서 송부	신라 숙위의 사전 연락
2			고려 장령전에서 소개서 수령(사관舍館 결정, 방물치方物値 보상액 결정)	

90) 『三國史記』 권 34, 雜志 3, 地理 1, 新羅 康州.

91) 『三國史記』 권 37, 雜志 6, 地理 4, 百濟.

92) 청주가 대일외교의 관문역할을 수행한 시기를 성덕왕 21년(722) 모화군毛火郡에 관문성을 쌓으면서 일본 사절의 입항지를 기존의 울산으로부터 청주(진주)로 바꾸었던 것으로 보기도 하나(김창석(2005), 「菁州의 祿邑과 香徒」, 『新羅文化』 26, 139~141쪽), 후술하듯이 문무왕 8년(668) 9월 김동엄金東嚴을 일본에 파견한 이후 양국 사신의 내왕이 빈번해지면서 영객전에 별도로 왜전倭典을 설치하면서부터가 아닐까 추정된다.

93) 이성시, 앞의 책, 111~113쪽에 정리한 내용임.

3			송사의 입경에 따른 영접(군산도)	당사의 입경에 따른 영접(덕물도德物島)
4			군산도부터 예성항에 이르는 연해 주목(전주全州 · 청주靑州 · 광주목廣州牧)의 영접 호송	[해로상의 영접 호송]
5	[도착지(주, 도독부)의 입국 허가 및 안치安置]	도착지(대재부)에서의 안치	· 영접사의 파견 · 도착지(예성항)에서의 안치 → 벽란정碧瀾亭에 조서 봉안	· 영접사의 파견 · 도착지(당항진 또는 회진)에서의 안치
6	[칙지(入京 인원)]	존문사存問使의 파견		
7	[관할관청의 호송 및 안내]	영객사領客使에 의한 경상[기병騎兵의 호송]	기병의 호송에 의한 조서 및 사신 경상	[기병의 호송에 의한 조서 및 사신 경상]
8	[장락역에서 칙사勅使 영접迎接]	난파에서의 환영 → 난파관으로의 안치	서교정에서의 영접	[서교정에서의 영접]
9	[교로]	입경 시의 교로	신기대神旗隊 등 기병 및 1만여 의장의 호위 入京	[시위부侍衛府 및 의장의 호위 入京]
10	홍로관鴻臚館 안치 견사遣使 영로迎勞: 봉제로奉制勞(칭기국명稱其國名) 번주(번국사)수폐受幣: 답로사答勞使 각이토물各以土物 → 번주이토물빈蕃主以土物儐사자	홍로관 안치. 위로사慰勞使 · 노문사勞問使의 파견과 장객사掌客使의 임명	순천관 안치(조서 봉안)	영객부領客部 객관 안치
11	견사 계번주誡蕃主(번국사)견일見日: 봉제계모주견일奉制誡某主見日		10일 이내로 수조일受詔日 정함	
12	· 번주 번국사 전前1일日: 소어지전에 어악御幄 등 설치 기일其日: 봉견의례 · 황제수번국사표급폐皇帝受蕃國使表及幣 전1일: 소어지전에 어악 등 설치 기일: 번국사의 표와 폐幣를 받는 의례	조정에서의 사지 주상奏上. 공헌물貢獻物 봉정奉呈	· 국왕 봉견(수조의례: 선명례) 전1일: 순천관에 설의관 파견 기일: 회경전 수조의례(영조 → 도조 → 수조 → 제전과 조위)	수조의례 제전과 조위

13	· 황제연皇帝宴 번국주(번국사) 전일: 소어지전에 어악 등 설치 기일: 범번객출입승강凡蕃客出入升降 개장객감皆掌客監 번주봉지蕃主奉贄(왈모국번신모日某國蕃臣某 감헌양전敢獻壤奠) 진주進酒 → 진어식進御食 약유광비若有筐篚: 선칙에 따라 태부太府가 의물衣物을 순차에 따라 내림	제행사諸行事에 참가 천황 출어하出御下의 향연, 수위授位 · 사록賜祿	국왕의 연례(사적 → 연의 → 헌수 → 습의와 금은대하사	연례: 물품의 사여
14		신하에 의한 향연	불진 회와 과위의 예	
15		홍로관에서 일본의 국서 사여賜與	배표의례(수조의례와 동일)	
16		귀국향객사歸國鄕客使에게 인솔되어 출경出京 · 귀국으로	서교정 국상의 전별餞別	
17		난파관에서의 연향	접반관接伴官과 송반관의 군산도까지 동행 전별餞別	당항진 또는 회진에서 귀국, 사은사 동행
18		귀국 [견신라사 파견派遣]	귀국	

위의 표에서 일본과 고려, 그리고 신라의 빈례는 매우 흡사하게 운영되었음을 살필 수 있다. 특히 일본과 고려의 경우, 사신일행을 경상하는 데 있어서 기병으로 호송한다는 점, 그리고 조서 혹은 사지를 받는 의례와 배표 혹은 조서를 내리는 의례가 별도로 진행되었다는 점은 동일하다. 물론 조문사절의 경우 고려에서는 빈례로써 맞이하였으나, 일본은 이들을 축자 또는 대재부에서 돌려보냈다는 차이를 보인다. 신라의 경우 당으로부터 조문사절이 내왕한 것으로 보아, 고려와 마찬가지로 조문사절에 대한 빈례를 갖추었던 것으로 여겨진다. 또한 일본의 경우 『연희식延喜式』 권 30, 대장성大藏省 · 번객래조蕃客來朝조에는 "무릇 번객蕃客이 내조來朝하여 교관交關에 응하는 자는 승록丞錄 사생史生이 장부藏部의 가장價長 등을 거느리고 객관에 나아가 내장료內藏寮와 함께 교관하

는데, 색목色目을 기록하면 관에 보고한다"고 하여 외국사신들과 교관하는 별도의 규정을 두었다. 이는 8세기 초엽 당나라가 외국사절단의 사적인 교역을 금지하고 다만 해당 관사 또는 주현의 허가하에 반출 금지 품목 외의 물품을 교역하였던 것과는 대조적이라 할 수 있다. 신라도 당나라사신과 교역을 했을 것으로 여겨지며, 대체로 당나라와 같은 유형이지 않았을까 추측된다.

한편 신라–일본 간의 외교적 갈등의 직접적인 요인이었던 '왕성국' 발언을 비롯하여 신라사신이 가져간 물품을 '토모' 또는 '국신물'로 일컬은 것, 그리고 국서를 가지고 가지 않고 '사주' 또는 '구주'로써 사지를 밝힌 것은 모두 빈례상 신라를 일본의 우위에 두고자 한 의도적인 외교적 표현이었던 것으로 여겨진다. 곧 신라를 '왕성국'이라 일컬은 것은, 당의 빈례에서 황제가 객관에 사신을 보내어 위로할 때에 '제칙을 받들어 모국왕某國王(사신使臣)을 위로한다(奉制勞某主)'하고, 다시 황제연皇帝宴에서 '모국某國의 번신蕃臣 모某는 감히 양전壤奠을 바칩니다(某國蕃臣某 敢獻壤奠)'라고 할 때에 모두 그 나라이름을 칭하게 되는데, 이때에 신라는 번신을 칭하지 않고 '왕성국 사자 운운云云'으로 일컬었다는 것이 된다.[94] 또한 『속일본기』에서 발해와 당이 보낸 물품을 '국

94) 김상정의 왕성국 발언에 대하여, 酒寄雅志는 "신라를 종주국으로 하여 주변제국을 번국으로 하는 중화사상의 구체적 발현자였던 신라왕이 거주하는 도성이 있는 나라"로 풀이하였고(酒寄雅志(1983.11), 「古代東アジア諸國の國際意識'−中華思想'を中心として」, 『歷史學硏究』 別冊特集, 29쪽 ; (2001), 「東アジア諸國の華夷思想」, 『渤海と古代の日本』, 校倉書房, 444쪽), 전덕재는 신라가 일본을 일방적으로 번국으로 응대하였거나 아니면 상대국의 사신을 번국의 사신으로 접대하였던 종래의 (일본 측) 관례를 깨뜨리려고 하는 의도에서 표현한 것으로(전덕재, 앞의 논문, 20쪽), 연민수는 신라의 일본에 대한 자존의식을 드러낸 외교적 언사(연민수, 앞의 논문, 242~243쪽)였던 것으로 이해한다. 한편 722년 毛伐城郡 축성과 관련된 발언으로 보거나(박석순(2002), 「신라사절 放還과 일본의 왕권」, 앞의 책, 274쪽 각주 33), 성덕왕대 말년 분열되기 쉬운 왕권의 틈새를 막기 위한 움직임이나 조처 속에서 파생된 사건으로 보기도 한다.(김선숙, 앞의 논문, 51쪽)

신國信'이라 일컬었거니와,[95] 『고려도경』에서도 송나라의 사신을 '국신사國信使'로 일컫고 있어, 국신물은 상국이 번국에게 보낸 예물을 지칭하는 것이 아닌가 풀이된다.[96] 보구 5년(774) 일본이 '국신'이라 일컬은 것을 문제 삼은 것은 바로 그러한 까닭으로 이해된다.

또한 천평 15년(743) '토모'라 칭한 것을[97] 문제 삼은 것은, 영로의식에서 번국왕(사신)이 황제의 예물(폐幣)을 받고 황제의 사신에게 '토물'로써 답례하는 바, 번국왕(사신)이 황제에게 바치는 '예물(폐)'과는 구별된다고 할 것이다.[98] 국서는 황제가 번주 봉견 시에 예물과 함께 올리는 것으로서 번국왕(사

95) 『속일본기』권 19, 天平勝寶 5년(753) 5월 乙丑 · 天平勝寶 6년(754) 3월 丙午.

96) 이에 '국신'을 '어떤 나라로부터 대등한 관계에 있는 타국으로의 進物을 의미하는 것'으로 보기도 한다(西島定生(1984), 「7-8世紀の東アジアと日本」, 『日本歷史の國際環境』, 東京大, 144쪽 ; 박석순(2002), 「일본 율령국가의 왕권과 대 신라외교」, 『한국고대사연구』 25, 214~215쪽 ; 「신라사절 放還과 일본의 왕권」, 앞의 책, 282쪽). 保科富士男은 "상하관계에 한정하지 않는 증진물의 명칭으로 토의 · 토물 · 토모를 들고 국신물 · 국신 · 신물도 이에 포함될 수 있으나, 중국왕조에서 주변 여러 민족 · 국가에게 하사하는 증진물의 명칭도 국신 · 신물로 사용하고 있으므로 국신을 사용하고 있는 것만으로 대등관계를 증명할 수 없다" 하고, 신라가 국신 · 토모로 개칭함으로써 조공관계에서 이탈하여 대등한 자세를 보였던 것으로 보았다(保科富士男(1988), 「古代日本の對外關係における贈進物の名稱」, 『白山史學』 25, 東京大學 白山史學會 ; (2002), 「고대 일본의 대외관계에 있어서 贈進物의 명칭」, 『張保皐關係研究論文選集: 中國篇 · 日本篇』, 해상왕장보고기념사업회, 482, 485쪽).

97) 『속일본기』 권 15, 天平 15년(743), 4월 甲午.

98) 신라와 일본 간의 '토모' 논쟁에 대하여, 신라가 '토모' 등으로 명칭을 고친 일면에는 貿易을 우선하는 의도가 있었던 것이 아닌가 풀이하거나(東野治之(1977), 「鳥毛立女屛風下貼文書の研究 -買新羅物解の基礎的考察」, 『正倉院文書と木簡の研究』, 確書房, 329쪽 각주 27), 토모란 調와 달리 동등한 지위, 동등한 신분의 사람이 상호 교환하는 증여품을 지칭한 것으로, 토모의 개칭은 調를 매개로 한 상하관계를 부정하였기 때문으로 보기도 한다(田村圓澄(1989), 「平城京と新羅使」, 『日本學』 8 · 9, 35쪽). 또한 신라가 조공국의 調가 아님을 공식적으로 표명한 것(김은숙(1991), 「8세기의 신라와 일본의 관계」, 『국사관논총』 29, 122쪽)으로 풀이하거나, 신라가 일본 측의 貢調意識을 외교적으로 양해하였거나 신라사신이 스스로 이를 調라 표현하여 왔던 데서 비롯하였

신)의 경우 표를 올려야 하나, 신라사신은 일본천황에게 한결같이 구주로써 사지를 밝혔다.

이처럼 신라와 일본 간의 갈등의 소재로 작용한 사안들은 모두 빈례상의 문제였다. 빈례 자체가 동아시아 국가 간의 지위를 서열화하는 형식이었던 만큼, 일본이나 신라는 스스로의 국격國格을 빈례를 통하여 관철하고자 하였다. 특히 빈례상에 나타난 신라사신의 태도는 『속일본기』의 기록과는 달리 신라가 일본에 대해 한결같이 문물 전달자로서의 지위를 의례상으로 밝힌 것이었다. 더우이 보구 5년(774) 3월에 파견된 예부경禮府卿 김삼현金三玄이 국신물을 가지고 가서 옛날의 우호를 닦고 항상 빙문聘問할 것을 청한 것은, 그 때까지 신라와 일본 간의 정상적인 외교관계가 수립되지 않았음을 시사한다. 이는 애장왕 4년 양국 간의 교빙결호 이전에 신라국왕이 일본사신을 숭례전에서 인견한 것과 흐름을 같이한다고 할 것이다.

을 것이라고 이해하면서(金昌錫(2004), 「8세기 신라 · 일본 간 외교관계의 추이」, 『역사학보』 184, 12쪽), 토모란 상하관계의 의미가 없는 것으로 이해하기도 한다(연민수(2003), 앞의 논문, 249쪽 ; 김창석, 위의 글, 29~32쪽). 아울러 토모라는 용어를 굳이 정치적으로 해석할 필요 없이 종래의 상세한 품목과 수량 등을 알리는 형식이 결여됨으로써 외교형식상의 문제가 된 것으로 이해하기도 한다(김선숙, 앞의 논문, 65~66쪽). 필자는 이전에 토모란 일본 측 기록에 일본이 번국에게 내리는 증여물이었고, 신라의 입장에서는 신라에서 생산된 물품을 일컫는 것으로서, 이를 외교적 증여물로 기능할 때에 '조調' 또는 '국신물'로 일컬었던 바, 토모 또는 국신물이 문제가 된 것은 외교형식 곧 실제적인 외교관계를 바랐던 일본조정의 입장에서 토모, 신물 등의 용어를 사용하면서 외교사절이라면 마땅히 갖추어야 할 국서 등을 갖추지 않은 '신라사신'을 국가 간 공식적인 외교사절로 용납하기 어려웠기 때문이었던 것으로 파악하였다(박남수(2007), 앞의 논문, 427~430쪽). 본고에서는 8세기 동아시아 빈례상에 토물土物이란 번국왕蕃國王이나 사신이 황제의 사신에게 답례하는 물품으로서 번국왕(사신)이 황제에게 바치는 예물(폐)과는 구별되는 까닭으로 빈례상의 문제가 되었음을 확인할 수 있다.

4. 신라 영빈 관사의 운영과 그 성격

신라는 경덕왕 18년(759) 2월 예부의 사지舍知를 사례司禮로, 영객부領客府[99]의 사지를 사의司儀로 각각 이름을 고쳤다. 예부의 사례에서 '예禮'는, 내성內省 산하의 인도전引道典을 경덕왕 때에 예성전禮成典으로 고친 것으로 볼 때에, 의례와 관련된 명칭으로 생각해볼 수 있다. 혜공왕 10년(774) 일본에 파견된 신라국사新羅國使 사찬 김삼현은 예부경이었는데, 김삼현은 혜공왕의 교를 받들어 일본에 '옛 우호를 닦고, 항상 서로 빙문할 것(修舊好 每相聘問)'을 요청하였다.[100] 이는 예부가 국가 간 수호修好나 교빙交聘의 타결과 같은 사안까지도 직임으로 하였음을 보여준다. 그렇다면 신라 예부는 외교적 직무를 관장한 곳이었고, 그 휘하 관리인 사례 또한 예성전(인도전) 등과 마찬가지로 후술하듯이 외국사절의 영접과 관련된 직무를 맡았다고 보는 것이 옳을 듯하다. 이에 예부 사례의 직임을 당나라 상서예부尙書禮部의 주객낭중主客郎中과 비교해볼 수 있다.[101]

당나라 상서예부의 주객낭중과 원외랑員外郎은 조빙朝聘의 일, 곧 조공의 의례, 향연의 수數, 왕래往來의 명命을 직임으로 하였다. 『신당서』 권 46, 백관지

99) 영객부를 경덕왕 때에 사빈부로 고친 것으로 보아 외국사신의 접대를 관장한 것으로 이해하거니와(李丙燾(1977), 『譯註 三國史記』 上, 乙酉文化社, 581쪽), 빈객의 응접이나 凶儀之事 및 祭具의 管理를 담당한 관청으로 이해하기도 한다.(鄭求福 외(1997), 『譯註 三國史記』 4 주석편(하), 韓國精神文化研究院, 487쪽).

100) 『속일본기』 권 33, 寶龜 5년(774) 3월 癸卯.

101) 예부를 교육과 외교 및 의례 등을 관장하는 관사로 보거나(李丙燾, 1977, 앞의 책, 578쪽), 혹은 중국의 後周나 隋나라의 제도를 본받아 설치한 것으로서 당의 예부상서 · 시랑의 직임인 '禮儀 · 祭享, 貢擧之政令'을 관장하였을 것으로 이해하기도 한다(이인철(1993), 「신라 중앙행정관부의 조직과 운영」, 『신라정치제도사연구』, 일지사, 32~33쪽).

1, 예부 주객낭중조는 ① 변경의 주현이 도착한 사신단의 인원수를 조사·보고하는 변첩邊牒의 규정 ② 번주도독·자사의 조집일朝集日에 의관衣冠과 고습袴褶을 지급하는 규정 ③ 역전제驛傳制의 이용 규정 ④ 공급식료를 홍로시鴻臚寺와 조회照會하는 규정 ⑤ 설회設會·참일參日의 장소에서 식료를 지급하는 규정 ⑥ 해로 항해자의 안전을 기원하기 위한 양시羊豕의 급여 규정 ⑦ 귀로의 여정에 필요한 식료를 공급하는 규정 ⑧ 숙위를 청원한 자에 대한 대처 규정 ⑨ 돌궐이 시방市坊에서 교역할 때에 대처하는 규정 ⑩ 번왕蕃王의 사망에 의한 자손·형제의 습관襲官 규정 ⑪ 절역에 사행한 자가 당에 귀국할 때에 사행 시역의 풍속 등을 보고하는 규정을 보여 준다. 이에 당나라의 예부는 주객낭중을 통하여 외국사절단의 영접을 총괄하였던 것으로 인정된다.[102)]

당나라 상서예부의 주객낭중과 원외랑의 직임을 신라 예부 사례와 모두 비교할 수는 없으나, 변경의 주현이 도착한 사신단의 인원수를 조사한 변첩(①)이나 귀로의 여정 식료공급(⑦)은, 승화 3년(836) 12월에 일본사신 기삼진을 돌려 보내고 바다를 건너는 식량을 공급한 사례[103)]에서 볼 수 있듯이, 집사성의 첩에 의해 주州가 시행하는 형태였다. 이렇듯이 신라 집사성이 주현을 행정적으로 통할할 뿐더러 첩牒으로써 변경 출입을 허가하였던 만큼, 예부는 변경에 도착한 외국사절을 영접하는 관원의 파견과 예부 소속 관사와 관련된 사항만을 관장하지 않았을까 한다. 그렇다면 신라 예부 사례의 직임은 당나라 상서예부 주객낭중의 직임 가운데 객관에서의 외국사절에 대한 식료공급(④), 지방관의 조집일에 의관과 고습의 지급(②), 설회·참일에 당해 장소의 식료공급(⑤), 고위관료 사망에 의한 자손·형제의 습관(⑩) 등에 한정되지 않았을

102) 石見清裕(2004), 「唐代外國貿易·在留外國人をめぐる諸問題」, 『魏晉南北朝隋唐時代史の基本問題』, 汲古書院, 62~65쪽.

103) 『續日本後紀』 권 5, 承和 3년(836) 12월 丁酉.

까 추측된다.

한편 영객부는 경덕왕 때에 사빈부司賓府로 개칭하고 그 휘하의 사지를 사의로 고쳤다. 신라의 사빈부 곧 영객부는 태봉의 봉빈성奉賓省, 고려의 예빈성禮賓省으로 승계되었다. 『고려도경』에는 사방 이웃나라의 빈객賓客을 관장하는 고려의 관사로서 예빈성을 꼽았다. 곧 고려의 예빈성은 당의 홍로시에 상응하는데, 그 밖에도 왕이 거처하는 내성內城에는 예의禮儀를 맡는 빈성賓省과 찬도贊導를 맡는 합문閤門이 있었다고 한다.[104] 특히 고려는 송나라에서 사신이 오면 반드시 인재를 선발하거나 혹은 조공 갔던 사람으로 관반을 삼는데, 대체로 신하들 중에 현명하고 민첩한 자들을 택하여 영빈의례를 맡겼다고 한다. 신라의 경우에도 사행의 경험이 있는 자나 숙위 또는 학어學語 출신자로써 외국사신의 영접관을 삼았으리라 생각된다.

아무튼 신라의 영객부는 경덕왕 때에 사빈부로 개칭하고 그 소속 관직 사지를 사의로 고쳤던 바, 사의는 당나라 홍로시의 부속관서인 사의서司儀署의 관사 이름과 동일하다. 당나라 사의서는 황족皇族·관료官僚의 장의葬儀의 일을 관장한 바, 영객부 또한 외국의 빈객을 영접하는 직임 외에 왕족이나 관료의 장의까지도 관장하였던 것으로 생각된다.[105] 조선 태조 때에도 예빈시禮賓寺는 빈객의 연향宴享과 종척·재상의 공궤供饋 등을 관장하였다.

함녕咸寧 4년(673) 7월 1일 김유신이 죽자 문무왕은 부채백賻彩帛을 내려 상사喪事에 쓰게 하면서 군악고취軍樂鼓吹 100인을 장의에 충당하게 하였다. 이 장의 행렬은 앞서 고려에서 송나라사신을 맞이하는 군악고취를 떠오르게 한다. 특

104) 『宣和奉使 高麗圖經』 권 16, 官府 臺省.

105) 濱田耕策(1990), 앞의 논문, 2002, 앞의 책, 164쪽 ; 이인철(1993), 「신라 중앙행정관부의 조직과 운영」, 앞의 책, 38쪽 ; 채미하, 앞의 논문, 142쪽 ; 鄭求福 외, 앞의 책, 487쪽.

히 외국사신을 맞는 영객부(사빈부)에 사의란 명칭이 있게 된 것은, 먼저 당나라의 빈례를 채용한 데서 찾을 수 있겠지만, 기왕에 영객부가 빈례에서 군악고취의 의장을 관장하다가 다시 장의의 직임까지 맡게 된 것이 아닌가 추측된다.

한편 당나라 빈례에서 사신을 인도하는 직임으로는, 홍로시의 관리가 객관에서 외국의 국왕이나 국사를 조당으로 인도하는 경우가 있고, 황제의 사신이 객관에 이르러 황제 봉견일을 협의할 때에 장차자掌次者가 그들을 인도하는 경우, 그리고 황제의 봉견례나 연회가 베풀어질 때에 외국사신들을 궁문 밖에 이르기까지 인도하는 소사所司와 궁문으로부터 안내하는 전알典謁, 그리고 황제 봉견 시 외국의 국왕이나 사신을 안내하는 통사사인으로 나눠진다.

먼저 당나라 통사사인은 문무관료나 사신들의 진퇴를 인도하고 그에 따른 의례를 알리며 표와 납공納貢 등을 받아 올리는 중서성中書省 소속의 근시직이다.[106] 이는 고려 문종 때에 중서사인中書舍人으로 개칭된 신라국왕 및 동궁 직속의 중사성中事省 사인에 상응하지 않을까 한다.

신라의 중사성(세택洗宅) 사인은 지적되듯이 국왕이나 왕태자의 시종뿐만 아니라 동시에 조고詔誥를 관장하였다고 한다.[107] 그런데 보구 11년(780) · · 김암金巖 · 설중업과 함께 일본에 파견된 대통사大通事 김소충金蘇忠,[108] 그리고 『입당구법순례행기』에 보이는 신라통사新羅通事 압아押衙 장영張詠[109] 등에서 '통사通事'의 명칭을 주목할 수 있다. 이들 통사의 직함은 설중업이 지닌 문한관으로서의 한림翰林과는 구별된다.[110] 조선시대 선조가 중국사신을 접견할 때에

---

106) 『舊唐書』 권 43, 志 23, 職官 2, 中書省 通事舍人.

107) 이기동(1978), 「羅末麗初 近侍機構와 文翰機構의 擴張」, 『역사학보』 77 ; 1984, 『신라 골품제사회와 화랑도』, 일조각, 233~240쪽.

108) 『속일본기』 권 36, 光仁天皇 寶龜 11년(780) 정월 壬申.

109) 『入唐求法巡禮行記』 권 2, 開成 4년(839) 6월 7일.

110) 신라의 통문박사와 유사한 이름의 고려 통문관이 중국어 학습을 담당하였다는 점에

통사를 시켜 중국사신에게 말을 전했다고 하는 바, 통사란 통역관으로서 사역원司譯院 소속이었다. 이는 고려의 통문관通文館(한문도감漢文都監), 태봉泰封의 사대史臺에 상응한다.[111]

그런데 신라의 상문사詳文師(통문박사通文博士)는 서표書表를 관장하였다. 무열왕, 문무왕 때에 활약한 강수强首는 문장 짓는 일을 맡아 당 태종의 조서를 해석하고 사은표謝恩表를 짓거나 고구려, 백제에 서한書翰을 짓기도 하였다.[112] 강수가 당사신의 조서를 설명하고 해석하였다는 점, 그리고 당황제의 조서를 받아 국왕에게 해석하여 아뢰고, 고구려 · 백제 · 일본 등에 서한을 작성하였다는 점으로 미루어볼 때에, 강수가 맡았다는 문장 짓는 일이란 서표를 관장한 상문사(통문박사)의 직임에 상응한다.

상문사는 성덕왕 13년 통문박사로 고쳤는데, 경덕왕景德王 때에 다시 한림이라 개명하고 뒤에 학사學士를 설치하였다.[113] 표는 당나라와의 외교문서 투식이라 할 수 있다. 또한 진평왕 43년(621) 당 고조가 유문소를 보내어 화병풍畫屛風 · 금채錦綵와 함께 새서璽書를 내렸다는 것,[114] 그리고 문무왕 11년(671) 당총관唐摠管 설인귀薛仁貴가 '치서신라왕致書新羅王'이라 한 것,[115] 그리고 문무왕이 설

서 신라 통문박사가 서표뿐만 아니라 언어에 대한 학습도 병행한 것으로 보기도 하나(金善淑, 앞의 논문, 37~39쪽), 보구 11년(780) 일본에 파견된 사신단에서 통사와 한림이 함께 등장하고 있어 별개의 직임으로 보는 것이 옳다고 본다. 『三國志』 권 30, 魏書 30, 東夷에는 고구려의 관직으로 國子博士 · 太學士 · 사인 · 통사 · 典書客을 일컬었는데, 문한을 담당한 전서객과 통사를 구분한 데서도 확인된다. 보구 11년(780) 일본에 파견된 김소충의 대통사에는 『속일본기』 권 13, 성무천황 天平 12년 봄 정월 戊子조에 보이는 '新羅學語' 출신자로 충당되었을 것으로 짐작된다.

111) 『燃藜室記述』 별집 권 7, 官職典故, 諸司 司譯院.

112) 『三國史記』 권 46, 列傳 6, 强首.

113) 『三國史記』 권 8, 新羅本紀 8, 聖德王 13년 · 卷 39, 雜志 8, 職官 中, 詳文師.

114) 『三國史記』 권 4, 新羅本紀 4, 眞平王 43년.

115) 『三國史記』 권 7, 新羅本紀 7, 文武王 11년(671) 秋 7월 26일.

인귀에게 답하면서 '대왕보서운大王報書云'이라 일컬은 사례에서, 서書는 당나라 황제나 장군이 신라왕에게 보낸 서한이나 강수가 고구려 · 백제 등에 보낸 '서한'에 상응하는 외교문서로 이해된다. 따라서 상문사(통문박사)는 강수와 같이 서표의 작성뿐만 아니라, 당사신의 조서나 외국사신의 서를 받는 의례에 배석하여 이를 받아 해석하여 왕에게 아뢰는 일을 관장하였던 것으로 생각된다.

그렇다면 신라의 중사성 사인은 외국사신단의 내왕 시에 국왕의 측근에서 사신들의 진퇴를 인도하고 그에 따른 의례를 알리며 표와 납공 등을 받는 의례에 관여하지만 국왕의 측근에서 외교문서를 해석하고 아뢰는 일은 상문사(통문박사)의 직임이었으며, 이와 별도로 통역관으로서 통사가 있었던 것으로 여겨진다.

다음으로 당나라황제의 봉견례나 연회에 참석하기 위해 궁문 밖에 이르기까지 인도하는 소사, 그리고 궁문으로부터 안내하는 전알이 있었다. 이와 관련하여 신라 대일임전大日任典의 도인사지都引舍知와 도인계지都引稽知 · 도알사지都謁舍知, 내성에 속한 인도전의 상인도上引道 · 위인도位引道 · 관인도官引道를 주목할 수 있다. 대일임전의 도인사지와 도인계지, 도알사지는 경덕왕 때에 각각 전인典引과 소전인少典引, 전알로 개명되었다. 이들 직임에 보이는 '인引'이 일본 국사를 숭례전 또는 조원전에서 '인견'하였다는 '인'과 서로 통한다는 점에서, '인도引道'란 의례에서의 인도역引導役을 일컬은 것으로 추정된다.[116] 또한 인도전을 예성전으로 개명하였다는 데서 '예'란 곧 외국사신이나 백관을 인도하는 것을 지칭한다고 보아 좋을 것이다.

---

116) 정구복 외, 앞의 책, 516쪽. "영종英宗 계유년에 전교하기를, '대전의 조의에는 贊儀를, 전의, 세자가 예를 거행할 때의 引儀를 掌儀, 世孫이 예를 거행할 때의 인의를 사의라 일컬을 것이며, 백관이 예를 거행할 때에는 인의를 導儀라 일컫게 하라'고 하였다."(『燃藜室記述』 別集 권 7, 官職典故, 諸司 通禮院)

그런데 인도전이 내성에 속하였다는 점에서 궁내의 인도역을, 그리고 대일임전은 경덕왕 때 전경부典京府에 합하였다는 점으로 미루어 객관으로부터 왕궁, 그리고 왕궁에서 국왕봉견처 전각의 문밖(합외閤外)까지 인도하는 일을 관장하지 않았을까 추측된다. 곧 대일임전의 도알사지를 전알이라 일컬었거니와, 전알은 당의 번주봉견례蕃主奉見禮에서 궁성문에서부터 합외에 이르기까지나, 번주나 사신이 황제를 봉견하고 객관으로 돌아갈 때에 통사사인에 이어 그들을 인도하는 직임이었다. 따라서 신라의 경우에도 사신의 국왕 봉견례에서 궁내에서는 중사성 사인이, 그리고 봉견하는 전각에서 객관으로 이동하는 데는 대일임전이 각각 사신 인도의 직임을 맡았던 것으로 보아 좋을 듯하다. 또한 인도전의 인도직을 상上·위位·관官으로 구분한 것은 사신 또는 백관의 신분에 따라 궁내에서 각각의 인도하는 대상에 차이가 있었기 때문이 아닐까 추측된다.

아울러 당나라황제 봉견이나 연회에는 의례의 진행을 맡는 전의典儀가 있었다. 신라에서도 대일임전의 대도사大都司와 소도사小都司는 경덕왕 때에 대전의大典儀와 소전의小典儀라 일컬었거니와, 당나라의 전의와 동일한 성격 곧 의례의 진행을 맡았던 것으로 여겨진다. 전의의 대·소 구분은 조하朝賀·제사祭祀·찬알贊謁 등 의례의 경중에 따른 것으로 짐작된다. 한편 조선 영조 때에는 대전大殿의 조의에서 찬의贊儀를 전의로 일컬었거니와, 『연려실기술』에서는 이를 관장한 조선의 통례원通禮院이 고려의 통례문通禮門(통례원)과 신라 사범서司範署의 전통을 따른 것으로 인식하였다. 곧 신라 사범서는 조회朝會의 의례를 관장하는 곳으로서 고려 통례원에 상응하며 합문사閤門使·지후祗候 등의 관직으로 승계되었다고 본 것이다.[117]

117) 『燃藜室記述』 별집 권 7, 官職典故, 諸司 通禮院.

따라서 신라의 대일임전은 객관으로부터 왕궁, 그리고 왕궁에서 국왕봉견처 전각의 문밖(합외)까지의 인도를 관장하였고, 조회의 의례를 관장한 사범서와는 구분된다고 할 수 있다. 인도전의 인도직들은, 대일임전이 인도한 사신을 궁내에서 수조 또는 봉견례의 전각殿閣까지 인도하였던 것으로 생각된다.

한편 외국사신을 인견하는 전각에는 미리 의장을 갖추어 놓고, 인견일에는 국왕이나 외국사신의 등장에 따라 의례가 베풀어졌다. 당나라에서는 황제 봉견 1일 전에 상사봉어尙舍奉御가 어악御幄과 번주 또는 외국사신의 상좌牀座를 소어지전이나 봉견하는 전殿에 설치하고, 수궁守宮을 갖추었다. 또한 태악령太樂令과 고취령鼓吹令, 협율랑協律郎은 봉견일의 주악을 위한 궁현宮懸과 휘麾, 12안案을, 그리고 승황령乘黃令은 거로車輅를, 상련봉어尙輦奉御는 여련輿輦을 준비하였다. 황제 봉견일 당일에 전의는 번주의 판위版位와 번국사신 관료들의 위位를 남쪽 길 서북면에 걸었다. 또한 각 부대가 도열함과 아울러 황휘黃麾를 전청과 둔문에 베풀고 제 시위관이 엄중히 경계하였다.

어악 등 장막帳幕의 공급과 상좌 등의 포설鋪設은 고려시대에는 상사국尙舍局(사설서司設署)의 소임이었는데, 별도로 수궁서守宮署를 설치하기도 하였다. 고려의 상사국은 조선시대 전설사典設司의 전신이었다.[118] 신라의 경우 어악과 상좌에 관한 직임을 맡는 관사는 동궁관아의 급장전給帳典과 어룡성의 석전席典(봉좌국奉座局)이었을 것으로 헤아려진다. 의례에 따른 주악奏樂은 예부에 속한 음성서音聲署(대악감大樂監)의 직임이었을 것이다. 다만 거로 또는 여련 등은 집사성 산하의 승부乘府(사어부司馭府)와 어룡성의 공봉승사供奉乘師와 관련될 것으로 보이는데, 이들이 국왕의 거둥과 관련된다는 점에서 어룡성의 공봉승사의 직임이었을 것으로 생각된다. 고려에서도 신라 승부에 상응하는 태복시太僕寺

118) 『燃藜室記述』 별집 권 7, 官職典故, 諸司 典設司.

(사복시司僕寺)가 있었으나 내구內廏를 관장하는 상승국尙乘局(봉거서奉車署)을 별도로 두었던 점을 참고할 수 있다.

제위諸衛의 도열과 국왕의 시위는 고려의 사례로 미루어볼 때에 내성의 위무감衛武監을 비롯하여 시위부와 각 군의 기치로 의장하였을 것이고, 사신이나 백관의 위를 표시하는 판위나 전의위典儀位를 걸었을 것이다. 특히 대일임전의 도사계지都事稽知, 도알계지都謁稽知, 도인계지都引稽知에서 계지稽知는 당幢을 일컬은 바, 이들 사신 또는 백관을 인도하는 이들의 기치 곧 당나라 전의위에 상응하는 도인당都引幢 또는 소전인의 위를 표시하였을 것이다. 그렇다면 대일임전은 사신의 인견례 등에서 객관으로부터 궁성까지 사신 등을 인도하는 관사라고 보아 좋을 것이다. 비벌수比伐首의 직임은 분명하지 않으나 대체로 이들의 인도와 관련된 직임일 것이다.

당의 빈례에는 부보랑符寶郎이 국새를 어좌에 두는 의례가 있거니와, 신라의 관직 가운데 이에 상응하는 직임은 보이지 않는다. 조선 태조 때에는 새보璽寶·병부兵符·신패信牌·절월節鉞을 관장하는 상서시尙瑞司가 있었는데, 고려시대의 지인방知印房(정방政房, 차자방箚子房, 상서시尙瑞寺)과 부보랑(인부랑印府郎) 등의 전통을 잇는 것이었다. 특히 고려시대에는 승지방承旨房을 인신사印信司로 고치기도 하였다.[119] 이로 미루어볼 때에 신라에서도 부보符寶에 관련된 직임은 국왕의 근시직 곧 국왕 직속의 세택洗宅(중사성)에서 관장하였을 것으로 여겨진다.

상문사(통문박사)가 서표나 조서를 받아 아뢰고 나면 유사가 소속관원을 데리고 나와 전정殿庭에서 폐를 받았을 것이다. 당나라에서는 태부시太府寺가 폐를 받고 예물을 내리는 일을 관장하였다. 『신당서』에는 신라의 관리로서 태

---

119) 『燃藜室記述』 별집 권 7, 官職典故, 諸司 尙瑞院.

부령太府令을 열거하였는데[120] 경덕왕 때에 대부大府로 개명한 조부調府가 당의 태부시와 같이 사신의 폐를 받고 예물을 내리는 일을 관장하지 않았을까 한다. 이들 수수한 예물의 감찰을 당나라에서는 어사대御史臺의 전원殿院(전중殿中시어사侍御史)이 관장하였는데, 신라의 감찰제도가 당제를 모방한 것이라면[121] 내성 산하의 내사정전內司正典이 이에 상응하리라 생각된다.

사신을 위한 연례는 대체로 봉견례와 동일한데, 그 밖에 음식과 술, 그리고 주악에 따르는 의례가 베풀어졌다. 당나라에서는 식사와 술을 상식봉어尙食奉御기 준비하고, 행주行酒 시에 무인舞人이 춤을 추고 나서 연회가 끝나면 선칙에 따라 태부가 그 속관을 거느리고 의물衣物을 차례로 내려주었다. 봉견례나 연회가 끝나면 항상 시중侍中이 의례를 마쳤음을 고하는 것으로 파하였다. 이로 미루어보면 신라에서의 연회음식은 식척전食尺典과 어룡성의 육전肉典(상선국尙膳局)이 관장하고, 음성서의 주악과 함께 무척舞尺이 연회에 등장하였을 것이다. 사신에게 내려진 물품들은 직물류나 약재였거니와 직물류는 대체로 궁중 수공업장에서 생산되었던 것으로 여겨진다. 이들 봉견례나 연회를 마쳤음을 고하는 것은 역시 집사시중이었다고 여겨진다.

한편 당나라에서는 사절의 입국과 귀국에 따른 과소過所의 발급을 형부刑部 사문낭중司門郞中이, 그리고 지리풍토의 정보를 가지고 외국의 지도를 제작하는 것은 병부 낭중이 각각 맡았다고 한다.[122] 그런데 신라에서는 집사성과 해당 주군이 입경하는 외국사신들의 통관 수속을 관장하였던 것으로 보인다.

먼저 국가 간 사신 내왕의 통보는 집사성첩을 통해 가능하였다. 고려에서

---

120) 『新唐書』 권 220, 東夷列傳 145, 新羅.

121) 이기동(1980), 「신라 중대의 관료제와 골품제」, 『震檀學報』 50 ; 1984, 앞의 책, 124~126쪽.

122) 石見淸裕, 앞의 논문, 62~64쪽.

는 사신의 파견을 미리 통보하는 소개서가 있었거니와, 신라에서도 당 고종의 사신 예부시랑 악붕구의 파견소식을 미리 알고 있었다는 것, 그리고 덕물도에서 소정방 일행을 맞이한 것, 당항진에 도착한 유인궤 일행을 김인문이 성대한 예식으로 인도한 사례 등에서 당나라사신의 파견사실을 미리 통지하는 체계가 있었음을 알 수 있다. 아마도 이러한 통지는 신라 집사성과 일본 태정관 사이에 첩을 수수한 사례에서 볼 수 있듯이,[123] 집사성과 상대국 최고 관서간의 첩牒으로써 이루어졌을 것이다.[124]

더욱이 일본에 파견된 신라사신은 집사성첩으로써 일본 대재부에서 입국 통관절차를 밟았고,[125] 일본사신은 청주(강주)에서 통관절차를 밟아 경상 여부를 집사성으로부터 통고받는 절차를 밟았다.[126] 이로써 보건대 청주(강주)는 8~9세기 무렵 일본사신의 출입을 관할하는 주치州治로서,[127] 집사성의 첩에 따라 일본사신의 경상 여부나 귀환, 또는 일본 측에 첩문을 보내는 관문이었

---

123) 『속일본기』 권 25, 淳仁天皇 天平寶字 8년(764) 7월 甲寅 ; 『일본후기』 권 12, 연력 23년(804) 9월 己丑 ; 『續日本後紀』 권 5, 承和 3년(836) 윤5월 辛巳 · 承和 3년(836) 12월 丁酉 ; 『日本三代實錄』 권 47, 仁和 원년(885) 6월 癸酉.

124) 김선숙은 구체적인 논거를 제시하지는 않았으나, 집사성이 일본 태정관 앞으로 첩을 보낸 것은 최고 외교권자인 왕의 직속기관으로서 왕의 지시에 따라 또는 왕을 대신하여 성덕왕대부터 대외 관련 행정업무를 총괄하였던 때문으로 이해하였다(김선숙, 앞의 논문, 35~36쪽). 필자도 이에 동의하며, 집사성의 외교적 직무를 사신 내왕의 통보, 외국사신 통관의 가부, 외국사신단의 국왕 봉견 의례를 총괄하는 직임을 맡았던 것으로 이해한다. 한편 일본의 경우 8세기 초부터 천장天長 3년(826)까지는 오직 천황만이 위로조서慰勞詔書를 발급하였으나, 승화 9년(842)부터는 천황의 위로조서와 함께 그에 준하는 국제문서로서 태정관첩을 발급한 사실에 대하여 일본 빈례의 변화 양상을 반영한 것으로 이해하기도 한다(田島公, 앞의 논문, 69~76쪽). 그러나 태정관첩을 빈례의 한 형식으로 보기보다는 오히려 앞서 살핀 사신 내왕의 통보와 사지를 밝히는 국가 간 최고 관부의 행정적 문서형식으로 보는 것이 옳을 듯하다.

125) 『日本三代實錄』 권 47, 仁和 원년(885) 6월 癸酉.

126) 『續日本後紀』 권 5, 仁明天皇 承和 3년(836) 12월 丁酉條 新羅執事省牒文.

127) 全基雄, 앞의 논문, 10쪽 ; 박남수(2006), 앞의 논문, 131쪽.

다. 이는 일본 박다博多의 대재부가 일본 태정관의 첩문이나 천황의 칙지에 따라 신라사신의 입출입을 통제하는 것에 상응한다. 또한 승화 9년(842) 정월에 무진주武珍州 열하列賀 염장閻丈이 축전국筑前國에 첩장牒狀을 올렸다는 것이나,[128] 승화 12년(845) 12월에 신라인이 강주첩康州牒 2통을 가지고 와 50여 명의 일본인 표류자를 데리고 왔다는 것[129]으로 보면, 무진주 또는 강주가 집사성의 통할하에 일본인 또는 사신에 대한 신라 강역의 통관 첩문을 발하였던 것으로 인정된다. 따라서 외국사신 또는 상인이 신라에 입경하면, 해당 주에서는 그 사실을 집사성에 보고하여 집사성의 첩에 따라 사신 또는 상인들을 안치하고 경상 등의 조치를 취하는 체계를 갖추었던 것으로 여겨진다.

한편으로 사신의 내왕에는 국가 간 정보획득이 주요하였던 것으로 보인다. 당나라에 파견된 김흠순金欽純이 구금되었으면서도 비밀리에 의상을 보내 당군의 침공계획을 알렸던 것[130]을 비롯하여, 당 고종이 예부시랑 악붕구를 신라에 보내 당군 패퇴의 원인으로 지목되는 사천왕사四天王寺를 살피고자 하였다는 것,[131] 당사 한조채가 승려 계융의 일본 귀국사실을 파악하면서[132] 동아시아 제국에 있어서 정보전달과 수집 등을 꾀한 것,[133] 그리고 일본이 신라의 군사동향이나 안사의 난, 재당 일본인의 서간 전달, 조난당한 일본사신의 탐문 등을 신라 또는 발해사신을 통하여 획득하고자 한 것 등[134]은 동아시아 일반으

128) 『續日本後紀』 권 11, 承和 9년(842) 정월 乙巳.

129) 『續日本後紀』권 15, 承和 12년(845) 12월 戊寅.

130) 『삼국유사』 권 4, 義解 5, 義湘傳敎.

131) 『삼국유사』 권 2, 紀異 2, 文虎王 法敏.

132) 『속일본기』 권 25, 天平寶字 8년(764) 7월 甲寅.

133) 平澤加奈子(1996), 「八世紀後半の日羅關係」, 『白山史學』 42, 50쪽.

134) 濱田耕策(1997), 「新羅の對日外交の終幕」, 武田幸男 編, 『朝鮮社會の史的展開と東アジア』, 山川出版社, 228~242쪽.

로 사신을 통하여 정보를 확보하고자 한 사례로 꼽을 수 있다. 사실 외국사절의 영접에는 기본적으로 해당관리를 제외하고는 외부와의 접촉을 금하는 것이 일반적이었다.[135] 당나라에서 병부가 사신이 다녀온 나라의 지리풍토에 대한 정보와 지도제작을 맡았던 것은, 사신 내왕에 따른 군사정보의 획득이 매우 주요한 사안이었음을 반영한다. 신라 또한 이미 당나라와 일전을 겨룬 경험이 있고 일본의 신라 공격설이 거듭되었던 만큼, 상대국의 지리풍토에 대한 정보와 지도제작, 상대국가의 국정에 대한 정보를 끊임없이 취하고자 노력하였을 것으로 짐작된다. 신라의 경우 이를 어디에서 맡았는지는 분명하지 않으나 현재 뚜렷한 자료가 없는 상황에서 병부의 소관이 아니었을까 추정하여 둔다.

신라의 빈례와 관련된 관사를 당나라의 그것과 비교할 때에, 명칭과 기능이 상당부분 일치함을 알 수 있다. 이는 신라가 당의 6전체제六典體制를 의식적으로 도입함과 아울러 빈례의 체제도 함께 수용한 때문이 아닐까 여겨진다. 그러나 이를 운영함에 있어서는 동아시아 각국의 실정에 따라 각각의 특성을 지녔던 것으로 인정된다. 이에 신라의 영빈체계 속에서 관련 관사를 살펴볼 때에 다음 몇 가지 특징을 간취할 수 있다.

곧 외국사신의 변경의 출입과 경상 여부, 귀국 여로의 식료공급 등은, 당나라에서 형부낭중이 관장하는 것과는 달리 변경 주현의 보고에 따라 집사성이 첩을 내리는 형식으로 시행되었다. 이는 일본에서 대재부의 보고에 따라 태정관이 첩문을 내리는 형식과 동일하다. 예부는 신라조정에서 결정된 외교정책에 따라 사행에 임하여 수교를 협의하거나, 도착한 외국사절의 영접관 파견 및 영빈의례를 예부의 사례가 빈례 관련 관사를 총괄하는 형식으로 관장하였던 것으로 보인다.

135) 石見淸裕, 앞의 논문, 72쪽.

특히 외국사신의 영접을 총괄하는 영객부는 예부 소속으로서 사신의 교로와 객관 안치, 왕궁에서의 영로迎勞의례를 관장하였다. 조문사弔問使의 경우 예부 소속 대도서大道署와 전사서典祀署가 사안에 따라 내성의 사전寺典이나 어룡성의 원당전願堂典과 함께 제전을 주관하였을 것이며, 국왕이 참여하는 인견례引見禮 내지 봉견례와 연례에는 항상 음성서가 국왕의 거둥과 사신의 출입에 따른 대악大樂과 아악雅樂 등의 악樂을 연주하고, 연흥宴興을 돋우는 주악과 함께 무척을 참여시켰을 것으로 추측된다. 연례에서 외국사신에 대한 예물은 궁중 수공업에서 생산한 비난류 및 약재 등으로서, 조부調府가 이를 관장하고 내사정전이 감찰하였을 것으로 여겨진다.

국왕의 인견례와 연례 시설이나 음식은 대체로 내성과 어룡성의 관할이었던 것으로 보인다. 곧 인견례 내지 봉견례와 연례가 왕궁전각에 국왕이 거둥하는 형식으로 진행되었던 만큼, 동궁관아의 급장전, 어룡성의 석전 · 궤개전机概典 · 공봉승사, 내성의 육전이 주관하였을 것으로 여겨진다. 또한 사신의 인도나 의례의 진행에 있어서는, 객관으로부터 궁성문까지는 대일임전이, 궁성전각에서는 내성의 인도전이 각각 사신을 인도하고, 의례의 전체적인 진행은 영객부가, 그리고 전의는 대일임전이 관장하고, 외교문서의 수수는 근시직인 세택의 중서사인이, 문서의 해석이나 서표의 작성은 상문사가 맡았던 것으로 여겨진다.

또한 사신단의 호위는 고려의 사례로 미루어볼 때에 변경지역으로부터 왕경까지는 연도 주현의 군이, 교로나 영로 행사에는 중앙군과 시위부가 의장 · 고취鼓吹와 함께 사신의 호위를 관장하였을 것으로 생각된다. 이는 일본에서 각 지방 기병騎兵을 차출하던 형식과는 차이가 있다. 특히 왕궁에서의 인견례나 연례에서는 시위부와 내성의 흑개감이 각 군의 기치를 들고 국왕을 시위하였을 것으로 짐작된다.

그러므로 신라의 빈례는 예부가 중심이 되어 그 소속 관사를 운영하는 시스템이었던 것으로 보인다. 집사성이 사신의 통관을 관장하고 사안에 따른 신라의 외교적 입장을 당사국에 천명하였다면, 예부는 이를 협의하여 수교를 타결하는 주무부처였다고 여겨진다. 영객부는 외국사신단의 영접을 관장하지만 세부 의례에 있어서는 예부 소속 각 관사와 예부 사례를 통하여 연계하고, 궁내의 의례 절차는 당연히 내성이 주관하였을 것이다.

『수서』 신라전에 보듯이 신라는 진평왕대에 이미 매년 정월 원단에 서로 하례하고 일신日神과 월신月神에게 제祭를 올리는 등 독자적인 조하례朝賀禮를 베풀었다. 이러한 조하례가 언제부터 비롯하였는지는 분명하지 않으나, 진평왕 8년(586) 예부령禮部令을 두었다는 것은 이러한 의례의 정비와 관련될 것이다.

그런데 『삼국사기』 신라본기에는 진평왕 13년(591)에 영객부 영令 2인을 설치하였다고 하였다. 이에 대해 같은 책 직관지에는 진덕왕 5년(651)에 영 2인을 설치한 것이라 하여 본기와 차이가 있다. 『동사강목』에는 진평왕 13년(591)에 왜전倭典을 영객부로 고친 것으로 기술하였다.[136] 사실 직관지에는 영객부의 전신을 왜전으로 보았으나, 진평왕 43년(621)에 영객부를 영객전領客典으로 고친 점은 인정하고 있다. 따라서 진평왕 13년(591) 왜전을 영객부로 고치고, 다시 진평왕 43년(621)에 영객부를 영객전으로 고쳤으며, 진덕왕 5년(651)에 영 2인을 설치한 것이 아닌가 한다.

진덕왕 5년은 당의 정치제도를 모방하여 종래의 품주稟主를 개편하여 창부를 분치하고, 국왕 직속의 최고 관부官府로서 집사부執事部, 입법관서인 좌리방부左理方府를 설치하는 등 중앙집권적인 관제개혁을 단행하였다. 특히 이 시기에 집사성 중시中侍, 조부령調府令, 창부경倉部卿, 예부경禮部卿 등 주요 중앙관사

136) 『東史綱目』 권 3 상, 辛亥 신라 진평왕 13년.

의 장차관을 설치하였거니와, 영객전의 영 2인도 이때에 설치된 것으로 보아 좋을 듯하다. 그렇다면 진평왕 13년(591)의 기사는 왜전을 영객부로 고친 사실을 반영하는 것으로 보아야 할 듯하다.

진평왕 13년(591) 왜전을 영객부로 고친 것은, 삼국이 각축하는 상황에서 새로이 수와의 긴밀한 관계를 맺고자 한 때문으로 여겨진다.[137] 사실 같은 해에 고구려는 수로부터 책봉을 받았고, 그로부터 2년 후에 진평왕은 수 황제로부터 상개부낙랑군공上開府樂浪郡公 신라왕新羅王에 책봉하는 조서를 받았다. 이는 영객부의 설치가 수와의 외교관계에서 비롯된 것임을 시사하며, 이때에 조서를 가져온 수나라사신을 맞이하기 위하여 빈례를 정비하였을 것으로 여겨진다.[138] 그 후 수나라에서는 왕세의王世儀를 사신으로 보내고, 신라는 걸사표乞師表를 보내는 등 수나라와 긴밀한 관계를 유지하였다.

또한 진평왕 43년(621)에 영객부를 영객전으로 고친 것은, 수를 대신하여 새로이 중국의 강자로서 당나라가 등장함에 따라 이에 적극적으로 대응하고자 하는 조치였다고 풀이된다. 지적되듯이 신라는, 진평왕 43년(621) 신라의

137) 대체로 지금까지 왜전을 영객전으로 고친 때를 진평왕 43년(621)의 사실로 이해하고, 당시 동아시아 정세변화에 대응한 신라의 외교노선의 변화를 반영한 것으로 보거나(朴勇國(2000), 「선덕왕대 초의 정치적 실상」, 『경북사학』 23, 8~9쪽), 신라의 일본에 대한 口頭外交가 表書 형식의 국서外交로 변화한 것을 반영한 것으로(鈴木靖民(1969), 「新羅の倭典について」, 『古事類苑 外交部月報』 33, 5~6쪽), 또는 고구려 · 백제 양국에 대항하고자 당사신과 왜사신을 빈대하기 위해 왜전을 강화 · 확대하기 위한 것으로 풀이한다(濱田耕策(1979), 앞의 논문 ; 2002, 앞의 책, 133쪽 ; 金善淑, 앞의 논문, 11~12쪽). 그러나 진평왕 13년(591)에는 왜전을 영객부로, 진평왕 43년에는 영객부를 영객전으로 고쳤음이 분명한 바, 왜전의 영객부로의 개정은 한반도의 정세와 관련하여 倭보다는 중국과의 관계가 중시됨으로써 영빈기구의 전환이 불가피하였던 것으로 풀이하는 것이 옳을 듯하다. 국내에서 구하기 힘든 鈴木靖民의 논문(1969)을 선뜻 제공해준 김선숙 선생께 본 지면을 빌어 감사드린다.

138) 濱田耕策(1990), 앞의 논문 ; 2002, 앞의 책, 162쪽.

사신파견에 대한 답사형식으로 파견된 당 고조의 사신 통직산기상시通直散騎常侍 유문소를 맞기 위해 영빈체계를 새로이 정비한 것으로 여겨진다. 그 후 진덕왕 5년 영객전의 영을 설치한 것은, 예부의 경 2인, 대사 2인을 설치함과 아울러 사史 3인을 증치하는 등의 정비와 관련하여 영객전의 위상을 높이고자 하는 조치였다고 보인다. 더욱이 중국의 복제와 의장제도를 도입하여 백관의 하정지례賀正之禮를 시행한 데서 살필 수 있듯이, 7세기의 유동적인 동북아시아 국제정세 속에서 능동적인 외교를 행할 수 있는 영객부와 예부의 위상과 기능을 확대함으로써 신라의 국위를 선양하고 왕권의 위엄을 높이고자 한 것으로 풀이된다. 이러한 영빈체계의 정비에는 당연히 당나라 빈례의 채용도 포함되었을 것이다.

한편 영빈 관사로서 영객전에 별도로 왜전을 설치한 점을 주목할 수 있는 바, 그 설치시기는 영객전을 설치한 621년 이후가 될 것이다. 『동사강목』에는 왜전을 왜와 교빙하면서 그 사신을 접대하기 위한 객관으로 이해하였다.[139] 진평왕 13년(591) 왜전을 영객부로 개칭한 것이 수의 책봉사를 맞이하기 위한 것이었다면, 진평왕 43년(621) 영객부를 영객전으로 고친 것은 당 고조의 사신 통직산기상시 유문소를 맞기 위한 것이었다. 따라서 영객부, 영객전은 수와 당사신을 맞이하기 위한 관사였음을 알 수 있다. 이에 왜전 또한 왜의 사신을 맞이하기 위한 관사로 보아 좋을 것이다. 왜가 일본으로 국호를 고친 것이 670년의 일이라면,[140] 왜전을 영객전에 별도로 설치한 시기는 영객전으로 이름을 고친 621년 이후부터 일본으로 국호를 고친 670년 사이의 일이 된다.

『일본서기』에는 문무왕 8년(668) 9월 사찬 김동엄金東嚴을 일본에 사신으로

139) 『東史綱目』 권 3 상, 辛亥 신라 진평왕 13년.

140) 『三國史記』 권 6, 新羅本紀 6, 文武王 10년 冬 12월 ; 『舊唐書』 권 199 上, 列傳 149, 東夷 日本 ; 『新唐書』 권 220, 列傳 145, 東夷 日本.

파견하자, 12월에 일본사신 소산하도수신마려小山下道守臣麻呂 등이 신라에 파견된 것으로 전한다. 그 이듬해에도 사찬 독유督儒의 파견에 대하여 아담련협수阿曇連頰垂가 일본의 견신라사로 파견되었다. 신라–일본 간의 사신교환은 김동엄 이후 지속되었거니와 이는 당나라와의 교전에 따른 대일본 친선책 내지 당나라 침공에 대한 일본 측의 우려로 보아야 할 것이지만,[141] 영객전에 왜전을 별치한 것은 직접적으로 신라–일본 간의 사신교환에 따른 데 기인한 것으로 풀이된다. 왜전의 별치와 함께 대일 교역항 또한 청주 일원으로 옮겨진 것으로 여겨지거니와, 이 무렵에 신라 왕경의 대외 관문항이었던 울산 반구대 유적에 목책이 설치되었다는 점은[142] 그러한 저변의 사정을 보여주는 것이 아닐까 생각된다.

특히 영객전과 별도로 설치된 왜전은 『삼국사기』 직관지에 내성 산하의 관사로 전하는데, 초기의 왜전과는 구별되어야 할 것이다. 곧 김동엄 일본파견 무렵에 설치된 왜전은 왕실 주도의 대일외교를 위한 관사로 여겨지며,[143] 이

141) 森克己(1975), 「遣唐使と日本との關係」, 『續 日宋貿易の研究』, 국서刊行會, 126~127쪽 ; 심경미, 앞의 논문, 631~634쪽.

142) 김현철(2009), 「고찰–목책」, 『울산반구동유적』(본문), 329~331쪽.

143) 김창석은 왜전이 왕실업무를 관장하는 내성의 지휘를 받았던 것으로 보아 대일외교를 왕실이 주도하였던 것으로 이해하였다. 다만 후기 왜전은 성덕왕대에 관문성을 축조한 전후 대일외교업무뿐만 아니라 그에 수반된 물품과 대일교역을 위한 수공업품을 생산하는 기구였던 것으로 이해하였다(김창석(2005), 앞의 논문, 151쪽). 이에 대해 李成市는 내성에 소속된 왜전이 일본사신을 빈대한 것에 주목하여, 중국이 조공사를 帝室財政으로 충당한 것에 비추어 신라측으로서는 일본사를 조공사로서 응대하였을 가능성이 있는 것으로 보았다(李成市(1981), 「正倉院寶物氈貼布記を通して見た八世紀の日羅關係」, 『朝鮮史研究會會報』 67, 12쪽). 한편 왜전의 別置 시기에 대하여, 651년 영객전을 영객부로 승격시키면서 왜전을 별치한 것으로 보거나(김영하(1988), 「신라 중고기의 정치과정 시론」, 『태동고전연구』 4, 19쪽 ; 심경미, 앞의 논문, 620쪽), 신라가 당의 의관제를 수용하면서 제반 제도를 개혁하면서 전혀 차원을 달리하는 당과 왜의 창구로서 당의 영객전에 대응한 왜전을 설치한 것이고 보기도 한다(李成

점에서 일본사신을 숭례전에서 인견하였다는 점을 이해할 수 있다. 그러므로 영객전이 당과의 외교를 위한 영빈기구였다면, 왜전은 왕실에서 일본사신을 맞이하기 위해 설치된 관사라고 할 수 있을 것이다.[144)]

영빈체계의 정비와 관련하여 태종 무열왕 4년(657) 인견례에서의 인도와 전의, 전알을 전담하는 대일임전을 새로이 설치한 점을 주목할 수 있다. 대일임전의 설치에는 이를 맡는 관직과 의장의 정비까지를 포괄한 것으로 짐작된다. 무열왕 자신이 대당외교의 중추적 역할을 담당하였거니와, 그의 즉위년 5월에 당사신이 부절符節을 가지고 예禮를 갖추어 개부의동삼사開府儀同三司 신라왕으로 책봉하는 의례가 있었다. 무열왕은 이에 즈음하여 이미 이방부격理方府格 60여 조를 정비토록 한 바 있다. 또한 당나라에 사은사를 보냄과 아울러, 고구려와 백제의 공격에 대하여 군대를 청하고 김인문과 문왕을 당나라에 조

市(1997c), 「毛氈傳來の過程と新羅 · 日本關係」, 앞의 책, 92쪽). 또한 신라가 상문사를 통문박사로 개칭한 성덕왕 13년(714) 무렵 일본과 대등한 형식을 취하고자 대일외교기구를 정비한 것(濱田耕策(1990), 앞의 논문 ; 2002, 앞의 책, 165쪽), 왜전의 기능을 당의 전객서典客署에 비교하여 성덕왕 13년(714) 일본사신을 맞아 이들의 영접에 필요한 경비 물자를 관리하고 조달하던 기구로 별치했다는 견해(김선숙, 앞의 논문, 41~42쪽)가 있다. 그 밖에 일본에 대한 조공품 생산이 급증한 문무왕 19년(679) 대일교역품에 소용되는 공물을 직접 지원하기 위한 기구로서 왜전을 별치했다고 보기도 한다.(서영교(2000), 『나당전쟁사연구』, 동국대박사학위논문, 143쪽).

144) 領客典으로 개편하기 이전의 왜전은 대체로 왜의 사절을 상대하기 위한 외교기구로 이해하고 있다(鈴木靖民(1969), 앞의 논문, 4~5쪽: 金善淑, 앞의 논문, 39쪽). 다만 '후기 왜전'에 대해서는 왜전의 직임을 倭의 명을 관칭하는 것으로 대표되는 빈객의 內廷 參內의 儀를 관장하였을 것으로 보기도 하나(濱田耕策(1990), 앞의 논문 ; 2002, 앞의 책, 165쪽), 내성 소속으로서 마리전麻履典 등 생산품명을 보이는 관사와 함께 분류되었다는 점에서 생산관사였을 것으로 풀이한 바(三池賢一(1971), 「新羅內廷官制考(下)」, 『朝鮮學報』 62, 33쪽 ; 姜鳳龍(2001), 「8~9세기 東北亞 바닷길의 확대와 貿易體制의 변동」, 『歷史敎育』 77, 20~21쪽), 대일외교의 관장과 일본 사절 파견 및 그에 수반한 대량의 문물을 준비하여 관리하는 관사로 보기도 한다(李成市(1997c), 위의 논문, 위의 책, 92~93쪽 ; 김창석(2005), 앞의 논문, 151쪽).

공사로 파견하는 등 자못 당나라와의 관계가 긴밀하였던 바, 마침내 무열왕 7년 신라는 당군의 출병을 확보하였다. 이러한 과정에 대일임전을 설치한 것은 향후 당나라사신에 대비한 영빈체계를 정비함으로써 신라의 존엄을 갖추고자 하는 일환으로 보아야 할 듯하다. 그 밖에 성덕왕 13년(714) 상문사를 통문박사로 개칭하여 서표를 관장하게 한 것은, 당 · 일본 등과의 교섭이 잦아지는 상황에서 당의 제도를 모범으로 하여 빈례와 서표에 관한 직무를 정비한 것이라 보는 것이 옳을 듯하다.[145)]

5. 맺음말

8세기 동아시아세계는 문물교류와 외교의 공간이었다. 특히 신라와 일본은 문물교류의 와중에도 외교적 갈등을 빚어왔다. 이는 735년 신라사신 김상정 등이 신라를 '왕성국'이라 일컬음으로써 일본 측에 반각되면서부터였다. 이후 신라와 일본의 교섭은 갈등의 연속이었던 것으로 전한다. 이러한 양국 간의

145) 濱田耕策은, 성덕왕 13년(714) 무렵 신라가 상문사를 통문박사로 개칭한 것은 조공형식을 고집하는 일본 측의 강요에 반하여 대등한 형식을 취하고자 신라가 대일외교를 정비하기 위한 것으로 이해하고(濱田耕策(1990), 앞의 논문 ; 2002, 앞의 책, 165쪽) 통문박사란 종주국에로 '文을 통한다란 의미'로서 이후 대일외교에서 서표를 사용하지 않고 대당외교에서 신라가 당과의 번속국으로서의 관계를 깊이 한 형국에서 탄생된 관직으로 풀이하였다(濱田耕策(1979), 앞의 논문 ; 2002, 위의 책, 131쪽). 김선숙은 통문박사로의 개칭을 '왕의 뜻을 담긴 글이 사방에 널리 퍼지게 한다'라는 의미에서 성덕왕의 왕권강화라는 측면과 일치하는 것으로 이해하였다(김선숙, 앞의 논문, 38~39쪽). 그런데 영객부(영객전)는 중국의 사신을, 그리고 왜전은 왜의 사신을 맞기 위해 설치한 것으로 이해되는 바, 상문사를 통문박사로 개칭한 것은 당 · 일본과의 외교사절의 내왕이 빈번해짐에 따라 당나라 중서성 통사사인에 상응하는 명칭으로 개명한 데서 비롯한 것으로 생각된다.

갈등은 외교형식에 관한 문제였다. 그럼에도 8세기 동아시아 외교형식의 구체적인 내용이나 운용상, 그리고 신라의 영빈체계나 관사 등에 대해서는 미진한 점이 있었다. 이에 신라-일본 간의 외교형식 분쟁의 문제의 소재를 파악하고, 당나라의 외교의례가 신라와 일본에 언제, 어떻게 전래되었으며, 어떠한 형식으로 채용되어 운용되었는지를 살피고자 하였다. 특히 신라의 영빈의례나 외교관사에 대해서는 관련기록이 부족하기 때문에 당나라 빈례와 함께 신라의 그것을 전승한 것으로 여겨지는 고려의 빈례를 바탕으로 재구성하고자 하였다. 이에 지금까지 논의한 내용을 요약함으로써 맺음말에 대신하고자 한다.

첫째, 신라와 일본 간의 외교적 형식에 대한 갈등은, 760년 김정권의 일본 파견 시에 일본 측이 빈대를 하지 않고 신라 측에 요청한 네 가지 원칙 곧 '전대지인', '충신지례', '잉구지조', '명험지언'으로 요약된다. 이는 동아시아 외교의례상 번국이 갖추어야 할 요건이었으나, 신라사신은 신라를 왕성국이라 칭하면서, 가져간 물품을 토모 또는 국신물이라 일컫고, 국서 없이 사주 또는 구주로써 사지를 밝힘으로써 신라의 일본에 대한 외교적 입장을 분명히 표현하였다.

둘째, 당나라 국가의례의 규범으로서의 당례는 『정관례』, 『현경례』를 거쳐 732년 『개원례』로서 완성되었다. 이들 당례는 문물교류 과정에 동아시아 각국에 전래되어, 각국의 실정에 맞추어 채용되었다. 신라는 신문왕 6년(686) 측천무후에게 『당례』를 요청하여 『길흉요례』와 『문관사림』 가운데 규계規誡가 될 만한 것을 적출한 것을 사여 받은 바, 이때의 길흉요례는 당시 당나라에서 사용되고 있는 『정관례』와 『현경례』 가운데 길례와 흉례의 긴요한 부분만 가려내어 편찬된 것으로 생각되었다. 일본은 735년 입당유학생 하도조신진비에 의해 130권의 현경례를 수용하였으며, 발해는 개원26년(738) 『대당개원례』(150권)를 전래한 것으로 보인다.

셋째, 신라의 빈례를 승계한 것으로 여겨지는 고려의 빈례를 바탕으로, 신라가 당 · 일본사신을 영접하였던 단편적인 사실을 재구성하여 신라의 빈례를 살폈다. 곧 당나라사신의 해로를 통한 입경 시의 영접, 당항진 또는 회진 도착에 따른 영접, 그리고 중앙에서의 파견관 및 지방관에 의해 도착지로부터 신라 왕경 교외에 이르기까지의 영접, 왕경 교외에서의 교로를 거쳐 왕경의 객관에 이르기까지의 의장행렬, 그리고 왕궁에서의 수조의례 및 제전과 연의, 연회에서의 물품사여 등의 과정을 복원할 수 있었다. 이들 당사신은 당항진 또는 회신으로부터 염지통 내지 북요통을 거쳐 하양, 왕경 북교인 경주 서북쪽의 건문역, 왕경의 북문을 통해 입경하였던 것으로 헤아려진다.

또한 일본사신은 청주(강주)로부터 해남통을 통하여 남교에 이르면 곤문역으로부터 교로를 베풀고 객관에 들었던 것으로 추정되었다. 특히 일본국사의 인견장소가 연회 또는 관악의 전각인 숭례전에서 정전인 조원전으로 바뀐 것은 일본사신에 대한 빈대의 변화 때문으로 여겨지는 바, 애장왕 4년(803) 양국간의 교빙결호가 그 분기점으로 작용한 것으로 보았다.

넷째, 신라와 일본의 빈례상의 공통점은, 경상하는 데 있어서 기병으로 호송하고 조서 혹은 사지를 받는 의례와 배표 혹은 조서를 내리는 의례가 별도로 진행되었다는 점이다. 다만 조문사절의 경우 고려 또는 신라에서는 빈례로써 맞이한 데 대해 일본에서는 축자筑紫 또는 대재부에서 돌려보냈다는 점, 그리고 신라는 당과 마찬가지로 원칙적으로 사신의 사적 교역을 금지하면서도 해당 관사 또는 주현의 허가하에 허용하였을 것이라는 데 대해 일본에서는 사신들의 교관에 대해 별도의 규정을 두었다는 점에서 차이가 있다.

그런데 양국 간 외교적 갈등으로 작용한 왕성국 발언, 국신물, 토모 논쟁은 모두 빈례상의 문제였다. 곧 왕성국 발언은 객관에서의 영로와 황제연 때에 국명國名을 일컫는 데 있어서, 신라사신은 '신라국번신모新羅國蕃臣某'라 일컫지 않고 '왕성국모王城國某'라고 하여 자존을 드러내었던 것이다. 또한 국신물은 동아시아 일반으로 상국이 번국에게 보낸 예물을 지칭하며, 토모 곧 토물土物이란 황제의 영로의식에서 황제가 사신을 객관에 보내어 예물(폐)을 내리면 번국의 왕 또는 사신이 황제의 사신에게 답례하는 물품을 지칭하는 것이었다. 8세기 동아시아세계에서 빈례란 동아시아국가 간의 지위를 서열화하는 형식이었던 바, 일본의 시정 요구에도 불구하고 신라는 이와 같은 외교형식을 드러냄으로써 문물전달자로서의 지위를 밝히고자 하였다.

다섯째, 신라의 빈례와 관련된 관사를 당나라의 그것과 비교할 때에, 명칭과 기능이 상당부분 일치함을 알 수 있다. 이는 신라가 당의 6전체제를 의식적으로 도입함과 아울러 빈례의 체제도 함께 수용한 때문이 아닐까 여겨졌다. 특히 신라의 빈례는 예부가 중심이 되어 그 소속 관사를 운영하는 시스템이었다. 집사성이 사신의 통관을 관장하고 사안에 대한 신라의 입장을 외교 당사국에 천명하였다면, 예부는 이를 협의하여 수교를 타결하는 주무부처였다. 영객부는 외국사신단의 영접을 관장하지만 세부 의례에 있어서는 예부 소속 각 관사와 예부 사례를 통하여 연계하고, 궁내의 의례절차는 당연히 내성이 주관하였던 것으로 보인다.

외국사신 영접 관사인 영객부와 관련하여, 진평왕 13년(591) 왜전을 영객부로 개칭한 것이 수의 책봉사를 맞이하기 위한 것이었다면, 진평왕 43년(621) 영객부를 영객전으로 고친 것은 당 고조의 사신 통직산기상시 유문소를 맞기 위한 것이었다. 이에 영객부, 영객전은 수와 당사신을 맞이하기 위한 관사였으며, 왜전은 왜의 사신을 맞이하기 위한 것으로 판단되었다. 특히 왜가 일본으로 국호를 고친 것이 670년이라는 점에서 이른바 '후기 왜전'은 문무왕 8년(668) 김동엄의 일본파견 이후 양국 간의 사신 내왕에 따른 조치였으며, '후기 왜전'이 내성 소속이라는 점에서 왕실 주도의 대일외교를 위한 관사였던 것으로 이해되었다. 그 밖에 태종 무열왕 4년(657) 인견례에서의 인도와 전의, 전알을 전담하는 대일임전을 새로이 설치한 것은 당나라와의 긴밀한 외교관계를 유지하려는 신라로서 향후 당나라사신에 대비하여 영빈체계를 정비하고자 한 것으로, 그리고 성덕왕 13년(714) 상문사를 통문박사로 개칭한 것은 당·일본 등과의 교섭이 잦아지는 상황에서 당의 제도를 모범으로 하여 빈례와 서표에 관한 직무를 정비한 것으로 이해되었다.

8세기 전반 발해의 동아시아 외교와 그 성격

한국학중앙연구원 **구난희**

1. 머리말
2. 발해 건국과 대외관계의 모색
3. 발 · 당 전쟁과 발 · 일 외교의 성립
4. 안사의 난과 문왕의 대응
5. 맺음말

구난희

한국학중앙연구원 교수

대표논저 | 『발해의 역사와 문화』(공저, 2007, 동북아역사재단), 『백두산 현재와 미래를 말한다』(공저, 2010, 한국학중앙연구원), 『日韓で考える歷史教育－教科書比較とともに－』(공저, 2010, 明石書店), 「발해, 일본의 교류개시기에 대한 검토 －『續日本紀』養老4年 記事를 중심으로 －」(2009, 『고구려발해연구』 35) 외 다수

8세기 전반 발해의 동아시아 외교와 그 성격

한국학중앙연구원 **구난희**

1. 머리말

동아시아[1]의 8세기는 수당의 교체, 돌궐의 흥기, 신라의 삼국통일 등으로 이어진 7세기의 격변을 일단락 짓고 새로운 국제질서를 구축해나가는 시기였

1) 동아시아의 공간적 범주에 대해서는 다양한 의견이 있다. 동아시아라는 범주에 먼저 주목한 것은 일본학계로 한자문화, 유교, 율령제, 한역 불교를 요소로 하는 문화권적 개념으로 접근하였다. 중국을 중심으로 한 국제질서를 책봉체제로 이해하고, 중국, 한반도, 일본 그리고 베트남 북부까지를 동아시아로 설정하고 있다(西嶋定生(1962), 「6~8世紀の東アジア世界」, 『岩波講座 日本歷史 2』, 岩波書店). 한편 중국학계는 동아시아를 이보다 더 광역의 개념으로 동남아시아와 내륙아시아를 포함하고 있다(張乃和 · 楊軍(2005), 『東亞史』, 長春出版社). 한국에서의 동아시아사에 관한 관심은 고등학교 과목에 '동아시아사'가 개설되면서 본격화되었다고 할 수 있다. 중국, 일본과 달리 범주보다는 동아시아를 이해하는 시각에 초점을 맞추고 있다. 중원 왕조 중심의 세계질서가 시대마다 그 강도를 달리하여 존재하였음을 전제로 다원적이고 중층적인 구조에서 다수의 국가(왕조)의 성격에 주목해야 한다는 것이다.(임기환(2010), 「전근대 한중일 공동 역사교과서 서술 방향1:한국사의 관점에서」, 『한국사의 관점에서 본 동아시아 공동역사교과서 서술』, 역사교육학회 연합학술대회 자료집, 30~31쪽.) 이 글은 발해가 이끌어나간 국제정세를 살펴보는 데 목적이 있으므로 중국, 한반도, 일본 그리고 북방민족을 포함한 범위로 이해하고자 한다.

다. 618년 건국한 당은 정관貞觀의 치治라는 전성의 시대를 거치면서 한漢을 능가하는 대제국을 이룩하였다. 팽창된 영역은 당의 발전과 전성의 토대가 되었지만 이와 동시에 인접 지역도 확대되었기에 제족과의 끊임없는 갈등에 직면했다.

발해는 당을 둘러싸고 시시각각 변동하는 국제관계를 이용하면서 건국의 위업을 이룩하고 국제질서에 기민하게 대응해나가면서 성장과 발전을 이어나갔다. 발해의 건국과 발전은 주로 대외관계 검토를 통해 밝혀왔는데 중국과 일본학계, 그리고 한국학계의 입장은 일정한 견해차를 노정하고 있다. 중국학계는 발해와 당의 관계를 중심으로 발해의 귀속문제 및 발해의 대외적 위상 변화를 검토해온 반면, 일본학자들은 발해와 일본과의 교류에 관한 연구를 선도하면서 삼국 조공국 시각의 연장선에서 발해를 해석해왔다.

이러한 접근은 한결같이 발해 자체의 관점이 아니라 상대국에 비춰진 발해의 위상을 밝히고 있다는 점에서 일정한 한계를 안고 있을 수밖에 없다. 이는 발해가 스스로 남긴 문헌기록 없이 주변국 역사서 중의 일부 기록을 통해서만 자신의 역사를 문헌으로 남기고 있다는 연구환경의 탓도 있겠지만 중국과 일본에 의한 발해사 연구가 이른 시기부터 진행되면서 국제관계의 기본틀을 형성한 데도 그 원인이 있다고 할 수 있다.

이로 인해 발해의 대외관계에 대해서는 '신라新羅와의 대립對立, 일본日本 또는 당과의 우호友好'라는 양대 구도를 주축으로 이해하려는 경향이 오랫동안 주류였다. 또한 여기에는 당대의 국제질서를 중국에 의한 중화적中華的 질서秩序라는 거대담론을 통해 일원화하려는 중국학계,[2] 이와는 이탈된 일본적 특성

2) 최근에 와서는 藩屬이론을 통해 발해뿐만 아니라 고구려, 심지어 백제, 신라까지도 중국사에 속한다는 주장이 제기되고 있다. 동북공정의 일환으로 전개된 일련의 연구 성과로 『古代中國高句麗歷史叢論』(中國社會科學院 邊疆史地研究中心(2001), 『古代中國

을 상대적으로 부각하는 가운데 이른바 소중화小中華 질서 속에서 발해를 번국藩國으로 여기는 일본학계의 경향이 근저에 깔려 있기 때문에 어려움을 가중시킨다.[3)]

최근에 와서는 발일 외교에 나타난 구체적인 내용을 통해 당-발해-일본으로 이어지는 동아시아의 범주에서 고찰하려는 노력이 이루어지고 있다. 일국 대 일국의 단일구도를 넘어서서 동아시아적 세계 질서에서 고찰한다는 측면에서 새로운 의미를 부여하지만 실질적 검토과정에서는 일본과 당의 관계를 중시하고 발해는 단지 양자의 중재자적 위치로만 설정하는 또 다른 우려를 파생시키는 것도 사실이다.

한편 1980년대 이후 한국학계에서도 발해사 연구가 꾸준히 축적되었다. 발해의 내적 동인과 성장과정을 검토하는 연구도 있지만 대부분의 연구는 중국과 일본학계에 의해 이루어진 선행 연구에 대한 대응 연구로 발해의 독자적 행보에 주목해왔다. 그러나 발해의 독자성에만 주목하다 보면 시시각각 변화하는 주변 정세에 탄력적으로 대응하면서 국가의 발전을 도모해온 발해의 다양한 노력을 소략화하거나 간과하는 한계도 적지 않다. 뿐만 아니라 중국학계

高句麗歷史叢論』, 黑龍江敎育出版社)과 『古代中國高句麗歷史續論』(馬大正 · 李大龍(2003), 『古代中國高句麗史續論』, 中國社會科學出版社)이 발표되면서 이론적 틀을 마련하였고 이후 '藩屬'이라는 개념이 정착된다.(李大龍(2006), 『漢唐藩屬體制硏究』, 中國社會科學出版社 ; 黃松筠(2008), 『中國古代蕃屬制度硏究』, 吉林人文出版社.) 번속이론에 따르면 한반도에 성립한 왕조는 모두 중국 왕조의 책봉을 받으며 신속관계를 유지하고 있었으므로 번속에 해당한다. 번속에는 제후국의 번국, 경내 변강지구에서 민족자치를 누리는 소수민족정권, 경외속국으로 분류하였다. 한반도 왕조는 대부분 경외속국으로 분류되나 발해는 소수민족정권으로 간주되고 있다.

3) 鬼頭淸明(1992), 「王畿論-中國 · 朝鮮 · 日本」, 『アジアのなかの日本史』 Ⅲ, 東京大學出版會 ; 酒寄雅志(1993), 「華夷思想の諸相」, 『アジアのなかの日本史』 Ⅴ, 東京大學校出版會 ; 越智重明(1995), 「華夷思想の形成と展開」, 『比較文化年報』 3.

로부터 일개 당의 지방정권의 하나라는 해석의 도전을 받았으므로 좀 더 발해의 탄력적인 행보에 주목해 볼 필요가 있다.

이러한 문제의식하에 이 글은 발해가 동아시아의 외교질서를 어떻게 이끌어나가고 있는가를 8세기 전반을 통해 살펴보기로 한다. 우선 발해 건국으로부터 무왕대에 이르는 시기로 당의 대발해 정책과 이에 대한 발해의 외교 대응이라는 구도를 중심으로 서술하고자 한다. 이어 후반부에서는 8세기 중반 안사의 난을 전후로 발해가 일국의 차원을 넘어서 다국간 연결망을 형성해나가는 과정을 살필 것이다.

2. 발해 건국과 대외관계의 모색

발해 건국은 고구려 멸망 이후 당의 지배에 대항하는 고구려 유민의 저항이 모태가 되었으며[4] 이를 건국으로 연계할 수 있는 기회를 제공한 것은 바로 이진충李盡忠의 난이다. 696년 이진충의 난이 발발하자 측천무후則天武后는 유관渝關에 토벌군 사령부를 설치하고 28명의 장수를 파견하여 거란족을 토벌하도록 했다. 그러나 서쪽 국경을 돌파한 반란군의 위세는 급속하게 확대되어 696년 8월경에는 이미 하북성까지 육박하여 당나라 군대를 거의 궤멸시켰다.

이에 측천무후가 돌궐에 원병을 요청하자 일시 소강상태에 이르게 된다. 697년 4월 묵철가한默啜可汗은 영주營州를 공격하였고 때마침 6월에 병사한 이진충을 뒤이은 손만영孫萬榮이 돌궐에 연휴를 제안하자 돌궐은 거란의 허점을

4) 중국학계에서는 발해의 건국을 고구려 유민을 중심으로 한 반당운동으로 보기보다는 말갈족의 성장에 따른 결과로 보고 있다. 그럼에도 불구하고 건국과정에서 활약한 고구려 유민의 행보는 인정하고 주요 사실로 언급하고 있다.

알아차리고 당과 연합하여 거란을 평정하였다.

한편 걸사비우乞四比羽와 걸걸중상乞乞仲象이 이끄는 말갈과 고구려 유민 연합군은 영주 일대의 혼란을 피해 동쪽으로 이동하였고 당은 투항한 거란 장수 이해고李楷固를 앞세워 이들을 추격하였다. 이후 이들의 행보는 발해 건국으로 이어졌는데 다음의 사료를 통해 살펴보기로 한다.

가-1. 만세통천萬歲通天 연간(696)에 거란契丹의 진충盡忠이 영주도독營州都督 조홰趙翽를 죽이고 반란을 일으키자, ① 사리舍利 걸걸중상乞乞仲象이라는 자가 말갈의 추장 걸사비우乞四比羽 및 고(구)려의 남은 종족과 동쪽으로 달아나, ② 요수遼水를 건너서 태백산의 동북을 거점으로 하여 오루하奧婁河로 막아 성벽을 쌓고 수비를 굳혔다. ③ 무후武后는 걸사비우를 허국공許國公, 걸걸중상을 진국공震國公으로 책봉하여 그 죄를 용서하였다. 비우比羽가 그 명령을 받아들이지 않자, 후后는 옥검위대장군 이해고玉鈐衛大將軍李楷固와 중랑장 색구中郎將索仇에게 조서를 내려 그를 쳐 죽였다. 이때에 중상仲象은 이미 죽고 그의 아들 (대)조영이 패잔병을 이끌고 도망쳐 달아났는데, 해고는 끝까지 추격하여 천문령天門嶺을 넘었다. 조영이 고구려병과 말갈병을 거느리고 해고에게 저항하니, 해고는 패전하고 돌아왔다. 이에 거란이 돌궐에 붙으므로 왕사王師의 길이 끊겨서 그들을 치지 못하게 되었다. ④ 조영은 곧 비우比羽의 무리를 합병하고 지역이 먼 것을 믿고 나라를 세워 스스로 진국왕震國王이라 부르며, 돌궐에 사자를 보내어 통교하였다.[5)]

가-2. ① 처음은 거란과 행악行惡하고, 이어 돌궐과 통모하여 만리 벌판에 곡식을 경작하면서 여러 번 요수를 건너는 수레를 항거했으며, 10년이나 오디를 먹다가 늦게야 한漢나라에 항복하는 기旗를 들었습니다. ② 그들이 처음 거처할 고을을 세우자 와서 인접隣接을 청하기에 그 추장 대조영에게 비로소 신번臣蕃(신라)의 제5품 벼슬인 대아찬大阿餐을 주었더니, 뒤에 선천先天

5) 『新唐書』 卷219, 渤海傳.

2(713)년에 이르러 바야흐로 대조大朝(당)의 총명寵命을 받아 발해군왕渤海郡王으로 봉해졌습니다.[6]

가-1은 신당서에 언급된 발해 건국 관련 기사이다. 동일한 내용이 구당서에도 언급되어 있지만 구체적인 내용에서는 다소 차이를 보인다. 먼저 ①과 같이 신당서가 걸걸중상을 주요인물로 내세우고 있는 반면 구당서는 대조영大祚榮을 처음부터 명기하고 있다. 이로 인해 걸걸중상 때 이미 발해가 건국되었다는 견해도 있지만[7] 양서 기록의 차이에 대한 명확한 해석을 내리지 못하고 있으므로 아직 검토의 여지는 남아 있다. 또한 걸걸중상이라는 이름 앞에 사리舍利라는 거란의 군사직명이 붙은 것으로 보아 이진충의 난에 참여했을 것으로 추정된다.[8]

그러나 당의 추격이 거세지자 이들은 거란 일파와 분리하여 동쪽으로 이동한다. ②의 문구는 오루하奧婁河가 천문령天門嶺 서쪽에 위치하고 이곳에 천문령 전투 이전에 기거한 것처럼 서술하고 있다. 동모산에 안착한 사실을 천문령 전투 이전에 서술하여 혼동을 불러일으키고 있다. 이러한 서술이 잘못된 것이라는 점은 일찍부터 지적되었다.[9] 초기 도읍지의 위치에 있어서는 논란이 있었으나[10] 1949년 정효공주貞孝公主 무덤이 발굴되면서 지금의 돈화敦化 지역이

---

6) 『東文選』 卷33, 「表箋」, 謝不許北國居上表.

7) 鄭永振(2009), 「論渤海國的種族構成餘主體民族」, 『北方文物』 2009-2 ; 鄭永振(2010), 「大渤海的建國年代和建國地的討論」, 『北方文物』 2010-2.

8) 河內春人(2003), 「渤海と契丹 · 奚」, 『日本と渤海の古代史』, 山川出版社, 28~29쪽 ; 김종복(2009), 『발해정치외교사』, 일지사, 69쪽.

9) 李桂林 顧雲 纂 · 長順 修(1891), 『吉林通志』, 卷10, 22쪽 ; 續修四庫全書編纂委員會 編(2002), 『續修四庫全書』 646, 上海古籍出版社.

10) 쓰다 소키치는 敦化로 보았고(津田左右吉(1915), 「渤海考」, 東京帝國大學文學部編, 『滿鮮地理歷史硏究報告』 第1, 東京帝國大學文學部, 123~124쪽), 마쓰이 히토시는 輝

라는 데 의견이 일치하고 있다.[11] 동모산東牟山은 성산자산성城山子山城으로[12] 오루하는 대석하大石河로 비정되고 있다.[13]

한편『오대회요五代會要』등에서 요동으로 도망하여 고구려 고지에서 왕이 되

發河와 渾河의 分水嶺에 長嶺子가 곧 天門嶺이라고 비정한 바 있다(松井等(1940),「渤海國の疆域」, 南滿洲鐵道株式會社編,『歷史調査報告』第1, マルゼン, 411쪽). 이후 와다 기요시는 지금의 老爺山脈 中의 北甑로 비정하기도 했다(和田淸(1955),「渤海國地理考」『東亞史硏究』第1, 東洋文庫 62쪽, 74쪽).

11) 金毓黻(1956),「關于渤海貞惠公主墓碑硏究的補充」,『考古學報』1956.2, 75~78쪽 ; 王承禮 · 曹正榕(1961),「吉林敦化六頂山渤海古墓」,『考古』1961-6, 298쪽 ; 王承禮(1962),「吉林敦化牧丹江上流渤海遺址調査記」,『考古』1962-11 ; 王承禮 著, 崔茂藏 譯(1980),「돈화 육정산 발해묘 발굴기」,『建國大人文科學論叢』13, 237쪽.

12) 유적조사가 진행되면서부터 성산자산성에 주목하기 시작하여(劉忠義(1982),「東牟山在那里」,『學習與探索』1982.4 ; 李强(1991),「渤海舊都即敖東城置疑-兼對敖東城周長的考證」,『東北亞歷史與文化』, 遙沈書社) 현재 동모산에 대해서는 큰 이견이 없다. 그러나 이후 옮겨 간 평지성의 위치에 대해서는 여전히 논란이 있다. 19세기 말 이후 첫 도읍지를 敖東城으로 이해한 이후(曹廷杰(1885),『東三省與地圖說』; 天龍長城文化藝術公司 篇(2004),『東北史志』第5部 第17卷, 全國圖書館文獻縮微復制中心). 回字型 구조의 내성과 외성 등의 유적을 근거로 敖東城을 도성으로 보았지만 출토 유물이 대부분 금대 유물로 간주되고 있어 구국으로 보는 데 한계가 있다(吉林大學邊疆考古硏究中心 · 吉林省文物考古硏究所(2006),「吉林敦化市敖東城遺址發掘簡報」,『考古』9). 한편 永勝遺蹟이 城山子山城과 근접하고 있다는 지형적 조건으로 보아 설득력이 있으나 여기서도 구국시대로 비정할 만한 유적이나 유물이 나오지 않고 있어(吉林大學邊疆考古硏究中心 · 吉林省文物考古硏究所(2007),「吉林敦化市永勝金代遺址一號建築基址」,『考古』2) 여전히 논란이 있다.

13) 초기 왕승례는 奧婁河는 牧丹江으로 보았으나(왕승례 저 · 송기호 역(1987),『발해의 역사』, 아시아문화연구소, 105쪽) 당시 牧丹江은 忽汗河로 불렸으므로(中國社會科學院(1996),『中國歷史地圖集』第5册, 中國地圖出版社, 50~51쪽 및 78~79쪽) 송기호는 奧婁河를 이와는 별도의 산성 북쪽 大石河로 추정하였다. (송기호(1995),『발해정치사 연구』, 일조각, 82쪽.) 대석하는 동모산 북쪽에 인접해 있으며 동모산의 북쪽 약 1km 부분은 급경사로 성벽이 없다는 조사연구를 감안해 볼 때(이기석,「발해 초기 도성의 입지와 지리환경」,『학술원논문집(인문사회과학편』48-1, 146쪽) 오루하로 막았다는 표현상 이는 대석하로 보는 것이 타당하다.

었다는 기록이 있어[14] 이를 근거로 천문령으로 향했던 출로를 감안해보면 요동 북부에 일시 거주했을 것이다.[15] 그러나 요동 북부는 당의 추격으로부터 자유롭지 못했으므로 좀 더 독자적인 세력 유지가 가능한 동쪽으로의 행보를 단행하였다.

이러자 당은 ③에서 보듯 양대 세력을 설정하여 각각 작호를 내리고 있는데 이는 이들 세력이 통합·강화되는 것을 막기 위한 회유와 분열책으로 해석된다. 각각 나라를 건국하였기 때문에 작호도 별도로 받았다는 해석도 있지만[16] 구당서舊唐書에서 대조영에 의해 건국되었다고 기술하고 있으므로 이 기록을 그대로 수용하기에는 다소 의문이 남는다. 양 당서唐書의 특성을 감안해 보면[17] 구당서에서 건국자를 대조영으로 언급하고 있는 것은 당대의 사실을 그대로 반영하였을 가능성이 높다. 한편 신당서新唐書에서 봉작封爵의 사실을 남긴 것을 발해 건국 초기의 당의 영향력을 강조하기 위한 것이라고 본다면 이 시기에 전면적으로 건국을 표방하지는 않았다고 볼 수 있다. 즉 이들의 통합과

14) 與靺鞨反人乞四比羽走保遼東 分王高麗故地(『五代會要』 卷30 渤海 ; 『新五代史』 卷74, 渤海) ; 据遼東分王高麗之地(『武經總要』 前集卷16下, 渤海).

15) 송기호(1995), 56~64쪽.

16) 봉작을 받은 이후 각각 국가를 건국한 것으로 이해하기도 하며(임상선(1993), 「발해 건국 참여집단의 연구」, 『국사관논총』 42, 133쪽), 역으로 국가 또는 왕조가 형성되었으므로 책봉한 것으로 보기도 한다(송기호(1995), 65~66쪽). 다만 후자의 경우 건국 사실을 대외적으로 표방하는 데는 소극적이었음을 단서로 두고 있다. 이와 달리 정영진은 걸걸중상과 걸사비우가 각각 진국과 허국을 건립하였고 후에 대조영이 이를 통합하여 사실상의 건국을 완성하였다고 보았다(鄭永振(2010), 앞의 글).

17) 『舊唐書』가 오대의 혼란기에 편찬되어 역사적 사실에 충실한 반면, 『新唐書』는 안정기에 편찬되어 풍부한 재료를 이용하여 일정한 형식을 갖추고 이른바 도의를 명확히 기술함으로써 국가의식이 강하게 표현되는 등 주관적으로 치우치고 있다고 평가된다(고병익(1970), 「중국정사의 외국열전-조선전을 중심으로」, 서울대출판부, 『동아교섭사의 연구』 ; 岡崎文夫(1935), 「新唐書に就いて」, 『史林』 21-1).

거란과의 연계를 사전 차단하는 동시에 내부에 양대 세력을 두어 상호 견제할 수 있는 구도를 설정하여 반당 움직임을 와해하려는 분열정책으로 이해하고자 한다.[18)]

이러한 당의 조치에 대해 걸사비우는 봉작을 거부했다고 언급한 반면 걸걸중상에 대해서는 구체적인 언급이 없다. 그렇다고 해서 걸걸중상이 당에 우호적이었다고 볼 수 있는 근거는 없다. 이러한 기록은 걸사비우 살해를 반당 행위와 연계하여 강조함으로써 대조영 건국 이후 발해와 당과의 우호적 관계를 간접적으로 주지하려는 의도를 고려해 볼 수 있다. 어쨌든 당의 회유와 분열작전은 발해 건국세력의 저항으로 계획대로 이루어지지 않았고 대조영은 이러한 강경한 입장을 지켜나가기 위해 당의 추격을 피한 결행을 단행하였다.

대조영 세력의 이러한 행보는 거란 토벌 후 강성해지고 있는 돌궐세력에 주목한 전략적 판단에 의한 것이었음이 가-2의 ①에 나타나고 있다. 일찍이 돌궐은 거란의 제휴를 묵살하고 당과 연합하여 거란을 토벌하였지만 양자의 관계는 가변적이었다. 측천무후는 묵철가한을 특진特進시켜 힐질리시대단우립공보고가한頡跌利施大單于立功報告可汗으로 삼았다. 성력원聖歷元(698)년 5월에 묵철가한은 통혼 등 몇 가지를 제시하였지만[19)] 측천무후가 이를 허락하지 않자 사빈경司賓卿의 전귀도田帰道를 살해하였다. 이에 당은 돌궐의 위세를 두려워하

18) 이러한 분열정책은 많은 부분에서 당의 변방정책에 실효적 성과를 거두기도 하였다. 분열정책은 제 1 권력자와 제 2 권력자를 동시에 제수함으로써 양자의 견제관계를 이용하는 것이라 할 수 있다. 때로는 양자가 형제, 부자 관계인 경우도 있어 혈족 간의 유혈사태를 불러일으키기도 하였다. 일찍이 寶藏王과 男生의 구도가 그러했고, 可突于와 郁于, 安錄山과 安慶緖, 武王과 大門藝 등의 관계가 그 대표적이라 할 수 있다. 이에 대해서는 다시 언급하기로 한다.

19) 측천무후의 아들이 되겠다는 것, 딸을 혼인시키겠다는 것, 화친을 맺겠다는 것, 豊·勝·靈·夏·朔·代 등 6주(降戶)와 單于都護府 지역에 농기구와 종자를 요구하였다.

여 화친을 허락하고 모든 조건을 수락했다. 그러나 7월 회양왕淮陽王의 무연수武延秀를 보내 묵철의 딸과 결혼하게 하자 묵철은 이씨李氏가 아니라 무씨武氏라는 이유로 반발하고 곧바로 무주정권武周政權을 무너뜨리겠다며 1만의 기마부대를 이끌고 남하하여 정난靜難, 평적平狄, 청이淸夷 등의 군진을 공격했다. 9월 측천무후는 묵철을 참철斬啜이라 개명하고 적인걸狄仁傑과 설눌薛訥을 각각 하북도 행군부원수와 안동도경략에 임명하여 출정시켜 반격하였으나 실패하고 말았다. 결국 9월에 당의 여릉왕廬陵王을 황태자로 삼았고 이에 묵철은 군을 되돌렸다.[20] 대조영은 이러한 정세를 이용하여 화친이 아닌 항전을 선택하고 돌궐과 통교하였다.

항복한 거란 장수 이해고가 걸사비우 집단을 격파하고 걸걸중상을 계승한 대조영 집단을 천문령天門領까지 추격하였지만, 대조영은 천문령 전투를 승리로 이끌면서 이해고 일행을 퇴각시킨 후 다시 근거지를 동쪽 동모산으로 옮기게 된다.[21]

지리학적으로 보면 돈화 지역은 화산이 많아 대부분이 용암으로 덮여 있고 목단강牧丹江 유역 또한 구릉성 산지로 구성되어 있어 현재에도 벼농사 비율이 11%에 못 미치고 있다. 게다가 오동성敖東城, 영승유적永勝遺跡, 육정산六頂山 고분군古墳群 등의 공간배열[22] 또한 기후와 농업면에서 도성적 구조를 구성하기 어렵다. 이처럼 기후와 농업 등 여러 면에서 도성 조건으로서는 그다지 좋

---

20) 『新唐書』 卷 228 「列傳」 140上 突厥上.

21) 이에 대해서는 『舊唐書』에 '무리를 이끌고 계루의 옛 땅인 동모산을 차지하고 성을 쌓고 나라를 세웠다'고 기록되어 있다.

22) 임상선은 敖東城을 도성으로 볼 경우, 城山子山城은 (남)서쪽을, 通溝嶺山城은 동북쪽을 방어하는 역할을 담당하였고 이들 산성은 왕족 무덤이 조영된 六頂山古墳群과 함께 일련의 도성체제로 이해하였다(임상선(2006), 「발해의 도성체제와 그 특징」, 『한국사학보』 24, 299~300쪽).

지 않은 지리적 환경임을 감안해 볼 때[23] 이를 선택한 전략적 판단에 주목하지 않을 수 없다.

동모산은 해발 636m에 위치하고 있으며 정상에서 보면 주변 경계가 용이하고 북으로는 대석하와 바로 접하고 남으로는 목단강 지류가 흐르고 있어 수비가 쉬운 반면 외부에서 공략하기는 어려운 지역이다. 특히 북으로는 50~80m의 급경사로 별도의 성벽을 구축하지 않고서도 방어가 가능한 지역이다. 기록에서도 이곳은 영주로부터 2천 리나 떨어진 곳이며 거란이 돌궐과 연합하여 길이 막혀 다시 토벌할 수 없었다는 가-1의 기록으로 짐작할 수 있듯이 당군의 재추격을 대비하여 멀리 옮겨가 방어요충지로 선택하였던 것임을 알 수 있다.

이상의 과정을 종합해볼 때, 대조영 집단은 상황별로 역학관계를 분석하면서 이에 걸맞은 근거지를 설정하고 가변적 전술을 구사하면서 건국으로 나아가고 있음을 알 수 있다. 영주 지역에서는 스스로의 원심력이 구축되지 않았으므로 거란의 원심력에 합류하여 당의 구심력으로부터 벗어났으며 이후 거란 세력이 약화되자 당의 구심력이 닿지 않는 지점까지 이해고 일파를 끌어내어 독자적인 원심력을 구축해나갔던 것이다. 요동으로부터 돈화로의 한차례 이동은 이러한 역학관계를 고려한 것이었을 것이다. 돌궐 토벌을 위해 임명된 안동도경략사 설눌의 군대와 퇴각한 이해고 군대의 연합 가능성도 여전히 존재하였으며 거란 내 당으로 이탈한 집단이 요동뿐만 아니라 압록강 일원에서 거란, 말갈에 대한 토벌을 단행하고 있었기 때문이다.[24]

그러나 일단 동모산에서 건국의 기틀을 마련한 이후에는 국가의 명칭을 진

23) 이기석(2009), 131~134쪽 ; 송기호(1995), 80쪽 그림3.
24) 『全唐文』 卷422 楊炎條.

국이라 칭하였다는 점에서 당과 일정 정도 타협하였을 가능성도 엿보인다. 진국의 명칭은 기록들마다 차이가 있다. 구당서와 사불허북국거상표謝不許北國居上表에서는 '진국振國'이라고 한 반면, 신당서는 '진국震國'이라고 기록하고 있다. 구당서가 신당서에 비해 원 사료를 상대적으로 충실하게 전하고 있음을 감안해볼 때 대조영 집단은 '진국振國'이라고 칭하였을 가능성이 높다. 굳이 진국이라고 한 데 대해 걸걸중상에게 내려졌던 작호를 고려하였을 가능성도 조심스럽게 제안되고 있다.[25] 이를 좀 더 확대하여 해석한다면 '위력을 사방에 떨치겠다'는 건국의 취지는 견지하면서 당과의 불필요한 마찰을 피하고자 하는 이중적 의미를 지닌 작호를 선택하였다고 볼 수 있다. 즉 건국의 유지를 위해서 당과의 역학관계를 균형점에 놓고자 하는 판단이라 해석된다.

동시에 주변 제족과의 관계를 통해 양자 간 균형만이 아니라 삼자 간 균형을 이끌어내고 있다. 가-1의 ④와 가-2를 보면 초기에는 거란과 연계하고 이후에는 돌궐과 연휴하였음을 볼 때[26] 제족의 성쇠에 기민하게 대응하고 있음을 알 수 있다. 뿐만 아니라 배후에서 연계될 가능성이 있는 신라에도 사신을 파견하고 책봉을 받는 형식을 취하면서까지 관계를 유지하고 있다. 급변하는 정세 속에서 발해는 제 세력 중 어느 한 측에 서지 않고 중립적 입장을 견지하면서 세력균형을 유지해나가고 있었다.

결국 이러한 발해의 외교 전략은 당으로 하여금 발해의 존재를 인정하고

25) 송기호(2003), 69쪽.

26) 사카요리 마사시는 발해가 당과 돌궐 양 세력의 균형을 적극 이용하였다고 보는 반면(酒寄雅志(1979), 「渤海國家の史的展開と國際關係(朝鮮史の發展と國際的契機)」, 『朝鮮史研究會論文集』 16), 日野開三郎은 돌궐이 발해의 건국을 지원하였다고 좀 더 적극적으로 해석하였다(日野開三郎(1960), 「突厥の瓦解 · 渤海の靺鞨諸族併呑と小高句麗國の九州增領」, 『史淵』 81, 70~72쪽).

스스로 먼저 발해에 접근하도록 만들었다.

> 나. ① 중종이 즉위하여 시어사장행급侍御史張行岌을 보내어 초위하니, 조영이 아들을 보내와 입시入侍시켰다. ② 이때 책립하려 하는데 마침 거란과 돌궐이 해마다 변경을 침입하므로 사명이 전달되지 않았다. ③ 예종선천睿宗先天 2년(713)에 낭장郎將 최흔崔訢을 보내어 조영을 책봉하여 좌효위대장군발해군왕左驍衛大將軍渤海郡王으로 삼고 아울러 거느리고 있는 지역으로 홀한주忽汗州로 삼아서 홀한주도독의 직을 더하여 주었다. 이로부터 해마다 사신을 보내와 조공하였다.[27)]

①은 당과 발해의 최초 교류로 이해되고 있다.[28)] 측천무후의 사망으로 당이 재흥하고 중종中宗이 다시 복위한 것이 신귀新龜 1년(705)이므로 문맥상 곧바로 견사했을 가능성이 높다. 혹자는 당시 교통로가 막혀 707년에야 견사가 이루어졌을 것이라는 견해를 제시하기도 한다.[29)] 그러나 당시 신라가 713년까지 지속적으로 사신을 파견하고 있는 것으로 보아[30)] 이를 수용하기는 어렵다. 더욱이 705년 3월과 9월 2차례, 706년에는 4월, 8월, 10월 3차례에 걸쳐 사신을 파견하는 등 다른 시대보다 잦은 것은 705년 당의 발해 견사에 따른 견제가 아닐까 추정해봄 직하다.

당은 요동 지역에서 일어난 제 민족의 항거를 돌궐의 힘을 빌려 평정하였

27) 『舊唐書』 卷219下, 列傳 第149 渤海靺鞨條.

28) 『五代會要』에는 聖曆年間(698~699)에 발해가 당에 견사했다는 기록이 나오고 있으나 당시의 긴박한 상황으로 보아 이는 오기로 보고 있다(송기호(2003), 70쪽).

29) 魏國忠(1986), 「渤海姪子侍唐略述」, 『求是學刊』 1986-1.

30) 사신파견에 관한 기록은 모두 『三國史記』에서 언급하고 있으나(『三國史記』 卷 第8, 「新羅本紀」第8 聖德王 4年條 및 5年條), 방물을 바친 것으로만 기록되고 특별한 파견 목적은 언급하지 않고 있다.

지만 거란과 해가 돌궐에 복속되면서 이 지역에 대한 당의 통치력을 되찾지 못하고 말았다. 704년 8월 당휴경唐休璟을 유주영주도독겸안동도호幽州營州都督兼安東都護에 임명하였으며[31] 다음 해 2월에는 안동도독부를 다시 안동도호부로 승격시켰다.[32] 이는 영주 지역을 회복하려는 의지를 강조하는 것이었다.[33] 발해로의 견사는 바로 이 시기에 이루어졌다. 발해가 거란, 해 그리고 돌궐과 연계되는 것을 차단시키기 위해 발해에 대한 당의 추격과 토벌을 중단할 것을 약속하고 통교를 제안하였을 것이다. 이에 대해 발해 또한 왕자 대문예大門藝를 보내어 입시하도록 하였다.

그러나 당의 이러한 시도는 실효되지 못했다. ②의 내용은 구당서에만 있고 신당서에서는 언급되지 않는다. 양 사료의 성격을 감안해볼 때 거란과 돌궐의 흥기로 당혹한 사정을 겪었던 당의 속내를 그대로 드러내고 있는 부분이라 하겠다. 700년 이전과 달리 이 시기 당과 거란, 해와의 갈등이 연이어서 이 지역에 대한 당의 통제권은 점차 와해되고 있었다. 우선 당은 710년 10월에 유주진수경략절도대사幽州鎮守經略節度大使 설눌을 좌무위대장군 겸 유주도독左武衛大將軍兼幽州都督으로 임명하였는데 유주 지역에서 절도사라는 명칭이 처음으로 나타나고 있다.[34] 이러한 조치는 유주를 방어선으로 삼은 것으로 사실상 영주 지역을 포기하고 퇴각한 것이었다.[35] 이와 동시에 돌궐과의 관계 완화를 통해 거란과 해를 토벌하기 위해 711년 이후 돌궐과의 통혼이 시도되었으나 무산

---

31) 『新唐書』 卷4, 「本紀」 4, 則天皇后 長安 2年 12月 甲午條.

32) 『唐會要』 卷73, 安東都護府條.

33) 김종복(2009), 90쪽.

34) 『資治通鑑』 卷 210, 睿宗 景雲元年 10월 丁酉條.

35) 당시 唐은 서북지구에 주력하였으므로 동북 지역에 대해서는 소극적 방어의 입장에 있었으므로(李松濤(2003), 「試論安史亂前幽州防禦形勢的改變」, 王小甫 編, 『盛唐時代與東北亞政局』, 上海辭書出版社, 119쪽) 전략적으로 후퇴하였다.

되어[36] 성과를 얻지 못하였다. 이어 710년 12월에는 해가 어양漁陽을 침략하여 유주도독 설눌이 추격했으나 이기지 못하였고[37] 712년 11월에 다시 거란과 해 군사 2만 기가 어양을 침략하였는데 유주도독 송경宋璟은 아예 성을 닫고 나오지 않았다.[38] 다음 해 2월 당은 동북의 최후 방어선이라 할 수 있는 유주幽州에 유주절도사幽州節度使를 설치하게 된다.

이러한 유주 중심의 방어체제 개편과 함께 당은 발해와의 국교 수립을 추진하게 된다. 제족이 병존하는 요동 지역도 중요하지만 좀 더 떨어진 후방 지역에 존재하는 발해가 어떤 세력과 연휴하느냐에 따라 요동에 대한 당의 통치력의 향방은 달라질 수 있기 때문에 발해에 대한 선제 교섭이 중요했던 것이라 하겠다.[39]

③에서 보듯 당의 사신 파견에 대해 발해도 아들을 보내 입시入侍하도록 함으로써 당과의 관계 개선에 응하고 있다. 발해 또한 급변하는 대외 현실을 타개하기 위해 당과의 관계 수립을 기대하고 있었던 것이다. 그러나 정작 발해의 책봉은 713년에야 이루어진다. 이러한 시기적 간극은 앞에서 언급했듯이 거란의 침략에 따른 동북방 재편에 의한 것이었다. 한편 발해는 책봉사가 파견되기 전 711년에 사신을 파견하였다. 사행 목적에 대해서는 언급이 없으나 바로 전 해에 중종이 독살되고 예종이 옹립된 것을 고려해 보면 당 조정의 새로운 정세를 타개하고 국교를 수립하기 위한 사전 탐색을 위한 파견이라 추정

36) 護雅夫(1967), 『古代トルコ民族史研究 I』, 山川出版社, 192~193쪽 ; 森安孝夫(2007), 『興亡の世界史5 シルクロードと唐帝國』, 講談社, 270~283쪽.

37) 『資治通鑑』 卷 210, 睿宗 景雲元年 12 壬辰條.

38) 『資治通鑑』 卷 210, 睿宗 先天元年 11 乙酉條.

39) 이는 발해가 건국 이후에도 당과 돌궐의 중간에서 어느 한쪽을 선택함으로써 복속과 이반을 반복하던 거란과 달리 독자성을 유지하는 데도 유효했다(김종복(1996), 「발해 초기의 대외관계」, 『韓國古代史研究』 9, 315쪽).

된다. 당의 구심력이 발해의 원심력을 훼손하지 않고 적정한 균형 지점에까지 작동될 수 있도록 하기 위한 적극적인 조정을 취하였다.

이상에서 본 바와 같이 발해의 건국은 당으로부터 이탈하여 독자적 행보를 추진하려는 발해와 이를 제어하고 자신의 영향권하에 두려는 당과의 역학이 재편되는 과정이었다. 발해는 이 과정에서 반당 세력과 이를 견제하는 당과의 관계에 적절하게 대응하면서 자신에 유리한 국면을 확대해나갔다. 이것이 가능했던 것은 제족의 성쇠와 향방을 판단하고 이에 부합하는 통교를 통해 세력 균형을 유지했기 때문이라 할 수 있다.

3. 발 · 당 전쟁과 발 · 일 외교의 성립

무왕 대에 접어들면서 발해는 좀 더 강한 원심력을 구축해나가고 있다. 이 시기 당은 발해와 국교를 수립하기는 했으나 발해를 견제하는 기제는 여전히 작동시키고 있었으므로 동북방으로 세력을 확장해나가는 발해와는 필연적으로 충돌할 수밖에 없었다. 영주 일대는 여전히 제족의 이합집산과 대립이 교차되고 있었다. 또한 이 지역에 대한 당의 통치력의 범위와 영향력은 돌궐과 거란의 향방과 밀접하게 연계되어 작동했고 발해는 이러한 정황을 적절하게 활용했다.

> 다-1. 개원開元 3년(715) ① 수령 이실활李失活은 묵철 정권이 쇠퇴하자 종족 부락을 이끌고 내부하였다. ② 실활은 곧 진충盡忠의 사촌이다. 이에 다시 송막도독부를 설치하고 실활을 송막군왕松漠郡王으로 봉했다. (중략) 다음 해 실활이 입조하여 상(황제)의 외질녀 양 씨를 영락공주로 봉하고 처로 삼았다.

개원 6년(718) 실활이 죽자(중략) 사촌동생인 사고娑固가 그 무리를 이끌었다. 견사책봉하고 형(실활)의 관작을 잇도록 하였다. ③ 사고의 대신大臣 가돌可突이 용맹하여 민심을 얻자 사고는 그를 제거하고자 했다. (이에) 가돌이 사고를 공격하자 사고는 영주로 달아났다. (영주)도독 허흠담許欽淡이 설태薛泰로 하여금 용맹한 500명과 해왕奚王 이대보자李大輔者와 사고 무리와 연합하여 가돌을 토벌했으나 관군이 불리하여 사고와 대보 모두 가돌에게 살해당하고 설태는 생포되었다. (이로써) 영(주도독)부는 공포에 떨고 허흠담군은 서쪽 유관渝關으로 들어갔다. ④ 가돌은 사고의 사촌인 욱郁(우于)을 왕으로 삼고 견사하여 사죄를 청했다. 이에 욱을 책봉하고 사고의 관작을 계승토록 하고 가돌의 죄를 용서하였다.[40]

다-2. 현종玄宗 개원 7년(719)에 조영祚榮이 죽으니, 그 나라에서 사사로이 시호를 고왕高王이라 하였다. 아들 무예武藝가 왕위에 올라 영토를 크게 개척하니, 동북의 모든 오랑캐들이 겁을 먹고 그를 섬겼으며, 또 사사로이 연호를 인안仁安으로 고쳤다. 현종이 전책典冊을 내려 왕 및 도독을 세습시켰다.[41]

다-3. 개원 8년(720) 9월 좌효위左驍衛 낭장郎將으로 낭중郎中을 겸하는 장월張越을 말갈에 사신으로 보냈다. 해와 거란이 은의恩意를 배신하여 그들을 토벌하려 했다.[42]

다-1은 구당서 거란전의 내용으로 이 시기 요동을 둘러싼 복잡다단했던 정치 변동을 확인할 수 있으며 당의 주변국에 대한 통치방식을 추론해볼 수 있다.[43] 묵철 정권 쇠퇴로 인한 거란 내부의 분열과 당으로의 귀부 시기는 기

40) 『舊唐書』 卷199下 列傳 149下 契丹條.
41) 『新唐書』 卷219 列傳 144 北狄 渤海傳.
42) 『冊府元龜』 卷986 征討5 開元8年 9月條.
43) 이 사서에서는 可突과 郁으로 기록되어 있는 반면 資治通鑑에서는 可突于와 郁于로 기

록마다 다소 차이를 보인다. 이 기록에서는 개원 3년으로 보는 반면, 신당서에는 개원 2년,[44] 자치통감資治通鑑은 개원 4년으로[45] 기록하고 있다. 묵철이 716년 6월에 사망하였으므로 본격적인 이탈은 이 때가 되겠지만 묵철의 지나친 정복전쟁으로 주변 제족의 당의 귀부는 좀 더 이른 시기부터 이루어졌을 것이다.

주변 제족은 돌궐이 강성할 경우에는 강경한 입장을 취하다가 약화되면 친당적 성향을 띠고 있다. 한편 당 또한 제족의 변동에 따라 다양한 외교전술을 구사하고 있다. 예컨대 돌궐이나 거란이 강할 경우 주변 제족에 대해 회유책을 취하지만 돌궐 등이 약화되면 강경책으로 전환한다. ②에서 보듯 거란이 강성해지자 책봉, 통혼 등의 회유책을 사용한다. 동시에 ③에서 보듯 내부에는 집권자와 그를 견제하는 양대 구조를 형성시키고 친당적 세력으로 유인하여 견제를 유지한다. 당이 어쩔 수 없이 회유책을 구사할 때는 반드시 내부에 견제세력을 설정해 두는 것이 특징이라 하겠다.

이로 인해 일단 이 사건은 반당 세력의 일시적 승리로 마무리되지만 ④에서 보듯 반당 세력은 승리 이후 당과의 관계를 회복하고자 했다. 716년 묵철가한의 철륵 정벌 중 전사하면서 일시적으로 힘이 약화된 것도 하나의 변수가 되었을 것이다.[46] 당의 입장에서도 이를 수용하는 것이 관리 부담을 줄일 수 있으므로 이를 받아들인다.

어쨌든 이러한 정세 속에서 발해의 행보는 그다지 변하지 않았다. 다-2를

록되어 있고(『資治通鑑』 卷212) 『新唐書』에서는 鬱, 可突로 기록되어 있다(『新唐書』 卷235 列傳 144 北狄 契丹傳). 이에 따라 이 글에서는 可突于와 郁于로 기록하고자 한다.

44) 『新唐書』 卷219 列傳 144 北狄 契丹傳 開元 2年條.

45) 『資治通鑑』 卷211 開元 4年 7월 辛未條.

46) 日野開三郎(1958), 「突厥默啜可汗の興亡と小高句麗國」, 『史淵』 81, 29~30쪽.

보면 무왕의 즉위 이후 영토를 확장하고 주변 제족을 통솔하게 되었음을 언급하면서 독자적으로 시호를 붙이고 연호를 사용하고 있다. 당과 접경하지 않은 신라가 당의 문책으로 독자적인 연호 사용을 중지하고 당의 연호를 사용한 것과 대비해보면[47] 당과 접경한 발해가 이러한 행보를 취하고 있다는 것은 주목할 만하다.[48]

그러나 당이 이에 대해 어떠한 조치를 취하였던 기록은 남아 있지 않다. 오히려 다-3에서 보듯이 720년 9월 장월張越을 파견하여 거란과 해를 공동 토벌할 것을 제안하고 있다. 여기서 언급되고 있는 말갈은 발해국으로 보는 것이 타당하다. 당은 대조영을 책봉할 때도 진국振國이라는 국호를 인정하지 않고 말갈로 인식하고 있었으며 713년 발해군왕 책봉 이후에도 말갈, 발해말갈, 발해의 호칭을 혼용하고 있었음을 감안해볼 때 발해일 가능성이 높기 때문이다.[49]

이러한 당의 제안 이후 이렇다 할 군사적 조치를 단행했다는 기록이 없는 것으로 보아 발해는 당의 제안에 응하지 않았던 것 같다. 이러한 정황으로 본

47) 『三國史記』 卷5 新羅本紀 第5 眞德王 2年條.

48) 후루하타 도루는 이러한 행보가 국내에서 절대적인 통치자라는 것을 의미한다고 보았으며 책봉은 단지 국제적인 승인이라는 소극적 의미를 띠는 것이라고 보았다(후루하타 도루(2010), 「발해 무왕과 후지와라」, 동북아역사재단 편, 『고대환동해교류사』 2부, 49쪽).

49) 발해 초기에는 발해, 발해말갈, 말갈의 용어가 혼용되고 있었다. 이러한 정황을 토대로 작성된 양 당서는 각각의 특성을 보여주는바 舊唐書는 초기의 여러 성격의 사실을 기록하면서 모두 渤海靺鞨이라는 용어를 사용하고 있는 반면, 新唐書는 渤唐戰爭에 관한 기사에서만 이 호칭을 사용하고 있다. 즉 新唐書는 발해를 독립 왕조로 인정은 하였으나 唐朝와 갈등을 일으킨 사실에 대해서는 변방의 오랑캐로 해석하고자 하는 주관적 의도를 명백하게 드러내고 있었던 것이라 하겠다. 渤海靺鞨이라는 용어가 초기에 한정된 것은 舊唐書뿐만 아니라 新唐書, 舊五代史, 新五代史, 遼史, 宋史 등 正史뿐만 아니라 册府元龜, 資治通鑑, 唐會要 등에서도 동일하다(구난희(2009), 「발해 · 일본의 교류 개시기에 대한 검토」, 『고구려발해연구』 35, 268~270쪽).

다면 이 시기 발해는 당의 구심력으로부터 상당히 이탈하여 독자적인 원심력을 구축해 나가고 있었음을 알 수 있다. 이러한 행보는 영주 일대의 거란과 당의 대립으로 인해 가능했다고 볼 수도 있겠으나 여기서 주목할 것은 이러한 상황을 적절하게 이용하여 독자적인 행보를 가속화한 발해의 전략적 판단이다.

그러나 당은 여전히 대내외적으로 발해를 견제하는 구도를 만들어 압박하고 있었다. 발해를 거란과 해, 또는 돌궐을 견제하는 세력으로 활용함으로써 이이제이以夷制夷를 도모하였을 뿐만 아니라 발해 내부에 견제하는 세력을 두고자 했다. 그것을 엿볼 수 있는 것이 다음의 사료들이다.

> 라-1. 발해국왕 무예武藝는 본래 고려 별종이다. 그 아버지 조영祚榮이 동쪽 계루桂婁의 땅을 지키며 스스로 진국왕振國王이라 하자 무예를 계루군왕桂婁郡王으로 삼았다.[50)]

> 라-2. 개원 7년(719) 조영이 죽자 현종은 사신을 보내 문안하였다. 그 적자嫡子인 계루군왕 대무예로 하여금 아버지를 계승하여 좌효위대장군발해군왕홀한주도독左驍衛大將軍渤海郡王忽汗州都督으로 삼았다.[51)]

> 라-3. 개원 8년(720) 8월 이 달 발해군왕좌효위대장군 대무예渤海郡王左驍衛大將軍大武藝의 적남嫡男 대도리행大都利行을 계루군왕으로 삼았다.[52)]

위의 사료를 보면 부왕이 즉위하고 있는 동안 그의 적자를 계루군왕으로 책봉하고 있다. 발해국왕으로 책봉되기 이전의 시기에 왕과 그 아들이 나란히 '군왕'으로 책봉을 받았다는 사실은 흥미롭다. 일찍이 이에 주목한 정약용은

---

50) 『冊府元龜』 卷1,000 讐怨.

51) 『舊唐書』 卷199下 列傳 149下 渤海靺鞨條.

52) 『冊府元龜』 卷964 封冊2.

발해 왕이 황제를 참칭하여 독자적인 연호를 사용하였고 이에 따라 아들을 군왕으로 봉작하였다고 보았다.[53] 니시지마 사다오[西島定生]는 당의 책봉을 받았던 고구려를 계승한 발해임을 부각함으로써 고구려 유민을 위무하기 위한 것으로 보았으며[54] 하마다 코사쿠[濱田耕策]는 발해가 스스로 이를 당에 요청한 것일 수 있다고 제안한 바 있다.[55] 후루하타 도루[古畑徹]도 전체 통솔자를 의미하는 발해군왕과 달리 계루군왕은 유력한 통솔자를 의미하면서 대씨 왕가가 고구려인을 통치하는 것을 정당화하고 태자의 권위를 높이는 역할을 했다고 보고 있다.[56] 김종복은 이를 좀 더 확대하여 발해가 자체로 봉작한 연후에 당의 추진을 받은 것으로 보기도 했다.[57]

그러나 적자에 대한 책봉이 문왕 이후에 이어지지 않는다는 점, 내신작호와 실질작호를 각각 다른 인물에게 동시에 수여하고 있다는 점 등에 대해 여전히 의문이 남는다.[58] 여기에다 책부원귀冊府元龜 기록 가운데 '발해왕대도리渤海王大都利'라는 기록은[59] 실제 당이 대도리행을 발해왕으로 간주했을 가능성을 보여주고 있다.[60]

라-1의 기록자인 당을 주체로 보면 '대조영이 스스로를 진국왕으로 삼자

53) 丁若鏞, 『與猶堂全書』 제6집 제4권 「渤海續考」.

54) 西嶋定生(1962).

55) 濱田耕策(2003), 「渤海國の對唐外交-時期區分とその特徵」, 左藤眞 編, 『日本と渤海の古代史』, 山川出版社, 49~50쪽 ; 濱田耕策(1999), 「渤海國王位の繼承と'副王'」, 九州大學朝鮮學硏究會, 『年報 朝鮮學』 7.

56) 후루하타 도루(2010), 48쪽.

57) 김종복(2009), 100~101쪽.

58) 문왕 이후 이중 책봉이 사라진 것은 발해가 말갈 제족과 고구려 유민을 안정적으로 통합했기 때문에 불필요하게 되었던 것이라 보기도 한다(濱田耕策(2003), 50쪽).

59) 『冊府元龜』 卷975 褒異2.

60) 일반적으로는 '渤海王子 大利都行'의 오기라고 이해하고 있다.(孫玉良 編著(1992), 『渤海史料全編』, 吉林文史出社版出版, 73쪽.)

무예를 계루군왕으로 삼았다(자립위진국왕自立爲振國王 이무예위계루군왕以武藝爲桂婁郡王)'로 해석될 수 있으므로[61] 대조영이 진국왕이라 칭하는데 대한 당의 조치로 보고자 한다. 이는 앞 시기 보장왕寶藏王을 요동주遼東州 도독都督으로 삼고 다시 남생男生을 요동주 관리책임자로 파견한다든가, 걸걸중상과 걸사비우를 진국공震國公과 허국공許國公으로 동시 책봉한 사례 등을 감안해보면 양대 세력을 두어 견제하고자 하는 취지로 볼 수 있다.

그러나 발해는 720년 후반부터 점차 이러한 당의 구도로부터 이탈하고 있었다. 대도리행 이후 계루군왕의 봉작이 더 이상 이어지지 않을 뿐만 아니라 숙위사신 파견자에서도 변화가 보인다. 발해에서는 총 12차의 왕족 숙위 기록이 나타나고 있는데[62] 무왕 대에 집중되어 있다. 705년 장행급張行岌 파견 이후 곧바로 대문예가 당으로 가 숙위하였다가 713년에 귀국한 바 있고 718년 2월에는 왕자 대술예大術藝,[63] 무왕 대에는 왕제 대창발가大昌勃價가 725년에 숙위로 갔다가 727년에 돌아 왔으며, 왕자 대도리행이 726년에 당으로 가 숙위宿衛하던 중 728년에 그곳에서 사망한 사례도 있다.[64] 이 밖에도 비록 숙위는 하지 않았으나 726년 11월에 사신으로 파견된 왕자 대의신大義信의 사례도 있다. 그

61) 한편으로는 '대조영이 스스로 진국왕이라 하고 무예를 계루군왕으로 삼았다'로 해석하여 대무예에 대한 계루군왕 봉작은 대조영이 내린 것으로 해석하기도 한다(현명호, (1991), 「발해의 '계루군왕' 호칭에 대하여」, 『역사과학』 1991-1).

62) 渤海史料全篇에는 발해 숙위를 10명으로 발췌하여 대문예와 대낭아의 사례를 누락하였다(위의 책, 72~74쪽). 김종복은 모두 8회의 숙위를 지적하였으나 역시 대문예와 대술예, 대낭아, 대번을 누락하고 있다(김종복(2009), 116쪽). 동북통사에는 12회 숙위를 지적하고 이를 納質로 표현하고 있다(李治亭(2003), 『東北通史』, 中州古籍出版社). 문왕대에 739년 2월 大勖進, 742년 7월 大蕃, 791년 8월 大貞翰(『舊唐書』 卷199下 列傳 149下 北狄 渤海靺鞨), 선왕 대인 824년 2월 大聰叡(『舊唐書』 卷17上 本紀 17上 敬宗)의 사례를 포함한다면 12회 숙위로 확인된다.

63) 『冊府元龜』 卷974, 褒異 1.

64) 위의 책, 褒異 2

러나 이후에 왕족의 숙위는 왕자가 아닌 왕제로 바뀌었다. 729년 2월의 대호아大胡雅, 같은 해 8월 대림大琳,[65] 730년 대낭아大郎雅는 사신으로 파견되었다가 억류되어 영남으로 귀양갔다가[66] 735년 3월 대번大蕃이 파견되어[67] 숙위 교체를 요청함에 따라 귀환되었다.[68] 즉 고왕부터 무왕 초기까지는 왕자가 파견되다가 일정 시기 이후부터는 왕제王弟가 파견되고 있음을 알 수 있다.[69] 물론 중간 단계에서 왕제 대창발가의 시기가 일시적으로 나타나기는 했지만 본격적으로 왕제만이 파견되게 된 계기가 대도리행 사망으로 보인다. 이러한 변화는 왕제를 숙위로 파견함으로써 정치적 견제세력을 제거하여 내정을 강화하려는 의도로 해석된 바 있다.[70] 이를 좀 더 확대해석해 보면 왕제의 파견은 당의 왕자 숙위 요청에 대해 소극적인 조치를 취하는 동시에 대내적으로는 정권 안정

65) 위의 책, 위의 조.

66) 위의 책, 卷971 朝貢 4. 그의 영남 귀양의 원인에 대해서 金毓黻은 대문예 살해 도모에 따른 조치로 보았으나(金毓黻, 『渤海國志長編』 卷3, 世紀1 仁安14年條), 이시시 마사토시는 발해의 등주 공격으로부터 이 시점에 이르는 전체 과정을 문제로 삼은 것으로 보았다(石井正敏(2001), 『日本渤海關係史の硏究』 318~319쪽). 하지만 대문예 살해는 등주침략 이후로 보이므로 대문예를 영남 유배했다는 당의 정보가 잘못임을 확인하고 이를 발해에 전한 것에 대한 조치로 보는 것이 타당하다.

67) 『册府元龜』 卷944, 褒異 2.

68) 『文苑英華』 卷471 蕃書四 張九齡 徠渤海王大武藝書 第4首. 이에 대해서는 다소 논란이 있으므로 후술하도록 한다.

69) 다시 문왕 말기와 선왕 대가 되면 발해 스스로 왕자의 숙위를 요청하는 사례가 등장하고 있는 것과 대비해 보더라도 왕제의 파견은 왕자 파견보다는 한 발 물러선 대당외교의 조치로 이해하는 것이 바람직하다. 791년 8월 大貞翰, 824년 2월 大聰叡가 모두 왕자로서 파견되어 당에 대해 숙위를 요청하고 있다. 발해가 먼저 당에 대해 왕자 숙위를 요청하고 있다는 점에서 당으로서는 왕제보다는 왕자의 숙위 파견을 선호하였던 것임을 추론할 수 있다. 아울러 이 시기 당과 긴밀한 교섭을 추진해야 할 어떤 사안이 발생하였던 것이라 추측해볼 만하지만 현재의 자료로서는 더 이상의 논리를 진전시킬 수 없는 실정이다.

70) 한규철(2003), 「발해국의 대외관계」, 가락국사적개발연구원, 『강좌 한국고대사』 4, 주)62.

에 도움이 될 수 있다는 판단하에 전환한 것으로 보인다. 이러한 변화는 발해가 당의 대발해 정책에서 이탈하면서 독자적인 왕권을 갖추어 나가는 과정을 보여주는 것이라 하겠다.

공교롭게도 이러한 변화는 흑수말갈이 발해로부터 이탈하여 당과 독자적인 교류를 도모하던 시기에 이루어지고 있다. 발해 내부세력에 의한 견제와 외부세력을 통한 견제가 서로 교차되고 있는 것은 당과 발해 간의 팽팽한 긴장이 형성되고 있음을 보여주는 것이라 하겠다. 결국 이 긴장은 흑수말갈에 대한 당의 책봉으로 이어지면서 발·당 전쟁으로 집약되게 되었다. 종래 이 사건은 당과 돌궐의 대립 가운데 존재한 발해의 내부에서 발생한 반당파 대 친당파의 대립으로 이해해왔다.[71] 이러한 대결구도가 이 사건의 한 축을 구성하는 것은 부인할 수 없겠으나 필자는 발·당 전쟁이야말로 발해 초기 당의 대발해 정책에 대한 총력적 대응인 동시에 발해의 자주적 통치 권한을 확보해 나간 계기로 이해하고자 한다. 이미 많은 선행연구에서 이를 다루어 온 바 있으므로 이 글의 논지 전개상 필요한 범위 내에서 그 과정을 간략하게 살펴보면서 발해의 외교 대응의 특징을 살펴보기로 한다.

마-1. 開元14(726)년 (중략) ①"흑수는 우리 영역을 지나야 비로소 당과 통교할 수 있다. 옛날 돌궐에 토둔을 요청할 때도 우리에게 먼저 알리고 함께 갔다. ②지금 의논하지 않고 곧바로 당의 관리를 요청하였으니 이는 틀림없이 당과 공모하여 우리를 앞뒤에서 공격하려는 것이다"하고 동생 대문예大門藝 및 외숙 임아任雅를 보내 군대를 일으켜 흑수말갈을 공격하게 하였다.[72]

마-2. ① 문예가 국경에 이르러 다시 상소하여 간절하게 간하였다. 무예가

71) 三上次男(1959), 「渤海國の興亡」, 『圖說世界文化史大系』 19, 角川書店, 104쪽.
72) 『舊唐書』 卷199下, 列傳 147下, 北狄 渤海靺鞨.

노하여 종형從兄 대일하大壹夏를 보내 문예를 대신하여 군대를 거느리게 하고 대문예를 불러 죽이려 하였다. ② 문예가 드디어 무리를 버리고 샛길로 도망쳐 오니 좌효위장군을 제수하였다. (중략) ③ 무예는 곧 사신을 보내 조공하고 이어 표문을 올려 문예의 죄상을 극렬하게 말하고 죽여 달라고 요청하였다. 현종은 몰래 문예를 보내 안서安西에 이르자 이에 무예에게 알리어 말하기를 (중략) 지금 영남으로 유배 보내 이미 떠났다고 하였다. (중략) ④ 얼마 후 사실이 누설되자 무예가 다시 글을 올려 말하기를 "대국은 신의를 보여야" (중략) ⑤ 이로 인해 홍려소경鴻臚小卿 이도수李道邃와 원복源復은 (중략) 누설시켰다고 하여 (중략) 좌천시켰다. 문예는 잠시 영남으로 보내고 그것을 알렸다. (중략).[73]

마–3. ① 골육 간의 정은 깊어 스스로 차마 하기 어려운 바이다. 문예가 비록 과오가 있더라도 또한 그 뉘우침을 받아들이고 있다. 경은 마침내 데리고 동쪽으로 돌아가고자 요청하지만 마침내 죽일까 의심스럽다. 짐은 효도와 우애로써 천하에 가르쳐왔으니 어찌 다시 이런 일을 차마 들을 수 있겠는가? (중략) ② 경이 믿는 것은 멀리 있다는 것뿐이지 다른 것은 있을 수 없다. (중략) 만약 명을 구하지 않으면 일이 또 있게 될 것이지만 경이 잘못을 뉘우치고 충성을 바친다면 전화위복轉禍爲福이 될 것이다.[74]

마–4. 개원 20년(732) 9월 을사乙巳 발해말갈이 등주를 공격하여 자사刺史 위준韋俊을 죽이자 좌령군장군左領軍將軍 개복순蓋福順에게 군사를 일으켜 토벌하게 하였다.[75] 현종은 문예를 유주로 보내 군사를 징발하여 발해를 치게 했다. 이어서 태복원외경太僕員外卿 김사란金思蘭을 신라로 돌려보내 군사를 징발하여 발해의 남쪽을 공격하도록 하였다. (중략) 아무런 공도 세우지 못한 채 돌아왔다.[76]

---

73) 위의 책.

74) 『文苑英華』 卷471, 翰林制詔 52, 蕃書4.

75) 『舊唐書』 卷8 본기8 현종 上.

76) 『舊唐書』 卷199下 列傳 149下 北狄 渤海靺鞨.

마-5. 무예가 동도東都 낙양洛陽에 자객을 보내 문예를 찌르게 하고 병사를 이끌고 마도산馬都山에 이르러 성읍을 공격했다.[77]

마-1의 기록을 보면 흑수말갈은 대당외교 시 발해의 협조를 구해왔던 것을 알 수 있다. 722년 흑수말갈 추장인 예속리계倪屬利稽가 입당하였으므로 토둔의 설치는 이보다 이른 시기인 720년 전후로 볼 수 있다.[78]

그러나 당과의 직접적인 접촉을 도모한 이후 725년 설태薛泰의 요청이 있어 726년 흑수부를 설치하고 장사長史를 파견하게 된다. 728년에는 흑수말갈 추장인 예속리계가 이헌성李獻誠이라는 이름을 하사 받고 운마장군흑수경략사雲麾將軍黑水經略使로 책봉을 받고 유주도독의 감독을 받게 되었다.[79] 발해는 이를 당과 흑수말갈의 공동 견제로 이해하고 있다. 따라서 발해가 흑수말갈을 공격하지만 이는 사실상 당에 대한 도전이라 할 수 있다. 그런데 발해의 이러한 강경한 대응에 장애가 되는 것은 바로 발해 내 대문예로 대표되는 친당 세력이었다. 결국 그는 당으로 망명하는데 마-2에서 보듯 당 또한 대문예의 이탈을 공공연하게 지지하고 있음을 알 수 있다.

당과 발해 내 친당세력의 연합에 따른 본격적인 대립 상황에 발해가 어떻게 대응하였는가는 마-2의 ③에서 ⑤에 나타나고 있다. 발해는 강경한 입장을 견지하고 당에 대해 대문예의 응징을 요청하였고 당은 그를 보호하기 위해 임기응변으로 무마하려다 거짓이 드러나자 발해에 대해 설득과 위협을 동시에 가하고 있다.

77) 『新唐書』 卷136 列傳 61, 烏承玼條.

78) 이에 대해 金毓黻은 722년으로 보았으나 이렇다 할 근거가 없으며(金毓黻, 위의 책, 卷3 「世紀」1), 日野開三郎은 720년 혹은 毗伽可汗의 즉위 이전의 가능성도 제시하고 있다(日野開三郎(1984), 『小高句麗國の研究』 日野開三郎東洋史學論集, 第8卷, 三一書房).

79) 『舊唐書』 卷199下 列傳 149下 北狄 渤海靺鞨傳.

마-3은 장구령張九齡이 쓴 「칙발해왕대무예서勅渤海王大武藝書」 제1수의 일부이다. 이것이 작성된 시점이 언제인가 하는 점을 둘러싸고 이견이 있으나 이 칙서를 받은 뒤 등주 공격을 감행한 사실을 고려하여 731년 가을로 보는 설에 따르고자 한다.[80] 당은 형제지간 우애라는 명분에서 대문예 처벌 요구를 중단하도록 설득하는가 하면 발해에 대해 무력 응징도 불사하겠다는 의사를 표명하기도 한다. 이러한 대립 국면은 흑수말갈과 대문예 이외의 다양한 국내외 요인이 복합되어 있다. 발해 측에서는 당에 숙위로 갔던 대도리행이 사망하게 되자 발해 내 권력 안정에 일정한 변화를 초래하게 되었을 것이므로 왕위 계승의 혼란 등의 어려움에 따른 판단이었던 것으로 해석하기도 한다.[81]

그러나 당시 발해는 이러한 소극적인 대응을 넘어서서 당의 대내외적 견제를 물리치려는 적극적인 대응을 추진하고 있었음에 주목할 필요가 있다. 발해는 730년경 거란, 돌궐 등과 연합하고[82] 그들과 당과의 대립을 이용했던 것이

80) 張九齡이 문서 작성의 관직을 맡은 기간을 고려하여 731년 8(9)월설(石井正敏(2001), 앞의 책)과 732년 7월설로 대별된다. 후자는 『新唐書』 기록을 근거로 장구령이 이 문서를 작성한 후 知制誥에 발탁되긴 했으나 문서 말미에 '가을이라 날이 찬데'라는 구절을 감안하여 7월에 작성되고 9월에 발급되었다는 수정설을 내기도 했다(古畑徹(1988), 「張九齡作「勅渤海王大武藝書」第一首の作成年時について-大門芸の亡命年時について補遺」, 『集刊東洋學』59). 그러나 등주 공격이 732년 9월에 있었음을 감안해 볼 때 732년 가을에 이것이 발급되었다는 것은 선후가 맞지 않으므로 731년 가을로 보는 것이 타당하다.(김종복(2010), 「발해와 당의 사신 파견을 통해 본 大門藝 亡命 사건의 추이」, 『역사와 경계』 76).

81) 일찍이 사카요리 마사시는 대도리행의 사망으로 적자 계승이 불가능해지자 대문예도 왕위 계승을 주장할 수 있게 되었다고 보며 후에 나타난 무왕과 대문예의 대립을 왕위 계승을 둘러싼 갈등과 연결하였다(酒寄雅志(1979). 하마다 코사쿠도 이와 견해를 같이 하면서 이러한 위기를 극복하기 위해 대당 강경책을 추진했다고 보았다(濱田耕策(2000), 『渤海國興亡史』, 吉川弘文館, 33~35쪽).

82) 비록 직접적인 연합작전을 확인할 수 있는 기록은 없으나 『文苑英華』에 보면 可突于가 서로는 흉노와 연합하고 동으로는 발해를 끌어들였다는 내용이 나오고 있어(『文苑英華』 卷647 露布1 樊衡條) 이즈음의 연합을 추측해볼 만하다.

다.[83] 730년 5월 가돌우可突于가 그의 왕 이소고李邵固를 죽이고 해와 함께 돌궐과 연합하자 당은 유주절도사 조함장趙含章의 공격을 받았다.[84] 그러나 732년 3월에는 당이 유주 일대를 장악하자[85] 발해는 당과 가까운 거리에서 대치하는 상황을 맞이하게 된 것이다. 이러한 정황에서 발해가 택한 것은 당에 대한 선제공격이었다.

대내외적으로 압박해 오는 분열정책에 대해 정면도전의 승부수를 던지면서 732년 9월에 등주를 공격하였다. 한편 마-4에서 보듯 당은 군사를 일으켜 토벌하는 동시에 대내외로 분열정책을 구가한다. 즉 발해 내부적으로는 대문예와 무왕 간의 분열을, 대외적으로는 신라와의 대립 · 갈등의 상황을 형성하였다. 당시 범양范陽과 신라에서 동원된 병사가 10만으로 언급되고 있는데[86] 실질적 성과는 드러나지 않는다. 신라의 후방 공격 자체가 실질적 성과 없는 무모한 전략이었던 것이다.

동시에 발해는 전투 수행과 대문예를 암살을 위해 자객을 파견했으며 병사를 마도산에까지 진출시켜 당을 압박하였다. 대문예의 암살은 실패하였으나[87] 거란의 대당 전투였던 마도산 전투에 가담하여 일정한 성과를 거둔 것으로 판단된다. 오승자조烏承玼條에 의하면 이 전투는 733년 윤삼월에 이루어진 것임을 알 수 있다.[88] 그러나 자치통감에서는 언급하였듯이 신 · 구당서 본기나 발해전에는 없고 오승자烏承玼 열전에만 기록되어 있다. 더욱이 자치통감은 오승

83) 박영해(1987), 「발해의 대외관계에 대하여」, 『역사과학론문집』12.

84) 『資治通鑑』卷213, 玄宗 開元 18年 5月條.

85) 위의 책, 玄宗 開元20年 3월조.

86) 『新唐書』卷136 列傳 61, 烏承玼條.

87) 天津橋 남쪽에서 대문예를 찔렀지만 죽지 않았다(『資治通鑑』卷213, 玄宗 開元21年 正月條).

88) 『資治通鑑』卷136 列傳 61, 烏承玼條.

자조에서 발해가 마도산에 병사를 파견한 사실에 대해 부정적이며 이것을 기록할 당시 참고했던 것이 오중윤작묘비烏重胤作廟碑였는데 이를 요약인용하면서 발생한 착오로 보인다.[89] 이를 토대로 발해의 마도산 전투 참가를 전적으로 부정하기는 어려우나 발해가 독자적으로 추진한 것이라기보다는 거란의 주요 근거지에서 당과 충돌한 전투에 발해가 일정하게 참가한 것으로 보는 것이[90] 타당할 듯하다. 다만 여기서 발해가 요동 지역의 길목인 마도산 전투에 참가함으로써 당 조정에 타격을 가하고 대문예 처리에 대한 불편한 심기를 전하고 있다는 점에서 그 의미가 있다 하겠다.

한편 흑수말갈과의 불편한 관계가 형성되자 발해는 일본과의 교류를 추진하였다. 727년 고인의高仁義를 필두로 하는 24명을 일본에 파견하였는데 하이蝦夷 지역에 도착하여 16명이 살해되고 고제덕高齊德 등 8명만이 입경했다. 일반적으로 이 파견을 양국의 최초 교류로 이해해왔다. 그러나 필자는 720년 제군안남諸君鞍男을 비롯한 6인의 사신을 말갈국에 파견하였다는 기록을 단서로 일본 조정이 대륙의 정세를 파악하기 위해 먼저 발해국에 사신을 파견했을 가능성에 대해 주목한 바 있다.[91] 더욱이 720년 파견 사신의 출발지 도도渡嶋가 북해도北海道 지역이라는 주장을 수용한다면[92] 이 사절이 동북방 하이 지역에 도착한 것도 720년 파견과 일정한 관련을 갖는 것이라 하겠다.

이 사신 파견 목적에 대해서는 일찍이 도리야마 기이치[鳥山喜一]에 의해 726년에 일어난 흑수말갈黑水靺鞨의 대당 조공, 자신의 동생인 대문예의 망명 등으

89) 『資治通鑑』 卷213, 玄宗 開元21年 正月條.

90) 古畑徹(1986), 「唐渤分爭の展開と國際情勢」, 『集刊東洋學』55.

91) 구난희(2009).

92) 瀧川政次郎(1958), 「齊明朝における東北經略補考齊明朝における東北經略補考」, 『史學雜志』 67 ; 松原弘宣(1980), 「渡嶋津輕津司について」, 愛媛大學校養部, 『愛媛大學校養部紀要』.

로 발해와 당의 관계가 악화되자 이를 타개하기 위해 발해 무왕이 일본을 견제세력으로 주목하고 사신을 파견하였다는 해석이 제기되었다.[93] 이후 발해와 일본의 교류는 당 · 신라와의 갈등을 해소하기 위한 발해의 정치적 목적에 의한 파견이었다는 것이 정설처럼 받아들여지고 있다.[94] 보다 적극적으로는 727년 사신 파견을 군사동맹을 체결하기 위한 것이라고 지적하기도 한다.[95] 후자는 다소 과도하나 무왕이 보낸 국서 중에 '친인결원親仁結援'이라는 문구를 사용한 것으로 보아 유사시에 지원을 해줄 수 있는 후방세력으로 일본을 주목하고 있음을 알 수 있다.[96]

당시 일본은 대보율령大寶律令 완성 이후 스스로를 소중화로 인식하고 신라에 대해 화이질서를 강요했으나 이를 수용하지 않는 신라와 마찰이 야기되고 있었다. 이러한 때 담비가죽 등 귀한 토산물을 지참하고 일본을 방문해준 발해는 (비록 발해의 취지는 그렇지 않았지만) 대내적으로 자신들을 소중화로 인식하도록 하여 상한 자존심을 보상해 줄 만한 것이었다. 예컨대 발해가 자신을 고구려 계승국으로 소개한 사실을 번국 고구려 인식의 연장으로 이해하는 등 당사국의 의도와 다르게 인식했으며 이를 정치적 이데올로기로 활용하고 있다. 발해는 이러한 일본의 인식에 맞서 적극적으로 갈등을 일으키지는 않았지만 자신들의 대외적 위상을 직간접적으로 주지하고 있었다. 최근의 한

---

93) 鳥山喜一(1915),『渤海史考』, 奉公叢書. 이와 같은 견해는 후에 발표된『渤海史上の諸問題』에서도 일관되게 나타나고 있다. 다만 후의 글에서는 720년 기사를 발해와 일본 간의 외교 시작으로 볼 수 있다는 개연성을 조심스럽게 언급하고 있다(鳥山喜一(1968),『渤海史上の諸問題』, 風間書房, 232~234쪽).

94) 酒寄雅志(1979) ; 古畑徹(1986) ; 李成市(1994),「渤海ろ對日本外への理路」,『東北アジア史の再發見』, 有信堂.

95) 上田雄 · 孫榮健(1994),『日本渤海交涉史』, 彩流社.

96) 후루하타 도루(2010), 53쪽.

연구에서는 발해가 발해군왕이라는 책봉호를 대일 외교에 그대로 사용한 것은 당을 중심으로 한 국제정세를 이해하고 있는 일본에 대하여 책봉을 통한 발해의 대외적 위상을 주지시키고자 하는 취지로 보기도 한다.[97] 후에 이러한 양국 간의 인식 차는 때때로 국서 형식 등을 둘러싼 사소한 갈등을 야기하기도 했다.

그럼에도 불구하고 발해의 대일 접근은 일본이 후방에서 신라를 견제하는 역할을 이끌어냈다. 이후 신라와 일본의 관계는 점점 악화되었고 730년 일본이 신라 동변을 침공하였다. 이는 삼국사기에만 단편적으로 보이고 있어[98] 정확한 정황을 파악하기는 어려우나 스즈키 야수타미[鈴木靖民]는 다자이후大宰府 관내의 산인山陰도의 병선이 신라를 정탐하기 위해 파견된 것으로 보았다.[99] 연민수는 이러한 가설에 견해를 같이하면서 이 시기 신라가 모벌군성毛伐郡城 축조 등을 통해 대일 경계를 강화하고 있었으므로 정탐을 목적으로 출선한 일본의 병선을 침략선으로 판단하여 격파하고 이를 과장하여 3백 척으로 운운했던 것으로 보았다.[100] 본격적인 외교마찰은 성덕왕 대聖德王代부터 시작된다. 735년 2월에 김상정金相貞이 방환放還된 바 있으며(『續日本紀』 卷12, 天平 7年 2月 癸卯條), 737년 2월에는 신라 사신 불납不納에 따른 신라정벌이 논의되기도 했다.[101]

97) 金子修一(2003), 「日本から渤海に與えた國書に關する覺書」, 佐藤信 編, 『日本と渤海の古代史』, 山川出版社, 118~119쪽.
98) 『三國史記』 卷38 「新羅本紀」 8, 聖德王 30年 夏4月條.
99) 鈴木靖民(1985), 「天平初期 對新羅關係」, 『古代對外關係史硏究』, 吉川弘文館, 164~166쪽.
100) 연민수(2003), 「통일기 신라와 일본관계」, 가락국사적개발연구원, 『강좌 한국고대사』 4, 240~241쪽.
101) 『續日本紀』 卷12, 天平 9年 2月 己未條 및 丙寅條.

그러나 빌게가한毗伽可汗이 사망하면서 돌궐도 점차 붕괴되고 거란과 해가 당에 복속되었다. 734년 4월 당군이 거란을 격파하였으며 9월에는 등주의 군대를 하구로 이동시키기도 하였다.[102] 뿐만 아니라 신라는 당의 양해하에 독자적으로 발해를 공격하려고 시도하기도 했다.[103] 이러한 정세 변화 속에서 발해는 당과의 관계 전환을 모색하게 된다. 배후세력이었던 돌궐, 거란의 약화에 따라 강경일변도의 정책은 오히려 당의 강한 구심력을 작동하게 하여 발해의 원심력에 심대한 타격을 줄 수도 있었기 때문이다.

이 시기 발해의 대당 교섭은 책부원귀의 기록 이외에 장구령張九齡의 칙발해왕대무예서를[104] 통해 확인할 수 있다. 후자는 앞 기록에 등장하지 않는 발해의 견사 사실을 언급하고 있어 이 시기 양국의 교섭과 관계 완화를 이해하는 데 도움이 된다. 그러나 이것이 발신된 시기가 정확하게 명기되어 있지 않아 칙서의 제작(발신)연도를 둘러싸고 논란이 있으며 이는 곧 대당 교섭의 구체적인 상황에 대한 해석 논란으로 연계된다. 크게 보아 이 시기 교섭을 735년에 이루어졌다고 보는 735년설과[105] 736년설로[106] 대별된다.

일단 책부원귀의 사신 파견 기록과 칙서勅書 내용을 다음 표에 정리하였다.

---

102) 『唐會要』 卷36 蕃夷請經使條.

103) 『全唐文』 卷一千 金忠信條. 김충신은 726년에 입당하여(『三國史記』 卷第八 新羅本紀第八 聖德王25年夏月4月條) 숙위중이었다. 『三國史記』에도 출병 요청과 관련된 기록이 있다(같은 책, 『三國史記』 聖德王33年 正月條). 다만 册府元龜에는 이해 2월에 상표를 올린 기록이 나오는데(『册府元龜』 卷978 外臣部 18 開元22年 二月條) 사신의 입당에까지 걸린 소요시간을 고려하면 동일한 기록이라 하겠다.

104) 『文苑英華』 卷 471 翰林制詔 52, 蕃書 4.

105) 古畑徹(1988), 「張九齡作'勅渤海王大武藝書'と唐渤紛爭の終結 －第二・三・四首の作成年始を中心として」, 『東北大學東洋史論集』 3. 최근 이 시기를 검토한 김종복 역시 735년설을 따르고 있다(김종복(2010)).

106) 石井正敏a(2001), 「對日本外交開始前後の渤海情勢－玄宗皇帝 '勅渤海王大武藝書'の檢討」, 『日本渤海關係史の研究』, 吉川弘文館.

〈표〉 발해의 대당 사신 파견 기록

<table>
<tr><th>연도</th><th>책부원귀</th><th>칙발해왕대무예서</th></tr>
<tr><td>735년</td><td>3월 大蕃(朝貢4)</td><td rowspan="3">(제2수, 봄)
大茂慶 입당, 인원 교체 요청, 돌궐의 거란 · 해 침공
(제4수, 초여름)
자세한 사정 이해, 숙위 요청 시행, 大郎雅 귀국
(제3수, 가을)
多蒙固가 보낸 水手 등 도착</td></tr>
<tr><td>736년</td><td>3월 大蕃(褒異2)
12월 聿棄計</td></tr>
<tr><td>737년</td><td>정월 木智蒙(朝貢4)
4월 公伯計(朝貢4)
8월 多蒙固(褒異2)</td></tr>
</table>

장구령은 732년에 조칙詔勅의 기초를 담당하는 관직인 중서사인中書舍人이 되었다가 733년에 중서시랑中書侍郎 동중서문하평장사同中書門下平章事가, 734년에 그 장관인 중서령中書令이 되었다. 그러다가 우승상右丞相으로 전직한 것이 736년 11월, 737년에 다시 형주장사荊州長史가 되었다. 따라서 그는 732년부터 736년까지 이 국서를 작성한 것으로 보인다.

칙서의 제2, 3, 4수는 각각 말미에 적힌 계절 인사를 근거로 제2수, 제4수, 제3수의 순으로 작성된 것이라는 데는 이견이 없다. 그러나 책부원귀 기록에 대해서는 두 가지 의문이 제기되고 있다. 하나는 왕제 대번의 파견 시기가 동일한 사서 내에서 735년과 736년으로 차이를 보이고 있다는 것이며, 다른 하나는 다몽고多蒙固가 파견된 시기를 737년으로 기록하고 있는데 장구령의 활약 시기와 연계해볼 때 맞지 않는다는 것이다.

735년설의 경우, 양국 긴장이 유지되는 가운데 교섭을 추진하였을 것이며 735년 8월의 철리鐵利, 불열拂涅, 월희越喜 말갈의 입당이 발해의 알선에 의해 이루어졌다는 점을 근거로 삼고 있다.[107)]

736년설의 경우 735년에 신라에 내린 칙신라왕김흥광서勅新羅王金興光書가 늦봄에야 내려졌으며 발 · 당 전쟁의 여파가 아직 남아 있다는 점, 돌궐이 735년

107) 古畑徹(1988), 54~55쪽.

7월에 거란과 해를 공격하려다 대패하였던 점을 근거로 736년 3월의 파견으로 이해하고 있다. 따라서 735년 말에서 736년 초에 대무경大茂慶이 입당하여 숙위 요청을 하였으며 736년에 입장한 대번은 돌궐 등의 정보를 제공한 것으로 보았다.[108)]

그러나 양자 모두 몇 가지 한계를 보이고 있어 좀 더 검토가 필요하다. 735년설의 경우 발해와 당, 신라 간의 대립이 진행되고 있는 가운데[109)] 급작스레 발해가 교섭을 추진하게 된 배경에 대한 설명이 미흡하며 735년 8월의 말갈제족 견사를 발해가 연계하였다는 점 또한 수긍하기가 어렵다.[110)] 왜냐하면 말갈제족의 견사는 발해의 영향력이 약화되었을 경우 나타나는 현상이기 때문이다.[111)] 또한 736년설의 경우도 대무경의 파견과 대번의 파견을 각각 구분하고 있지만 파견 목적과 그것에 대한 타당한 해석이 미흡하다는 약점이[112)] 있다.

먼저 책부원귀에는 대문예의 처단을 요구하기 위해 파견되었을 것으로 추정되는 마문궤馬文軌, 총물아葱勿雅, 그리고 당의 거짓 통보에 항의하기 위해 파견된 것으로 추정되는 이진언李盡彦, 그리고 이에 대한 당의 입장을 변론하기 위해 파견된 최심읍崔尋挹 모두 언급되지 않고 있다. 숙위나 조공 등의 목적이

108) 石井正敏a(2001), 312~321쪽.

109) 당시 신라가 성덕왕에 내린 칙서를 보면 발해와 당, 신라 간의 긴장과 대립은 여전히 지속되고 있었다(『全唐文』 卷284 張九齡 勅新羅王金興光書).

110) 이들 부족이 동일한 시기에 사신을 파견한 것은 714년 2월, 719년 정월, 723년 11월, 724년 2월 등 여러 차례 등장하고 있으며(구난희(1997), 『8세기 중엽 日本의 新羅侵攻計劃에 대한 檢討』, 한국교원대학교석사학위논문, 56쪽, 【表 C-2】 참조) 이 시기만의 특별한 사례로 볼 수 없다.

111) 말갈제족의 대당 조공은 발해로의 편입이나 통합이 약화되었을 때 나타나는 현상으로 이해하는 것이 일반적이다(송기호, 위의 책, 111~112쪽 ; 鳥山喜一(1968), 106~109쪽).

112) 김종복(2010), 21쪽.

명백한 경우 이외의 정치적 목적으로 왕래한 특사에 대해서는 이 사서에서 취급하지 않고 있는 것이다. 다시 말해 발당 간의 대립관계와 관련된 기록은 언급하고 있지 않다는 점을 감안한다면 돌궐 정보를 알리고 교섭을 추진한 사신에 대해서도 언급하지 않았을 것이다. 그렇다면 책부원귀에 등장하는 대번은 돌궐 정보를 알리기보다는 숙위 교체를 요청하기 위해 파견된 인물로 이해할 수 있다.

또한 칙서 제2수와 제4수 모두 돌궐 정보 제공에 관한 사안과 숙위 교체 사안을 각각 별개의 두 사안으로 언급하고 있다. 특히 제4수에서 숙위 교체는 '이미 뜻대로 시행했다(역이의행亦已依行)'라고 언급하는 것으로 보아 이것이 먼저 요청받은 사실임을 간접적으로 표현하고 있다는 것을 알 수 있다. 아울러 735년에 당과의 관계가 완화되었다고 본다면 이후 737년 12월에 이르기까지 양국의 관계가 다시 오랫동안 공백으로 남아 있는 것을 마땅히 해석하기가 어렵다.

이상의 몇 가지 점을 근거로 발해의 대당 교섭은 736년부터 본격적으로 이루어진 것으로 보고자 하며 따라서 칙서의 발신은 736년 3월, 4월, 8월에 각각 이루어진 것으로 보고자 한다. 대번의 파견은 책부원귀의 중복 기록 중 735년 3월의 것을 따르며 736년 3월은 오기로 보고자 한다.[113] 뿐만 아니라 737년 8월의 다몽고多蒙固 기록 또한 736년의 오기로 보고자 한다. 책부원귀 중 특히 포이褒異 부분에는 이 외에도 사소한 오기들이 등장하고 있다는 것도 이러한 판단에 일정한 설득력을 제공해줄 수 있을 것이다.

그렇다면 736년 견사를 바탕으로 이 시기 정황을 구성해보기로 하자. 위에

113) 찬자가 기록을 정리하면서 大茂慶의 파견을 착각하여 기록했을 가능성도 배제할 수는 없다.

서도 언급했다시피 734년 이후 주변의 정세는 발해에 불리하게 전개되고 있었으며 735년 2월 당은 신라에게 패강 이남을 인정함으로써 발해를 견제하기에 이른다. 이에 발해는 3월에 대번을 파견하여 숙위 교체 요청을 요구하면서 당에 접근하였다. 숙위 교체는 소극적 사죄인 동시에 관계 증진의 적극적 메시지를 갖는 명분으로 삼았을 것이다. 그러나 당이 이를 빨리 수락하지 않고 유보하자 발해는 다시 대무경을 파견하는데 당이 관심을 가질 만한 돌궐의 원군 요청 정보를 제공하면서 적극적으로 발 · 당 전쟁에 대해 사죄하였다.[114] 당의 입장에서 돌궐이라는 존재는 주변 제족 중 가장 비중 있는 세력이므로 이러한 정보는 일정한 도움이 되었을 것이다. 당은 이러한 발해의 행동에 대해 충성스러운 태도라 만족해하면서도 발해가 돌궐 사신을 결박한 사실을 과도한 행동으로 평하면서 자국의 위신을 유지하고 있었다. 결국 당은 3월에 대무경을 통해 이러한 당의 뜻을 제2수로 전하였고 이어 4월에 대낭아의 귀국과 함께 제4수를 전하였던 것이다. 이렇게 보면 대번은 736년 3월에 대무경과 함께 귀국한 것이 아니라 대낭아와 숙위를 교체하여 당분간 당에 머물러 있었을 가능성이 크다.

대낭아의 귀환은[115] 발해의 등주 침공에 대한 당의 불편한 감정을 모두 해소했다는 메시지였으며 발해 또한 8월에 다몽고와 함께 발 · 당 전쟁 시 붙잡아 두었던 수수水手 등 전쟁포로를 귀환시키는 것으로 응답하고 있다. 이러한 발해의 응대에 대해 당은 매우 흡족해하며 발해의 발전을 기원하는 제3수를

114) 본문 중에 '況又歸服'이라는 구절이 이를 보여주고 있다(『文苑英華』 卷471 蕃書4 張九齡 徠渤海王大武藝書 2首).

115) 730년 정월에 하정사로 당에 파견되었다가(『冊府元龜』 卷971 外臣部 16 朝貢 4 唐玄宗 開元18年 正月條) 대문예 시해 기도가 일어났던 733년에 당의 영남에 유배당한 것으로 추정된다. 735년 대번의 파견으로 숙위 교체를 요청하고 이에 귀환하게 된다(위의 글 4首).

보낸다. 그해 12월 발해가 당에 견사한 이후 발·당 전쟁 이전과 버금가는 잦은 견사가 지속되었다. 이로써 양국관계는 대립과 갈등에서 우호, 협력으로 전환되었다.

4. 안사의 난과 문왕의 대응

문왕 대는 무왕 말기의 긴장 완화를 토대로 대외적 위상을 적극적으로 확대해나간 시기였다. 문왕은 발해 전체 시기의 1/4에 달하는 57년이라는 긴 기간 보위에 올랐는데 상경 천도를 중심으로 두 시기로 나누어 볼 수 있다. 이러한 시기 구분은 천도遷都라는 국내 정세 변화로서도 중요하지만[116] 안사의 난이라는 대륙 정세의 변동에 따른 대외 정세 변화라는 점에서도 중요한 의미를 갖는다.[117] 이 장에서는 전기에서 후기로 넘어가는 중요한 획기에 나타난 발해의 외교적 대응을 중심으로 하되 이를 이해하기 위해 이전 시기의 내용부터 살펴보기로 하겠다.

당과는 57년 재위기간 동안 61회에 달하는 사신을 파견하였다고 알려져 있

116) 송기호는 문왕 대를 천도의 시기를 기점으로 세시기로 구분하는 동시에 상경 천도를 기점으로 한 전기, 후기의 시대 구분을 제안한 바 있다(송기호(1995), 101쪽).

117) 上京 遷都를 두고 다양한 견해가 있으나 대체로 안사의 난이 발발하자 좀 더 동쪽 지역으로 옮겼다는 설이 대세를 이루고 있다. 그러나 규모나 도읍 시기 등으로 보아 상경의 비중도가 높으므로 이 난에 따른 급작스런 천도로 보기에는 무리가 있다고 보아 이전부터 도읍지로 설정하고 천도를 위한 준비를 했다는 견해도 있다(임상선(1988), 「발해의 천도에 대한 고찰」, 『청계사학』 5, 41~42쪽).

는데[118] 많을 때는 한 해에 4차례 내지 5차례나 파견하기도 했다.[119] 또한 일본과의 교류도 분절적이나마 이어가고 있었다.

재위 초기부터 문왕은 당과의 관계 개선에 적극적이었다. 왕제를 포함하여 파견 사신을 구체적으로 기록하고 있는 것으로 보아 비중 있는 인사가 파견되고 있었다. 우선 문왕은 738년 6월 사신을 파견하여 당에서 『당례唐禮』·『삼국지三國志』·『진서晋書』·『삼십육국춘추三十六國春秋』 등을 필사하도록 하였다. 그 해 8월 당으로부터 책봉사 단수간段守簡이 파견되었으므로 이들 귀국 시 동행했을 가능성이 높다.[120] 『당례』는 국가를 통치하기 위해 정비의 오례五禮로 통치체제의 근본이 되는 율령격식을 포함하고 있다. 문왕이 이의 필사를 요청한 것은 국내 통치 질서를 정비하고자 하는 필요성과 아울러 당과의 원활한 관계를 모색하고자 한다는 외교적 제스처로 간주된다.

뿐만 아니라 이 시기 발해 조정이 사면赦免을 내렸다는 기록이 등장하고 있다.[121] 당시 사면자 중에는 대문예를 지지하다가 숙청된 반왕파 즉, 무왕대의 친당 노선을 견지했던 인사들도 포함되었을 가능성이 높다. 이를 두고 김종복은 이러한 조치가 대당 관계를 회복하는 결정적 계기가 되었을 것으로 추론하고 있지만[122] 일련의 상황이 선후의 관계로 이행되었다기보다는 대당 관계가

118) 왕승례는 47회로 본 반면(왕승례 저 · 송기호 역(1987), 78쪽), 송기호는 61회 이상 이루어졌다고 보았다(송기호(1995), 107~113쪽).

119) 767년, 773년, 775년에 4~5차례에 걸친 사신 파견이 있었다.

120) 『冊府元龜』 권999, 外臣部 請求. 같은 기록은 『唐會要』 卷23 禮儀志3과 『玉海』 卷154 朝貢 楊子外夷傳 등에서도 등장하고 있다. 논저별로 당례 입수를 위한 사신 파견에 이견을 보이고 있다. 5월에 파견되었다고 한다든가(동북아역사재단(2007), 『발해의 역사와 문화』, 137~139쪽. 여기서는 정확하게는 당사 파견 3개월 전으로 서술하고 있다), 段守簡의 송사에 의해 입수되었다고 언급하기도 하나 모두 부정확한 서술이다.

121) 『唐會要』 권199下 列傳 149下 渤海靺鞨條 ; 『新唐書』 卷219 渤海條.

122) 김종복(2001), 「발해 폐왕 · 성왕대 정치세력의 동향」, 『역사와현실』 41, 127~128쪽.

완화되는 과정에서 동시에 진행된 것으로 보는 것이 타당하다.

그러나 여기서 주목해보고자 하는 점은 대당 관계 개선과 함께 대일본 외교를 어떻게 이끌어내고 있는가 하는 것이다.

이 시기 발해는 대당 외교를 우선시하였기에 대일본 외교는 당에 있던 일日 견당사 헤구리노 히로나리[平群廣成]가 귀국 협조를 요청함에 따라 이에 동행하기 위해 739년에 서요덕胥要德이 파견되면서 다시 이어진다. 헤구리노 히로나리의 보고 내용에 따르면 발해를 통해 귀국하도록 알선해 준 인물은 당에 체류하고 있던 아베노 나카마로[阿倍仲麻呂]였다.[123] 그는 716년 19세의 나이로 견당유학에 올라 당시 좌습유左拾遺, 좌보궐左補闕 등의 관직을 역임하고 있었는데, 알선한 것으로 보아 발해와 당, 발해와 일본 간의 교류에 대한 정보를 익히 알고 있었음을 알 수 있다. 한편 헤구리노 히로나리의 무사 귀국을 수행한 서요덕에 대해 일본은 활쏘기, 연주 등 성대한 연회를 베풀어 주었고 귀국 시 송사를 파견하는 등 환대를 베풀었다. 그러나 이후 한동안 양국의 교류가 연이어지지는 않았다.

다시 국교가 재개되는 것은 752년 9월의 발해사 파견에 의해서였다. 이 당시 발해가 단독으로 사신 파견을 단행한 이유는 명확하게 나타나지 않는다. 이해 4월 일본에서는 국가적 사업인 도다이지대불개안공양회東大寺大佛開眼供養會가 개최되고 이 행사에 신라 왕자 김태렴金泰廉을 필두로 한 거대 사신단이 참여하고 교역을 수행했던 사실을[124] 감안해볼 때 일본을 둘러싼 대내외 정세를

123) 『續日本紀』 卷13 天平11年 辛卯條. 그 또한 10차 견당사 일행의 귀국시(734년) 동행귀국을 원했으나 당에서 허락하지 않아 제12차 견당사 귀국시(752년) 동행하였다가 安南 지역에 표류하여 다시 長安으로 돌아와 결국 귀국하지 않았다. 당시는 당이 귀국을 허락하지 않아 당에 체류 중이었다.

124) 김태렴의 방일 목적에 대해서는 다양한 견해가 있다. 대규모 사절단에 의한 교역이 이루어졌으며 이를 기점으로 라일의 관계가 정치적 관계에서 경제적인 사적 외교로

파악하려는 게 파견 목적이었을 것이다.

그런데 일본은 발해에 대해 표表의 지참과 칭신稱臣을 요구하고 있다. 전회의 파견에서도 이러한 요청을 한 바는 없으므로 다소 갑작스런 요구라 하지 않을 수 없다. 이러한 갑작스런 요청의 배경에는 바로 직전 신라와의 외교 마찰[125]로 실추된 일본 조정의 대외적 위상을 발해사 응대 과정에서 만회하려는 정치적 판단이 작동하고 있는 것이라 하겠다. 8세기에 접어들면서 동아시아 각국은 당의 문화를 수용하여 국가의 통치체제를 정비하고 국가적 위상을 제고해나가고 있었다. 이러한 가운데 각국은 당을 중심으로 한 동아시아적 세계 질서를 인정하면서 각국의 대외적 층위를 구획하고 자신이 앞선 서열에 위치할 것을 희망하고 있었던 것이다.[126] 특히 당과 지리적으로 가장 떨어진 일본의 경우 이러한 의식이 다른 어느 왕조보다 강했다.[127] 신라와의 외교 마찰

변화였다고 보는가 하면(石井正敏b(2001), 「天平承寶4年の新羅王子金泰廉來日の事情をめぐって」, 『日本渤海關係史の研究』, 吉川弘文館 ; 윤선태(1997), 「752년 신라의 대일교역과 매신라물해」, 『역사와 현실』 24) 발해 견제를 목적으로 한 사절이었다고 해석하는 경우도 있다(酒寄雅志(2001), 「8世紀における日本の外交と東아アジアの情勢 −渤海との關係を中心に−」, 『渤海と古代の日本』, 校倉書房 ; 조이옥(2001), 「8세기 중엽 국제정세와 대발해외교」, 『통일신라의 북방진출 연구』, 서경문화사). 한편 이성시는 다양한 견해를 종합적으로 수용하는 가운데 일본의 요청에 신라가 응하였던 것으로 신라는 교역과 발해 견제의 양 측면에서 파견이 필요했다고 보았다(李成市(1997), 『東アジアの王權と交易：正倉院の寶物が來たもうひとつの道』, 青木書店).

125) 753년 2월에 오노노 다모리를 신라사로 삼아(『續日本紀』 卷19, 天平勝寶 5年 2月 辛巳條) 파견하였는데 신라는 사신이 무례하다하여 방각시켰다(『三國史記』 卷9, 新羅本紀 9, 景德王 12年 秋8月條).

126) 일찍이 일본학계는 이러한 인식을 小中華意識으로 개념화한 바 있다. 각국은 중국의 册封體制에 편입되는 동시에 다시 스스로를 中華로 삼고 周邊國을 藩國으로 여기는 의식을 갖는다는 것이다. 아울러 이러한 소중화의식은 국내에서 자신의 지배 정당성을 인정받는 유효한 정치 수단이 될 수 있었다(酒寄雅志(1993)).

127) 일본의 경우 가장 배외적이며 폐쇄적이며 스스로의 소중화의식을 강하게 표방하고 있었지만 중국 황제와 같은 册立, 官號, 爵位 受與 등도 없으므로 객관적 실체가 있는

뿐만 아니라 당의 장안長安에서도 일본이 신라와 석차쟁장席次爭長의 논쟁을 벌였던 바 있다. 752년 도당하였다가 754년에 귀국한 제2차 견당 부사 오토모노 고마로[大伴古麻呂]는 753년 당의 정월 연회에 참가했다가 신라가 동반東畔의 제1석에 앉고 일본이 서반西畔의 제2석에 앉자 이를 항의하여 양국의 좌석 위치를 변경하였다는 사실을 보고하고 있다.[128)]

이처럼 자국의 대외적 위상을 중시하며 스스로를 소중화로 인식하고 있는 일본의 인식은 발해가 교류를 추진하는 데 부담으로 작용하였을 것이다. 신라와 마찬가지로 강경하게 대응한다면 교류 성사가 어려울 것이며 그렇다고 일본이 요구하는 외교 의례를 그대로 수용할 수도 없는 일이다. 이러한 미묘한 대일 외교 상황 속에서 발해는 어떻게 대응했을까? 이를 살펴보면 발해의 뛰어난 외교 능력을 확인할 수 있게 된다.

일단 753년의 국서 갈등은 더 이상 지속되지는 않았다. 발해가 적극적으로 양국 교류를 추진하지 않은 데다 다음의 교류는 일본이 발해에 사신을 파견하는 것으로부터 이어졌기 때문이다. 758년 일본의 사신 파견이 추진되었는데 당시 당에서는 안사의 난이 발발하고 있었다.

이후 양국의 교류는 단절 없이 이어지고 있는데 일본으로부터 사신이 직접 발해를 방문하여 발해사를 초빙·동행한 뒤, 원일조하의식元日朝賀儀式등의 환대가 베풀어지고 다시 귀국 시 송사送使가 수행하는 형태를 3차례나 반복했기 때문이다. 이는 다른 어느 시기에도 나타나지 않는 이 기간의 특징이라 할 수 있다. 이로 인해 이러한 긴밀한 교류를 둘러싸고 일찍부터 이 시기 일본 내에

것은 아니다. 山尾幸久는 일본의 소중화의식은 단지 역사적이며 집단적인 민족의식에 불과하다고 지적한 바 있다(山尾幸久(1989), 「'日本天皇'の華夷思想」, 『古代の日朝關係』, 確書房, 481~483쪽).

128) 『續日本紀 』卷19, 天平勝寶 6年 正月 丙寅條.

서 추진되고 있는 신라침공계획과의 관련성에 주목해왔다.[129]

즉 발해로부터 입수한 안사의 난의 정보를 대외 위기로 삼아 일본이 신라 침공계획을 추진하였다고 보는 것이 일반적이었다. 다만 이 과정에서 일본이 이 군사계획을 어느 정도 실현의지를 가지고 구체적으로 추진하였는가 또 발해가 이 계획에 동참하여 일본과 연합하여 신라를 침공하려 하였는가를 놓고 많은 검토가 이루어져왔다.

필자는 발해의 적극적인 개입에 대해 부정적인 입장을 견지하면서 이 계획을 당시 일본의 후지와라노 나카마로[藤原仲麻呂] 정권의 집권 타개를 위한 정치적 퍼포먼스로 이해해왔다. 이후 이 문제를 다룬 송완범은 발해의 소극적 참여에 견해를 같이 하면서도 일본의 신라침공은 후지와라노 나카마로 개인의 대내 정세 안정을 위한 정치적 퍼포먼스가 아니라 일본 집권 세력 전체가 추진하고자 한 국가적 차원의 적극적 움직임이었다고 보고 있다.[130] 신라와 오랜 숙감이 있는 일본 조정으로서는 신라침공이 대내적 통합을 유도할 수 있는 좋은 명분이라는 점을 감안해 본다면 어느 정도 실현의지를 갖고 추진했다는 것에 공감할 수 있다.

그러나 여기서 과연 일본이 신라침공을 위해 발해에 사신을 파견하였는가는 여전히 의문으로 남는다. 따라서 일본의 사신 파견 이유를 좀 더 검토해 둘 필요가 있다. 파견 목적에 대해서 명시적으로 언급한 기록은 없으며 그와 함께 방일한 발해사 양승경楊承慶의 보고내용 중에 '성명황제聖明皇帝께서 천궁天宮

129) 이에 대한 선행 연구 성과에 대한 검토는 다음 글을 참고하기 바란다(구난희(1998), 「일본의 신라침공계획 추진 의도」, 『청람사학』 2 ; 구난희(1999), 앞의 글).

130) 송완범(2006), 「8세기 중엽 '新羅征討' 계획으로 본 古代日本의 對外方針」, 『한일관계사연구』 25.

으로 승하하였다는 소식을 듣고'[131] 라는 구절로 보아 성무聖武천황의 죽음을 알리는 애고사哀告使였을 가능성이 있으나 이는 사신 파견을 추진하는 명분에 불과하지 실질적 목적으로 보기는 어렵다.

다음으로 오노노 다모리小野田守가 753년 견신라사로 갔다가 방각된 경험이 있는 인물이라는 점을 근거로 발해와 신라침공계획을 도모하기 위해 파견된 것으로 보는 입장이 있다.[132] 하지만 753년 신라에 대한 적대감이 다른 어느 때보다 고양되었음에도 불구하고[133] 신라침공의 움직임이 전혀 없었던 점 등을 미루어볼 때 이를 제안하고자 파견하였다고 보기에는 다소 어려움이 있다. 다음으로 오노노 다모리가 안사의 난에 대한 자세한 정보를 구하고자 파견되었다는 견해도 있으나 759년 귀국 보고와 그에 따른 일본 조정의 반응을 보아 사전에 안사의 난을 알지 못했던 것으로 보는 것이 타당하다. 702년에 견당사로 파견된 이와타노 마히토[粟田眞人]가 당 현지에서 대주大周라는 말을 듣고서야 690년에 일어난 측천무후의 무주혁명武周革命을 알게 되었던 사례로 미루어볼 때[134] 일본의 대륙 정보 수입은 견당사 또는 발해, 신라를 통한 제한된 통로에 의해서나 가능했다.

안사의 난에 관한 정보를 제외하고 양국의 교류 과정에서 지속적으로 언급되는 것은 후지와라노 가와키요[藤原河淸] 귀국 건이다. 후지와라노 가와키요는

---

131) 『續日本紀』 卷22 淳仁天皇 天平寶字 3年 正月 庚午朝.

132) 酒寄雅志(1977), 「8世紀における日本の外交と東アジアの政勢」, 『國史學』 130號, 國史學會, 第一書房 ; 石井正敏(1975), 「日渤交涉における渤海高句麗繼承國意識について」, 『中央大學大學院研究年報』 4, 1975.

133) 당시 일본 관인들 사이에서는 신라정토가 심각하게 논의되었다(『經國集』 卷20).

134) 당시 신라와도 잦은 교류가 있었음에도 불구하고 신라가 이 정보를 제공해주지 않아 전혀 알지 못했던 것이다(坂上康俊(1984), 歷史學研究會 · 日本史研究會 編 『講座日本歷史 3 中世1』, 東京大學出版會).

후지와라노 후히토[藤原不比登]의 손자로 당시 가장 유력한 율령귀족 가문의 인물이었다. 750년 견당대사로 임명되어 오토모노 고마로, 기비노 마키비[吉備眞備]와 함께 입당하였다. 앞에서 오토모노 고마로가 보고한 당에서 석차쟁장으로 신라보다 상석에 앉게 된 성과도 후지와라노 가와키요의 활약이라 할 수 있다. 따라서 일본 조정으로서는 그의 무사 귀국에 가용한 자원을 동원하고 있었다.

기록상으로는 759년 2월 양승경의 귀국 시 후지와라노 가와키요를 맞이하기 위한 협조를 의뢰하며[135] 이른바 영입당사迎入唐使 코우겐도高元度가 동행하고 있다. 이와 관련된 사실이 코우겐도와 함께 일본을 방문한 고남신이 가져온 국서에서 확인된다.

> 바. (759년 10월) 후지와라노 가와키요를 맞이하러 간 사신이 모두 99인이었습니다. 대당大唐의 祿山이 먼저 명을 거역하고 사명思明이 뒤에 난을 일으켜 안팎으로 소란하고 거칠어 평정되지 않았으므로 곧 돌려보내고자 하였으나 피해를 입을까 두렵고 (중략) 이에 우두머리 코우겐도 등 11인을 풀어서 대당에 가 하청河淸을 맞이하게 하고 곧 우리 사신을 뽑아 함께 출발시킵니다.[136] (중략) 일본 조정에서 당에 보낸 대사大使 특진特進 겸兼 비서감秘書監 후지와라 노아손 가와키요藤原朝臣河淸가 올리는 표와 통상의 공물을 바치기 위해 보국대장군輔國大將軍 고남신高南申 등을 뽑아 사신으로 삼아 입조하게 합니다.[137]

영입당사迎入唐使의 사신단 규모가 99인에 달하고 있으므로 꽤 비중을 둔 파

135) 『續日本紀』 卷 22, 天平寶字 3年 2月 戊戌條.
136) 『續日本紀』 卷22, 天平寶字 3年 10月 辛亥條.
137) 위의 책, 天平寶字 4年 正月 丁卯條.

견이었음을 알 수 있다. 그러나 발해는 안사의 난에 따른 피해를 감안하여 그 중 11인만 입당하게 하고 나머지 사신은 귀국 조치시켰다. 입당 사신과 귀국 사신 양 편에 발해인을 동행하게 하는 등 적극적으로 협조하고 있다.

그런데 여기서 보면 759년 10월 일본에 도착한 고남신高南申이 후지와라노 가와키요의 표문을 일본 조정에 전달하고 있다. 이들이 일본에 올 때는 아직 코우겐도 일행이 당에서 돌아오지 않았던 때이므로 이미 발해가 후지와라노 가와키요와 접촉하였음을 말해준다. 이는 757년 오노노 다모리를 파견했던 당시에 이미 발해에 후지와라노 가와키요의 귀국을 위한 협조를 청했음을 간접적으로 알 수 있게 하는 대목이다. 그렇다면 오노노 다모리 파견의 주요 목적은 후지와라노 가와키요의 무사 귀국 협조에 있었던 것으로 보는 것이 타당할 것이다. 따라서 오노노 다모리의 파견은 애고사라는 명분을 앞세웠지만 실질적으로는 후지와라노 가와키요의 귀국을 위한 협조를 구하는 데 목적이 있었다.

발해는 이러한 일본에 대해 적극적으로 협조함으로써 이를 계기로 앞 시기 일본의 고압적 자세를 일소시키고 발해와 긴밀한 관계를 유지하도록 유도하고 있다. 이러한 발해의 외교적 대응을 살펴보기 위해 다시 한 번 사료를 검토해 보기로 한다.

사-1. (758년) ① 평로유후사平盧留後事 서귀도徐歸道가 과의도위果毅都尉 행류성현行柳城縣 겸 부경략판관府經略判官 장원윤張元潤을 보내어 발해에 빙문하고 군대를 요청하여 '금년今年 10월 록산祿山을 치는데 왕은 기병 4만을 징발하여 와서 역적을 토벌하는 것을 도와주십시오'라 하였습니다. 발해는 다른 마음이 있을까 의심하여 머물러 두고 돌려보내지 않았습니다. 12월 병오丙午에 서귀도가 과연 유정신劉正臣을 북평에서 죽이고 몰래 록산과 통하였습니다. 유주절도사 사사명史思明이 천자를 치려고 모의하였는데 안동도호安東都

護 왕현지王玄志가 그 모의를 알고 정병 6천여 인을 거느리고 류성柳城을 쳐부수고 서귀도를 목매어 죽였습니다. 스스로 권지평로절도權知平盧節度라 칭하고 나아가서 북평을 진압하였습니다. ② 지덕至德 3년(758) 4월 왕현지가 장군將軍 왕진의王進義를 보내어 발해에 빙문하고 국가의 일을 말하기를 '천자天子는 서경西京으로 돌아갔습니다. 태상천황太上天皇을 촉蜀으로 맞아들여 별궁別宮에 머무르고 있습니다. 적도敵徒를 완전히 멸하려고 하신下臣을 보내어 명을 알리도록 하였습니다'라 하였습니다. ③ 발해 왕은 그것을 믿기 어려워 진의를 머물게 하고 사신을 보내어 자세히 물었습니다. '간 사람이 아직 이르지 않아 일을 알 수 없었는데 唐나라 왕이 발해국왕에게 칙서 1권을 내렸고 또 덧붙여서 장狀을 올렸습니다'라 하였다. (중략) ④ 이에 다자이후에 칙을 내려 "안록산은 미친 오랑캐로 교활한 놈이다. 하늘을 어기고 역모를 일으켰으니 일이 반드시 불리하게 될 것이다. 아마도 서쪽으로 도모할 수 없어서 도리어 다시 해동을 칠 것이다.[138]

사-2. ① (761년 8월) 후지와라노 가와키요을 맞이하러 간 사신 코우겐도 등이 당나라에서 돌아왔다. (중략) 병기로 갑옷 1구, 대도代刀 1구, 창 1간, 화살 2척을 원도에게 나누어 주었다.[139] (중략) ② 견당사선 4척을 아키安藝국에서 제조했다. (중략) 제국諸國에서 우각牛角 7,800수를 바쳤다. 코우겐도가 당국으로부터 돌아오는 날 당제唐帝가 말하기를 안록산의 난리에 휩쓸려 병기兵器가 다망多亡하여 지금 활을 제작하려 하니 우각이 필요한 바 방법을 물었다. (코우겐도가) 본국에는 우각이 많이 있으니 경이 귀국하여 다음에 구하는 것으로 하겠습니다.[140]

사-1의 오노노 다모리 귀국 보고를 크게 네 부분으로 나누어볼 수 있다. ①은 서귀도의 파병 요청과 이에 대한 발해의 조치와 그 결과를 언급하고 있

138) 『續日本紀』 卷 21, 天平寶字 2年 12月 戊申條.
139) 위의 책, 天平寶字 5年 8月 甲子條.
140) 위의 책, 天平寶字 5年 10月 辛酉條.

으며 ②는 왕현지의 연이은 파병 요청과 이에 대한 발해의 조치에 대해 서술하고 있다. 두 차례 모두 발해는 적극적인 지원으로부터 한 걸음 물러선 채 유보적이고 수동적인 입장을 취하고 있다. 이러한 발해의 태도를 두고 당보다는 오히려 반란 세력의 입장에 섰다고 보는 견해도 있지만 759년 2월 일본의 코우겐도 입당에 적극적으로 협조한 사실과 서귀도와 왕현지가 전후 언급한 내용이 달라 믿을 수 없다는 내용 등으로 보아 이 견해를 수용하기는 어렵다.[141)]

발해가 위기를 모면하였으며 반란 세력은 예측하기 어려우므로 경계해야 한다는 사실을 주지시키기 위해 언급하고 이를 통해 일본이 위기의식을 공유하도록 유도하고 있다. 더욱이 양승경과 고남신이 요동 지역의 지방관이라는 견해를 수용한다면[142)] 안사의 난을 생생하게 전달하기 위하여 고려된 인사라고 해석할 수도 있다. 어쨌든 발해는 안사의 난이라는 대륙의 위기 상황을 일본에 충분히 전달하고 이러한 위기 속에서 발해가 적절하게 대응하고 있음을 알림으로써 일본의 관심을 유도하고 있음을 알 수 있다.

④를 보면 과연 발해의 의도대로 일본에서는 다자이후에 칙이 내려지는 등 위기의식이 고조되고 있었다. 아울러 이는 일련의 군사 움직임으로 연결되고 신라침공이라는 목적으로 집약되었다.[143)] 비록 발해가 신라침공계획에 적극

---

141) 구난희(1999), 10~11쪽.

142) 日野開三郎(1958), 「安史の亂による唐の東方政策の後退と渤海の小高句麗占領」, 『史淵』 91, 331~334쪽.

143) 이와 관련된 기록은 『續日本紀』 卷22 天平寶字 3年 6月 壬子條, 8月 己亥條, 9月 丁卯條 및 壬午條, 5年 正月 乙未條, 12月 丁酉條, 6年 11月 庚寅條 및 庚子條, 壬寅條 등이 있다. 이 중 天平寶字 3年 9月 丁卯條, 5年 12月 丁酉條와 6年 11月 壬寅條의 경우 '爲征新羅'라고 명기하지는 않았으나 이와 관련된 움직임으로 보는 것이 일반적이다. 그러나 필자는 天平寶字 3年 9月 丁卯條 계획과 달리 5年 12月 丁酉條의 기록에 따르면 東海道, 西海道가 추가되고 특별히 東海道의 비중이 높아지고 있어 반드시 신라침공계획과 연계하기는 어렵다는 점을 지적한 바 있다(구난희(1998), 115~116쪽).

적인 동참 의사가 없었다 하더라도 신라를 견제하는 세력을 형성함으로써 국제 정세에서 발해의 입지를 유리하게 만들 수 있다. 무왕 대의 발당전쟁 시 신라가 가담하고 이후 독자적인 침공을 감행하여 불편한 감정이 있었던 것은 사실이나 당과 접경한 발해의 입장에서 신라에 대한 직접적인 견제를 행하는 것은 당과의 완화된 관계를 일그러뜨릴 수 있는 무리한 일이었을 것이다. 따라서 일본이 간접적으로나마 신라를 견제함으로써 후방의 어려움을 해소할 수 있었다. 발해가 일본이 신라침공계획을 감행할 것까지를 사전에 예측하고 대외 위기를 조장하였는지 어떤지는 확인할 길이 없지만 이러한 일련의 움직임은 발해가 안사의 난 정보를 일본에 전달함으로써 얻은 부수적 성과라 하지 않을 수 없다.[144)]

그런데 여기서 코우겐도의 입당과 이후 행적을 살펴보면 당시 발해의 외교적 성과의 또다른 측면을 발견할 수 있다. 코우겐도는 759년 2월 양승경과 함께 발해로 가 그해 양방경楊方慶과[145)] 함께 입당하였다. 후지와라노 가와키요의 동행 귀국을 추진하였으나 안사의 난으로 인해 뜻을 이루지 못하고 귀국하였다. 하지만 사-2의 ①에서 보듯 코우겐도는 당으로부터 우각 수집의 협조 요청을 받았다. 코우겐도의 귀국 보고에 따르면 귀국 시 신이가쿠[沈惟岳] 등 9명의 수수水手와 30명의 사신단이 동행하였는데[146)] 우각을 수집해 가기 위해 파견한 사신단이었던 것 같다. 이에 일본 조정이 국내의 우각 7,800척을 수집하여 당에 보내고자 구체적으로 추진했던 사실이 ②에 나타나고 있다. 그러나 우각을 보내기 위한 견당선이 아키安藝국에서 출항하였으나 풍랑을 맞아 나니

---

144) 송완범(2006), 앞의 글, 210~212쪽.

145) 楊方慶을 양승경과 동일한 인물로 보는 견해도 있다(최근영 외(1994), 『日本六國史韓國關聯記事 譯註』, 駕洛國史籍開發硏究院, 248쪽).

146) 『續日本紀』 卷23, 天平寶字 5年 8月 甲子條.

외난파(難破)강에 표착하고 선이 파손되었다는 기록[147] 이후 이와 관련된 기록이 등장하지 않는 것으로 보아 일본의 우각 지원은 불발에 그치고 말았다.

비록 전달하지는 못했지만 당을 위해 우각을 수집하고 견당선을 마련한 일본의 과도한 대응은 매우 이채롭다. 그동안 당과 긴밀한 관계를 유지하면서 파병 요청에 응했던 신라도, 직접적으로 지원 요청을 받았던 발해도 행하지 않은 지원인 데다 견당사선의 사례에서 보듯 도해의 부담이 지대하다는 것을 감안해보면 더욱 그러하다.

이처럼 과도한 지원 협조를 추진하게 된 배경에는 발해의 적극적인 중재가 있었던 것이라 여겨진다. 발해는 일본이 758년 오노노 다모리를 파견하고 후지와라노 가와키요의 귀국 협조를 요청하자 이를 계기로 안사의 난이라는 중대한 정보를 일본에 제공하면서 위기의식을 고무시켰다. 그리고 사-1의 ③에서 보듯 당이 발해에 지원을 요청한 사실을 일본에 그대로 회람하면서 일본으로 하여금 당에 협조하면서 후지와라노 가와키요의 귀국을 주선할 것을 조언했을 것이다.

일본은 발해의 조언에 따라 발해를 통해 코우겐도를 입당하게 하였고 그는 당으로부터 우각 협조를 요청받았다. 이때 발해 사신이 동행하였으므로 자신의 중재 역할을 충분히 인지시켰을 것이다. 비록 우각은 전해지지 않았지만 이 과정에서 발해는 많은 외교적 성과를 거둘 수 있었을 것이다. 우선 일본이라는 지원세력을 당조에 연계함으로써 안사의 난이 진행되는 동안 중립적 입장을 견지했던 부담을 해소하고 당조에 협조한 공을 인정받을 수 있었을 것이다. 이러한 일련의 외교적 대응을 통해 발해의 대외적 입지가 확대되자 이를 인정한 당이 762년에 발해국왕으로 진봉하였던 것인지도 모른다.

147) 『續日本紀』 卷24, 天平寶字 6年 4月 丙寅條.

한편 일본은 후지와라노 가와키요의 귀국을 성사하지 못한 채 우각 수집 등에 국력만 소모하고 말았지만 발해 사신의 잦은 왕래를 통해 입수한 대륙의 위기적 정세를 국내로 돌려 신라침공계획에 이용하였으므로[148] 발해와의 교류는 유용한 것이었다. 발해는 어쩌면 이러한 일본의 대내적 정세까지 염두에 두었는지도 모른다.

결론적으로 발해는 이 시기 일본과의 잦은 교류를 통해 삼중의 성과를 달성하였다. 일본으로 하여금 자국에 대한 관심을 제고시켜 양국의 관계를 돈독하게 이끌었으며, 당조에 대해서는 일본의 지원을 연계함으로써 외교적 능력을 인정받고 신뢰를 구축할 수 있었다. 여기에다 일본에 전달해준 대외 위기는 신라침공계획으로 연계됨에 따라 발해의 배후에 있던 신라를 견제하는 배후세력을 형성할 수 있었던 것이다. 무엇보다 이러한 발해의 전략은 일본과의 교류를 양국의 관계에 한정하지 않고 당과 연계된 동아시아 외교로 확대시킴으로써 자국의 위상을 제고하는 데 성공하였다는 점에서 주목하지 않으면 안 된다.

5. 맺음말

발해에 있어 외교 활동은 건국의 위업과 성장, 발전을 이끄는 중요한 부분이었다. 발해의 건국과 성장이 동아시아 각국에 영향력을 행사하려는 당을 극복하는 과정이었기 때문에 이 글의 전개는 당의 대발해 정책과 이에 대한 발

148) 이시모타 쇼는 국제적 조건을 내정에 이용하여 국내적 모순을 해결하려는 정치기술을 외교로 정의하고 이를 '국제적 계기론'으로 개념화한 바 있다(石母田正(1971), 「國家成立史における國際的契機」, 『日本の古代國家』, 岩波書店).

해의 대응이라는 구조로 서술해왔다. 이하 지금까지의 논의를 요약하면서 글을 맺고자 한다.

당은 발해 건국과정부터 발해 왕권을 견제하려는 다양한 정책을 추진해왔다. 당의 정치적 영향력 여하에 따라 강경책强硬策과 회유책懷柔策을 병행하였는데 주로 돌궐을 비롯한 거란 세력의 향방이 중요한 변수가 되었다. 이러한 당의 정책에 대해 발해는 제족의 성쇠와 향방을 판단하여 세력균형을 유지해나가고 있었다. 분열을 조장하는 회유의 국면에서는 발해의 독자적 노선을 견지하였으며 강경의 국면에서는 제족의 세력균형을 이용하면서 발해의 전력이 손실되지 않는 범위 내에서 대당 전략을 구사해 나갔다.

이 글은 이러한 과정을 크게 세 시기로 나누어 검토하였다. 첫 번째는 발해 건국기建國期, 두 번째는 발당전쟁기渤唐戰爭期로서 양 시기는 당의 대발해 정책에 대한 대응 과정을 중심으로 살펴보았다. 당의 대발해 정책은 이중二重의 견제牽制 구도를 유지하고 있었는데 대외적으로는 신라와 동북 제족과의 연합을 통해 발해를 압박하였으며 대내적으로는 이중 책봉, 왕자 숙위宿衛 등의 장치를 통해 발해 왕권을 견제하고 있음을 지적하였다.

발해 건국기에는 진국공震國公과 허국공許國公을 동시 책봉함으로써 건국 세력의 분열을 조장하고자 했으나 발해는 이를 수락하지 않고 항전을 결행하였으며 거란을 이용한 당의 추격을 피해 동쪽으로 이동함으로써 건국의 기반을 유지하였다. 당과 직접 충돌하면서 전력을 손실한 거란과 대비되는 대응 전략이라 하지 않을 수 없다.

발당전쟁기는 당이 추진한 대내외 견제정책을 통합적으로 가동하면서 발해 왕을 압박하는 당에 대해 전면전을 선언하고 발해 견제의 고리를 와해시켜 나갔다. 이러한 목표가 달성되자 발해는 곧 당과의 교섭을 추진하였다. 이 과정에서 발해는 왕제를 적극 활용함으로써 당조의 위신과 명분을 살리되 자국의 이익은 놓치지 않는 전략을 선택한다. 당시 당이 발해에 보낸 칙서 가운데 "동쪽 변경을 영원히 견고하게 하였으니"라는 구절에서 확인할 수 있듯이 발당전쟁을 겪은 당은 발해의 존재와 영향력을 완전히 인정하였다.

세 번째 시기는 안사의 난을 전후한 시기로, 발해의 동아시아 외교의 수행 과정을 살펴보았다. 종래 연구에서는 발해가 안사의 난이라는 위기적 상황을 중립적 자세를 견지함으로써 지혜롭게 대처하였다고 해석해왔는데 이 글에서는 발해의 대일 외교 과정을 적극적으로 해석함으로써 안사의 난을 계기로 발해가 대외적 입지를 제고해나가고 있었음을 밝혔다. 그간의 연구에서 소홀히 다루었던 일본의 견당사 코우겐도의 행적을 통해 발해가 당에게 일본의 우각 지원을 연계해줌으로써 자신의 외교적 역할을 대외적으로 제고하였음을 추론해보았다.

이러한 일련의 과정을 거치는 가운데 발해는 당의 견제정책으로부터 벗어나 동아시아를 배경으로 활동하는 국가로서 자리매김했던 것이다. '일·당日·唐간의 중재자'가 아니라 국가와 국가 간의 교류를 동아시아의 범주로 확장하는 '국제 네트워크 조성자造成者'로서 역할을 수행했던 것이다.

아울러 이 글에서는 계루군왕의 책봉 문제, 칙발해왕대무예서勅渤海王大武藝書의 발신發信 시기, 일본의 오노노 다모리 파견 목적 등의 몇 가지 주제에 대해서 기존의 견해와 다른 점이나 보충할 점을 지적하기도 했다. 한정된 사료를 놓고 과도한 해석을 가한 측면을 부인하지는 않지만 이러한 해석이 발해의 외교적 특성을 이해하는 중요한 단서가 되었으면 한다.

이상에서 살펴본 바와 같이 발해는 기민하고 유연한 외교를 통해 국가의 대외적 위상을 높이고 영향력을 확대했다. 이러한 발해의 외교가 이후 교류와 교역이 확대되는 8세기 후반에는 어떻게 전개되는지 향후 과제로 남겨 둔다. 발해인들의 유연한 사고와 개방적인 활동이라는 관점에서 대외관계를 추적해

보면 당시 발해인이 수행한 동아시아 네트워크의 폭넓은 활동을 좀 더 깊게 이해할 수 있을 것이다.

일본 율령국가의 신라관 형성과 실태

동북아역사재단 **연민수**

연민수

일본사·고대 한일관계사 전공, 동북아역사재단 연구위원

대표논저 | 『古代韓日交流史』(2003, 혜안), 『고대한일관계사』(1998, 혜안), 『일본고중세문헌 속의 한일관계사료집성』(공편, 2005, 혜안), 『일본역사』(편저, 1998, 보고사), 「輔國將軍本國王과 金官國」(『韓日關係史研究』 38, 2011), 「新羅의 對倭外交와 金春秋」(『新羅文化』 37, 2011) 외 다수

일본 율령국가의 신라관 형성과 실태

동북아역사재단 **연민수**

1. 머리말

701년에 제정된 대보율령大寶律令에는 '신라=번국'을 법제적으로 명문화하고 있다. 이후 천황제 율령국가의 정통성을 주장하기 위해 편찬한『일본서기日本書紀』와 실록적 성격으로 사실적 기록을 바탕으로 한『속일본기續日本紀』역시 신라를 일본의 번국蕃國으로, 신라사신을 번국사蕃國使로서 자리매김하는 등 사료의 변형, 굴절이 심하게 이루어지고 있다. 상대를 자국의 하위에 두려는 인식은 고대 동아시아세계에서 흔히 볼 수 있는 현상이며, 자국 우월주의에서 나온 중화의식의 발로이다. 이러한 대외인식은 일본만의 특이한 현상은 아니지만, 단순한 인식론을 넘어 역사적 사실까지 왜곡되어 있다. 게다가 특정 시기에 한정하지 않고 고대 한일관계 전반에 걸쳐 고대사의 담론으로 발전하고 있다.

문제는 이러한 사료에 대한 현대 사가들의 해석이다. 일본 고대사학계의 대표적인 이론인 이시모다 쇼石母田正의 이른바 '동이東夷의 소제국론小帝國論'이 바로 그것이다. 이시모다설에 의하면 4세기 말 이래 왜 왕권은 중국에 조공하면서 한편으로는 직할령으로서 임나를 지배하고 백제, 신라를 조공국으로 하는 대국으로서 자리매김한다. 일본은 당으로부터 책봉 받는 신라와 발해와는 달리 책봉을 받지 않으면서, 양국으로부터의 피조공국으로서의 위치를 유지하기 위해 대보율령을 제정했고, 이는 단지 사상이나 법전의 정신으로서 존재한 것이 아니고 7~8세기의 일본의 국제적, 정치적 관계에 대응해서 그 관계를 규제하는 원리로서 존재했다고 한다.[1)] 현재 이러한 논리는 일본사학계의 통설에 가깝고 부분적인 비판은 있지만 일본 고대의 대외인식의 기본적인 틀을 형성하고 있다. '소제국론', '대국론'의 실체에 접근하기 위해서는 당시의 국제관계, 왕권의 구조와 성격, 지배층의 대내외적 이데올로기 등 종합적 고찰이 필요하다.

천황제 율령국가를 수립한 8세기의 일본 지배층들이 가장 의식했던 국가는 신라였다. 왕권 상호 간의 공적 관계가 유지되는 668년에서 779년까지의 사료만으로도 동아시아제국 중에서 가장 많은 기록을 남기고 있는데 신라에 대한 부정적, 적대적 인식과 긴장감이 표출되고 있다. 교류와 경계가 교차하고, 정치적 우월성을 주장하면서도 문물의 유입은 저항 없이 받아들이는 이중적인 모습으로 그려져 있다.

인식론과 사실관계는 커다란 차이가 있으며 양자를 구별하는 엄정하고 객관적 분석이 필요하다. 천황제 율령국가가 만들어낸 일본 지배층의 신라번국관의 원인은 무엇이고, 어떠한 계기와 역사적 배경하에서 유래하고 형성되었으며, 8세기 일본의 율령국가의 지향점은 무엇이었는지를 파악해야 한다. 이는 신라와 일본의 관계뿐 아니라 당시 동아시아 국제관계의 객관적 실상에 접

1) 石母田正(1962), 「日本古代の國際意識について」,『思想』 454 ; 同(1971), 「國家成立史における國際的契機」, 『日本の古代國家』, 岩波書店 ; 同(1963), 「天皇と諸蕃」, 『法學志林』60−3 · 4 ; 1989, 『石母田正著作集』第4巻, 岩波書店.

근하는 중요한 전제라고 생각한다.

2. 율령법의 제정과 신라번국관

일본에서 체계화된 법전으로서의 율령법이 완성된 것은 대보율령이다. 대보율령은 700년 3월에 영令이, 701년 8월에 율律이 완성되었다. 701년 3월에 대마對馬에서 김金이 공상된 것을 기념하여 대보大寶 연호가 제정되어 영令을 공포하고 이듬해 2월에는 율을 공포하였다.[2] 일본 조정은 이 율령의 전국적 시행을 위해 701년 8월 서해도西海道를 제외한 전국 6도에 명법박사明法博士를 파견하여 신령新令에 대해 강의하였고,[3] 이어 702년 10월에는 제국에 시행하기에 이르렀다.[4] 이로써 일본의 율령제가 성립되었고, 동북지방을 제외한 지배영역 전체에 대해 율령에 의한 통치 기반을 구축하였다.[5]

대보율령의 시행은 663년 백제부흥전쟁의 패배 이후 긴박한 동아시아의 국제정세하에서 나당연합군의 침공에 대비하여 북구주를 비롯한 서일본 일대의 군사적 방위망의 구축, 근강近江으로의 천도, 임신壬申의 난을 거치면서 국내적 모순과 대내외적 위기상황을 극복한 획기적인 사건으로 새로운 중앙집권적

2) 『續日本紀』 文武天皇 大寶元年 3월 甲午條, 大寶2년 2월 戊戌條.

3) 『續日本紀』 文武天皇 大寶元年 8월 戊申條.

4) 『續日本紀』 文武天皇 大寶2年 冬10월 戊申條.

5) 대보율령은 형법에 해당하는 律 6권은 그대로 唐律을 도입하였고, 행정법 · 민법에 해당하는 令 11권은 唐令을 母法으로 하면서 일본 사회의 실정에 맞게 개변하였다. 대보율령의 원문은 현존하지 않으나 일부가 『令集解』 古記 등에 잔존하고, 757년에 시행된 養老律令은 거의 대보율령을 계승하고 있어 이를 기초로 대보율령의 복원이 가능하게 되었다.

고대국가 건설의 상징이자 청사진이었다.

주지하듯이 율령제는 고대 중국의 이상으로 되어온 토지와 인민을 왕의 지배하에 둔다는 왕토왕민王土王民의 이념을 구현하려는 것으로, 오로지 왕 1명만이 군림하고 그 밑에서는 모두가 평등하다는 일군만민사상一君萬民思想과 표리일체의 관계에 있다. 이러한 통일적인 지배를 위해 율령격식을 편찬하고 여기에 기초하여 인민통치의 권력 장치인 관료기구를 구축하였다. 율령법에 규정된 천황의 지위, 권한 등 신분에 대해서는 아무런 규정이 없다. 율령제에는 일종의 죄형법정주의의 원칙이 있고 재판은 성문의 법규에 의해 근거하지만 천황은 법에 의해 구속되지 않은 통치권의 총람자로서 초법적인 유일한 인격이다. 천황과 천황가의 존재는 뒤이어 편찬된 『일본서기』에서 혈통의 신성성을 강조하기 위해 천상계의 천조대신天照大神을 황조신皇祖神으로 하는 천손강림신화를 창출하였고, 그의 후손인 신일본반여언존神日本磐余彦尊이 기원전 660년 대화大和의 가시하라궁[橿原宮]에서 신무神武천황으로 즉위하여 현세의 천황으로 계승되었다는 왕통의 정통성을 주장하였다. 이러한 차별화된 율령제아래에서 국내적 · 대외적으로 주변 제국에 대한 우월성을 강조하는 화이사상이 전개되어 나간다.

천황이란 호칭은 「의제령儀制令」 천자조天子條에 '조서詔書'에서 사용하고('조서소칭詔書所稱'), 제사를 주관할 때는 천자('祭祀所稱')로, 화이를 말할 때에는('華夷所稱') 황제로 구별되어 있지만, 실제 외교의 장에서는 모두 천황의 호칭을 사용하고 있다. 「공식령」 조서식에는 칙명하달에 사용되는 공문서의 양식으로 천황의 표기가 "명신어우일본천황조지明神御宇日本天皇詔旨 云云" 등 5가지로 예시되어 있다. 이 중에서 '명신어우일본천황조지'에 대해서 명법학자들의 해석을 보면, '의해義解'는 대사로서 번국사에게 선宣하는 것이고, '영석令釋'은 번국에게 대사를 선하는 것이라고 한다. '고기古記'에 의하면 '어우일본천황조지

御宇日本天皇詔旨'란 인국隣國 및 번국에 대해서 조詔하는 것이고, 인국과 번국의 차이가 있는가에 대해서는 "인국은 당이고, 번국은 신라이다"라고 답하고 있다. 「부역령」 집해集解16 외번환조外蕃還條의 혈기穴記에는 "외번고백신등시外蕃高百新等是"라 하여 이미 망해버린 고구려, 백제까지 거론하여 8세기의 현실에서도 한반도 삼국 모두가 일본의 번국이었다는 관념을 투영시키고 있다. 「부역령」 외번환조에는 "범이공사凡以公使, 외번환자外蕃還者, 면일년과역免一年課役, 기당국자其唐國者, 면삼년과역免三年課役"이라고 하여 번국에 사절로 파견되어 귀국한 자에 대해서는 1년의 과역을 면제하고, 견당사절에 대해서는 3년의 과역을 면제한다고 규정하고 있다. 동 몰락외번조沒落外蕃條에도 "외번인투화자복십년外蕃人投化者復十年"이라 하여 번국의 귀화자에 대해 10년의 과역을 면제한다는 조항이 있다. 이 조문에도 외번外蕃이 신라를 가리키고 있음은 말할 나위 없다. 번국=신라의 법제화는 신라왕의 위에 선 일본천황의 존재를 주장하기 위한 것이고, 천황의 호칭도 신라국, 신라국왕을 의식해서 만든 것이다.

이러한 화이사상은 천황의 통치권이 미치는 지역으로 화내化內와 그 외의 천황의 교화를 받지 않은 화외化外로 구분하고 있다. 화외에는 경외境外의 지인 번국=한반도제국을 포함하고 있고, 일본열도 내에서는 동북지방의 에미시[蝦夷], 서남지방의 하야토[隼人] 등 이인잡류夷人雜類가 여기에 해당한다. 이적夷狄, 하야토은 열도 내부의 아직 교화되지 않은 종족으로 제번=한반도제국과 구별되는 화외인化外人으로, 국가관계를 전제로 하는 조빙지례朝聘之禮가 결하고 있는 등 국가를 형성하지 않은 상태에서 예속하고 있다고 하는 점에 차이가 있다.[6] 이것은 중국의 당령唐令을 모방한 일본판 중화사상의 표출이지만, 천황제

---

6) 石母田正(1963), 「天皇と諸蕃」, 『法學志林』 60-3 · 4 ; 同(1989), 『石母田正著作集』4, 岩波書店, 16~17쪽.

율령국가의 통치이념을 추구하기 위한 일본 지배층 의식의 반영이다.

대보율령의 제정에 대해 이시모다 쇼는 다음과 같이 설명하고 있다. 일본의 율령은 중국 율령의 계수법繼受法이지만, 계수의 주체는 일본이다. 일본 왕조의 목표는 당 중심의 국제질서로부터 이탈하지 않고, 조공관계를 기본으로 하는 질서의 내부에서 그 국제적 지위를 구축하려는 것이기 때문에 필연적으로 제번諸蕃의 위에 선 소제국으로서 일본의 국가체제를 율령제적 형태로 고정하여 중국왕조의 승인을 얻어야 했다. 일본 왕조의 조선과의 관계는 단지 사실관계로서 중국왕조에 의해 묵인되고 있다는 불안정한 상태였다. 율령법의 계수는 이 모순, 불안정, 약체를 특징으로 하는 소제국의 사실상의 지배를 법제적으로 보강하고 성문법에 의해 피조공국에 어울리는 국가체제로서 강화하는 하나의 과제로 한다고 언급하고 있다. 대보의 견당사는 신율령을 당왕조에 알리기 위한 것으로, 당 · 제번에 대해 일본을 법적으로 위치시키고, 소제국의 수장으로서의 지위를 법제적으로 강화하는 것이라고 한다.[7] 현재 이시모다 쇼의 '소제국론'은 일본 고대사의 동아시아론의 구조적인 틀을 형성하는 기본 베이스가 되고 있다.

율령법의 이념과 사상은 일본의 대외관계를 구제하는 이데올로기로서 기능하고 있지만, 문제는 일본열도 이외의 지역에서도 객관적으로 통용되고 있었다는 증거가 없다는 것이다. 어디까지나 천황권의 확립이라는 내부적 문제에 국한되어 나온 국내판 중화의식의 발로라고 생각된다. 이 점에서 율령의 조문을 해석하는 명법학자조차도 당과 신라를 구분하는 기준으로 인국과 번국의 개념을 사용했지만, 양자의 훈독은 '도나리노쿠리(となりの國)'로 읽고 있다. 외면적 차이는 구별하고 있으면서 실질적인 인식에 있어서는 당과 신

7) 石母田正, 앞의 책, 28~29쪽.

라의 구분이 없다. 이것은 타국, 이웃나라의 의미로서 언어의 의미 자체는 가치의 우열관계를 포함하지 않고, 화이질서를 전제로 하는 국제관계에서는 대등한 교린관계라는 의미다.[8] 요컨대 신라를 번국으로 자리매김하려는 당시의 일본 지배층의 인식은 이중적으로 혼란을 일으켰다.

율령의 시행세칙을 집대성한 『연희식延喜式』의 위로조서식慰勞詔書式(천황이 번국에 대한 외교상의 의사전달의 형식)에는 "청황경문운운天皇敬問云云[대번국운大蕃國云, 천황경문天皇敬問, 소번국운小蕃國云, 천황문天皇問]"이라 하여 대번국大蕃國에 대해서는 '천황경문'을, 소번국에 대해서는 '천황문'의 문구를 사용한다고 명기하고 있다. 천황경문에 대해서는 『속일본기』에 "천황경문신라국왕天皇敬問新羅國王"(慶雲 3년 1월조), "천황경문신라왕天皇敬問新羅王"(慶雲3년11월조), "천황경문발해군왕天皇敬問渤海郡王"(神龜 5년 4월조), "천황경문발해국왕天皇敬問渤海國王"(『天平勝寶 5년 6월조), "천황경문고려국왕天皇敬問高麗國王"(寶龜 3년 2월조) 등의 용례가 신라와 발해에 대해 사용되고 있다. '천황문'을 사용하는 소번국은 일본열도 내의 이적에 대한 호칭으로 보인다. 이들 문서의 형식은 이미 지적되고 있듯이 당의 국제문서인 위로조서慰勞詔書를 모방한 것이다.[9] 그리고 당대唐代의 중국과 주변 제국과의 국제문서의 형식에 '황제경문皇帝敬問'은 적대관계, 형제 관계, 동족 관계에 사용되고, '황제문皇帝問', '칙勅'은 부자 관계, 군

8) 成澤光(1976), 「蕃國考」, 『法學志林』73-1 ; 朴昔順(2002), 「고대 일본 율령국가의 외국(蕃)·외국인(蕃人) 인식」, 『일본 고대국가의 왕권과 외교』, 경인문화사 참조.

9) 金子修一(1974), 「唐代の國際文書について」, 『史學雜誌』 83-10 ; 同(2001), 『隋唐の國際秩序と東アジア』, 名著刊行會 ; 中野高行(1983), 「慰勞詔書に關する基礎的考察」, 『古文書研究』 23 ; 同(2008), 『日本古代の外交制度史』 岩田書店 ; 石井正敏(1992), 「古代東アジアの外交と文書」, 『アジアのなかの日本史』Ⅱ, 東京大學出版會 ; 同(2001), 『日本渤海關係史の研究』, 吉川弘文館.

신 관계에 사용되고 있다고 한다.[10] 이러한 문서형식은 대보율령은 물론이고 양노율령養老律令(718년 완성) 단계에서도 나타나지 않아, 『속일본기』 편찬 단계에서 추기된 것으로 보인다. 하지만 『연희식』의 위로조서식과 같이 대번국으로 간주한 신라 · 발해에 대해 '敬'이라는 국제외교상의 대등한 용어를 사용한 것은 모순이다. 이것은 일본 스스로가 신라 · 발해에 대해 법제적으로는 번국으로 간주하면서도 현실적 관계는 그렇지 않았다는 것을 보여주고 있다. 상기 『속일본기』 경운 3년조에 "소헌조물所獻調物", "소공所貢", "장수조공지후례長脩朝貢之厚禮"라고 하여 신라를 조공국으로 간주하는 내용을 담고 있듯이 이것은 중대한 외교적 마찰이 일어날 수 있는 사안이다. 일본 조정의 대외이념 법제화는 관념상에 머물렀다. 다만 현실 외교에 있어서는 유연한 자세를 취했다고 보인다. 율령법에 명기된 번국의 이념은 의제적 형식화에 머무를 수밖에 없는 현실적 제약이 있었다.

이렇듯 신라를 번국으로 하는 율령법의 제정으로 이어 편찬된 『일본서기』, 『속일본기』 등 관찬사서는 '번蕃', '번국', '번이蕃夷', '번군蕃君', '번병藩屛' 등의 신라를 가리키는 많은 용례를 남기고 있다. 요컨대 일본국, 일본천황에 복속, 조공하는 제후국 신라 · 신라왕임을 주장하고 있는 것이다. 율령법전과 관찬 역사서는 하나의 세트가 되어 일본 율령국가의 천황제 이데올로기인 천황–번신 관계를 극명하게 표출하고 있다.

10) 金子修一(1974), 앞의 논문 참조.

3. 신라관의 역사적 형성과정

신라=번국관념을 율령법에 규정하게 된 역사적 배경은 고대국가 형성과정에서 한반도제국 상호 간의 대립적 상황이 일본열도의 왜국을 연동시켰기 때문이다. 왜 왕권이 동아시아의 전란에 휘말린 것은 4세기 말 고구려 광개토왕의 남정때 였다. 고구려의 1차 표적은 백제였다. 한성을 공략하여 아신왕의 항복을 받아내고 광활한 영토와 인신과 재물을 노획하는 대전과를 올렸다. 이 시기 백제의 왜 왕권에 대한 청병외교는 성공을 거두어 이후 양국은 긴밀한 우호관계를 전개해나간다. 당시 고구려와 그 예속하에 신라를 한 축으로 하고, 백제 · 금관국 · 안라가야 · 왜를 동맹관계로 하는 양대 전선이 구축되어 있었다. 그러나 6세기 이후 신라의 성장은 기존의 판도를 흔들어 놓았다. 법흥왕, 진흥왕대의 영토 팽창으로 남으로는 가야 지역, 서로는 한수 유역, 북으로는 동해안을 따라 북진하는 등 주변 제국을 공동의 적으로 몰아넣었다.

특히 일본열도의 제 세력과 오랜 친연관계에 있었던 금관국의 멸망은 왜 왕권의 신라관 형성에 적지 않은 영향을 미쳤다. 신라는 532년 금관국 병합 등 남부가야에 대한 세력권을 확장하고 562년에는 가야 최후의 왕국 대가야를 접수한다. 가야제국의 신라에의 편입은 그동안 왜 왕권을 비롯한 일본열도의 지역 정권에 커다란 충격이었고 신라에 대한 적시관이 형성되는 계기가 되었다. 장년에 걸친 일본열도와 가야 지역의 문물교류와 그에 다른 정치적 친연관계의 형성이 붕괴된 것이다. 특히 가야 지역으로부터 수입해오던 철 자원 등 선진문물 수입처의 상실은 왜 왕권에 있어서 심각한 타격이었다. 가야의 멸망 이후 가야 지역에서의 왜계 유물의 소멸과 일본열도에서의 제철기술의 독자적 출현이라는 현상은 양 지역의 교류 단절과 함께 가야계 유민의 일본열도 이주를 상징적으로 말해주고 있다.

『일본서기』 흠명기 23년조에는 가야의 멸망 사실과 함께 흠명의 조서로서 신라에 대한 비난의 언사가 실려 있어 왜 왕권의 신라관 실태를 잘 보여주고 있다.

> 신라가 임나관가任那官家를 멸하다. 천황은 조서를 내려, "신라는 서방의 추한 소국이다. 하늘을 거역하고 무도하다. 나의 은혜를 배반하고 나의 관가를 공격하고 나의 백성을 박해하고 나의 군현을 침략하였다. 우리 신공황후는 성령스럽고 총명하여 천하를 순회를 두루 살피고 백성을 위무하셨다. 신라가 궁지에 빠져 도움을 청하는 것을 불쌍히 여겨 참수하려던 신라왕을 구하고, 요해의 지를 신라에 주고 한없는 신라의 번영을 가져왔다. 우리 신공황후께서 어떻게 신라를 박하게 대했던 것인가. 우리 백성이 어떻게 신라를 원한케 한 것인가. 그런데 신라는 긴 창과 강한 활로 임나를 침공하고 큰 송곳니와 굽은 손톱으로 백성들을 잔혹하게 살상하였다. 간을 쪼개고 다리를 잘라서 그 쾌락을 만끽하였다. 뼈를 땡볕에 쬐이고 주검을 불살랐어도 잔혹하다고 생각하지 않는다. 임나 백성들은 칼과 도마에서 잔혹하게 살해되었다. 모든 이 나라의 왕신王臣된 자로서 사람의 곡식을 먹고 사람의 물을 마시면서 누가 이를 참으며 슬퍼하지 않겠는가. 하물며 태자, 대신들은 그 자손으로서의 인연에 의해 슬픔과 원한을 품는 근거가 있다. 대신의 지위에 있으면 그 이상 없는 은혜가 따른다. 선제의 덕을 받아 후대를 잇는 것이다. 그러나 마음을 다하여 함께 극악무도한 자를 주살하여 천지의 고통을 일소하고, 군부君父의 원수를 갚지 못한다면 신자臣子의 도를 다하지 못하는 한을 남길 것이다"라고 하였다.

이상의 기사는 신라가 천황의 직할령인 임나관가를 멸하였다는 사실에 분노를 표시하고 반드시 보복하여 원수를 갚겠다는 내용이다. 이 내용은 『양서梁書』 왕승변전王僧弁傳에 보이는 승성承聖 원년(552) 2월 왕승변王承弁과 진패선陳覇先의 맹서문에 의한 윤색이다. 하지만 『일본서기』 편찬 시의 율령국가 지배층의 신라에 대한 인식의 반영이라는 점에서 중요하다. 가야의 멸망이 왜 왕권에 있어서 얼마나 중요한 의미를 갖고 있었던가 하는 것, 가야에 대한 기억의 역사적 계승이 이루어지고 있었음을 보여주고 있다. 특히 일본열도와 교류가 깊었던 금관국의 멸망 이후에 왜 왕권에 의한 근강모야신近江毛野臣의 6만 명 파병전승, 임나 부흥과 임나 재건을 외치는 欽明과 그 유훈을 계승한 후계 왕들, 게다가 임나 멸망 이후에도 임나 지역 산출물을 신라가 공납했다는 '임나조任那調'의 문제가 대화大化 2년(646)까지 나오는 등 왜 왕권의 가야 지역에 대한 관심은 지속되고 있었다. 고대 일본이 가야를 직할령으로 간주한 내관가內官家 사상의 연원은 철 자원 등의 선진문물 수입처의 상실이라는 측면이 강하다. 이때 왜 왕권이 받은 충격이 얼마나 심각했는지를 극명하게 보여주고 있다. 가야의 멸망은 상대적으로 신라에 대한 증오심, 적대관으로 전환된다.

다음으로 고대 일본의 신라관을 이해하는 데 백제와 신라의 관계는 중요한 배경이 된다. 가장 직접적인 배경은 나당연합군에 의한 백제의 멸망이지만, 역사적 연원은 6세기 중엽으로 거슬러 올라간다. 554년 관산성 전투에서 신라군에 의한 백제 성왕의 죽음이 일어난다. 그 전년 한수 유역을 빼앗긴 백제로서는 475년 고구려에 의한 개로왕의 피살과 한성 함락 이래 최대의 국난이었다. 이때의 상황을 『일본서기』에는 "제왕자 여창餘昌이 혜왕자惠王子를 보내어 주하기를 성명왕이 적에게 살해되었습니다"[11]라고 하고, 1천 병의 병력, 1백 필의 말, 40척의 병선을 지원받는다.[12] 백제와 왜 왕권은 4세기 말 고구려 광개토왕의 남정 시 군사동맹을 맺은 이래 강한 친연관계를 유지해왔다. 6세기대는 양국 간의 인적 · 물적 교류가 가장 왕성하게 이루어졌고, 특히 백제로부

11) 『日本書紀』 欽明紀 16년(555) 春 2월조.
12) 『日本書紀』 欽明紀 15년(554) 春 정월조.

터 선진문물이 왜국으로 유입되었다. 양국관계는 단순한 우호관계 이상이었는데 지배층 상호 간 신뢰와 유대관계를 맺고 있었다. 백제의 피해는 곧 왜 왕권의 아픔으로 전달될 만큼 백제를 향한 왜 왕권의 관심은 컸다. 당시 왜 왕권의 실질적인 권력자 소아대신은 성왕의 죽음의 소식을 듣고, "성왕은 천도지리에 통달하여 이름이 사방에 알려져 있다. (중략) 어찌 아픔이 이렇게 심하고 슬픔이 이렇게 간절한가. 무릇 마음이 있는 자 누가 애도하지 않으랴"[13]라고 슬픔의 뜻을 표하였다. 왜 왕권의 백제와 백제왕에 대한 진정한 우호적 시선을 확인할 수 있다. 왜 왕권이 신라 자체를 비난하는 언사는 보이지 않으나 백제를 국난으로 몰아넣은 신라에 대한 적대적 감정이 형성되었음은 추측하기 어렵지 않다.

왜 왕권의 신라에 대한 적시관이 최고조에 이른 것은 백제가 멸망했을 때다. 왜와 3백년 불변의 우호관계를 맺었던 백제의 사직이 660년 나당연합군의 공격으로 붕괴된 것이다. 왕도 사비성은 적진의 수중에 떨어지고 의자왕 이하 왕족, 귀족, 백성 등 1만 3천여 명에 달하는 백제인이 당의 장안으로 피랍되었다. 백제의 구원 요청을 받은 왜 왕권의 반응은 『일본서기』에 다음과 같이 전하고 있다.[14]

> 군사를 빌고 구원을 청하는 것은 예전에도 들었다. 위태로움을 돕고 끊어진 것을 잇는 것은 항전恒典에도 나타나 있다. 백제국이 곤궁하여 나에게 온 것은 본국이 망하여 의지할 것이 없고 호소할 곳도 없다는 것이다. 창을 베개로 하고 쓸개를 맛보고 있는 것과 같은 고통이다. 필히 구원해주도록 멀리서 상표해왔다. 그 뜻을 빼앗기 어렵다. 장군에게 제각기 명하여 다방면

13) 『日本書紀』 欽明紀 16년(555) 春 2월조.
14) 『日本書紀』 齊明 6년(660) 冬 10월조.

> 으로 일제히 진격하라. 구름처럼 모이고 번개처럼 움직여 함께 사록沙喙에 모여 그 원수를 참하고 긴박한 고통을 덜어주어라. 또 파견자를 넉넉히 갖추어서 예를 다하여 보내라.

이 내용은 『한서漢書』, 『수서隋書』 등 중국 정사로부터 인용한 구절이 보이고, 일본 중심의 윤색된 부분도 있지만, 백제 멸망에 따른 왜 왕권의 파병에 대한 인식을 보여주고 있다. 백제의 멸망에 대해 파병 의지가 분명하게 표출되어 있다. 백제의 파병 요청을 받은 왜 왕권은 660년 12월 여왕 제명齊明이 난파궁難波宮을 출발하여 세토 내해를 거쳐 이듬해 정월 북구주의 나대진娜大津에 출병기지를 구축하였다. 그러나 제명의 갑작스런 사망에 군권을 장악한 중대형황자中大兄皇子는 선왕의 유업을 계승하여 백제 파병을 진두지휘한다. 661년 9월 왜국 체재의 의자왕자 풍장의 귀국 시에 5천의 병력을 파견하고, 662년 정월에는 좌평 귀실복신에게 화살 10만 개, 실 5백 근, 솜 1천 근, 피혁 1천 장, 벼종자 3천 석을 보냈다. 이어 663년 3월에는 2만 7천 명의 대병력을 파병하였다. 이전의 왜 왕권의 백제파병의 규모는 1천 명이 한계였지만, 이때의 병력은 실로 파격적인 왜 왕권의 명운을 건 대규모의 파병이었다. 백제에의 구원전쟁은 실패로 끝났지만, 왜 왕권은 백제의 망명집단을 받아들였고, 이들에게는 백제에서의 관품과 관직에 상응하는 지위를 부여하여 왜 왕권을 구성하는 주요 인적 자원으로 삼았다.

백제의 멸망은 왜 왕권의 대신라 적대감을 증폭시켰다. 특히 왜 왕권의 관료가 된 백제 망명집단에 있어 신라는 잊을 수 없는 증오의 대상이었다. 왜국에 정주한 백제인들은 모국의 부흥을 기대하며 왜 왕권에 적극적으로 협력해 나갔지만, 시간이 흐를수록 그들의 희망은 멀어져 갔다. 한반도에서의 신라의 세력은 안정화되었고 왜 조정도 동아시아에서의 고립을 피하기 위해 신라와의 교섭을 재개했던 것이다. 이런 상황에서 백제 왕족이 선택할 수 있는 일은 왜 왕권에 봉사하면서 체제에 흡수되어 가는 일이었다. 가문의 번영을 위해서 선택할 수 있는 유일한 길이었다. 왜 왕권에 포섭된 백제왕족은 지통조持統朝(687~696) 때에 의자왕의 직계혈통에게 '백제왕百濟王'이라는 특별 가바네(姓)를 수여한다. 이것은 백제 왕족에 대한 특별 배려였지만, 백제왕을 왜왕의 신하로 위치시키고 왜 왕권의 질서 하에 포섭한다는 다분히 정치적 의도에서 나왔다.[15]

한편 왜 왕권과 고구려의 관계는 6세기 후반 이후 1세기간 우호관계에 접어들었다. 추고 3년(595)에 왜국에 파견했는데 성덕태자의 스승이 된 고구려 승 혜자는 정치, 외교상의 고문 역할도 하였다. 추고 9년(601) 3월에 왜 왕권은 고구려에 사절을 파견했는데, 이들 사절단은 이듬해 6월 백제를 경유하여 귀국한다. 이것은 왜국의 대고구려 외교의 내용을 백제 측에 알리기 위한 것으로 이후 고구려–백제–왜를 잇는 협력 체제를 구축한다. 추고 18년(610)에는 고구려가 승 담징曇徵과 법정法定을 보내어, 채색, 지묵紙墨, 맷돌의 제조법을 전수한다. 추고 33년(623)에 파견된 고구려승 혜관惠灌은 왜국 불교계를 총람하는 승정僧正의 지위에 임명되었다. 또 660년 백제 멸망 직전에는 백여 명의 사절을 파견하였고, 이듬해 12월에는 고구려와 당의 전쟁 사실을 알리고[16] 이후 고구려의 멸망에 이르기까지 누차에 걸쳐 사절단을 보내 양국의 우호관계를 과시한다. 고구려의 멸망 이후 『일본서기』에는 671년에서 682년까지 11년간 9번에 걸친 고구려 사절의 파견 기사가 보인다. 일본에서 고구려에 파견한 사절도 천무天武 10년(681) · 13년(683) · 14년(684) 등 3회 보이고 있다. 이 시기에 일본에 파견된 고구려 사절이란 고구려 왕족 안승安勝을 수반으로 하는 보덕국

15) 百濟王姓에 대해서는 筧敏生(1989), 「百濟王姓の成立と日本古代帝國」, 『日本史研究』 317 ; 김선민(2007), 「日本古代國家와 百濟王氏」, 『日本歷史研究』 26 참조.

16) 『日本書紀』 天智 卽位前紀 12月條.

報德國에서 파견한 사절이다. 고구려의 망명 정권인 보덕국의 대일 사절은 신라 측에 의해 조종된 계획 사절이다. 고구려와 일본은 이미 6세기 후반 이래 1세기에 걸친 우호의 역사가 있고 고구려의 선진문물이 일본 지배층의 의식에 다대한 영향을 미치고 있던 시기였다. 신라에 의해 연출된 일본에 의례적, 현실적 조공국으로서의 보덕국의 존재야말로 8세기 일본 율령국가의 고구려에 대한 번국관蕃國觀의 형성에 중요한 영향을 미치고 있었다. 『속일본기』 대보 3년(703) 4월조에는 "종오위하 고려약광사왕성從五位下高麗若光賜王姓"이라 하여 고려약광高麗若光에게 왕성王姓을 내리고 있다. 고려약광은 『일본서기』 천지天智 5년(666) 10월에 고구려 사절의 부사로서 일본에 온 현무약광玄武若光으로 고구려의 멸망 직전에 왔다가 귀국하지 않고 일본에 체재하여 관인이 된 인물이다. '고려왕高麗王'성의 사여는 '백제왕百濟王'성과 마찬가지로 고구려를 일본의 조공국으로 자리매김하려는 일본 본위의 중화적 세계관의 발로이다.

이와 같이 가야와 백제는 왜 왕권의 발전사에 문물의 수입처이자 왕권 상호 간의 우호와 동맹의 나라였고 고구려도 왜 왕권의 중요한 교류국이었다. 신라에 의한 이들 3국의 멸망은 왜 왕권의 신라적시관의 원천이 되었다. 그러나 7세기 후반 동아시아의 격동기가 종료하고 한반도의 패자가 된 신라의 존재감은 부정할 수 없는 현실이었고 왜 왕권에게 신라는 경쟁의 대상이자 극복해야 할 국이었다. 신라적시관은 신라번국관으로 전화되었고 신라를 능가하는 국가체제를 구축하기 위해 천황제 율령국가를 만들었던 것이다. 새로운 일본국가의 대외적 이념은 신라왕의 위에 선 천황상의 창출이었다. 이것은 내부적 천황권의 위상 강화의 외적 표출이었고 외교의례를 통해 이를 실현하려고 했다.

4. 외교의례에 보이는 신라관의 실태

백제 · 고구려가 멸망한 668년 이후 일본 조정은 새로운 지배의 이데올로기로서 천황제 율령국가를 탄생시켰으며, 중화사상의 이념을 구현하는 대상으로 신라가 의식되었다. 이에 신라적시관과 함께 극복의 대상으로 삼아 현실과 미래의 기대상을 과거에 투영시켜 8세기의 정치 설화인 신라복속담을 만들어 냈다. 율령법에 규정된 신라번국의 법적 근거는 이른바 신공황후의 삼한정벌론이다. 외교의례의 장에서 오고간 일본 측과 신라사절의 발언 중에 신라조공의 연원은 신공황후의 삼한정벌에 있었고 이것이 현실관계를 규제하는 근거가 되었다. 이를 현실의 장에서 실현하는 전제가 신라사절에 대한 외교의례였다. 일본을 종주국, 신라를 부용국으로 하는 율령국가의 빈례賓禮는 국정의 주청, 국서와 방물의 헌상, 대극전에서의 원단하정의식과 연회의 장에서의 위계수여의식이었다.

우선 외교의례의 장에서 벌어진 신라복속담의 사례를 검토해보자. 『일본서기』 지통기 3년(689)조에 신라사 급찬 김도나金道那가 천무천황의 조상사弔喪使로 왔을 때, 신라사의 발언에서 신라가 '일본원황조대日本遠皇祖代'로부터 조공을 끊이지 않은 봉사의 국이었음을 밝히고 있다. '일본원황조대'란 바로 신공황후를 가리킨다. 이것은 신공황후 섭정 전기에 "배의 키가 바르지 않게(不乾船柂)", "신라왕은 항상 80척의 조調로서 일본에 조공한다(新羅王常以八十船之調 貢于日本國)"는 신공황후의 신라정벌담에 연원을 두고 있다. 신공황후 전설은 구두에 의한 전승의 변동성을 배제하고 성문화=문자화시켜 율령국가 세계질서의 형성을 역사적으로 설명하는 것을 목적으로 하고 있다.[17] 바로 율령국가의 국책

17) 河内春人(1999), 「詔勅 · 處分にみる新羅觀と新羅征討政策」, 『駿台史學』 108, 29쪽.

사업인 대보율령의 제정, 『일본서기』의 편찬에 의해 법적, 역사적으로 한반도 제국이 일본의 번국이라는 관념을 고정화시켰다. 경운慶雲 3년(703) 신라왕 앞으로의 조서 중에, 배를 줄지어 지성으로 오랫동안 조공의 예를 행했다는 내용에도 신공황후의 전설이 투영되어 있다.[18] 화동和銅 2년(709)에 우대신 후지와라노 후히토藤原不比等는 신라사에 대해 "신라국사新羅國使 자고입조自古入朝"라고 발언한다.[19] '자고입조'의 시기는 바로 신공기를 가리킨다. 천황의 조서 형식이 아닌 귀족의 구술이란 점에서 당시 일본 귀족층 내에 보편적으로 인식되고 있었던 신라관을 보여주고 있다.[20]

경덕왕 11년(752)에 파견된 신라사 김태렴의 발언에, "신라국은 원조遠朝로부터 매년 끊이지 않고 선박을 줄지어 일본에 조공해왔다"[21]는 기록과 이에 대한 일본천황의 조서가 동일한 내용을 담고 있는 것도 신공황후의 신라정벌담의 이상을 그대로 문자화시킨 것이다. 그리고 김태렴 일행에게 베푼 연회의 장에서 천황의 조서에 "신라국이 일본에 조공한 것은 기장족원황태후氣長足媛皇太后가 그 나라를 평정하고 지금에 이르렀는데 우리의 번국이 되었다"[22]고 하여 신라 조공의 유래와 번국이 된 사정에 대해서 신공황후의 신라평정을 들고 있다. 뿐만 아니라 선덕왕 원년(780)에 일본에 파견된 김난손金蘭蓀은 신라왕의 말을 빌려, "무릇 신라는 개국 이래 성조聖朝를 우러러 의지하고 대대로 천황의 은혜를 입고 배의 노가 마르지 않도록 조공을 바친 지 오래다"[23]라는 신라왕의 발언이라고는 도저히 상상할 수 없는 기사가 실려 있다. 이는 신공황후

18) 『續日本紀』 慶雲 3年 11月3日條.
19) 『續日本紀』 和銅 2年 5月27日條.
20) 拙稿(2003), 「統一期 新羅와 日本關係」, 『古代韓日交涉史』, 혜안 참조.
21) 『續日本紀』 天平勝寶 4年 6月14日條.
22) 『續日本紀』 天平勝寶 4年 6月17日條.
23) 『續日本紀』 寶龜 11年 1月5日條

의 신라정벌담 내용이 투사된 것으로 신라인의 입을 통해서 발설, 문자화함으로써 마치 현실의 장에서 일어난 사실처럼 확인시켜 놓았다.

정관 11년(869) 6월에 신라 해적이 내침했다는 소식이 대재부로부터 태정관에 보고되자 조정에서는 동년 12월 이세신궁伊勢神宮에 봉폐하여 평안을 기원하고,[24] 이듬해 2월에는 팔번대보상궁八幡大菩薩宮, 향추묘香椎廟, 종상대신宗像大神, 감남신甘南神 등의 제신사에 신라해적의 내침과 제국의 평안을 기원하는 기도와 고문告文을 바쳤다.[25]

이들 신들은 고대 일본의 신라 정토의 전설과 깊은 관계가 있고, 특히 종상신宗像神에의 고문에서는 신공황후의 신라정벌 전설을 상기시키고 있다. 또한 제신사諸神社의 봉폐와 아울러 신라 해적의 방비를 위해 신공황후神功皇后, 환무천황桓武天皇, 인명천황仁明天皇, 문덕천황文德天皇의 능묘에도 봉폐하고 있다. 환무 이하의 제천황은 당시 청화천황淸和天皇 바로 앞의 직계 선조라는 현실적 관계에서 봉폐한 것이지만, 그 필두에 있던 신공황후야말로 8~9세기의 현실에 있어서도 일본 고대인의 정신세계를 규제하고 있던 수호신이며 전설 시대의 한반도를 지배했던 영웅으로 추앙받고 추모되었던 인물상이었다. 국가의 안위와 관련된 중대사가 발생할 때 신공황후를 모시는 신사와 능묘는 일본인들이 보호 본능적으로 의지하고 존숭하는 신앙의 대상으로 현실적 성격을 띠고 있었다.[26]

---

24) 『三代實錄』 貞觀 11年(869) 12月14日條

25) 『三代實錄』 貞觀 12年(870) 2月15日條

26) 坂上康俊은 일본 측에서 상기하고 있는 「戰爭」은 스스로가 승자가 되었다고 하는 전설에 기초해서 神功皇后의 「新羅征討物語」로 시종하고 있다고 해도 좋다고 한다. 일본 측이 신공황후 전설을 이용한 논리는 신라가 현실적인 목적의 달성을 위해 일본 측이 제시하는 신공황후 전설의 틀 속에 들어간다고 하는 선택도 채용할 수 있지만, 현실적인 목적이 변화하고 명분이 중요하게 될 때에는 일본이 자국의 전설을 고집해도 설득

다음은 국정의 주청에 관한 것이다. 천무기天武紀 5년(675)조의 "신라견사찬금청평청정新羅遣沙湌金淸平請政 병견급찬금호유并遣汲湌金好儒 제감대사금흠길등진조弟監大舍金欽吉等進調", 천무기 14년(687)조의 "신라견파진찬금지상新羅遣波珍湌金智祥 대아찬금건훈청정大阿湌金健勳請政 잉진조仍進調", 지통기持統紀 9년(695)조의 "신라견왕자금량림新羅遣王子金良琳 보명살찬박강국등급한내마금주한補命薩湌朴強國等及韓奈麻金周漢 금충선등金忠仙等 주청국정奏請國政 차진조헌물且進調獻物" 등 3례이다. 신라의 대일 국교 재개 이후의 일로써 국정을 주청한다는 것은 자국의 정치 상황을 상대에게 알리는 의미이다. 스즈키 야스타미[鈴木靖民]에 의하면, '청정請政'이라고 하는 것은 "(신라가) 통치의 실정을 정기적으로 일본 조정에 보고하고 이후의 지시를 바라는 외교의례"라고 하면서 신라의 입장에서는 "외교 형식적으로는 신라가 일본의 하위에 있지만, 그것을 통하여 일본과의 수호를 친밀히 하는 일에 의해 양국관계의 안정을 확보한다고 하는 의도가 있었음에 틀림없다"고 주장한다.[27] 자국의 내정을 상대국에 보고하는 '청정'은 중국을 중심으로 한 동아시아세계에 있어서 중국의 책봉, 조공국들이 중국을 상대로 한 외교의례이자 정치 행위이다. 이를 통하여 중국은 황제의 권위를 높이고 상대국은 그들 국가의 정치적 이익을 추구하고자 했던 것이다. 중국의 화이사상을 모방한 『일본서기』의 기술을 일본-신라관계에 그대로 적용시키는 것은 과잉논리이다. 특히 '정기적으로 보고', '지시를 바라는 외교의례'라는 논리는 당시의 객관적 사실과는 거리가 멀다. 정치적 안정기에 있었던 신라가 일본을 상대로 이러한 외교의례를 행할 이유가 발견되지 않는다. '국정의 주청'에 동반된 '진조進調' 기사도 신라를 조공국으로 보려는 일본 지

력을 갖을 수 없다고 한다(2008)「고대 한일관계 속에서의 戰爭과 記憶」, 『戰爭과 記憶 속의 韓日關係』, 경인문화사, 28~29쪽. 온당한 지적이라고 생각한다.

27) 鈴木靖民(1985), 「奈良初期の對新羅關係」, 『古代對外關係史の硏究』, 吉川弘文館, 117쪽.

배층의 8세기 사관의 산물임에 다름 아니다.

국서는 외교의 주체인 보내는 쪽의 국왕의 의지를 전달하는 외교 행위이다. 일본 측이 국서의 지참을 공식적으로 제기한 것은 752년의 김태렴의 파견 때이다. 이때 천황의 조서에 의하면, 국왕이 친래한다면 구주口奏라도 좋으나 그 외의 경우에는 필히 표문을 지참할 것을 요구하고 있다.[28] 779년의 마지막 신라사인 김난손이 왔을 때 대재부에 칙을 내려 '표함'을 요구하도록 하라고 지시하고,[29] 이듬해 귀국하는 신라사에게 천황이 새서璽書를 내리기를, "금후의 사자는 반드시 표함을 지참하고 예에 맞는 행동을 취하도록 하라. 이제 축자부와 대마의 수비병에게 칙을 내리니 상표문을 갖고 있지 않은 사자는 입경시키지 말도록 하고, 마땅히 이 점을 알게 하라"[30]고 하듯이 신라의 대일 공적 교류가 종료하는 시점까지 신라사의 국서 지참은 이루어지지 않았다. "신라사가 굳이 구주에 의했던 것은 일라日羅관계의 올라간 시기의 교섭이 구두 형식"이었던 것과 관계가 있다고 보는 견해도 있지만,[31] 일본 측의 집요한 요구에도 불구하고 국서를 지참하지 않은 것은 신라왕의 거부 의지가 반영된 것임에 틀림없다. 문서 외교를 숙지하고 있던 신라가 이를 거부한 것은 중화적 이념을 실현하려는 일본 측의 외교논리를 부정한 것이라고 할 수 있다.

대극전에서 천황이 주재하는 원단의 하정의례에의 신라사의 참석을 통해 의식을 진행하는 것은 이것은 신라사를 조정의 의례의 장에 끌어들임으로써 천황권의 위상을 높이는 행위이다. 이러한 의식은 일찍이 중국에서 행해진 것

28) 『續日本紀』 天平勝寶 4年 6月條 "自今以來 國王親來 宜以辭奏 如遣餘人入朝 必須令齎表文".

29) 『續日本紀』 寶龜 10年 冬10月條.

30) 『續日本紀』 寶龜 11年 2月條.

31) 栗原朋信(1978), 「上代の日本への三韓の外交形式」, 『上代日本對外關係の研究』, 吉川弘文館, 150쪽.

으로 주변 제국의 국왕사가 중국 황제를 배조하는 행위는 황제권의 강화와 직결되기 때문에 적극적으로 외국사의 내조를 강요한다.[32] 중국의 화이사상을 모방한 일본의 외교의례는 실제로는 중국의 그것과는 큰 차이가 존재했다. 중국의 경우는 책봉과 조공관계를 통해서 주변 제국을 규제해나가는 정치적 상하관계의 국제적 질서이다. 그러나 일본의 경우는 이를 규제할 강제력이 동반되지 않는다. 그것은 일방적인 자기주장이고 다분히 관념적이다. 상대의 의도에 구애받지 않는 독립적 의례로서 행해진다는 점이다. 조정의 문무백관들이 배석하는 이 의식에 신라사를 참석시킴으로써 신라사를 조공사로서 자리매김하려는 의도이다. 『속일본기』 원단의 축하의례에 참석한 신라사에 관해서는 모두 3개의 사례가 보인다.

> ① 천황이 대극전에서 신년을 축하하는 조회를 받다. 문무백료와 신라 조공사가 배하했는데 그 의식은 보통 때와 같았다(문무천황 2년(698) 춘정월조)
> ② 천황이 대극전에서 조하를 받다. 그 의식은 정문에 오형당烏形幢을 세우고 좌측에 일상日像 · 청룡 · 주작의 번幡, 우측에 월상月像 · 현무 · 백호의 번을 세웠다. 번이蕃夷의 사절이 좌우에 열석하다. 문물지의文物之儀가 여기에 이르러 정비되다(대보원년(701) 춘정월조)
> ③ 천황은 대극전에서 조하를 받았다. 신라사 김유길金儒吉 등이 열석하다. 조정의 의장대가 상례와 달랐다(慶雲 3년(706) 춘정월조)

사료 ①은 전년 10월에 도착한 신라사로 문무천황의 즉위를 축하하는 하등극사賀騰極使로 왔을 가능성이 있고, 사료 ②는 전년 11월에 효소왕모孝昭王母의 상을 알리는 고상사告喪使로서 왔고, 사료 ③은 경운 원년의 일본의 견신라

32) 西嶋定生(1985), 「7~8世紀の東アジアと日本」, 『日本歷史の國際環境』, UP選書, 96~97쪽 참조.

사에 대한 답방의 형식으로 경운 2년 10월에 온 신라사이다. 3회의 사례 모두 시기적으로 10월 이후에 와서 왕경에서 해를 넘긴 사절들이다. 이들이 원단의 하정의례에 참석한 것은 일본 측의 권유가 있었음에 틀림없는데, 축자에서 머물다 연말이 되어 왕경에 들어왔다. 이것은 신라사를 조공사로 연출하려는 일본 측의 의도에 의한 것으로 생각된다. 특히 대보율령 시행 이후 최초의 사절인 사료 ③의 경우는 "조정의 의장대가 상례와 달랐다"고 하여 사료 ②에 보이는 대보令 제정 직후에 '문물지의文物之儀'가 정비되었음을 말한다. 또한 이 기록은 전년 11월 13일에 "국의 기병을 선발하여 신라사를 맞이했다"라는 기록과 대응하는 것이다. 기병대를 이용하여 외국사를 맞이하는 고대 일본의 외교의례는 7세기 초에도 보인다. 추고推古 16년(608)에 왜국에 온 수사隋使 배세청裴世淸 일행이 왕경에 들어올 때, 장식마裝飾馬 75필을 보내 마중한 일이 있고, 추고 18년(610)의 신라사절을 맞이할 때도 액전부련비라부額田部連比羅夫를 신라사를 맞이하는 장마지장莊馬之長으로 삼았다고 하듯이 기병대가 사열하였다. 이러한 의식은 "조정이 의장의 기병대를 편성해서 신라사를 맞이하는 일은 (중략) 사방의 번이蕃夷에 우월한 일제국一帝國으로서의 모습을 바야흐로 체현하는 것"[33]으로 생각된다. 특히 사료 ②에 나타난 의식의 도구인 당幢, 번幡은 천황을 중화로서 자리매김하여 지킨다는 성격을 갖고, 문물지의文物之儀는 원단 조하와 즉위식 때에 천황이 군림하여 모두 순종한다는 일대 세레모니로서 거행된 것이다.[34] 이 의식에는 조정의 신하뿐 아니라 번국시하는 신라사도 포함시켜 일본의 중화의식을 표출시키고 있다. 그러나 신라사의 원단 하정의례는 경운 3년(706)을 끝으로 보이지 않고, 왕경에 입경해도 연회를 베푸는 선에

33) 鈴木靖民(1985), 「奈良初期の對新羅關係, 『古代對外關係史の研究』, 吉川弘文館, 125쪽.
34) 藤原直哉(1990), 「日本律令の中華思想-奈良時代の對新羅意識の展開を中心に」, 『史泉』 72, 46쪽.

서 끝나고 있어 이 의례는 정례화되지 못한 채 유명무실해진 것으로 보인다.

원단의 하정의례를 거쳐 번국사에게 위계를 사여하는 행위는 천황의 신하임을 표시하는 의례로서 율령국가의 중화사상의 이념을 실현하는 의식이다.[35] 당시의 번국이란 신라, 발해로서 번국으로 간주하고자 하는 8세기 일본 지배층의 의식의 소산으로 '수위授位'는 이를 실현하기 위한 가시적인 의식의 표상이다. 이미 중국에서는 한대漢代 이후 주변 제국의 왕이나 수장층에게 자국의 작호를 수여하는 책봉체제를 통해 황제권의 위상을 높이고 제국으로서의 권위를 유지하려고 하였다. 일본의 수위의식은 바로 중국의 책봉체제를 모방함으로써 천황-신하의 신분질서를 확인시키고, 율령국가의 최고 수장으로서의 천황의 권위를 높이는 기능을 한다. 일본 조정이 신라사에게 위계를 사여한 것은 『속일본기』에 3예가 보인다.

> ① 김유길金儒吉 등에게 조당에서 향응을 베풀다. 정원에서 제 지방의 음악을 연주하고 관위와 녹을 차등있게 주다(慶雲 3년(706) 춘정월조).
> ② 이날 신라 사신에게 조당朝堂에서 향응을 베풀다. 조칙하기를, 신라국이 와서 조정을 받든 것은 기장족원황태후氣長足媛皇太后가 그 나라를 평정하고부터인데 지금까지 우리나라의 번병蕃屛이 되어왔다. (중략) 그러나 (왕은)국정을 돌보아야 하기 때문에 왕자 태렴泰廉 등이 대신 입조하고 조調를 바치다. 짐은 그 정성을 매우 기쁘게 생각하여 관위를 올려주고 물품을 하사한다고 하다(天平勝寶 4년(752) 6월조).
> ③ 신라 사신 살찬薩湌 김난손金蘭蓀에게 정5품상, 부사 급찬級湌 김암金巖에게 정5품하, 대판관 한나미韓奈麻 · 살중업薩仲業과 소판관少判官 나마奈麻 김정락金貞樂 그리고 대통사大通事 한나미韓奈麻 김소충金蘇忠 3인人에게 각각 종5품하를 주다. 그 밖의 사람에게도 6품 이하의 관품을 각각 차등

35) 平野卓治(1985), 「律令位階制と諸蕃」, 『日本古代の政治と制度』, 續群書類從完成會刊, 125~126쪽.

있게 주다. 아울러 (품계에) 해당하는 色의 옷과 신발을 하사하다(寶龜 11년 (780) 정월조).

향연, 수위授位, 사물賜物이라는 일련의 과정은 고대 일본의 외국사에 대한 외교 의식이다. 사료 ①과 ②는 단지 수위의 사실만을 기록하고 있지만, 사료 ③은 인물과 관품이 구체적으로 열거되었다. 이들이 받은 관품 중에서 5품 이상은 당상관인데 귀족의 반열에 속하는 신분으로 고위 관품이다. 아울러 품계에 해당하는 관복의 수여도 특징적이다. 이것은 천황을 정점으로 한 율령국가의 신분제 속에 신라 사신을 포섭하는 행위이고 이들을 일본천황의 신하로 간주하는 의식이다. 그러나 당과는 달리 신라왕에 대한 관위의 수여는 보이지 않는다. 천황과의 공유 공간이 존재하지 않으면 수위가 불가능한 것이고 여기에 일본의 천황제, '동이의 소제국'의 축소화, 한계성이 나타난다. 게다가 신라사에게 수여하는 위계는 이들이 귀국하는 즉시 그 유효성을 상실한다. 이것은 받는 쪽의 의사와는 관계없이 수여하는 측에 의의가 있기 때문이다. 천황과 함께 이 의식에 참가하는 인물들은 율령국가를 지탱하는 5위 이상의 유위자有位者로서 지배집단의 중추를 구성하고 있다. 율령국가의 위계제는 이른바 '번국사'에게 관위 수여를 통해 천황과 신하가 일체화되는 '공동체 의식 고양의 장'이라는 한정된 천황제 · 소제국으로서의 질서와 구조를 구현화하는 장치로서 기능하는 것이다.[36] 이러한 외교의례는 실제로 신라를 번국으로 삼고자 한 것이 아니라 국내 지배질서를 유지하기 위한 수단으로서 기능하는 명분론적인 복속사상에 불과하다.[37] 신라사를 천황이 주재하는 원단 의식에 참여시키기 위해 입경入京 기일을 맞추려는 노력도 이와 무관하지 않다고 생각된다.

---

36) 平野卓治, 앞의 논문 121쪽.

37) 廣瀨憲雄(2007), 「古代倭國 · 日本の外交儀禮と服屬思想」, 『歷史學硏究』 824 참조.

이와 같이 중화사상의 이념을 실현하려는 일본 측의 노력에는 한계가 있다. 이는 신라 측이 거부하면 실현하기 어렵다는 취약성을 갖고 있고, 신라가 수용한다고 해도 일본 국내의 장에서만 통용되는 지극히 불안정한 것이다. 이를 대외적인 장에서 실현하려고 할 때 신라 측의 일본사절에 대한 대응에서도 확인된다. 『삼국사기』에 의하면 성덕왕 36년(736)에 신라에 온 일본사절에 대해 신라 측은 "실상례부수사지失常禮不受使旨"라고 하여 '사지使旨'를 받아들이지 않았고, 경덕왕 원년(742)에도 "일본국사지불납日本國使至不納"이라 하였고, 동 12년(753)에는 "일본국사지만이무례왕불견지내회日本國使至慢而無禮王不見之乃廻"라고 하듯이 '실상례失常禮', '만이무례慢而無禮'에 의해 신라왕과의 접견이 불허된 채 추방당하는 경우도 발생하였던 것이다. 여기서 상례常禮라는 말은 양국 간에 합의된 예의 질서를 말한다. 이는 일본 측의 신라번국관이 국내의 장에서만 통용되고 있었음을 말해준다.

5. 신라관의 이중구조

8세기 일본 율령국가의 지향점이 "제번諸蕃과 이적에 군림하는 소제국=일본국으로서 대당국大唐國과 인교隣交를 맺는 지위를 획득하는 일"[38]이라는 통설에 따른다면 당시의 일본 지배층들은 제번諸蕃에 해당하는 신라를 실제로 어떻게 인식하고 있었을까. 중화의 이념에서 보면 일본은 정치적으로뿐 아니라 문화적으로도 제번에 대해 우월적 지위에 있어야 한다. 여기에 천황의 덕화를 흠모하는 예제적 우월성과 함께 상대를 압도하는 하사품이 주어지는 문화적

38) 石母田正(1963), 「天皇と諸蕃」, 앞의 책.

가치가 인정될 때 비로소 '동이의 소제국'으로서의 객관적 실체가 분명해지는 것이다. 『일본서기』에 보이는 문화적 측면에서의 고대 일본의 신라에 대한 인식을 살펴보자.

> ① 一書에 말하기를 스사노오노 미코토[素戔嗚尊]가 이르기를 한향韓鄕의 섬에는 금은이 있고, 내 아들이 다스리는 나라에 浮寶(배)가 없으면 좋지 않은 것이다(神代紀 上8段).
> ② 이 나라보다 훨씬 나은 보국寶國이 있습니다.… 눈이 부신 금은, 채색彩色이 많은 그 나라, 이를 고금신라국栲衾新羅國이라 한다(仲哀紀 8년 추9월조).
> ③ 주길대신住吉大神이 처음으로 이해에 금은의 나라인 고구려 · 백제 · 신라 · 임나 등을 태중胎中의 응신應神천황에게 주었다(繼體紀 6년 동12월조).

사료 ①은 일본 신화의 세계에 나오는 전승이다. 한향韓鄕은 '가라쿠니'라 하여 일반적으로 한반도를 가리키지만, 신라로부터의 도래 신화를 갖고 있는 스사노오노미코토와의 관련성에서 볼 때 신라를 말한다. 신라로부터 금은 재화를 실어 나를 배가 필요하다는 신화 속의 이야기이다. 사료 ②는 처음에 웅습熊襲을 치려 하다가 신칙神勅을 받고 '공국空國'인 웅습 대신에 보국寶國, 금은의 나라인 신라를 공격했다는 것이다. 사료 ③은 신공황후의 삼한정벌담을 말하는 것으로 주길대신住吉大神의 신칙으로 금은의 나라를 정벌했다는 것인데, 고구려 · 백제 · 신라 · 임나 등 4개국이 나오고 있지만 실제는 신라를 가리킨다. 신라에 대해서는 『고사기』, 『일본서기』, 『풍토기』 등에 금은의 국, 보국, 재보국, 재국 등으로 기록되어 문화적 선진성을 강조하는 특별한 인식이 나타나 있다. 이것은 후대 신라와의 교류를 통해 얻은 인식의 반영이지만, 『일본서기』 등을 편찬한 율령국가의 인식이기도 하다. 『일본서기』 천무天武 · 지통기持統紀에 보이는 신라사절이 가져온 증정물은 재보의 국에 어울리는 신라의 현란한 물산이 실제임을 말해준다.

o 天武 8년(680) 冬 10월
조물調物: 금 · 은 · 철 · 정鼎 · 금錦 · 견絹 · 포布 · 피皮 · 마馬 · 구狗 · 라騾 · 낙타 등 10여 종
별헌물別獻物(천황 · 황후 · 태자): 금 · 은 · 도刀 · 기旗

o 天武 10년(682) 冬 10월
조물: 금 · 은 · 동 · 철 · 금 · 견 · 녹피鹿皮, 세포細布
별헌물(천황 · 황후 · 태자): 금 · 은 · 하금霞錦 · 번幡 · 피

o 天武朱鳥 원년(686) 夏 4월조
조물세調物細: 마일필馬一疋 · 나일두騾一頭 · 견이구犬二狗 · 누금기급금은鏤金器及金銀 · 하금霞錦 · 능라綾羅 · 호표피급약물지류虎豹皮及藥物之類 등 100여 종
별헌물: 금은 · 하금 · 능라 · 금기金器 · 병풍 · 안피鞍皮 · 견포絹布 · 약물지류 각각 60여 종
별헌別獻 황후 · 황태자급제친왕등지물皇太子及諸親王等之物

o 持統 2년(688) 2월조
조부調賦: 금 · 은 · 견 · 포 · 피 · 동 · 철 10여 종
별헌물(1): 불상, 채견彩絹, 조마지류鳥馬之類 10여 종
별헌물(2): 금 · 은 · 채색, 진이지물珍異之物 80여 종

o 持統 3년(689) 夏 4월조
별헌물: 금동아미타상 · 금동관세음보살상 · 대세지보살상, 채백綵帛 · 금錦 · 능綾

상기 물품들은 조와 공물로 표기되어 있듯이 신라를 종속국으로 보는 율령국가의 대외관념을 반영하지만, 실제는 신라의 교역품 내지는 전략물자이다. 이들 내용물은 금은을 대표로 하는 금속류, 각종 견직물, 피혁제품, 기물器

物, 조도품調度品, 약물지류, 낙타, 공작 등 희귀 동물 등이다. 80여 종, 60여 종이라는 숫자에서도 나타나듯이 신라에서 사여된 물품의 종류는 방대하다. 이들 물품의 종류는 신라물을 구입하기 위해 작성한 문서인 매신라물해買新羅物解의 일부 단편에 기록된 120여 종의 신라물과 상당 부분 일치하고 있다.[39] 이에 반해 일본에서 신라에 사여된 물품은 면綿 · 사絲 · 견 · 시絁등이고 그중에서 면이 대부분을 차지한다. 일본의 면은 신라물을 구입하는 데 중요한 결제수단이었다. 즉 교역과 시장의 원리에서 본다면 신라의 가공생산품과 일본의 원료가 교환되는 관계로 현격한 문화적 격차를 보여주고 있다. 『삼국사기』 직관지에 보이는 내성 산하의 궁중공방 중에 철물류鐵物類, 세공품, 직물류, 염색, 피혁제품 등 30여 개에 달하는 생산관사는 바로 대일 교역의 물품을 생산하는 장소였다. 일본에 증여된 신라의 물산은 '증자贈者의 문화와 권력의 기호'이며 '신라의 선진의식과 자부심'을 나타낸 것이라는 지적은 가장 적절한 표현이라고 생각된다.[40]

천평신호경운天平神護慶雲 2년(768)에 일본 조정에서 신라의 교역물을 구입하기 위해 총 8만 5천 둔屯의 대재부大宰府의 면을 조정의 중신들에게 하사한다.[41] 이들 인물을 보면 좌대신 등원영수藤原永手, 우대신 길비진비吉備眞備, 대납언大納言 휘諱(후에 光仁天皇), 궁삭어정조신청인弓削御淨朝臣淸人(太政大臣禪師 道鏡의 제), 문실진인정삼文室眞人淨三(천무천황의 손, 치부경治部卿 · 대납언 역임), 문실진인대시文室眞人大市(천무의 손), 석상조신댁사石上朝臣宅嗣(式部卿), 정상내친왕井

39) 東野治之(1992), 「正倉院文書からみた新羅文物」, 『遣唐使と正倉院』, 岩波書店 참조.
40) 新川登龜男(1988), 「日羅間の調(物産)の意味」, 『日本歷史』 481 ; 同(1990), 「新羅進調の思想像」, 『日本史研究』 333 ; 이하 (1999), 『古代日本の對外交涉と佛敎』, 吉川弘文館 수록.
41) 『續日本紀』 天平神護慶雲 2年 10月條.

上內親王(성무의 딸) 등으로 태정관을 구성하는 공경들과 8성의 장관 그리고 황족들이다. 신라의 교역물은 당시 나라 귀족들에게 최고의 선호품이었고, 많은 관인층들의 소유욕을 유발시키는 사치품이었음을 말해준다. 이러한 다양한 물산들은 일본 지배층의 마음을 움직이고 동시에 신라 문화의 선진성을 적나라하게 보여주고 있다. 일본 고대 지배층이 동경하는 선진성이 풍부한 금은의 나라를 번국으로 간주한 것은 중화의 질서에서는 존재할 수 없는 일이다. 번국에 대해 문화적 우월성을 주장할 수 없는 것은 일본 스스로가 중화의 조건을 갖추지 못했다는 것이고, 결국 일본은 자기모순에 빠진 것이다.

예제적인 면에서도 일본의 우월성은 보이지 않는다. 『수서』 왜국전에 대업大業 4년(608) 왜왕이 수사 배세청을 맞이하는 기사에서 "해서海西에 대수大隋라는 예의의 국이 있어 견사조공한다. 우리는 이인夷人이고 바다 한편에 치우쳐 있어 예의를 모른다"라고 하고, 이어서 "신라 · 백제가 왜를 대국으로 섬기고 있다"고 기록하고 있다. 이것은 왜 왕권이 수 왕조에 대해 신라 · 백제보다 우월하다는 외교적인 자기주장이지만, 양국을 소국으로 여기는 왜국이 스스로를 예의를 모르는 이인으로 표현한 것은 문화적 후진국임을 자인하고 있는 것이다. 게다가 소중화의식을 발현하고 있는 『일본서기』에서조차도 예적인 우위의 관념은 보이지 않는다. 『일본서기』 흠명기 14년조에서도 불교 수용의 과정에서 "서번제국西蕃諸國 일개예지一皆禮之 풍추일본豊秋日本 기독배야豈獨背也"라 하여 한반도제국이 모두 하나가 되어 예배하고 있는데 일본만이 홀로 거슬리는 것은 안 된다고 하여 예적인 열세를 표현하고 있다. 예문화에 기초한 국제질서 중에서 왜국은 스스로가 하위에 있음을 보여주고 있다.

이러한 문화적, 예적인 후진성을 극복하기 위한 수단으로 고대 일본 지배층이 주장하고 있는 것이 신라 정토론이다. 신공황후의 삼한정벌론은 이러한 관념에서 창출되었으며 신라를 응징하기 위한 군사적 행위가 종종 등장한다.

율령국가 성립 이후 신라 정토론이 제기된 것은 천평 8년(736)에 신라에 파견된 사절이 이듬해 귀국한 직후이다. 견신라사의 보고에 의하면, 신라가 '상례常禮'를 잃고 사지使旨를 받아들이지 않았다고 한다.[42] 이에 대해 일본 조정은 5위 이상 및 6위 이하의 관인 45인을 내리內裏에 불러 대책회의를 열어,[43] "견사문기유遣使問其由 혹언발병가정벌或言發兵加征伐"이라 하여 사신을 보내어 그 사유를 묻자는 의견과 군사적으로 응징하자는 주장이 제기되었다. 이어 이세신궁伊勢神宮 대신사大神社 축자주길筑紫住吉 팔번이사급향추궁八幡二社及香椎宮에 봉폐하고 신라의 '무례'를 고하였다.[44] 일본의 대외정책에서 신의 의지를 묻는 행위는 전통적 관습이지만, 신칙에 의존하려는 타율적 방식에는 신라와 당의 결합이라는 변화된 국제정세하에서 대신라 관계를 어떻게 설정해야 할 것인가 하는 일본 조정의 딜레마가 있었다고 보인다. 신라정토론은 일본 지배층의 신라번국관의 반영으로 관념상에 머무르거나 퍼포먼스의 형식이 대부분이지만 8세기 중엽에 일어난 당대의 실권자 후지와라노 후히토藤原不比等의 신라 정토론은 실제의 상황으로 나타난다. 신라 정토관련 기사를 정리하면 다음과 같다.

759년 6월에 신라정벌을 위해 대재부에 행군식(군사행동에 관한 규정)을 만들게 하고,[45] 8월에는 대재수大宰帥를 향추묘香椎廟에 보내어 신라정벌을 주상시킨다.[46] 9월에는 신라를 정벌하기 위한 5백 척의 병선을 건조시키고 3년 내에 마칠 것을 제국에 명하고 있다.[47] 760년에는 수도사인授刀舍人 등 6명을 대재

42) 『續日本紀』 天平8年 2月條.
43) 『續日本紀』 天平9年 2月條 「於是 召五位已上并六位以下官人惣四十五人于內裏令陳意見」.
44) 『續日本紀』 天平9年 夏4月條.
45) 『續日本紀』 天平寶字 3年(759) 6月 「壬子 令大宰府造行軍式 以將伐新羅也」.
46) 『續日本紀』 天平寶字 3年(759) 8月 「己亥. 遣大宰帥三品船親王於香椎廟 奏應伐新羅之狀」.
47) 『續日本紀』 天平寶字 3年(759) 9月 「壬午 造船五百艘 北陸道諸國八十九艘 山陰道諸國

부에 보내어 중국의 병법을 습득케 하고,[48] 761년에는 신라정벌을 위해 미농美濃, 무장武藏의 소년 각 20명에게 신라어를 배우게 했다.[49] 762년에는 신라 정토를 위한 군사훈련을 위해 향추묘에 보내어 봉폐하고, 이어 전국의 신사에도 폐백과 궁시弓矢를 헌납하였다.[50] 신라 정토를 위한 병선의 건조와 군사훈련 그리고 신칙을 묻는 의식을 수년에 걸쳐 거행하였다.

이러한 일련의 신라 정토계획은 '동이의 소제국'으로서의 제국적 질서를 유지하기 위한 것이었는데, 이외에도 번국의 종주국에 대한 주종관계의 이탈 행위, 일본에 대한 신라의 '무례'가 그 배경으로 거론되고 있다. 그 구체적인 사례로서 752년의 신라사에 대해, 성무천황은 신라국은 신공황후 이래 일본의 번병藩屛인데 신라왕과 대부 사공思恭의 언행이 태만하며 '항례恒禮'를 잃었다고 언급한다.[51] 이 언급은 천평승보 5년(753)의 견신라사 소야조신전수小野朝臣田守에 대해 『삼국사기』에는 일본사신이 오만무례하여 왕이 접견하지 않았다[52]고 하고, 『속일본기』에도 소야전수를 신라에 보낼 때, 그 나라가 '궐례闕禮'하여 일을 보지 못하고 되돌아 왔다[53]고 하는 사건을 가리킨다. 일본 측에

一百五艘 山陽道諸國一百六十一艘, 南海道諸國一百五艘 竝逐閑月營造 三年之內成功爲征新羅也」.

48) 『續日本紀』 天平寶字 4年(760) 11月「丙申 遣授刀舍人春日部三關 中衛舍人土師宿禰關成等六人於大宰府 大貳吉備朝臣眞備 令習諸葛亮八陳 孫子九地及結營向背」.

49) 『續日本紀』 天平寶字 5年(761) 正月「乙未 令美濃 武藏二國少年 每國二十人習新羅語爲征新羅也」.

50) 『續日本紀』 天平寶字 6年(762) 11月「庚寅 遣參議從三位武部卿藤原朝臣巨勢麻呂 散位外從五位下土師宿禰 犬養, 奉幣于香椎廟 以爲征新羅調習軍旅也. 庚子 奉幣及弓矢於天下神祇」.

51) 『續日本紀』 天平勝寶 4년 6월조.

52) 『三國史記』 景德王 12년(753) 秋 8月條「日本國使至 慢而無禮 王不見之 乃廻」.

53) 『續日本紀』 天平寶字 4년(760) 9月「癸卯 遣小野田守時 彼國闕禮 故田守不行使事而還歸」.

서 보면 번국이 지켜야 할 '번례蕃禮'의 손상에 대한 질서의 회복을 위한 군사적 계획이었던 것이다.

『속일본기』에 나타난 일본 율령국가의 사상성에서 본다면, 신라정토 추진 계획은 번국 신라의 '무례'를 응징하기 위한 행위로서 이해하는 것이 지극히 온당하다. 그러나 『속일본기』의 사상성을 실제 군사 행위의 배경으로 보는 것은 당시의 객관적 국제질서를 무시하는 것이다. 율령국가의 이른바 '제국적 위상'을 지키기 위해 국제 전쟁의 준비에 돌입했다는 것은 문자화된 명분론적인 이념과 현실을 구분하지 않은 데서 생긴 오해이다. 일본이 요구하는 번례 자체가 일방적인 자기주장이고 국제무대의 현장에서는 통용되지 않는다는 한계가 있다. 번례 질서의 파탄이 신라 정토계획으로 전환되었다는 논리는 어디까지나 사료의 세계에 나타난 이념으로서 존재하는 것이고, 이념에 나타난 기대상을 실현하기 위해 국가적 전쟁 상태에 돌입했다는 이해는 타당하지 않다.[54)]

일본 율령국가의 신라번국관은 문화적 열세, 예제의 빈곤이라는 취약한 기반 위에서 성립하여 이를 극복하기 위한 방법으로서 정치적, 군사적 우위를 주장하게 된 것이다. 외교의 장에서 추진된 번례 의식은 신라와 공유된 객관적인 실태가 아니라 유동적이고 언제든지 파탄될 수 있는 성격을 갖고 있었

54) 신라정토 추진 계획의 현실적인 배경으로 755년에 발생한 安祿山의 난으로 당이 신라를 원조하지 못했을 것이라는 국제환경을 거론하는 견해가 있다. 그러나 이를 명분으로 하여 대신라 경계태세를 강화하고 국내의 권력 집중을 꾀하려 했다고 보는 것이 옳다. 이에 대해서는 北山茂夫, 「藤原恵美押勝の亂」, 『日本古代政治史の研究』, 岩波書店, 353~360쪽 ; 倉住靖彦(1985), 『古代の大宰府』, 吉川弘文館, 248~251쪽 ; 具蘭憙(1999), 「8세기 중엽 발해 · 신라 · 일본의 관계-일본의 신라침공계획을 중심으로」, 『韓日關係史研究』 10 ; 拙稿(2003), 「統一期 新羅와 日本關係」, 『古代韓日交流史』, 혜안, 270~274쪽 참조. '新羅征討'계획에 대한 최근의 연구로는 송완범(2006), 「8세기 중엽 '新羅征討' 계획으로 본 古代日本의 對外方針」, 『韓日關係史研究』 25가 있다.

다. 이념과 실제가 다른 불안정한 번국 관념으로서는 신라를 극복하고 능가하는 국제질서를 구축하기에 한계가 있었다.

6. 맺음말

8세기 일본 율령국가의 지향점은 신라를 극복하는 국제의 정비였다. 이를 위해 신라에 우월한 국가의 이념으로 신라를 번국시하는 역사적 근거와 이데올로기를 만들지 않을 수 없었다. 대보율령의 제정은 천황제 국가의 청사진이었고, 『일본서기』의 편찬은 천황 통치의 정통성과 정당성의 추구였다. 『일본서기』의 신라가 일본에 조공해왔다는 역사적 연원, 바로 신공황후 전설은 천황제 율령국가의 정치적 이념에 의해 창출되었다. 여기에 법제적으로 신라=번국을 규정하여 외교의 현장에서 현실적으로 기능하고 있다는 것을 강조했다.

일본 율령국가 신라번국관의 역사적 배경으로는 왜 왕권의 중요한 문물 수입처였던 가야, 3백년 불변의 우호관계였던 백제, 6세기 말 이후 활발한 교류국이었던 고구려 등 왜 왕권과 밀접한 관계를 맺던 국가들의 신라에 의한 멸망이다. 특히 백제의 멸망은 왜 왕권에 커다란 충격이었고 백제부흥전쟁의 패배는 대신라적시관과 함께 경쟁의식을 배양시켰다. 이것은 신라를 극복하고자 하는 우월사관을 만들었고 번국관으로 전화되었다. 이러한 번국 관념을 현실의 외교의례 현장에서 구현하려고 한 것이 번례의식이다. 국정의 주청, 국서와 진조, 대극전에서의 원단 하정의식, 위계 수여의식 등이 그것이다. 이것은 중국의 화이사상을 모방한 일본 율령국가의 일대 세레모니였지만 국내의 장에서조차 제대로 실현되어 않았고, 오만불손한 일본 사절에 대해 신라 측에서는 왕의 접견을 불허한 채 퇴출시키기도 했다.

일본의 신라번국관은 중국의 화이질서에서 보이는 문화적, 예적 우위성을 점하는 관계에서 나온 것이 아닌 그 반대의 현상에서 출현하였다. 번국으로 간주하는 신라에 대한 문화적 열세와 예적 빈곤을 극복하는 방편으로 정치군사적 우월주의를 강조하였고, 주종관계로부터 이탈하려는 신라의 '무례'를 응징하는 신라 정토론을 제기하게 되었다. 이러한 문자화된 독선적 이념에 사료로서 가치를 부여할 때 왜곡된 역사상이 만들어질 수밖에 없는 것이다. 일본 고대 지배층이 만들어 낸 주관적 이데올로기, 이념에 실제가 다른 이중적 구조에서는 더 이상 신라와의 공적 관계를 유지하기가 어려웠고 8세기 말 이후에는 국가 간 교류의 단절과 신라를 기피하는 배외주의로 나아가게 된다.

Ⅲ. 동아시아의 도성제 · 불교 · 해상교류

당대 도시에서 향리와 방의 관계에 대하여

규슈대학 **사카우에 야스토시**

사카우에 야스토시[坂上康俊]
규슈[九州]대학 인문과학연구원 교수
대표논저 | 『平城京の時代』(2011, 岩波書店), "The Comparative Study of the Ritsuryo Bureaucracy in Ancient Japan and Tang China"(*ACTA ASIATICA* 99, The Toho Gakkai, 2010), 「古代東アジア國際秩序の再編と日韓関係」 第2~4章(『第2期日韓歴史共同研究報告書(第一分科会篇)』, 日韓歴史共同研究委員会, 2010), 『日本の歴史5 律令國家の転換と日本』(2002, 講談社學術文庫), 『唐令拾遺補』(共編, 1997, 東京大學出版会) 외 다수

당대 도시에서 향리와 방의 관계에 대하여

규슈대학 **사카우에 야스토시**

1. 머리말

당의 호령戶令에서는 자연 집락인 방 · 촌村과, 인위적 행정집단인 향 · 리가 겹쳐 있고, 아래와 같은 이중구조를 이루고 있다(미야자키 이치사다[宮崎市定]설).

자연구분 { 邑居 … 坊 – 隣 / 田野 … 村 – 隣 }
인위구분 邑居 · 田野 … 鄕 – 里 – 保

예를 들면 가家는, 도시의 경우에는 '모방某坊'에 속하는 동시에 '모향모리某鄕某里'에 속하고, 농촌農村의 경우에는 '모촌某村'에 속하는 동시에 '모향모리'에 속한다.[1]

요시다 다카시[吉田孝]의 설명은, 미야자키 이치사다의 저명한 2개의 논문[2]

1) 吉田孝 집필(1976), 『日本思想大系3 律令』, 岩波書店, 550쪽.

2) 宮崎市定(1992), 「中國における村制の成立」, 『宮崎市定全集7 六朝』, 岩波書店(첫 발표는 1960년) ; 宮崎市定(1992), 「漢代の里制と唐代の坊制」, 『宮崎市定全集7 六朝』, 岩波

의 취지를 간결하게 표현한 것이다. 요시다는 미야자키설을 전제로 일본과 대비시켜 "일본日本의 호령은 당령唐令에서의 자연 구분(자연취락)과 인위 구분(행정조직)의 이중구조 중, 자연 구분인 방 · 촌 · 린에 대해서는 적극적인 규정을 두지 않고, 인위 조직으로서의 방 · 리 · 보로 일원화하고 있다"고 결론을 도출하였다.[3] 이를 도시에 대해서 말한다면, 일본의 평성경平城京에서는 인위적으로 편성된 조條와 방의 조직이 있고, 경호京戶는 '모조모방某條某坊'에 속할 뿐이지만, 당에서는 장안長安 · 낙양洛陽이라는 도都는 말할 필요도 없고, 양주揚州 기타의 지방도시에서도, 어떤 사람은 '모방某坊'에 속하는 동시에 '모향모리'에 속하고 있다는 것이 된다.

요시다 다카시에 의한 이 일당日唐의 대비에 의거한 미야자키설은, 일본고대사 연구자 사이에서는 지금도 통설로 간주되고 있지만,[4] 중국 혹은 일본의 당대사唐代史 연구자 사이에서는 반드시 그렇지도 않다는 이상한 상황이 존재한다. 필자 자신도 호령의 이정里正 · 방정坊正의 임용 규정을 정합적으로 해석하려고 하는 한, 미야자키설을 인정하지 않을 수 없다고 생각하지만(후술), 다소 납득이 가지 않는 부분도 있다. 당대의 도시에 있어서 인위 구분과 자연 구분이 이중구조를 이루고 있다고 하는 설이 성립한다고 해도 구체적으로는 어

書店(첫 발표는 1962년).

3) 吉田孝(1983), 「編戶制 · 班田制の構造的特質」, 『律令國家と古代の社會』, 岩波書店, 201쪽.

4) 岸俊男(1988), 「日本における『京』の成立」, 『日本古代宮都の硏究』, 岩波書店(첫발표는 1982년) 44쪽. 최근의 연구로는 北村優季(1992), 「日唐都城比較制度試論」, 池田溫編『中國禮法と日本律令制』, 東方書店, 317쪽 ; 同(1993), 「條坊の論理」, 笹山晴生先生還曆記念會編 『日本律令制論集』上, 吉川弘文館, 359쪽 ; 殘野充(2007), 「律令國家における京戶支配の特質」, 『日本古代の國家形成と都市』, 校倉書房, 106쪽(첫 발표 1986년) ; 市川理惠(2009), 「日唐における都城の行政 · 治安機構」, 『古代日本の京職と京戶』, 吉川弘文館, 216~217쪽 등을 들 수 있다.

떠한 상황이 되어 있는 것인지, 오로지 법제法制의 측면에서 구성된 미야자키설이 당시의 구체적인 사료에 기초해서 충분히 검증되지 않은 것은 않은지, 이것이 소고가 문제로 삼은 부분이다.

본고에서는 우선 기본적으로 미야자키설을 지지하는 까닭을 술하고, 다음으로 미야자키설이 내포하는 문제점을 지적하고, 나아가 도시 주민에 관한 방대한 사료군이라고 할 수 있는 당대의 묘지墓誌를 이용하여 장안 · 낙양을 비롯한 당대 도시에서의 방과 향 · 리의 관계에 대해서 검토하고 간단하게나마 일본 고대의 등원경藤原京 · 평성경의 방제坊制와의 비교를 시도하고자 한다.

그런데 당대 도시에서의 방과 향리의 관계는 신라 이방제里坊制를 역사적으로 위치시키는 것과도 밀접히 관계 있는 문제이다. 『삼국유사』 권제1 기이제1 진한辰韓에는,

> 新羅全盛之時京中十七万八千九百三十六戶, 一千三百六十坊, 五十五里, 三十五金入宅. (言富潤大宅也)(하략)

이라는 기사가 있다. 여기에서 말하는 "京中十七万八千九百三十六戶, 一千三百六十坊, 伍十伍里"의 부분에 대해서는, 『삼국유사』 권제5 피은제避隱第8 염불사念佛師에,

> 南山東麓有避里村. 村有寺. 因名避里寺. 寺有異僧. 不言名氏. 常念彌陀, 聲聞于城中. 三百六十坊十七万戶, 無不聞聲. 聲無高下, 琅琅一樣. 以此異之, 莫不致敬, 皆以念佛師爲名. 死後泥塑眞儀, 安于敏藏寺中. 其本住避里寺, 改名念佛寺. 寺旁亦有寺. 名讓避因村得名.

이 중에서 "城中三百六十坊十七万戶" 및 『삼국사기』 권제34 잡지제3 지리1

신라新羅의,

> 今按, 新羅始祖赫居世, 前漢五鳳元年甲子, 開國王都. 長三千七十五步, 廣三千一十八步, 三十五里, 六部. 國號曰徐耶伐, 或云斯羅, 或云斯盧, 或云新羅.

와 대조해서 생각해야 한다.

이들 사료 중 『삼국유사』에 보이는 '리'와 '방'에 대해서 종래의 연구는 대개 다음과 같은 상황이다.[5)]

① 혼용설混用說

윤무병尹武炳은 중국의 사례에 근거해서 리와 방은 혼용되어 있었고, 사료에서는 같은 개념으로 사용되었다고 한다.[6)] 확실히 당대 장안과 낙양에서는 제4절 이하에서 서술하듯이 방을 리라고 하는 것이 극히 보편적으로 보인다. 그러나 통계적인 사료에 있어서 혼용된 사료는 없는 것이 아닐까 한다. 『삼국유사』에서는 '리'와 '방'을 별도로 집계하고 있고, 이 경우는 '리'와 '방'이 차이가 있기 때문에 그와 같이 집계했다고밖에 말할 수 없다. 따라서 당대에서는 '리'와 '방'이 혼용되어 있다고 하는 것을 앞 사료의 해석으로 원용하는 것은 불가능할 것이다.

② 병렬설竝列說

5) 이하의 한국에서의 里坊에 관한 연구 상황에 대해서는, 부경대학교 사학과 박사과정에 재학하고 있는 이미란 씨로부터 교시를 받았다. 다만 本稿의 소개, 비평의 책임은 모두 필자에게 있다.

6) 尹武炳(1987), 「新羅 王京의 坊制」, 斗溪李丙燾博士九旬紀念韓國史學論叢刊行委員會 『李丙燾博士九旬紀念韓國史學論叢』, 知識産業社.

이은석[7] · 김교년[8] 두 사람은 방의 주변에 55리가 설치되어 있다고 하고, 양자를 병렬적인 행정단위로서 파악하려고 한다. 이 견해는 경역京域 내에는 조방제條坊制를 설치하고, 경역 외에는 국군리제國郡里制가 놓여있는 일본의 도성제都城制와 같은 상황을 상정하고 있다고 말할 수 있다.

다만 앞의 『삼국유사』 기사는 어디까지나 '경중京中'에 55개의 '리'가 있다고 말하고 있고, 또 『삼국사기』 권제3 신라본기3 자비마립간 12년(469)에도 "春正月, 定京都坊里名"이라고 보이고 있기 때문에 일본과 같이 '리'가 경외京外에 있다고 하는 것은 다소 무리가 있다고 말할 수 있다.

③ 부部 – 리 – 방 3단계설

이상에서 서술한 바와 같이 혼용설, 병렬설에는 제각기 커다란 난점이 있기 때문에 금일 통설적으로는 리 – 방의 단계설이 채택되어 있고, 이 리의 위에는 6부가 있다는 듯이 이해하고 있다. 다만 이 경우에는 리의 수는 『삼국유사』에 따라 55개라고 해도 그 밑의 방의 수가 몇 개인가를 확정해야 한다. 하나는 『삼국유사』 권제1에 보이는 "一千三百六十坊"이고, 또 한편으로는 『삼국유사』 권제5에 보이는 "三百六十坊"이다. 전자의 경우는 1리당 25개의 방이 속하는 것이 되고, 후자의 경우는 1리당 6~7개 정도의 방이 속하는 것이 된다.

전덕재는 황룡사 동방유적東方遺跡에서 검출된 1구획(167.5m×172.5m)을 방으로 보고, 왕경王京 3,075보步(5,424m)×3,018보(5,323m) 전체 중에서 약 999의 방(5,424m×5,323m／167.5m×172.5m)이, 또 동천동유적東川洞遺跡의 1구

---

7) 이은석(2004), 「王京의 成立과 발전」, 『統一新羅의 考古學』, 제28회 한국고고학전국대회.
8) 김교년(2003), 「新羅 王京의 發掘調査와 成果」, 『新羅王京調査의 成果와 意義』, 제12회 문화재연구 국제학술대회, 국립경주문화재연구소.

획(160m×125m)을 방으로 상정한다면, 같은 왕경 중에 약 1,443방(5,424m×5,323m／160m×125m)이 설정되어 있었을 것이라고 한다. 이 설을 채용한다면 "一千三百六十"이라는 방수坊數가 근사치를 표시하는 것이 된다.[9)]

다만 이 발굴에 의해 나타난 1구획이 '방'이라고 하는 것을 증명해주는 것은 아니다. 1,360개의 방은 당과 일본에 비해서 너무나도 많다. 『삼국사기』 권48 효녀지은조孝女知恩條의 "孝德坊"과 『신라수이전新羅殊異傳』의 "禺金坊" 등 방에는 고유명사가 붙어있었던 듯 하지만, 경내京內 1,360개의 방 하나하나에 고유명사가 붙어 있었다고는 다소 생각하기 어려운 것은 아닌가. 권5에는 바로 '一千'을 생략한 숫자가 기록되어 있는 점을 중시한다면 '일천'은 '一云'의 오사誤寫라고 하는 이병도[10)], 미시나 아키히데[三品彰英][11)], 이기백·이기동[12)] 등의 설이 온당할 것이다. 고려의 왕도인 개성開城에 있어서는 5부 35방 344리였던 점도 신라는 리를 방보다 큰 개념으로 하고, 고려는 방을 리보다 큰 개념으로 하고 있다는 역전현상은 있다고 해도,[13)] 상하上下의 비율로서는 참고가 될 것이다. 결국 신라 왕경에서는 55의 리 내부가 360의 방으로 나뉘어져 있고, 따라서 1리 중에는 6방 정도가 포함되어 있다고 하는 생각이 가장 온당한 것이 된다. 그러나 리와 방에 어떤 관리가 있었던가 하는 문제는 사료에서 확인되지 않는다. 금후 목간木簡 등의 출토 문자 자료의 발견에 의해 이 문제의 해결

9) 全德在(2009), 「里·坊制의 施行과 그 性格」, 『新羅王京의 硏究』, 새문사, 157쪽(첫 발표 2008년). 일찍이 龜田博(2000), 「皇龍寺付近の坊」, 『日韓古代宮都の硏究』, 學生社, 246쪽(첫 발표 1998년)도 같은 계산에 기초하여 "一千三百六十坊"이 타당함을 지적하였다.

10) 李丙燾(1959), 『韓國史』, 乙酉文化社.

11) 三品彰英 遺撰(1975), 『三國遺事考證』 上, 塙書房.

12) 李基白·李基東(1993), 『韓國史講座』, 一潮閣.

13) 金昌賢(2008), 「新羅 王京과 高麗 都城」, 『新羅文化祭學術論文集』 29.

의 실마리가 보이기를 기대하고, 우선은 사료가 풍부한 당과 일본의 도시 상황에 대해, 이하에서 검토해보고자 한다.

2. 향리와 방의 이중구조설에 대한 의문

당대의 도시에 인위 구분과 자연 구분의 이중구조가 있었다는 것이 과연 증명된 것일까. 미야자키 논문에서는 이 이해가 오로지 호령 조문의 해석으로부터 도출되어 있고, 성곽 내의 모인某人의 귀속이 A향 B리인 동시에 α방이기도 하다는 사료상의 실례를 든 것은 아니다. 또 전술했듯이 일본 · 중국의 당대사 연구자에게는 반드시 미야자키설이 지지받고 있지 않은 것 같다. 본절本節에서는 우선 근년 당대사 연구자의 이해에 대해서 의문을 표시하고 기본적으로 미야자키의 이중구조설을 인정하지 않을 수 없는 점을 확인한 뒤에 미야자키설이 안고 있는 몇 가지 문제점을 제기해보고자 한다.

미야자키의 이중구조설이 근년의 당대사 연구자에게 계승되고 있지 않다는 것을 명확히 판명하는 일은 장안성長安城 내의 인구를 논하는 국면에서이다. 예를 들면 오타기 하지메[愛宕元]는 미야자키의 이중구조설, 즉 성곽 내에도 향리제鄕里制가 설치되어 있다고 하는 생각은 전혀 언급하지 않은 채 장안의 성곽 내에는 방이, 성곽 밖에는 향이 놓여 있다는 것을 전제로 입론하고, 개원말開元末 · 천보초天寶初의 상황을 기록하고 있다.[14] 돈황박물관본敦煌博物館本 「지

14) 布目潮渢 · 大野仁(1981), 「唐開元末府州縣圖作成の試み—敦煌所出天寶初年書寫地志殘卷を中心に」, 布目潮渢編 『唐 · 宋時代の行政 · 經濟地圖の作製』, 文部省科學研究費補助金成果報告書 ; 吳震(2009), 「敦煌石室寫本唐天寶初年 『郡縣公廨本錢簿』 校注並跋」, 『嗚寔敦煌吐魯番文書研究論集』수록, 上海古籍出版社(첫발표 1982년) ; 馬世

지잔권地志殘卷」(이하 「돈박지지敦博地志」)에 기재된 장안 · 만년양현관하万年兩縣管下의 향수鄕數는 모두 성곽 밖에 있었던 것으로 되어 있다.[15] 즉 성곽 내에는 방, 성곽 밖에는 향리라고 하듯이 일본의 조방제와 동일한 사태를 당에서도 상정하고 있다. 따라서 성곽 내의 호戶를 가리켜 '방호坊戶'라는 용어를 사용하고 있었을 것이다.

당대 장안의 인구를 논한 세오 다쓰히코[妹尾達彦]도 오타기 하지메와 같이 이해하고 있다는 점은, 세오가 천보원년天寶元年의 장안 성내長安城內 현縣 소관의 호구 수의 산출 시에 경조부京兆府의 '향방합계수鄕坊合計數'를 집계하려고 하고, 그때 「돈박지지」 소재 경조부 향수鄕數 592에, 천보원년 시점에서의 장안현長安縣 54방, 만년현萬年縣 53방 및 동 · 서의 시市 각 2방분이라고 하는 성내城內 계 111방[16]을 더하고, 여기에 장안현, 만년현 이외의 경조부 각 현각방수縣各坊數 21을 더하여(세오는 각현各縣 1방으로 상정하고 있지만, 그 근거는 불명), 경조부의 '향방합계수' 724를 도출하고 있는[17] 것으로 보아 분명하다. 만약 미야자키설에 따른다면 '향방합계수'라는 개념은 무의미하고, 천보원년의 경조부 호수 362,921, 구수 1,960,188(모두 『신당서新唐書』 권37 지리지1 소재)에서 향

長(1982), 「敦煌縣博物館本地志殘卷—敦博第58號卷子硏究」, 北京大學中國中古史研究中心編 『敦煌吐魯番文獻硏究論集』, 中華書局.

15) 愛宕元(1997), 「唐代京兆府の戶口推移」, 『唐代地域社會史硏究』, 同朋舍出版, (첫 발표 1986년) 에서는 「敦博地志」에 기록되어 있는 京兆府 管內 23縣의 管下 鄕數를 "城郭外郊區의 鄕數"라고 보고 있다. 역시 日野開三郎도 "里正 · 村正에 대한 坊正은 이 自治體 관리의 중심"으로, 郭內에 里正의 존재를 인정하지 않고 있다(日野開三郎(1993), 「唐代城邑の坊市の角隅について」, 『東洋史學論集』 第13卷, 三一書房, 312쪽(첫 발표 1964년).

16) 天寶元年 시점에서의 京兆府 管下의 縣數가 23이라는 것은 愛宕元(1997) 참조.

17) 妹尾達彦(1995), 「唐長安人口論」, 堀敏一先生古稀記念 『中國古代の國家と民衆』, 汲古書院, 568~569쪽.

별鄕別 평균 호수 · 호구 수를 구하고자 한다면, 단순히 이를 592로 나누면 된다. 다만 그렇게 얻어진 숫자는 방과는 무관하기 때문에 장안 성내의 관호구수管戶口數를 산출하는 데에는 의미가 없다. 이것이 미야자키설에 따른 이해가 될 것이다.

세오가 인구의 계산을, 향과 방이 동일 차원에서 병렬한 것(중층重層이 아닌 곽외郭外와 곽내郭內에 병존하는 것)이라는 전제에서 진행하고, 지명하지 않은 미야자키설을 부정하고 있는 데에는 이유가 있다. 그것은 ① 미야자키설에 따르면 "성내외城內外에 걸친 향이라는 행정구획 중에 성내城內를 가리키는 방이 포함되어 있다고 생각해야 하고, 그렇지 않으면 향과 방의 행정계통이 혼란에 빠진다"는 것, 실제로 ② "장안성의 경우, 성외의 향과 접하는 동남東南의 곡강曲江의 방을 제외하고, 향 밑에 방이 위치하는 일은 없다"는 것, ③ 당대 소주蘇州의 지지地志 『오지기吳地記』에 "소주성蘇州城의 곽하현郭下縣 즉 오현吳縣이 방수坊數 30, 향수鄕數 30, 현호수縣戶數 38,361, 장주현長洲縣이 방수 30, 향수 30, 현호수 23,700이라고 명기되고, 성내를 표시하는 방에 대해 향은 성외만을 표시한다"는 것이다.[18)] 일본 고대의 방과 리의 관계와 유사한 이 세오의 계산의 전제를 구성하는 위의 3가지 문제의 이해에 대해서도 실제 사료에 기초해서 검토할 필요가 있다는 것은 미야자키설과 동일하다. 대개 「돈박지지」는 성외의 향은 기재하지만, 성내의 방에 대해서는 현 레벨에 대해서도 계상計上하고 있지 않다고 한다면, 그것은 지지로서 다소 부자연스러움을 면할 수 없다. 또 세오가 거론한 ①~③의 문제에 대해서도 ①은 곽의 내외에 향이 걸쳐있지 않다고 한다면, 즉 곽내에는 곽내에서 완결하는 몇 개의 향이 존재하고 있다고 한다면 하등 문제될 것이 없을 것이다. 또 가령 걸쳐있다고 해도 후술할 바와

18) 妹尾達彦(1995), 591쪽, 註(16).

마찬가지로 이정과 방정의 직장職掌은 다르기 때문에 '행정계통이 혼란에 빠지는' 일은 없을 것이다. ②에 대해서는 후술하듯이 묘지 중에 반증反證을 발견할 수 있다. 또 ③에 대해서도 이중구조를 부정하는 사료는 될 수 없다. 단지 현성縣城 내의 방과 현성 내외의 향의 수를 언급한 것만으로도 생각할 수 있기 때문이다.

장안 성내의 인구 산출에 있어 세오가 채택한 방법과 동일한 문제는, 마찬가지로 『신당서』의 호수 수戶數數 · 호구 수로부터 경조부의 향 · 방의 평균 호구 수를 도출한 중국의 공승생龔勝生[19)]을 비롯하여 향과 방은 성외와 성내 각각의 행정구획이라고 하는 유력설[20)]에 대해서도 제기될 수 있을 것이다.

그러면 당대 장안과 낙양 혹은 주현州縣의 성곽 내에서 방과 향 - 리가 중층되어 있다는 명증明證은 미야자키도 거론하고 있는 당호령唐戶令 부원復元5조條[21)](개원이십오년開元二十五年, 복원 근거는 『통전通典』 권3 식화食貨3 향당소인鄕党所引 「대당령大唐令」)의 규정이다.

> 諸里正, 縣司選勳官六品以下, 白丁清平强幹者充, 其次爲坊正, 若當里無人, 聽於比隣里簡用(하략).

이정里正은 현사縣司가 당리當里 중에서 훈관勳官 6품 이하, 또는 백정白丁 청평

19) 龔勝生(1991), 「唐長安城薪炭供銷」; 「唐長安城人口札記二則」, 『中國歷史地理論叢』 3.

20) 예를 들면 武伯倫는 "唐代的基層行政單位是城內分爲坊, 郊區分爲鄕和里"(武伯倫(1987), 「唐長安郊區的硏究」, 『古城集』, 三秦出版社, 88쪽(첫 발표 1963년))라고 하였다. 李之勤(1984), 「西安古代戶口數目評議」, 『西北大學學報(哲學社會科學版)』 1984年 第2期, 48쪽, 魯西奇(2010), 「唐代地方城市中的里坊制及其形態」, 『廈門大學國學硏究院集刊』 第2輯, 13쪽 등에서도 같은 이해를 드러내고 있다.

21) 復元唐令의 條文 번호는, 仁井田陞著(池田溫 編集代表, 1997), 『唐令拾遺補』, 東京大學出版會에 따름.

강간淸平强幹한 자를 선택해서 충당하고 그 다음에 방정坊正으로 삼고, 만약 당리當里에 적당한 사람이 없다면 비린比隣의 리에서 골라 이용한다는 것을 규정한 이 조문에서는 이정과 방정은 중복한 모집단母集團으로부터 선택하여 임용해야 한다는 것이 판명되었다. 그렇다면 성곽 내에도 리가 없으면 안 되고, 당호령唐戶令 부원復元1 병조丙條에 "諸戶, 以百戶爲里, 五里爲鄕"(開元二十五年令, 부원 근거는 상동)이라고 한 이상, 리의 위에 행정단위로서 향이 설치되었기 때문에 성곽 내에도 향리제가 놓여있었다고 해석하지 않을 수 없다.

덧붙여 호령에서의 이정과 방정 직장職掌의 차이가 거론된다. 방정은 같은 부원復元1 병조에 "掌坊門管鑰, 督察姦非"라고 규정되어 있고(개원이십오년령), 방문坊門의 관리와 경찰적 임무만을 담당하는 것이고 이정이 동조同條에 "按比戶口, 課植農桑, 檢察非違, 催驅賦役"(개원이십오년령)을 직장으로 한다고 되어 있는 것과는 다르고, 호구의 파악과 징세를 담당하는 것은 아니다. 이들 호령의 규정에 따르는 한, 성곽 내에도 이정을 두어야 한다. 향은 그 리를 5개 합친 것으로, 5명의 이정이 담당하는 행정단위로 보아도 좋다[22]고 한다면, 성곽 내에서도 향이 설치되었다고 해도 이상하지 않다. 무릇 당호령 부원復元22조에는 호적戶籍을 향별로 만들라고 규정되어 있다. 곽내에 향이 존재하지 않는다면 이 규정은 전혀 적용할 수 없을 것이다.

이와 같이 법제적으로 본 경우, 곽내에도 향리제가 펼쳐지고 있었다고 해석하지 않을 수 없는 것이고, 곽내의 향리와 방과의 중층(이중구조)은 인정하지 않을 수 없다. 미야자키설의 주된 근거도 이러한 법문法文에 있고, 이를 부정하지 않는 한 향리를 곽외만으로 인정한 설은 성립되지 않는다고 하지 않을

22) 內藤乾吉(1963), 「西域發見唐代官文書の研究」, 『中國法制史考證』, 有斐閣, 249쪽 ; 佐々木惠介(1986), 「律令里制の特質について」, 『史學雜誌』95-2, 26~8쪽.

수 없다.

그러나 처음에 서술했듯이 미야자키설은 구체적인 검증을 결하고 있고, 또 이하에서 서술하듯이 문제를 내포하고 있다.

첫째, 장안 성내의 인구는 대개 100만 명 정도라고 한다. 근년 세오 등이 채택한 계산법에는 전술한 바와 같은 문제가 있고, 그 결론을 가볍게 이용할 수는 없지만, 그러나 시문詩文 등에 의거한 100만 명에 가까운 인구가 성곽 내에 포괄되어 있었다고 상정하는 것은 그다지 부자연스럽지 않을 것이다. 문제는 그중의 토호土戶, 즉 곽내에 본관을 갖는 사람들의 인구이다. 이것을 알아내는 것은 용이하지 않지만, 이제까지 장안 성내의 인구를 논한 연구에서는 토호의 상정 최저치에서도 30만 명 정도는 추정하고 있는 것 같다. 장안에는 전술한 바와 같이 111방(이 중 동서東西 시의 분分이 계 4방)이기 때문에 크게 보아 1방당 3,000명 정도의 토호 인구를 포괄하는 것이 된다.[23)]

여기에서 『신당서』 권37 지리지1 소재 천보원년의 경조부 호수 362,921, 구수 1,960,188이라는 숫자(이것은 말할 필요도 없는 토호이다)를 이용한다면 경조부 전체의 1호당 평균 호구 수는 5.4명으로 산출된다. 이 숫자를 이용한다면 장안의 1방은 평균 500호 정도로 이루어진다.[24)] 우연한 결과이지만, 향과 방의 규모는 거의 일치하고, 하나의 방 중에 5개 정도의 리가 존재한 것이 된

---

23) 물론 皇族이 거주하는 坊과 고급관료의 저택이 있는 坊(구체적으로는 妹尾達彦(1997), 「隋唐洛陽城の官人居住地」, 『東洋文化硏究所紀要』133 등 참조)에서는 인구는 적지만, 서민이 集住하는 坊에서는 평균보다 많은 사람을 포괄하고 있었을 가능성이 크다. 또 南의 諸坊에서는 人家가 밀집 밀도가 극히 낮고, 家廟 등의 존재가 눈에 띤다는 것이 徐松의 『唐兩京條坊考』에 의해 알려졌다(愛宕元 譯註(1994), 『唐兩京條坊考』, 平凡社東洋文庫, 298쪽). 이러한 상황에 따라 土戶도 편재되었을 가능성이 있다.

24) 宮崎 자신은 "一坊의 호수는 아마도 수백 가가 넘을 것이다"(宮崎 註2, 「漢代の里制と唐代の坊制」, 105쪽)라고 상정하고 있다.

다.[25]

그렇다고 보면, 호령의 임용규정에서 방정은 이정의 다음이라고 해도, 어느 이정의 다음인지 알 수 없다는 문제가 생긴다. 약간은 호적상의 문제로 돌릴 수 있지만, 리에는 어느 정도 집합이 있었을 것인데(리가 하나의 집합공간을 점하고 있다는 것은 후술한다), 그 집합마다 이정을 선출하는 경우, 이정이 방정보다 열세라는 사태가 빈번히 일어날 수 있는 것은 아닌가. 예를 들면 어느 방에서 유력한 이정 후보자가 부관附貫되어 있는 집합체 중에서 선출된 이정은 훈관勳官의 관품官品과 자질이 높고, 한편 거의 견실한 생활자가 부관附貫되어 있지 않은 집합체로부터 선출된 이정은 지위, 자질이 극단으로 낮아질 수밖에 없는데, 그러한 경우에 유력 후보자의 집합체 중의 차점자가 방정이 되면, 동同 방내의 이정들보다 훨씬 높은 관품, 자질의 방정이 나타나게 된다. 이러한 현상은 용인되는 것인가, 이것이 의문의 첫째이다. 이정의 다음을 방정으로 하는 것이 이념이고, 게다가 규정이라면 이정과 방정을 선출하는 모집단이 같다고 하는 것이 바람직하지는 않을 것이다. 미야자키설에 따르면 이 이념의 역현상이 다발할지도 모른다.

둘째, 미야자키에 의하면 북위시대北魏時代에 도시의 내부계획은 공칭公稱이 '리'이고 민간에서는 '방'이라 부르지만, 수隋초에 '방'을 공칭으로 하고, 후에 다시 이를 고쳐서 '리'로 했던 것 같고, 당에 이르러 드디어 '방'을 정식 호칭으로 했다고 한다.[26] 즉 '방'과 '리'는 호환성이 있는 용어이고 그것은 실제로

25) 이것은 물론 循環論法의 위험이 있다. 鄕과 坊을 동일 레벨에서 병존한 것으로 하여 계산한 결과로부터는 30만 명 이하라는 숫자를 산출한 면도 있기 때문이다. 그러나 100만 명이라는 총인구에 대해서 土戶가 수만 명이라고 하는 것은 매우 적은 수이기 때문에 역시 수십만 명으로 보는 것이 온당할 것이다.

26) 宮崎市定註2, 「漢代の里制と唐代の坊制」, 104쪽.

역대에 걸쳐 교용交用되었다. 덧붙여 말하면 '방'과 '리'라는 2개의 용어가 있고, 한편은 자연취락 다른 한편은 행정구획이라는 성격을 띠고 있다, 라고 생각하기 어려운 것도 알 수 있다.

그런데 앞의 계산에 의하면 하나의 '방' 중에는 평균 5개 정도의 '리'가 포함되어 있다고 하는 것이 미야자키설이다. 여기에서 말하는 '리'는 행정조직이고 '방'과 호환성이 있는 용어로서 사용되어 온 구획명으로서의 '리'와는 구분하지 않을 수 없다. 그런데 주 – 현 – 향 – 리라는 행정조직은 기본적으로 수隋에서부터 당에 일관하고 있고, 미야자키의 이중구조설에 의하면 향리는 성곽 내에서도 편성되어 있기 때문에 수대隋代의 성곽 내에서는 구획으로서의 '리'(당대의 '방')와 행정조직으로서의 '리'(당호령의 규정에서의 백호百戶)가 중층적으로 병존하고 있었다는 것이 된다. 더구나 앞의 계산에 의한 한 구획으로서의 '리'(당대의 '방') 중에는 행정조직으로서의 '리'가 평균 5개 정도 들어 있었을 것이다. 수대의 대흥성大興城의 인구는 당대 최성기의 장안성보다는 적을지 모르지만, 그래도 동일한 문자를 사용하여 양쪽의 의의를 논하는 것은 극히 혼동되는 것이라고 하지 않을 수 없다. 수당시대隋唐時代의 도시에서 2개의 '리'는 혼란을 초래하지 않을 것인가.

셋째, 방이라는 자연 구분(자연취락)과 향리라는 인위 구분(행정조직)의 이중구조라는 생각에 대해서는 현실에서는 후자가 전자에 규제받지 않을 수 없다는 문제가 있다. 장안 성내는 높이 수미터의 담장으로 둘러싸인 방으로 구성되어 있지만, 그 담장을 무시하고 향과 리가 편성되었다고는 생각하기 어렵기 때문이다. 아무래도 방 중에서 향리를 편성하든가, 혹은 몇 개의 방을 하나의 향이 되고 리가 되도록 조직하지 않을 수 없을 것이다. 가령 장안 성내에 인위 구분으로서의 향리가 있었다고 해도 그것이 현실에는 ① 방 – 향 – 리, ② 향 – 방 – 리, ③ 향 – 리 – 방 혹은 ④ 방 = 향 – 리, ⑤ 향 – 방 = 리라는 편성으로 되지 않을 수 없었던 것은 아닐까. 게다가 방을 자연 구분이라고 할 수 있는지도 문제이다. 이 정도의 인위적 구분은 없는 것은 아닐까. 농촌에서의 동일한 이중구조를 동시에 생각한다는 것 자체에 무리가 있는 것은 아닌가.

이상의 의문을 염두에 두고 다시 미야자키설을 검토해 보면, 당대의 성곽 내에서 향 - 리라는 인간집단에의 귀속과, 방이라는 담장으로 둘러싸인 구획으로의 귀속이 중층적으로 병존해 있다는 것은 사료적으로 증명된 것이 아님을 알 수 있다. 보다 단적으로 말하면, 구획으로서의 방의 존재는 분명한 데 대해 성곽 내에 향 - 리제가 놓여 있었다고 하는 것은 구체적인 사료에 근거하여 증명된 것은 아니다. 무엇보다 우선 이정을 선출하고, 차점을 방정으로 하라고 하는 앞의 호령의 규정은 방제가 놓여있던 장안에도 적용될 수 있기 때문에 어떤 모집단이 방과 리를 포괄하고 있던 것은 틀림없다. 리가 동시에 방이다. 혹은 리 쪽이 방보다도 큰 단위라면 그러한 선택의 방법도 부자연스럽지는 않지만, 계산상으로는 반대가 되기 때문에 이정 · 방정 선임규정의 진의를 파악하기 어렵게 된다.

성곽 내의 방과 향리는 당대인唐代人들에 의해 실제로는 어떻게 파악되고 있었던가. 이 점을 검증할 수 있는 좋은 사료로 묘지가 있다. 묘지는 거의 틀림없는 동시대 사료이고, 그 문면文面에는 고인故人의 종언終焉의 지地와 매장지가 기록되어 있는 경우가 많기 때문에 그들의 소속의식을 찾는 데에는 귀중한 사료라고 할 수 있다. 다행히 주소량周紹良 편(1992), 『당대묘지휘편唐代墓誌彙編』 상上 · 하편下編, 상해고적출판사上海古籍出版社(속집續集 2001년)이 간행되었고, 당대의 묘지를 통람하기에 편리한 조건이 정리되어 있다. 물론 그중에는 현재는 탁본拓本 · 석문釋文밖에 남아있지 않은 것도 있고, 위조된 것이 전혀 없다고는 말하기 어렵다. 그러나 수록된 총 6천 점이 넘는 방대한 묘지는 그 대반이 장안 · 낙양 양경兩京 및 양주揚州를 대표로 하는 지방도시와 그 주변에서 채집한 것이고, 성곽 내에 거주하는 사람들이 마지막 주거지와 매장지를 어떻게 표기하고 있는가를 아는 데에는 최적의 조건을 구비하고 있다고 평가해도 문제없다고 생각한다. 묘지의 발견은 본서本書 간행 후에도 계속되고 있기 때문에 우선은 여기에 수록된 범위에서 검토해보고자 한다.

3. 당의 향리의 속지성

일본 고대에 국 – 군 – 리제의 '리'는 1차적으로는 인간집단(50호)을 가리키고, 리의 경계라는 것은 공적으로 존재하지 않는다. 그러한 의미에서 리에는 속지성이 없다. 한편 당대 중국에 대해서는 이중구조설에서는 '리'는 행정조직의 명, 혹은 인간집단의 명이라고 간주되어왔다. 그러나 '리'는 '방'과 호환성이 있는 용어이기도 하기 때문에 백호를 기준으로 하는 인간집단을 가리킨다고 할 수 있고, 그 인간집단이 거주하고 있는 지역을 말한다고도 하는 편이 자연스럽다. 본 절에서는 묘지를 이용해서 이 점을 검증하여 후론後論에 대비하고자 한다.

당의 '리'의 속지성을 증명하는 데에는 묘지에 기록된 매장 지점을 조사하는 것이 첩경이다. 묘주墓主는 말할 것도 없이 고인이고, 인간집단에는 속하지 않기 때문이다. 송宋 · 천성령天聖令의 상장령喪葬令 불행당령不行唐令4조(개원 25년령)에는,

諸去京城七里內, 不得葬埋.

라고 되어 있기 때문에,[27] 적어도 장안 · 낙양 및 태원太原에서는 기본적으로 곽외에 매장되었을 것이지만, 본조本條를 문자 그대로 읽는다면 「경성京城」 이외의 지방도시에서는 곽내에 매장하는 일이 허가되었을 가능성이 크다는 것을 염두에 두고 이하 검토를 진행해보자.

묘지에 보이는 매장지를 통람하면, 확실히 '적촌翟村'(용삭龍朔 040, 동同 086)에 매장한다고 하듯이 '촌'을 표시한 사례도 많지만, 향 · 리로 표시한 경우도 예를 들면,

> 洛州洛陽縣淸風鄕崇德里(貞觀044) 洛陽縣淸風鄕張方里平原之川(永徽107) 淸風鄕崇義里邙山之陽(咸亨021) 洛陽淸風里(貞觀045) 河南縣北邙山平樂鄕安善里(貞觀103) 河南府河南縣平樂鄕安善里北邙山之原(開元228) 河南縣平樂鄕安善里北邙之原(上元042) 北邙平樂鄕安善里…平樂鄕安陽里(顯慶059) 河南北山平樂鄕瀍左里(總章004) 河南府河南縣平樂鄕張陽里之北原(開元350) 河南北邙朱陽里之南原(開元390) 邙山之陽純俗鄕尙春里(總章009) 千金鄕金谷里之平原(垂拱039) 金谷鄕石城里(垂拱040, 041, 042) 昭陵東南十三里安樂鄕普濟里(顯慶096)

등 열거하기 어렵다. 이 중에는,

> 洛州河南縣平樂鄕華邑里邙山之原(永徽139) 洛州合宮縣平樂鄕瀍陽里(天授014) 河南洛陽縣淸風鄕崇德里邙山之陽(顯慶036) 洛州洛陽縣淸風鄕月城里邙山舊塋(顯慶120) 洛州洛陽縣淸風鄕張方里於北芒之山(上元037) 神都洛陽縣平陰鄕從新里邙山之北原(長壽018) 洛陽縣北平陰鄕安善里之桃原(先天007) 洛州河南縣金谷鄕泉源里北邙之原(上元044) 洛州河南縣金谷鄕石城里

27) 天一閣博物館 · 中國社會科學院 歷史硏究所 天聖令整理課題組 『天一閣藏明鈔本天聖令考證』(中華書局, 2006年, 下册 426쪽).

(調露006) 河南縣金谷鄉石城里之原(開元056) 河南河陰鄉百樂里北原(開元222) 京兆府万年縣寧安鄉通安里(續·乾符015) 襄州安養縣昇平鄉懷德里之原(景龍024)

라고 하듯이 현·향·리를 꼼꼼하게 기록한 것도 있는데,

邙山之平樂里(貞觀126) 河南縣平樂鄉之里(永徽055) 洛北邙平樂鄉之里(顯慶034) 洛陽邙山張方里(顯慶141) 洛陽縣淸風鄉(龍朔019) 洛州洛陽縣淳俗鄉北邙之原(龍朔021) 同州馮翊縣武城鄉之平原(麟德005) 馮翊北臨高鄉之原(乾封033) 北邙山之南原部村里(開元352) 洛陽城東之金墉鄉(開元358) 洛陽感德里之平原……北邙朱陽里之南原(開元389)東都河南縣金谷鄉之原(開元394)

라고 하여 간략화된 것도 있다. 주목되는 것은,

權殯於洛陽縣 鄉 里北芒原(開元465)
歸葬于洛陽 鄉 里 原(大和019)
葬于東都縣 鄉 里(會昌043)
權窆於華州華陰 縣 鄉 村(乾寧007)

라는 공란을 남긴 사례다. 이것으로부터는 본래 매장지로서 현, 향, 리(혹은 촌)를 기록해야 할 것이지만, 묘지를 기초起草한 단계에서는 무언가의 이유에서 그것이 들어맞지 않는다는 것을 보여준다고 추측되기 때문에 이념으로서는 현, 향, 리(혹은 촌)를 기록해야 한다고 되어 있다고 생각해도 좋을 것이다.

매장埋葬의 지와 마찬가지로 종언終焉의 지를 향리로 표시한 것은,

卒於洛邑鄉臨瀍里(永徽017) 卒於洛陽瀍澗鄉重光里之私第(永徽035. 瀍澗·

重光 모두 洛陽城內의 坊名은 아니다) 終於馬邑郡平城鄕京畿里之第(顯慶096) 終于善護鄕順德里之第(儀鳳032. 이것은 山西省 출토)

등 아마도 곽외의 경우만 아니고,

終於福善里(咸亨052. 洛陽8 I[28]) 終於脩義里(開元279. 洛陽1 J) 終于興寧里之十王院(天寶211. 長安2 J)

라는 예도 보이듯이 방명坊名+'리'라는 형태로 성곽 내에서도 많은 사례를 발견할 수 있다. "所居從善里, 其竹樹存焉"(개원136)이라는 일구一句는, 리(여기서는 방을 리로 쓰고 있다. 종선방從善坊은 낙양8L)가 지명 이외에의 어떤 것도 아닌 듯이 이해되고 있음을 보여주고 있다.

문제가 되는 것은 '촌'과의 관계이다. 매장 지점의 표기법으로서는 이하와 같은 사례가 참고가 된다.

河南縣平樂鄕安陽里杜郭村西南一里北邙之原(永隆007) 河南縣平樂鄕安川里邙山之陽翟村之西三伯步(貞觀124) 洛城北河南縣平樂鄕纏佐里王晏村北百步(顯慶020) 邙山平樂鄕瀍左里河東村北八十步(乾封002) 河南府河南縣金谷鄕金谷里無上村之原(開元027)

이것으로부터 촌은 리 중에 무리 없이 포섭된 듯이 보이지만, 한편,

28) 이하 坊의 위치 혹은 里에 관칭된 坊名의 위치에 대해서는, 平岡武夫編(1977), 『唐代の長安と洛陽 索引』, 同朋舍出版에 게재된 長安城圖 · 洛陽城圖와 같이 北으로부터 아라비아숫자를, 西로부터는 알파벳을 이용하여 표기한다.

(洛州河南縣)千金鄉樺村西三里(貞觀067) 平樂鄉翟村西北之平原(永徽143) 河南縣平樂鄉王村之東北一里半之原(龍朔018) 河南平樂鄉芒山之陽翟村西南二百步(龍朔040) 河南縣平樂鄉郝村西北二百步(龍朔086) 河南縣平樂鄉杜郭村東一里(麟德040) 平樂鄉杜郭村北二里芒山之陽(乾封055) 河南縣平樂鄉芒山之陰陶村北狼谷之原(咸亨105) 城東龍首原長樂鄉王柴村南一里向南與壽春坊路通也(天授019. 또한 '壽春坊'은 長安의 坊名에 보이지 않는다). 雍州乾封縣万春鄉杜永村(神功009) 北邙山合宮縣平樂鄉之杜郭村東北原(天授033) 合宮縣平樂鄉界王村西(長壽019) 翟村東南平樂里(證聖011) 乾封縣万春鄉杜永村東李菓地所(神功009) 河南府洛陽縣平陰鄉張相村(開元316) 河南縣平樂鄉崔村之原(開元374) 相州鄴縣西万春鄉艾口村, 去鄴都七十里, 葬于村西南平元里也(開元476) (揚州)揚子縣曲江鄉東五乍村鳴雁里之原(續 · 元和024)

라는 사례에 의하면, 향보다는 좁지만 리보다는 넓은 범위를 가리키고 '촌'이라고 부르는 일도 알려지고 있다. 게다가,

揚州江陽(縣) 城東之育賢村……揚州江□(陽?) 育賢村(貞觀085) 洛陽縣北茫山王羽村之北一里(貞觀088) 洛陽城北七里晏村西平樂鄉界(調露008) 城東王趙村平樂鄉(開元328) 城外河南縣界大王村之西北(顯慶021) 洛州洛陽縣諸葛村北一百□□山之陽(咸亨051) 絳州万泉縣尙村之私第(上元038)

와 같이 향을 넘어 '촌'이 퍼져나가고 있는 듯이 파악할 경우, 혹은 더욱 막연하게,

邙山翟村東一里(永徽111) 芒山之北翟村之西原(顯慶030) 邙山之陽翟村西二里(顯慶039) 北邙山王晏村之西北(顯慶051) 邙山北張相村東(龍朔079) 郎將村東南四百步平原(咸亨048) 邙山王趙村北(咸亨061) 邙山王趙村東北五里(咸亨072) 京城西布政之原小嚴村之左(咸亨095. 布政坊は長安4C) 相州城西北

四十里新店村西北一里半平原(儀鳳001) 翟村西北一里(儀鳳010) 北芒山西北王晏村東□步(儀鳳025) 洛陽城西北李村南之原(開元244) 京南大仵村原(開元292) 洛陽城南孟村私第(開元310) 呂柴村西南一里平原(開元336) 相州城西南卅里勳視角村西一里平原(開元359) 洛陽東袁村之原(開元407)

라는 경우도 있다. 이미 오타기 하지메가 지적하고 있듯이 '촌'의 규모 순서가 현, 향, 리 사이의 어디에 들어가는가 하는 차이가 생기고,[29] 지점은 촌 혹은 방으로 표시하고, 향 · 리는 귀속을 표시하는 경우에만 이용한다고 하듯이 자연 구분과 인위 구분이 별개라는 규칙이 있는 것은 아니다.

이상 서술했듯이 곽내의 리(방명+'리', 5. '이제里第'와 '사제私第' 참조)이건 곽외의 향리의 리이건 리는 지점표시로 이용되고 있음이 분명하지만, 다만 그 한편으로는 묘지의 모두 가까이에 종종 나타나는데,

貫河南縣洛汭鄉附招賢里(乾封005) 貫屬河南縣千金鄉(乾封038) 今貫偃師縣緱龍池鄉(乾封039) 今編貫洛陽縣□□鄉□春里(總章014)

와 같은 이관移貫 기사에서 "관貫○○방坊"라는 예는 『당대묘지휘편唐代墓誌彙編』(상上 · 중下 · 속續)에 한정해 볼 때 발견되지 않는 것 같다. 따라서 호적상에서는 사람은 어디까지나 현 - 향 - 리라는 관속貫屬을 갖고 있다고 해석하는 것이 온당하다고 생각한다.

---

29) 愛宕元(1997), 「兩京鄉里村考」, 『唐代地域社會史研究』, 同朋舍出版, 55쪽(첫 발표 1981년).

4. 지점표시로서 향과 방

당령에 규정된 방제는 장안과 낙양만이 적용適用된 것은 아니다. 부원復元 호령1정丁에 "兩京城及州縣郭下, 坊別置正一人"(『화명류취초和名類聚抄』 소인所引 당령唐令. 개원삼년령開元三年令), 同1乙에 "兩京及州縣之郭內分爲坊"(『唐六典』 卷3. 開元七年令取意文)라고 하듯이, 주현州縣의 곽내에서도 방제가 놓여 있었다. 즉 주치州治 · 현치縣治와 같이 지방도시에서도 방제가 놓여 있고, 이정 선임의 때 차점이 방정이 되도록 규정되어 있다.

지방도시에서 방 제도를 표시하는 사료도 묘지에는 빈출하지만, 그중에서 특히 주의를 끄는 것은 향 - 방이라는 지점표시의 존재이다.

종언終焉의 지를 표시하는 데에 향 - 방을 이용한 사례로서는,

> 歿于襄陽漢津鄉漢池坊第宅之邑(元和055) 終于汧源縣太平鄉崇義坊之私第(大和060) 終於襄州襄陽縣鳳林鄉南津坊之私第(大和090) 終于絳州翼城縣天柱鄉孝義坊私第(開成020)

라는 사례를 들 수 있고, 모두 곽내라고 생각되어 문제는 없다.

한편, 매장 지점埋葬地点을 표시하는 데에 향 - 방을 이용한 용례로서는,

> 葬于吳城東北干將鄉和合坊界(貞元131)
> 窆于(壽州)壽春縣儁造鄉左史坊壽□之東(大中044)
> 疾於春申坊私第……窆于壽(州)東二里黃公鄉春申坊(咸通036)

을 들 수가 있다. 앞의 상장령문喪葬令文에서는 '경성칠리내京城七里內'에서는 매장이 금지되어 있는데, 주 · 현의 곽내에의 매장에 대해서는 이 조문은 금지되

어 있지 않기 때문에 어느 것도 곽내의 방내에 매장한 것으로 이해해도 좋을 것이다.

이상 거론한 것은 지방도시에서 방의 위에 향이 있었다는 증거라고 할 수 있다. 부언한다면, 지방도시에서 방의 밑에 향이 기록되어 있는 사례는 보이지 않는다. 방 밑에 리가 기록되어 있는 사례에 대해서는 5. '이제里第'와 '사제私第'에서 언급한다.

다만 지방도시에서 향 밑에 방을 기록한 지점표시가 발견되었다고 해도,

> 江都縣贊賢坊之私第(貞元013) 揚州江都縣贊賢坊之私第(貞元067, 元和004) 揚州江都縣通閏坊之私舍(乾符024) 揚州江都縣通閏坊私第(續 · 咸通004, 續 · 咸通013) 揚州江都縣向義坊之私第(續 · 咸通072) 揚州江陽縣道化坊之長生禪寺(乾元011) 揚州江陽縣臨灣坊之原(貞元067) 江陽縣孝儒坊之私第(元和041) 揚州江陽縣崇儒坊之私第(貞元079, 元和064, 續 · 元和024) 江陽縣崇儒坊之私第(元和007) 揚州江陽縣文敎坊之私舍(續續咸通085) 江陽道仁坊之第(貞元066) 揚州江陽縣布政坊私第(開成003) 揚州江陽縣慶年坊之私第(光啓001) 揚州江陽縣太平坊之客舍(續 · 貞元052. 葬地에 대해서는 "江陽縣嘉寧鄕五乍村平原"라고 기록되어 있다) 江陽縣會義坊之私宅(續 · 大和029)[30] 揚州江陽縣會義坊之私第(續 · 乾符021) 揚州揚子縣通寰坊之私第(大中034) 揚州海陵縣常樂坊之私第(續 · 元和031) (海陵縣)常樂坊之私第(續 · 大和036) (河南府)河陽縣感義坊之私第(元和081) 江陵府莊敬坊之私第(大中033) 壽州壽春縣五明坊之私第(大中044) 孟州河陰縣臨闤坊之私第(大中049) 府元城縣慕化坊之私宅(大中067) (孟州)河陽縣褱信坊之私第(大中149) 臨洺縣里仁坊之私第(咸通008) 眞定縣永孝坊之私第(咸通070) (幽)薊縣軍都坊之私第(咸通083) 趙州元氏縣□勞坊之私第(咸通092) 滄州淸池縣善化坊(中和001) 滄州城內明

30) 여기의 '會義坊'은 "揚州江陽縣會義里"(長慶013) "江陽縣會義之里"(續 · 大中073)의 '會義里'와 同義일 것이다. 郭內에서의 '坊'과 '里'의 通用에 대해서는, 第4節에서 거론할 長安 · 洛陽의 사례를 참조.

經坊(大中017) 滄州海運坊之官第(開元357) 魏州城南景明坊官宅(咸通096) 魏州貴鄉縣履信坊之私第(續·咸通050) 陝州安邑縣樂貴坊私第(續·永貞004) 太原府會同坊之私第(續·元和058) 定府唐縣漢封坊之私第(續·元和042) 定州安樂坊之私第(續·寶曆007) 定州無極縣紂召賢坊私第(續·咸通090) 單于府德義坊之私第(續·開成022) 幽州薊縣薊北坊(貞元095) 薊縣開陽坊之私第(大和044) (薊縣)燕都坊之私第(續·會昌030) 薊縣界燕都坊之私第(續·大中070) 薊縣界玉田坊之私第(續·咸通068) 幽州薊縣燕都坊之私第(續·會昌031, 文德001) 幽都縣遵化坊之私第(續·大中056) 幽州幽都縣界勸利坊私第(咸通031) 幽都縣來遠坊私第(續·大和004) 幽都縣通闤坊之私第(續·咸通102) □昌縣昌福坊之私第(續·大中039) 齊州招賢坊之私第(續·大中043)

라고 하듯이 주와 현 밑에 방명은 기록되어 있어도 도중에 향명이 기록되지 않은 경우도 상당히 많다는 것을 인정해야 한다. 즉 성곽 내에 있어서 '향'의 그림자는 대단히 희박하다는 인상을 지울 수 없다. 그러나 지방도시의 성곽 내의 지점표시는 현 – (향) – 방이 일반적이었다고 판단하는 것은 허락되지 않을까.

5. '이제'와 '사제'

그러면 종언終焉의 지地로서,

東都正平里第(開元347. 洛陽11F) 永泰里第(龍朔025. 洛陽9·10K) 洛陽之嘉善里第(龍朔075. 洛陽10J) 東都恭安里第(開元343. 洛陽8·9G) 教業里第(儀鳳021, 開元332. 洛陽3M) 洛州行脩里第(垂拱042. 洛陽10F) 景行里第(貞觀078, 乾封044. 洛陽4J) 惠和里第(咸亨022. 洛陽71) 思恭里第(咸亨007, 咸亨111. 洛陽31) 脩善里第(永徽085, 乾封002. 洛陽101) 從善里第(上元031. 洛陽8L) 章善里第(垂拱052. 洛陽10 · 11K) 神都尙善里第(垂拱061. 洛陽6E) 洛陽審教里第(開元225. 洛陽1L) 東都審教里第(開元237. 洛陽1L) 洛州河南淸化里第(龍朔026. 洛陽3H) 淸化里第(永徽081, 永徽109, 調露003. 洛陽3H) 洛陽旌善里第(證聖008. 洛陽6F) 洛陽積德里第(上元026. 洛陽4M) 東都擇善里第(開元346. 洛陽7H) 陶化里第(咸亨008, 弘道002. 洛陽11J) 道光里第(長壽022, 證聖009. 洛陽2H) 河南道政里第(開元224. 洛陽1H) 履順里第(垂拱034. 洛陽2I) 東京立行里第(咸亨008. 洛陽3K) 万年縣永昌里第(咸亨027. 長安2H) 京城延福里第(貞觀024. 長安9C) 京兆長安延福里第(開元437. 長安9C) 西京懷眞里第(垂拱041. 長安9D) 長安懷德里第(垂拱065. 長安6A) 雍州光德里第(貞觀049, 貞觀059. 長安6C) 脩德里第(貞觀023. 長安1C) 崇仁里第(咸亨110. 長安4H) 善和里第(永淳003. 長安5E) 乾封縣太平里第(聖曆040. 長安5D) 西京長興里第(天授011. 長安7G) 長壽里第(垂拱065. 長安8B) 平康里第(開元263. 長安5H) 雍州來庭里第(長壽018. 長安2H) 醴泉里第(上元002. 長安4B) 高昌縣之淳風里第(永昌008)

등과 같이 '○○이제里第'라고 기록되어 있는 경우가 있다. 이러한 경우는 '○○里의 제'인지 '○○의 이제'인지 알기 어렵다. 다만,

洛陽之里第(貞觀127, 咸亨090, 垂拱062, 神龍026) 來庭縣永泰坊里第(證聖012, 洛陽9 · 10K) 洛陽縣教業之里第(開元342, 洛陽3M) 景行坊里第(龍朔089, 洛陽4J) 河南府康俗之里第(開元303, 洛陽12H) 思恭坊里第(長壽004, 洛陽3I) 時邕之里第(永隆003, 洛陽4K) 章善坊之里第(龍朔047, 洛陽10 · 11K) 行脩坊之里第(龍朔067, 洛陽10F) 通利之里第(開元227, 洛陽7J) 洛陽德懋坊里第(續 · 開元071, 洛陽3L) 德懋坊之里第(調露001, 洛陽3L) 洛陽敦厚之里第(貞觀019, 洛陽2J) 樂城坊里第(景龍009, 洛陽7J) 洛陽立行坊之里第(咸亨093, 洛陽3K) 延福坊之里第(龍朔084, 長安9C) 金城坊里第(上元032, 長安3B) 相州里第(貞觀004) 相州成安縣良川鄕里第(開元257) 雲安郡奉節縣之里第(天寶248)

라고 하는 예를 참조하면 '○○의 이제'라고 해석하는 것이 바른 경우가 혼재되어 있음을 알 수 있다. 예를 들면 "洛陽敦厚里第"(개원306, 낙양2Ｊ)가 "洛陽敦厚之里第"(정관019, 낙양2Ｊ)와 같은 의미라고 한다면 '돈후리의 제'가 아니라 '돈후의 이제'라고 읽어야 한다. 영주포주부과의도위寧州蒲州府果毅都尉의 이왕李汪이 "薨於隴西里第"(용삭027)라고 기록할 때에 '이제'도 동일하고, 이들 '이제'는 "奄捐里第" "卒于里第"(모두 인덕021) "薨於里第"(정관039) "終於里第"(정관040, 영휘040) "終于里第"(顯慶042) "卒於里第"(함형108, 조로019) "洛陽里第"(상원027) "洛陽縣里第"(수공062) 등과 같은 형태로 묘지에 기록된 '이제'와 같은 의미이고,

> 毓財坊私第(乾封048, 洛陽4Ｌ) 毓德坊私第(龍朔068, 洛陽2Ｌ) 延福坊私第(如意002, 洛陽8Ｋ) 永泰坊之私第(長壽001, 洛陽9 · 10Ｋ) 懷仁坊之私第(開元341, 洛陽9M) 合宮縣觀德坊之第(長壽026, 洛陽7Ｄ) 歸仁坊私第(咸亨013, 洛陽10M) 洛陽縣景行坊私第(咸亨106, 洛陽4Ｊ) 洛城脩義坊第(開元319, 洛陽1Ｊ) 思恭坊之私第(總章006, 洛陽3Ｉ) 洛陽縣慈惠坊宅所(調露005, 洛陽6Ｊ) 終於思順坊之第…終於廣信坊之第(長壽019, 洛陽9Ｉ?) 時邕坊私第(乾封041, 咸亨011, 洛陽4K) 思恭坊私第(總章014, 洛陽3Ｉ) 章善坊私第(咸亨009, 洛陽10 · 11Ｋ) 洛陽殖業坊私第(永徽080, 洛陽2Ｋ) 殖業坊之私第(麟德012, 洛陽2K) 河南府崇政坊之私第(開元216, 洛陽10 · 11Ｇ) 河南府洛陽縣通遠坊之私第(開元295, 洛陽1M) 洛陽縣通遠坊私第(開元210, 洛陽1M) 通利坊私第(麟德011, 洛陽7Ｊ) 道化坊私第(咸亨012, 洛陽9 · 10H) 河南府道光坊之私第(開元313, 洛陽2H) 敦厚坊私第(龍朔069, 總章008, 洛陽2Ｊ) 福善坊私第(龍朔072, 洛陽8Ｉ) 福善坊之私第(乾封035, 洛陽8Ｉ) 北市豊財坊之第(開元328, 洛陽1K) 立行坊私第(乾封053, 永徽079. 洛陽3K) 河南府洛陽縣履道坊之私第(咸通002, 洛陽12Ｌ) 京師永寧坊之私第(開元071, 長安8H) 延康坊私第(長安027, 長安7Ｃ) 雍州乾封縣嘉會坊之私第(神功009, 長安9Ｂ) 京兆府万年縣安興坊之私第(開元007, 長安3Ｉ) 万年縣平康坊之私第(天授019, 長安5H)

라고 한 '○○방사제坊私第' 혹은 '○○방지사제坊之私第'의 형태로 빈출하는 '사제私第' '제第' '덕소宅所'와 같은 의미라고 생각하는 것이 좋을 것이다.

그러나 그 한편으로는,

> 樂成里之第(咸亨017, 洛陽7Ｊ)
> 京兆靜(靖?) 安里之第(開元200, 長安9Ｇ)
> 長安頒政里之第(貞觀147, 長安3Ｃ)
> 長安龍首里之第(開元011, 동시에 久視002에는 '龍首里第'가 있다)
> 河南府河南縣洛城鄉靈台里第(開元252, 洛城 · 靈台 모두 洛陽城內의 坊名에 없고, 아마도 郭外의 洛城鄉 靈台里에 있던 私第일 것이다)

라고 하는 표기도 있기 때문에 '○○이제' 중에는 '○○리의 제'라고 읽어야 하는 경우가 있는 것도 명백하다.

그런데 종언終焉의 지地로서 '○○(지之)이제'라고 기록된 경우의 '○○'는 앞에 일일이 대조해 놓았듯이 압도적으로 낙양 · 장안의 방명이다. "河南縣思恭之里第"(정관067)는 사공방思恭坊(낙양3Ｉ)에 소재하는 사제私第 "敦厚里之第"(정관070)는 돈후방敦厚坊(낙양2Ｊ)의 사제라고 보아 무리 없을 것이다. "西京懷眞里第"(수공垂拱041, 장안9Ｄ) "長安懷德里第…長安長壽里第"(수공065, 장안6Ａ와 장안8Ｂ)는, 제각기 '회진방懷眞坊의 이제' '회덕방懷德坊의 이제' '장수방長壽坊의 이제'의 '방'을 생략해서, 그 방에 '이제'='사제'가 있었음을 표시한다고도 할 수 있고, 단순히 '방'을 '리'라고 표기했다고도 생각할 수 있다. "唐故張君墓銘并序"(건봉乾封054)에서 묘주장랑墓主張朗의 종언의 지를 "終於淸化里私第"라고 기록하고, 부인夫人의 쪽은 "終於淸化坊私第"라고 기록하고 있는 것은, 어느 쪽이 보다 넓은 개념이었거나, 한편으로는 인위적, 다른 한편으로는 자연적 개념이었던 것을 고의로 표현했다고는 도저히 생각할 수 없고,

동일 장소를 나타내는 데에 하나의 표현을 이용해 본 것에 불과하다고 해석해야 할 것이다.

이것을 전제로 한다면 '방명+리(지之)사제'와 같은 경우, 예를 들면 "時邕里私第"(정관053, 영휘093) "시옹리지사제"(정관081)라는 예에서는 '시옹'은 낙양현洛陽縣의 방명(낙양4K)이고, 여기에서는 '방'을 '리'로 표현하고 있다고 할 수 있고, 그 의미에서 이들의 사례는 "洛陽時邕坊私第"(영휘097) "時邕坊私第"(함형100)와 같이 기록된 것과 실질적으로는 동일하다고 하지 않을 수 없다. "洛陽縣嘉善里之私第"(정관077, 낙양10J) "嘉善里之私第"(조로024)는 "嘉善之私第"(용삭030) "洛陽縣嘉善之私第"(조로025)이기도 하고, 또 "東都嘉善坊私第"(용삭031)이기도 한 것이다. 낙양에 있어서 "思順坊"(정관150, 낙양9I)과 "思順里"(정관145) "立街坊"(영휘079, 소재불명)과 "立街里"(영휘071) "時邕坊"(영휘099, 낙양4K)과 "時邕里"(영휘093) "景行坊"(현경091, 낙양4J)과 "景行里"(현경085)는 제각기 동일한 관념, 즉 종언의 지, 많게는 사제가 존재한 위치를 방명+'방', 방명+'리'의 2가지로 기록한 것에 불과하다.

무엇보다 곽내의 방과 동명의 리가 성외에 존재하지 않았다고는 확언할 수 없다. 그 경우에는 '리'라고 하거나 성외 '방'이라고 하면 성내로 구분할 수 있다. 그러나 종언의 지를 표시하는 데에 '방명+리(지)(사)제' 혹은 간단히 '방명+(지)리'로 표기하고 있는 예는,

> 洛陽縣毓德里之私第(開元388, 洛陽2L) 洛陽毓德里之私第(開元345, 洛陽2L) 洛陽毓德里之客舍(開元371, 洛陽2L) 洛州洛陽縣延福里私第(上元024, 洛陽8K) 東都之溫樂里(開元214, 洛陽5M) 洛陽懷仁里之私第(開元259, 洛陽9M) 洛陽縣嘉善里之私第(貞觀077, 洛陽10J) 河南府河南縣嘉善里之私第(乾符006, 洛陽10J) 嘉善之里(咸亨103, 洛陽10J) 嘉猷里私第(乾封058, 洛陽6L) 洛陽勸善里私第(開元238, 洛陽7G) 河南府洛陽縣歸仁里之私第(開元

331, 洛陽10M) 教業里(開元234, 洛陽3M) 河南惠訓里之私第(開元219, 洛陽6G) 景行里(咸亨043, 洛陽4J) 洛陽景行里之私第(開元262, 洛陽4J) 東都興慶里之私第(開元208, 洛陽13J) 思恭里之私寢(咸亨113, 洛陽3I) 思恭里私第(儀鳳013, 洛陽3I) 思順里之私第(上元003, 洛陽9I) 思順里之私第(開元309, 洛陽9I) 洛州洛陽縣時邕里私第(顯慶030, 洛陽4K) 脩義里……脩義里(上元001, 洛陽1J) 洛陽脩義里之私第(開元339, 開元351, 洛陽1I) 洛陽縣脩義里之私第(開元339, 洛陽1I) 集賢里之私第(開元350, 洛陽12K) 脩善里(長壽028, 洛陽10I) 洛陽從善里之私第(乾封001, 洛陽8L) 神都從善里…東都從善里(長壽002, 洛陽8L) 從善里之私第(開元322, 洛陽8L) 洛陽尙善里之私第(上元014, 洛陽6E) 河南之尙賢里(開元318, 洛陽13G) 章善里(咸亨045, 洛陽10·11K) 洛州洛陽縣彰善里(咸亨096, 章善坊이라면 洛陽10·11K) 章善里之第(咸亨104, 洛陽10·11K) 審教里之私第(開元305, 洛陽1L) 綏福里(儀鳳005, 洛陽9L) 來庭縣綏福里(大足006, 洛陽9L) 河南崇政里(開元398, 洛陽10·11G) 河南縣淸化里私第(貞觀100, 洛陽3H) 淸化里之私第(永徽030, 龍朔016, 咸亨112, 洛陽3H) 河南縣政俗里之私第(開元410, 正俗坊이라면 洛陽12I) 河南府河南縣正俗里之私第(開元438, 洛陽12I) 東都積德里之私第(咸亨092, 洛陽4M) 河南府河南縣宣教里之私第(開元471, 洛陽12J) 尊賢里(儀鳳010, 洛陽11K) 洛陽尊賢里私第(開元399, 洛陽11K) 尊賢里之私第(如意001, 長壽016, 洛陽11K) 通遠之里私第(開元273, 洛陽1M) 通利里之私第(開元309, 洛陽7J) 洛陽陶化里之私第(開元382, 洛陽11J) 神都德懋里之私第(天授033, 洛陽3L) 洛州洛陽縣敦厚里…洛州洛陽縣陶化里(上元039, 敦厚坊は洛陽2J, 陶化坊은 洛陽11J) 洛州河南縣福善里私第(上元028, 洛陽8I) 福善里之私第(上元029, 儀鳳037, 洛陽8I) 洛陽縣豊財里(開元396, 洛陽1K) 樂城之里(龍朔035, 麟德067, 洛陽7J) 洛陽縣立行里之私第(永徽071, 洛陽3K) 立行里私第(乾封058, 證聖010, 洛陽3K) 立行里之私第(開元326, 洛陽3K) 麟德里(總章010, 洛陽3J) 西京永興里之私第(開元390, 長安3H) 永寧里之私第(景龍017, 長安8H) 京師永寧里之私第(大曆064, 長安8H) 京兆府永樂里之私第(開元060, 長安8G) 雍州長安縣延康里之私第(景龍043, 長安7C) 京兆府延康里之私第(開元250, 長安7C) 延康里私第(神龍047, 長安7C) 歸義里之私第(開元231, 長安12B) 長安義寧里之私第(咸亨060, 長安3A) 京長安縣義

寧里之私第(貞元043, 貞元044, 長安3A) 金城里之私第(天寶253, 272, 長安3B) 群賢里(長壽029, 長安5A) 京興化里之私第(景雲020, 長安7D) 京兆府興寧里之私第(開元378, 長安2J) 雍州之勝業里(儀鳳029, 長安4I) 京兆勝業里之私第(開元266, 長安4I) 殖業里(開元236, 長安6E) 長安親仁里之私第(貞元025, 長安7H) 万年縣之崇義里(永徽028, 長安6G) 靖安里之私館(開元381, 長安9G) 宣陽里(咸亨077, 長安6H) 雍州万年縣宣陽里之私第(万歲登封004, 長安6H) 長安宣陽里之私第(建中002, 長安6H) 宣陽里之私第(貞元012, 長安6H) 道政里之私第(開元304, 長安5J) 長安布政里之私第(大曆004, 長安4C) 上京平康里之私第(貞元017, 長安5H) 豊安里之私第(長安020, 長安11D) 醴泉里之私第(神龍004, 景雲025, 開元274, 開元370, 天寶273, 長安4B)

등 일일이 열거하기 어렵다. "景行邑私第"(인덕033, 경행방は낙양4J)도 여기에 준해서 생각하면 좋을 것이다. 요컨대 너무나도 방명+'리'의 사례가 많기 때문에 이들 다수를 성곽 외의 리로 간주하는 것은 불가능하다고 생각하는 것이 자연스러울 것이다.

상기에서 '방명+리'은 '방명+리(지)제' '방명+리(지)사제'를 더욱 간략화해서 종언의 지를 표기한 것으로, 방명이 동시에 이명으로도 이용되고, 혹은 '방' 대신에 '리'의 문자가 이용되어, 어느 것이든 공간을 가리킨다고 해석되는 사례이다.

특히 장안 · 낙양에 한정되지 않는다. 당대의 지방도시의 사례를 거론하면, "揚州贊賢坊之私第"(貞元067)와 "揚州江都縣贊賢坊之私舍"(續 · 貞元021에서의 '贊賢坊'과 "江都縣贊賢里從父之私室"(元和087) "江都縣贊賢里之寢舍"(大中066)와 "揚州江都縣贊賢里河界之私第"(大中086)에서의 '贊賢里'와 同義일 것이다. 같은 이유로 "楊州江陽縣布政坊之私第"(大和029, 開成003)의 '布政坊'은 "楊州江陽縣布政里之第"(會昌047)와 "楊州江陽縣布政里之私第"(長慶028)의 '布政里'와 "(揚州)江陽縣仁風坊之私第"(大中009)와 "揚州

江陽縣仁風坊之第"(咸通077)의 '仁風坊'은 "楊州江□縣仁風里之私第"(廣明007) "江陽縣仁風里之私第"(大中066)의 '仁風里'와, (幽州)"肅愼坊"(大中141)은 "(幽州大都督)府城之肅愼里"(大中129)와 同義일 것이다.

이상 당대의 성곽 내에서의 '방'은 극히 일반적으로 '리'라고도 표현되어 있었음이 분명해졌다. 다만 이 자체는 역사적으로 보아 당연한 일이고 '방'과 '리'가 호환성이 있는 말로서 성곽 내의 구획을 표시할 때에 교환하여 이용되어 왔다는 전사前史를 생각한다면, 당대에 있어서도 일종의 아어雅語·아칭雅稱으로서 공칭公稱의 '방' 대신에 '리'가 이용되고 있었던 사실을 표시한 것에 불과하다고 할 수 있다. 따라서 문제는 이러한 아칭으로서의 '리'가 빈번하게 이용되고 있을 때에 성곽 내 향리제의 모습, 특히 향리제의 '리'와 '방'의 아칭으로서의 '리'와의 관계는 어떠했는가 하는 것이다.

6. 당대 경성내의 향리와 방

제5절까지의 검토를 통해서 당대 지방도시의 '방' 위에는 '향'이 있었고(4. 지점표시로서의 향-방), 곽내의 '방'은 '리'라고 표기된 일이 많았음을 밝혔다(5. '이제'와 '사제'). 문제는 장안 성내에서도 '방'의 위에 '향'이 있었는지로, '향' 밑에 위치하고 동시에 '리'라고도 표기되는 '방'과 향리제의 '리'와의 관계이다. 여기에서는 전자의 문제부터 제기해보자.

卒於長安縣弘安鄉嘉會坊私第(顯慶099)

가회방嘉會坊은 확실히 장안현長安縣의 방명(장안9B)이다. 그렇다면 방 위의 단위로서 향이 설정되어 있다고 하는 것이 된다.[31] 이러한 예는 결코 드물지 않다. 예를 들면,

終于洛陽縣上東鄉毓財里私第(嗣聖003)

의 경우, 상동향上東鄉 자체는 곽외로 퍼져있지만 '육재毓財'는 낙양의 방명(낙양4L)과 같으며,[32] 그렇다면 성내의 방인 '육재방毓財坊'을 포괄하여 '상동향'이 성외로 넓혀질 가능성이 있다. 동일한 예로서,

雍州万年縣長樂鄉之純化里(貞觀066) 長安城東京兆府万年縣長樂鄉張壽村春明門外(續 · 大和022) 万年縣長樂鄉界龍首之原(開元274) 京兆府咸寧縣長樂鄉龍首之原(續 · 天寶051) 京兆府万年縣長樂鄉古城村(續 · 大和042)

가 있고, 이들은 매장지이기 때문에 앞의 상장령喪葬令 규정에 따라 지점은 장안성 밖이라고 생각해야 하지만, 만년현萬年縣에는 장낙방長樂坊(장안1Ⅰ)이 있기 때문에 장낙향長樂鄉은 그 방을 포괄하고 동시에 성외로 순화리純化里와 장수촌張壽村 · 고성촌古城村을 포함하고, 곽외의 북동 방향으로 용수원龍首原을 넓게 감싸고 있다고 해석하는 일이 불가능하지 않다.

31) 楊鴻年(1999), 『隋唐兩京坊里譜』, 上海古籍出版社, 391쪽에서는 "鄉名이 덧붙어 있기 때문에 長安 效區의 하나의 里와도 같이 보이지만, 嘉會라고 하고, 또 장안에 속하고 있기 때문에 揭出해 둔다"고 하는 按文을 게재하고 있다. 嘉會坊은 神功009에 "雍州乾封縣嘉會坊之私第", 天寶035에 "長安縣嘉會里之私第", 續 · 開元008에 "終於嘉會里之第" 등으로 보이고 있다.

32) 光宅008에 "洛陽縣毓財坊之私第"가 보이고 있다. 또 垂拱037에는 "神都毓財里第"가 보이고 있다.

歸葬於長安縣永平鄉靈安里(續 · 開成006)

의 경우, 장안현에는 곽내에 "永平坊"(장안10B)이 있는 것이 마음에 걸린다. 영평방과 곽외의 영안리靈安里 양자를 포괄하는 넓은 지역을 '영평향永平鄉'으로 했을 가능성을 생각할 수 있기 때문이다.

終于洛陽縣余慶鄉通遠里(顯慶060)

에 있어서도 낙양성洛陽城의 동북 귀퉁이에 "通遠坊"(낙양1M)이 있기 때문에 통원방을 포괄하면서 곽외로 여경향余慶鄉이 뻗어있는 사태를 상정할 여지가 있다.

卒於洛州河南縣永□鄉宣風里(龍朔078)

의 경우 '선풍宣風'은 낙양의 방명이기도 하기 때문에(낙양9D) '선풍방宣風坊'을 포괄하는 '永□鄉'이 편성되었을 가능성이 있다고 말할 수 있을 것이다.

葬於長安縣布政鄉大郭村龍首原(續 · 大和020)
厝於京兆長安縣布政鄉大郭里龍首原都門之西五里(續 · 大中024)

의 경우는 '포정방布政坊'이 장안4C이기 때문에 이 방을 포괄하는 광대한 향이 서측 곽외에까지 퍼져 있었을 가능성을 생각할 수 있다. 특히 속 · 대화020의 경우는, 묘주의 종언의 지가 '포정방'의 남쪽 인근의 '연수리延壽里'(연수방延壽坊)였기 때문에 곽외의 '포정향布政鄉'과 곽내의 '포정방'이 전혀 어떤 관계도 없는 우연의 일치라는 데에는 주저하게 되는 것이다.

葬於万年縣崇義鄉(續 · 大暦030, 續 · 貞元023)

의 경우 '숭의방崇義坊'이 만년현(장안6G)에 있기 때문에, 이 숭의방을 포괄한 향이 곽외로 뻗쳐있었다고도 해석된다.

보다 흥미로운 예는,

洛州河南縣永泰鄉行脩里之第(麟德036)

가 있다. 행수리行脩里가 행수방行脩坊의 것이라면, 그것은 낙양10F의 수행방脩行坊(행수방)을 가리킨다고 해도 좋다. 한편으로는 낙양에는 9 · 10F에 영태방永泰坊도 있다(이것을 '영태리永泰里'라고 표현한 예로서는 인덕066 · 건봉027의 "薨於私第永泰里"가 있다). 묘지를 통람하는 한, 향명鄕名과 방명이 중복하는 예보다는 훨씬 많은 비율로 이명과 방명이 겹치고 있다. 이 경우는 낙양성 동남에 위치하는 영태방을 포함하는 향이 거의 서쪽 정방향의 행수방을 포함하고 있었을 가능성을 생각할 수 있다. 다만 '영태향永泰鄉'에 관해서는 "窆於洛州河南縣永泰鄉隋鄧陵西一里"(총장013)라는 사례도 있고, 이것은 장지葬地이기 때문에 성외城外를 포괄하게 되어, 과연 이렇게 광대한 향이 존재할 수 있을 것인가에 대해서는 의문이 없지 않다.

하나 더 사례를 들어 보면,

…洛州洛陽縣人也.…終於洛陽縣子來鄉延福里之私第.…夫人…終於洛陽縣都會鄉喜善里之私第. …合葬於洛陽縣平陰鄉之界(續 · 光宅004)

가 있다. 연복리延福里와 희선리喜善里가 곽외에 있었을 가능성이 없다고는 말할 수 없지만, 희선喜善이 가선嘉善의 오류이고 혹은 개칭 내지 통용된 것이라면 연복도 가선도 낙양의 방명이고(8K와 10J), 제각기 리=방의 위에 별명別名의 향이 존재하고 있었을 가능성이 있다. 도회향都會鄉은 "神都洛陽縣都會鄉之私第"(수공垂拱033)에도 출현하고 있다.

이상 장안과 낙양에서의 '방' 위에 '향'이 놓여 있다는 해석이 불가능하지 않은 예를 들어봤다. 다만 "長安縣弘安鄉嘉會坊"을 제외하면, 리의 위에 향이 있고, 이따금 그 이명里名이 방명과 일치하고 있는 사례, 혹은 곽외의 향명이 곽내의 방명과 일치하고 있는 사례에 불과하다. 이명의 대부분은 유가적儒家的 윤리관倫理觀을 함축한 극히 추상적인 명칭이기 때문에,[33] 곽외의 이명과 곽내의 방명이 이따금 일치하는 확률도 높다. 따라서 장안 · 낙양의 성내 혹은 성내와 곽외를 건너뛰어 향이 설정되었을 가능성은 사료적으로는 대단히 논증하기 어려운 일임은 부정할 수 없다.

다만 장안성과 낙양성의 곽내의 방 위에 향이 있었을 가능성을 완전히 배제하는 일에 다소 주저하게 되는 것은 "長安縣弘安鄉嘉會坊"이라는 사례 외에, '4. 지점표시로서의 향 - 방'에서 거론했듯이 지방도시에서의 방 위에 향이 놓인 사례가 있기 때문이다. 지방도시에서는 '향'의 그림자가 희박하고, 주 - 현 - 향 - 리의 향을 제외하고 리 내지 방이라고 표기하는 일이 위화감 없이 행해졌지만, 이러한 지방도시의 사례를 참조하면 장안 · 낙양에서도 극히 그림자가 희박하다고 할 수 있다. 따라서 향이라는 단위가 놓여 있었을 가능성을 고려해도 좋은 것은 아닐까.

다음으로는 종종 '리'라고도 표기되는 '방'과, 향리제의 '리'와의 관계에 대해서 검토해보자. 우선 문제가 되는 것은,

33) 愛宕元 註29 논문 55쪽.

終于城居溫洛坊里之私第(元和006, 洛陽5L) 終于洛城通利坊里也(大和009, 洛陽7J) 卒于河南府洛陽縣履信坊里之私第(大和055, 大和071, 洛陽11L) 終於醴泉坊里之私第(乾元009, 長安4B)

라는 사례, 또 지방에서는,

終於依善坊里之私第(大曆021, 上黨縣인가) 終於永智坊里之私第(咸通022, 易縣인가) 考終命於燕都坊里之私第(元和066)

라는 사례이다. 이들은 앞 절에서 서술했듯이 '방'과 '리'가 이칭동체異稱同體의 모습을 표시한 것이라는 해석과 함께,

終于東都安業坊安業里之私第(大和065)

를 포함해서 생각하면 '방'의 밑에 동명의 '리'가 있다고 하는 해석도 가능하기 때문이다. 그러나 '溫洛坊里'에 관해서는 같은 묘지의 후문後文에 "歿于洛陽縣溫洛之私第"라고 하여 '온락溫洛'조차도 통용된 것이라고 해석할 수 있기 때문에 결국 '방'이라고 하고 '리'라고 해도 그것은 같은 것을 나타내는 사료로서 보아야 할 것은 아닌가라는 의심이 생긴다.

이 중에서,

① 終於景行坊積善里私第(續·永徽040)
② 葬于江陽縣仁善鄉弦歌坊千秋里蜀岡之側(開成003)
③ 卜地於揚州海陵縣禎實坊常樂里(續·開成008)

는 극히 주목되는 사료라고 할 수 있다. ①은 낙양4J에 위치하는 경행방景行坊

의 밑(내부)에 적선리積善里가 설정되어 있었음을 증명하는 것이라고 할 수 있다.

다음으로 ②에서는 양주揚州에 있어서 현 – 향 – 방 – 리라는 지점표시가 행해져, 강양현江陽縣⊃인선향仁善鄕⊃현가방弦歌坊⊃천추리千秋里라는 식이 성립하고, ③에서는 해릉현海陵縣⊃정실방禎實坊⊃상낙리常樂里라는 관계가 성립하고 있는 듯이 보인다.

다만 ②에 대해서는 거의 같은 지점을 가리킬 것이라는 사례로서,

當(揚州江陽) 縣弦歌坊東原(開成042) 城東弦歌坊之平原(會昌047)

을 참조하면, ② 및 앞의 2개는 양주성楊州城의 성곽 내측內側 동연東緣 구획의 하나인 현가방弦歌坊[34]의 동쪽 상 담장의 외측의 평원에 매장했다고 해석할 수도 있다고 생각한다. 곽내의 방을 기점으로 곽외의 장지를 표시했을 가능성이 있는 예로서는 이들 외에,

當(楊州江陽) 縣絃歌坊之原(光啓001) 揚州江陽縣臨灣坊之原(貞元067) 揚州江陽縣城東道化坊之原(乾符023, 揚州道化坊은 乾符024 · 廣明002에도 있다) 江陽縣北道化坊之平原(續 · 咸通072) 揚州江陽縣臨灣坊之古原(續 · 乾符007) (揚州江都) 縣城之西馴翟坊之原(續 · 貞元021) 揚子縣風亭坊之原(大和098) (揚州揚子) 縣之西風亭坊之南原(大中034) 楊府海陵縣大寧坊之原(續 · 長慶004) (壽州)壽春縣儁造鄕左史坊壽□之東廿里偏(大中044)(吳?) 郡之東北大寧坊之平原(續 · 元和031)

34) 廣明007에는 "□□縣弦歌里禪智精舍"로 되어 있고, 弦歌坊은 弦歌里라고도 불려지고 있었음을 알 수 있다. 즉 揚州에서도 長安 · 洛陽과 같이 坊을 里라고도 부르고 있었던 것이다.

라는 예를 들 수 있다고 생각한다. 이 중 '風定坊'은 중화013에 "殯于揚州揚子縣江濱鄉風定里", 속 · 대중034에 "殁於揚州揚子縣風亭之里…合祔當坊敦□之原" 중의 '풍정리風亭里' '풍정지리風定之里'와 동의同義일 것이다.

무엇보다,

遷窆於當(揚州江陽)縣城東權創北道化坊塋內(續 · 乾符021)

라는 예의 경우는, 어떻게 보아도 방내에 매장되었다고밖에 말할 수 없다. 다만 도화방道化坊에는 장생선사長生禪寺라는 사원이 있었다고 알려졌기 때문에(건원乾元011), 그 사역寺域에 묘를 조영하는 일을 허가받았을 지도 모른다. 또,

葬於清陽縣臨川坊之權塋(廣明004)

도 같은 방내에 매장되었다고밖에 말할 수 없지만, 이것은 '권權'이라는 것으로 허락받았다고 생각할 여지는 있다. 다만 대개 성곽 내의 매장은 전술한 대로 '경성칠리이내京城七里以內' 이외의 지역이면 금지의 대상이 되지 않았던 것이라면, 지방도시에서는 방내에 매장하는 일은 문제가 없었을 것이라고도 생각할 수 있고, ②③은 단순히 현 – (향) – 방 – 리라는 지점표시법의 존재를, 따라서 방의 밑(내부)에 리가 있었음을 표시한다고 볼 수도 있을 것이다.

방 밑에 리가 있는 듯이 보이는 또 하나의 예로서는 "終於南市旗亭里第"(신룡神龍043, 남시南市는 낙양8 · 9J)를 들 필요가 있다. '남시'에 대해서는 증성證聖007에 '종어남시終於南市' '종우남시지제終于南市之第'라는 것이 보이고 '남시'에 거주지가 있었음이 인정되고 '기정旗亭'이 리의 명이었음은 "終於旗亭里之私第"(속 · 개성012)로부터 인정할 수 있다. 가령 '남시방南市坊'이라는 것이

있다면, 그중에 기정리旗亭里라는 리가 포함되어 있었다고 읽을 수 있다.

이상 방 밑(내부)에 리가 있었다고 읽을 수 있는 사료를 제시해보았다. 그러나 모든 방에서 그 밑(내부)에 리가 설정되어 있었다고 말한다면, 그렇다고는 생각하기 어렵다. 왜냐하면, 묘지에서 '방'의 내부를 보다 자세히 표시할 때에는 "布政坊西街"(속 · 천보045), 혹은 "安邑里水池曲之第"(속 · 대중023, 안읍방安邑坊은 장안7 J)이라는 사례가 있는 한편, 곽외郭外에서는 지점표시로 많이 이용되고 있던 '리'를 쓰는 일이 극히 드물었기 때문이다. 이것은 당唐 · 위술韋述이 찬撰한 존경각문고장尊經閣文庫藏『장안지長安志』 권제3[35]을 보면 보다 분명하다. 본서에서는 방마다 저댁邸宅 등이 기록되어 있지만, 그때 '서남우西南隅' '서문지북西門之北' '동남우東南隅' '남문지동南門之東' '십자가동지북十字街東之北'이라는 지시指示 방법方法으로 지점표시를 하고 있고[36] '리'는 일체 이용하고 있지 않다. 같은 지시법指示法은 송宋 · 송민구宋敏求『장안지』에 계승되어 있고, 또 송 · 전역찬錢易撰『남부신서南部新書』(中華書局, 2002年) 경庚에,

> 貞觀六年, 王珪任侍中, 通貴漸久, 不營私廟, 四時猶祭於寢. 爲有司所彈, 文皇優容之, 特爲置廟於永樂坊東北隅(102쪽).

라고 하듯이 지지류地誌類에 머물지 않는 일반적인 지점표시법이 되어 있다. 때문에 곽내에는 향리제가 놓여 있지 않다는, 제1절에서 소개한 근년의 학설도 출현했던 것이다. 하지만, 곽내에도 향리제가 설치된 것이 분명한 이상, 방내의 위치를 리로 나타내지 않는 지점표시가 일반적이 된 이유는 별도로 생각해야 한다.

---

35) 平岡武夫編(1985), 『唐代の長安と洛陽 資料』, 同朋舍出版에 의한다.

36) 日野開三郎, 註15 논문 참조.

마지막으로 방 위에 향이 아닌 리가 기록되어 있는 듯이 보이는 사례로서,

神都日用里思順坊之私第(長壽031, 思順坊は洛陽9 I)

를 언급해야 한다. 양홍년楊鴻年은, 이 사료를 "神都思順坊之私第"로 소개하고 있지만,[37] 사진판에서 확인해도 분명히 "神都日用里思順坊"으로 되어 있다.[38] 그러나 통상 '리'나 '방'의 호칭에는 도덕적 혹은 길상적인 용어가 즐겨 이용되고 있는 데 대해 '일용리日用里'라는 용어는 아무래도 비속하고, 이명里名으로서는 어울리지 않는다. '신도神都' 밑에 현 · 향을 생략해서 리를, 더구나 방명과는 다른 리를 기록하는 것도 다소 당돌한 감이 있다. 따라서 이 '일용日用'은 이명이 아니고 '평상시에 사용하고 있었다'는 정도의 수사라고는 생각할 수 없을까. 참고로 양홍년저楊鴻年著에 의하면, 양경에 '일용'을 관冠한 방리는 없다.

장안 · 낙양뿐만 아니라 당대의 지방도시地方都市를 포함하여 이제까지 검토해온 것을 정리하면 다음과 같은 것이다.

1. 당대의 도시에서는 성곽 내부에도 성곽 외부와 같이 향 · 리가 설정되어 있고, 실례에 의하면, 향은 방보다 상위의 단위로 위치지어져 방보다 넓은 지역을 가리키고, 리는 방보다 하위의 단위로 위치지어져 방보다도 좁은 지역을 가리키고 있었던 것 같다.
2. 다만 성곽 내의 리는 극히 드물게 묘지에 보이고, 향에 대해서도 꽤나 빈도가 낮다.

---

37) 楊鴻年註31著 203쪽.
38) 河南省文物研究所 · 河南省洛陽地區文管處編『千唐誌齋藏誌上』(文物出版社, 1984年) 417號, 417쪽).

3. 한편으로는 성곽 내의 '방'을 가리키고 '리'라고 부른 것은, 대중026에서 "연주녕국방지사제延州寧國坊之私第"를 후문으로 "전리지사제前里之私第"라고 바꿔 말하고 있듯이 극히 보통으로 행해지고 있고, 실례는 일일이 거론하기 어려울 정도이다.

문제는 이러한 방명+'리'의 '리'가 단순히 '방'의 아칭雅稱인지 혹은 향·리의 '리' 즉 행정조직이고 호의 집합체이기도 한 '리'인지로 좁혀진다. 왜냐하면 '리'가 '방'의 의미로 사용된 예가 많다고 한다면, 이중구조설을 인정한 경우, A'리(=방)'에 거주하고 있는 사람이 호적상에는 B'리'로 편성되어 있는 일이 빈번히 일어나지 않을 수 없고, 인간을 편성한 쪽의 '리'와 방의 아칭으로서의 '리'가 극히 구별하기 어려워지기 때문이다.

묘지의 실례를 검토하는 한에서 방의 밑(내부)에 리가 있다는 명증明證은, 방을 리라고 부르는 사례보다도 훨씬 적다. 당대 양경의 사람들에게 '리'라고 하면, 우선 방=리의 '리'를 가리키는 것이고, 이것과는 별도로 '리'를 설정하는 일은 실제로 매우 적었던 일이, 이 출현 빈도의 차이를 초래했을 가능성이 크다. 즉 많은 경우 '방'과 동체이칭의 '리'는 동시에 향 – 리의 '리'였다고 추측되는 것이다.

이렇게 생각한다면, 성곽 내에서 인위 구분과 자연 구분의 이중구조는 실질적으로는 거의 존재하지 않는다. '방' 내에 본관을 갖는 사람들을 호적상에서는 하나의 '리'로 편성한 것이고, 이것은 바로 자연적으로 존재하는 '가'를 호적상 '호'로서 등재하였다[39]는 것과 같은 발상이다. 방=리마다 이정이 1인 임명되는 것은 가장이 호주가 되는 것과 동일하게 이해할 수 있을 것이다. 차점자가 방정에 임명되는 것은 정부가 역할분담을 구했기 때문이라고 생각된다.

39) 滋賀秀三(1967), 『中國家族法の原理』, 創文社, 51쪽.

이상과 같이 생각하면, 최초에 거론한 문제, 즉 원래 '방'과 '리'는 호환성이 있는 말이라는 것, 이정의 차점이 방정에 임명되는 규정이었다는 것, 자연과 인위의 이중구조라는 생각은 실질적으로 후자(향리)가 전자(방)에게 규제되지 않을 수 없다는 의미로 사태를 정확히 표현하지 않은 것, 이상의 문제는 해결할 수 있다.

그러나 보다 큰 문제는 새로이 나타났다고도 할 수 있다. 그것은 인신人身의 파악 단위로서 방=리는 너무 크다는 것이다. 예를 들면 당대의 호적은 향별鄕別로 1권으로 되어 있다(당호령唐戶令 부원復元22을조乙條). 장안과 같은 대도시가 아니면 5명의 이정이 합쳐져 5백 호, 2~3천 명 정도의 호구를 파악하는 일은 가능할 것이다. 그러나 장안과 같은 대도시에서는 방 상위 단위로서 향을 생각한다고 하면, 가령 토호만을 편성한다고 해도 만 명 전후의 규모는 되지 않을 수 없다. 이러한 호적의 작성은 가능한 것인가. 1방에 1명이 적절한 것일까.

이러한 문제는 이제까지의 이중구조론에서는 전혀 문제가 되지 않았던 것이다. 성곽 내에서도 100호에 1명의 이정을 둘 경우, 500호로 향을 편성하고 5명의 이정이 공동으로 향별로 호적을 작성하면 충분한 것이기 때문에 이를 방=리는 그렇다고 해도, 5리五里=5방五坊=향마다 호적을 작성하게 된다면, 1권이 분량으로는 상당한 무리가 있고, 장안과 낙양 등 대도시에서의 조적造籍에 대해서는 특별한 규정을 생각해야 할 것이다. 그러나 그러한 규정이 존재한 증거는 전혀 없다. 이것이 이번에 제시한 가설이 갖고 있는 최대의 문제일 것이다.

7. 맺음말 : 등원경 · 평성경의 조방과 당의 방 · 리

이상의 검토를 기초하여 당제와 대비시킨 경우, 등원경 · 평성경의 향리제의 특징에 대해서 간단히 언급해보자. 평성경의 경우는 방이 기초단위가 되어 있고, 방마다 방장坊長이 있고, 사방四坊마다 방령坊令이 놓이지만, 그 사방을 하나로 부르는 것은 당초에는 없었던 것 같다.[40]

한편, 평성경에 선행하는 등원경에서는 문헌에 남아있는 '임방林坊' '좌경소치정左京小治町'이라는 지명 외에 최근 '□□경경방京輕坊'이라고 기록된 목간木簡이 검출되었다.[41] 문제는 이들 호칭과 등원경에서 시행된 대보령大寶令의 직원령職員令 좌경직조左京職條에 기록된 '방령십이인坊令十二人'과의 관계이고, 더욱이 발굴에서 검출된 조방條坊 흔적과의 관계이다. 좌경직左京職에 12명의 방령이 있는 이상, 우경직右京職에도 12명의 방령이 있어야 하지만, 주작대로朱雀大路를 걸친 방의 설정은 생각하기 어렵다. 따라서 현재 가장 유력한 10방×10방의 정방형 플랜의 등원경[42]에서도 그 좌우(東西) 제각기 12구획을 설정하지 않으면 안된다. 궁역宮域이 4방분坊分으로 나눠지게 되기 때문에 좌우 계96방, 좌우 각각 48방이 되고, 계산상으로는 12로 나눠지는 것은 아니다. 다만 종렬과 횡렬을 조합시키지 않으면 4방씩으로는 나눠지지 않는다.

평성경의 경우, 임시로 상경해 있는 사람들을 제외한 수만 명 정도는 경관京貫을 갖고 있다고 생각해도 크게 벗어나는 일은 없을 것이다. 경관을 갖는 호, 즉 경호京戶는 기본적으로 670년의 경오년적庚午年籍에서 정해진 것으로 생

40) 岸俊男(1987), 「日本都城制總論」, 『日本の古代9 都城の生態』, 中央公論社, 74~75쪽.
41) 小澤毅(2003), 「藤原京の造營と京域をめぐる諸問題」, 『日本古代宮都構造の硏究』, 青木書店, 258쪽.
42) 小澤毅(2003), 243쪽.

각되기 때문에 이 인구는 등원경에서도 그다지 변하지 않는다고 생각된다. 그렇다면 1방당 토호의 인구는 구백인 정도가 되는데, 당연 서민 레벨이 사는 남반부는 이보다도 많았을 것이다. 이 숫자는 천명 이상으로 이루어진 1리보다도 작지만, 그러나 극단으로 동떨어진 것은 아니다. 선임규정에 있어서,

> 里長坊長, 竝取白丁淸正・强幹者充. 若當里當坊無人, 聽於比里比坊簡用.〈若八位以下情願者聽〉(養老戶令4條)

라고 하여 이장과 방장이 동격으로 되어 있는 것도 참조된다. 효덕조孝德朝로 거슬러 올라가면 '오십호' 목간이 다수 검출되고 있는 현재, 690년 경인년적庚寅年籍에서 전국이 50호로 편성되고(경 제외), 제각기 고유의 이명이 붙어 있는 것은 의심할 여지가 없다. 인구 규모에서 그다지 변하지 않는 등원경내의 방에 고유명이 붙어 있다고 해서 하등 이상할 리 없다. 즉 등원경에서 검출된 '림방' 등 방명은 평성경의 1방에 상당할 정도의 정방형의 구획 하나하나에 붙여진 것이라고 생각하는 것이 자연스럽다. 이 점은 규모는 다르지만, 당 장안성의 방명 만드는 법과 같은 발상이었다고 생각된다.

확실히 일본의 위정자는 경내에 리를 설치하지 않았지만, 전술한 바와 같이 실질적으로 당의 방은 그대로 성곽 내의 리에 대응하는 것으로 설정되어 있다고 한다면, 일본에서는 인위 조직인 향리와 자연 구분인 방의 이중구조를 채용하지 않고, 인위 조직으로서의 방으로 일원화하고 있다고 하는 차이는 실질적으로는 커다란 의의를 갖지 않는다고 할 수 있다. 당에서는 기본적으로 구획으로서의 '방'을 중시하고, 그중에 본관을 갖는 사람들을 그대로 '리'로서 파악한 색채가 농후하기 때문이고, 기본적으로는 이를 호적상은 리, 도성 플랜상에는 방으로 이해했던 것이다. 일본에서는 모두 방이라 부르지만 이것이

경외의 리에 상당하는 것이라는 차이에 불과하다.

일본에서 도성의 내부를 이중구조로 편성하지 않았던 이유로서는 자연구분을 채용하지 않았다고 하기보다는 도리어 리는 50호를 기준으로 한다고 하는 규칙이 있고, 이를 도성 내에서 실시하면, 당연 방을 넘는, 바로 이중구조가 되어 버린다는 점에서 찾을 수 있다고 생각한다. 당에서는 리의 규모에 융통성이 없기 때문에,[43] 성곽 내에의 1구획인 '방'을 그대로 '리'로 하는 것에 커다란 장애는 없었다. 이에 반해 일본에서는 국군國郡 밑에의 리는 50호로 이루어진 전국 일률적 계수단위라고 하는 기능을 갖고 있었다.[44] 한편, 경직하京職下의 방과 조條는 기본단위에 크기를 갖추지는 않는다. 왜냐하면 경직하의 조·방은 지위에 따라 반급되어 규제받기 때문에(『일본서기』 지통持統5년 12월 을사조 『속일본기』 천평6년 9월 신미조), 호수도 부담량도 균일하게 할 수 없기 때문이다.

물론 이 설명은 사물의 일단을 포착한 것에 불과하다. 국國과 병존하는 형태로, 더구나 조방 부분만을 관할하는 경직京職을 설정하기도 하고, 방장의 위에 방령을 두고 당령에는 없는 계층적 지배구조를 설정하기도 하는 등, 관련이 있을 법한 일당日唐의 상이점을 종합적으로 설명하는 일이 필요하다. 그 중간에 있는 신라의 향리의 방이 당의 성곽 내의 향에 상당하는 것과 같은 단순한 구획인가, 그렇지 않으면 일본의 방령坊令·방장제坊長制와 같이 상위 단위에도 관리가 설치되었던가 등은 동아시아 3국에서 도성제都城制의 계보를 생각할 때에 커다란 문제일 것이다.

---

43) 中村治兵衛(2008), 「唐代の鄉」, 『中村治兵衛著作集43 中國聚落史の研究』 수록, 刀水書房(첫발표 1964년).

44) 佐々木惠介, 註22 논문.

唐代の都市における鄕里と坊の關係について

九州大學 **坂上康俊**

はじめに

「唐の戶令においては、自然集落である坊・村と、人爲的な行政區畫である鄕・里が重層しており、左圖のような二重構造をなしていた(宮崎市定說)。

自然區分 ｛ 邑居 … 坊 − 隣
　　　　　 　田野 … 村 − 隣
人爲區分　邑居・田野 … 鄕 − 里 − 保

例えばある家は、都市の場合には「某坊」に屬すると同時に「某鄕某里」に屬し、農村の場合には「某村」に屬すると同時に「某鄕某里」に屬していた。[1]」

1) 日本思想大系『律令』(岩波書店、1976年)550頁。吉田孝氏執筆。

この吉田孝氏の說明は、宮崎市定氏の著名なふたつの論文[2)]の趣旨を簡潔に表現したものである。吉田氏はこの宮崎說を前提にして日本と對比させ、「日本の戸令は、唐令における自然區分(自然聚落)と人爲區分(行政組織)との二重構造のうち、自然區分である坊・村・隣については積極的な規定を設けず、人爲組織としての坊・里・保に一元化している」という結論を導き出した。[3)] これを都市について言うならば、日本の平城京では、人爲的に編成された條と坊の組織があって、京戸は「某條某坊」に屬するのみであったが、唐では長安・洛陽といった都は言うまでもなく、揚州その他の地方都市においても、ある人は「某坊」に屬すると同時に「某鄕某里」に屬していたということになる。

吉田孝氏によるこの日唐の對比が依拠した宮崎市定說については、日本古代史の研究者の間では、現在でも通說として扱われているが、[4)] 中國あるいは日本の唐代史研究者の間では必ずしもそうではないという不思議な狀況が存在する。筆者自身は、戸令の里正・坊正の任用規定を整合的に解釋しようとする限り、宮崎說を認めざるを得ないと考えるが(後述)、若干腑に落ちないところもある。唐代の都市において人爲區分と自然區分とが二重構造をなしてい

2) 「中國における村制の成立」「漢代の里制と唐代の坊制」(ともに『宮崎市定全集7　六朝』所收、岩波書店、1992年。初發表、前者1960年、後者1962年)。

3) 吉田孝「編戸制・班田制の構造的特質」、(『律令國家と古代の社會』、岩波書店、1983年)201頁。

4) 岸俊男「日本における『京』の成立」(『日本古代宮都の硏究』所收、岩波書店、1988年。初發表1982年)444頁。最近の硏究としては、北村優季「日唐都城比較制度試論」(池田溫編『中國禮法と日本律令制』所收、東方書店、1992年)317頁、同「條坊の論理」(笹山晴生先生還曆記念會編『日本律令制論集』上所收、吉川弘文館、1993年)359頁、淺野充「律令國家における京戸支配の特質」(『日本古代の國家形成と都市』所收、校倉書房、2007年。初發表1986年)106頁、市川理惠「日唐における都城の行政・治安機構」(『古代日本の京職と京戸』所收、吉川弘文館、2009年)216~7頁などを擧げることができる。

たという說が成り立つとしても、具體的にはどういう狀況になっているのか。もっぱら法制の面から組み立てられた宮崎說が、當時の具體的な史料に基づいて十分に檢證されてはいないのではないか。これが小稿の問題とするところである。

本稿では、まず基本的に宮崎說を支持する所以を述べ、次いで宮崎說の抱える問題点を指摘し、その上で都市住民に關する膨大な史料群と言える唐代の墓誌を用いることによって、長安・洛陽をはじめとする唐代の都市における坊と鄕・里との關係について檢討を加え、更に簡單にではあるが、日本古代の藤原京・平城京の坊制との比較を試みたい。

ところで、唐代の都市における坊と鄕里の關係は、新羅の里坊制の歷史的位置づけとも密接に關わる問題である。『三國遺事』卷第1紀異第1辰韓には、

> 新羅全盛之時京中十七万八千九百三十六戸、一千三百六十坊、五十五里、三十五金入宅。言富潤大宅也。(下略)

という記事がある。ここでいう「京中十七万八千九百三十六戸、一千三百六十坊、五十五里」の部分については、『三國遺事』卷第5避隱第8念佛師に、

> 南山東麓有避里村。村有寺。因名避里寺。寺有異僧。不言名氏。常念彌陀、聲聞于城中。三百六十坊十七万戸、無不聞聲。聲無高下、琅琅一樣。以此異之、莫不致敬、皆以念佛師爲名。死後泥塑眞儀、安于敏藏寺中。其本住避里寺、改名念佛寺。寺旁亦有寺。名讓避因村得名。

とあるのうちの「城中三百六十坊十七万戸」、および『三國史記』卷第34雜志第3地理1新羅の、

> 今按、新羅始祖赫居世、前漢五鳳元年甲子、開國王都。長三千七十五步、廣三千一十八步、三十五里、六部。國號曰徐耶伐、或云斯羅、或云斯盧、或云新羅。

と對照して考えなければならない。

これらの史料のうち『三國遺事』に見えている「里」と「坊」についての從來の

研究は、おおむね以下のような状況である。[5)]

① 混用説

尹武炳氏は、中國の事例に基づき、里と坊は混用されていたのであって、史料では同様な概念として使われたとした。[6)] 確かに唐代の長安や洛陽においては、第4節以下に述べるように、坊のことを里ということはごく普通に見られることである。しかし、統計的な史料において混用された事例は無いのではなかろうか。『三國遺事』においては里と坊とを別に數え上げているのであって、その場合は「里」と「坊」とに違いがあったからそのように數え上げたとしか言えない。從って、唐代において「里」と「坊」とが混用されていたということを、先の史料の解釋に援用することはできないだろう。

② 竝列説

李恩碩[7)]・金教年[8)]兩氏は、坊の周邊に55の里が設置されたといい、兩者を竝列的な行政單位として把握しようとしている。この見解は京域內には條坊制を布き、京域外は國郡里制が布かれている日本の都城制と同様な状況を想定していると言えよう。

ただ、先の『三國遺事』の記事は、あくまでも「京中」に55の「里」があると述

5) 以下の韓國における里坊に關する研究の状況については、釜慶大學校人文社會科學大學史學科博士課程在學の李美蘭氏よりご教示を受けた。ただし、本稿での紹介・批評の責任は、すべて筆者にある。

6) 尹武炳「新羅王京と坊制」(斗溪李丙燾博士九旬紀念韓國史學論叢刊行委員會『李丙燾博士九旬紀念韓國史學論叢』所收、知識産業社、1987年)。

7) 李恩碩「王京の成立と發展」(『統一新羅時代考古學』所收、第28回韓國考古學全國大會、2004年)。

8) 金教年「新羅王京の發掘調査と成果」(『新羅王京調査の成果と意義』所收、第12回文化財研究國際學術大會、國立慶州文化財研究所、2003年)

べているし、また『三國史記』巻第3新羅本紀3慈悲麻立干12年(469)にも、實年代はともかくとして「春正月、定京都坊里名」と見えているので、日本と同様に「里」は京外にあるとするのは、いささか無理があると言えよう。

③ 部 – 里 – 坊の三段階説

以上に述べたように、混用說・竝列說にはそれぞれ大きな難点があるので、今日通說的には里 – 坊の段階說が採られており、その里の上に六部があるというように理解されている。ただし、この場合には、里の數は『三國遺事』に従って55であるとしても、その下の坊の數がいくつなのかを確定しなければならない。ひとつは『三國遺事』巻第1に見える「一千三百六十坊」であり、もう一方は『三國遺事』巻第5に見える「三百六十坊」である。前者の場合は1里あたり25の坊が屬したことになり、後者の場合は1里あたり6~7程度の坊が屬したことになる。

全德在氏は、皇龍寺東方遺跡で検出された一區畫(167.5m×172.5m) を坊と見て、王京3,075歩(5,424m)×3,018歩(5,323m)全體の中には約999の坊(5,424m×5,323m／167.5m×172.5m)が、また東川洞遺跡の一區畫(160m×125m)を坊と想定すれば、同じく王京の中に約1443坊(5,424m×5,323m／160m×125m)が設定されていた筈だという。この說を採用すれば、「一千三百六十」という坊數が近似値を示すことになる。[9)]

ただ、これら發掘によって見いだされた一區畫が「坊」であるという證明がなされているわけではない。1,360もの坊は、唐や日本に比してあまりにも多

9) 全德在「里・坊制の 施行と その 性格」(『新羅王京の研究』所收、セムン社、2009年。初發表2008年)157頁。早くは龜田博「皇龍寺付近の坊」(『日韓古代宮都の研究』所收、學生社、2000年。初發表1998年)246頁も、同様の計算に基づき、「一千三百六十坊」の方が妥當としていた。

い。『三國史記』巻48孝女知恩條の「孝德坊」や、『新羅殊異伝』の「禺金坊」など、坊には固有名詞が付けられていたようであるが、京内1，360もの坊の一つ一つに固有名詞が付けられていたとは、ちょっと考えにくいのではあるまいか。巻5にはちょうど「一千」を省いた数字が掲げられていることを重視すれば、「一千」は「一云」の誤寫とする李丙燾、[10] 三品彰英、[11] 李基白・李基東[12]ら諸氏の說が穩當となろう。高麗の首都開城においては、5部35坊344里であったことも、新羅は里を坊より大きい概念とし、高麗は坊を里より大きい概念としていたという逆転現象はあるにしても、[13] 上下の比率としては參考になるだろう。

結局、新羅の王京では、55の里の內部が360の坊に分かたれており、從って1里の中には6坊程度が含まれていたという考えが最も穩當ということになる。しかし、里や坊にどのような役人がいたのかといった問題については、史料に恵まれていない。今後、木簡等の出土文字資料の發見によって、この問題に解決の糸口が見つかることを期待し、まずは史料に恵まれている唐と日本の都市の狀況について以下に檢討してみる次第である。

第1節　鄕里と坊の二重構造說に對する疑問

唐代の都市において、人爲區分と自然區分との二重構造があったことは、果たして證明濟みなのであろうか。宮崎論文においては、この理解がもっぱら

10) 李丙燾『韓國史』(乙酉文化社、1959年)。

11) 三品彰英遺撰『三國遺事考證』上(塙書房、1975年)。

12) 李基白・李基東『韓國史講座』(一潮閣、1993年)。

13) 金昌賢「新羅 王京と 高麗 都城」(『新羅文化祭學術論文集』29、2008年)

戸令條文の解釋から導き出されており、城郭內の某人の歸屬がA鄕B里であると同時にα坊でもあるという史料上の實例が擧げられているわけではない。また、先述したように、日本・中國の唐代史研究者には、必ずしも宮崎說が支持されていないようである。そこで本節ではまず、近年の唐代史研究者の理解について疑問を呈し、基本的に宮崎氏の二重構造說を認めざるを得ないことを確認した上で、宮崎說が抱えるいくつかの問題点を擧げてみようと思う。

宮崎氏の二重構造說が近年の唐代史研究者に繼承されていないことが明確に判明するのは、長安城內の人口を論じる局面においてである。たとえば愛宕元氏は、宮崎氏の二重構造說、すなわち城郭內にも鄕里制が布かれていたという考えには全く觸れないままに、長安の城郭內には坊が、郭外には鄕が置かれていたことを前提に立論し、開元末・天寶初の狀況を記している[14]敦煌博物館本「地志殘巻」(以下、「敦博地志」と記す)に記載された長安・万年兩縣管下の鄕數は、すべて郭外にあったものとしている。[15] つまり郭內は坊、郭外は鄕里というように、日本の條坊制と同樣の事態を唐でも想定しているのである。だからこそ郭內の戸を指して「坊戸」という用語を用いているのだろう。

---

14) 布目潮渢・大野仁「唐開元末府州縣圖作成の試み－敦煌所出天寶初年書寫地志殘巻を中心に」(布目潮渢編『唐・宋時代の行政・經濟地圖の作製』所收、文部省科學研究費補助金成果報告書、1981年)、呉震「敦煌石室寫本唐天寶初年『郡縣公廨本錢簿』校注並跋」(『呉震敦煌吐魯番文書研究論集』所収、上海古籍出版社、2009年、初発表1982年)、馬世長「敦煌縣博物館本地志殘巻－敦博第58號巻子研究」(北京大學中國中古史研究中心編『敦煌吐魯番文獻研究論集』所收、中華書局、1982年)。

15) 愛宕元「唐代京兆府の戸口推移」(『唐代地域社會史研究』所收、同朋舍出版、1997年。初發表1986年)101頁では、「敦博地志」に記されている京兆府管內23縣の管下鄕數を「城郭外郊區の鄕數」と見ている。なお、日野開三郎氏も「里正・村正に對する坊正は、この自治體の役人の中心」として、郭內に里正の存在を認めていない(「唐代城邑の坊市の角隅について」『東洋史學論集』第13巻所收、三一書房、1993年、312頁。初發表1964年)。

唐代長安の人口を論じた妹尾達彦氏も、愛宕元氏と同様に理解していることは、妹尾氏が天寶元年の長安城內縣所管戸口數の算出に當たって京兆府の「鄉坊合計數」を數え上げようとし、その際に「敦博地志」所載京兆府鄉數592に、天寶元年時点での長安縣54坊、万年縣53坊、及び東・西の市各2坊分という城內計111坊を加え、これに長安縣・万年縣以外の京兆府各縣坊數21[16]を加えて(妹尾氏は各縣1坊と想定しているが、その根拠は不明)、京兆府の「鄉坊合計數」724を導き出している[17]ことから明らかである。もしも宮崎說に従うならば、「鄉坊合計數」という概念は無意味であり、天寶元年の京兆府の戸數362,921、口數1,960,188(ともに『新唐書』巻37地理志1所載)から鄉別平均戸數・戸口數を求めたいならば、單純にこれを592で割ればよいことになる。ただそうして得られた數字は坊とは無關係なので、長安城內の管戸口數を算出するには意味がない、これが宮崎說に則った理解となろう。

もっとも妹尾氏が人口の計算を、鄉と坊とが同一次元で竝ぶもの(重層するのではなく、郭外と郭內に竝存するもの)であるという前提で進め、名指しはしていないものの宮崎說を否定しているのには理由がある。それは、①宮崎說に従うと「城內外にわたる鄉という行政區畫の中に、城內を指す坊が含まれていると考えなければならなくなり、鄉と坊の行政系統が混乱に陥る」こと、實際、②「長安城の場合、城外の鄉と接する東南の曲江の坊を除き、鄉の下に坊が位置することはない」こと、③唐代蘇州の地志『吳地記』に、「蘇州城の郭下縣、すなわち吳縣が坊數三〇、鄉數三〇、縣戸數三万八三六一、長洲縣が坊數

16) 天寶元年時点での京兆府管下の縣數が23であることは、愛宕元「唐代京兆府の戸口推移」(前掲)參照。

17) 妹尾達彦「唐長安人口論」(『中國古代の國家と民衆　堀敏一先生古稀記念』所收、汲古書院、1995年)568~9頁。

三〇、郷數三〇、縣戸數二万三七〇〇と明記され、城内を示す坊に對し、郷は城外のみを示す」こと、以上である。[18] 日本古代の坊と里との關係に相似した、この妹尾氏の計算の前提を構成する上記三点の理解についても、實際の資料に基づいて検討する必要があることは宮崎說と同様であるが、そもそも、「敦博地志」が、郭外の郷は記載するものの、城内の坊については、縣レベルについても計上していないとすれば、それは地志としてはやや不自然の感を免れない。また妹尾氏が擧げた①~③の問題についても、①は、郭の内外に郷が跨っていないとすれば、すなわち郭内には郭内で完結する幾つもの郷が存在していたとすれば何ら問題とはならないだろう。また假に跨っていたとしても、後述するように里正と坊正の職掌は異なるので、「行政系統が混乱に陥る」ことは無いだろう。②については、後述するように、墓誌の中に反證を見つけることができる。また③についても、二重構造を否定する史料とはなり得ない。單に縣城内の坊と県城内外の郷の數を擧げただけとも考えられるからである。

長安城内の人口算出に當たって妹尾氏が採った方法と同様の問題は、同じく『新唐書』の戸數・戸口數から京兆府の郷・坊の平均戸口數を導いた中國の龔勝生氏[19]をはじめ、郷と坊とは城外と城内それぞれの行政區畫であるとする中國での有力說[20]に對しても提起できるだろう。

さて、唐代長安や洛陽、あるいは州縣の城郭内において、坊と郷—里とが重

18) 妹尾達彦前掲論文591頁註(16)。

19) 龔勝生「唐長安城薪炭供銷」「唐長安城人口札記二則」(『中國歷史地理論叢』3、1991年)。

20) たとえば武伯倫氏は「唐代的基層行政單位是城内分爲坊、郊區分爲郷和里」(「唐長安郊區的研究」『古城集』所收、三秦出版社、1987年、88頁。初發表1963年)とし、李之勤「西安古代戸口數目評議」(『西北大學學報(哲學社會科學版)』1984年第2期)48頁、最近では魯西奇「唐代地方城市中的里坊制及其形態」(『廈門大學國學研究院集刊』第2輯、2010年)13頁なども同様の理解を示す。

層していたことの明證は、宮崎氏も擧げている唐戸令復元5條[21](開元二十五年令。復元根拠は『通典』巻3食貨3郷党所引「大唐令」)の規定である。

> 諸里正、縣司選勳官六品以下、白丁清平强幹者充。其次爲坊正。若當里無人、聽於比隣里簡用。(下略)

里正は縣司の方で、當里の中から勳官六品以下、または白丁の清平强幹なる者を選んで充て、その次を坊正にすること、若し當里に適當な人がいなければ、比隣の里において選び用いることを規定したこの條文からは、里正と坊正とは重複した母集團から選び任用すべきだとされていることが判明する。そうであるならば城郭内にも里がなければならず、唐戸令復元1丙條に「諸戸、以百戸爲里、五里爲郷」(開元二十五年令。復元根拠は同上)とある以上、里の上に行政單位として郷が置かれるので、城郭内にも郷里制が布かれていたと解釋せざるを得ないのである。

加えて戸令における里正と坊正の職掌の違いが擧げられる。坊正は同じく復元1丙條に「掌坊門管鑰、督察姦非」と規定されており(開元二十五年令)、坊門の管理や警察的任務のみを擔當するのであって、里正が同條に「按比戸口、課植農桑、檢察非違、催驅賦役」(開元二十五年令)を職掌とするとされているのとは異なり、戸口の把握や徵税を擔當するわけではない。これらの戸令の規定に従う限り、城郭内にも里正を置かないわけにはいかない。郷はその里を五個まとめたもので、五人の里正が擔當する行政單位と見て良い[22]とすれば、城郭内でも郷が置かれたとして不思議ではない。そもそも唐戸令復元22乙條には、

---

21) 復元唐令の條文番號は、仁井田陞著・池田溫編集代表『唐令拾遺補』(1997年、東京大學出版會)による。

22) 內藤乾吉「西域發見唐代官文書の研究」(『中國法制史考證』所收、有斐閣、1963年)249頁、佐々木惠介「律令里制の特質について」(『史學雜誌』95-2、1986年)26~8頁。

戸籍を郷別に作れと規定されている。郭内に郷が存在しなければ、この規定は全く適用できないだろう。

このように法制的に見た場合、郭内にも郷里制が布かれていたと解釋せざるをえないのであって、郭内の郷里と坊との重層(二重構造)は、これを認めざるを得ない。宮崎說の主たる根拠もこういった法文にあり、これを否定できない限り、郷里を郭外のみに認める說は成り立たないと言わざるを得ない。

しかし、はじめに述べたように、宮崎說は具體的な檢證を欠いており、また以下に述べるように問題を抱えている。

第一。長安城内の人口は、おおよそ100万人程度と言われている。近年の妹尾氏等の採った計算法には前述のような問題があるので、その結論を安易に用いることは出來ないが、しかし詩文等に依拠して100万人に近い人口が郭内に抱えられていたと想定することは、さほど不自然ではあるまい。問題はその中の土戸、すなわち郭内に本貫を持つ者たちの人口である。これは容易には知りがたいが、これまで長安城内の人口を論じた研究における土戸の想定最低數でも30万人程度には見積もっているようである。長安には先述のように111坊(うち東西の市の分が計4坊)あるので、ごく大まかに言えば、一坊あたり3,000人ほどの土戸人口を抱えることになる。[23)]

ここで、『新唐書』巻37地理志1所載の天寶元年の京兆府の戸數362,921、口

23) もちろん皇族の居住する坊や高級官僚の邸宅が竝ぶ坊(具體的には、妹尾達彦「隋唐洛陽城の官人居住地」『東洋文化研究所紀要』133、1997年、などを參照)では人口が少なく、庶民の集住する坊では、平均より多い人口を抱えていた可能性が大きい。また、南の諸坊では人家の密度が極めて低く、家廟などの存在が目立つことが、徐松『唐兩京條坊考』によって知られる(愛宕元譯注『唐兩京條坊考』平凡社東洋文庫、1994年、298頁)。こういった狀況に應じて土戸も偏在していた可能性がある。

數1,960,188という數字(これは言うまでもなく土戸のものである)を用いるならば、京兆府全體の一戸あたりの平均戸口數は5.4人と算出される。この數字を用いれば、長安の一坊は平均500戸程度からなることになる。[24] 偶然の結果ではあるが、鄕と坊の規模はほぼ一致することになり、一つの坊の中に五つ程度の里があることになる。[25]

となると、戸令の任用規定において、坊正は里正の次と言われても、どの里正の次なのか分からないという問題が生じる。いくら戸籍上のこととは言え、里にはある程度のまとまりがあったであろうが(里が一まとまりの空間を占めていたことは、次節で述べる)、そのまとまりごとに里正を選ぶ場合、里正の方が坊正より劣ることが頻繁に起こりうるのではあるまいか。たとえば、ある坊において、有力な里正候補者が附貫されているまとまりの中から選ばれた里正は、勳官の官品や資質が高く、一方、ほとんどまともな生活者が附貫されていないまとまりから選ばれた里正は、地位・資質が極端に低くならざるを得ないが、そういう場合に、有力候補者のまとまりの中の次点の者が坊正になると、同坊内の里正たちより遙かに高い官品・資質の坊正が生まれることになる。こうした現象は容認されるのか、これが疑問の第一である。里正の次を坊正とするというのが理念であり、さらには規定であるならば、里正と坊正を選び出す母集團が同一であるのが望ましくないだろうか。宮崎說に従えば、この

24) 宮崎氏自身は「一坊の戸數は恐らく數百家に上ったであろう」(宮崎註2「漢代の里制と唐代の坊制」105頁)と想定している。

25) これはもちろん循環論法の危險がある。鄕と坊とを同一レベルで併存するものとして計算した結果から30万人という數字を割り出した面があるからである。しかし、100万という總人口に對して、土戸が數万人というのはいかにも少なすぎるので、やはり數十万人と見て構わないだろう。

理念とは逆の現象が多發しかねない。

第二。宮崎氏によれば、北魏時代に都市の內部の區畫は、公稱が「里」で民間では「坊」と呼んでいたが、隋初に「坊」の方を公稱とし、のちに再びこれを改めて「里」としたらしく、唐に至って遂に「坊」を正式の呼稱にしたという。[26] つまり、「坊」と「里」とは互換性のある用語であり、それは實際に歷代に渉って交互に使用されていたのである。ついでに言えば、「坊」と「里」という二つの語において、一方が自然集落、他方が行政區畫という性質を帯びているとは考えにくいこともわかる。

ところが、先の計算によれば、一つの「坊」の中には平均5個程度の「里」が含み込まれていたというのが宮崎說ということになる。ここでいう「里」は行政組織であり、「坊」と互換性のある用語として用いられてきた區畫名としての「里」とは異なることにならざるを得ない。ところで、州－縣－鄉－里という行政組織は、基本的に隋から唐を一貫しており、宮崎氏の二重構造說によれば、鄉里は城郭內でも編成されていたから、隋代の城郭內においては、區畫としての「里」(唐代の「坊」)と、行政組織としての「里」(唐戶令の規定では百戶)とが重層的に併存していたことになる。しかも先の計算による限り、區畫としての「里」(唐代の「坊」)の中には、行政組織としての「里」が平均5個程度入っていた筈である。隋代の大興城の人口は、唐代最盛期の長安城よりは少なかったかもしれないが、それでも同じ文字を用いて兩方の意義に用いるのは極めて紛らわしいと言わざるを得ない。はたして隋唐時代の都市における二つの「里」は、混乱を招かないのだろうか。

第三。坊という自然區分(自然聚落)と、鄉里という人爲區分(行政組織)の二

26) 宮崎市定 註2「漢代の里制と唐代の坊制」104頁。

重構造という考え方に對しては、現實には後者が前者に規制されざるを得ないという問題がある。長安城内は高さ數㍍の墻に圍まれた坊から構成されていたが、その墻を無視して鄕や里が編成されるとは考えがたいからである。どうしても坊の中で鄕里を編成するか、あるいは、いくつかの坊を一つの鄕なり里なりに組み込まざるを得ないだろう。つまり、假に長安城內に人爲區分としての鄕里があったとしても、それは現實には①坊 − 鄕 − 里、②鄕 − 坊 − 里、③鄕 − 里 − 坊、あるいは④坊＝鄕 − 里、⑤鄕 − 坊＝里という編成にならざるを得ないのではあるまいか。さらに言えば、坊は自然區分と言えるのかも問題である。これほど人爲的な區畫は無いのではなかろうか。農村におけるのと同樣の二重構造を都市において考えるということ自體に無理があるのではあるまいか。

以上の疑問を念頭においてあらためて宮崎說を檢討してみると、唐代の城郭內において鄕 − 里という人間集團への歸屬と、坊という墻に圍まれた區畫への歸屬とが重層的に倂存していたというのは、史料的に證明されているわけではないことに氣づく。もっと端的に言えば、區畫としての坊の存在は間違いないのに對して、城郭內において鄕 − 里制が布かれていたことは、具體的な史料に基づいて證明されているわけではないのである。もっとも、まず里正を選び、次点を坊正にせよという前揭の戶令の規定は、坊制が布かれていた長安にも適用されていた筈だから、何らかの母集團が坊と里を括っていたことは間違いない。里が同時に坊である、あるいは里の方が坊よりも大きい單位であるならば、そういう選び方も不自然ではないが、計算上は逆になるようなので、里正・坊正選任規定の眞意が摑みにくくなるのである。

城郭內の坊と鄕里とは、唐代の人々によって實際にはどう捉えられていたのか。この点を檢證することのできる好個の史料に墓誌がある。墓誌はほぼ間違いなく同時代史料と言え、その文面には故人終焉の地や埋葬地が記されていることが多いので、彼らの所屬意識を探るには得難い史料と言える。幸い周紹良編『唐代墓誌彙編』(上海古籍出版社、上・下編1992年、續集2001年)が刊行されており、唐代の墓誌を通覽するのに便利な條件が整っている。もちろん中には現在は拓本・釋文しか殘っていないものもあり、僞造されたものが皆無とも言えまい。しかし、收錄された總計六千点を超す膨大な墓誌は、その大半が長安・洛陽の兩京、及び揚州を代表とする地方都市とその近邊で採集されたものであり、城郭內に住んでいた人々が終焉の地や埋葬の地をどう表記していたかを知るには、最適の條件を備えていると評價して構わないと思う。墓誌の發見は本書刊行後もあいついでいるが、まずは本書に收められている範圍で檢討してみよう。

第2節　唐の鄕里の屬地性

日本古代においては、國－郡－里制の「里」は、第一義的には人間集團(五十戶)を指しており、里の境界というものは、公的には存在しない。そういう意味では、里には屬地性が無い。一方唐代中國については、二重構造說においては、「里」は行政組織の名、あるいは人間集團の名であるとされてきた。しかし、「里」は「坊」と互換性のある用語でもあったから、百戶を基準とする人間集團を指すとはいえ、その人間集團の居住している地域を指してもいたという方が自然である。本節では墓誌を用いてこの点を檢證し、後論に備えたい。

唐の「里」の屬地性を證明するには、墓誌に記された埋葬地点を調査するのが捷徑である。墓主は言うまでもなく故人であり、人間集團には屬さないからである。宋・天聖令の喪葬令の不行唐令4條(開元二十五年令)には、

諸去京城七里內´不得葬埋°

とあるので、[27] 少なくとも長安・洛陽及び太原においては、基本的に郭外に埋葬された筈であるが、本條を文字通りにとれば、「京城」以外の地方都市においては、郭内に埋葬することが許された可能性が大きいことを念頭において、以下の檢討を進めよう。

墓誌に見える埋葬地を通覽すると、確かに「翟村」(龍朔040、同086)に葬るというように「村」を表示した事例も多いものの、鄕・里で示す場合も、たとえば、

洛州洛陽縣淸風鄕崇德里(貞觀044) 洛陽縣淸風鄕張方里平原之川(永徽107) 淸風鄕崇義里邙山之陽(咸亨021) 洛陽淸風里(貞觀045) 河南縣北邙山平樂鄕安善里(貞觀103) 河南府河南縣平樂鄕安善里北邙山之原(開元228) 河南縣平樂鄕安善里北邙之原(上元042) 邙平樂鄕安善里……平樂鄕安陽里(顯慶059) 河南北山平樂鄕瀍左里(總章004) 河南府河南縣平樂鄕張陽里之北原(開元350) 河南北邙朱陽里之南原(開元390) 邙山之陽純俗鄕尙春里(總章009) 千金鄕金谷里之平原(垂拱039) 金谷鄕石城里(垂拱040、041、042) 昭陵東南十三里安樂鄕普濟里(顯慶096)

など、枚擧に遑がない。その際、

洛州河南縣平樂鄕華邑里邙山之原(永徽139) 洛州合宮縣平樂鄕瀍陽里(天授014) 河南洛陽縣淸風鄕崇德里邙山之陽(顯慶036) 洛州洛陽縣淸風鄕月城里邙山舊塋(顯慶120) 洛州洛陽縣淸風鄕張方里於北芒之山(上元037) 神都洛陽縣平陰鄕從新里邙山之北原(長壽018) 洛陽縣北平陰鄕安善里之桃原(先天007) 洛州河南縣金谷鄕泉源里北邙之原(上元044) 洛州河南縣金谷鄕石城里(調露006) 河南縣金谷鄕石城里之原(開元056) 河南河陰鄕百樂里北原(開元222) 京兆府万年縣寧安鄕通安里(續・乾符015) 襄州安養縣昇平鄕懷德里之原(景龍024)

といったように、縣・鄕・里を丁寧に記すこともあるが、

27) 天一閣博物館・中國社會科學院歷史研究所天聖令整理課題組『天一閣藏明鈔本天聖令考證』(中華書局、2006年)下册426頁。

邙山之平樂里(貞觀126) 河南縣平樂鄉之里(永徽055) 洛北邙平樂鄉之里(顯慶034) 洛陽邙山張方里(顯慶141) 洛陽縣清風鄉(龍朔019) 洛州洛陽縣淳俗鄉北邙之原(龍朔021) 同州馮翊縣武城鄉之平原(麟德005) 馮翊北臨高鄉之原(乾封033) 北邙山之南原部村里(開元352) 洛陽城東之金墉鄉(開元358) 洛陽感德里之平原……北邙朱陽里之南原(開元389) 東都河南縣金谷鄉之原(開元394)

というように簡略化されることもあった。注目されるのは、

權殯於洛陽縣 鄉 里北茫原(開元465)

歸葬于洛陽 鄉 里 原(大和019)

葬干東都 縣 鄉 里(會昌043)

權窆於華州華陰縣 鄉 村(乾寧007)

といった、空欄を残したままの事例である。これらからは、本來埋葬地として縣、鄉、里(もしくは村)を記すべきであるが、墓誌を起草した段階では、何らかの理由でそれが叶わなかったことを示していると推測されるので、理念としては縣、鄉、里(もしくは村)を記すべきだとされていたと考えて良いだろう。

埋葬の地と同様に、終焉の地をも鄉里で示すことは、

卒於洛邑鄉臨瀍里(永徽017) 卒於洛陽瀍澗鄉重光里之私第(永徽035。瀍澗・重光ともに洛陽城内の坊名には無い) 終於馬邑郡平城鄉京畿里之第(顯慶096) 終于善護鄉順德里之第(儀鳳032。これは山西省の出土)

などの、おそらくは郭外の場合だけでなく、

終於福善里(咸亨052。洛陽8Ｉ[28]) 終於脩義里(開元279。洛陽1Ｊ) 終于興寧里之十王院(天寶211。長安2Ｊ)

といった例に見えるように、坊名+「里」という形で、城郭内においても多くの例を見いだすことができる。「所居從善里、其竹樹存焉」(開元136) という一句

28) 以下、坊の位置、あるいは里に冠された坊名の位置については、平岡武夫編『唐代の長安と洛陽 索引』(同朋舍出版、1977年)掲載の長安城圖・洛陽城圖のように、北から洋數字を、西からアルファベットを用いて表記する。

は、里(ここでは坊名を里に冠している。從善坊は洛陽8L)が地名以外の何者でもないように理解されていることを示していると言えよう。

問題になるのは、「村」との關係である。埋葬地点の表記法としては、以下のような事例が參考になる。

河南縣平樂鄉安陽里杜郭村西南一里北邙之原(永隆007) 河南縣平樂鄉安川里邙山之陽翟村之西三伯步(貞觀124) 洛城北河南縣平樂鄉纏佐里王晏村北百步(顯慶020) 邙山平樂鄉瀍左里河東村北八十步(乾封002) 河南府河南縣金谷鄉金谷里無上村之原(開元027)

これらからは、村は里の中に無理なく包攝されているように見えるが、一方、

(洛州河南縣)千金鄉檡村西三里(貞觀067) 平樂鄉翟村西北之平原(永徽143) 河南縣平樂鄉王村之東北一里半之原(龍朔018) 河南平樂鄉芒山之陽翟村西南二百步(龍朔040) 河南縣平樂鄉郝村西北二百步(龍朔086) 河南縣平樂鄉杜郭村東一里(麟德040) 平樂鄉杜郭村北二里芒山之陽(乾封055) 河南縣平樂鄉芒山之陰陶村北狼谷之原(咸亨105) 城東龍首原長樂鄉王柴村南一里向南與壽春坊路通也(天授019。なお「壽春坊」は長安の坊名に見えない) 雍州乾封縣万春鄉杜永村(神功009) 北邙山合宮縣平樂鄉之杜郭村東北原(天授033) 合宮縣平樂鄉界王村西(長壽019) 翟村東南平樂里(證聖011) 乾封縣万春鄉杜永村東李菓地所(神功009) 河南府洛陽縣平陰鄉防長相村(開元316) 河南縣平樂鄉崔村之原(開元374)

相州鄴縣西万春鄉艾口村、去鄴都七十里、葬于村西南平元里也(開元476) (揚州)揚子縣曲江鄉東五乍村鳴雁里之原(續・元和024)

といった例によれば、鄉よりは狭いが里よりも廣い範圍を指して「村」と呼んだことがあることも知られる。更には、

揚州江陽(縣)城東之育賢村……揚州江□(陽ヵ)育賢村(貞觀085) 洛陽縣北茫山王羽村之北一里(貞觀088) 洛陽城北七里晏村西平樂鄉界(調露008) 城東王趙村平樂鄉(開元328) 城外河南縣界大王村之西北(顯慶021) 洛州洛陽縣諸葛村北一百□□山之陽(咸亨051) 絳州万泉縣尙村之私第(上元038)

のように、鄉を越えて「村」が廣がっているようにとれる場合、あるいはもっと

漠然と、

> 邙山翟村東一里(永徽111) 芒山之北翟村之西原(顯慶030) 邙山之陽翟村西二里(顯慶039) 北邙山王晏村之西北(顯慶051) 邙山北張相村東(龍朔079) 郎將村東南四百步平原(咸亨048) 邙山王趙村北(咸亨061) 邙山王趙村東北五里(咸亨072) 京城西布政之原小嚴村之左(咸亨095。布政坊は長安4C) 相州城西北四十里新店村西北一里半平原(儀鳳001) 翟村西北一里(儀鳳010) 北芒山西北王晏村東□步(儀鳳025) 洛陽城西北李村南之原(開元244) 京南大仵村原(開元292) 洛陽城南孟村私第(開元310) 呂柴村西南一里平原(開元336) 相州城西南卅里勳視角村西一里平原(開元359) 洛陽東袁村之原(開元407)

という場合もある。既に愛宕元氏が指摘しているように、「村」の規模次第で縣、鄉、里の間のどこに入るかという違いが生じているのであって、[29] 地点は村もしくは坊で示し、鄉・里は人の歸屬を示す場合にのみ用いるというような、自然區分と人爲區分の別という規則があるわけではない。

以上述べてきたように、郭內の里(坊名+「里」。第4節參照)であれ郭外の鄉里の里であれ、里は地点表示に用いられていたことが明らかであるが、ただしその一方で、墓誌の冒頭近くに時々現れる、

> 貫河南縣洛汭鄉招賢里(乾封005) 貫屬河南縣千金鄉(乾封038) 今貫偃師縣龍池鄉(乾封039) 今編貫洛陽縣□□鄉□春里(總章014)

のような移貫記事において、「貫○○坊」という例は、『唐代墓誌彙編』(上・下・續)を見た限りでは見いだせないようである。従って戸籍の上では、人はあくまでも縣—鄉—里という貫屬を持っていたと解するのが穩當かと思われる。

---

29) 愛宕元「兩京鄉里村考」(『唐代地域社會史研究』所收、同朋舍出版、1997年。初發表1981年)55頁。

第3節　地点表示としての郷－坊

唐令に規定されている坊制は、長安や洛陽のみに適用されているわけではない。復元戸令1丁に「兩京城及州縣郭下、坊別置正一人」(『和名類聚抄』所引唐令。開元三年令)、同1乙に「兩京及州縣之郭內分爲坊」(『唐六典』巻3。開元七年令取意文)とあるように、州縣の郭內でも坊制が布かれていた。つまり州治・縣治のような地方都市においても坊制が布かれており、里正選任の際の次点が坊正になるように規定されていたわけである。

地方都市における坊の制度を示す史料も墓誌には頻出するが、その中で特に注意を引くのは、郷─坊という地点表示の存在である。

終焉の地を表示するのに郷－坊を用いた事例としては、

殁于襄陽漢津鄉漢池坊第宅之邑(元和055) 終于汧源縣太平鄉崇義坊之私第(大和060) 終於襄州襄陽縣鳳林鄉南津坊之私第(大和090) 終于絳州翼城縣天柱鄉孝義坊私第(開成020)

といった例が擧げられ、いずれも郭內と考えて問題は無い。

一方、埋葬地点を示すのに郷－坊を用いた例として、

葬于鳴城東北干將鄉和合坊界(貞元131)
窆于(壽州)壽春縣儁造鄉左史坊壽□之東(大中044)
疾於春申坊私第……窆于壽(州)東二里黃公鄉春申坊(咸通036)

を擧げることができる。前掲の喪葬令文では、「京城七里內」では埋葬が禁じられていたが、州・縣の郭內への埋葬については、この條文は禁止していないので、いずれも郭內の坊の內に埋葬したものと理解して良いだろう。

以上に擧げたものは、地方都市において坊の上に鄉があった明證と言える。付言すれば、地方都市において、坊の下に鄉が記されている事例は見いだせない。坊の下に里が記されている事例については、第4節で觸れる。

ただし、地方都市において、郷の下に坊を記す地点表示が見いだせるとは言っても、

江都縣贊賢坊之私第(貞元013) 揚州江都縣贊賢坊之私第(貞元067、元和004) 揚州江都縣通閏坊之私舍(乾符024) 揚州江都縣通閏坊私第(續・咸通004、續・咸通013) 揚州江都縣尚義坊之私第(續・咸通072) 揚州江陽縣道化坊之長生禪寺(乾元011) 揚州江陽縣臨灣坊之原(貞元067) 江陽縣孝孺坊之私第(元和041) 揚州江陽縣崇儒坊之私第(貞元079、元和064、續・元和024) 江陽縣崇儒坊之私第(元和007) 揚州江陽縣文教坊之私舍(續・咸通085) 江陽道仁坊之第(貞元066) 揚州江陽縣布政坊私第(開成003) 揚州江陽縣慶年坊之私第(光啓001) 揚州江陽縣太平坊之客舍(續・貞元052。葬地については「江陽縣嘉寧鄉五乍村平原」と記されている) 江陽縣會義坊之私宅(續・大和029)[30] 揚州江陽縣會義坊之私第(續・乾符021) 揚州揚子縣通寰坊之私第(大中034) 揚州海陵縣常樂坊之私第(續・元和031) (海陵縣)常樂坊之私第(續・大和036) (河南府)河陽縣感義坊之私第(元和081) 江陵府莊敬坊之私第(大中033) 壽州壽春縣五明坊之私第(大中044) 孟州河陰縣臨闤坊之私第(大中049) 府元城縣慕化坊之私宅(大中067) (孟州)河陽縣懷信坊之私第(大中149) 臨洺縣里仁坊之私第(咸通008) 眞定縣永孝坊之私第(咸通070) (幽州)薊縣軍都坊之私第(咸通083) 趙州元氏縣□勞坊之私第(咸通092) 滄州淸池縣善化坊(中和001) 滄州城內明經坊(大中017) 滄州海運坊之官第(開元357) 魏州城南景明坊官宅(咸通096) 魏州貴鄉縣履信坊之私第(續・咸通050) 陝州安邑縣樂貴坊私第(續・永貞004) 太原府會同坊之私第(續・元和058) 定府唐縣漢封坊之私第(續・元和042) 定州安樂坊之私第(續・寶曆007) 定州無極縣招賢坊私第(續・咸通090) 單于府德義坊之私第(續・開成022) 幽州薊縣薊北坊(貞元095) 薊縣開陽坊之私第(大和044) (薊縣)燕都坊之私第(續・會昌030) 薊縣界燕都坊之私第(續・大中070) 薊縣界玉田坊之私第(續・咸通068) 幽州薊縣燕都坊之私第(續・會昌

30) ここの「會義坊」は、「揚州江陽縣會義里」(長慶013)「江陽縣會義之里」(續・大中073)の「會義里」と同義であろう。郭内における「坊」と「里」の通用については、第4節で取り上げる長安・洛陽の事例を参照。

031、文德001）幽都縣遵化坊之私第(續・大中056）幽州幽都縣界勸利坊私第（咸通031）幽都縣來遠坊私第(續・大和004）幽都縣通闤坊之私第(續・咸通102）□昌縣昌福坊之私第(續・大中039)齊州招賢坊之私第(續・大中043)

といったように、州や縣の下に坊名は記されていても、途中に鄉名が記されていない場合が極めて多いことは認めなければならない。つまり、城郭內における「鄉」の影は、かなり薄いという印象は免れないのである。しかし地方都市の城郭內の地点表示は、縣 －（鄉）－ 坊が一般的であったと判斷することは、許されるのではあるまいか。

第4節　「里第」と「私第」

さて、終焉の地として、

東都正平里第(開元347。洛陽11Ｆ）永泰里第(龍朔025。洛陽9・10Ｋ）洛陽之嘉善里第(龍朔075。洛陽10Ｊ）東都恭安里第(開元343。洛陽8・9G）教業里第(儀鳳021、開元332。洛陽3M)洛州行脩里第(垂拱042。洛陽10Ｆ）景行里第(貞觀078、乾封044。洛陽4Ｊ）惠和里第(咸亨022。洛陽7Ｉ）思恭里第(咸亨007、咸亨111。洛陽3Ｉ）脩善里第(永徽085、乾封002。洛陽10Ｉ）從善里第(上元031。洛陽8Ｌ）章善里第(垂拱052。洛陽10・11Ｋ）神都尚善里第(垂拱061。洛陽6Ｅ）洛陽審教里第(開元225。洛陽1Ｌ）東都審教里第(開元237。洛陽1Ｌ）洛州河南清化里第(龍朔026。洛陽3H）清化里第(永徽081、永徽109、調露003。洛陽3H）洛陽旌善里第(證聖008。洛陽6Ｆ）洛陽積德里第(上元026。洛陽4M）東都擇善里第(開元346。洛陽7H）陶化里第(咸亨008、弘道002。洛陽11Ｊ）道光里第(長壽022、證聖009。洛陽2H）河南道政里第(開元224。洛陽1H）履順里第(垂拱034。洛陽2Ｉ）東京立行里第(咸亨008。洛陽3K）万年縣永昌里第(咸亨027。長安2H）京城延福里第(貞觀024。長安9Ｃ）京兆長安延福里第(開元437。長安9Ｃ)西京懷眞里第(垂拱041。長安9Ｄ）長安懷德里第(垂拱065。長安6Ａ）雍州光德里第(貞觀049、貞觀059。長安6C)脩德里第(貞觀023。長安1C)崇仁里第(咸亨110。長安4H)善和里第(永淳003。長安5E)乾封縣太平里第(聖暦040。長安5D)西京長興里第(天授011。長安7G)長壽里第(垂拱065。長安8B)平康里第(開元263。長安5H)雍州來庭里第(長壽018。長安2H)醴泉里第(上元002。長安4B)高昌縣之淳風里第(永昌008)

などのように「○○里第」と記されている場合がある。こういった場合は、「○○里の第」なのか「○○の里第」なのかがわかりにくい。ただ、

洛陽之里第(貞觀127、咸亨090、垂拱062、神龍026)來庭縣永泰坊里第(證聖012。洛陽9・10K)洛陽縣教業之里第(開元342。洛陽3M)景行坊里第(龍朔089。洛陽4J)河南府康俗之里第(開元303。洛陽12H)思恭坊里第(長壽004。洛陽3I)時邕之里第(永隆003。洛陽4K)章善坊之里第(龍朔047。洛陽10・11K)行脩坊之里第(龍朔067。洛陽10F)通利之里第(開元227。洛陽7J)洛陽德懋坊里第(續・開元071。洛陽3L)德懋坊之里第(調露001。洛陽3L)洛陽敦厚之里第(貞觀019。洛陽2J)樂城坊里第(景龍009。洛陽7J)洛陽立行坊之里第(咸亨093。洛陽3K)延福坊之里第(龍朔084。長安9C)金城坊里第(上元032。長安3B)相州里第(貞觀004)相州成安縣良川鄉里第(開元257)雲安郡奉節縣之里第(天寶248)

といった例を参照すれば、「○○の里第」と解釋するのが正しい場合が混じっているだろうことが分かる。たとえば「洛陽敦厚里第」(開元306。洛陽2J)が、「洛陽敦厚之里第」(貞觀019。洛陽2J)と同じ意味であるとすれば、「敦厚里の第」ではなく、「敦厚の里第」と讀むべきだということになる。寧州蒲州府果毅都尉の李汪が「薨於隴西里第」(龍朔027)と記す際の「里第」も同樣で、これらの「里第」は、「奄捐里第」「卒于里第」(ともに麟德021)、「薨於里第」(貞觀039)、「終於里第」(貞觀040、永徽040)、「終于里第」(顯慶042)、「卒於里第」(咸亨108、調露019)、「洛陽里第」(上元027)、「洛陽縣里第」(垂拱062)などという形で墓誌に記された「里第」と同義なのであり、

毓財坊私第(乾封048。洛陽4L)毓德坊私第(龍朔068。洛陽2L)延福坊私第

(如意002。洛陽8K) 永泰坊之私第(長壽001。洛陽9・10K) 懷仁坊之私第(開元341。洛陽9M) 合宮縣觀德坊之第(長壽026。洛陽7D) 歸仁坊私第(咸亨013。洛陽10M) 洛陽縣景行坊私第(咸亨106。洛陽4J) 洛城脩義坊第(開元319。洛陽1J) 思恭坊之私第(總章006。洛陽3I) 洛陽縣慈惠坊宅所(調露005。洛陽6J) 終於思順坊之第…… 終於廣信坊之第(長壽019。洛陽9Iと?) 時邕坊私第(乾封041、咸亨011。洛陽4K) 思恭坊私第(總章014。洛陽3I) 章善坊私第(咸亨009。洛陽10・11K) 洛陽殖業坊私第(永徽080。洛陽2K) 殖業坊之私第(麟德012。洛陽2K) 河南府崇政坊之私第(開元216。洛陽10・11G) 河南府洛陽縣通遠坊之私第(開元295。洛陽1M) 洛陽縣通遠坊私第(開元210。洛陽1M) 通利坊私第(麟德011。洛陽7J) 道化坊私第(咸亨012。洛陽9・10H) 河南府道光坊之私第(開元313。洛陽2H) 敦厚坊私第(龍朔069、總章008。洛陽2J) 福善坊私第(龍朔072。洛陽8I) 福善坊之私第(乾封035。洛陽8I) 北市豊財坊之第(開元328。洛陽1K) 立行坊私第(乾封053、永徽079。洛陽3K) 河南府洛陽縣履道坊之私第(咸通002。洛陽12L) 京師永寧坊之私第(開元071。長安8H) 延康坊私第(長安027。長安7C) 雍州乾封縣嘉會坊之私第(神功009。長安9B) 京兆府万年縣安興坊之私第(開元007。長安3I) 万年縣平康坊之私第(天授019。長安5H)

といった、「○○坊私第」あるいは「○○坊之私第」の形で頻出する「私第」「第」「宅所」と同義と考えて良いことになろう。

しかしその一方で、

樂成里之第(咸亨017。洛陽7J)
京兆靜(靖?)安里之第(開元200。長安9G)
長安頒政里之第(貞觀147。長安3C)
長安龍首里之第(開元011。なお、久視002には「龍首里第」がある)
河南府河南縣洛城鄉靈台里第(開元252。洛城・靈台ともに洛陽城內の坊名に無く、おそらく郭外の洛城鄉靈台里にあった私第だろう)

という表記もあるので、「○○里第」の中には、「○○里の第」と讀まなければならない場合があることも明白である。

ところで、終焉の地として「○○(之)里第」と記された場合の「○○」は、上にいちいち對照しておいたように、壓倒的に洛陽・長安の坊名である。「河南縣思恭之里第」(貞觀067)は、思恭坊(洛陽3Ｉ)に所在の私第、「敦厚里之第」(貞觀070)は、敦厚坊(洛陽2Ｊ)の私第であると見て構わないだろう。「西京懷眞里第」(垂拱041。長安9Ｄ)、「長安懷德里第……長安長壽里第」(垂拱065。長安6Ａと長安8Ｂ)は、それぞれ「懷眞坊の里第」「懷德坊の里第」「長壽坊の里第」の「坊」を省略して、その坊に「里第」=「私第」があったことを示すともとれるし、單純に「坊」を「里」と表記したとも取れるのである。「唐故張君墓銘并序」(乾封054)において、墓主張朗の終焉の地を「終於淸化里私第」と記し、夫人の方は「終於淸化坊私第」と記しているのは、どちらかがより廣い概念であったり、一方が人爲的、他方が自然的概念であったりすることを殊更に表現したとはとうてい考えられず、同一の場所を表すのに兩樣の表記を用いてみたに過ぎないと解釋するべきだろう。

これを前提にすれば、「坊名+里(之)私第」のような場合、例えば、「時邕里私第」(貞觀053、永徽093)「時邕里之私第」(貞觀081)といった例では、「時邕」は洛陽縣の坊名(洛陽4Ｋ)であり、ここでは「坊」のことを「里」と表現しているということができるのであって、その意味でこれらの事例は、「洛陽時邕坊私第」(永徽097)「時邕坊私第」(咸亨100)のように記されるのと、實質的には同一と言わざるを得ない。「洛陽縣嘉善里之私第」(貞觀077。洛陽10Ｊ)「嘉善里之私第」(調露024)は、「嘉善之私第」(龍朔030)「洛陽縣嘉善之私第」(調露025)でもあり、また「東都嘉善坊私第」(龍朔031)でもあったのである。洛陽にあって、「思順坊」(貞觀150。洛陽9Ｉ)と「思順里」(貞觀145)、「立街坊」(永徽079。所在不明)と「立街里」(永徽071)、「時邕坊」(永徽099。洛陽4Ｋ)と「時邕里」(永徽093)、「景行坊」(顯慶091。洛陽4Ｊ)と「景行里」(顯慶085)は、それぞれ同一の觀念、すなわち終焉の地、多くは私第の存在した位置を、坊名+「坊」、坊名+「里」の兩樣で記したに過ぎないのである。

もっとも、郭内の坊と同名の里が城外に存在しなかったとは確言できない。その場合には「里」とあれば城外、「坊」とあれば城内と區別できることになる。しかし、終焉の地を表すのに「坊名＋里(之)(私)第」、あるいは單に「坊名＋(之)里」と表記している例は、

洛陽縣毓德里之私第(開元388。洛陽2Ｌ) 洛陽毓德里之私第(開元345。洛陽2Ｌ)洛陽毓德里之客舍(開元371。洛陽2Ｌ) 洛州洛陽縣延福里私第(上元024。洛陽8Ｋ) 東都之溫樂里(開元214。洛陽5Ｍ) 洛陽懷仁里之私第(開元259。洛陽9Ｍ)洛陽縣嘉善里之私第(貞觀077。洛陽10Ｊ) 河南府河南縣嘉善里之私第(乾符006。洛陽10Ｊ) 嘉善之里(咸亨103。洛陽10Ｊ) 嘉猷里私第(乾封058。洛陽6Ｌ)洛陽勸善里私第(開元238。洛陽7Ｇ) 河南府洛陽縣歸仁里之私第(開元331。洛陽10Ｍ) 教業里(開元234。洛陽3Ｍ) 河南惠訓里之私第(開元219。洛陽6Ｇ) 景行里(咸亨043。洛陽4Ｊ) 洛陽景行里之私第(開元262。洛陽4Ｊ) 東都興慶里之私第(開元208。洛陽13Ｊ) 思恭里之私寢(咸亨113。洛陽3Ｉ) 思恭里私第(儀鳳013。洛陽3Ｉ) 思順里之私第(上元003。洛陽9Ｉ) 思順里之私第(開元309。洛陽9Ｉ) 洛州洛陽縣時邕里私第(顯慶030。洛陽4Ｋ) 脩義里……脩義里(上元001。洛陽1Ｊ) 洛陽脩義里之私第(開元339、開元351。洛陽1Ｉ) 洛陽縣脩義里之私第(開元339。洛陽1Ｉ) 集賢里之私第(開元350。洛陽12Ｋ) 脩善里(長壽028。洛陽10Ｉ) 洛陽從善里之私第(乾封001。洛陽8Ｌ) 神都從善里……東都從善里(長壽002。洛陽8Ｌ) 從善里之私第(開元322。洛陽8Ｌ) 洛陽尙善里之私第(上元014。洛陽6Ｅ) 河南之尙賢里(開元318。洛陽13Ｇ) 章善里(咸亨045。洛陽10・11Ｋ) 州洛陽縣彰善里(咸亨096。章善坊なら洛陽10・11Ｋ) 章善里之第(咸亨104。洛陽10・11Ｋ) 審教里之私第(開元305。洛陽1Ｌ) 綏福里(儀鳳005。洛陽9Ｌ) 來庭縣綏福里(大足006。洛陽9Ｌ) 河南崇政里(開元398。洛陽10・11Ｇ) 河南縣清化里私第(貞觀100。洛陽3Ｈ) 清化里之私第(永徽030、龍朔016、咸亨112。洛陽3Ｈ) 河南縣政俗里之私第(開元410。正俗坊なら洛陽12Ｉ) 河南府河南縣正俗里之私第(開元438。洛陽12Ｉ) 東都積德里之私第(咸亨092。洛陽4Ｍ)河南府河南縣宣教里之私第(開元471。洛陽12Ｊ) 尊賢里(儀鳳

010。洛陽11K)洛陽尊賢里私第(開元399。洛陽11K) 尊賢里之私第(如意001、長壽016。洛陽11K) 通遠之里私第(開元273。洛陽1M) 通利里之私第(開元309。洛陽7J) 洛陽陶化里之私第(開元382。洛陽11J) 神都德懋里之私第(天授033。洛陽3L) 洛州洛陽縣敦厚里 …… 洛州洛陽縣陶化里(上元039。敦厚坊は洛陽2J、陶化坊は洛陽11J) 洛州河南縣福善里私第(上元028。洛陽8I) 福善里之私第(上元029、儀鳳037。洛陽8I) 洛陽縣豊財里(開元396。洛陽1K) 樂城之里(龍朔035、麟德067。洛陽7J) 洛陽縣立行里之私第(永徽071。洛陽3K) 立行里私第(乾封058、證聖010。洛陽3K) 立行里之私第(開元326。洛陽3K) 麟德里(總章010。洛陽3J) 西京永興里之私第(開元390。長安3H) 永寧里之私第(景龍017。長安8H) 京師永寧里之私第(大暦064。長安8H) 京兆府永樂里之私第(開元060。長安8G) 雍州長安縣延康里之私第(景龍043。長安7C) 京兆府延康里之私第(開元250。長安7C) 延康里私第(神龍047。長安7C) 歸義里之私第(開元231。長安12B)長安義寧里之私第(咸亨060。長安3A) 京長安縣義寧里之私第(貞元043、貞元044。長安3A) 金城里之私第(天寶253、272。長安3B) 群賢里(長壽029。長安5A) 京興化里之私第(景雲020。長安7D) 京兆府興寧里之私第(開元378。長安2J) 雍州之勝業里(儀鳳029。長安4I) 京兆勝業里之私第(開元266。長安4I) 殖業里(開元236。長安6E) 長安親仁里之私第(貞元025。長安7H) 万年縣之崇義里(永徽028。長安6G) 靖安里之私館(開元381。長安9G) 宣陽里(咸亨077。長安6H) 雍州万年縣宣陽里之私第(万歳登封004。長安6H) 長安宣陽里之私第(建中002。長安6H) 宣陽里之私第(貞元012。長安6H) 道政里之私第(開元304。長安5J) 長安布政里之私第(大暦004。長安4C) 上京平康里之私第(貞元017。長安5H) 豊安里之私第(長安020。長安11D) 醴泉里之私第(神龍004、景雲025、開元274、開元370、天寶273。長安4B)

など、枚擧に遑がない。「景行邑私第」(麟德033。景行坊は洛陽4J)も、これらに準じて考えて良いだろう。要するに、あまりにも坊名+「里」の事例が多すぎるのであり、これらの多くを郭外の里と見なすことはできないと考えるのが自然であろう。

上記のうち「坊名+里」は、「坊名+里(之)第」「坊名+里(之)私第」を更に簡略化して終焉の地を表記したもので、坊名が同時に里名としても用いられ、あるいは「坊」の代わりに「里」の文字が用いられ、どちらにせよ空間を指すと解される事例である。

ことは長安・洛陽にとどまらない。唐代の地方都市の事例を擧げるならば、「揚州贊賢坊之私第」(貞元067)や「揚州江都縣贊賢坊之私舍」(續・貞元021)における「贊賢坊」と、「江都縣贊賢里從父之私室」(元和087)「江都縣贊賢里之寢舍」(大中066)や「揚州江都縣贊賢里河界之私第」(大中086)における「贊賢里」とは同義であろう。同様に、「楊州江陽縣布政坊之私第」(大和029、開成003)の「布政坊」は、「楊州江陽縣布政里之第」(會昌047)や「楊州江陽縣布政里之私第」(長慶028)の「布政里」と、「(揚州)江陽縣仁風坊之私第」(大中009)や「揚州江陽縣仁風坊之第」(咸通077)の「仁風坊」は、「楊州江□縣仁風里之私第」(廣明007)、「江陽縣仁風里之私第」(大中066)の「仁風里」と、(幽州)「肅愼坊」(大中141)は「(幽州大都督)府城之肅愼里」(大中129)と同義であろう。

以上、唐代の城郭内における「坊」は、ごく一般的に「里」とも表現されていたことを明らかにしてきた。ただし、このこと自體は、歴史的に見て當然ありうることであり、「坊」と「里」とが互換性のある語として、城郭内の區畫を表す際に交互に用いられてきたという前史を踏まえれば、唐代にあっても一種の雅語・雅稱として、公稱の「坊」の代わりに「里」が用いられていたことを示すに過ぎないとも言える。從って問題は、こういう雅稱としての「里」が頻繁に用いられている際の、郭内の鄉里制のありかた、特に鄉里制の「里」と、「坊」の雅稱としての「里」との關係はどうであったかということになる。

第5節　唐代京城内の郷里と坊

前節までの検討を通じて、唐代地方都市の「坊」の上には「郷」があったこと(第3節)、郭内の「坊」は「里」と表記されることが多かったこと(第4節)を明らかにしてきた。問題は長安城内においても「坊」の上に「郷」があったのかということと、「郷」の下に位置し、かつ「里」とも表記される「坊」と郷里制の「里」との關係である。ここではまず前者の問題から取り上げよう。

卒於長安縣弘安郷嘉會坊私第(顯慶099)

嘉會坊は確かに長安縣の坊名(長安9B)である。とするならば、坊の上の單位として郷が設定されているということになる。[31] こうした例は、見ようによっては決して珍しくない。例えば、

終于洛陽縣上東郷毓財里私第(嗣聖003)

の場合、上東郷自體は郭外に廣がっているが、「毓財」は洛陽の坊名(洛陽4L)と同じであり、[32] そうなると、城内の坊である「毓財坊」を含みこんで「上東郷」が城外に廣がっている可能性があることになる。

同様の例として、

雍州万年縣長樂郷之純化里(貞觀066) 長安城東京兆府万年縣長樂郷張壽村春明門外(續・大和022) 万年縣長樂郷界龍首之原(開元274) 京兆府咸寧縣長

---

31) 楊鴻年『隋唐兩京坊里譜』(上海古籍出版社、1999年)391頁は、「郷名が冠せられているので、長安效區の一つの里のようにも見えるが、嘉會とあり、また長安に屬しているので、掲出しておいた」という按文を載せている。嘉會坊は、神功009に「雍州乾封縣嘉會坊之私第」、天寶035に「長安縣嘉會里之私第」、續・開元008に「終於嘉會里之第」などと見えている。

32) 光宅008に「洛陽縣毓財坊之私第」が見えている。なお、垂拱037には「神都毓財里第」が見えている。

樂鄕龍首之原(續・天寶051) 京兆府万年縣長樂鄕古城村(續・大和042)

があり、これらは埋葬地であるから、前掲の喪葬令の規定により、地点としては長安城外と考えるべきであろうが、万年縣には長樂坊(長安1Ｉ)があるので、長樂鄕はその坊をも含み込み、かつ城外に純化里や張壽村・古城村を抱え、郭外の北東方向に龍首原を廣く覆っていたと解釋することが不可能ではない。

歸葬於長安縣永平鄕靈安里(續・開成006)

の場合、長安縣には郭内に「永平坊」(長安10Ｂ)があるのが氣にかかる。永平坊と郭外の靈安里との兩者を含み込んだ廣い地域を「永平鄕」としていた可能性が考えられるからである。

終于洛陽縣余慶鄕通遠里(顯慶060)

においても、洛陽城の東北隅に「通遠坊」(洛陽1M)があるので、通遠坊を含みつつ郭外に余慶鄕が廣がっている事態を想定する余地がある。

卒於洛州河南縣永□鄕宣風里(龍朔078)

の場合、「宣風」は洛陽の坊名でもあるので(洛陽9Ｄ)、「宣風坊」を含み込んだ「永□鄕」が編成されていた可能性があると言えるだろう。

葬於長安縣布政鄕大郭村龍首原(續・大和020)

厝於京兆長安縣布政鄕大郭里龍首原都門之西五里(續・大中024)

の場合は、「布政坊」が長安4Ｃにあるので、この坊を含み込んだ廣大な鄕が、西側郭外にまで廣がっていた可能性を考えることができる。特に續・大和020の場合は、墓主の終焉の地が「布政坊」の南隣の「延壽里」(延壽坊)であったので、郭外の「布政鄕」と郭内の「布政坊」に全く何の關係もなく、偶然の一致とするには躊躇を覺えるのである。

葬於万年縣崇義鄕(續・大暦030、續・貞元023)

の場合、「崇義坊」が万年縣(長安6Ｇ)にあるので、この崇義坊を含み込んだ鄕が郭外に廣がっていたとも解される。

もっと興味深い例に、

洛州河南縣永泰鄉行脩里之第(麟德036)

がある。行脩里が行脩坊のことであるならば、それは洛陽10Ｆの脩行坊(行脩坊とも)を指すと考えて良い。一方で洛陽には9・10Ｆに永泰坊もある(これを「永泰里」と表現した例としては麟德066・乾封027の「薨於私第永泰里」がある)。墓誌を通覽した限りでは、鄉名と坊名が重なる例よりは遙かに多い割合で里名と坊名が重なっていたが、この場合は、洛陽城東南に位置する永泰坊を含む鄉が、ほぼ眞西の行脩坊をも含み込んでいた可能性が考えられることになる。ただし「永泰鄉」に關しては、「窆於洛州河南縣永泰鄉齊陵西一里」(總章013)という事例もあって、これは葬地なので明らかに城外をも含み込むこととなり、はたしてこのように廣大な鄉が存在しうるのか、疑問無しとしない。

もう一つ事例を擧げれば、

…… 洛州洛陽縣人也。…… 終於洛陽縣子來鄉延福里之私第。…… 夫人……終於洛陽縣都會鄉喜善里之私第。…… 合葬於洛陽縣平陰鄉之界。(續・光宅004)

がある。延福里と喜善里とが郭外にあった可能性が無いとは言えないが、喜善が嘉善の誤り、あるいは改稱ないし通用であるとすれば、延福も嘉善も洛陽の坊名であり(8Ｋと10Ｊ)、それぞれの里＝坊の上に、別名の鄉が存在していた可能性が出てくるだろう。都會鄉は「神都洛陽縣都會鄉之私第」(垂拱033)にも出現している。

以上、長安と洛陽において「坊」の上に「鄉」が置かれていたと解釋できないではない例を擧げてきた。ただ、「長安縣弘安鄉嘉會坊」を除けば、里の上に鄉があり、たまたまその里名が坊名と一致しているという事例、あるいは郭外の鄉名が郭内の坊名に一致している事例に過ぎない。里名のほとんどは儒家的倫理観をふまえた極めて抽象的な名稱であるので、[33] 郭外の里名と郭内の坊名がたまたま一致する確率も高かったであろう。從って長安・洛陽の城內に、あるいは城內と郭外とを跨いで、鄕が設定されていた可能性については、史料的にはかなり論證しづらいことは否定できない。

ただ、長安城や洛陽城の郭內の坊の上に鄕があった可能性を全く消し去ることにいささかの躊躇を覺えるのは、「長安縣弘安鄕嘉會坊」という事例の他に、第3節で取り上げたように、地方都市において坊の上に鄕が置かれている事例があるからである。地方都市にあっては「鄕」の影が薄く、州 − 縣 − 鄕 − 里の鄕を除いて里ないしは坊と表記することが、違和感なく行われたのであったが、こういった地方都市の事例を參照すれば、長安・洛陽にあっても、極めて影が薄いとはいえ、鄕という單位が置かれていた可能性を考えて良いのではないだろうか。

次に、往々にして「里」とも表記される「坊」と、鄕里制の「里」との關係について檢討してみよう。まず問題となるのは、

> 終于城居溫洛坊里之私第(元和006。洛陽5Ｌ) 終于洛城通利坊里也(大和009。洛陽7Ｊ) 卒于河南府洛陽縣履信坊里之私第(大和055、大和071。洛陽11Ｌ) 終於醴泉坊里之私第(乾元009。長安4Ｂ)

という事例、また地方では、

> 終於依善坊里之私第(大曆021。上党縣か) 終於永智坊里之私第(咸通022。易縣か) 考終命於燕都坊里之私第(元和066)

という事例である。これらは前節で述べたような、「坊」と「里」が異稱同體の姿を示したものという解釋とともに、

> 終于東都安業坊安業里之私第(大和065)

33) 愛宕元註29論文55頁。

をも含めて考えると、「坊」の下に同名の「里」があるという解釋も立てられるからである。しかし、「溫洛坊里」に關しては、同じ墓誌の後文に「歿于洛陽縣溫洛之私第」とあって、「溫洛」とさえ言えば通用していたものと解釋できるので、結局「坊」といい、「里」といっても、それは同じ事であることを示す史料として見るべきではないかという疑念が生じる。

こうした中にあって、

① 終於景行坊積善里私第(續・永徽040)

② 葬于江陽縣仁善鄉弦歌坊千秋里蜀堈之側(開成003)

③卜地於揚州海陵縣禎實坊常樂里(續・開成008)

は、極めて注目すべき事例と言えよう。①は洛陽4Jに位置する景行坊の下(内部)に積善里が設定されていたことの明證と言うことができる。

次に②からは、揚州において、縣 − 鄉 − 坊 − 里という地点表示が行われ、江陽縣⊃仁善鄉⊃弦歌坊⊃千秋里という式が成立し、③からは、海陵縣⊃禎實坊⊃常樂里という關係が成立しているように見える。

ただ、②については、ほぼ同じ地点を指すであろう事例としての、

當(揚州江陽)縣弦歌坊東原(開成042) 城東弦歌坊之平原(會昌047)

を參照すれば、②及び上の二つは、楊州城の城郭の内側東縁の區畫の一つである弦歌坊[34]の、その東の城墻の外側の平原に葬ったと解釋することも可能なように思う。郭内の坊を起点として郭外の葬地を指示した可能性のある例としては、これらの他に、

當(楊州江陽)縣絃歌坊之原(光啓001) 揚州江陽縣臨灣坊之原(貞元067) 揚州江陽縣城東道化坊之原(乾符023。揚州道化坊は、乾符024・廣明002にもある)

---

34) 廣明007には「□□縣弦歌里禪智精舍」とあり、弦歌坊は弦歌里とも呼ばれていたことが分かる。つまり揚州でも長安・洛陽同様に坊を里とも呼んでいたのである。

江陽縣北道化坊之平原(續・咸通072) 揚州江陽縣臨灣坊之古原(續・乾符007)(揚州江都) 縣城之西馴翟坊之原(續・貞元021) 揚子縣風亭坊之原(大和098)(揚州揚子) 縣之西風亭坊之南原(大中034) 楊府海陵縣大寧坊之原(續・長慶004)(壽州) 壽春縣儁造鄉左史坊壽□之東廿里偏(大中044) (呉?) 郡之東北大寧坊之平原(續・元和031)

といった例が擧げられる。このうち「風定坊」は、中和013に「殯于揚州揚子縣江濱鄉風定里」、續・大中034に「歿於揚州揚子縣風亭之里…… 合祔當坊敦□之原」とある「風亭里」「風定之里」と同義であろう。

もっとも、

遷窆於當(揚州江陽)縣城東權創北道化坊塋內(續・乾符021)

という例の場合は、どう見ても坊內に葬ったとしか言えない。ただ、道化坊には長生禪寺という寺院があったことが知られるので(乾元011)、あるいはその寺域に墓を營むことが認められたのかも知れない。また、

葬於淸陽縣臨川坊之權塋(廣明004)

も、同様に坊內に葬ったとしか言えないが、これは「權」であることで許されたと考える余地がある。ただ、そもそも城郭內への埋葬は、先述したように「京城七里以內」でなければ禁止の對象になっていなかったのであるとすれば、地方都市においては坊內に葬ることは問題なかったとも考えられ、②③は單純に縣 -(鄉)- 坊 - 里という地点表示法の存在を、從って坊の下(內部)に里があったことを示すと見ることもできる。

坊の下に里があるように見えるもう一つの例として、「終於南市旗亭里第」(神龍043。南市は洛陽8・9J)を擧げておく必要がある。「南市」については、證聖007に「終於南市」「終于南市之第」というのが見え、「南市」に居住地があったことが認められ、「旗亭」が里の名であったことは、「終於旗亭里之私第」(續・開成012)から認められよう。假に「南市坊」というものがあるとすれば、その中

に旗亭里という里が含まれていたと讀めることになる。

以上、坊の下(內部)に里があったと讀める史料を提示してみた。しかし、ではすべての坊において、その下(內部)に里が設定されていたかと言えば、そうとは考えにくい。なぜならば墓誌において、「坊」の中を更に細かく指示する際には、「布政坊西街」(續・天寶045)、あるいは「安邑里水池曲之第」(續・大中023。安邑坊は長安7J)という事例がある一方で、郭外においては地点表示に盛んに用いられていた「里」を用いることが、極めて稀だからである。このことは唐・韋述撰の尊經閣文庫藏『長安志』巻第3[35]を見れば更にはっきりする。本書では、坊ごとに邸宅等が記されているが、その際「西南隅」「西門之北」「東南隅」「南門之東」「十字街東之北」という指示方法で地点表示をしており、[36]「里」は一切用いられていない。同様の指示法は宋・宋敏求『長安志』に繼承されており、また宋・錢易撰『南部新書』(中華書局、2002年)庚に、

> 貞觀六年、王珪任侍中、通貴漸久、不營私廟、四時猶祭於寢。爲有司所彈、文皇優容之、特爲置廟於永樂坊東北隅。(102頁)

とあるように、地誌類にとどまらない一般的な地点表示法となっている。だからこそ、郭内には鄉里制が布かれていないという、第一節で紹介した近年の學說も生まれたのであろうが、しかし、郭內にも鄉里制が布かれていたことが明らかになった以上、坊内の位置を里で示さない地点表示が一般的となった理由は別に考えられなければならない。

最後に、坊の上に鄉ではなくて里が記されているかのように見える事例として、

> 神都日用里思順坊之私第(長壽031。思順坊は洛陽9I)

に觸れておかなければならない。楊鴻年氏は、この史料を「神都思順坊之私第」

35) 平岡武夫編『唐代の長安と洛陽 資料』(同朋舍出版、1985年)による。

36) 日野開三郎註15論文參照。

と紹介しているが、[37] 寫眞版で確認しても、確かに「神都日用里思順坊」となっている。[38] しかし通常「里」なり「坊」なりの呼稱には道德的、あるいは吉祥的な名辭が好んで用いられているのに對し、「日用里」というのは、いかにも卑俗であって、里名としては相應しくない。「神都」の下に、縣・鄕を略して、里を、しかも坊名とは異なる里を記すのも、やや唐突の感がある。從って、この「日用」は里名ではなく、「普段用いていた」という程度の修辭句とは考えられないだろうか。ちなみに楊著によれば、兩京に「日用」を冠した坊里は無い。

長安・洛陽のみならず、唐代の地方都市をも含めてこれまでに檢討してきたことをまとめると以下のようになるだろう。

一、唐代の都市においては、城郭の內部にも城郭の外部と同樣に鄕・里が設定されており、實例によれば、鄕は坊より上の單位と位置づけられて坊よりも廣い地域を指し、里は坊より下の單位と位置づけられて坊より狹い地域を指していたらしい。

二、ただし、城郭內の里は、極めて稀にしか墓誌に現れず、鄕についても、かなり頻度が低い。

三、一方で城郭內の「坊」を指して「里」と呼ぶことは、大中026において「延州寧國坊之私第」を後文で「前里之私第」と言い換えているように、ごく普通に行われており、實例は枚擧に遑がないほどであった。

問題はこういった坊名+「里」の「里」が、單なる「坊」の雅稱なのか、それとも鄕・里の「里」、すなわち行政組織であり戶の集合體でもある「里」でもあっ

37) 楊鴻年註31著203頁。

38) 河南省文物研究所・河南省洛陽地區文管處編『千唐誌齋藏誌 上』(文物出版社、1984年)417號(417頁)。

たのかということに絞られる。なぜならば、「里」が「坊」の意味で用いられる例が多いとするならば、二重構造説を認めた場合、A「里(＝坊)」に住んでいる人が、戸籍上はB「里」に編成されているということが頻繁に起こらざるを得ず、人間を編成した方の「里」と、坊の雅稱としての「里」が、極めて紛らわしいことになるからである。

墓誌の實例を検討した限りでは、坊の下(内部)に里がある明證は、坊を里と呼んだ事例より遙かに少なかった。唐代兩京の人々にとって、「里」と言えばまず坊＝里の「里」を指すのであって、これとは別に「里」を設定することは、實際にかなり少なかったことが、この出現頻度の違いをもたらした可能性が大きい。つまり、多くの場合、「坊」と同體異稱の「里」は、同時に鄕 − 里の「里」でもあったと推測するのである。

こう考えられれば、城郭内において人爲區分と自然區分との二重構造は實質的には殆ど存在しない。「坊」内に本貫を持つ人々を、戸籍上では一つの「里」に編成したのであり、これはちょうど自然に存在する「家」を、戸籍上「戸」として登載した[39]のと同じ發想である。坊＝里ごとに里正が一人任じられるのは、家長が戸主となることと同様にとらえられるだろう。次点の者が坊正に任じられたのは、政府が役割分擔を求めたからと考えられる。

以上のように考えることによって、最初に擧げた問題、すなわち元來「坊」と「里」とは互換性がある語であったこと、里正の次点が坊正に任じられる規定であったこと、自然と人爲の二重構造という考え方は、實質的には後者(鄕里)が前者(坊)に規制されざるを得ないという意味で事態を正確に表現していないこと、以上の問題は解決できる。

39) 滋賀秀三『中國家族法の原理』(創文社, 1967年) 51頁。

しかし、より大きな問題が新たに生まれたということもできる。それは、人身の把握の單位として坊=里では大きすぎるということである。例えば、唐代の戸籍は、郷別に一巻とされていた(唐戸令復元22乙條)。長安のような大都市でなければ、五人の里正が寄り合って五百戸、2~3千人程度の戸口を把握することは可能であろう。しかし、長安のような大都市で、坊の上の單位として郷を考えるとすれば、たとえ土戸だけを編成するとしても、一万人前後規模のものにならざるを得ない。こういった戸籍の作成は可能なのか。一坊に一人の里正で間に合うのか。

こういった問題は、これまでの二重構造論では全く問題にならなかったものである。城郭内でも百戸に一人の里正を置き、五百戸で郷を編成し、五人の里正が共同して郷別に戸籍を作ればよいだけのことであるから。それを坊=里ごとならともかく、五里=五坊=郷ごとに戸籍を作ることになれば、一巻の分量として相當の無理があり、長安や洛陽などの大都市における造籍について特別の規定を考えなければならないだろう。しかし、そういった規定が存在した徵證は全くない。これが今回提示した假說の抱える最大の問題であろう。

おわりに
—藤原京・平城京の條坊と唐の坊・里—

以上の検討を踏まえて、唐制と對比させた場合の藤原京・平城京の條坊制の特徵について簡單に觸れておきたい。平城京の場合は坊が基礎單位となっており、坊ごとに坊長が置かれ、四坊ごとに坊令が置かれるが、その四坊をまとめた呼び方は、當初は無かったようである。[40]

一方、平城京に先行する藤原京にあっては、文獻に殘された「林坊」「左京小治町」という地名のほかに、最近「□□京軽坊」と記された木簡が検出されている。[41] 問題はこれらの呼稱と、藤原京で施行された大寶令の職員令左京職條に記されていた「坊令十二人」との關係であり、さらには發掘で檢出された條坊痕跡との關係である。左京職に十二人の坊令がいる以上、右京職にも十二人の坊令がいたはずであるが、朱雀大路を跨ぐような坊の設定は考えがたい。從って、現在最も有力な10坊×10坊の正方形プランの藤原京プラン[42]においても、その左右(東西)それぞれに12の區畫を設定しなければならないことになるが、宮域に4坊分が割かれるので、左右計96坊、左右それぞれに48坊となり、計算上は12に分けられないではない。ただし、縱の列と橫の列とを組み合わせないと、4坊ずつには分けられない。

平城京の場合は、臨時に上京している人々を除いた數万人程度は京貫を持っていたと考えて大きく外れることは無いだろう。京貫を持つ戸、すなわち京戸は、基本的に670年の庚午年籍において定められたものと考えられるので、この人口は藤原京にあってもさほど變わらないと考えられる。となると一坊あたりの土戸の人口は數百人程度になるが、當然庶民クラスが住まう南半は、これよりも多かった筈である。この人數は千人强からなる一里よりは小さいが、しかし極端にかけ離れているわけではない。選任規定において、

里長坊長、竝取白丁淸正・强幹者充。若當里當坊無人、聽於比里比坊簡用。〈

40) 岸俊男「日本都城制總論」(『日本の古代9 都城の生態』中央公論社、1987年)74～5頁。

41) 小澤毅「藤原京の造營と京域をめぐる諸問題」(『日本古代宮都構造の研究』所收、青木書店、2003年)258頁。

42) 小澤毅前掲論文243頁。

若八位以下情願者聽。〉(養老戸令4條)

と、里長と坊長とが同格とされていることも參照される。孝德朝に遡る「五十戸」木簡が多數檢出されている現在、690年の庚寅年籍において全國が五十戸編成され(京を除く)、それぞれに固有の里名が附されていたことは疑いない。とすれば、人口規模においてさほど變わらない藤原京內の坊に固有名が付けられていたとして何の不思議も無いだろう。つまり、藤原京で檢出される「林坊」などの坊名は、平城京の一坊に相當するほどの正方形の區畫一つ一つに附けられたものと考えるのが自然ということになる。この点は、規模は異なるものの、唐長安城の坊名の付け方と同じ發想であったと考えられることになる。

確かに日本の爲政者は、京內に里を設けなかったが、前述したように實質的に唐の坊は、そのまま郭外の里に對應するものとして設定されていたとするならば、日本では人爲組織である鄕里と自然區分である坊との二重構造を採用せず、人爲組織としての坊に一元化しているという違いは、實質的には大きな意義を持たないということができるのではあるまいか。唐では基本的に區畫としての「坊」を重視し、その中に本貫を持つ人々をそっくりそのまま「里」として把握した色彩が濃厚だからであり、基本的にはこれを戸籍上は里、都城プラン上は坊と捉えたのであった。日本ではともに坊と呼び、京外の里に相當するものとしたという違いにすぎないのである。

日本で都城の內部を二重に編成しなかった根本的な理由としては、自然區分を採用しなかったというよりはむしろ、里は50戸を基準とするという規制があって、これを都城內で實施すると、當然、坊を越える、まさに二重構造になってしまうという点に求められるように思う。唐では里の規模に融通性があったから、[43] 郭内の一區畫である「坊」をそのまま「里」とすることに、大きな障害はなかった。これに對して日本では、國郡の下の里は50戸からなる全國一律の計數單位という機能を持たされていた。[44] その一方で、京職下の坊や條は、基本單位に大きさを揃えられようもないものであった。なぜなら京職下の條・坊は地位によって班給され規制されたもので(『日本書紀』持統5年12月乙巳條、『續日本紀』天平6年9月辛未條)、戸數も負擔量も均一にしようが無いからその一方で、ある。

もちろんこの説明は、事物の一端を捉えたものに過ぎず、國と併存する形で、しかも條坊部分のみを管轄する京職を設定したり、坊長の上に坊令を置いて唐令には無い階層的支配構造を設定したりするなどといった、關連するはずの日唐の相違点を、總合的に説明していくことが求められることは言うまでもない。その一方で、間にあって、新羅の里坊制の坊が、唐の城郭內の鄉に相當するような單なる區畫なのか、それとも日本の坊令・坊長制のように、上の單位にも役人が置かれていたのか、東アジア三國における都城制の系譜を考える際には大きな問題になるように思う。

43) 中村治兵衛「唐代の鄉」(『中村治兵衛著作集3 中國聚落史の研究』所收、刀水書房、初發表1964年)。

44) 佐々木惠介 註22 論文。

8세기 동아시아의 불교 교류

동국대학교 **김상현**

1. 머리말
2. 입당 구법승의 활동
3. 한역경전 및 중국 찬술 불전의 신라 전래
4. 당에 전해진 신라 학승의 저술
5. 당에 전한 신라 만불산과 재당신라인의 불사
6. 일본 고대불교에 끼친 신라 불교의 영향
7. 맺음말

김상현
한국불교사 전공, 동국대 사학과 교수
대표논저 | 「원효연구」, 「신라의 사상과 문화」, 「신라화엄사상연구」, 「역사로 읽는 원효」, 「동아시아 불교에서의 한국불교의 정체성」 외 다수

8세기 동아시아의 불교 교류

동국대학교 **김상현**

1. 머리말

8세기 동아시아의 국제 관계는 비교적 안정되어 있었고, 문화 교류는 활발한 편이었다. 당시 당과 신라와 일본 등 동아 삼국은 하나의 불교문화권으로 연결되었고, 불교문화는 국경을 자유롭게 넘나들며 교류되었다. 구도자나 전법자의 활동은 자유로웠고, 불교전적佛教典籍의 활발한 교류로 인하여 동아 삼국의 불교는 국제적 성격을 갖고 발전할 수 있었다. 한자문화권漢字文化圈에 속하는 당과 신라와 일본은 다 같이 한역대장경漢譯大藏經을 사용했고, 고승들의 저서著書나 기타 불교 관련 여러 기록도 모두 한자를 사용해서 표기함으로써, 거의 모든 불교전적이 국경과 상관없이 간행·유통·보존될 수 있었다. 따라서 당나라와 신라, 그리고 일본의 불교는 전적典籍을 통하여 상호 교류했고, 불전佛典의 활발한 교류로 인하여 각국의 불교는 국제적인 성격을 갖고 발전할 수 있었다.[1] 동아 삼국의 불교 교류는 승려간의 왕래와 불교전적의 교류, 그

1) 필자는 「신라와 당의 불교전적 교류」(『신라학국제학술대회논문집』 1집, 경주시·신라문화유산조사단, 2008)을 발표한 바 있다.

리고 불상 등 기타 불교문화의 교류로 나누어 볼 수 있다. 따라서 본고에서는 입당 구법승의 활동과 불교전적의 교류를 중심으로 신라와 당의 불교 교류를 먼저 살펴볼 것이다. 8세기에 신라로 왔던 당의 승려는 보이지 않지만 본국 신라로 귀국한 구법승은 주목할 필요가 있다. 신라의 불교전적이 당나라와 일본에 유통된 경우는 신라 불교의 국제적 발전이라는 점에서 유의할 필요가 있다. 신라와 일본의 불교 교류는 일본 고대불교에 끼친 신라 불교의 영향을 중심으로 고찰할 것이다.

2. 입당 구법승의 활동

8세기에도 많은 신라 승려들이 당나라로 구법의 여행을 떠났다. 당나라를 거쳐 천축까지 구법 여행을 한 경우도 있고, 일생을 당나라에서 활동한 구법승도 있다. 그리고 당나라 구법을 마치고 신라로 귀국하여 활동한 고승도 있다. 혜초慧超, 무상無相, 승장勝莊, 무착無着, 무루無漏, 오진悟眞, 지장地藏, 현초玄超, 등은 신라로 귀국하지 않고 당나라에서 활동했고, 불가사의不可思議, 명효明曉, 원표元表, 도의道義, 의림義林, 혜일惠日 등은 귀국 후 신라에서 활동했던 승려들이다.

혜초는 16세경인 719년(성덕왕 18년)경에 입당했다. 그는 입당 후 광주에서 천축의 고승 금강지金剛智와 그의 제자 불공不空을 만나 사사했다. 그리고 스승의 권유로 723년에 인도 여행길에 올랐는데, 당시 그는 30세 정도였다. 광주를 떠나 4년 동안의 인도 및 서역의 구법 여행을 마치고 727년 11월 쿠차로 돌아와 장안에 이르렀다. 혜초는 여행기 『왕오천축국전往五天竺國傳』 3권을 남겼다. 당나라로 돌아온 혜초는 80여 세의 고령으로 세상을 떠날 때까지 50여 년 동안을 당나라에서 밀교密敎 연구와 전승에 전념하며 살았다. 그는 금강지가 대천복사大薦福寺에서 개원 28년(740)에 『대승유가천벽천발경법수大乘瑜伽千臂千鉢經法數』 10권을 번역할 때 필수를 맡기도 했다. 끝내 그는 신라로 돌아오지는 못했다.

무루(?~762)의 성은 김 씨로 신라 국왕의 셋째 아들이었다. 국왕이 적장자嫡長子가 아닌 무루를 태자로 책봉하려 했으나 그는 불문佛門에 들기를 원했고, 마침내 중국에 이르렀다. 오천축국五天竺國의 부처님 8탑塔에 예배하고자 하여 사막을 지나 우전국于闐國을 거쳐 총령葱嶺(파미르 고원)까지 갔다가 천축행을 포기하고 걸음을 돌렸다. 돌아오는 길에 하란산賀蘭山 백초곡白草谷으로 들어가 모옥을 얽고 수행했다. 숙종肅宗(756~762)의 청으로 궁중의 절에 초청받아 머물렀는데, 여러 차례 표문을 올려 옛 절로 돌아가기를 원했지만, 산으로 돌아가지 못하고 762년에 입적했다.[2)]

건중建中 2년(781)에는 신라 승려 오진이 태장비로자나胎藏毘盧遮那와 제지념법 諸持念法 등을 교수 받고 정원貞元 5년(789)에 중천축中天竺으로 가서 『대비로자나경』 범본과 다른 경전들을 가져오는 길에 토번국에서 입적하였다.[3)]

신라승 무상(684~762)은 개원 16년(728)에 입당 구법의 길을 떠났다. 그는 뒤에 촉蜀의 자중資中으로 갔는데, 처적處寂은 무상이 오기 전에 말했다. "내일은 밖에서 온 손님을 만나게 될 것이다. 그대들은 청소하고 기다리도록 하라." 하루 사이에 과연 그가 오자 무상이라는 호를 주고 마납가사磨衲袈裟를 주었다. 그는 신라를 떠난 뒤 귀국하지 않았지만, 당나라의 사천성 성도를 중심으로 정중종淨衆宗을 일으킨 선승이다.[4)]

---

2) 『宋高僧傳』 권21, 唐朔方靈武下院無漏傳.

3) 大唐青龍寺三朝供奉行狀, 大正藏 50, 295쪽b.

4) 『宋高僧傳』 권19.

석지장釋地藏(705~803)의 성은 김씨로 이름은 교각喬覺이고 신라 국왕의 지속支屬이었다. 그는 24세 때 출가하여 입당하고, 당나라 여러 곳을 다니다가 지양池陽의 구화산九華山에 이르러 석실石室에서 홀로 수행했다. 지덕至德 초년(756)에 제갈절諸葛節이 지장의 고행에 감동하여 선우禪宇를 지어 주었는데, 몇 해 되지 않아서 대가람大伽藍이 되었고, 화성사化城寺라고 하였다. 그는 당시에 지장보살地藏菩薩의 화신으로 알려져 신라에서 찾아오는 사람도 많았다. 정원 19년(803) 여름, 지장이 가부좌를 한 채 입적했는데 나이가 99세였다. 시신을 함 속에 안치했다가 3년이 지나서 다시 함 속에 넣을 때에, 얼굴 모습이 살아 있는 듯하고, 시신을 들어 올릴 때 뼈마디가 마치 금으로 만든 사슬 같았다고 한다. 그를 지장보살의 화신으로 여겨 육신탑肉身塔을 세워 공약했다. 그 후 구화산은 지장보살의 도량이 되었다.[5)]

승장은 700년으로부터 710년까지 의정義淨의 역장에서『금광명최승왕경』10권을 비롯한 44부를 번역할 때 증의證義로 참석했다. 현범玄範은 실차난타가 안청선사安淸禪寺에서『문수사리수기경文殊師利授記經』3권을 번역할 때 필수였다. 당 개원조開元朝에 바라문국 왕자였던 선무외善無畏(637~735)는 인도의 대나란타사로부터 대법륜을 전하려고 당나라에 왔었다. 선무외 문하에서 순밀사상純密思想을 전수받은 신라 밀교승으로 현초, 의림, 불가사의 등이 있다. 현초는 대력大曆 2년(767)에 보수사保壽寺에 주석하면서 태장대교胎藏大敎·소실지대유가蘇悉地大瑜伽·시존유가詩尊瑜伽 등의 법을 청룡사靑龍寺 혜과惠果에게 전했다.[6)] 일본에는 현초 찬이라는 전승이 있는『최승태자별단공양의궤最勝太子別檀供養儀軌』1권이 전하는데 장승長承 2년(1133)에 필사된 것이라고 한다. 이 책의

5)『宋高僧傳』권20, 唐池州九華山化城寺地藏傳.

6) 大靑龍寺三朝供奉大德行狀, 大正藏 50, 295쪽a.

오서奧書에 '혹인운보수사현초제지或人云保壽寺玄超製之'라고 되어 있다.[7] 불가사의는 당나라에 유학하여 선무외(637~735)의 제자가 되었다. 『대일경大日經』 권7 공양차제법供養次第法에 대한 주석서인 『대일경공양차제법소大日經供養次第法疏』 2권을 지었다. 이 책의 권말에 '이 글을 지은 사람은 신라국 영묘지사零妙之寺의 승려 불가사의'라고 하였다. 의림(702~?)은 국사國師요 대아사리였는데 806년 당시 103세로 신라에서 큰 법륜을 굴리고 있다고 했다.[8]

당에서 유학하던 신라 승 명효는 측천무후대測天無后代 성역聖曆 3년 경자(700) 3월 낙양의 불수기사佛授記寺 번경원에 주석하고 있던 북인도 람파국의 승려 이무첨李無諂을 찾아가서 『불공견색다라니경不空羂索多羅尼經』의 번역을 간곡하게 부탁했다. 이 경을 신라에 유포하기 위함이었다. 번역이 끝난 700년 8월 이후에 명효는 귀국하여 이 경을 신라에 전했다.[9] 명효는 『해인삼매론海印三昧論』의 저자 명효明皛와 동일인일 것으로 필자는 추측한 바 있다.[10] 『해인삼매론』 1권은 일본에 전해져 740년에 서사書寫된 바 있다.[11] 천보년간天寶年間(742~755)에 중국으로 갔던 원표는 서역西域을 여행했고, 『화엄경華嚴經』 80권을 지고 곽동산霍童山을 심방하여 천관보살天冠菩薩에 예함으로서 중국의 천관보살 신앙을 유포한 뒤에 귀국했는데,[12] 755년으로부터 759년 사이였다. 그는 759년에 장흥 가지산에 보림사寶林寺를 창건했다. 도의는 건중 5년(784)에 사신

7) 落合俊典(2010), 「동아시아에서의 불교사본 연구 현황과 연구 방법」, 『고대 동아시아 불교문헌의 새로운 발견』, 금강대학교 불교문화연구소, 도서출판 씨아이알, 258쪽.

8) 傳教大師全集 5, 16쪽.

9) 『開元釋教錄』 권9 李無諂.

10) 졸저(1999), 『신라의 사상과 문화』, 일지사, 357쪽.

11) 結城令聞(1978), 「華嚴章疏の日本傳來の諸說を評し審祥に關する日本傳承の根據と審祥來日についての私見」, (『南都佛教』 40), 17쪽.

12) 『宋高僧傳』 권30, 唐高麗國元表傳.

인 한찬韓餐 김양공金讓恭과 함께 바다를 건너 당나라로 들어갔다. 그는 오대산을 두루 참배했고, 훗날 서당지장西當智藏의 인가를 받고 821년에 귀국하여 신라에 처음으로 선불교를 전했다.[13)]

무착은 선무외가 서명사에서 『허공장보살능만제원최승심타라니구문시법虛空藏菩薩能滿諸愿最勝心陀羅尼求問侍法』 1권을 번역할 때 체문하고 필수筆受했다. 무착은 8세기 후반 중국에 유학하다가 본국으로 귀국한 신라 승려다.[14)] 신라 승려 혜일은 건중 2년(781)에 본국의 신물信物을 가지고 가서 당의 혜과화상에게 바치고 태장계胎藏界, 금강계金剛界, 소실지경蘇悉地經 등을 교수 받고 아울러 제존諸尊의 유가瑜伽 30본本을 교수 받아 정통하게 되어 후에 본국 신라로 돌아와 대교를 널리 홍포하였다.[15)]

중국에서 활동했던 신라 승려는 경전의 번역에 참여한 경우도 있고, 학승이나 선승禪僧도 있었지만, 출신出身으로 인해 강경講經이나 수행修行에 제약을 받은 경우는 찾기 어렵다. 혜초, 무상, 지장 등이 중국에서 그 명성을 크게 떨칠 수 있었던 것도 출신으로 인한 제약이 없었기 때문이다. 고승전을 비롯한 중국의 여러 불교사적에 해동구법승에 대한 기록이 적지 않은 것도 고대 구법승들의 활동에 국가적인 경계는 큰 장애가 되지 않았음을 의미하는 것이다. 그리고 당나라에서 유학하고 신라로 귀국한 승려들의 활동으로 밀교나 선종과 같은 새로운 불교가 적극적으로 수용됨으로써 신라불교는 동아시아 불교와 함께 호흡하면서 발전할 수 있었다.

13) 『조당집』 권17, 雪岳山陳田寺元寂禪師傳.
14) 陳景富 · 黃有福 저, 權五哲 역(1995), 『한중불교문화교류사』, 까치, 336쪽.
15) 大唐青龍寺三朝供奉行狀, 大正藏 50, 295쪽b.

3. 한역경전 및 중국 찬술 불전의 신라 전래

신라新羅 승려 명효는 당에서 유학하다가 효소왕孝昭王 9년(700) 무렵에 귀국했다. 명효는 귀국에 앞서 낙양洛陽의 불수기사 번경원에 주석하고 있던 북인도 람파국의 승려 이무첨李無諂를 찾아가 『불공견색다라니경不空羂索陀羅尼經』의 번역을 부탁했다. 『불공견색다라니경』은 16품品으로 구성된 밀교경전密教經典인데, 그는 총지문摠持門에 마음을 두었기 때문이다. 이무첨에 의한 번역이 1차로 끝나자 다시 계빈국의 승려 가미다라迦彌多羅에게 부탁해서 거듭 교감을 거치고서야 유포했다고 했는데, 700년 8월의 일이다.[16] 이 경의 번역이 끝난 8월 이후 명효의 행적은 알 길이 없다. 그러나 "신라국명효新羅國明曉 원관당화遠觀唐化 장욕선도將欲旋途"라 한 기록으로 미루어 볼 때 700년 8월 이후 곧 신라로 귀국했을 것이다. 또한 『불공견색다라니경』이 명효에 의해 신라에 전해진 것으로 보는 것도 자연스럽다. 신라에는 『해인삼매론』을 저술한 명효라는 승려가 있었다. 그런데 이 명효와 효소왕 9년(700)경에 귀국한 명효를 필자는 동일인으로 추측한 바 있다.[17] 명효는 『불공견색다라니경』이 번역되는 계기를 제공했던 것이다.

성덕왕 2년 가을에 조회朝會를 위해서 당나라로 갔던 아찬 김사양金思讓이 성덕왕 3년(704) 3월에 귀국하면서 『금광명최승왕경金光明最勝王經』을 바쳤다.[18] 이 경은 의정에 의해서 1년 전에 번역된 것이었다. 의정은 구시久視 원년 경자庚子(699)에서 장안長安 3년 계묘癸卯(703)까지 20부 115권을 번역했는데, 이 중 『금

16) 智昇, 『開元釋教錄』 卷 9, (『大正藏』 卷 55, 566쪽b).

17) 졸고(1992), 「新羅 明皛의 海印三昧論考」, 『何石金昌洙教授華甲記念史學論叢』, 범우사, 64쪽.

18) 『삼국사기』 권8, 신라본기 성덕왕 3년.

광명최승왕경』 10권은 장안 3년(703) 10월 4일에 서명사西明寺에서 번역을 마쳤다. 성균태학조교成均太學助教 허관許觀이 감호監護하여 이를 베껴 내전內殿에 진상하자,[19] 천후天后는 새로 번역한 성교聖教에 서문을 지어 경의 첫머리에 붙이게 하였다. 이 역장譯場에는 신라의 유학승 승장도 역경 증의의 한 사람으로 참석했다.[20]

『무구정광대다라니경無垢淨光大陀羅尼經』 1권은 704년 미타산彌陀山에 의해 번역되었다. 미타산은 원래 서역 투가라국(Tukhara)의 사문이었는데 중국으로 왔고, 천후 말년에 사문 법장 등과 함께 『무구정광대다라니경』 1부를 번역하였다. 번역을 마치자 내전에 이를 진상했고, 천후는 그에게 후하게 사례하고 마음대로 본국에 돌아가게 하였다.[21] 이 경은 번역한 지 채 2년도 안 되어 신라에 전해졌다. 황복사석탑금동사리함명皇福寺石塔金銅舍利函銘 중의 다음 기록은 『무구정광대다라니경』의 신라 전래와 관련하여 주목된다.

> 신룡神龍 2년 병오(706) 5월 30일 지금의 주상主上 대왕大王이 불사리 4과와 금동미타상金銅彌陀像 6촌 크기의 1구와 『무구정광대다라니경』 1권을 석탑 2층에 봉납해 모셨다.

이 명문을 통해서 경주의 황복사 석탑이 성덕왕 5년(706)에 건립된 것과 이 무렵에 『무구정광대다라니경』이 신라에 전해져 있었음을 알 수 있다.

당나라 법장法藏 문하에서 수업하던 신라의 승전勝詮은 스승의 여러 저서를 가져다 의상에게 전했는데, 곧 692년의 일이었다. 이를 계기로 법장의 여러

19) 『貞元新定釋教目錄』 권13 釋義淨.
20) 『宋高僧傳』 권1, 義淨傳, 『大正藏』 50, 710쪽c.
21) 『개원석교록』 권9 彌陀山.

저술이 신라에 유통되었다. 법장은 의상에게 보낸 편지에서,

> 화상和尙의 장소章疏는, 뜻은 풍부하나 글이 간략하여, 후인이 그 법문法門에 들어가기가 매우 어려우므로 스님의 미언묘지微言妙旨를 자세히 기록하여 의기義記를 이루었습니다. 근일에 승전법사勝詮法師가 필사하여 고향에 돌아가 그것을 그 땅에 전할 것이오니, 청하옵건대, 상인上人은 그 잘잘못을 상세히 검토하셔서 가르쳐 주시면 다행이겠습니다.[22)]

라고 하였다. 그리고 승전법사가 필사하여 신라에 전한 법장의 저술은, 『탐현기探玄記』 20권(2권은 미완성), 『교분기敎分記』 3권, 『현의장등잡의玄義章等雜義』 1권, 『화엄범어華嚴梵語』 1권, 『기신소起信疏』 2권, 『십이문소十二門疏』 1권, 『법계무차별론소法界無差別論疏』 1권 등이었는데, 이는 별폭別幅에 기록되었다.[23)] 법장의 저서를 전해 받은 의상은 문을 닫아걸고 10일 동안 탐구探究한 뒤에 진정眞定, 상원相元, 양원亮圓, 표훈表訓 등의 제자에게 『탐현기』를 각기 5권씩 나누어 강講하도록 했다고 한다.[24)] 일연의 지적과 같이 신라에 화엄교학을 두루 퍼지게 한 데는 승전의 공이 적지 않다.

당나라에 갔던 구법승 범수梵修가 원성왕 원년(799)에 귀국하면서 새로 번역한 『후분화엄경관사의소後分華嚴經觀師義疏』를 구해 와서 연술演述했다고 한다.[25)] 『관사의소觀師義疏』란 징관澄觀이 798년 5월에 찬술한 『신역화엄경후분경소新譯華嚴經後分經疏』 10권을 지칭한 것인데, 이 책도 찬술로부터 1년 정도면 신라에 유통되고 있음을 알 수 있다.

---

22) 『삼국유사』 권4, 勝詮髑髏條
23) 『삼국유사』 권4, 勝詮髑髏條
24) 崔致遠, 法藏和尙傳, 『한국불교전서』 3, 775쪽c.
25) 『삼국유사』 권4, 勝詮髑髏條

신라 화엄학승들 중에는 중국에 편지를 보내거나 학승을 직접 파견하여 의문을 해결하는 경우도 있었다. 의상義相은 극과회심지의極果廻心之義의 해석이 문제 되자, 분황사의 승려 순범純梵을 당나라로 파견하여 장주章主에게 물었고, 이에 장주는 대요간大要簡을 보내왔고, 문제를 제기했던 의적義寂 등은 이 글을 보고 의문을 해결했다고 한다.[26] 신림神琳은 혜원의 가분소加分疏에서 "총總은 별別의 근본根本이 되지만 인과因果의 근본은 아니다."라고 한 구절의 의문을 해결하기 위해서 당나라로 가서 융순融順화상에게 물었다고 한다.[27] 신라의 오진화상悟眞和尙은 당나라의 요원了源화상에게 편지를 보내서 『화엄경』의 품수品數에 대해서 질문한 경우도 있다.[28] 이처럼 신라 화엄학승 중에는 당나라의 화엄학승에게 서신으로 의문을 해결하는 경우도 있었고, 의상의 경우와 같이 다른 승려를 파견하는 경우도 있었다. 신림의 경우처럼 자신이 직접 당나라까지 다녀온 예도 있다. 당나라에서 번역된 경전이나 찬술된 불교전적이 대개 1년 정도면 신라로 전해진 것은 문화 교류가 활발하게 이루어지고 있었음을 말해주는 것이다.

4. 당에 전해진 신라 학승의 저술

원효는 해외 유학을 다녀오지 않고도 100여 부의 저술을 하는 등 많은 성과를 얻었고, 또한 중국이나 일본 등지로부터 만인萬人의 적敵, 구룡대사丘龍大師, 진나보살陳那菩薩의 후신後身 등으로 호칭되면서 높은 평가를 받았다. 원효의 저

26) 『釋華嚴敎分記圓通鈔』 권1, 『한국불교전서』 4, 257쪽a.
27) 『釋華嚴敎分記圓通鈔』 10권 『한국불교전서』 4, 508쪽c.
28) 『釋華嚴旨歸章圓通鈔』 상권 『한국불교전서』 4, 120쪽a.

서 대부분이 당나라에 전해졌는데, 그 유통 사실을 확인할 수 있는 것도 적지 않다. 『십문화쟁론十門和諍論』, 『금강삼매경론金剛三昧經論』, 『기신론소起信論疏』, 『화엄경소華嚴經疏』, 『능가경소楞伽經疏』, 『판비량론判比量論』, 『이장의二障義』, 『보살계본지범요기菩薩戒本持犯要記』 등이 그 예이다. 『금강삼매경론』은 당나라의 번경삼장翻經三藏에 의해 소疏가 논論으로 존칭되었다는 설이 생겨날 정도로 중시되었다.[29] 『송고승전』에 의하면, 원효의 약소略疏가 중국에 유입된 뒤에 번경삼장翻經三藏이 이를 고쳐서 논으로 했다고 한다. 즉 원래 원효가 붙인 책 이름은 『금상삼매경소金剛三昧經疏』였는데, 이것을 번경삼장이 『금강삼매경론』으로 고쳤다는 것이다.[30] 물론 이는 사실이 아닐 수도 있지만, 당나라 불교계에서의 이 책에 대한 높은 평가라는 점에서는 의미가 있다. 『화엄경소』는 여러 화엄학자들의 주목을 받았는데, 법장(643~712)[31], 혜원慧苑(673~743?), 장관(?~839), 이통현李通玄(640~730) 등은 『화엄경소』 중의 사교판四敎判을 인용하기도 했다. 원효의 『화엄경소』는 아마도 그의 몰후 5년인 691년 이전에 이미 당에 전해진 것 같다. 법장의 『화엄경탐현기華嚴經探玄記』에 그 인용이 보이기 때문이다.[32] 『기신론소』는 『해동소』로 애칭愛稱되면서 당나라에 유통되었는데, 법장의 『기신론의기起信論義記』에 인용된 것으로 볼 때, 이 책은 696년 이전에 이미 당나라에 전해진 것 같다. 회남淮南의 법장[33]은 일찍이 해동海東의 『기신소』를 공부하고 후에 징관에게 이를 전수하기도 했는데,[34] 실제로 징관의

29) 졸저(2000), 『원효연구』, 민족사, 153쪽.
30) 贊寧, 『宋高僧傳』 권4 新羅國黃龍寺元曉傳.
31) 『화엄경탐현기』 권1, 대정장 35, 111쪽a.
32) 양은용 편(1979), 『신라원효연구』, 원광대 출판부, 155쪽.
33) 陣景富(앞의 책, 238쪽)에 의하면, 화엄종 3조인 현수 법장과는 다른 별도의 승려라고 한다.
34) 澄觀이 於淮南法藏 受海東起信疏義 『송고승전』 권5, 淸凉寺澄觀傳, T.50, 737쪽a.

『화엄경수소연의초華嚴經隨疏演義鈔』에서 그 인용 사례를 확인할 수 있다.[35] 그리고 징관은 『대방광불화엄경소大方廣佛華嚴經疏』에는 원효 『화엄경소』 중의 사교판을 인용했으며,[36] 『화엄경수소연의초』에는 원효의 『기신론소』 서문을 인용했다.[37] 또한 『신역화엄경칠처구회송석장新譯華嚴經七處九會頌釋章』 권1에 원효의 『화엄관맥의華嚴關脈義』를 인용했다.[38]

이외에도 당나라 학자들의 저서에는 원효의 학설을 참고하고 인용한 예가 많은데, 법장, 혜원慧苑, 징관, 혜소慧沼, 양분良賁, 담연湛然, 정빈定賓 등의 경우가 이에 해당한다. 법장의 화엄교학은 원효사상의 영향을 상당히 받은 것으로 평가되는데, 더구나 그가 중국 화엄학의 집대성자라는 점을 감안하면, 원효가 당대 불교학계에 끼친 영향이 적지 않음을 짐작할 수 있다. 심지어 원효의 사상 없이는 법장의 화엄교학은 성립할 수 없었다고 해도 결코 지나친 말이 아닐 것이라는 견해도 있다. 주목할 만한 발언이다.

중국에서는 흔히 원효를 해동, 혹은 해동법사海東法師라고 불렀다. 해동은 원래 우리나라에 대한 별칭의 하나다. 그런데 원효를 해동이라고 부른 것은 해동의 불교계를 대표할 만한 고승으로 인식한 때문이었을 것이다. 8세기 전반 혜원은 당나라에서 흔히 원효를 해동이라고 부른다고 하면서 불세출의 위인으로 찬양했다. 곧 다음이 그것이다.

> 화엄업華嚴業의 여러 스님들이 옛 저술에서 소초疏抄하면서 원효의 설을 인증認證하되 해동이라고 칭하고, 그 이름을 적지 아니한다. 몸은 동이東夷에 있

35) 『大正藏』 36권, 7쪽c.
36) 『大方廣佛華嚴經疏』 (大正藏 35, 111쪽a)
37) 『華嚴經隨疏演義鈔』 권1 (大正藏 36, 7쪽c)
38) 『大正藏』 36권, 712쪽c.

어도 그 덕은 당나라 땅을 덮었는데, 가히 불세출의 위인이라고 할 만하다.

당나라의 화엄학자들이 원효를 흔히 해동이라고 표기했다는 혜원의 이 설을 뒷받침해 주는 사례가 있다. 즉 일본 언증彦證 청산淸算이 1356~1361년에 찬술撰述한 『범망경상권고적강의梵網經上卷古迹綱義』에 "대당피신라국명위해동大唐彼新羅國名爲海東 여원효명해동법사如元曉名海東法師"이라고 한 것이[39] 그것이다. 그리고 양분(?~777), 장관(?~839) 등의 저술에는 원효를 해동으로 호칭한 구체적 사례가 보인다. 양분이 766년에 저술한 『인왕호국빈야바라밀다경소仁王護國般若波羅密多經疏』 권중이卷中二에는 원효의 설을 '해동운海東云'으로 여러 차례 인용하고 있다.[40] 그리고 인용 중의 '해동법사해능가경海東法師解楞伽經'운운한 구절에 유의하면, 원효의 『능가경소』나 『능가경종요楞伽經宗要』를 참고했을 가능성이 있다는 것을 알 수 있다.[41] 징관은 『대방광불화엄경수소연의초大方廣佛華嚴經隨疏演義鈔』에도 원효를'해동'으로 표기했다.[42]

혜소(650~714)는 『성유식론요의등成唯識論了義燈』에서 원효의 『판비량론』을 2회 인용했다.[43] 물론 혜소는 원효의 설을 비판하고 있지만, 『판비량론』이 당나라에 유통되고 있었음은 확인할 수 있다. 그리고 혜소는 『금광명최승왕경소金光明最勝王經疏』에도 원효의 『금광명경소金光明經疏』를 참고했을 가능성이 있다고 한다.[44] 정빈(~733~)의 『인명정리문론소因明正理門論疏』에 원효의 『판비량

39) 淸算, 『梵網經上卷古迹綱義』 제1(『大日本大藏經』 권20, 3쪽上)
40) 『大正藏』 33, 478쪽c, 479쪽a, 479쪽b, 479쪽c.
41) 福士慈稔(2004), 『新羅元曉硏究』, 大東出版社, 216쪽.
42) 『연의초』 권7, 『大正藏』 36권 51쪽c ; 『연의초』 권83, 649쪽b.
43) 慧沼, 『成唯識論了義燈』 卷四本 (『大正藏』 43, 731~732쪽)
44) 福士慈稔, 앞의 책, 213쪽.

론』이 인용[45] 되었다. 그리고 정빈의 『인명입정리문론소因明入正理門論疏』 권2에 의하면, 신라의 순경順憬법사가 건봉년간乾封年間(666~667)에 본국의 원효법사가 지은 상위결정相違決定을 이 나라에 전해 왔다고 했다.[46] 돈황문헌 중에 원효의 『대승기신론소』 단간斷簡이 포함되어 있다는 사실이 알려진 것은 최근의 일이다.[47] 이 연구에 의하면, 그 단간은 스타인본 1점, 러시아소장본 3점, 중국국가도서관소장본 1점 등 모두 5점이다. 그리고 이들 단간을 비교해 본 결과 4종의 다른 사본이 있었음을 알 수 있고, 이들 사본은 8~10세기 사이에 필사되었을 것이라고 한다. 그리고 8세기 후반 둔황지역에서 활동한 담광曇曠의 『대승기신론광석大乘起信論廣釋』에도 원효 『대승기신론소』의 영향을 확인할 수 있다고 한다.

13세기 중반 일본에 유포되고 있었던 『원효사초元曉事抄』에는 "원효가 『화쟁론』을 지었는데, 진나의 문도가 당나라에 왔다가 원효가 돌아간 뒤에 『화쟁론』을 가지고 천축으로 돌아갔다"고 했다.[48] 이 기록을 통해서 원효의 『십문화쟁론』이 당나라에 전해지고 있었고, 이것이 천축에까지 전해지게 되었음을 알 수 있다. 담연(711~782)의 『지관보행전홍결止觀輔行傳弘決』 권5의 5에는 저서명을 밝히지 않은 채 '효법사운曉法師云'이라고 하여 원효의 설을 인용한 예도 보인다.[49] 당나라 유양惟揚 법운사法雲寺 명공明空의 『승만경소의사초勝鬘經疏義私鈔』 권1에는 "신라국유원효법사승만소新羅國有元曉法師勝鬘疏"라는 기록이 보인

45) 『大正藏』 68, 525쪽c, 321쪽a.

46) 善珠, 『因明論疏明燈抄』(『大正藏』 권68, 321쪽a) ; 藏俊, 『因明大疏抄』 권15(『大正藏』 권68, 525쪽a.

47) 定源(2010), 「둔황사본에서 발견된 신라 원효의 저술에 대하여」, 『불교학리뷰』 7집, 금강대학교 불교문화연구소.

48) 順高, 『起信論本疏聽集記』 권2말 ; 『大日本佛敎全書』 권92, 103쪽.

49) 『大正藏』 46 312쪽c.

다.[50] 명공은 담연(710~782)의 제자였지만, 그 자세한 전기는 알려진 것이 없다. 아무튼 이로써 원효의 『승만경소勝鬘經疏』가 당나라에 전하고 있었다는 사실을 알 수 있다.

7세기 중반 당나라 현장玄奘 문하에서 수업한 뒤 신라로 귀국하여 활동했던 순경은 두타행頭陀行을 행하고 학문에 힘써서 승속의 존경을 받았고, 그 명성을 당나라에까지 떨쳤던 고승이다. 그는 현장으로부터 배운 법상法相, 인명因明, 구사俱舍 등을 신라에 홍포弘布했다. 찬녕贊寧과 응연凝然은 다같이 순경의 지혜로움에 대해서 언급했다. 찬녕은 중국의 승려에 비해서 순경의 인명학因明學 이해가 앞섰을 뿐 아니라 극명하게 통했다고 했다.[51] 그리고 응연은 순경을 지인智人이라고 하면서 "그가 당나라에서 공부할 때 그 지혜로운 판단력을 상대하기 어려웠다"고 했다. 응연의 기록에 의하면, 순경은 특히 법상, 인명, 구사 등에 크게 통달했다고 한다. 당나라에서 학문을 닦고 그 빛을 신라에 전하여, 그 명성과 도가 날로 새롭고, 승속이 모두 공경했다고 한다. 본국에 있으면서 점차 저술이 많아져서 역시 중원中原에 전해지기도 했다고 하는데,[52] 그의 저술로는 『법화경과간法華經科簡』 1권, 『대비바사심론초大毘婆沙心論抄』 10권, 『성유식론료간成唯識論料簡』 1권, 『인명입정리론초因明入正理論抄』 1권 등이 있었다.

8세기 중엽인 경덕왕景德王(742~764) 때에 활동한 태현太賢은 55부部 120여 권의 방대한 저서를 남긴 신라의 대표적인 학승 중의 한 사람이다. 특히 유식학唯識學과 인명학에 뛰어났던 그는 신라를 비롯하여 당나라와 일본에까지 많은 영향을 끼쳤고, 존경을 받았다. 그는 경주 남산 용장사茸長寺 등지에 자취를

50) 『大日本佛敎全書』 4, 379쪽上.

51) 順憬法師 大達法相因明俱舍 深得淵旨. 凝然 『華嚴經深玄記洞幽鈔』 권46, 『日本大藏經』 經藏部 1, 35쪽.

52) 『宋高僧傳』 권4, 順璟傳.

숨기고 때로는 거문고를 타면서 그 행적을 밖으로 거의 나타내지 않은 채 교학에 몰두한 것 같다. 그는 능력을 감추고 학식을 감추어 드러내지 않았기 때문에 태현이라고 불렀고, 이는 매우 어질다는 뜻이었다고 한다. 『삼국유사三國遺事』에는 태현의 저서가 중국에서 유통되면서 영향을 준 사실을 다음과 같이 기록하고 있다.

> 법상종의 경론은 그 주지와 이치가 은미隱微하고 심오深奧하여 분석하기 어렵다. …… 태현은 홀로 사곡邪曲되고 그릇된 것을 판정하고 은미하고 심오한 것에 통달하여 여유 있게 이치를 분석하였으니, 동국東國의 후진은 모두 그 해석에 따랐으며, 중국의 학자들도 자주 이것을 얻어 요목要目으로 삼았다.[53)]

일본의 응연(1240~1321)도 "태현의 훌륭한 글이 당나라에 전해져 유통되었다"고 했다. 응연의 이 말은 청산의 『범망경상권고적기강의梵網經上卷古迹記綱義』에 인용되어 전하는 것이지만,[54)] 그가 『태현법사행장록太賢法師行狀錄』을 찬술하기도 했던[55)] 사실에 유의하면, 이 기록은 신뢰해도 좋을 것이다. 당나라 대천복사의 도봉道峯은 태현법사의기서太賢法師義記序에서 태현을 다음과 같이 찬양했다.

> 오백 년에 응해서 걸기傑起한 이는 그 누구인가? 곧 동국의 태현법사太賢法師야말로 바로 그 사람이다. 현풍玄風은 청막淸邈하고 도기道氣는 홀로 우뚝했다. 용장봉추龍章鳳雛의 모습과 강물을 막고 산을 뽑을 역량이었다. …… 『유

---

53) 『三國遺事』 4卷, 賢瑜珈海華嚴條.
54) 然師記云 …… 文傳通唐國 (清算, 『梵網經上卷古迹記綱義』; 『일본대장경』 20권, 3쪽c
55) 『大日本佛教全書』 제 1책, 佛教書籍目錄, 118쪽.

> 가찬요瑜伽纂要』 3권, 『유식결택唯識決擇』 1권, 『보살계본종요菩薩戒本宗要』 1권, 본모송本母頌 100행行을 지어서 내세來世에까지 전했다. 그의 사詞는 잘 다음어지고, 이치는 깊고 문文은 간략하며, 의미는 풍부하다. 표병彪炳한 혜일慧日은 광명을 더하게 하고 채찬采燦한 깨달음의 산은 화려함을 뛰어넘는다.[56]

이처럼 도봉은 태현을 오백 년에 한 번 태어난다는 성인으로까지 찬탄했던 것이다. 아직 도봉의 생몰년은 알 수 없지만, 장안의 대천복사 승려였던 것만으로도 수복할 만한 고승으로 생각된다. 그리고 태현의 저서 『유가찬요』 3권, 『유식결택』 1권, 『보살계본종요』 1권, 『본모송』 등이 당나라에 전해졌던 사실도 확인할 수 있다. 『본모송』은 태현이 기본적인 유식교의唯識敎義에 관한 내용을 100행의 게송偈頌으로 읊은 것이고, 이 송頌에 두루 해석을 가한 것이 『광석본모송廣釋本母頌』이다. 『대승심로장大乘心路章』 혹은 『대승일미장大乘一味章』이라고도 불렸던 『광석본모송』은 8세기 후반에 당나라에 전해져 유통되고 있었음이 확인되고 있다. 당 서경西京 자비사慈悲寺의 석희원釋希遠과 화엄사華嚴寺 승 이견利見은 태현의 『대승심로장』에 대한 주석서 『대승심로장기大乘心路章記』 2권을 찬술하기도 했다. 일본 선주善珠(724~797)의 『유식분량결唯識分量決』에 『대승일미장기大乘一味章記』가 다음과 같이 인용되고 있다.

> 삼의신라태현사의 논의진술불입유법 고대승심로장기중 이견희원법사등현사의운
> 三依新羅太賢師意 論意眞述不入有法 故大乘心路章記中 利見希遠法師等賢師意云[57]

56) 『大正藏』 45책, 915쪽ab.
57) 善珠, 『唯識分量決』, 『大正藏』 71, 447쪽c.

즉 이견법사利見法師와 희원법사希遠法師 등은 『대승심로장기』에서 신라 태현 법사의 의견意見을 따르고 있다는 것이다. 선주의 저술에 『대승심로장기』가 인용된 것으로 보아, 희원希遠과 이견도 8세기 후반에 활동했을 것으로 짐작되고, 이들이 활동했던 8세기 후반에는 이미 태현의 『대승심로장』이 당나라에 전해져 유통 · 연구되고 있었던 사실을 알 수 있다.[58)]

5. 당에 전한 신라 만불산과 재당신라인의 불사

신라 조정에서는 당나라와 일본과의 외교에 있어서 불상佛像을 조성하여 선물로 보내거나 사신이 사원寺院을 참배한 사례도 있었다. 신라에서는 신문왕 9년(689)에 사신 김도나金道那 등을 파견하여 4월에 천무천황天武天皇의 죽음에 조문했다. 이때 신라 사신은 금동아미타상金銅阿彌陀像과 금동관세음보살상金銅觀世音菩薩像, 대세지보살상大勢至菩薩像 각 1구를 선물했다.[59)] 이보다 2년 전인 신문왕 7년(687) 9월에 왕자 김상림金霜林을 비롯하여 김살모金薩慕, 김인술金仁述, 소양신 蘇陽信 등이 일본에 갔을 때도 학문승學問僧 지륭智隆이 동행했고, 여러 선물 중에는 불상도 포함되어 있었다.[60)]

삼국의 초기 불교에서는 불상 등도 중국으로부터 많은 영향을 받았지만, 8세기 중반경에는 신라에서 당나라로 보내어 호평을 받은 공예품도 있었는데, 만불산의 경우가 그렇다. 당의 대종代宗은 불교를 매우 신봉했다. 이에 신라의 경덕왕은 만불산을 조성하여 선물했는데, 『두양잡편杜陽雜編』에는 그 자세한

58) 이만(2000), 『한국유식사상사』, 장경각, 282~284쪽 참조.

59) 『日本書紀』 권30, 持統天皇 3年 夏4月 壬寅條.

60) 『日本書紀』 권30, 持統天皇 元年 9月 壬戌條.

기록이 전한다.

> 신라에서 5색의 담요를 바쳤는데, 그 만든 솜씨가 교묘하고 아름다워 한 때의 으뜸이었다. 사방 한 치 안에 가무기악歌舞伎樂의 모습과 온갖 나라의 산천의 형상이 있었다. 문득 미풍이 방으로 들어오면 그 위에 다시 벌과 나비가 움직이고, 제비와 참새가 날아 춤추니, 굽어보면 진짜인지 가짜인지 분간할 수 없었다. 또 만불산을 바쳤는데, 높이가 1장丈 정도였다. 담요로 바닥을 깐 불실에 산을 두었다. 만불산은 침단목沈檀木에 새겼고, 구슬과 옥으로 불상을 만들었다. 큰 것은 혹 사방 한 치가 넘고, 작은 것은 7.8분分쯤 되었다. 그 불상의 머리는 기장과 같은 것이 있는가 하면 혹은 콩알 반만한 것도 있었다. 그 눈썹과 눈, 입과 귀 나계螺髻와 백호白毫 등 모두 갖추어 지지 않은 것이 없었다. 다시 금과 옥과 수정을 새겨 번개幡蓋를 만들었는데, 유소流蘇, 암라菴羅, 담복薝蔔 등이었다. 또한 나무를 얽어 누각樓閣과 대전臺殿을 삼았는데, 그 형상은 비록 미세하나 기세는 날아 움직이는 것 같았다. 또 앞에는 행도승行道僧이 있는데, 그 숫자는 천 명을 넘었다. 아래에는 자금종紫金鍾이 있는데, 직경이 3촌이고, 위는 거북이 입 같다. 그 종을 치면 행도승이 머리가 땅에 닿게 예배하는데, 그 사이에 염불 소리가 은은히 울리는데, 그 까닭은 종에 있었다. 그 산은 비록 그 수로써 만불이라는 이름을 삼았지만, 이루 다 기록할 수가 없다. 황제가 바위와 산봉우리 사이에 구광선九光扇을 두었다. 4월 8일에 수많은 승도를 불러 내도량內道場에 들어가 만불산에 예배했다. 이때 보는 이들이 신라의 기술은 인공人工이 아니라 하늘의 조화라고 찬탄했다. 전殿 중의 아홉 빛을 보고 모두 불광佛光이라고 했는데, 곧 구광선이었다. 이로 말미암아 황제가 삼장三藏 불공으로 하여금 천축天竺의 밀어密語를 천 번 염송念誦하고 물러가게 했다.[61]

만불산에 대한 기록은 『삼국유사』에도 전하는데, 아마도 『두양잡편』의 기

61) 『杜陽雜編』 卷上, 『欽定四庫全書』 1,042, 600쪽.

록을 참고했던 것 같다. 당나라의 대종이 내도량에서 많은 승려를 불러 만불산에 예배하게 했던 것은, 신라 불교문화가 당나라에까지 영향을 주었던 구체적인 사례다.

당나라에는 재당 신라인에 의해 조성된 사찰이나 석굴 등이 있었다. 용문석굴이나 천룡산석굴 등지에도 신라와 관련되거나 고구려 및 백제의 후예가 조성한 석굴이 있었다. 용문석굴 중의 59호 석굴은 외부의 문 위쪽 정면에 신라상감新羅像龕이라고 새겨 있다.

석굴 내부에는 조각상이 모두 소실되고 없지만, 정면 벽에 5구, 좌우 벽면에 각각 2구씩을 배치했던 흔적이 남아 있다. 신라상감은 그 석굴의 구조로 보아 그 개착 연대는 측천무후 시기부터 현종 시기 사이 일 가능성이 높다고 한다.[62] 아마도 8세기 전반 신라인이 발원하여 조성한 석굴일 것이다. 그 발원자를 신라 승려 의상이라거나[63] 혹은 원측이라고[64] 추측하는 경우도 있지만, 굳이 신라 승려로 국한할 필요는 없을 것이다. 용문석굴 1699호감에는 "읍자왕사화邑子王思和 읍자왕사례邑子王思禮 읍자□중경邑子□衆敬"이라는 명문이 있다. 이 중 왕사례王思禮(?~761)는 『구당서』 및 『신당서』 열전에 입전立傳된 고구려의 후예였다. 그는 영주營州에서 거주하다 현종대에 중국 내륙으로 이동하여 숙종대까지 활약하였다. 따라서 왕사례가 용문석굴 1699호감을 조성한 시기는 대략 숙종(757~762) 시기로 생각할 수 있다고 한다.[65] 천룡산석굴天龍山石

62) 양은경(2007), 「고대 한국인의 중국 내 사원 불상 조성과 중국 불교문화와의 관계」, 『강좌미술사』 29호, 한국불교미술사학회, 268쪽.

63) 배진달(1996), 「용문석굴 신라상감 시론」, 『윤용진교수정년퇴임기념논총』, 경북대학교, 847~855쪽.

64) 변인석 외(2001), 『중국명산사찰과해동승려』, 주류성, 112쪽.

65) 양은경(2007), 「고대 한국인의 중국 내 사원 불상 조성과 중국 불교문화와의 관계」, 『강좌미술사』 29호, 한국불교미술사학회, 272쪽.

龕 제15굴은 백제유민 물부순勿部珣과 그의 아내 낙랑군부인 흑치씨黑齒氏가 발원하여 706년 3월로부터 707년 8월까지 조성한 것이다. 이 사실은 대당물부장군공덕기大唐勿部將軍功德記에 의하여 알 수 있다. 이 비문에 의하면, 그들은 선조와 현재의 친척들을 위해서 삼세불상三世佛像과 여러 조각상을 조각했다. 물부순은 원래 동해東海 사람이었으며 대당천병중군부사大唐天兵中軍副使, 우금오위장군右金吾衛將軍을 역임했다. 그의 부인은 흑치장군黑齒將軍 딸인데, 흑치장군은 곧 백제 흑치상지黑齒常之다. 따라서 물부순은 흑치상지의 사위였다.[66] 8세기 후반인 대력년간大曆年間(766~779)에 신라의 진자眞子 담장談藏이 바다를 건너 당나라 포양산抱陽山에 머물면서 발원하고 문수사리보살당文殊師利菩薩堂을 조성하기도 했다.[67] 포양산은 오늘날 하북성 보정시保定市에 있다.

신라 왕경에 있던 망덕사望德寺는 당나라와 관련하여 창건된 절이다. 신라에서는 당의 침략을 물리치기 위해서 사천왕사四天王寺를 창건했다. 당의 예부시랑 악붕귀樂鵬龜가 사천왕사를 살펴보기 위해 신라로 온다는 소식에 신라에서는 새로운 절을 급히 지어 이를 망덕사라고 했다.[68] 당나라 고음顧愔의 『신라국기新羅國記』에도 이 절은 신라가 당나라를 위하여 세웠기 때문에 망덕사라 했다고 하였다. 그리고 경덕왕 14년(755)에 망덕사 탑이 흔들렸던 것을 당에서 안록산安祿山의 난이 일어날 감응이었을 것이라고 하기도 했다. 즉 서로 마주보며 서 있던 13층의 두 탑이 갑자기 심하게 흔들리며 떨어졌다 붙었다 하며 곧 넘어질 듯하기를 며칠 동안 그러하였는데 이 해에 안록산의 난이 일어났다는 것이다.[69] 이처럼 신라 왕경의 망덕사 탑이 당나라 왕실의 안위와 관련하

66) 양은경(2007), 앞의 논문, 273~277쪽.

67) 邵眞易州抱陽山定惠寺新造文殊師利菩薩堂記, 『全唐文』 卷 445.

68) 『삼국유사』 권2, 문무왕 법민조.

69) 『삼국사기』 권9, 경덕왕 14년조.

여 감응을 나타냈다는 설화는 특이한 경우지만, 두 나라의 교류에 불교가 있었다는 점에서는 주목할 필요가 있다.

6. 일본 고대불교에 끼친 신라 불교의 영향

8세기 신라 불교는 일본 불교에 많은 영향을 주었다. 따라서 8세기 신라와 일본의 불교 교류는 대개 신라로부터 일본으로 전해지는 것이었다. 인적 교류로는 일본 승려가 신라로 유학했고, 신라 승려가 일본으로 간 경우는 대개 전법을 위한 것이었다. 그리고 신라의 많은 불전이 일본으로 유통되었지만 일본의 불전이 신라로 전해진 경우는 거의 찾아볼 수 없다.

8세기 초 일본 불교계의 지도적 위치에 있던 승려들은 대개 7세기 말경에 학문승으로서 신라에 유학한 경험을 갖고 있었다. 7세기 말 신라에 유학하고 일본으로 귀국했던 신라 학문승으로는 관상觀常, 운관雲觀, 지융智隆, 명총明聰, 관지觀智, 산전사어형山田史御形, 변통辯通, 신예神叡 등이 있었다.[70] 그리고 707년에는 학문승 의법義法, 의기義基, 총집惣集, 자정慈定, 정달淨達 등 5인이 신라로부터 귀국했다.[71] 일본승 행선行善은 718년에 고구려에서 돌아갔다고 한다.[72]

8세기 전반 일본의 불교 교단은 승강僧綱에 의해 지도와 감독을 받는 것이 원칙이었다. 717년 4월 당시의 승강은 승정僧正 의연義淵, 대승도大僧都 관성觀成, 소승도少僧都 변통, 율사律師 관지 등이었다. 이들 중에서 의연을 제외한 3명

70) 朴東源(1983), 「8세기 이후의 일본에 있어서 신라학문승과 신역경전」, 『광주교대논문집』 24, 광주교육대학, 161쪽.

71) 『속일본기』 권3, 國系 2, 38쪽.

72) 『부상략기』 권6.

의 승강이 모두 신라 학문승이었다. 관성은 685년에 견신라사遣新羅使 고향마려高向麻呂를 따라 귀국한 신라 학문승 관학觀學과 동일인이고, 변통은 693년에 학문승으로 신라에 유학했으며, 관지는 689년에 신라에서 귀국한 학문승이다.[73] 대안사大安寺의 승려 심상審祥은 청구유학靑丘留學 신라학생新羅學生 등으로 불렸듯이 신라 유학생이었다. 심상은 740년부터 3년 동안 동대사東大寺의 전신인 금종사金鍾寺에서 화엄을 강의하였다. 『속일본기續日本記』에 의하면, 758년(경덕왕 18, 돈인천황敦仁天皇 천평보자天平寶字 2년) 8월 24일 귀화한 신라승 32인과 비구니 2인, 남자 19인, 여자 21인을 무장국武藏國의 한지閑地로 옮겼고, 신라군新羅郡을 비로소 두었다고[74] 한다. 이처럼 신라에서 일본으로 귀화한 승려도 있었던 것이다.

신라 학승들의 여러 저술이 일본에 전해짐으로서 일본 고대 불교학 발전에 많은 영향을 주었다. 신라 유학승이었던 심상은 다수의 경론소經論疏를 소장하고 있었는데 『대안사심상사경록大安寺審祥師經錄』에는 70부 645권이 수록되어 있다. 그중에는 원측圓測, 원효元曉, 의상, 경흥憬興, 의적, 현일玄一, 대행大行 등 신라 승려들이 저술한 50부 132권이 포함되어 있으며 원효의 저술만 해도 32부 78권에 달한다.[75] 일본에서는 733년부터 신라인에 의해 저술된 불교전적을 사경하기 시작했는데 이는 773년까지 계속되었다. 그중에서도 740년, 743년과 747년, 748년, 751년, 752년, 753년, 763년 등의 사경 시에는 신라의 전적이 상당수 사경되었다. 8세기 일본에서 사경된 신라의 불교전적으로는 원효 60종 83회, 원측 16종 19회, 의적 14종 22회, 경흥 14종 20회, 현일 7종 10회, 승장 5종 7회, 도증道證 3종 5회, 지인智仁 4종 4회, 대현大賢 3종 4회, 대연大衍 2종 4회,

73) 田村圓澄 저, 魯成煥 역(1985), 『한일고대불교관계사』, 학문사, 199~200쪽 참조.
74) 『속일본기』 권21(新訂增補國史大系, 吉川弘文館, 1974, 254쪽).
75) 田村圓澄 저, 魯成煥 역(1985), 『한일고대불교관계사』, 학문사, 208쪽.

의상 1종 3회, 원광圓光 1종 2회, 영인令因 2종 2회 등이 있고, 이외에 명효, 표원表員, 행달行達, 둔륜遁倫, 순경, 법위法位, 신방神昉, 의영義榮 등의 저술은 1종 1회가 사경되었다.[76] 이처럼 신라 불교전적에 대한 많은 사경은 이들 전적의 유통을 보다 용이하게 했을 것이다.

일본 불교계에서 신라 찬술의 불교전적들을 활용하거나 참고한 구체적인 사례는 8세기 일본에서 찬술된 불교전적에 인용된 경우를 통해서 확인할 수 있다. 선주(723~797)는 나라시대奈良時代 법상종의 대표적인 승려였는데, 그의 저술 여러 곳에 원측, 도증, 태현, 원효, 현범, 신방 등의 저서가 많이 참조되고 있는 것에 주의할 필요가 있다. 예를 들면, 『유식의등증명기唯識義燈增明記』에는 원측의 『성유식론소成唯識論疏』와 『해심밀경소解深密經疏』, 도증의 『성유식론요집成唯識論要集』 등이 인용되고 있고, 『유식분량결』에도 원측의 『성유식론소』, 도증의 『성유식론요집』, 신방의 『성유식론요집』, 태현의 『대승심로장』, 원효의 『판비량론』 등의 문헌이 인용되고 있다. 또한 『인명론소명등소因明論疏明燈疏』에도 마찬가지로 원효의 『판비량론』을 비롯한 원측, 현범, 순경, 태현 등의 학설을 인용하고 있다.[77] 또한 그의 『법원의경法苑義鏡』에는 원효의 『금고경소金鼓經疏』가 인용되었다. 선주에 의하여 일본의 법상교학法相教學이 크게 발전되었던 점에 유의하면, 일본의 법상교학에 끼친 신라 유식학의 영향이 많았음을 알 수 있다. 『대승기신론동이약집大乘起信論同異略集』은 종래 신라 견등見燈의 저술로 알려졌으나 최근 최연식에 의해 일본 지경智憬의 저술로 밝혀졌다.[78] 지경은 일본 화엄종의 성립에 중심적 역할을 하였던 영변靈辯의 제자

76) 최재석(1998), 『고대한일불교관계사』, 일지사, 300쪽.

77) 橘川智昭(2002), 「일본 法相宗의 형성과 신라 唯識學」, 『한국불교학결집대회논집』 1집 상권, 한국불교학결집대회 조직위원회, 60쪽.

78) 최연식(2001), 「대승기신롱동이약집의 저자에 대하여」, 『구택단기대학불교논집』 7,

로 8세기 후반 흥복사興福寺와 동대사에서 활약한 고승이다. 『대승기신론동이약집』에는 원효의 『대승기신론소大乘起信論疏』와 『십문화쟁론』, 『이장의』 등을 자주 인용하고 있다. 그는 "신라의 원효법사는 하늘을 나는 용龍과 같은 교화로 청구青丘를 윤택하게 하였으므로 자를 구룡丘龍이라 한다"고 하면서 원효를 구룡으로 호칭했다. 그리고 이 책에는 신라 태현의 『성유식론학기成唯識論學記』와 분황사 승려 현융玄隆의 저술을 인용하고 있다.[79] 수영壽靈은 동대사와 흥복사에서 활동한 화엄종 승려로 일본 화엄종 성립에 중심적 역할을 한 자훈慈訓의 문노였을 것이라고 한다. 800년을 전후한 시기에 저술되었을 것으로 추측되는 수영의 『화엄오교장지사華嚴五教章指事』에는 원효, (의義)적寂법사, 현일, (원圓)측測법사, 표원, 태현 등 신라 학승의 설을 여러 차례 인용했다. 특히 원효의 설은 17회 이상 인용했는데, 『화엄경소』, 『능가종요』, 『기신론별기』 등을 인용했다. 원효의 『화엄경소』나 『화엄경종요』로부터 인용된 것이 몇 차례 있고, 표원의 『화엄경문의요결문답』에서도 인용하고 있다. 원효의 『법화종요』 5회, 현일의 『법화경소』 2회, 의적석義寂釋 · 의일찬義一撰 『법화론술기法華論述記』 2회, 의영의 『법화경소』 2회가 인용되고 있다. 그리고 이 책에는 원효의 『대승기신론별기』 4회, 『이장의』 2회, 『능가경종요』 2회, 『능가경소』 1회, 『해심밀경소』 1회, 『본엉경소』 1회, 원측의 『인왕경소』 2회, 『해심밀경소』 3회, 『성유식론소』 1회, 의적의 『법원의림장』 3회, 태현의 『열반경고적기涅槃經古迹記』 1회 등의 문헌이 인용되고 있다.[80] 삼론종三論宗 안징安澄(763~814)의 『중론소기中論

동경, 구택단기대학교.

79) 최연식(2003),「일본 고대화엄과 신라불교」, 『한국사상사학』 23, 한국사상사학회, 10~12쪽 참조.

80) 앞의 책, 17~18쪽 참조.

疏記』에도 원효의 『금광명경소』, 『이장의』, 『영락경소』 등을 인용했다.[81)]

일본의 상재上宰가 원효의 『금강삼매경론』을 읽었다는 기록 또한 원효 저술이 일본에 준 영향을 알게해 준다. 원효의 현손 설중업薛仲業이 신라 사신의 일원으로 일본에 간 적이 있다. 혜공왕 15년(779)의 일이었다. 당시 정사正使는 김난손金蘭孫, 부사는 김암金巖이었으며, 설중업은 대판관大判官으로 동행했다. 이들 일행은 779년 10월에 입경入京했고, 이듬해 정월 2일 천황을 예방하고 하정賀正했으며, 5일에는 연회에 초대되었다가 2월 15일에 귀국했다. 설중업이 일본에 머물고 있을 때 일본의 상재가 원효를 찬양하는 시를 써 준 일이 있다. 『삼국사기』의 다음 기록이 곧 이 사실을 전해준다.

> 세상에 전하기를 일본국 진인眞人이 신라 사신 설판관薛判官에게 준 시서詩序에, "일찍이 원효거사가 저술한 『금강삼매경론』을 읽고서, 그 사람을 보지 못했음을 깊이 한으로 여겼다. 듣자니, 신라 사신 설은 곧 거사의 포손抱孫이라고 하니, 그 손자를 만난 것이 기쁜 일이기에 시를 지어준다"고 했다 한다. 그 시는 지금도 남아 있다.

이 시의 서문 내용으로 보아 그것이 원효를 찬양하는 내용으로 되어 있었을 것으로 생각된다. 서당화상비문에서 이 글을 송문頌文이라고 했던 것도 이 때문이었을 것이다. 설중업과 교환交歡한 인물은 당시 대학자로 문장박사文章博士를 겸하고 있던 한문학의 대가 오미노 미후네(淡海眞人 三船 : 722~785)이었다.[82)]

---

81) 김상현(2000), 『원효연구』, 민족사, 158쪽.

82) 이기동(1997), 「薛仲業과 淡海三船의 交歡」, 『신라사회사연구』, 일조각, 188쪽.

7. 맺음말

이 글은 8세기 동아시아의 불교 교류를 신라와 당과 일본을 중심으로 살펴본 것이다. 8세기 동아시아는 안정된 국제 관계가 유지되었고 공통의 종교인 불교를 중심으로 문화 교류가 활발하게 이루어지고 있었다. 이 무렵 구법승이나 전법승에게 국경은 큰 장애가 되지 않을 정도로 자유롭게 활동했다. 그리고 이들 사이에는 민족적인 차별 또한 없었다. 이 시기 당나라 승려가 신라로 온 경우는 보이지 않는다. 그러나 일본 승려 중에는 신라로 유학하는 경우가 적지 않았다. 신라에서 당나라로 구법한 경우는 많았는데, 이들 중에는 귀국하지 않고 당나라에서 활동한 경우도 있고 귀국하여 신라에서 활동한 경우도 있다. 당나라에서 번역되거나 찬술된 불교전적은 대부분 1년 정도면 신라로 유통되었다. 신라에서 찬술된 불교전적이 당나라로 전해져 유통된 예도 적지 않았다. 원효, 순경, 태현 등의 저술이 그 대표적인 예였다. 특히 원효의 많은 저서가 당나라에 유통되고 여러 학승의 저술에 인용된 구체적 사례를 확인할 수 있다. 특히 일본에서는 신라 학승들의 여러 장소로 사경되고 유통됨으로써 일본 고대불교의 발전에 많은 영향을 주기도 했다. 다만 이 무렵 일본의 불교 문헌이 신라로 유입된 사례는 아직 보이지 않는다.

8세기 동아시아의 국제질서와 해양력의 상관성

동국대학교 **윤명철**

윤명철
고구려사 · 동아시아 해양사 전공, 동국대학교 교양교육원 교수
대표저서 | 『한민족의 해양활동과 동아지중해』(2002, 학연), 『장수왕 장보고 그들에게 길을 묻다』(2006, 포름), 『역사전쟁』(안그래픽스, 2004), 『고구려 해양사 연구』(2003, 사계절), 『한국 해양사』(2003, 학연), 『장보고시대의 해양활동과 동아지중해』(2002, 학연), 『고구려산성과 해양방어체제』(공저, 2000, 백산자료원) 외 다수

8세기 동아시아의 국제질서와 해양력의 상관성

동국대학교 **윤명철**

1. 머리말

동아시아 역사에서 각개 국가는 물론이고, 국제질서를 이해하고 복합성을 규명하는 데는 해양의 이해가 필수적이다. 동아시아의 범주에 대해서는 논의가 필요하지만, 본고와 연관해서 당唐나라 해안지역, 신라新羅 발해渤海 일본日本이 활동한 영역은 육지와 해양이 함께 작동하는 '해륙적海陸的 공간空間'이다. 필자가 설정한 '동아지중해東亞地中海 모델'에서는 국가 내부의 정치조직 및 정책, 도시건설, 교통망의 구축 등은 물론이고, 국제적으로 외교 · 무역 · 전쟁 등도 해양과 직결되었다. 본고의 주제가 되는 8세기 동아시아의 국제질서 또한 마찬가지이다. 특히 8세기에는 동아시아의 질서가 재편되면서 교류의 시대, 무역의 시대로 변환되었으므로 국제질서가 구축되는 과정에서 교류의 매개체인 해양의 위상과 역할은 매우 높아졌다. 따라서 각개 국가들은 국가발전과 생존을 목표로 해양력을 강화시키는 작업들을 추진하였으며, 그것은 크게는 국가 관리조직 및 산업구조, 도시의 배치와 방어체제 등이 있고, 구체적으로는 항로확보航路確保, 조선술造船術, 항해술航海術 등의 발달로 나타난다. 그런데 이러한 해양력 강화와 해양문화의 발전은 해양의 메커니즘 속에서 이루어질 수밖에 없으며, 해양의 메커니즘은 자연환경과 직결되어 있다.

본고는 이러한 문제의식을 갖고 작성하고자 한다. 제 2장은 동아시아의 역사운동의 메커니즘을 해양과 연관하여 살펴본다. 필자가 그동안 전개해왔던 해석의 모델을 소개하고, 논지전개를 위한 몇 가지 분석이론을 제시할 예정이다. 제 3장에서는 역사 연구자들의 연구성과를 토대로 해양의 메커니즘 속에서 8세기 동아시아의 국제관계를 살피고자 한다. 따라서 사료 중심이 아닌 실제 상황에 비중을 두면서 교류 상황 가운데에서 사신단의 파견 등 파급력이 큰 사건을 통해서 어느 국가가 더 필요성이 컸는지를 살펴본다. 그리고 제 4장에서는 국가 내부와 국제질서의 변천에 해양력이 어떤 영향을 끼쳤는가를 규명하기 위해 자연환경을 검토한 후에 각 국가가 개발한 항로航路들, 조선술, 항해술 등을 국가별로 비교하고자 한다. 그리고 동아시아 국제질서의 양상은 물론 개별국가들의 위상에는 해양력이라는 또 하나의 실제적인 요소가 작동했음을 밝히고자 한다.

2. 동아시아의 역사환경과 해석모델

1) 역사공간歷史空間의 검토

역사공간은 자연, 지리, 기후 등 자연환경 외에 생태계를 포함한 영토나 영역 등 역사가 포함된 총체적인 환경이다. 필자는 동아시아의 역사와 우리 역사를 해석하는 틀로서 '동아지중해(East Asian-mediterranean-sea)모델'

'해륙사관海陸史觀'[1] '환류環流시스템' 그리고 '터'와 '다핵多核(field & multi-core)이론'[2] 등 몇 가지 이론을 제시했다. 동아시아[3]는 현재 중국이 있는 대

---

1) 윤명철(2003), 「海洋史觀으로 본 한국 고대사의 발전과 종언」, 『한국사연구』 제123호, 한국사연구 ; 윤명철(2004.3), 「한국사 이해를 위한 몇 가지 제언」, 『한국사학사학회보』 제9집, 한국사학사학회 ; 윤명철(2004.9), 「한국 고대사 연구의 반성과 대안」, 『단군학 연구』 제11, 단군학회, 참고.

2) '터이론'의 정식명칭은 '터와 다핵(field & multi core)이론'이다. 줄인다는 의미에서 또 터는 다핵을 포함한 개념이므로 약칭 '터이론'이라고 약칭한다. 아래 문장에서는 '터이론'이라고 줄여서 사용한다. 그동안 발표했던 내용은 졸고, 2006.12, 「동아시아의 해양공간에 관한 재인식과 활용 – 동아지중해모델을 중심으로」, 『동아시아 고대학』 14집, 동아시아 고대학회, 경인문화사 ; 2005.9, 「동해문화권의 설정 검토」, 『동아시아 역사상과 우리문화의 형성』, 한국학 중앙연구원, 민속원 참조.

3) 동아시아란 개념은 1970년대부터 본격적으로 사용되고 있으나 그 범위, 개념, 역할 등에 대해서 통설은 없다.
全海宗은 東亞의 지리적 범주를 기본적으로 중국, 한반도, 일본열도를 지적하는 것이라고 보고, 중국은 주로 중국본부, 일본열도는 本州와 四國, 九州와 그 부속의 島嶼로 한정하고 있다. 그리고 雲南이나 兩廣지방을 주변으로 보고 있다(全海宗, 「東亞古代文化의 中心과 周邊에 대한 試論」, 3쪽).
井上秀雄은 고대의 동아시아는 중국왕조의 정치권력이 미치는 지역 혹은 중국문화의 영향을 받았던 지역 등을 가리키는 용어로 추측된다고 하였다. 특히 12쪽에서는 지도를 그려서 동아시아의 범주를 분명하게 표현하고 있다. 이 분류는 아시아의 동쪽을 동북아시아, 동아시아, 동남아시아의 3부분으로 나누었다(井上秀雄(1983), 『變動期の東アジアと日本』, 日本書籍).
西嶋定生은 대륙의 역사, 특히 중국왕조를 중심으로 하는 역사를 동아시아 역사로 보고 있다(西嶋定生(1985), 『日本歴史の國際環境』, 東京大出版社, 2~3쪽).
佐伯有淸는 동아시아라는 범주를 막연히 설정하고 한반도 세력, 일본열도, 그리고 중국대륙을 동아시아로 보고 있다(佐伯有淸(1987), 『古代の東アジアと日本』).
宮崎市定은 東아시아를 西아시아, 中央아시아 등과 구별하고 있다(宮崎市定(1974), 『中國の歴史』 2, 『秦漢帝國』, 講談社, 3~4쪽).
佐佐木高明은 '照葉樹林 文化圈'이라는 틀을 제시하면서 일본열도와 중국의 雲南省 靑海省 등을 연관시켰다(佐佐木高明, 『照葉樹林文化』, 『續 照葉樹林文化』 등).
安田喜憲은 일본해문화권이라는 또 다른 공간의 유형화가 필요하다고 제기한다(安田喜憲(1986) 「日本海をめぐる歴史の胎動」, 『季刊考古學』 15號, 雄山閣出版社, 14~16쪽).
古廏忠夫는 동아시아 세계와 외연으로서 동북아시아라는 시점에서, 즉 동아시아의 서

륙, 북방 초원으로 연결되는 대륙의 일부, 이른바 한반도, 일본열도로 구성되어있다. 필자는 이를 동방東方 북방北方 중화中華 등 3개의 문명으로 유형화 했으며, 우리와 연관해서는 '동방문명東方文明' 또는 '동이東夷문명권'을 가설로서 설정한 바 있다.[4] 그런데 동아시아에서도 특히 한반도를 중심축(core)으로 일본열도 사이에는 동해東海와 남해南海가 있고, 중국 사이에는 황해黃海라는 내해內海(inland sea)가 있다.[5] 한반도의 남부와 일본열도의 서부, 중국의 남부지역(양자강揚子江 이남을 통상 강남江南으로 부른다)은 동중국해東中國海(동지나해)를 매개로 연결된다. 현재 연해주沿海州 지역은 동해연안을 통해서 한반도

브시스템으로서 環日本海 지역을 보고 있다(古廐忠夫 編(1994), 『東北アジアの再發見』, 有信社, 5~8쪽).

중국은 '統一的 多民族國家' 혹은 '多地域文明起源說' 등을 통해서 전체 중국의 현재적 정치영토를 역사적 공간으로 범주화하고 있다. 시간에 대한 새로운 유형화작업도 추진하면서 '夏商周 斷代工程' '中華文明探源工程'등을 병행하고 있다. 필자는 동아지중해론, 해륙사관 등 몇몇 이론들을 제기하고 있다.

4) 박은식 등은 우리민족의 범위를 넓게 설정하면서 여진 · 선비 · 몽고 · 흉노 등을 우리민족과 동족으로 보고, 東夷(九夷)도 우리민족의 지파로 생각하였다. 필자는 그분들의 학설과 약간의 견해 차이는 있지만 큰 맥락 속에서는 유사하다. 다만 동이의 개념과 분포지역 성격, 그리고 우리와의 연관성에 대해서는 다양한 학문적인 접근이 중요하다. 필자의 관점에 대해서는 다음 논문들을 참고할 것. 윤명철(2004. 9), 「한국 고대사 연구의 반성과 대안」, 『단군학 연구』 11, 단군학회 ; 2005, 「동아시아 고대문명 네트워크의 현대적 부활을 위하여」, 『동아시아 문예부흥과 생명평화』, 세계생명문화포럼 ; 2006. 5, 「고구려를 바라보는 몇가지 관점」, 한민족학회 창립기념학술회의 발표논문, 한민족학회 ; 2006.12, 「동아시아의 해양공간에 관한 재인식과 활용 – 동아지중해모델을 중심으로」, 『동아시아 고대학』 14 ; 2008, 「고구려 문화형성에 작용한 자연환경의 검토 – '터와 多核 (field & multi-core)이론'을 통해서」, 『한민족연구』 4호 ; 2008, 「발해 유역의 역사문화와 동아시아 세계의 이해–'터(場, field) 이론'의 적용을 통해서」, 『동아시아 고대학』 17집 ; 2008. 6, 「한국사를 이해하는 몇 가지 틀을 모색하면서–터(field&multi-core) 이론의 제기」, 한국사학사학회발표.

5) 西海라는 용어는 한반도와의 관계 속에서 사용하고, 黃海라는 용어는 동아시아 전체를 배경으로 하고, 특히 한중관계에서 사용하는 것이 바람직하다.

와 연결되며, 타타르 해협을 통해서 두만강 유역 및 연해주 지역과 사할린 홋카이도가 연결된다. 이렇게 해서 동아시아는 완전한 의미의 지중해는 아니지만 이른바 다국간지중해多國間地中海(multinational-mediterranean-sea)의 형태로서 모든 나라들을 연결시키고 있다. 필자는 '동아지중해(East Asian-mediterranean-sea)'라고 모델을 설정했다.

동아지중해는 동아시아의 핵심지역이기 때문에 대다수의 종족들이 모여 산다. 한민족과 한족漢族, 일본열도의 주민들 사이에는 해양을 통해서 교섭이 이루어졌다. 필자가 실정한 동아시중해는 만주와 한반도 및 일본열도의 육지 면적이 458만 km², 해양의 총 면적이 340만 km²이다.

지중해는 주변의 여러 나라들이 내해(inland-sea)를 공유하고, 길고 긴 연안(沿岸)이 여러 나라로 갈라져 있으므로 국경이 불분명하고, 또 때에 따라 변화가 심하다. 이 때문에 이해利害도 대립되기 쉬워서 해역지배권海域支配權을 둘러싼 국가 간의 다툼이 벌어져 해양력(sea-power)이 중요하다. 동아지중해, 특히 황해와 동중국해를 둘러싸고 한민족과 한족은 3,000년 이상을 갈등과 협력의 변증법 속에서 역사적 경험을 공유하였다. 반면에 동아지중해의 비교적 외곽인 남해와 동해는 중국과는 직접 관련이 없는 탓에 고대에는 한민족이 주체적으로 활동한 바다였으며, 이는 본고의 주제인 8세기에도 동일했다. 정치력과 해양력을 바탕으로 남해와 동해를 건너 문화의 수준이 비교적 낮고 정치도 발전하지 못한 일본열도를 개척하였고, 곳곳에서 식민활동植民活動을 하면서 소국小國[6]들을 세웠다. 동아지중해 지역은 시대와 상황에 따라 약간의 변동

6) 小國은 『後漢書』 지리지 및 『三國志』 위지 동이전 倭에 기록되었다. 필자는 이 소국들을 해양과 연관하여 '해항도시국가론'을 주장한 바 있다. 윤명철(1995), 「海洋條件을 통해서 본 古代韓日 關係史의 理解」, 『日本學』 15, 동국대 일본학연구소 ; 1998, 「西海岸一帶의 海洋歷史的 環境에 대한 檢討」, 『扶安 竹幕洞祭祀遺蹟 硏究』, 국립 전주박물관.

은 있었지만 기본적으로 세 힘의 중심축中心軸과 몇 개의 부심축副心軸으로 이루진 협력과 경쟁구도이다. 중심축은 중국 지역, 북방 지역, 그리고 '한륙도韓陸島'[7] 지역이고, 일본열도, 만주북부 지역, 사할린, 몽골외곽 지역 등은 부심축에 해당한다.

한편 동아지중해 공간은 중국 내륙, 몽골 초원, 알타이 지역 등과 비교하면 넓지 않지만 다양한 자연현상과 독특한 문화가 만나 상호교류하고 혼재하면서 발전한 곳으로서 전형적인 '복합문명複合文明'의 성격을 띠었다. 농경의 정착성定着性(stability) 문화와 유목의 이동성移動性(mobility) 문화, 해양의 유동성流動性 문화가 만나 상호보완되면서 독특한 성격을 탄생시켰다. 다만 시대에 따라 정착과 이동의 배합비율이 달라졌을 뿐이다. 그러나 적어도 동아지중해라는 관점에서 판단하면 이동성이 우위를 점한 형태인 'mo-stability형 문화대文化帶'이다.[8]

자연환경과 땅은 지리정치적(geo-politic)인 영토의 의미 외에 지리경제적(geo-economy)으로도, 지리문화적(geo-culture)으로도 의미가 있다. 동아지중해 공간은 지경학적地經學的으로 상호필요성이 강한 상생구조相生構造였다. 자연환경에 따라 생산물의 종류가 다르기 때문이었다. 생활에 필요한 교역품들은 정치력과는 무관하게, 심지어는 적대관계에 있더라도 교역을 통해서 조달할 수밖에 없었다. 필요의 원칙에 따라 상호간에 무역과 공존시스템이 이루어질 수밖에 없는 조건이었다. 그리고 문화 또한 서로가 주고받는 일종의 '환류시스템'을 이루고 있었다. 그런데 이러한 교류들도 이 지역에 들어오면 주

7) '韓陸島'는 필자가 한반도를 극복하는 개념으로서 남북국시대까지 우리민족의 활동 무대를 정확하게 설정할 목적으로 만든 조어이다. 만주 일대의 역사적인 성격은 그 지역을 북방이 아니라 우리와 관련성이 깊은 동방의 한 부분으로 포함한 개념이다.

8) 윤명철(1996), 「高句麗人의 時代精神에 대한 探究」, 『韓國思想史學』 7집, 한국사상사학회.

로 해양을 통해서 이루어졌다. 이 지역의 체계와 성격은 정치사회적인 환경 외에 각 해역의 환경에 영향을 받아 더욱 복잡하게 되었다.[9)]

그러므로 동아시아는 역사활동의 터와 단위를 대륙大陸과 반도半島 해양海洋이 유기적으로 연결된 '해륙적 시스템'으로 파악하고, 소외되었던 해양의 위상과 역할을 재인식하기 위해 '해륙사관'을 적용할 필요가 있다. 반도사관에 입각해서 폐쇄적인 역사공간을 반도로 획정하고,[10)] 지역적인 정치체(국가)들로 한정시켰던 역사를 고대사에 관한 한 통일적統一的으로 이해하고, 우리의 역사영역 또한 해양과 대륙 반도를 하나의 역사권歷史圈으로 파악할 수 있다.[11)] 우리의 역사영역은 대륙과 해양을 공히 활용하며, 동해, 남해, 황해, 동중국해 전체를 연결시켜줄 수 있는 동아지중해의 중핵中核(core)에 위치하고 있다. 모든 지역과 국가를 전체적으로 연결하는 해양 네트워크는 우리만이 가지고 있다. 따라서 대륙에 부수적인 반도적 존재가 아니며 역사발전도 주변부가 아닌 중핵에서 자율적으로 진행시켜왔다. 고구려 전성기, 신라통일기, 발해전성기

9) 동아지중해의 특성과 역사적인 해석에 대해서는 필자의 여러 논문이 있으나, 정치역학관계 및 현재적의미 등에 대해서는 윤명철(1999), 「고구려의 남진정책과 東亞地中海戰略」, 『海洋戰略』, 한국해양전략연구소 ; 윤명철(2000), 「고구려의 東亞地中海 모델과 21세기적 意味」, 『아시아 文化硏究』, 목포대학교 아시아문화연구소. 등

10) 김기승 · 김인호 · 이정주 외(2003), 『21세기에도 우리문화가 살아남을 수 있을까』, 지영사, 201쪽 참고.
한국은 대륙과 해양 사이에 위치한 반도라는 지정학적 위치 때문에 대륙 세력이나 해양 세력처럼 독자적이고 자주적인 역사를 갖지 못하고 주변 강대국의 간섭과 지배를 받을 수밖에 없는 운명이라는 것이다.

11) 윤명철(2005), 「동해문화권의 설정 검토」, 『동아시아 역사상과 우리문화의 형성』, 민속원 ; 2006, 「東아시아의 海洋空間에 관한 再認識과 活用 – 동아지중해모델을 중심으로」, 『동아시아 고대학』 14, 동아시아 고대학회, 경인문화사 ; 윤명철(2007), 「고구려 문화형성에 작용한 자연환경의 검토–터이론을 통해서–」, 『한민족 연구』 4, 한민족학회 ; 2008, 「'한민족'형성의 질적 비약단계인 고구려 역사」 『한민족 연구』 제5호.

는 불완전한 부분이 있지만 중핵의 역할을 수행하였다.

역사적으로도 다양한 면에서 공질성共質性을 갖고 있지만, 동아시아에서 해양을 매개로 공통의 문화권이 형성되었다는 주장들이 있다. 이 주장들은 언어의 공통,[12] 또는 신화나 설화의 유사성을 근거로 삼는다.[13] 그 외에 주민의 이주와 습합에 따른 생활양식과 종교 등의 습합, 통혼권의 형성 등도 해양문화의 형성과 관련이 깊다.

강상파부江上波夫는 동북아시아의 석도문화, 특히 세석기문화가 타타르 해와 동해 북부를 건너 홋카이도, 혼슈로 전래를 하였고, 더욱이 특이한 석도촉이 홋카이도로 전파되었다고 주장하였다.[14] 사사키 고메이[佐佐木高明] 등은 이른바 조엽수림문화照葉樹林文化가 양자강 유역에서 동중국해를 건너 일본열도로 전파되었다고 주장한다.[15] 특히 본고의 주제가 되는 우리와 일본은 7세기 이전에는 유사한 점이 많고 오히려 차이점이 상대적으로 적었다. 그런데 8세기 들어서면서 차이점이 분명하게 드러나기 시작했다. 이러한 변화에는 해양의 성격과 체계가 강하게 작동했다고 판단한다.

2) 해양문화海洋文化의 체계體系[16] 검토

12) 村山七郎(1996), 「言語學から見た古代 環東シナ海文化圈」, 『東アジアの古代文化』 14號, 大和書房 참고.

13) 荒竹清光(1981), 「古代 環東シナ海 文化圈と對馬海流」, 『東アジアの古代文化』 29號, 大和書房 참고. 그는 뱀신앙 등과 관련시켜 그 범위를 확대하고 있다.

14) 江上波夫(1990), 「古代日本の對外關係」, 『古代日本の國際化』, 朝日新聞社國際 심포지움, 52쪽.

15) 照葉樹林文化에 대해서는 上山春平 編(1969), 『照葉樹林文化』 中公新書 ; 上山春平 佐佐木高明 中尾佐助 編(1976), 『續 照葉樹林文化』 ; 佐佐木高明(1988), 『照葉樹林文化の道』, 日本放送出版協會 외.

16) 이 체계라는 표현에 대해서는 추후 견해를 표방할 예정이다. 필자가 판단하기에는 구

해양은 육지와 물리적으로 다른 공간이 아니라 질적으로 다양한 면에서 차이점이 많다. 육지문화의 시각으로 해양문화와 역사상을 해석할 경우에는 오류가 발생한다. 필자는 해양문화의 체계적인 특성을 9가지로 정리한 바 있다.[17] 각주에 거론한 특성 가운데에서 본고의 논리전개와 직접 연관된 것은 다음 몇 가지이다.

넷째, 생성발전의 동인動因 문제이다. 해양문화는 자연환경自然環境의 영향을 많이 받아 생성한다. 해류 · 조류 · 계절풍 같은 자연환경이 항로, 항구, 도시 등 문화가 만들어지는 틀과 성격에 강한 영향을 끼쳤다. 다섯째, 선파와 수

조는 물론 아니고 '체계(system)'보다는 '맥락(context)'이 적합하다고 생각한다.

17) 이 부분은 그동안 몇 차례에 걸쳐서 발표한 적이 있다. 아래 정의 외에 보다 상세한 내용은 윤명철(2010.09), 「백제의 역사 속에 함축된 해양문화적 요소」, 『교류 왕국, 백제의 발자취를 찾아서』, 세계대백제전 국제학술회의, 133~134쪽 참고.
첫째, 주체의 문제이다.
둘째, 단위(터, 활동의 場)의 문제이다.
셋째, 생성과 발전의 성격문제이다. 해양문화는 '移動性(mobility)'의 특성을 지니고 있다.
넷째, 생성발전의 動因 문제이다. 해양문화는 自然環境의 영향을 많이 받아 생성한다.
다섯째, 전파와 수용의 방식 문제이다. 해양문화는 '非組織性', '不連續性'을 띠고 있다.
여섯째, 經濟運用 方式이다. 강 河口나 해변지역에 있는 평야를 활용하여 최소한의 식량 등 필수품은 자급자족할 수 있다. 또한 효율적인 해양교통의 장점을 활용하여 무역활동을 전개하면서 경제적인 이익을 얻고, 때로는 해적의 형태로서 약탈행위를 하기도 한다.
일곱째, 技術力 문제이다. 해양문화에서는 기술력의 '模倣性', '共有性'이 강하다. 특히 조선술이나 항해술 등의 기술교류와 모방은 필수적이다. 그러한 시스템 속에서 신앙, 설화, 체제운영 방식 등도 유사해진다.
여덟째, 교류와 관련한 문화성격의 문제이다. 해양문화는 '多樣性'과 '開放性'을 지니고 있다. 해양문화는 해안가의 據點을 중심으로 방사상으로 뻗어나간 多數點들 간의 교류이므로 多重複合的인 交流形態이다.
아홉째, 문화의 계승성과 보존문제이다. 해양문화는 '不保存性'이라는 특성을 지니고 있다. 해양문화의 담당자는 해양민 또는 지방 세력이므로 자신의 행적과 성격에 대해서 문자기록이나 유물 등의 흔적을 남기는 경우가 드물다. 이러한 해양문화의 기본인 불보존성의 특성을 감안하지 않고, 기록과 유물이 없다고 해양문화가 부재했다거나 발달하지 못했다는 식의 역사해석은 곤란하다.

용의 방식 문제이다. 해양교섭은 선박이라는 구조물을 이용하므로 특별한 기술력技術力이 필요하고, 이동규모 또한 육로에 비하여 소규모이다. 그리고 우발적이나 수동적인 면이 강해서 비조직적, 불규칙적이며, 연속성이 떨어진다. 일곱째, 기술력의 생성과 교환 문제이다. 해양문화에서는 해류, 조류, 바람, 해상상태 등이 공통적이므로 해양민들 사이에서 조선술이나 항해술 등의 기술교류와 모방은 필수적이다. 해양문화의 체계가 가진 이러한 몇 가지 특성을 충분하게 이해하지 못하거나 경시할 경우에는 고대의 해양역사상을 이해하는 것은 물론이고, 복잡한 문화의 성격을 해석하는 데에 혼란을 초래한다. 해양문화는 이 외에도 몇 가지 특성들이 있다. 이러한 특성들이 적용되는 분야는 국가정책[18], 도시都市의 입지선택과 건설,[19] 방어체제防禦體制[20]와 교통망交通網의 구축 등이 있으며, 그 외에 기술력 세계관世界觀 등의 문화현상 등이 있다. 구체적으로 정부의 조직과 기관의 존폐, 외교와 군사교류의 대상과 방식의 선택과정, 교역의 대상국과 방식 및 품목 등의 선정 등, 그리고 수도 지역을 선

18) 윤명철(2004), 『고구려의 정신과 정책』, 학연문화사 ; 2005, 『광개토태왕과 한고려의 꿈』, 삼성경제연구소 ; 2006, 『장수왕 장보고 그들에게 길을 묻다』, 포름.

19) 윤명철(2002), 「후백제 시기 전주의 국제도시적 성격 검토」, 『후백제의 대외교류』, 전주역사박물관 ; 2009, 「고구려 수도의 해륙적 성격」, 『백산학보』 80 ; 윤명철, 「백제 수도 한성의 해양적 연관성 검토1」, 『위례문화』11 · 12합본호, 하남문화원 ; 2009, 「경주의 해항도시적 성격에 대한 검토」, 『동아시아 고대학』 20집 ; 2010, 「한민족 歷史空間의 이해와 江海都市論 모델」, 『동아시아 고대학』 ; 2010.11, 「울산의 해항도시적 성격과 국제항로」, 『신라의 대외관계와 울산항』, 울산대 박물관, 한일 관계사학회.

20) 윤명철(1999), 「江華지역의 해양방어체제연구-關彌城 位置와 관련하여」, 『사학연구』 58, 59 합집호 ; 1999, 「遼東지방의 해양방어체제연구」, 『정신문화연구』 겨울호, 통권 77호 ; 1999, 「仁川지역의 해양방어체제연구」, 『박물관지』 3호, 인하대 ; 2001, 「한강 고대 강변 방어체제 연구-한강하류지역을 중심으로」『鄕土서울』 61호 ; 2003, 「고구려의 요동 장산군도의 해양전략적 가치 연구」, 『고구려연구』 15, 학연문화사. ; 2003, 「국내성의 압록강 방어체제연구」, 『고구려 연구』 15, 고구려연구회. ; 2004, 「고대 한강 강변방어체제연구 2」, 『鄕土서울』 64호, 서울시사편찬위원회.

택하고 어떤 방식과 체제로서 다른 지역과 연결시키는가하는 문제, 항구의 선정과 항로[21]를 비롯한 교통망의 구축 문제 등이 있다. 특히 본고의 주제와 연관하여 역사상을 구축하는 데 중요하고 강한 영향을 행사하는 것은 항해이다. 항해에 직접 영향을 끼치는 요소는 자연환경이고[22], 그 가운데에서도 해류와 조류, 바람, 항해거리 등이다.[23]

고대 항해에서 가장 중요한 요소는 계절풍이다. 특히 본고의 주제와 연관 있는 해역의 항해에서는 해류와 조류에 비해 바람이 압도적인 비중으로 영향을 끼쳤다. 삼국시대의 대외사행對外使行은 계절풍과 해류의 영향을 받으며 이루어졌다.[24] 남북국시대에 신라는 북풍계열의 겨울 계절풍을 이용해 일본으로 항해하였고, 일본은 봄에서 초여름을 이용하였다.[25] 일본과 당의 관계에서 견당사遣唐使들은 대개 여름에 출발하여 항해하였고, 귀국할 때는 가을부터 초

21) 항로의 선택과 정치세력 간의 관계, 삼국의 일본열도 진출과정에 대해서는 윤명철(1996), 『동아지중해와 고대 일본』, 청노루, 159~165쪽 ; 2010.2, 「연해주 및 동해북부 항로에 대한 연구」, 『이사부와 동해』, 한국이사부학회, 창간호 참조.

22) 고대 사회에서는 환경이나 기후가 역사발전에 강력한 영향을 끼쳤다. 이러한 예는 이시 히로유끼, 야스다 요시노리, 유아사 다케오 저, 이하준 역(2003), 『환경은 세계사를 어떻게 바꾸었는가』, 경당 ; H.H. 램 저, 김종규 역(2004), 『기후와 역사』, 한울 아카데미, 참고.
바람이 항해나 조선술, 그리고 유럽의 제국주의적인 팽창과 깊은 관련이 있는가와 구체적인 실례들은 앨프리드 W. 크로스비 저, 안효상 · 정범지 역(2002.3), 『생태제국주의』, 지식의 풍경, 124~154쪽 참고.

23) 필자는 과거 논문들에서 동아지중해에서 작동하는 해류, 조류, 바람의 특성과 메커니즘 등을 역사상과 연관시켜 그 특성과 상관성 등을 발표하였다.

24) 申瀅植(1988), 『新羅史』, 이화여대출판부, 212쪽 ; 鄭鎭述(1991), 「韓國先史時代海上移動에 관한 硏究」, 『忠武公 李舜臣 硏究論叢』, 해군사관학교, 45쪽 도표 참조.

25) 吉野正敏(1984), 「季節風と航海」, 『Museum Kyushu』 14호, 14쪽 도표 참조. 신라에서 일본으로 갈 때, 10월에서 3월까지의 6개월 동안에는 40번, 나머지는 21번이다. 특히 650년부터 700년경은 입국 시기가 거의 10월에서 12월 사이에 집중되고 있다.

겨울에 걸쳐서 9월에 북서풍을 이용하였다.[26] 당나라의 상인들도 6, 7월에 강소성江蘇省 안휘성安徽省 절강성浙江省 등을 출발하여 일본열도에 왔다. 엔닌[圓仁]도 신라배를 이용하여 황해 중부를 횡단할 때 바람을 이용하였다.[27]

동해를 이용한 고구려인들과 발해인들은 바람의 영향을 강하게 받았다. 발해인들은 일본에 갈 때 늦가을부터 초봄에 걸쳐 부는 북풍계열의 바람을 이용하였고, 귀환할 때에는 늦봄부터 여름에 걸쳐 부는 남동풍계열을 이용하였다.[28] 842년에 발해대사인 하복연賀福延이 갖고 온 발해의 중대성中臺省에서 보낸 첩문牒文에는 바람을 점치고 때를 기다려 출항한다는 내용이 있다.[29] 신라는 동해에서도 해양활동을 하였으며, 일부의 항로가 발해사의 항로와 일치하고 있다.

항해환경에서 또 하나 중요한 것은 항해거리, 즉 양 지역 간의 거리이다. 남해는 양 지역 사이 거리가 짧고, 특히 중간에 대마도, 이끼섬 등이 있어 항해하기에 용이하다. 대부분 지문항법地文航法을 활용한 근해항해가 가능하므로 큰 난관이 없었을 것이다. 필자는 자연조건을 고려하여 시달거리[30]를 계산해

26) 吉野正敏, 위 논문, 15쪽 도표에는 650년부터 850년까지 당과 일본 간의 교섭과정이 월별로 도표화되어 있다. 7월 하순에서 8월 하순은 동중국해의 기상이 비교적 안정되고, 때때로 태풍이 불어오면서 바람의 방향에 교란이 생기지만 보통은 남동 내지 남풍계열의 바람이 분다.

27) 圓仁, 『入唐求法巡禮行記』 권1, 開成 4년(839)조 4월 2일

28) 茂在寅男, (1989), 「遣唐史概觀」(『遣唐史と史料』 東海大學出版部), 34~39쪽 참조 ; 吉野正敏, 앞 논문, 16~17쪽에는 발해의 遣日使들의 月別分析을 통해서 항해가 계절풍의 영향을 절대적으로 받았음을 보여준다.

29) 『續日本後紀』 권11, 承和 9년.

30) 시달거리는 바다에서 일정한 높이를 가진 목표가 확인 가능한 최대의 거리를 말한다. 즉 항해를 할 때 육지의 높은 산이나 산맥 혹은 등대 · 선박 등을 大洋 한가운데서 볼 수 있는 최대의 거리이다.
시달거리를 계산하는 방법은 茂在寅男, 앞의 책, 22쪽 ; 바트 T. 보크 · 프란시스 W.

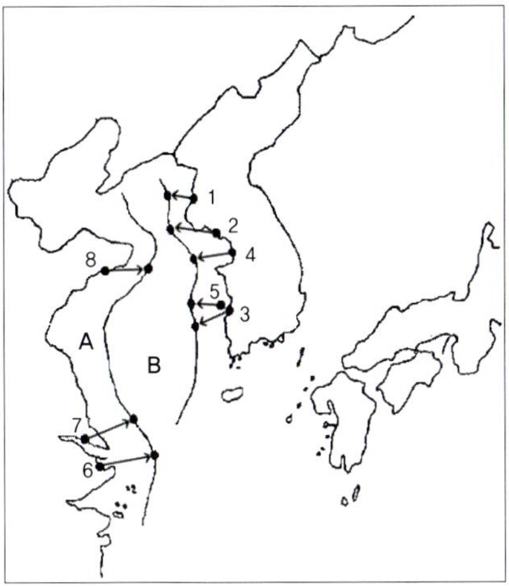

〈그림 1〉 황해해역의 근해항해 범위도

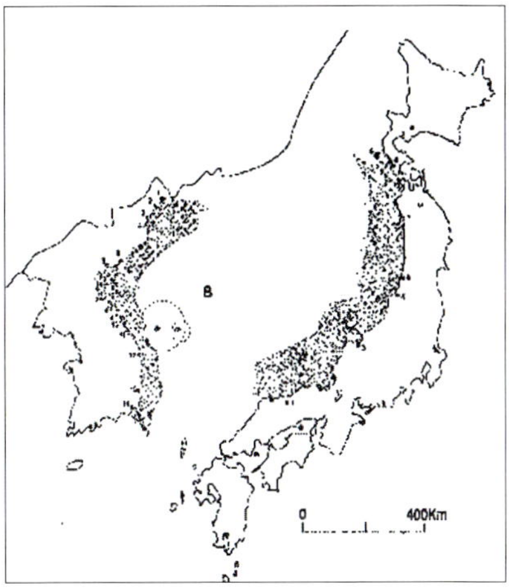

〈그림 2〉 동해해역의 근해항해 범위도

보았는데, 황해 또한 거리가 짧은 내해, 지중해地中海로서의 성격이 있으므로 대부분 지문항법을 활용한 근해항해는 큰 난관이 없었을 것이다.[31] 동해에서의 근해항해 가능성 또한 황해와 똑같은 방법으로 살펴보았다.[32] 동해는 지문항법을 활용한 근해항해와 함께 원양항해를 병행해야 한다.

이러한 자연환경이 지닌 요인들이 정치, 경제환경을 비롯한 사회환경 등과 작용하여 항로가 결정된다.[33] 항로를 놓고 자연스럽게 '항로 쟁탈전爭奪戰'이 벌어진다. 예를 들면 고구려는 일본열도로 가고자 할 때 출항할 수밖에 없는 항구와 사용항로가 있다. 그래서 가능하면 한반도의 동해 중부해안인 삼척三陟 등까지 남진하려 했다. 신라는 경기만을 장악해야만 중국 지역과 교류할 수

라이트(1974), 『기본항해학』, 대한교과서 주식회사, 26쪽.

31) 윤명철(1998), 「황해의 지중해적 성격연구(1)」, 221~224쪽 참조.

32) 윤명철(1998), 「발해의 해양활동과 동아시아의 질서재편」, 『고구려 연구 6』, 학연문화사.

33) 항로의 체계적 특성에 대해서는 졸저, 『동아지중해와 고대일본』을 비롯한 몇 편의 논문에 상세하게 기술하였다.

있었다. 일본이 당나라로 갈려고 할 때에도 적합한 항로의 확보가 절대적으로 필요했다. 발해의 경우에는 부동항의 확보와 안정적인 항로선정이 필사적인 과제였다. 이는 동아지중해의 해양이 '일원적 관리체제'로 돼 있지 않고 각 나라들이 분점한 상태에서는 모든 나라들이 당면한 문제였다. 따라서 때로는 부적절한 항구港口선택과 무리한 항로사용이 이루어지고, 그 과정에서 국제질서가 복잡해지거나, 때로는 예측불허의 상태가 발생했다.

3. 8세기 동아시아의 국제질서와 해양력

1) 8세기 동아시아 국제질서의 이해

동아시아 공간의 해양적 성격을 동아지중해라는 모델을 통해서 이해하고, 해양의 메커니즘을 전제로 해서 8세기 동아시아 세계의 국제질서를 이해하고자 한다.[34)]

동아시아 역사에서 8세기가 지니는 의미는 매우 크다. 특히 한민족의 역사전개에서는 '동아지중해 국제대전'의 결과로 인한 남북국南北國시대의 도래, 당을 중핵으로 하는 동아시아 질서의 정착, 일본국日本國의 탄생과 정착에 따른 갈등 등이 있다. 8세기 동아시아의 역사상을 이해하는 과정에서 각 국가의 내부 문제가 아닌 국제관계에 초점을 맞추면서, 동아시아 질서 속에서의 위상을 살펴본 연구성과들은 많다.

34) 金翰奎(1999), 「7~8世紀 東아시아 世界秩序의 構造的 特性과 그 運營體制의 機能」, 『진단학보』 88, 400~402쪽에는 일본학계 및 중국학계의 연구경향을 소개하고 있다.

따라서 이 장에서는 기존의 연구성과들을 토대로 외교, 정치, 군사활동, 문화교류 등을 개괄적으로 살펴보면서, 이러한 요소들이 해양력 및 해양 메커니즘과 연관된 방식, 해양력이 실제로 끼친 영향 등을 찾아보고자 한다. 그 가운데에서 교류의 형태와 성격 등을 파악하기 용이한 자료들이 풍부하며, 역사의 전개에 강한 영향을 끼쳤던 사신단의 파견상황을 기본 토대로 삼는다.

동아시아의 국제정세는 6세기 말에 수隋가 400여 년 만에 중국지역을 통일하면서 지역 간의 균형이 깨지고, 역학관계의 기본구도가 붕괴되었다. 고구려와 중국세력을 주축으로 동아지중해의 패권과 교역권을 둘러싸고 갈등이 벌어졌으며, 결국 전쟁으로 비화되었다. 고수高隋전쟁, 고당高唐전쟁, 이어서 이른바 삼국통일전쟁三國統一戰爭으로 완결된 70년간에 걸친 이 전쟁은 국제적인 성격을 가질 수밖에 없었다. 또한 참여한 국가들은 육지와 함께 해양을 매개로 활동하였고, 해양전이 벌어졌다. 결국 이 전쟁은 '해양십자형질서海洋十字形秩序'의 대결구도로서 해양능력이 국가의 흥망에 결정적인 역할을 한 동아지중해 국제대전國際大戰이었다.[35] 이 전쟁은 결과적으로 나당연합군의 승리로 종언을 고하였고, 승전국을 위주로 하는 신질서가 수립되었다. 하지만 7세기는 내내 각 국가들의 내부는 물론이고, 국가 간의 관계 또한 불안정했다.

공동 승전국이었던 신라는 당과 군사적인 갈등을 벌였다. 신라는 고구려와 백제가 이룩해왔던 해양능력과 해양활동범위를 흡수하여 당군과 격돌하였고, 결국은 승리를 거두는 데 효과적으로 활용하였다.[36] 한편 고구려의 옛 터에

---

35) 윤명철(1995),「三國統一戰爭과 東亞의 海洋秩序– 地中海戰的 性格을 중심으로」,『高句麗史研究論文選集』6, 불함문화사 ; 2003,『高句麗 海洋史研究』, 사계절.

36)『삼국사기』권7 신라본기 문무왕 13년. 예를 들면 671년 10월 신라는 당의 漕船 70여 척을 격파하였다. 673년에는 당나라의 침입을 경계하기 위하여 문무왕은 大阿餐인 徹川을 파견하여 병선 100척을 거느리고 서해를 지키게 하였다.

서는 유민들이 복국운동을 펼쳤고, 여기에는 거란, 말갈 등도 참여하였다. 한편 왜국은 군사적 실패[37)]에 대한 반동으로 국내체제 정비에 힘을 기울이는 한편 자국의 국제적인 위상을 새롭게 설정해야만 했다. 우선 664년부터 대당對唐 및 대신라對新羅 방어체제를 쓰시마, 이끼, 쓰쿠시(축자築紫) 등에 구축하고, 정청을 내륙인 다자이후(대재부大宰府)로 옮겼으며, 백제식산성百濟式山城을 나라(내량奈良)에 이르는 길목들에 구축하였다.[38)] 해양전에 대비한 해양방어체제이다.[39)] 그리고 텐치(천지天智) 9년인 670년에 국호를 일본으로 제정하였고,[40)] 핫코오(백봉白鳳)라고 불리는 새로운 형식의 문화를 발전시켰다. 기존의 문화적인 토대 위에 한륙도를 통해서 들어온 불교문화와 비자발적으로 수용된 백제문화가 주축을 이루면서 초기 당의 영향을 수용하여 이룩한 것이다.

이렇게 전개되는 국제질서 속에서 신라는 긴장감이 감도는 대당 관계를 주시하면서 일본에 빈번하게 사신을 파견하게 된다. 일본은 당과 신라사를 동시에 받아들이는 양면외교를 취하였지만, 친신라노선을 국가방침으로 결정하였다. 적대국가였던 신라와 일본은 상호 필요성에 의거해 우호관계[41)]로 변화되었다. 일본은 672년 이후 701년까지 오직 신라와만 관계를 지속하였다. 30여

---

37) 『日本書紀』, 天智 2年 3月 '遣前將軍 上毛野君------率二萬七千人 打新羅--' ; 『資治通鑑』 卷201 唐紀17 高宗 中之上 」'---焚其舟 四百艘 煙炎灼天 海水皆赤 --'.

38) 『日本書紀』 卷27 天智 3年, 4年, 6年 ; 小田富士雄(1985), 「朝鮮式山城と神籠石」, 『九州古代文化の形成』 下卷 學生社 ; 成周鐸(1980), 「大野城小攷」, 『古文化論攷』 鏡山猛先生古稀記念論文集刊行會 ; 西谷正(1994), 「朝鮮式山城」, 『岩波講座日本歷史』 3권(古代 2) ; 延敏洙(1996), 「西日本地域의 朝鮮式山城과 그 性格」, 『韓國古代史論叢』 8집.

39) 윤명철(1996), 『동아지중해와 고대일본』, 청노루, 241~244쪽

40) 『삼국사기』, 신라본기, 문무왕 10년 12월 조에는 '--倭國更號 日本, 自言 日近所出, 以爲名--'이라는 구절이 나온다. 또한 『舊唐書』와 『新唐書』에 각각 일본국이란 명칭이 나오고 그 유래에 대해서 설명을 하고 있다.

41) 李成市 저, 김창석 역(1999), 『동아시아의 왕권과 교역』, 청년사, 21쪽.

년 동안 신라의 견일본사가 27회, 일본의 견신라사가 11회이다. 양국은 1년에 한두 번 접촉한 셈이다. 『일본서기』에는 출국하고, 귀국한 대당 학문승, 대신라 학문승의 숫자가 24명으로 나타난다. 일본은 탐라와도 교섭하였다. 반면에 일본은 이 기간 동안 견당사를 한 번도 파견하지 않았다. 물론 그 과정 속에서 신라와 일본 간에는 해양을 통한 소규모의 군사적 갈등도 발생했다.

7세기 후반에 이르러 황해는 점차 정치적으로 안정되고 해양문화 또한 비약적으로 발달되면서 당과 통일신라, 발해, 일본을 연결시키는 환황해문화環黃海文化가 활성화되었다. 반면에 동해 남부와 남해 동부는 약간의 긴장상태를 유지하고 있었다. 그런데 8세기에 들어오면서 동아시아의 질서의 기본 구조에 변화의 조짐이 나타나기 시작했다. 이 시대의 성격을 다양한 관점에서 정의하고 있다.[42] 각 국가의 내부에서는 새로운 체제의 정착을 위한 다양한 진통들이 발생했으며, 국제질서에도 급격하게 변화가 생겼다. 동아시아는 당나라를 중핵으로 하나의 시스템으로 탄생하였는데, 이는 전 시대와는 다른 점이 많다고 생각한다.

이러한 질서의 한 부분으로 동아지중해에서는 행성行星격에 해당하는 신라, 발해, 그리고 위성衛星 겸 외방(outside)外方에 해당하는 일본, 거란契丹, 말갈靺鞨, 토번吐藩, 남조南詔 등의 기타 세력들이 공존하고 있었다. 7세기 내내 지속되

42) 8세기의 국제관계를 언급한 논문은 다음과 같다.
韓圭哲(1993), 「발해와 일본의 신라침공계획파 무산」, 『中國問題研究』 5 ; 金恩淑(1991), 「8세기 신라와 일본의 관계」, 『國史館論叢』 29 ; 朴眞淑(1991), 「渤海 文王代의 對日本外交」, 『歷史學報』 153 ; 具蘭熹(1998), 「日本의 新羅侵計劃의 추진의도」, 『靑藍史學』 2 ; 具蘭熹(1999), 「8세기 중엽 발해, 신라, 일본의 관계-일본의 신라침공계획을 중심으로」, 『韓日關係史研究』 10 ; 이병로(1996), 「8세기 일본의 외교와 교역-라일관계를 중심으로」, 『일본역사연구』 4 ; 김선숙(1997), 「8세기 전후 신라 일본의 정치외교관계」, 『韓國古代의 考古와 歷史』, 학연문화사.

었던 정치와 군사 중심의 냉전질서가 극복되면서 경제와 무역이 중요해지는 열전의 질서로 변화했다. 이 과정에서 해양력과 해양 메커니즘은 국가정책의 수립, 외교관계의 조정, 사신단의 상호파견과 무역구조 및 도시형성 등과 연관하여 중요해졌다.

당은 정치력을 바탕으로 평화를 구가하고, 교역 등 경제적인 측면에 힘을 기울였다. 당은 8세기 초에 광주廣州·명주明州(영파寧波)·항주杭州로 북상하여 소주蘇州·양주揚州로 시장을 확대했다 이러한 해양의 길, 이른바 남해로南海路[43]는 동아지중해의 해역과 직접 연결되었으며, 문화와 경제의 발전에 적지 않은 영향을 끼쳤다.[44] '안사安史의 난亂' 이후 상업도시가 발달하였으며, 공무역公貿易에서 사무역私貿易으로 바뀌고, 교역이 매우 활성화했다.[45] 특히 번신藩臣이지만, 실질적으로는 독립 세력인 해안가의 절도사節度使를 중심으로 사무역이 성행했다.[46]

해양은 '교섭交涉의 통로通路'로서뿐만 아니라 복합적이고 가치 있는 의미를 지니게 되었다. 특히 신라, 발해, 일본은 지역적으로나 역사적 경험, 실제 이익이라는 측면에서 상호불가분의 관계에 있었다. 3세 지역 간의 교류가 바다를 통해서 정치·경제·문화적으로 매우 활발했으며, 이에 따라 동아지중해는 역동적인 역사의 무대 역할을 담당하였다. 특히 큰 파장을 일으킨 것은 신라와 일본의 관계였다.

43) 무함마드 깐수(1992), 『신라·서역교류사』, 단국대학교 출판부, 490쪽, 507쪽.

44) 윤명철(2004), 「한국의 고대문화 형성과 해양남방문화—소위 해양실크로드와의 관계를 중심으로」, 『국사관 논총』, 106쪽.

45) 李成市 저, 김창석 역(1999), 『동아시아의 왕권과 교역』, 청년사, 182~183쪽.

46) 堀敏一(1993), 「中國と古代 東アジア世界」, 岩波書店, 261~263쪽.

2) 신라와 일본의 관계

신라와 일본 간에 벌어진 역사상에 대해서 다양한 관점에서 행해진 연구성과들이 많다. 본고는 구체적이고 과학적인 해양 메커니즘을 활용하여 국가적인 성격, 동아시아 전체의 성격 등을 살펴보고자 한다. 우선 두 나라 간에 발생한 사건은 정치적 목적이라는 관점에서 정리해보고자 한다. 정치군사적인 사건을 일으킨 당사자는 일본이었다.

신라와 당나라는 732년에 발생한 발 · 당渤·唐전쟁을 계기로 우호관계에 돌입했다. 신라는 통일을 이룩한 저력과 자신감 있는 해양능력을 바탕으로 황해를 건너다니면서 당나라와 외교관계를 긴밀하게 하였다.[47] 8세기에는 성덕왕 때 45회, 효성왕 때 8회, 경덕왕 때 12회 등의 상상하기 힘들 정도로 적극적인 교류를 했다. 신라는 심지어는 당나라에서 '안록산安祿山의 난'이 일어나 현종이 사천성四川省의 성도成都까지 도망갔을 때에도 양자강을 거쳐 성도까지 뒤쫓아갔다.

양국 간에는 교역이 특히 활발했다.[48] 『삼국사기』 권33 지志2 색복色服, 거기車騎, 기용器用, 옥사屋舍조에는 공작미孔雀尾 · 비취모翡翠毛 · 슬슬瑟瑟 · 대모玳瑁 등,[49] 거기조車騎條에는 자단紫檀 · 심향沈香 등의 남방 물품들이 거론되고 있다.

---

47) 權悳永(1997), 『고대한중외교사-견당사연구』, 일조각 ; 연민수(2003), 『古代韓日交流史』, 혜안. 242쪽.

48) 盧德浩, 「羅末 新羅人의 海上貿易에 관한 硏究」, 『이홍직박사 회갑기념 한국사학논총』, 647쪽 참고.

49) 공작미는 인도 · 동남아 일대와 중국의 남부에도 분포 · 서식하는 공작의 꼬리 부분이고, 翡翠毛는 翡翠鳥의 털(Kingfisher's Feathers) 주산지는 캄보디아이다. 또한 瑟瑟은 주산지는 타슈켄트이다. 한편 玳瑁(玳瑁)는 생산지가 보르네오 · 필리핀군도 · 쟈바 등지이며 그 해안에서 포획되는 龜甲의 일종이다. 황색을 띤 검은 반점이 있는 반투명체로 장식에 많이 사용되었다. 이유진(2001), 「8~9세기 동아시아 세계의 대외관계와

이를 보면 신라는 당나라를 중간숙주로 삼아 간접무역을 하였으며, 직접 서역 및 아라비아 상인들과 무역을 벌이고, 일본에 파는 중계무역을 했을 가능성이 높다.[50] 결국 육상 및 해양 실크로드의 종착역은 발해도 일본도 아닌 신라이었다. 신라에게 당나라는 정치뿐만 아니라 무역, 불교 등 문화의 측면에서 가치 있고 유용성이 높았으므로 능동적으로 교류를 시도하였다.

반면에 신라와 발해는 220여 년간 국경을 맞댄 상태에서 교류가 거의 없었다. 신라에서 발해에 사절을 파견한 것은 『삼국사기』신라본기에 2건 보이며,[51] 그 가운데 1건은 757년 12월~801년 11월 사이에 있다.[52] 두 나라의 관계에 대해 우호적이었다는 주장과 갈등의 관계였다는 주장이 함께 제기된다. 그런데 고구려 계승성을 주장한 발해는 명분이라는 측면에서도 신라와 우호관계를 맺을 수 없었고, 이는 신라 또한 마찬가지였다. 732년에 '발 · 당渤·唐 전쟁'이 발생했을 때, 당나라의 요청으로 신라는 발해의 남쪽 국경을 공격했지만, 자연현상으로 인하여 충돌 없이 끝났다. 하지만 두 나라는 교류 없이 잠

교역」, 『해상왕 장보고의 국제무역활동과 물류』, 해상왕장보고기념사업회, 95~96쪽.

50) 李龍範(1969), 「三國史記에 보이는 이슬람 商人의 貿易品」, 『李弘植博士回甲記念 韓國史論叢』 ; 이희수(1991), 「羅唐關係로 본 한 · 무슬림 접촉」, 『한 · 이슬람 교류사』, 문덕사 ; 무함마드 깐수, 「新羅와 西域間의 文物交流」(『新羅 · 西域交流史』, 檀國大 出版部, 1992), 236쪽. 무슬림들의 신라 내왕에 관한 첫 기록을 남긴 아랍 지리학자 이븐 쿠르다지바(Ibn khurdadhibah, 820~912)는 저서 『제도로 및 제왕국지』에서 신라의 지리적 위치와 황금의 산출 및 무슬림의 그곳 내왕에 관해 서술한 후 신라로부터 무슬림들이 반출해 가는 물품을 기록하고 있다.
최재석(1995), 「統一新羅 · 日本의 關係와 日本이 新羅로부터 구입한 물품」, 『민족문화』 18, 민족문화추진회.

51) 원성왕 6년과 헌덕왕 4년 북국으로 사신을 파견.

52) 아카바메 마사요시 저, 김선숙 역(2008.11), 「8세기 중엽에 있어서 신라와 발해의 통교관계-『三國史記』인용, 賈耽『古今郡國縣道四夷述』逸文의 분석」, 『高句麗 渤海研究』 32輯, 고구려연구회, 293쪽 ; '三月以一吉餐伯魚使北國'『삼국사기』, 권10, 신라본기 10, 元聖王 6년(790)조.

재적인 적대국가로서 남아 있었다.

후에 발해가 신라를 공격할 계획 또는 의사가 있었는지 단언할 수 없다. 그런데 신라의 효소왕은 고구려의 비열홀比列忽이었던 삭정군朔庭郡에 성을 쌓았다. 이어 성덕왕聖德王 20년(721년)에는 강릉인 하슬라의 장정을 동원하여 장성을 구축하였다.[53] 현재 정천군(덕원)으로 추정한다. 발해는 문왕 대의 중엽에 함경도 일대까지 남하하였는데[54] 『신당서新唐書』 발해전에 '남해부南海府는 신라도新羅道이다'라고 하여 신라도의 기착지가 정천군이었음을 알려주고 있다. 이때 교통망은 해안가에 있었다. 그렇다면 정천은 북쪽의 토호포와 마찬가지로 해안가의 방어성 또는 거점도시 역할을 했을 것이다. 7세기 말에 들어오면서 신라는 북쪽 국경선에 축성사업을 벌였는데, 이는 발해에 대한 대비책이었다.[55] 9세기 초에는 양국 간에 긴장이 높아져서 신라는 발해와 무력 대결을 각오했을 정도이다.[56] 764년에 당나라의 사신인 한조채韓朝彩가 발해를 경유하여 신라에 왔다는 기사가 있다.[57] 이때 육로를 사용했을 수도 있지만 해로의 이용 가능성도 있다.

신라와 발해의 관계는 양국 간의 관계를 넘어 동아시아의 국제관계와도 연관이 있고, 특히 신라와 일본 간의 관계에 핵심적인 요소로 작용한다. 8세기의 동아시아 국제질서는 신라와 일본의 관계가 일으킨 파장으로 복잡했다. 신

53) 『삼국사기』, 卷35 雜志4 地理 朔州 "井泉郡 本高句麗泉井郡 文武王 21年 取之."
54) 조이옥(1994), 「渤海 文王代 對新羅交涉과 南京」, 『東洋古典硏究』 3, 11쪽.
55) 李基東(1998), 「新羅 聖德王代의 政治와 社會 -'君子國'의 내부사정」, 『歷史學報』, 160 ; 韓圭哲(1994), 『渤海의 對外關係史』, 신서원 ; 조이옥(1999), 「新羅와 渤海의國境問題」, 『白山學報』, 52집 ; 조이옥, 「8~9世紀 新羅의北方經營과築城事業」, 『新羅文化』, 제34집.
56) 韓圭哲, 「新羅와 渤海의 政治的 交涉過程」, 『渤海史硏究論選集』, 189쪽.
57) 『續日本紀』 卷25, 天平寶字 8년 7월 甲寅.

라는 성덕왕 대(702~736)에 견일본사가 10회, 일본은 견신라사를 10회에 걸쳐 파견하였다.[58] 668년부터 779년까지를 계산하면 견신라사遣新羅使가 24회, 신라의 견일본사는 2배에 해당하는 47회였다. 『일본서기』에는 670년부터 710년까지 신라와 당으로 출국하고 귀국한 승려들이 24명이나 된다.

이 무렵에 신라와 일본의 관계는 매우 복잡한 양상을 띠었을 뿐만 아니라, 이 상황을 기록한 문건들의 표현과 실제 상황 또한 복잡하고 미묘하다. 단순한 힘의 역학관계나 교류관계가 아니라 주민의 구성, 지배계급의 기반, 전쟁과 승패, 일본국의 성립과정 등의 명분과 실익, 감성 등이 고정된 형식을 갖추지 못한 채 혼합되었기 때문이다. 연민수는 양국 간의 특성을 상호인식의 허상과 실상[59]이라는 적절한 표현을 사용하였다. 기본적으로 일본에게 신라는 문화적으로는 동경과 필요의 대상이었지만, 정치적으로는 숙명적인 경쟁국이었다.[60]

신흥국가인 일본에게 신라는 매우 복합적인 관계를 맺을 수 있는 대상이었다. 일본은 8세기를 기점으로 국가의식을 고양시키면서 신라에 대한 강한 우월적 이데올로기를 만들어냈다. 그 가운데에 대신라 및 동아시아 국제관계가 있다. 두 나라 간의 갈등이 비화된 것은 이른바 '국서논쟁國書論爭'때문이다. 신라는 성덕왕 2년(703) 1월에 효소왕의 사망을 알리는 고상사告喪使를 파견하였다.[61] 이 때 나타난 표현의 해석을 둘러싸고 다른 해석들이 있는데, 이러한 용어의 나열은 율령적 이념에 의해 윤색된 것임에 틀림없다는 견해들이 있다.[62]

58) 연민수(2003), 「統一期 新羅와 日本」, 『古代 韓日 交流史』, 혜안, 241~242쪽.

59) 연민수, 위의 책, 291쪽.

60) 연민수, 위의 책, 242쪽

61) 이 때 신라사인 김복호가 올린 表文에 일본을 "聖朝"라고 지칭하였고, 일본 천황이 신라왕을 "蕃君", "愛子"라고 표현하는 상황이 생겼다.

62) 이 표문은 구어체 문장으로서 신라정부가 작성한 국서가 아니라 김복호의 구두 언사일

유사한 사례가 있다. 김태렴金泰廉은 752년에 7척의 선박과 700명이라는 대규모 사신단을 인솔해왔다. 779년에는 그때의 상황을 기록하면서, '신라 조공사朝貢使 왕자 태렴泰廉과 사신들이 말 위에서 답례하였습니다'라고 하였다.[63] 같은 상황을 김태렴 일행은 조물調物을 원진員進하며, '신라국은 먼 옛날부터 대대로 (일본)국가에 조공을 바쳐왔다'고 구주口奏하였다고 기록하였다. 그리고 신라가 금후(779년)에도 상표문上表文을 지참하지 않고 사자를 파견해 온 경우에는 축자筑紫와 대마도對馬島의 경비병에게 입국을 시키지 말고 추방하도록 명령을 내리고 있다.[64]

정치적으로 중요한 파장을 일으킨 사건인 일본의 이른바 '신라정토계획'을 해양과 연관시켜 살펴볼 필요가 있다. 그 무렵에 전개된 상황을 살펴보면 다음과 같다. 일본이 신라의 공격을 우려한 것은 초기인 663년 전투 이후부터였다. 하지만 8세기에 들어오면서 일본 내부의 몇 가지 문제들과 연관되면서 색다른 양상을 띠웠다. 731년에 일본이 병선 300척을 동원하여 신라를 공격하였다는 기록이 『삼국사기』에 나온다. 그리고 일본 측에서는 735년(천평天平 7년) 2월, '신라국新羅國이 갑자기 본래의 이름을 바꿔 왕성국王城國이라 하였으므로'

가능성도 높다. 연민수, 위의 책, 244쪽.

63) 『續日本紀』 권35 寶龜 10년. 본고를 작성하는 데 『續日本紀』 등 일본사료 가운데에서 본고와 연관있는 자료의 선택과 해석은 최근영, 主編譯 (1994), 『日本 六國史 韓國關係記事』, 가락국사적개발연구원 ; 김기섭, 主編譯(2005), 『日本 古中世 文獻 속의 韓日關係史料集成』, 혜안 ; 김문경 편역(2003), 『7~10世紀 韓 · 中 · 日 交易關係 資料譯註-日本編』, 재단법인 해상왕장보고기념사업회를 참고하였다. 본고에서는 김문경 편역본을 주로 참조하였다. 83쪽.

64) 『續日本紀』 권 18, 勝寶 4년.
당시 신라와 일본의 관계에서 일본이 일본측의 기록을 자의적으로 해서 조공국으로 해석한 것은 잘못이었음을 이병로가 반증하고 있다. 이병로(1998. 11), 「《續日本紀》에 나타난 韓國古代史像-신라 · 발해를 중심으로」, 『한국고대사연구』 14, 84쪽라는 기록과 736년(천평 8년) 2월 두 나라 간에는 외교사절이 끊어졌다는 기록이 있다. 따라서 신라정토론新羅征土論이 부상되었던 시기를 737년으로 보고 있다. 742년에 경덕왕은 입경한 일본사가 무례했기 때문에 받아들이지 않았고, 이어 일본은 743년 3월에는 신라사가 축자에 왔는데, 상례를 벗어난 행위라고 방각放却시켰다. 그 후 752년에 교섭이 재개되었으나 758년부터 다시 신라에 대해 비우호적인 기사들이 나타난다.

천평보자 3년(759)에 이르러 상황이 급박해졌다. 6월에 신라 정벌을 위해 대재부에서 행군식行軍式을 만들게 하였고, 8월 기해에는 대재수大宰帥 삼품三品 선친왕船親王을 향추묘香椎廟에 보내어 신라를 치려는 상황을 아뢰었다.[65] 9월 임오에는 배 500척을 만들게 하였는데 북륙도北陸島 여러 나라에서 89척, 산음도山陰道 여러 나라에서 145척, 산양도山陽道 여러 나라에서 161척, 남해도南海道 여러 나라에서 105척을 모두 한가한 달에 만들되 3년 안에 마치도록 하였다. 이는 물론 신라를 공격하기 위한 해양전을 준비하는 것이었다.[66] 그런데 이 해 10월 발해사가 대마도에 도착해서 당에서 난이 발생했음을 알렸다. 760년 2월에는 발해사가 귀국했고 4월에는 귀화한 신라인 131인을 현재 동경 근처인 무장국武藏國으로 옮겼다.

761년은 경덕왕 20년인데, 이 해에 미농美農 · 무장武藏 두 나라의 소년들에

65) 『續日本紀』 권 22 寶字 3년.

66) 760년 2월에는 발해사가 귀국했고, 10월 발해사가 대마도에 도착, 12월 입경하였다. 11월 11일에 送渤海使가 歸國하였다. 이를 놓고 발해동맹으로 해석하기도 한다. 762년 겨울 10월에는 正六位上 伊吉連益麻呂 등이 발해로부터 도착하였다. 이때 발해에서 王新福 이하 23인이 따라서 來朝하였다. 이어 多治比眞人小耳를 送高 麗人使로 삼았다. 이 무렵에 빈번하게 사신을 파견한 것은 9세기에 발해에 사신을 파견하지 않은 것과 비교해 볼 때 신라 공격계획과 연관된 정치적인 교섭이었음을 알 수 있다.

게 명하여 나라마다 20명씩 신라어新羅語를 배우게 하였다.[67] 동해, 남해, 서해西海의 절도사가 임명되고, 33국國 1도島로부터 선박 394척, 병사 4만 7백 명, 자제子弟 202명, 수부水夫 1만 7,360명을 동원, 배치하는 계획이 발표되었다. 대규모의 해양전을 계획하고, 해양산업을 일으켜 조선공사造船工事를 추진하면서 군대 편제를 변화시키는 일이었다.

이러한 상황이 전개되는 가운데 764년 7월에 신라 사신인 대나마大奈麻인 김재백金才白 등 91인이 대재부의 박다진博多津(하까다)에 도착하였다. 그러자 신라 사신에게 "근래에 너희 나라에서 투화해온 백성들이 '본국에서는 군대를 내어 경비를 하고 있는데, 이것은 혹 일본국이 쳐들어와 죄를 물을까해서이다'라고 말하는데, 그 일의 허실이 어떠한가" 물으니, "당나라가 난리로 어지럽고 해적이 참으로 빈번합니다. 이 때문에 군대를 징발하여 변방을 지키고 있습니다. 이는 국가의 대비책으로 일이 거짓은 아닙니다"라고 대답하였다.[68]

결국 일본의 이른바 신라정토계획은 국내의 여러 요인과 함께 '안사의 난'이라는 당나라 내부에서 발생한 사건의 국제적인 파장으로 인하여 실패로 돌아갔다.[69] 또한 이 계획이 일본 주도인가, 발해 주도인가[70]를 비롯한 여러 논

67) 천평보자 4년(760) 4월 무오 귀화한 신라인 131인을 武藏國에 안치했다.

68) 천평보자 8년 (764)

69) 신라정토가 중지된 요인에 대해서는, 계획의 입안자인 藤原仲麻呂의 실각이라는 국내적 정치정세의 변화 혹은 일본과 제휴한 발해가 대당관계의 호전으로 돌아서게 되자 일본 독자적으로는 신라정토를 실행하기 어려웠다는 점이 거론되고 있다. 한편 국내에서도 藤原仲麻呂 정권이 그의 정치적 전제화에 따른 비난의 화살을 해외로 돌리기 위해서였다는 설(韓圭哲(1993),「渤海와 日本의 신라협공계획과 무산」,『中國問題研究』5 ; 韓圭哲(1994),『渤海의 對外關係史』), 일본이 주도했지만 발해는 국내의 정치적 목적을 위해 형식상으로만 동조하면서 실리를 챙겼다는 설(具蘭憙(1998),「日本의 新羅侵攻計劃 추진의도」,『青藍史學』2 ; 具蘭憙(1999),「8세기 중엽 발해 · 신라 · 일본의 관계-일본의 신라침공계획을 중심으로」,『韓日關係史研究』 10)이 있다.

70) 朴眞淑(1997),「渤海 文王代의 對日本外交」,『歷史學報』 153쪽.

쟁들이 있었다.[71] 이 계획은 해양력과 관련이 있었음은 당연한 일이다. 국제 정세에 대한 정보수집, 해양군사력, 선박제조 및 방어체제 구축 등의 전쟁 준비과정, 사신단이 오고가는 항로와 선박 등은 해양 메커니즘의 일부이다.

이 사건 이후에도 신라와 일본 간에는 이른바 '국서논쟁'을 비롯해서 정치적인 갈등이 유발되었고[72], 일본은 군사적으로도 반응을 보였다.[73] 그렇다면 신라는 어떻게 상황을 파악하고 대비했을까? 신라가 일본을 공격했거나, 공격할 의도를 지녔을 가능성도 있었다. 연민수는 신라정벌론이 신라 공격을 표면에 내세운 내부단속을 위한 국방태세의 강화이며, 이토성怡土城의 축성도 신라 공격을 위한 축성이 아니라 방어적 산성이라고 주장한다.[74] 그런데 신라는 일본의 공격을 현실적으로 판단했는지 방어망을 구축하였다.[75] 이 방어망은

71) 연민수(2003), 「統一期 新羅와 日本」, 『古代 韓日 交流史』, 혜안, 271쪽에 정리.

72) 나라시대의 말기에도 여전히 신라 · 발해를 번국으로 취급하고 있음을 알 수 있다. 다시 말해 8세기 초기의 〈大寶令〉에서 확립된 번국의식은 나라시대 말기인 8세기 말에 이르러서도 일본 지배층의 의식 속에 계승되고 있다는 증거일 것이다. 일본 율령정부가 신라사에 대하여 거듭 上表文을 지참하도록 강요하였으나 신라는 마지막까지 신라 국왕의 上表文을 지참하지 않았다.(이병로(1998.11), 「《續日本紀》에 나타난 韓國古代史像-신라 · 발해를 중심으로」, 한국고대사연구 14, 84~92쪽 참고)

73) 『日本後紀』 812년 권 22 차아천황 弘仁 3년.
"大宰府에서 지난 12월 28일에 아뢰기를 對馬島에서 말하기를 이번 달 6일에 신라배 3척이 서해에 떠 있다가 잠시 후에 그중 1척의 배가 下縣郡 須浦에 다다랐습니다. 7일에 20여 척의 배가 섬의 서쪽 바다 가운데 있으면서 횃불로 서로 연락하기에 마침내 그들이 賊船인 것을 알았습니다. "옛날의 예에 따라 요충지를 지키는 상황에 응하여 管內와 長門, 石見, 出雲 등의 나라에 알리도록 하라" 등의 기록들은 일본의 반응을 보여준다.

74) 연민수는 위 논문 273쪽에서 "경제적 교류라는 실리적 측면과 중화사상의 실현이라는 명분론적 입장 모두 실제 공격의 이유가 될 수 없다" 고 주장하면서 이와 유사한 주장들을 소개하고 있다.

75) 朴方龍(1995), 「新羅王都의 交通路-驛 · 院을 中心으로」, 『신라문화제학술발표회논문집』16집, 신라문화선양회, 188쪽 ; 朴方龍(1987), 「新羅王都의 守備- 慶州地域 山城을 中心으로」, 『신라문화』 제9집. 그는 크게 3기로 나누어 분석하고 있다. 閔德植, 「新羅王京의 防備에 관한 考察」, 『史學硏究』39, 참조.

당시의 국제정치적인 상황과 전쟁의 성격과 규모, 실제 위치 등을 고려한다면 해양방어체제임이 분명하다.[76] 그 가운데 신대리성新垈里城은 7세기 후반의 것으로서 울산 일대에 침입하는 왜적을 대비한 산성이다.[77] 모벌군성毛伐郡城은 성덕왕 21년(722)에 동남쪽으로 침입하는 왜적의 침입을 차단하고 왕경王京을 보호하기 위해 만든 장성長城임을『삼국유사』와 『삼국사기』[78]의 기록을 통해서도 알 수 있다. 모벌군성의 2개 문지는 왕경의 동남쪽으로 통하는 관도가 연결되는데, 모화리 문지는 일본사신의 왕래가 잦은 곳이었다.[79]

또 736년에는 신라가 이찬伊飡 윤충允充 등을 파견하여 평양平壤과 우두牛頭(춘천) 2주의 지세를 감찰하게 하였다. 또 748년에는 북변을 검찰하고 대곡성 등 14군현을 설치하였다. 패강진浿江鎭은 서북방면의 변경 방어를 책임지던 기관으로서 782년에 대곡성大谷城에 설치하였다. 예성강 이북으로부터 대동강 이남지역에 걸치는 서북방면을 방어하는 중요한 국방상의 기능을 담당했다.[80] 그런데 재령, 연안, 배천 등으로 이어지는 황해도와 강화도 사이의 해안도시와 이어지면서 해양 방어도 겸했다. 그리고 738년부터 774년까지 7회에 달하는 신라사가 일본 입국을 거절당하였다. 결국 신라와 일본 간의 국교는 혜공왕 15년(779)에 두절되었다. 그 후 애장왕 4년(803)에 다시 재개되었고, 이듬해 일본은 '황금 300량'을 보냈으나 역시 얼마 후인 809년에는 또 단절된다.

76) 동해 남부의 해양방어체제에 대하여는 윤명철 (2009),「경주의 해항도시적 성격에 대한 검토」,『동아시아 고대학』 20집 등 참고

77) 鄭永鎬(1977),「신라 關門城에 대한 小考」,『古文化』 5집, 한국대학교 박물관협회, 2~18쪽, 특히 5쪽.

78)『삼국사기』, 신라본기 8, 성덕왕 21년 '冬 十月築毛伐郡城 以遮日本賊路', 유사한 기록이『三國遺事』 卷2, 孝成王條.

79) 朴方龍(1997),「新羅都城의 交通路」,『경주사학』 제 16집, 동국대학교 국사학과, 189쪽.

80) 李基東,「新羅 下代의 浿江鎭」,『韓國學報』 4, 1976, 2쪽.

두 나라 간에 형성된 실제적인 상황과는 무관하게 일본은 신라에게 이러한 인식과 태도로 대하고 있었으며, 이는 신라도 마찬가지였다. 한편 두 나라의 관계를 신라 우위의 관계로 본 견해도 있다.[81] 신라의 관제를 고찰하거나,[82] 일본에 파견한 신라사신의 관등官等을 근거로[83] 두 나라 간의 교섭 성격을 규명하였다. 그런데 실제적인 필요성을 근거로 실상을 파악하는 방법이 현실적일 수도 있다. 결론부터 말하자면 두 나라 간 교류의 필요성을 강하게 느낀 것은 일본 측이었다. 일본에게 신라가 필요했던 이유는 무엇이었을까?

8세기경의 일본열도는 율령체제가 성립되고 천황제가 확립되었다. 그러나 동북지방은 개척이 진행 중이었으며, 각개 세력이 지방에 흩어져서 독자적인 세력을 행사하고 있었다. 더구나 백제, 고구려 유민들의 집단 이주로 말미암아 중앙지배는 뜻대로 되지 않았다. 나라시대의 문화는 일본열도를 축으로 독자적인 문화양식을 구축해가는 시대로서 텐표오[天平]문화라고 부른다. 『고사기古事記』(712년), 『일본서기日本書紀』(720년)라는 역사책도 결실을 맺었다. 이 무렵 당나라는 동아시아의 전 지역은 물론이고 유럽, 아랍 그리고 서역의 문화 등이 모인 국제문화의 성격을 띠고 있었다.

일본은 이러한 당나라와 직접, 또는 신라를 통해서 간접적으로 국가건설에 필요한 모든 지식과 경험을 수용했으며, 이를 일본에 이식하고자 했다. 적극

81) 8~9세기의 일본 지배층이 신라를 어떻게 인식하고 있었는가에 대해서는 다음 논문 참조. 이병로(1996), 「8세기 일본의 외교와 교역 – 羅日관계를 중심으로」, 『日本歷史研究』, 일본역사연구회 ; 1996, 「일본 지배층의 대신라판 정책 변화의 고찰」, 『대구사학』47, 대구사학회.

82) 李成市(1982), 「正倉院寶物氈貼布記を通して見た8世紀の日羅關係」, 朝鮮史研究會會報 67. 8세기 초기에 대일교섭을 위해 설치한 內省의 관할 아래 있었던 倭典의 위상을 보면 일본사절은 조공사로 맞아들여졌을 가능성이 크다는 주장을 했다.

83) 8등(沙餐) 이하의 下級官 등이었다. 洪淳昶(1988,2), 「7 · 8世紀에 있어서의 新羅와 日本과의 關係–佛教文化를 中心으로」, 『新羅文化祭學術發表會論文集』, 第9輯, 280쪽.

적인 자세로 불교, 유학 등의 학문뿐만이 아니라 산업, 음악, 미술 등의 예술도 받아들여 문화의 꽃을 피우게 했다. 많은 유학생과 유학승들이 범선을 타고 당으로 들어갔다. 그 외에도 일본국으로서는 대내적 · 대외적으로 명분이 필요했는데, 그것은 책봉호였다.[84)]

일본이 사용한 '일본천황日本天皇'은 특히 신라국, 신라국왕을 의식해서 성립한 것임은 말할 것도 없다. 중국의 화이사상華夷思想에 근거한 신라新羅=번국蕃國의 관념은 신라국, 신라국왕보다 우월한 존재로서의 '일본천황'을 자리매김하고자 한 현실적 기대상이다.[85)] 일본은 대륙 율령의 영향과 실시 경험을 살려 율령체제를 발전시켜 701년에 타이호오 율령(대보율령大寶律令)을 완성하였다. 이 무렵에 견당사를 파견하였는데, 통치이념이 담긴 율령을 당나라에 알림으로써 일본의 국제적인 위상을 높이고 신라보다 우월함을 과시하고 인정받기 위해서였던 것으로 보인다.

신라와 벌인 자리다툼인 이른바 쟁좌사건爭坐事件은 이러한 상황과 인식을 반영한다. 이 사건은 753년(당 현종玄宗, 일본 효덕孝德천황) 정월正月 원단元旦 장안성長安城 봉래궁蓬萊宮 함원전含元殿에서 일어난 일이다. 조하식朝賀式을 거행할 때 일본사의 석차席次는 서반西畔 제 2로서 토번국吐蕃國의 아래 있었다. 신라사는 동반東畔 1로서 대식국大食國보다 위에 있었다. 이에 대해 일본사가 항의를 하면서 신라와 일본의 자리배치가 바뀌었다.[86)] 그만큼 일본은 대외적으로 일

84) 西嶋定生(1980), 「八世紀の東アジア」(江上波夫 · 川崎庸之 · 西嶋定生編, 『八世紀の日本と東アジア』 1, 平凡社) 43~49쪽.

85) 연민수(2003), 「統一期 新羅와 日本」, 『古代 韓日 交流史』, 혜안, 243쪽; 西嶋定生(1985), 『日本歷史の國際環境』, 東京大學 出版會, 171~176쪽에 상세하게 논하고 있다.

86) 西嶋定生(1985), 『日本歷史の國際環境』, 東京大學 出版會, 146~149쪽에는 발해왕의 表와 보낸 물건인 國信 등의 문제, 신라와의 관계에서 발생한 쟁좌문제 등을 거론하고 있다.

본국가의 위상을 높이는 일에 큰 비중을 두었다. 그런데 일본은 신라나 발해와는 달리 그 시대의 수당과 조공만을 주고받는 전형적인 통사通使관계였다고 한다.[87)]

한편 실리적인 측면에서도 대당교류는 필요했다. 그것은 무역과 문화의 수입이었다. 일본은 겐메이(원명元明) 천황 3년인 710년에 수도를 나라[奈良]로 옮겼다. 헤이죠쿄(평성경平城京)는 아스카의 북쪽에 있으며 크기가 동서 4.2km, 남북 4.7km의 정방형 도시이다. 중국의 도성제도都城制度를 모방한 것으로서 당의 수도인 장안의 1/4규모로 축소한 것이었다. 이러한 것들은 역시 당과의 교류를 통해서 영향을 받은 작업들이었다. 하지만 일본과 당나라의 교류는 빈도수가 낮고, 교류의 방향도 일진성一進性을 띠고 있었다.

일본은 653년에 처음으로 당나라에 사신단을 파견한 이후 894년에 중지할 때까지 250여 년 동안 견당사遣唐使를 파견했다. 전기와 후기로 분류하고 있지만, 견당사는 총 20회를 파견하였으나 11회, 14회, 15회는 중지하고, 20회는 계획뿐이었다.[88)] 북로北路도 그러하지만 남로南路 · 남도南道를 사용한 경우에는 참담한 피해를 입었다. 특히 남로는 왕복往復 모두 무사한 때가 13차 견당사 때 단 1회뿐이었다. 물론 당나라의 견사遣使 파견은 전무했다. 20년마다 한 번꼴이었으며 부정기적이었다.

이런 상황임에도 불구하고 횟수가 중요하지 않으며 형식과 과정이 중요한데, 일본은 한 번에 대다수의 인원들이 파견되었으며, 대등한 자세를 요구했

---

87) 金翰奎(1999), 「7~8世紀 東아시아 世界秩序의 構造的 特性과 그 運營體制의 機能」, 『진단학보』 88, 402쪽.

88) 池田 溫 編(1992), 『唐と日本』, 東京− 吉川弘文館, 74~75쪽 도표 활용 ; 茂在寅男(1989), 「遣唐史概觀」, 『遣唐史と史料』, 東京, 東海大學 出版部, 1~44쪽 참고.

다는 논리를 편다.[89] 하지만 실제상황이 중요하고 진실을 입증하는 것이다. 일본은 당과 직접 교류하는 것이 국내 내부사정은 물론이고, 국제질서 속에서도 절대적으로 필요했다. 그런데 빈도수가 낮고 실패와 무수한 희생자가 속출하였듯이, 동아지중해의 메커니즘과 해양력의 부족으로 인하여 능동적인 교류가 힘들었다. 때문에 어쩔 수 없이 신라의 도움을 받아서 교류할 필요가 있었으며, 때로는 신라에서 당나라의 문화는 물론이고 신라의 문물을 수용했다.

일본에게 신라가 필요한 두 번째 이유는 경제적인 목적, 특히 무역 목적이 강했다. 8세기 신라와 일본 교류의 특징은 정치적 갈등의 중대와 통상무역通商貿易의 융성이라고 이해되어 왔다. 또 교류의 주체도 실질적으로 신라 상인과 수공업자라고 보아 왔다.[90] 이 현상은 두 나라 사이의 교류 성격 및 국제적인 위상 등을 파악하는 데 중요한 단서가 된다.

무역의 성격을 알아볼 필요가 있다. 우선 사신단의 숫자와 규모가 중요했다. 신라사의 숫자가 8세기 초기에는 40명 이하였었는데, 730년대 후반부터는 점차 증가한다. 738년에는 147명이 파견되었으나 752년에는 700명, 그리고 774년에는 235명에 이르렀다. 이를 통해서 신라사절이 일본에 온 목적이 점차 무역에 있었다는 주장도 있다. 구체적으로 일본은 신라가 고상사를 파견했을 때 답방으로서 703년 9월 종 5위하 파다조신상광족波多朝臣上廣足을 대사로 하는 조문사절을 파견하였다. 그 때 204인이 신라로 왔다면 견당사의 규모인 400~500명 정도에는 못 미치지만 조문사절로만 보기에는 규모가 너무 크다며 무역을 목표로 왔다는 견해도 있다.[91]

또 하나는 사신단의 체류기간이다. 8세기의 견신라사들은 보통 7개월에서

89) 西嶋定生(1985), 『日本歷史の國際環境』, 東京大學 出版會, 153~154쪽

90) 이성시, 앞의 책, 23쪽.

91) 연민수, 앞의 논문, 245쪽.

12개월 동안 신라에 체류하였다. 발해사신이 일본에 머무르는 것, 반대로 일본사신이 발해에 머무는 것 등은 계절풍을 활용해야만 하는 항로와 연관된다. 상당한 기간 동안 체류하면서 귀국에 적합한 바람을 기다리는 것이 고대 교류의 메커니즘이다. 이러한 메커니즘을 의도적으로 활용한 무역행위들은 보편적이다. 하지만 견신라사가 정도 이상으로 장기간 동안 체류하는 것은 무역이나 문물을 수입하는 행위일 가능성이 높다.[92)]

대표적인 예는 752년에 나라에서 동대사東大寺와 대불大佛이 완공되었을 때 신라정부가 축하사절을 보낸 것이다. 이른바 '가왕자假王子'인 김태렴 이하 700명의 대사절단은 반은 대재부에서, 반은 6월부터 평성경에 머물면서 대대적인 교역활동을 하였다.[93)] 평성경까지 올라온 신라 상인은 평성경뿐만이 아니고, 외항인 난파難波(나니와, 현재의 오사카 지방)에서도 교역을 행했다. 일본 지배층은 신라 상인과 치밀한 계획에 의해 교역관계를 유지하였다.[94)] 신라가 가왕자를 보내 일본이 요구하는 외교형식을 만족시키면서 실제로는 무역을 하려했다는 견해도 제기되었다.[95)] 그 무렵 수입된 물건들의 일부와 품목을 적은 기록물들이 정창원에 보관되어 있다.[96)] '매신라물해'買新羅物解의 내용과 소장품들 가운데 훈륙향薰陸香 · 청목향靑木香 · 정향丁香 · 곽향藿香 · 영륙향零陸香 ·

---

92) 연민수, 앞의 논문, 252쪽.

93) 『속일본기』 권18, 孝謙朝 天平勝寶 4년. 大宰府에서 신라왕자 韓阿餐 金泰廉, 調를 바치는 사신 金暄과 왕자를 보내는 사신 金弼言 등 100여 인이 7척의 배를 타고 와서 머물고 있음을 알렸다. 천평승보 4년(754) 6월 기축 신라왕자 金泰廉 등이 조정에 배알하고 아울러 調를 바쳤다, 298쪽.

94) 이병로(1998. 11), 「《續日本紀》에 나타난 韓國古代史像-신라 · 발해를 중심으로」, 『한국고대사연구』 14, 95쪽.

95) 浜田耕作(1983), 「新羅中下代の內政と對日外交」, 『學習院史學』21, 95쪽.

96) 이러한 소장품이 일본에서 제작할 수 없음을 15가지의 시각에서 제기하였다. 崔在錫(1996), 『正倉院소장품과 統一신라』, 一志社.

감송향甘松香 · 용뇌향龍腦香 등 남중국 · 동남아시아 · 인도 · 아라비아산의 각종 향료, 동남아시아 · 페르시아산 약재가 있다.[97] 신라는 당나라 서역 및 아라비아에서 오는 물품들을 독점하면서 일본에 수출했다.

일본에게 신라가 중요한 이유의 세 번째는 문화, 특히 불교의 수용이다. 이 시대는 불교문화가 국가의 보호 아래 성장하였고, 문화, 정치 및 국제질서와 관계를 맺게 하는 도구였다. 일본은 유학생과 유학승들을 신라나 당나라에 보낼 필요가 있었다. 7세기 말에 관상觀常 · 운관雲觀 · 지륭智隆 · 명청明聽 · 관지觀智 · 변통弁通 · 신예神叡 등이 신라에서 귀국하였다.[98] 8세기에 들어오면서 경운 3년(706) 8월 학문승學問僧인 의범義泛, 의기義基, 총집, 자정慈定, 정달淨達 등이 신라에서 돌아왔다.[99] 이어 718년(양로養老 2)에는 불교사상 가장 중요한 위치에 있는 행기行基가 귀국했다. 반면에 740년에는 신라승인 심군審群이 일본에 건너가서 역사상 최초로 불경을 강설하였다. 한편 8세기 중반 경에 이르러 쇼우무[聖武]천황은 국가진호란 이름 아래 도다이사(동대사)와 대불주조라는 대사업을 일으켜 7년 동안의 공사 끝에 752년에 대불개안의식이 거행됐다. 이 사업과 행사에 필요한 불교용품들은 신라와 당나라, 발해를 통해서 수입하였다.

이처럼 8세기에 신라와 일본 간에 일어난 정치, 경제, 문화 등의 상황들을

---

97) 정수일(2001), 『고대문명교류사』, 사계절, 347쪽 ; 무함마드 깐수,「新羅와 西域間의 文物交流」(『新羅 · 西域交流史』, 檀國大 出版部, 1992), 236쪽, 무슬림들의 신라 내왕에 관한 첫 기록을 남긴 아랍지리학자 이븐 쿠르다 지바(Ibn khurdadhibah, 820~912)는 저서 『제도로 및 제왕국지』에서 신라의 지리적 위치와 황금의 산출 및 무슬림의 그곳 내왕에 관해 서술한 후 신라로부터 무슬림들이 반출해 가는 물품을 기록하고 있다.

98) 최재석, 「8세기 東大寺 조영과 통일신라」, 『한국학 연구』 9, 284~286쪽 참고. 일본에 온 신라승려들의 사경사업 등 역할이 정리되어 있다.

99) 『續日本紀』 권3 慶雲 3년(704년) ; 김문경(2003),『7~10世紀 韓 · 中 · 日 交易關係 資料 譯註』, 재단법인 해상왕장보고기념사업회, 57쪽.

고려하면 두 나라는 정치 · 외교 · 군사적인 갈등을 수반하면서도 상호필요성에 따라서 각종 교류가 이루어질 수밖에 없었다. 현실적인 필요성은 수요자 측인 일본이 강했다. 일본이 파견한 견신라사 · 유학승留學僧 · 유학생遊學生들은 귀국한 후에 일본의 고대문화古代文化 형성에 크나큰 공헌을 했다.[100] 사신단 교류의 빈도는 신라가 더 높았고, 교류 자체에도 더 적극적이었다. 이러한 현상은 국가의 시스템이나 국가발전전략, 문화의 성격, 산업과 기술력 등 여러 요인들이 복합적으로 작용한 결과지만, 실질적으로 교섭의 수단이며 목적이기도 한 해양능력과 직결된 문제이었다.

제 4장에서 상세하게 서술할 예정이지만 신라와 일본 관계에서 실질적인 요소는 해양력과 연관이 깊었다. 일본은 804년 9월에 사신을 신라국에 보냈는데, 이유를 다음처럼 설명하고 있다. "---지난 7월 초에 4척의 배가 바다에 들어갔는데 2척은 폭풍을 만나 표류하다가 되돌아오고 나머지 2척은 도착한 곳을 아직 찾지 못했습니다. 바람의 세기와 방향을 헤아려 보건대 신라에 도착했음직 합니다" 이어서 "표착했을 경우에는 돌아올 수 있게 해주고, 도착하지 않았으면 사신을 당나라에 들여보내 찾아보고 자세히 알려주길 부탁합니다. ---"[101]라고 하였다. 그 후에 유사한 내용의 기록이 또 나타난다. "견당사 배가 바람과 파도의 급변으로 혹시 신라땅에 표착할까 걱정이 되어, ---" 라고 극진한 표현을 사용하면서 "만약 사신의 배가 그쪽 땅에 표착한다면 도와서 통과시켜 보내주시되, 지체시키거나 길을 가로막지 마십시오"[102]라는 부탁이다. 이러한 기록들에서 보이듯 일본에서 당나라에 가고자 할 때는 가능한

100) 洪淳昶, 위 논문, 289쪽.

101) 『日本後紀』 권12, 桓武천황. (김문경(2003),『7~10世紀 韓 · 中 · 日 交易關係 資料譯註』, 재단법인 해상왕장보고기념사업회, 89~90쪽.)

102) 『續日本後紀』 권5, 仁明천황.

한 신라의 해역을 통과하는 것이 안전도가 높고, 또 의지와는 무관한 채 불가피하게 진입하거나 표류하는 경우도 많았다. 따라서 위의 기록처럼 신라의 도움이 필요한 경우가 많았다. 이것은 동아지중해의 메커니즘과 일본과 신라의 해양지리적인 위치로 보아 불가피한 일이었다. 신라와 일본의 관계는 이러한 자연조건이라는 상황 속에서 살펴볼 필요가 있다.

8세기에 이루어진 신라와 일본의 역학관계에서 두 나라는 7세기의 역사적인 유산을 토대로 우호, 갈등, 충돌 그리고 두절되는 불연속적인 관계였다. 양국 간에 형성된 관계는 신라 우위와 일본 우위가 혼돈스러울 지경으로 복합적이다. 다만 본문에서 살펴본 바와 같이 명분이 아닌 실제 상황을 판단의 지표로 삼는다면 정치 외에 경제와 문화 등이 교류의 중요한 부분을 차지하고 있었다는 것을 알 수 있다. 일본 대외교류의 활성화와 자국의 성장에 신라의 역할이 필수불가결한 요소였으며, 이는 일본 측의 기록과는 무관하게 실질적으로는 신라의 우위라는 역학관계를 낳았다. 교류의 빈도수와 규모, 형식을 보면 신라가 압도적으로 우월했다. 두 나라 간에 공식적인 교류가 끊어진 이후에 신라 상인들의 활동이 허용된 것이나 그 후 해적들의 발호 등은 이러한 현실을 반영한다. 여기에는 다양한 배경과 요인이 있으나 해양력이 구체적으로 어떻게 관련있는가는 제4장에서 살펴보고자 한다.

3) 발해와 일본의 관계

8세기 동아시아의 역사에서 신라와 일본의 관계 못지않게 역동적이고, 복합한 관계는 발해와 일본의 관계였다. 발해는 8세기에 들어서면서 주변국들과 역학관계를 조정하면서 자기 위치를 유리하게 확보할 필요가 있었다. 2대 무왕武王은 국제적인 고립을 타개하고, 전세를 역전시키기 위하여 당과 전쟁을 벌였다. 북으로 흑수말갈黑水靺鞨을 공격하였고, 732년에는 장문휴張文休로 하여금 수군과 함선을 거느리고 발해만을 건너 당나라의 동방해양진출거점이며, 교섭항인 등주登州(현재 산동반도의 봉래시蓬萊市)를 공격하여 점령하였다. 해양력을 국가발전정책에 적극적으로 활용한 예이다. 건국 초기의 단계를 지나 안정기로 접어들면서 외교와 경제의 비중은 높아졌다. 우호관계를 맺은 이후에 발해는 당나라에 사신단만 무려 130여 차례 파견하였다. 이때 해양은 발해의 국제적인 위상을 강화시키고 국가의 이익을 추구하는 효용성 있는 수단이었다. 역사적인 명분뿐만 아니라 지정학적地政學的, 지경학적地經學的, 지문화적地文化的으로 고구려를 계승하여 동해와 황해를 양쪽에 두고 만주를 차지한 해륙국가海陸國家가 되었다. 그러므로 해양활동을 활발하게 전개하지 않으면 안 되었다.

발해는 당과 교섭할 때 영주도營州道라는 요동의 육로를 이용하였지만, 조공도朝貢道를 이용하는 경우가 많았다.[103] 조공도는 수도에서 서경 압록부의 신주神州에 이르러 배를 타고 압록강을 내려가 하구인 박작구泊汋口에서[104] 바다배로 갈아탄 다음에 요동반도의 석성열도石城列島, 장산군도長山群島 등의 섬 지역들을 통과한 후 도리진都里鎭(여순旅順)에서 묘도군도廟島群島인 노철산수도老鐵山水道를 이용하여 발해해협을 통과한 후 산동반도 북부에 위치한 등주항에 도착하는 길이다.[105]

103) 『新唐書』, 「발해전」에는 발해인들의 대외 교통로가 아래와 같이 기술되어 있다. "龍原東南瀕海, 日本道也,南海, 新羅道也. 鴨綠 朝貢道也, 長嶺 營州道也, 扶餘 契丹道也." 교통로에 대해서는 王承禮 저, 송기호 역(1988), 『발해의 역사』, 한림대학 아시아문화연구소, 107~111쪽.

104) 박작구는 河港이지 海港이 아니다. 압록강구에서 臨江까지는 약 830리(唐尺)에 달한다.

105) 요동반도 남단의 군도 등과 발해만의 해양환경에 대해서는 윤명철(1999.12), 「요동지방의 해양방어체제연구」, 『정신문화연구』겨울호, 통권 77호 ; 2003, 「고구려의 요

당은 등주에 발해관渤海館을 설립하여 두 나라 간의 교역을 편리하게 하였다. 발해는 8세기 동안 평로치청절도사平盧淄青節度使였던 이정기李正己 세력과 해로를 이용하여 교역을 하였다. 이정기는 해운압신라발해양번사海運押新羅渤海兩藩使[106]라는 직함職銜을 추가 받았다. 이것은 신라 및 발해 양국과의 교역 및 교민들에 관련된 업무, 그리고 사절의 왕래와 관련된 대외업무를 총괄하는 직책이다. 그리고 무역도 관장하였다. '발해의 명마를 사고(화시발해명마貨市渤海名馬)' 등, 민간 해상무역을 관리하는 직무가 있었다.[107] 원인이 쓴 『입당구법순례행기入唐求法巡禮行記』에 따르면 개성開成 4년에 발해의 교관선交關船이 산동의 청산포青山浦에 머무르고 있었다. 시기가 불분명하지만 발해 배들은 오늘날 절강성 해역에서도 활동했다.

발해의 문왕文王 때인 790년에 신라의 원성왕元聖王이 사신을 파견하였으며, 정왕 定王 때인 812년에는 헌덕왕憲德王이 사신을 보낸 적이 있었다. 정치적인 필요에 따라 이루어진 두 나라 간의 교섭은 육로를 통해서 이루어졌다. 그러나 기본적으로 두 나라는 교류가 없었다. 발해의 대외교섭에서 중요한 위치에 있었고, 발해의 국제적인 위상을 높이는데 활용대상이 된 것은 일본이었다.

우선 외교교섭의 빈도와 성격을 살펴볼 필요가 있다. 발해는 727년부터 929년까지 약 200여 년 동안에 일본에 총 34회(그 밖에 1회는 민간교섭일 가능성이 많다) 사신단을 파견하였다. 그것을 시기와 횟수, 장소의 특성 등을 토대로 유형화시켜 분류하면 전기와 후기의 두 형태로 나눌 수 있다. 전기는 727년부터 818년(18차 항해)까지이고, 후기는 819년부터 919년(34차)까지이다. 반면에 일본은 견발해사는 9회였고, 송사送使라는 명목으로 함께 파견된 경우도 있

동 장산군도의 해양전략적 가치 연구」, 『고구려연구』 15집, 학연문화사 등 참조.

106) 海運押新羅渤海兩藩使는 市舶司와 유사한 기능을 가졌다.

107) 『舊唐書』 권 124, 『册府元龜』 권 999.

었다. 8세기에 집중되었는데, 그것 또한 항상 안정적이거나 동일한 목적으로 추진되는 것은 아니었다.

8세기는 두 나라 간의 관계에 사신단의 증가와 함께 국서國書의 형식 준수나 축자도 筑紫道 내착來着 강요, 방기년한訪期年限 등의 문제,[108] 대신라 공동전선共同戰線의 구축, 대당관계對唐關係, 무역과 문화의 교류 등이 복합적으로 작용하였다. 그 가운데에서 몇몇 상황들은 신라와 일본의 군사적인 충돌 가능성을 비롯한 모든 국제관계, 그리고 당과 맺어진 국제관계와 연동해서 나타나는 해양의 메커니즘과 연관이 깊다. 발해는 727년에 첫 사신단을 파견했는데, 목적은 국서에 나타나듯 발해국의 성립과 고구려를 계승한 국가임을 국제적으로 선포하고자하는 것이었다. 동시에 대당전쟁對唐戰爭에 대비해서 당의 잠재적 동맹세력인 신라를 배후에서 견제하려는 목적도 있었다. 사신단 전원을 군인으로 편성해서 돌연 일본에 파견하고, 왜국과 우호관계를 가졌던 고구려의 후계국가라는 사실을 강조해서 동맹을 맺으려했는데 이는 당과 신라의 연합과 대립하는 오래된 구도를 재현하려는 시도라고 해석하는 견해도 있다.[109]

필자는 7세기 중 · 후반에 형성된 동아지중해의 역학구도가 '해양십자형海洋十字形 대결구도對決構圖'라고 정의하고 논리를 전개한 적이 있는데, 8세기 역시 해양력과 밀접한 관련이 있다. 그 후 대신라전략對新羅戰略이라는 정치군사적인 목적이 본격적으로 나타난다. 758년부터 763년까지 불과 5년간 두 나라는 8회라는 빈번한 교류를 했다. 일본은 발해사의 입조에 따른 운항의 재정적인 부담 일체를 부담하여야 했다. 발해사가 위험을 무릅쓰고 일본에 오는 것도 바로 그들에 대한 전례 없는 대우와 경제적인 목적에 있었던 것이다. 발해

108) 具蘭憙, 「8世紀 後半 日本의 對外關係에 관한 고찰 –'渤海와의 關係를 중심으로」, 『日本歷史硏究』 10, 278쪽.

109) 上田雄 · 孫榮健(1994), 『日本渤海交涉史』, 彩流社, 212~213쪽.

는 정치적인 목적에 큰 의미를 두지 않고 있었다.[110] 일본의 초빙으로 발해사신이 파견되었고, 파견된 사신은 일본에서 극진한 환대를 받은 뒤 귀국 시에는 반드시 송사가 대동했다.[111]

이러한 현실 속에서 발해는 이른바 고자세로 여겨지는 외교를 전개하였다. 771년 6월에 일만복壹萬福 17척의 배에 325명이 입국하였고, 12월 21일 입경하여, 다음 해인 772년 정월 방물을 바쳤다. 그런데 발해국서가 무례하다고 힐난하고,[112] 19일에는 발해국이 보낸 신물을 사신에게 각부却付하였다. 그리고 25일에는 발해사가 표문을 일본 측의 요구를 고려하여 수정하였고, 2월 29일에 본국으로 출항했다. 다음 해인 773년 6월 12일에도 발해사가 2척에 40명의 인원으로 동해를 건너와 노토[能登]에 내착하였는데, 24일에는 조정이 무례하다고 책하고 있다. 거기서는 두 나라 간의 오랜 교류를 '형제兄弟'관계로 묘사했다. 즉 "라해일본懶海日本…여형여제如兄如弟"인데, 발해는 자신이 형兄, 일본을 제弟로 보았음을 알 수 있다.[113] 발해는 시종 일본에 대하여 외교적으로 우월한 입장을 유지할 수 있었는데, 국서 없이 사신을 파견한 것도 이와 같이 높은 외교적 자세에서 비롯된 것이라 하겠다.[114]

750년대부터 발해는 일본 측에 대해 강경한 자세로 나왔는데, 이는 국력이

---

110) 조이옥(2002. 3), 「8세기 중엽 渤海와 日本의 關係」, 『한국고대사연구』 25, 186~189쪽.

111) 구난희, 「8세기 중엽 渤海 新羅 日本의 關係」, 9~12쪽.

112) 날짜 아래에 官品과 姓名을 쓰지 않고 글의 말미에 거짓되이 天孫임을 밝히고 있다는 것이다. (『續日本紀』 卷32 寶龜 3年 正月 丁酉 更子 · 因午條' '失禮'라는 것은 舅甥관계를 칭하고 있다는 것이다. 具蘭憙, 「8世紀 後半 日本의 對外關係에 관한 고찰 - '渤海와의 關係를 중심으로」, 『日本歷史研究』 10, 280쪽.

113) 구난희는 고려라는 용어의 시기별 사용을 놓고 해석하면서 발해의 주체적인 입장에서 대일교류가 있었음을 설명, 위 논문 280쪽.

114) 조이옥(2002. 3), 「8세기 중엽 渤海와 日本의 關係」, 『한국고대사연구』 25, 186쪽 ; 李成市(1999), 『동아시아의 왕권과 교역』, 청년사, 146쪽.

충실하게 된 발해왕 대흠무의 자신에 찬 외교자세에서 비롯됐다는 것이 일반적인 일본학계의 견해이다.[115] 사실 양국 간의 교류에는 일본의 필요성이 강했고, 발해는 이를 간파했던 것이다. 그리고 또 하나, 발해의 해양력이 강했기 때문이다. 두 나라는 정치적으로 상호교류가 필요했다. 발해에서는 5회까지 정1품 상당의 무관武官이 일본에 파견되었으며, 일본에서도 특별임무를 띤전사專使로서 고마노 오오야미(고려대산高麗大山) 등이 발해에 파견되었다.[116] 그들을 파견한 목적은 두 가지로 추측된다. 하나는 당시의 정계 실력자인 등원중마려藤原仲麻呂가 추진 중이던 '신라정토계획新羅征討計劃'을 위해 발해와 군사적인 연대를 타진하기 위해서이고, 다른 하나는 제 10회 견당사의 대사였으나 귀국하지 못한 등원청하藤原清河 등의 조난상황에 대한 정보수집과 생존했을 경우에 귀국시키는 것이었다.[117] 이러한 상황들이 발·일渤·日의 군사동맹으로 해석되고 있는데, 발해는 이 동맹에 의미를 크게 두지 않으면서 소극적인 태도를 유지했다는 견해들이 있다.[118] 그런데 분명한 사실은 신라 공격을 계획하

115) 이병로, 앞 논문, 101쪽. '발해는 762년에 발해국, 발해國王. 정 1품에 달하는 檢校太尉를 진봉받음에 따라 발해의 대외적 위치가 달라지게 된 데 일차적인 원인을 찾을 수 있을 것이다.'

116) 上田雄 · 孫榮健(1990), 『日本渤海交涉史』; 彩流社(1994), 209쪽에서 이것을 군사외교라고 칭하였다. 210~211쪽에는 사신단의 견일본사와 견발해사의 지위와 역할이 문무로 구별되어 있다.

117) 이병로, 앞 논문, 103쪽

118) 具蘭憙(1998), 『日本의 新羅侵攻計劃의 추진의도』, 『청람사학』2, 129쪽. 당시 발해는 반란세역과 접경하고 있었으므로 난의 위협이 어느 나라보다 컸을 것이며, 동북지방의 강대세력으로 부상하고 있던 거란의 침략 또한 발해에게는 큰 위협이었을 것이다. 이상과 같이 발해가 처한 환경으로 볼 때 일본의 신라침공계획에 대해 발해의 반응은 소극적이었을 것으로 보았다.
具蘭憙(1999), 「8世紀 後半 日本의 對外關係에 관한 고찰- 渤海와의 關係를 중심으로」, 『日本歷史硏究』10, 280쪽

고 주도한 것은 일본이고, 그렇다면 두 나라 간에 교류 및 동맹을 더욱 필요로 한 것은 일본이었다는 점이다.

또 하나 일본은 국제사회에 대한 정보를 얻는 데 발해가 필요했다. 일본은 일반적인 필요성은 물론이고, 신라정토계획과 연관해서 당나라를 비롯한 국제정세에 촉각을 곤두세울 수밖에 없었다. 국제화를 지향하는 텐표문화시대에 일본은 좁게는 신라와 발해가 교류범위이지만 넓게는 당나라를 매개로 주변지역과 교류와 정보교환이 필요했다. 신라와 쟁좌爭坐사건이 발생했을 때 남조국南詔國은 일본국과 직접 연관이 되었다. 뿐만 아니라 일본의 동북지역에 거주하는 하이蝦夷[119] 및 사할린 지역의 유귀流鬼, 연해주 일대의 말갈, 캄차카 남부의 야차夜叉[120] 등 일본의 국내정세와 관련이 있는 존재들에 대한 정보 또한 당을 통해서 입수할 수밖에 없었다.

안록산의 난의 발생과 결과는 신라정토계획이 입안되고 실패로 돌아가는 상황을 제공하였다. 이 사건의 발발상황은 3년 뒤인 758년 제 2차 견발해사 오노노타모리[小野田守]가 귀국하면서 전해졌다. 그리고 762년(발해 문왕 26년)에 견발해사인 고려조신의 송사로 파견된 자수대부紫綬大夫 행정당성좌윤行政堂省左允 왕신복王新福이 도착하여 '안사의 난'에 대한 새로운 정보를 보고한다. 이때인 763년 2월 10일에는 신라사가 귀국하였고, 2월 20일에는 발해사가 귀국하였다. 일본은 교통로 자체가 난이도가 높았다. 제 10차 견당사는 752년에 파견되었다가 754년에 귀국길에 올랐으나 대실패하였다. 그러자 759년의 견당

119) 流鬼에 대해서는 여러 설이 있으나 거주지가 사할린이라고 보는 견해도 있다. 酒寄雅志(1997), 「日本と渤海靺鞨との交流」, 『先史와 古代』, 한국고대학회, 88~89쪽 ; 中西 津(1999.4) 「東アジアの環流」 『アジア遊學』3, 勉誠出版, 10~11쪽. 제 1회 견당사가 귀국한 후 8년에 流鬼가 조공을 했다. 『通典』 권 100. 貞觀 14년(640년)에 流鬼가 三譯을 통해서 조공한 사실이 기록되어 있다. 유귀는 말갈과 무역을 했다

120) 中西 津 위 논문 11쪽. 夜叉國의 남쪽에 유귀가 있다.

사는 발해로를 이용하여 입국했고, 761년 8월에 귀국할 때는 남도로南道路를 이용하였다. 일본은 761년과 762년에 각각 사신단을 임명하였으나 결국은 파견되지 못했다. 다음 차에는 775년에 임명되었지만 2년 후인 777년 6월 24일에야 비로서 오도열도五島列島를 출항할 수 있었다. 이 12차 견당사는 그나마도 귀국하는 길에 폭풍을 만나 대참변을 당했다.

이렇게 항해과정의 어려움으로 인하여 당을 비롯한 국제사회의 시스템에 접촉하는 일 자체가 불가능한 경우가 많았다. 그나마 쇄국정책을 써서 견신라사도 836년을 끝으로 보내지 않았으며, 신라가 보내온 사신 역시 받아들이지 않고 방환放還시켰다. 일본으로서는 국내외를 막론하고 가장 중대한 시기에 당과 교섭하는 일에 결정적인 타격을 입었고, 이를 보완하기 위해서 발해라는 존재가 현실적으로 필요했다. 또한 국제사회의 다양하고 유익한 정보를 입수하는 데에도 발해에 의존할 수밖에 없었다. 이는 그 무렵 일본이 가진 한계였다.[121)]

일본에게 발해가 중요했던 또 하나의 이유는 구체적으로 견당사의 운송문제이었다. 국가의 외교문제를 비롯하여 다양한 임무를 띠고 파견된 견당사에는 다양한 역할의 사람들이 참여하였고, 유학승의 운송과 상인들의 운송 또한 담당하였다. 때문에 견당사의 규모는 컸다. 초기에는 100여 명 남짓했으나, 8세기 초인 717년에 출발한 8차 견당사는 4척에 557명, 733년 4월에 출발한 9차 견당사는 4척에 594명, 838년 7월에 파견한 마지막 15차 견당사는 4척에 600여 명으로 구성됐다. 이처럼 중요한 역할을 담당한 견당사들은 자주 파견되지 못했고, 제때에 파견하지 못한 경우도 있고, 또 가는 도중에 실패하거나, 귀국

121) 비록 초기의 상황을 기록한 것이지만 첫 사신일행이 귀국할 때 일본은 引田蟲麻呂를 함께 보내서 국서를 전달했다. 그 내용 가운데에는 '滄波雖隔, 不斷往來' 라는 표현이 있다.

하다 조난을 당한 경우가 있었고, 심지어는 귀국하지 못한 채 당나라에서 대기하는 경우마저 있었다. 상인들을 비롯한 일반승려들은 말할 것도 없었다. 그러한 상황에서 발해는 적절하게 도움을 주었다.

발해는 739년에 2차 견일본사를 파견하였는데, 이때 견당사였던 평군광성平郡廣成의 호송護送이 목적 가운데 하나였다.[122] 이러한 예는 또 있다. 제 10차 견당사인 후지와라노 가와키요藤原河清은 752년 입당하였으나, 귀국하지 못하고 있었다. 이때 발해사인 양승경楊承慶 일행은 후지와라[藤原]정권으로부터 난의 와중에서 귀국하지 못했던 후지와라노 가와키요의 귀국 주선을 부탁받고 고원도高元度와 99인을 대동한 채 759년 2월 발해로 귀국하였다.[123] 이때 견당사는 발해도渤海道를 이용해 발해를 거쳐 입당하였고, 귀국할 때에 남도로를 사용한 것으로 추정한다. 태풍을 만나지 않아 761년 8월에 무사히 도착하였다. 796년 10월에는 어빈광장御浜廣長이 발해로부터 귀국하였다. 발해사 고남신高南申 일행은 발해에 온 고원도 일행의 입당이 위험하다고 판단하고, 고원도 등 10여 인만 발해 하정사賀正使인 양방경楊方慶을 따라 조공도를 통해 장안長安으로 향하게 하고, 나머지 부사副使인 기촌전성忌村全成 등 일행을 데리고 온 것이다.[124] 고남신은 당에 체류하고 있던 견당사 후지와라노 가와키요의 표문을 전달하기도 하였다.[125]

발해인들은 일본의 견당사를 호송하는 역할도 했었다. 정치적인 면에서 해양능력의 우열이 국제관계에서 결정적인 역할을 할 수 있었다. 동해는 자연환경이 거칠고 항해환경이 열악하였다. 국가의 중대사를 논의하고 결정하는 중

122) 『續日本紀』 卷13, 天平 11年 7月 癸卯.
123) 『續日本紀』 卷22, 天平 寶字 3年 癸丑.
124) 조이옥(2002. 3), 「8세기 중엽 渤海와 日本의 關係」, 『한국고대사연구』 25, 183쪽.
125) 『續日本紀』 卷22, 天平 寶字 4年 正月.

요한 임무를 띤 사신단은 항해 도중에 난파와 표류로 인하여 항해자체가 실패하는 경우가 적지 않았다. 두 번째는 경제적인 요인, 그 가운데에서도 무역이다. 두 나라 간의 외교관계는 762년을 기점으로 정치 · 군사관계에서 경제 · 교역관계로 전환되었다는 것이 학계의 통설이다.[126] 일본의 신라침공계획이 무산된 것을 계기로 발해가 번국의 종속적 자세를 감수하면서 대규모 사신을 일본에 파견한 것은 경제적 목적이라는 견해들이 있다.[127]

두 나라 간에는 교섭 기간 내내 무역이 활발하게 전개됐고, 특히 후기에는 더욱 그러했다. 무역의 형식과 규모를 분석해보면 발해의 주도로 이루어졌음을 확인할 수 있다. 초피貂皮[128], 대충피大蟲皮, 웅피熊皮, 꿀, 인삼, 철, 동 같은 광물, 다시마 같은 수산물 등의 토산품, 해표피, 해상어 등으로 만든 수공업제

126) 박진숙(2006), 「8~9세기 발해와 일본의 경제외교와 大宰府」, 『고구려 연구』 22집. 고구려연구회, 68쪽 ; 具蘭憙(1999), 「8世紀 後半 日本의 對外關係에 관한 고찰- 渤海와의 關係를 중심으로」, 『日本歷史研究』 10, 279쪽. 외교형식을 통한 국가 간 교류를 정치적 측면과 경제적 측면으로 분리하여 이해할 수 있는가에 의문을 제기하고 있다. 또 신라와는 외교단절로 적대적 관계를, 발해와는 우호적인 관계를 유지시켜 왔다는 해석 또한 일반화하기 어렵다는 견해를 표명하고 있다.

127) 8세기 후반 渤海와 日本의 관계를 다룬 대표적인 연구성과는 다음과 같다. 李成市(1999), 『동아시아의 왕권과 교역』, 청년사, 153~154쪽, 8세기 후반 발해가 국내사정인 말갈부족에 대한 정치적 통합과정과 관련하여 번국의 종속적인 자세로 대규모 교역을 추진하였다고 하였다 ; 石井正敏(2001), 「光仁桓武朝の日本と渤海」, 『日本渤海關係史の研究 吉川弘門館』 ; 박진숙(1997), 「발해문왕대의 대일본외교」, 『역사학보』, 153쪽 ; 「발해강왕대의 대일본외교」, 『충남사학』 10 ; 具蘭憙(1999), 「8世紀 後半 日本의 對外關係에 관한 고찰-渤海와의 關係를 중심으로」 ; 日本歷史研究 10집(2005), 「대일본 관계를 통해 본 발해의 외교전략」, 『고조선, 고구려, 발해 발표 논문집』, 고구려 연구재단 ; 조이옥(2005), 「8세기 후반 발해와 일본의 외교적 마찰-문왕대 후기를 중심으로」, 『백산학보』, 71쪽 ; 조이옥, 「8世紀 後半 渤海의 對日本外交와 交易」, 『史學研究』 제81호.

128) 일본에서 발해모피의 중요성은 鈴木靖民(1999), 「渤海の遠距離交易と荷擔者, 『アジア遊學』, 東京, 101쪽, 貂皮는 고구려 및 발해의 수출상품이었다.

품이 수출되었고, 심지어는 대모주배玳瑁酒盃라는 붉은 바다거북의 껍질로 만든 술잔도 수출하였다. 그렇다면 발해는 신라와 마찬가지로 당을 통한 중계무역을 했거나 또는 남해무역에 참여했을 가능성이 있다. 발해인들은 중앙정부와는 별도로 수령 등의 지방세력들이 대일교섭對日交涉에 관심을 갖고 사신단의 파견에 동행하였다.

『속일본기續日本紀』에는 발해인들과 철리인鐵利人이 8세기 중엽에 출우국出羽國에 도착한 사실이 나타나있다. 특히 746년에 출우出羽에 도착한 1100여 명은 물론 민간인들이었을 것이다. 발해 상인들은 일본에서 면綿[129], 견絹, 사絲, 시絁 등의 각종 섬유제품, 수은水銀, 해석류유海石榴油 등을 수입하였다. 쌍방무역에서 실질적으로 이익을 발생시키는 측은 발해였다. 발해는 정치적인 목적과는 무관하게 항해 도중에 발생하는 위험을 무릅쓰고 교류했고, 일본은 불이익을 감수하면서도 무역을 할 수밖에 없었다. 발해와 벌인 교역을 통해 물품 구매 욕구와 외교를 통한 정권의 대외적인 정당성 확보라는 이익을 창출할 수 있었다.[130] 그 외에도 철鐵생산 기술을 비롯하여[131] 발해로부터 얻는 이익이 있었다. 선명력宣明曆은 실은 능등국能登國 주주군珠洲郡으로 들어온 발해사신인 오효신烏孝愼 등이 가져온 것이었다.[132]

발해가 주도하는 무역시스템 속에서 역조현상이 심각하게 나타나면서, 일본조정은 발해사절단의 활동에 다양한 방식으로 제한을 가하였다. 일본인의 사무역을 금했으며, 9세기 초에 오면 발해인들의 입국횟수와 장소를 제한하

129) 일본산 섬유제품에 대한 경제적 욕구를 충족할 수 있었다고 생각된다. 조이옥(2002. 3), 「8세기 중엽 渤海와 日本의 關係」, 『한국고대사연구』 25, 188쪽.

130) 구난희, 「8世紀 後半 日本의 對外關係에 관한 고찰-渤海와의 關係를 중심으로」, 285쪽.

131) 小嶋芳孝(1997), 「日本海の島々と靺鞨 · 渤海の交流」, 『境界の日本史』 村井章介 · 佐藤信 · 吉田伸之, 山川出版社, 36쪽.

132) 門脇禎一(1986), 『日本 海域の古代史』, 東京大學 出版會, 18쪽.

고, 어겼을 경우에는 추방까지 하였다. 하지만 기본적으로 일본은 발해와 교류를 계속할 수밖에 없었고, 이는 국제관계뿐만 아니라 일본 내부의 정치관계 및 지역발전과도 연관이 깊었다.

발해와 일본의 관계에서 해양의 메커니즘과 관련해서 주목할 또 하나의 부분은 발해사들의 도착지였던 항구지역의 성격 문제이다. 항구가 발달하면 자연스럽게 도시로 발전하면서 경제력이 상승하고, 때에 따라서는 군사력을 갖추면서 지방세력으로 성장할 수 있었다.[133] 이는 이 무렵 일본에서도 마찬가지였고, 발해사의 도착은 일본고대문화 형성에 중요한 역할을 하였다. 발해사가 입항하고 출항하는 지역은 일본열도에서 대체로 4지역으로 나눌 수 있다. 필자는 이 지역들의 자연환경을 만안의 해양환경 및 지형과도 연관시켜서 분석한 적이 있다. 4지역 가운데 8세기 발해와 연관된 지역은 출우지역(아끼다현)과 월후越後지역(사도佐嶋, 니이가타현), 월중越中(이시가와현의 노토반도와 가하加賀, 월전越前(후꾸이현 쓰루가) 등이다.

해양환경만을 고려한다면 노토반도는 한반도 해안에서 출항할 경우 도착할 확률이 제일 많다.[134] 이 지역은 고구려 고분의 말각조정양식을 가진 하이혈蝦夷穴고분이 있다.[135] 발해선은 가하에 5회, 능등能登에 3회 도착했다. 귀국할 때도 발해선들은 노토반도의 후쿠라진(복량진福良津) 이시가와현[石川縣] 부

133) 항구도시가 되려면 도시의 일반적인 조건 외에 구체적으로 몇 가지 조건을 갖추어야 한다. 첫째로, 양질의 港口와 부두시설이 구비되어야 한다. 둘째는 교통의 발달, 특히 대외항로와 쉽게 연결되어야 한다. 우리지역처럼 해륙적인 환경 속에서, 또한 국가가 해양을 중요시하는 정책을 취할 경우에는 陸路交通도 중요하지만 內陸水路交通에도 적합해야 한다. 세 번째로 군사력과 해양방어체제가 갖추어져야 한다.

134) 대한민국 水路局 (1973), 『근해항로지』, 46쪽.

135) 양 고분의 공통점 등 성격규명에 대해서는 王俠(1993), 「集安 高句麗 封土石墓與日本須曾蝦夷穴 古墓」, 『博物館硏究』 42期 ; 1992, 『古代能登と東アジア』, 「蝦夷穴古墳國際シ ポジウム實行委員會」 참조.

래정富來町 후쿠우라[福浦])에서 신풍神風인 봄의 남동풍을 기다렸다. 특히 7회 사신단인 일만복 일행은 이곳에서 수개월 동안을 체류했고, 일본은 이들을 위하여 객원을 지었다.[136) 가하에도 발해인들을 위한 건물을 지었다. 871년의 일이지만 "가하국에 금월 14일 105인이 닿으니-- 가하국加賀國에 명하여 편소便所에 발해객을 안치하고"라는 기록[137)이 있다. 사신이 도착하면 대사大使 등은 수도로 가고 일부는 남아서 편소便所를 거점으로 귀국준비 겸 교역을 하였다. 때문에 능등국에 발해 객원을 설치한 것은 발해와 대재부와의 교섭 대신에 북륙도北陸道 일대와 평안경平安京을 중심으로 한 본격적인 교역권이 형성된 것이라고 주장하는 경우도 있다.[138) 가나자와시[金澤市]의 서부를 흘러가는 서천犀川 주변에는 8세기 전반의 대형건물군과 목간木簡이 출토된 금석본정金石本町 유적이 있다. 호수戸水 c 유적 등은 헤이안(평안)시대 유적이다. 군진부郡津府 국부진國府津 등의 항구를 관할하는 관부시설이 있었을 것으로 여겨진다.[139) 항해의 안전을 비는 게타신사[氣多神社] 및 사가 유적지寺家遺跡地가 있었다.[140) 이시가와현의 고마쓰[小松]지역의 액견유지額見遺址[141)는 해양과 관련한 유적지로서 의미가

136) 『日本後紀』 권12 延曆 23년 "比年渤海使來着 多在能登國 停宿之處 不可疏陋 宜早造客院." 이러한 객원같은 곳은 '安置於便所' 혹은 '安置於便所 依例供給'으로 기록하고 있다.

137) 『日本三代實錄』 권42, 元慶 6년.

138) 박진숙, 앞 논문, 81쪽.

139) 고지마 요시다까 저, 최태길 역(1996) ; 「발해와의 교류에 관계되는 일본해 연안의 유적」, 『발해사 연구』 7, 연변대, 220쪽.

140) 淺香年에 의하면 氣多神社에서는 7~9세기에 커다란 제사가 행해졌다고 하는데 寺家遺跡과 관련이 있으며 발해와의 교류에 상당한 역할을 했다고 한다. 小嶋芳孝, 「潮の道 · 風の道」, 67쪽 ; 鈴木靖民(1994), 「古代敦賀をめぐる對外關係」 『松原客館の謎にせまる』, 氣比史學會, 55쪽에서 이러한 견해를 표명하고 있다. 현재의 게타신사는 해안 가까이 있는데 당시의 신사가 아니다.

141) 小嶋芳孝(1988), 앞의 논문, 72, 77쪽 참조. 『額見町遺跡』, 石川縣 小松市 教育委員

깊다. 항구에서 도시가 형성되고 거점이 되는 것을 확인할 수 있다.

또 한 지역으로 월전인 후꾸이[福井]현의 쓰루가[敦賀]시가 있다. 이곳에는 와카사[若狹灣]이 있다. 『일본서기』에는 고구려인들이 계체천황繼體天皇 10년조, 흠명천황 欽明天皇 원년 · 31년조, 민달천황敏達天皇 2년 · 3년 조에 월국越國 혹은 월越의 해안에 도착했다고 되어 있다.[142] 이 지역은 고구려계 외에 백제, 신라, 가야 등 한반도계 사람들이 진출하였다. 그 후에는 발해의 사신선과 사무역선私貿易船들, 신라의 사무역선들이 도착하였다.[143] 10세기 초엽에는 송원객관松原客官이 있었다.[144] 758년에 온 발해대사 양승경揚承慶은 월전국에 약 3개월간 머물렀는데, 아마 돈하敦賀의 송원객관으로 여겨진다.[145] 『복정현사福井縣史』의 실린 자료에 의하면 이곳에는 발해인과 송인宋人들도 살고 있었다고 한다.

이 지역은 해양교통의 조건도 좋았지만 육로교통의 조건도 매우 좋았다. 이곳에서 교토나 나라까지는 비파호琵琶湖를 거쳐 일직선으로 이어진다. 이 객

會 등 발굴이 진행되는 이 유적지에서는 백제 혹은 신라계로 보여지는 거주지의 구들 화덕 등이 발굴되고 있다.

142) 齊藤忠, 「高句麗と日本との關係」(金達壽 外(1988), 『古代の高句麗と日本』, 學生社), 22~23쪽의 도표 참조. 越 지역과 고구려와의 관련성은 高瀨重雄, 「越の海岸に着いた高句麗使」(『東アジアと日本海文化』 森浩一 編, 小學館, 217쪽) ; 小嶋芳孝(1994), 「潮の道 風の道」, 『松原客館の謎にせまる』, 氣比史學會.

143) 門脇禎二(1986), 『日本海域の古代史』 東京大學 出版會, 90~93쪽. 신라는 일본과 국교를 맺고 있지 않았으나 현실적 필요에 의해 정부는 묵인해주고 있었고, 그런 비공식성 때문에 私貿易船들은 표착을 많이 했던 것으로 판단된다.

144) 『延喜式』 雜式의 "越前國松原館, 氣比宮司檢校." 특히 『扶桑略記』권24 延喜 19년(919) 12월 24일조에는 "客狀申云, 遷送松原館 而閉門戶--"라고 하여 발해국사들을 위해 송원관을 지었음을 밝히고 있다.

145) 川村俊彦,(1994), 「松原遺跡を掘る」, 『松原客館の謎にせまる』, 氣比史學會에는 송원객관의 역사적 배경과 발굴 과정, 후보지 소개 등이 있다. 高瀨重雄, 「古代の日本海交通」(임상선 편역(1990), 『발해사의 이해』, 신서원) 366쪽.

관을 중심으로 비공식적인 무역을 했다.[146] 이 지역의 중요성은 백제가 멸망할 때 나타난다. 661년 1월 6일, 제명여제齊明女帝는 "전쟁이 일어나자 출정길에 올라 1월 25일 월주越州[147]에 당도하여 고구려인들과 전략을 세우고" 라는 기록이 있다.[148] 사신이 도착하던 지역이었으며, 교역이 이루어진 지역으로서 친고구려세력이 강했을 가능성이 매우 컸다. 667년에는 도읍을 아스카에서 오오미(근강近江)의 오오쓰노미야(대진궁大津宮)로 옮겼다. 천도 이유에 대해서는 여러 가지 설이 있다. 종래에는 동산東山 · 북륙北陸 · 동해로의 요지였기 때문에 천도했다고 하였으나, 고구려와의 관계도 깊이 작용했다고 여겨진다. 670년 전쟁 과정에도 고구려와 외교교섭이 있었고, 더욱이 천도 1년 후에 공식적인 외교사절이 온 것은 대진大津으로 천도한 것이 고구려와 보다 효과적인 연계를 위해서였을 가능성을 높여준다.[149]

출우지역과 가까운 지역이 월후인 니이가타[新潟]이고, 그 앞바다에 있는 큰 섬이 사도[佐島]이다. 니이가타현 권정卷町 아까사카유적[赤坂遺跡]에서는 5세기 초의 흙구덩이에서 토기들이 검출되었는데 러시아 남부의 연해주지방과 관련이 있다. 이 유물은 『일본서기』 544(흠명欽明 5)년 조에 기록된 숙신인이 사도에 머물면서 봄여름에 고기를 잡는다고 하는 이야기와 관련이 있다는 견해도 있다.[150] 『일본서기』 660년(제명齊明 6년) 조에 아베수군阿部水軍이 좌도도佐

146) 鈴木靖民, 「古代敦賀をめぐる對外關係」, 49쪽. 발해가 멸망한 이후에도 이곳은 주요한 국제교류의 장이었다.

147) 오늘의 福井縣 敦賀지방이다. 越州는 東海와 沿邊한 지역으로서 伽耶 · 新羅의 흔적과 함께 高句麗 · 渤海의 유적들이 있는 곳이다. 발해의 사신들 역시 이 지역에 도착한 것은 항해조건상 고구려 지역과 일본열도를 연결하는 지역이기 때문이다. 윤명철(1998), 「발해의 해양활동과 동아시아의 질서재편」, 『고구려 연구 6』 학연문화사.

148) 『日本書紀』 卷26 齊明 7年條.

149) 上田正昭(1987), 「古代の日本と高句麗文化」, 『高句麗と日本古代文化』, 講談社, 136쪽.

150) 小嶋芳孝(1996), 「古代日本と渤海」, 『考古學 ジャナル』 411, 20쪽.

渡島에서 숙신과 이른바 '침묵교역沈默交易'에 실패해서 전쟁을 했던 기사가 있다. 능등신마신룡能登臣馬身龍이 전사하고, 숙신肅愼도 폐뢰변도幣賂辨島에 틀어박혀 결국은 전원이 죽었다. 그런데 이들보다 먼저 왔을 가능성이 높은 사람들이 있다.

『삼국지』 위지 동이전에 기록된 풍속 등을 근거로 동옥저인東沃沮人 북옥저인北沃沮人이 먼 바다 너머에 있다고 말한 동방의 큰 섬이란 사도섬이라는 견해도 있다.[151] 그럴 경우에는 이미 과거부터 북부 동해안을 출항하여 북륙이나 그 이북지역으로 진출했을 가능성도 있다. 일본조정은 743년 2월에 사도국佐渡國을 월후에 병합하였다. 그런데 752년 9월 24일에 발해사가 사도佐渡에 도착했고, 11월에는 사도국사佐渡國司를 복치復置했다. 사도국사가 존폐를 거듭하고 있는 것은 지역세력의 존재와 이에 따른 정치적인 불안정을 연상케 한다.

그런데 8세기 대에는 발해와 일본 간의 교섭에서 가장 중요한 지역이자, 일본 고대사에도 의미가 깊은 곳은 출우지역이다. 발해인들은 8세기 대에는 주로 출우 등 북쪽해역으로 도착한다. 13차 항해까지 도합 6회 이상에 걸쳐 출우해역에 도착하였다. 746년에는 발해와 철리인 1,100여 명이 도착하였다. 첫 사신단을 비롯하여, 786년에는 대사인 이원태李元泰가 탄 배가 표류하여 하이땅에 도착하였다가 65인 가운데서 하이들에게 12명이 죽고 41명만 살아남았다[152]는 기록이 있다. 대체로 표류라는 상태와 하이에 의한 피해상태로 도착했다. 아끼다성적[秋田城跡]에서 출토된 철제우부鐵製羽釜는 발해인과의 기술교류를 시사해주는 자료일 가능성이 있다.[153] 적어도 그 시대에는 가장 자연스러

---

151) 王俠(1993), 「集安 高句麗 封土石墓與日本須曾蝦夷穴 古墓」, 博物館研究 42期, 2期, 43쪽.

152) 『續日本紀』 권 39 延暦 5년 9월

153) 小嶋芳孝(1997),「日本海の島々と靺鞨 · 渤海の交流」, 『境界の日本史』 村井章介 · 佐

운 도착 항구임을 입증한다.

그런데 발해가 해안상륙에 자주 실패하고, 하이와 충돌의 가능성이 높은 출우지역에 도착하려는 이유는 무엇일까? 필자는 이 문제에 대하여 몇 가지로 정리하여 발표한 적이 있다.[154] 첫째는 정치적인 문제로서 발해, 신라, 일본의 중첩적인 국제관계가 영향을 미쳤을 것이다. 신라와 갈등관계가 계속되는 상황에서 발해 사신단이 근해 항해를 통해서 동해 중부해양까지 내려갔다가 원양으로 나가는 항로는 외교사절로서는 위험도가 높았다. 자연조건은 부담 되더라도 정치적 위험이 덜한 동해 북부를 출항해서 곧장 원양으로 나가는 항해를 택했을 것이다. 그럴 경우에 자연스러운 도착 지역은 출우 등 동북지방이다.

그런데 전기는 10월, 11월에 도착하고 후기는 12월, 1월, 2월에 도착하는 현상에 착안한 색다른 견해도 있다. 즉 전기는 북쪽 해역이 얼기 직전에 출항하였고, 그럴 경우에는 출우나 노토지역으로 도착하고, 반면에 한겨울에는 북쪽 해역을 사용할 수 없어서 남쪽 해역에서 출항하면 월전越前 이하 지역에 도착한다는 주장이다.[155] 하지만 그런 논리라면 발해선들은 초기부터 항해의 안정성이 높은 남쪽 해역을 이용해서 늦가을에 출항해야만 한다. 항해의 메커니즘을 이해하지 못한 주장이다. 그 무렵 동아시아 전체의 온도는 상승했다.[156] 그렇다면 발해가 이용할 수 있는 부동항의 위치는 더 북쪽일 가능성도 있다.

그리고 또 하나의 상황을 상정해본다. 홋카이도를 포함하여 동북일본의 선

藤信 · 吉田伸之, 山川出版社, 37쪽.

154) 윤명철(1998),「渤海의 海洋活動과 東아시아의 秩序再編」高句麗研究 6, 學研文化社.

155) 上田 雄 · 孫榮健(1994), 共田 雄『日本渤海交涉史』雄彩流社, 180쪽.

156) 유소민 저, 박기수 · 차경애 역(2005), 『기후의 반역』, 성균관대학교 출판부. 제 7절은 주로 隋 초기에서 宋 초기까지를 제 3차 온난기라고 규정하고 있다. 146쪽에서 현재의 기온보다 연평균이 1도 높았을 것으로 보았다.

사문화는 대륙 동부와의 밀접한 관계를 생각할 수 있는 요소가 적지 않다.[157) 9세기가 되어 흑수말갈 전체가 발해의 영향권 아래에 든 이후에는 흑수말갈이 독자적으로 오호츠크 해역과 접촉하는 것은 규제되었다.[158) 발해는 연해주의 여러 해안과 항구를 거점으로 북해도 혹은 사할린에 도착하였을 것이다.

출우지역은 8세기 일본국에서 어떤 위상을 갖고 있었을까? 일본의 중앙정부는 동북지역을 실제적으로 지배하지 못했다. 771년에 발해사신인 일만복 일행은 적지敵地라고 하는 출우의 야대주野代湊에 도착했다. 출우는 8세기 내내 중앙정부와 하이가 갈등과 충돌을 벌이는 혼란의 공간이었으며, 조정에게는 적지이기도 하였다. 발해가 사용한 항구는 연해주 북부에서 동해 북부의 토호포 주변에 이르기까지 넓은 범위에 걸쳐 다양하다. 그런데 한반도 북부 해역에서 출항하는 경우, 즉 동해북부 횡단항로를 사용할 경우에는 출우지역은 단거리 항로가 될 수 있다. 그리고 항해는 도착항구를 어느 정도 조정하는 일이 가능하다. 일단 해역에 접근한 다음에 연안항해를 이용하여 목적하는 항구나 육지까지 항해가 가능하다. 실제로 발해인들은 출우지역 외에 다른 지역으로 도착할 만한 능력이 있었다. 8세기인 759년에 대마도에 도착한 경우도 있고, 출우 남쪽의 월전이나 노토반도에 도착한 경우도 있다. 더구나 795년 이후에는 단 한 번도 출우지역에 도착하지 않았다.

그렇다면 발해인들의 출우지역 상륙은 발·일항로渤·日航路의 메커니즘과 함께 하이라고 표현된 집단의 성격과도 연관이 깊을 가능성이 있다. 659년 3

157) 松山利夫(1986), 「ナラ林の文化」, 『季刊考古學』 15호, 45쪽. 이 부분에 대해서는 윤명철(2005), 「동해문화권의 설정 검토」, 『동아시아 역사상과 우리문화의 형성』, 한국학중앙연구원 동북아고대사연구소 ; 2010.2, 「연해주 및 동해북부 항로에 대한 연구」, 『이사부와 동해』, 창간호, 한국 이사부학회 참고.

158) 酒寄雅志, 「日本と渤海靺鞨との交流」, 104쪽.

월에는 수군水軍을 거느리고 북으로 올라가서 하이를 공격했으며, 660년 3월에 역시 수군을 거느리고 숙신국肅愼國을 치게 하는[159]등 내부에서는 활발한 수군 활동이 보이고 있다. 필자는 몇몇 자료들을 종합해서 8세기 출우지역의 상황을 살펴보았다.[160] 그 가운데 일부는 본고의 주제와 관련이 깊다고 판단한다.

---

159) 『日本書紀』 卷26 齊明 5年, 6年.

160) 필자는 몇몇 자료들을 이용하여 8세기에 출우지역과 관련된 정치적인 상황들을 조사해 보았다.

698년 6월 월후국 하이가 方物 獻.
698년 12월 월후국에 石船柵 수리.
699년 4월 월후 蝦狄에게 작위를 내림.
700년 2월 월후 사도국에 石船柵을 수리하게 함.
701년 12월 陸奧 越後의 수장들을 모이게 함.
708년 9월 월전국에 出羽柵을 세울 것을 말함.
709년 7월 1일 諸國의 병기를 出羽柵으로 운반.
7월 13일 월전 등의 船 100척을 征狄所로 운반.
710년 4월 陸奧의 蝦夷들에게 賜姓.
712년 9월 출우국을 설치.
10월 1일 육오국의 일부를 출우국에 예속시킴.
713년 12월 육오국 丹取郡을 설치.
714년 2월 출우국에서 누에를 기름.
10월 尾張國 등 4국의 民을 출우책호로 나누어줌.
717년 2월 信濃國 등 4국 백성을 출우책에 配.
718년 8월 14일 出羽 渡島의 蝦夷가 來貢(略記).
719년 7월 東海 東山 北陸道의 民을 出羽柵에 配.
720년 9월 28일 蝦夷의 반란, 29일 征夷 장군 임명.
11월 27일 陸奧 등의 課役을 면해줌(類聚國史).
723년 9월 17일 出羽의 蝦夷에 賞爵을 더해줌.
724년 3월 25일 陸奧의 蝦夷가 反.
4월 곧바로 征夷將軍 임명.
726년 出雲國이 일본역사에 본격 등장함.
727년 발해사 도착. 그 후 계속해서 옴.
728년 육오국의 군단을 개편.
733년 12월 성무천황 때 출우책을 秋田村 高淸水岡으로 遷置.

그 후도 다음 각주에서 열거한 자료들을 보면 8세기 내내 중앙정부와 갈등을 빚고 내부반란이 심각한 곳임을 알 수 있다. 일본조정이 발해사의 축자도 이용을 누차 강조했던 이유를 하이와 맺은 관계에서 찾는 견해가 있다. 즉 정복사업을 추진하는 환무桓武의 입장에서는 발해사가 이 지역에 표착함으로 인한 피해를 방지하려는 것과 동북지역과 발해와의 사적인 교류 가능성을 차단

736년 4월 육오 출우의 有功있는 郡司 俘囚에게 賜爵.
743년 2월 佐渡國을 越後에 병합.
752년 9월 24일 발해사가 좌도에 착.
　　11월 佐渡國司를 復置.
757년 월전국이 사료에 빈번하게 나타나기 시작함.
758년 발해사 월전 도착 9월 18일 입경.
775년 3월 하이의 소동으로 육오국의 금년 課役田租를 면.
　　10월 出羽에 鎭兵을 발견.
776년 5월 2일 출우에서 蝦夷와 교전.
　　11월 26일 膽澤이 하이를 정벌.
　　11월 28일 출우의 俘囚들을 大宰官內 등으로 나눔.
777년 相模等에서 甲을 출우에 보냄.
　　12월 26 출우의 하이가 반역함.
778년 陸奧 出羽의 전공자들에게 敍位.
　　12월 陸奧 出羽부터 하이를 소환.
779년 9월 14일 발해 철리인 방환.
　　9월 27일 발해 철리인의 금년 留滯를 허락함.
795년 발해사신 출우 착. 하이에게 약탈.
780년 3월 3일 출우에 금동상 등이 표착.
　　출우에서 하이의 활동상황이 점점 사라짐.
786년 9월 18일 발해사 출우에 표착.
792년 11월 육오 蝦俘를 饗.
　　출우 삼군의 田租를 永免.
795년 11월 3일 발해사가 출우에 來着한 후 越前에 遷置(『類聚國史』).
796년 견발해사 귀국.
796년 백제계 관직 진출.
797년 백제계가 出羽守.

시키려는 것이었다고 하면서 이는 곧 양국의 교류를 발해조정과 일본조정 간의 단일창구로 독점하고자 하는 것이라는 주목할 만한 내용이다.[161] 전반적인 상황을 검토해보면 그럴만 한 가능성이 높다.

그런데 더 구체적으로 고구려의 후신인 발해의 대신라정책對新羅政策과 실천의지를 고려할 때 발해와 이 지역 세력 간에는 특별한 관계가 성립될 개연성이 높다. 이전에 있었던 도군道君과 강소江沼의 갈등에서 보여지듯 정치 교역의 측면에서 판단하면 월의 북쪽지역 또한 고구려와 연고권緣故權이 있었을 것이다. 7, 8세기에는 홋카이도에 대륙문물이 많이 들어왔다. 오가와〔大川〕 요이치〔余市〕유적에서 발견된 동령銅鈴은 고구려에서는 마구馬具의 장식으로 이용되었는데, 같은 종류의 것이 국내성國內城이었던 집안시集安市 만보정万寶汀 M 242호묘 등에서도 출토되었다.[162] 고구려인이 동해 북부를 건너 직접 왔거나 말갈이 중간교역을 했을 가능성이 높다. 7세기 전반에 고구려의 압박을 받은 흑수말갈은 수나라에 조공사신을 보내는 한편 타타르 해협을 건너 사할린에 살고 있는 유귀 등 오호츠크 해 연안의 여러 민족과 연대를 강화했다. 두 지역이주석朱錫과 철 교역을 중심으로 민간교섭을 벌였다고 하는 견해도 있다.[163]

고구려가 멸망한 이후 유민들이 조직적組織的으로, 자연발생적自然發生的으로 이 지역에 도착했을 가능성은 해양의 메커니즘으로 보아 당연하다.[164] 이러한 혼란스러운 상태에서 지역 원주민인 하이들의 활동과 반란이 빈번하게 발

161) 具蘭憙(1999), 「8世紀 後半 日本의 對外關係에 관한 고찰- 渤海와의 關係를 중심으로」, 『日本歷史研究』10, 285쪽.

162) 小嶋芳孝, 『古代日本と渤海』, 21쪽.

163) 小嶋芳孝, 『日本海の島々と靺鞨 · 渤海の交流』 참조 ; 「環日本海交流史から見渤海と北陸道」, 『波濤をこえて(石川縣立歷史博物館, 1996)』 ; 『古代日本と渤海』 참조.

164) 이런 부분에 대해 회의적인 시각들이 있다. 하지만 필자는 1998년 이래 몇 편의 논문을 통해서 가능성을 입증해왔다.

생하였다. 그런데 9세기에 들어서면서 출우지역이 중앙정부에 장악되자, 발해인들은 우연일지 모르지만 더 이상 출우지역에 도착하지 않았다. 출우지역은 막강한 정치력과 물품을 구비한 발해인들의 상륙으로, 고구려와 연관된 지역주민들과 하이의 능력이 신장됐을 것은 분명하다. 반면에 이러한 점 때문에 일본 중앙정부는 하이를 정복하면서 출우지역을 편입시키려는 노력을 다각도로 시도했을 가능성도 있다.

8세기에 일본 중앙정부는 지방세력들을 안정시킬 목적으로 다양한 상황들을 고려하였으며, 고구려 · 백제 · 신라 유민들을 변방으로 이주시키는 정책을 추진하였다.[165] 초기 견발해사遣渤海使들 가운데 고려조신노마려高麗朝臣老麻呂(758년의 3차 사절) 고려조신대산高麗朝臣大山(761년의 5차 사절) 등 고려씨高麗氏들이 파견된 것은 발해와 체제 속에 편입된 고구려 유민세력들 간의 관계 때문이다. 하이라고 갑자기 표현된 출우지역의 주민들이 완전하게 장악되기 이전에는 혼란상태가 유지되었고, 그 배경에는 고구려 유민들의 존재도 있었을 것이다. 발해는 출우지역을 목표로 항해했을 가능성이 있고, 이것은 또 다른 의미에서 발해와 고구려 유민들의 관계가 될 수 있다.

발일관계는 정치, 군사, 무역, 문화 등 다양한 부분에서 이루어졌는데, 현실적으로 필요성을 느낀 것은 일본이었다. 특히 8세기는 일본의 대신라 전략戰略으로 인하여 발해의 도움이 절실했다. 9세기 들어 정치 · 군사적인 목적은 사라졌으나 무역이라는 경제적인 목적 때문에 교류가 활발했다. 쌍방무역에서 이익을 내는 것은 발해였다. 이러한 관계에서 교류의 주도권은 발해가 가질 수밖에 없었다. 그런데 항해 조건은 발해나 일본이나 동일한 해양에서 상

165) 716년에 무사시〔武藏〕에 고려군이, 758년에는 신라군이 신설되었다. 『續日本紀』 靈龜 2년조.

호교환하는 것이므로 동일했다. 다만 발해인들은 출항 시에 겨울항해를 해야 하므로 불리한 점이 있었다. 그럼에도 불구하고 사료가 증명하듯이 발해가 교류에 더욱 적극적이었다. 그것은 국가정책, 발해인들의 정신 등도 작용했지만, 무엇보다도 해양능력의 우수성, 국가정책과 체제가 구비되었기 때문이다.

4. 역사에 끼친 해양 메커니즘과 해양력의 검토

동아시아는 8세기에 이르러 국제관계의 양상이 질적으로 달라졌다. 외교와 무역, 문화의 교류 등이 중요해졌고, 각 국가들 간에는 상호교류가 절대적으로 필요해졌다. 그러데 동아시아 역사공간은 일부의 지역을 제외하고는 모든 지역이 해양을 통해서 연결되는 일종의 지중해적 형태를 띠고 있었으며, 그에 걸맞은 성격과 체계를 갖추고 있었다. 제 3장에서 검토한 대로 각 국가들의 내부는 물론이고, 국제관계에서 해양의 역할과 비중이 컸다. 국제정치, 외교, 무역, 문화교류 등에서 해양력과 해양 메커니즘이 직접 또는 간접으로 영향을 끼쳤음을 확인하였다. 그 가운데 사신단의 파견과 역할에서 해양은 절대적인 의미를 지니고 있음을 확인하였다. 필자는 신라, 발해, 일본이 보유한 해양력에 대해서는 몇 차례의 논고를 통해서 발표한 바 있다. 따라서 제 4장에서는 기존의 연구성과를 토대로 몇몇 사실들을 추가하고, 제 3장에서 거론한 8세기 국제관계에서 작동한 해양력의 실체를 상황들과 연관하여 살펴보고자 한다.

1) 신라의 해양력

동아지중해의 국제관계에서 해양을 유효적절하게 운영해서 국가 발전에 성공한 국가는 신라이다. 신라는 6세기 들어 해륙정책海陸政策을 본격적으로 구사하여 국력을 신장시키는 한편 영토를 확장했다. 이어 7세기에는 해양력을 토대로 나당동맹을 이끌어냈고, 결국은 이른바 삼국통일이라는 목표를 완수하였다. 8세기 들어와 신라는 당나라와 일본을 대상으로 사신선을 비롯하여 민간선을 보냈으며 신라 해역에는 해적들이 등장할 조짐까지 보였다.

8세기 신라의 해양력이 강해진 데는 몇 가지 요인이 있다. 첫 번째는 신라가 차지하고 있는 해양 전략적인 위치이다. 자연지리적인 조건 가운데에서 천연의 양항良港, 조선업造船業을 발전시킬 수 있는 풍부한 삼림森林을 갖추는 것도 중요하지만[166], 가장 중요한 것은 다양한 항로를 개설하고, 해역을 관리 또는 통제할 수 있는 지리적 이점을 확보하는 것이다. 한반도는 동아지중해에서 지리적으로 모든 해역을 자유자재로 이용하면서 어느 지역과도 교류가 가능한 중핵지역이다. 신라는 육지의 통일을 이룩하지 못했으므로 해양 또한 통일적으로 운영할 수는 없다. 동해 중부 이남과 남해를 통해서는 일본과, 그리고 황해 중부 이남과 동중국해를 이용해서는 당과 교류할 수 있는 교통망의 허브이다. 더욱이 해류의 일부를 효율적으로 이용하고 계절풍 즉 바람을 유효적절하게 이용해 해양력을 극대화할 수 있었다.

또 하나는 정치적인 환경이다. 8세기 동아시아는 당을 정치 · 외교 · 무역 · 문화의 중핵으로 삼는 다중교류多重交流 시스템이다. 그럼에도 동아지중해 지역은 정치력 · 군사력 · 문화력 등이 서西에서 동으로 가는 '일진성'을 띠고 있다. 따라서 모든 교류의 핵심이자 출발점이며, 종착점은 당나라이다. 신라는 황해라는 내해의 반 이상과 동중국해를 공유할 뿐 아니라, 해양환경을 적절하

166) 존 펄린 저, 송명규 역(2002), 『숲의 서사시』, 따님. 이 책에서는 숲의 존재와 조선업의 발달, 그로 인한 문명의 흥망을 다루고 있다.

게 이용하고 항해술, 조선술, 항해인력 등을 활용하면 당나라의 화북지역뿐만 아니라 경제와 문화가 발전하고, 남해무역이 발달한 강남지역과 직접 항해할 수 있다. 뿐만 아니라 동남아시아 지역과도 간접 교류가 가능했다.[167)]

신라가 사용한 항로는 대체로 6개로 구분하고 있다.[168)] 첫 번째, 가장 많이 사용된 것이 환황해環黃海 연근해항로沿近海航路이다.[169)] 크게 보면 4개 구역으로 이루어졌으나 기본적으로는 환상형環狀形의 항로이므로 특정한 출발지와 도착지가 없고, 다만 경유지가 있을 뿐이다. 두 번째는 황해중부黃海中部 횡단항로橫斷航路이다. 황해중부에 해당하는 한반도의 중부지방[170)], 즉 경기만 일대의 여러 항구에서 횡단성 항해를 하여 산동반도의 여러 지역에 도착하는 항로이다. 8세기 무렵에 가장 많이 이용됐을 것으로 추정된다. 세 번째는 황해남부黃海南部 사단항로斜斷航路이다. 전라도 등의 해안에서 출발하여 사단으로 항해하여 강소성, 절강성 등의 해안으로 도착하는 것이다. 당나라 남부지역으로 가는 데 주로 사용이 되었다. 네 번째는 동중국해 사단항로이다. 신라에서 출발하여 당의 영토에 들어가는 데 사용되기보다는 절강 이남지역을 출발하여 동중국해와 제주도 해역, 황해남부를 거쳐 신라의 영토로 들어오는 항로이다. 이

167) 항로의 메커니즘 및 각 지역과 연결된 항로에 대해서는 여러 곳에서 발표한 바 있고, 특히 동남아시아와의 연관성은 (2004), 「한국의 고대문화 형성과 해양남방문화-소위 해양실크로드와의 관계를 중심으로」, 『국사관 논총』 106. 참고.

168) 윤명철(2000), 「新羅下代의 海洋活動研究-해양환경 및 대외항로를 중심으로」, 『국사관논총』 91집, 국사편찬위원회.

169) 중국의 남쪽인 절강성 해안을 출발하여 산동반도를 거쳐 요동반도로 북상한 다음, 동으로 방향을 틀어 압록강 유역인 西韓灣에 진입한다. 이어 대동강 하구와 경기만을 지나 계속 남항한 다음에 서남해안, 남해안의 일부, 대마도, 규슈 북부로 이어진 긴 항로이다.

170) 엄격하게 지리적인 기준으로 구분하면 한반도 남부해안에서 산동반도 하단부로 이어지는 해역도 황해중부에 해당한다. 그러나 한반도를 기준으로 분류를 할 경우에는 서해중부해역만을 황해중부로 인식하고자 한다.

항로의 일부는 남중국과 일본열도가 교섭하는 데에도 사용이 됐다. 이 4개의 항로는 대마도의 해역을 경유했다. 다섯 번째는 동해남부 횡단항로이다. 경주의 외항인 울산蔚山, 감포甘浦, 포항浦港 등 동해남부의 해안을 출발하여 일본열도의 산음지방인 돗도리〔鳥取〕현의 단마但馬, 백기伯耆, 시마네〔島根〕현의 출운出雲, 은기隱岐, 야마구치〔山口〕현의 장문長門 등에 도착하는 항로이다. 신라가 초기에 주로 활용했다. 여섯 번째는 남해항로이다. 동해남부(울산항) 또는 남해의 어떤 해역을 출발하여 대마도를 경유하거나 통과물표로 삼으면서 큐슈 북부에 도착하는 항로이다. 한반도의 서남해안이나 남해 서안에서 출발하여 연안항해 내지 근해항해를 하다가 대마도를 경유하여 큐슈에 도착한다. 8세기 대에 주로 사용하였으며, 일본도 사용한 항로이다.

그렇다면 해양력의 실질적인 핵심인 조선술은 어느 정도였을까?

660년에 태자 김법민金法敏은 배 100척을 거느리고[171] 당군과 합세하여 범금강 상륙작전과 사비성의 함락을 성공시켰다. 663년에는 당군과 연합함대를 구성해서 백왜 연합수군과 백강白江전투를 벌여 승리했다.[172] 671년 10월에 신라는 당의 조선漕船 70여 척을 격파하였다. 673년에는 당나라의 침입을 경계하기 위하여 문무왕이 대아찬大阿飡인 철천徹川을 파견하여 병선 100척을 거느리고 서해를 지키게 하였다.[173] 771년에 당은 쇠뇌를 제작하는 목재를 구해 대내마大奈麻 복한福漢이 운송하였다. 이때 목재 운반선은 운송능력이 일반 사행선

171) 『唐書』 卷3 本紀 第3 高宗 顯慶 5年條 ; 『삼국사기』 권28 백제본기 義慈王 20년 ; 『삼국사기』 권5 신라본기 太宗武烈王 7년.

172) 白江의 위치에 대한 종합적인 검토는 다음 논문들이 있다. 全榮來(1976), 「周留城 白江 位置比定에 關한 新研究」 韓國文化財保護協會 全羅北道支部扶安郡 ; 盧道陽(1989), 「百濟周留城攷」, 『任存城 百濟復興軍戰史』 禮山鄉土史研究會 ; 沈正輔(1991), 「白江의 位置에 대하여」, 『百濟史의 理解』(최몽룡 심정보 편저)학연문화사, 등

173) 『삼국사기』 권7 신라본기 문무왕 13년.

이나 화물선보다 컸을 것이다.[174] 752년 동대사東大寺 대불 개안식開眼式에 파견된 신라사신단은 700명이 7척의 배를 타고 갔다. 평균 1척당 100명이 승선했음을 알 수 있다. 신라인들은 당나라의 대운하 주변과 항구에서 조선업을 하였다.

신라배의 우수성은 일본의 기록에 남아있다. 839년 7월 "대재부에 명하여 바람과 파도를 능히 감당할 수 있는 신라선을 만들도록 하였다."[175] 840년 9월에는 대재부에서 "대마도 관리가 말하기를 '-- 신라배는 능히 파도를 헤치고 갈 수 있다고 하니, 바라건대 신라배 6척 중에서 1척을 나누어 주십시요'라고 말하여서 허락하였다."[176] "-- 견당회사遣唐廻使가 타는 바의 신라선新羅船은 대재부 관아에 주어 그 모양을 전하도록 한다. 이것은 주선主船의 관찰한 바이다"[177] 라고 말하였다. 조정이 신라배를 소유하고 있음을 알 수 있다.

일본은 대외교섭에도 신라배를 활용하였다. 839년 일본의 견당사선이 귀국할 때에 초주楚州의 신라배 9척을 얻어 타고 왔었다.[178] 승려 등 민간인은 말할 것도 없이 신라배를 타고 다녔다.[179] 엔닌이 타고 귀국한 신라배가 현재 히에이산의 명덕원明德院에 그림으로 남아 있다.[180] 만엽집에 보면 노토반도를 노

174) 『삼국사기』 권 6 신라본기 문무왕 10년.

175) 김문경, 『續日本後紀』 권8, 승화 6년, 99.

176) 김문경, 『續日本後紀』 권9, 承和 7년, 100.

177) 김문경 편역(2003. 12),『類聚三代格』, 편역, 「7~10世紀 韓中日 交易關係 資料 譯註」, 日本編 재단법인 장보고기념사업회, 180쪽.)

178) 『續日本後紀』 권 8 承和 6년 8월.

179) 『日本書紀』 권 26 齊明 4년 658년, 승려들이 신라배를 타고 당나라에 간 기록이 있다.

180) 쌍돛대에 활대가 9개, 사각돛과 누각이 있었는데, 돛을 물레를 이용하여 조정하고 있다. 이를 뒷받침 하듯 당시 원인은 자신이 타고 온 배에 대하여 기술하고 있다. 예를 들면 6월 6일은 돌을 매단 닻을 올리고, 돛폭을 가지런히 하였으며, 또 6월 23일에는 닻돌(碇) 돛대(桅) 등 등 선박에 대한 표현이 있다.

래한 내용에 '신라부新羅斧'라고 하는 말이 나온다. 이것은 나라시대에 신라의 조선술이 뛰어나서, 조선에 사용한 도끼를 이렇게 부른 것으로 추정한다.[181)]당시 신라의 견당선이 대체로 50명 정도씩 승선했다고 하면서 일본의 견당선이 때로는 4척의 선단으로 구성되었으며, 838년의 견당사는 600여 명으로 구성됐다고 주장하기도 한다.[182)] 이는 항해술과 조선술, 그리고 황해의 해양 메커니즘에 대한 이해가 부족해서 나온 견해이다. 바로 그 15차 견당사가 돌아올 때 신라배 9척을 빌려서 뱃길을 잘 아는 신라인 60여 명을 고용하여 각 배에 5~7명씩 태우고 왔다.[183)] 신라인들이 항해술이 뛰어났음은 그들의 항해 범위를 보아서도 알 수 있다. 신라의 해양력은 지리적으로 다양한 항로를 확보하는 데 유리하여 일본, 당나라와 자유롭게 항해하였다. 뿐만 아니라 항로상의 물목(허브)에 해당하였으므로 일본 및 당에게 항로를 대여하는 역할도 할 수 있었다. 또한 5세기 후반 이후 조선술이 발달하였고, 8세기 이르면 일본의 사신단을 비롯한 승려, 상인들에게 선박을 대여하거나 운송업을 하였다. 이러한 조선술은 항해술과 직결되었다.

181) 森浩一(1993), 『古代史 津々浦々』, 小學館, 38쪽.

182) 西嶋定生(1985), 『日本歷史の國際環境』, 東京大學 出版會, 154쪽.

183) 圓仁, 『入唐求法巡禮行記』, 147쪽. "신라인 통역인 유신언이 금년 21일자로 닌사이 편에 편지를 보내왔다. -- 일본의 조공사를 운송했던 키잡이(梢工)와 뱃사람들은 지난해 가을에 그들의 나라로 돌아갔으며---."

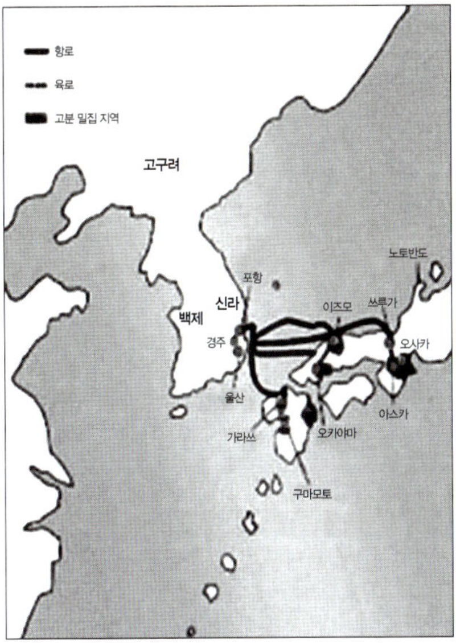

〈그림 3〉 통일 이전의 신라 대왜항로도

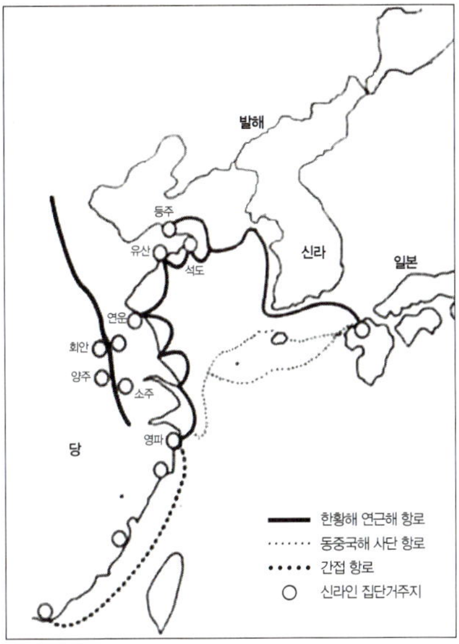

〈그림 4〉 8~9세기 범신라인들의 항로와 무역로

2) 발해의 해양력[184)]

발해는 해양활동이 매우 뛰어났음에도 이에 주목하거나, 이를 긍정적으로 수용하지 못하였다. 일본인들은 발해와 일본과의 관계를 논할 때 일본 측의 사료에 근거해서 마치 발해가 일본에 종속적인 듯한 인식과 견해를 갖고 있다. 복잡하고 독특한 해양의 메커니즘과 항해술, 조선술에 대한 과학적인 접근이 부족했기 때문이었다.[185)]

184) 윤명철(1998), 「渤海의 海洋活動과 東아시아의 秩序再編」, 『高句麗硏究 6』 ; (2005), 「동해문화권의 설정 검토」, 『동아시아 역사상과 우리문화의 형성』, 학연문화사 ; (2010.2), 「연해주 및 동해북부 항로에 대한 연구 」, 『이사부와 동해』, 창간호, 한국이사부학회 한국학중앙연구원 동북아고대사연구소.

185) 1998년 고구려연구회가 주최한 발해건국 1300주년 기념 국제학술회의에서 필자는 다양한 학문방법을 동원하여 구체적으로 규명한 바 있다. 필자는 일부 발해사 연구자

발해는 해양 전략적으로 유리한 위치에 있다. 한륙도는 동아지중해에서 지리적으로 모든 해역을 자유자재로 이용하면서 어느 지역과도 교류가 가능한 중핵지역이다. 발해는 한반도 북부지역과 만주 일대를 영토와 영역으로 삼은 나라이다. 그러므로 황해북부의 해양과 동해북부 해양 및 타타르 해협도 이용할 수 있었다. 발해는 당나라의 중심부로 안정적인 해양환경 속에서 비교적 단거리 항해를 할 수 있는 장점이 있었다. 그러나 전반적으로 신라에 비해서는 불리한 환경이었다. 3면의 바다를 유기적으로 운영할 수 없는 한계가 있었다. 동해와 황해북부를 연결하는 육로망 또한 발달되기 힘든 자연환경이었다. 발해가 신라보다 해양활동을 하는 데 불리한 점은 또 있었다.

동해는 망망대해로 남북 길이가 1,700km, 동서 최대 너비는 1,000여km, 면적이 107만 km²로서 3분의 1을 차지하고 있다. 여기에는 우리의 인식이 못 미치는 타타르 해협까지 포함한 것이다.[186] 블라디보스토크에서 함흥까지의 해안선 길이는 대략 600km이다.[187] 따라서 원양항해구역에 속한다. 위험부담이 많은 데다가, 항해술 또한 지문항법 외에 고난도의 기술인 천문항법을 숙달해야 한다. 그리고 음력 10월부터는 연해주 일대 해안은 얼어서 항구로 사용할 수 없다. 뿐만 아니라 일본열도로 가고자 할 때는 북서풍을 이용해야만 하므로 겨울에 황천 항해를 할 수밖에 없다. 조공도를 이용하여 등주항으로 항해할 때도 바람의 이용이 적절하지 않다. 그래서 연근해 항해를 할 경우가 많았을 것이다. 발해는 고구려를 계승하였으므로 최소한 국가의 인적 구성원, 문화, 영토 등을 수용했으며 당연히 해양 정보를 비롯한 해양활동능력 또

들의 태도를 보면서 학자로서 자괴감을 느끼고 있다.

186) 이 타타르 해협을 중국, 일본, 러시아 학자 및 일부 한국학자들이 역사 및 고고학 논문 등에서 일본해라고 표기하고 있다.

187) 上田 雄 · 孫榮健(1994), 『日本渤海交涉史』, 彩流社, 175쪽.

한 답습하였을 것이다. 거기다가 말갈의 여러 부족을 통치함으로써 연해주 일대에 거주하였던 기존 해양민들의 능력마저 흡수하였으므로 고구려에 비해서 발달했을 것은 필지의 사실이다.

발해인들은 불리한 조건을 극복하면서 동아지중해를 항해했다. 『신당서 발해전』에는 발해인들의 대외교통로가 기술되어 있다. "용원동남빈해龍原東南瀕海, 일본도야日本道也, 남해南海, 신라도야新羅道也. 압록鴨綠 조공도야朝貢道也, 장령長嶺 영주도야營州道也, 부여扶餘 거란도야契丹道也." 그런데 사료에 항로로 표현된 것은 '자축선紫築線', '북선北線', '남해부선南海府線'인데, 자연조건과 표류지역의 관계, 항해 사실 등을 고려해 실제 항로를 설정하면 다음 몇 가지로 정리할 수 있다.[188]

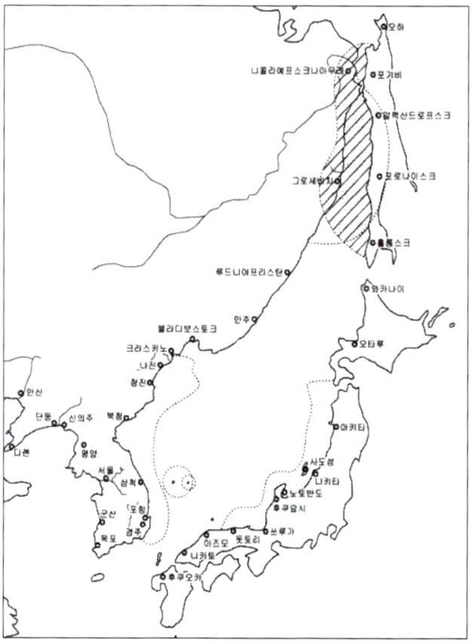

〈그림 5〉
시인거리를 계산하면 다음과 같은 도형이 나타난다. 점선 부분은 시인이 가능한 범주이다. 울릉도와 독도가 중요한 위치임을 확인할 수 있다. 또한 타타르 해협에서는 사선의 영역처럼 어디서나 육지를 바라보면서 항해할 수 있다.

188) 발해인들이 사용한 항로에 대해서는 필자가 (1998), 「渤海의 海洋活動과 東아시아의 秩序再編」, 『高句麗研究 6』, 학연문화사에서 일본열도의 해당 해안과 만의 자연환경까지 고려하면서 과학적으로 규명했다.

첫 번째는 동해북부東海北部 횡단 항로이다. 청진, 나진 등 두만강 하구와 그 위인 연해주 남부의 포시에트만 사이의 항구에서 출발하여 동해북부를 횡단한 다음에 일본의 동북지방인 월후 이북의 출우국인 추전秋田, 능대能代 등의 항구에 도착하는 항로이다. 일본으로 가는 항행기간은 보통 1~2주일 정도였다. 포시에트만(북위 42도 30분)이나 함경북도 해안에서 이 지역(추전 북위 40도)을 연결하면 약간 사선斜線으로 이어진다. 10월 · 11월은 비교적 북서풍이 약하게 부는 계절이다.

또한 동해(일본해)의 북서부에서 한반도의 동안에 연해서 리만한류, 북한한류가 남하하고, 동해(일본해)를 반反시계방향으로 순환하고, 중앙부인 39~40도 부근에는 극전선極前線이라고 불리는 현저한 조경潮境이 동서방향에서 형성된다. 이러한 자연조건과 돛을 활용하여 바람을 사선으로 받고 동으로 항진한다면 출우지역에 자연스럽게 도착할 수 있다. 그러나 쉬운 항해는 아니어서 많은 사신선들이 침몰했다.[189)]

두 번째는 동해북부 사단항로이다. 원산 이북인 남해부에서 두만강 하구를 지나 포시에트만 지역까지의 여러 항구를 출발하여 동해북부를 사단한 다음에 일본의 월지역인 현재의 쓰루가[敦賀], 북륙인 이시가와[石川]현의 가하, 노도[能登]반도, 니이가타[新潟]현 등에 도착하는 항구이다. 전 기간을 통하여 무려 12번이나 도착하고 있다. 『속일본기』 보구寶龜 8년(776년)에는 '발폐읍남해부發弊邑南海府 토호포吐號浦 서지대마도西指對馬嶋 죽실지진竹室之津'라는 기록이 나온

189) 연해주 일대(두만강 하구 포함)와 홋카이도 및 동북지역과 맺은 문화교섭의 증거들은 아래 논문에서 해당 연구자들의 글을 이용해서 다루고 있다. 윤명철 (2005) 「동해문화권의 설정 검토」『동아시아 역사상과 우리문화의 형성』, 한국학중앙연구원 동북아고대사연구소. 및 2010, 2 「연해주 및 동해북부 항로에 대한 연구」『이사부와 동해』, 창간호, 한국 이사부학회. 참고.

다. 따라서 남해부는 출발지였음이 분명하다. 동시에 『신당서』「북적北狄 발해전渤海傳」에 기록된 대로 신라도이므로(남해 신라도야南海 新羅道也)신라와의 접경 지역이었다.

남해부의 위치에 대해서는 함흥설과 경성설, 북청설이 있으나 북청설을 따르고자 한다.[190] 특히 해양교통을 염두에 두고자 할 때 가장 유리한 지역이 북청 지역이다. 두만강 하구(북위 42도 30분 전후)나 그 이하에서 쓰루가 만(북위 35도 30분), 사도섬(북위 38도)으로 선을 그으면 사선에 가깝다. 발해인들은 동해북부를 사단斜斷으로 길게 횡단하거나 남으로 내려온다. 북풍 내지 북서풍을 이용할 경우에는 북청 이북선이 최종라인이다. 그 이하로 내려가면 노토에는 도착하기가 힘들다. 중간에는 지형지물이 없으므로 울릉도와 독도를 오른쪽으로 보면서 방향을 측정했을 것이다.[191] 그 다음에 다시 일본 쪽으로 붙어 강한 북서풍을 이용하여 직항하거나 아니면 아래로 내려갔다가 북상하는 흐름을 택해 혼슈 중부의 여러 지역에 도착했던 것이다.

셋째는 동해 종단항로縱斷航路이다. 이 항로는 동해에 면한 발해의 여러 항구를 출발해서 남으로 종단해서 내려오다가 산인山陰지방인 돗도리현의 단마, 백기, 시마네현의 출운, 은기, 그리고 그 이하인 야마구치[山口]현의 나가도 등 여러 지역에 도착하는 항로이다. 776년에 9차 발해사인 사도몽史都蒙은 이 항로를 이용하였다. 북로를 피하라는 일본 측의 요구에 따라 대재부를 향하여 남해부의 토호포에서 출항하였다. 하지만 그는 이러한 항해가 무리라고 간하고 있다.[192] 일인들은 포시에트 만이 동계에 얼기 때문에 발해선이 출발하는 항구

190) 이정기(1967), 「청해토성 및 교성리토성 답사보고」, 『고고민속』. 1967.4

191) 필자의 계산에 의하면 측정하는 눈높이를 10m로 했을 때 울릉도의 시인거리는 133km이고, 독도는 63km 이다.

192) 『續日本紀』 권 34 寶龜 8년, 이 길은 이른바 筑紫道이다.

가 될 수 없다고 하면서 이승영李承英이 대사로 간 19차 항해 이후(흥인興仁 10년 이후)에는 발해사들이 전적으로 남경 남해부의 토호포를 출발하여 남로를 경유하면서 동해를 횡단하였다고 주장하였다.[193] 이 항로를 남해부 항로라고 했는데, 대마도 해협을 건너 축자에 이르렀다고 한다.[194] 그러나 바다의 조건과 항해의 성격상 남해부에서 출발하였다고 대재부로 가는 데 유리한 것은 아니다. 포시에트만이나 두만강 하구에서 직항하여 산음지방에 도착하는 항로도 동해종단항로이다. 포시에트와 산음은 경도상으로 거의 직선에 가깝다. 해류의 영향을 감안하지 않고 강한 북풍을 활용한 항해이다.

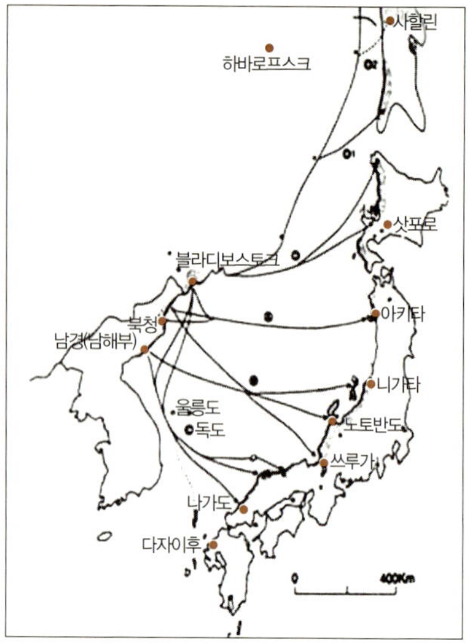

〈그림 6〉 8~9세기 발해인들의 대일본 항로도

넷째는 연해주沿海洲 항로(남부항로, 북부항로)이다. 북으로는 하바로브스크와 비교적 가까운 항구인 그로세비치로부터 남으로는 블라디보스토크 등

193) 니이쯔마 도시하사(1969), 『발해국사 및 일본과의 국교사의 연구』, 도쿄전기대학 출판국 ; 우에다 유(1986), 「발해사의 해사사적 연구」, 『해사사연구』 43 ; 왕협, 앞 논문, 104쪽 ; 上田 雄 孫榮健(1994), 『日本渤海交涉史』, 彩流社, 176~179쪽에서 北港 南港개념을 도입해서 북항을 포시에트 만 또는 두만강 하구인 西水羅里로 보고, 남항을 토호포로 보고 있다. 8회 견일본사인 烏須弗은 北港에서 출항했고, 9회인 史都蒙의 출발항은 南港이라고 가정하고 있다.

194) 방학봉(1998), 「延邊地域의 渤海遺蹟과 日本道」, 『白山學報』 50, 51쪽에서 이 항로는 현실성이 없고, 대마도는 사료에 기록된 대로 표착한 것이지 정식항로로서 도착한 장소가 아니라고 말한다.

에 이르는 연해주 지역에서 출발하여 사할린[高項島]과 홋카이도[北海道]의 남단에 이르는 장소로 도착하는 항구이다. 연해주 일대와 사할린 및 홋카이도 지역의 교류관계와 연해주 항로의 존재와 사용가능성은 여러 논고에서 밝힌[195] 바 있다. 발해는 지리적인 관계로 신라와 같은 사적(민간) 루트를 계발하지 못했으며, 따라서 일본 측의 만류에도 불구하고 공적 사절을 계속적으로 파견했던 것이라는 견해도 있다.[196] 그러나 필자가 이미 여러 번 언급했듯이 사적 루트는 이미 개발되었고, 발해로서는 굳이 막대한 이익이 발생하는 공무역을 도외시 할 이유가 없었다.

발해인들은 부적합한 해양환경을 극복하면서 시대에 따라 이렇게 적합한 항로를 개발하면서 뛰어난 해양활동을 벌였다. 그렇다면 발해인들의 조선술과 항해술 수준은 어느 정도였을까? 일본인들은 발해의 해양능력에 대하여 대체로 이러한 견해를 피력하고 있다. 즉 초기에 발해선들이 동북지방에 도착한 사실은 항해 지식 때문이며 중국 동북지방의 산중에서 성립했으므로 일본해를 횡단하는 항해술을 갖지 못했다. 항해술을 획득한 것은 읍루挹婁 이래의 전통적인 항해술을 가진 러시아 연해주의 불녈拂涅이나 월희越喜 등의 말갈족을 영향하에 두었던 8세기 전반이었다. 때문에 월후 이북에 도착한 발해선이 8세기 대에 한정되었다는 견해가 있다.[197] 그 논리는 결국 항해기술자는 말갈이었고 발해는 말갈의 도움으로 왔다는 것이다.[198]

필자는 고구려가 일본열도에 진출한 시기가 5세기 초의 광개토대왕 시대일

---

195) 菊池俊彦(1995), 『北東 アジアの 古代文化の研究』, 北海道大學 圖書刊行會참고.

196) 이병로, 앞 논문, 104쪽.

197) 小嶋芳孝(1996), 『古代日本と渤海』, 「考古學ジャーナル」 411, 22쪽.

198) 小嶋芳孝(1997), 「日本海の島々と靺鞨 · 渤海の交流」, 『境界の日本史』, 村井章介 · 佐藤信 · 吉田伸之, 山川出版社, 96쪽.

가능성을 수차 언급한 바 있다.[199] 흠명 31년의 고구려사 도착은 동해 한가운데를 횡단한 원양항해가 공식적으로 이루어졌음을 의미한다. 이후 고구려인들은 공식적으로 몇 차례에 걸쳐 월 및 기타 지방으로 도착하였다. 발해는 고구려를 계승하였으므로 최소한도 국가의 인적 구성원, 문화, 영토 등을 수용했으며 당연히 해양 정보를 비롯한 해양활동능력 또한 답습하였을 것이다. 거기다가 말갈의 여러 부족을 통치함으로써 연해주 일대에 거주하였던 기존 해양민들의 능력마저 흡수하였으므로 고구려에 비해서 발달했을 것은 필지의 사실이다. 원양항해를 하기 위해서는 천문항법을 숙지하여야 한다. 발해선에는 천문생天文生이 타고 있었던 사실로[200] 보아 천문항법을 활용했음을 알 수 있다.

발해의 조선술에 대하여 회의적이고, 오히려 발해가 일본의 영향을 받은 것이라는 견해도 있다. 발해 사신들은 귀국할 즈음에 일본에 선박 증여를 요청한 일이 있었다. 777년에는 일본이 배를 만들어 사신을 보냈다는 기록이 있다.[201] 2년 후인 779년에는 일본 사신인 고려조신전사高麗朝臣殿嗣 등을 위해 배 2척을 만들고 장선수張仙壽 등과 함께 보냈다.[202] 그해 12월에는 검교발해인사撿校渤海人使가 발해의 사신 고양죽高洋粥을 위해 배 9척을 내려줄 것을 요청한다.[203] 또한 발해선들이 타고 온 선박은 초기에는 20명 전후가 승선한 소선이었는데, 후기인 9세기에 들어가면서 비로소 100명이 넘는 사절을 승선시킨 큰 선박을 정기적으로 파견한다. 883년에는 발해 사절이 귀환하는 배를 만들기

---

199) 尹明喆(1996), 「廣開土大王의 對外政策과 東亞地中海의 秩序再編」, 『廣開土好太王碑研究 100년』 학연문화사.

200) 『日本三代實錄』 권21, 淸和천황 14년 5월.

201) 『續日本紀』 권34, 寶龜 8년 5월.

202) 『續日本紀』 권35, 寶龜 10년 봄 정월.

203) 『續日本紀』 권35, 寶龜 10년 12월.

위하여 백성들이 복량박福良泊의 큰 나무들을 벌채하는 것을 금하고 있다.[204)]

이러한 몇 가지 상황을 놓고, 이는 일본이 준 배를 가지고 기술혁신을 거쳐서 가능해진 것이라고 주장한다.[205)] 무재인남茂在寅男을 비롯하여 일본인들은 견당사선遣唐使船의 우수함을 열거하고 있으나 그 주장에는 필자가 다른 논문에서 지적한 대로 문제가 많다. 또한 이러한 견해는 해양환경과 조선술의 상관성에 대한 오해에서 비롯된 것이다. 필자는 일본이 발해에게 조선기술을 가르쳐 주었을 것이라는 견해의 문제점을 살펴보았다.[206)]

일본인들은 당시 동해의 겨울바다는 물론 여름바다를 건너본 경험이 거의 없었다. 일본은 동해를 건너기에 적합한 배를 건조하는 데에는 기술적으로 한계가 있다. 일본의 기록에 나타난 선박의 건조建造 내지 증여贈與한다는 기사는 오히려 발해인들의 기술 지도와 기술 이전의 가능성을 시사하고 있다. 최종의 출발 항구인 노토반도[能登半島]의 복량福良에 조선소造船所가 있었던 사실은 기존의 선박을 수리하는 작업과 함께 새로운 배의 건조가 때로는 필요했기 때문일 것이다.[207)]

초기에 파견한 사신단은 위험부담을 분산시키기 위하여 소규모의 선박으로 선단을 구성하는 것이 바람직했다. 그러나 점차 정치적인 환경이 개선되고, 항로가 개척되면서 선박도 대형화되고, 사신단의 규모도 커지게 된 것이

204) 『日本三代實錄』 권42, 元慶 7년 ; 『類聚國史』 권194, 元慶 7년. “勅令能登國禁伐損羽咋郡福良泊山木 渤海客著北陸道岸之時 必造還舶於此山 任民伐採 或煩無材 故豫禁伐大木 勿妨民業.”

205) 酒寄雅志(1997), 「日本と渤海 · 靺鞨との交流」, 『先史와 古代』 9, 한국고대학회, 86~87쪽

206) 윤명철(1998), 「渤海의 海洋活動과 東아시아의 秩序再編」, 『高句麗研究 6』, 학연문화사, 486~491쪽 참고.

207) 필자는 1998년 7월 초 복량을 답사하였다. 현재 조선소는 2개가 있는데 하나는 현대의 것이고, 다른 하나는 고대의 것이라고 한다.

다. 전 기간을 통해서 볼 때 발해 사신선들은 대체로 5척으로 선단船團을 이루고 있었다.[208)]

선박이 작은 것을 놓고 조선술이 뒤떨어졌다는 견해들도 있다. 동해라는 자연환경, 겨울의 황천 항해, 선박의 구조 등에 대한 기본이해가 부족한 데서 나온 견해들이다. 능파성이 좋고 돛을 효율적으로 사용하려면 선박은 크지 않은 것이 유리하지 않을 때가 많다.[209)] 또한 발해의 자연환경도 한 요인이다. 796년에 발해왕이 보낸 국서에는 선박 조선용의 큰 나무는 토질 때문에 자라기 어려워 부득이 작은 배를 띄운다고 되어있다.[210)] 전근대사회에서 조선용 목재는 매우 중요하다. 발해의 영토와 영역은 아한대亞寒帶지방이므로 침엽수들이었고, 때문에 나무가 단단한 반면 부력이나 크기에는 제한이 있었을 것이다.

발해는 해양 환경이 유리할 뿐 아니라 항로 자체를 다양하고 안정적으로 운영할 수 있어서 당과 교류하는 데에는 신라와 일본에 비해 매우 유리하다. 반면에 경제적인 이익을 많이 낼 수 있는 당나라의 강남지방과 교류하는 데는 불리했다. 또한 일본과 교류하는 데는 신라보다 불리한 점이 많았다. 일본과의 교역에서도 일본인들보다 발해인들이 더 불리했는데, 파고가 높은 한겨울에 북서풍을 타고 항해해야 하며, 출발 항구로 선택하는 데도 어려움이 많고, 일본열도에 도착할 때에도 중앙정부의 통제력이 덜 미칠 뿐 아니라 항구 조건도 부족한 곳에 도착하였기 때문이다. 그리고 중앙인 관서지역까지 이동하는 거리가 멀고 시간이 많이 걸렸다.

그럼에도 발해인들은 적지 않은 희생을 당하면서도 동해를 이용하여 일본

---

208) 리대희(1990), 「발해의 대일 교통로인 〈일본도〉」, 『력사과학』 4, 58쪽.

219) 바이킹의 선박들은 북해를 항해하므로 작고 단단하고 능파성이 강하다. 병사 44명에 군마 2필을 실을 정도의 배들이었다.

210) 『日本後紀』 권5, 延曆 15년 겨울 10월.

열도로 항해하였다. 발해와 일본의 교류는 발해 주도로 이루어졌다. 조선술과 항해술 등의 기술력이 발달했을 뿐만 아니라 발해정부가 추진한 국가정책과 발해인들의 의지가 복합적으로 작용했기 때문이다.

3) 일본의 해양력

일본은 8세기를 비롯하여 고대에도 해양문화가 발달했으며, 이를 토대로 국가발전에 활용했다는 견해들이 있다. 일본은 섬나라이므로 해양활동이 뛰어날 수 있는 유리한 점이 있다. 그런데 일본의 연안활동沿岸活動이 아닌 국제교류가 이루어지는 근해항해, 원양항해에서 필요한 해양문화는 조선술, 항해술 등의 메커니즘이 또 다르다. 일본이 교류의 대상으로 삼은 나라는 당나라, 신라, 발해이다. 견당선들이 항해한 항로는 해역에 따라서 대체로 3개로 구분하고 있다(일본에서 부르는 용례를 그대로 따르면서 문장에서는 자연환경을 고려하여 보편성 있는 용어를 더불어 사용하려 한다).

(1) 북로

북로는 큐슈의 북안을 출발하여 이키[壹岐]와 쓰시마(대마도)를 경유하여 거제도의 가라산을 지형지물로 삼아 한반도의 남부해안과 제주도 사이의 해역을 통과하여 서해근해를 따라 북상하다가 경기만의 먼 바다에서 산둥반도를 향하여 횡단하는 항로이다. 당시의 정치적인 상황으로 보아 불가능한 일이었다. 설사 그렇다 해도 비효율적이며, 항해 환경을 고려해도 오히려 위험성이 많다. 신라와 관계가 악화되었을 때에는 사용할 수가 없었다. 북로는 주로 교섭 초기에 사용되었다.

2차 견당사는 653년 5월에 파견하였는데, 1차와 마찬가지로 만일을 대비하여 북로에는 121명, 남도로南島路에는 120명의 2개조를 파견하였다. 그런데 남도로 파견된 조는 사츠마[薩摩]의 다케시마오키[竹島沖]에서 큰바람을 만나 배가 전복됨으로써 모두가 죽고 5명만 살아남았다. 반면에 북로로 갔던 견당선은 654년 7월에 백제사, 신라사와 함께 무사히 귀국하였다. 3차 견당선은 645년 2월에 2척이 모두 북로를 이용하여 갔다가, 655년 8월에 북로를 이용하여 귀국함으로써 왕복 모두 성공했다. 4차는 659년 8월 11일에 2척이 항구를 출항하여 북로를 선택했으나, 황해 횡단을 하다가 9월 15일에 폭풍을 만났다. 결국 남해로 흘러 들어가다가 도적들을 만나 사신단은 거의 다 피살되고, 5명만 생존했다. 돌아올 때에는 동중국해를 횡단하여 백제의 남단을 경유하는 항로를 선택했는데, 1척만이 9일 만에 귀국에 성공했다. 그 후 5차(665년 12월 출발), 6차(667년 11월), 7차(669년) 견당사는 모두 북로를 이용하였다. 대체로 성공률이 높았으며, 왕복 모두 무사했다.

(2) 남도로

대재부 해안의 오츠우라[大津浦]를 출발하여 큐슈 서해안을 남하하여 다네가시마[種子島]·야쿠시마[屋久島]·아마미대도[奄美大島]를 경유하여 오키나와 제도의 남단인 이시가키지마[石垣島] 부근까지 항해한다. 그리고 동중국해를 횡단하여 복건성·절강성 등의 근해를 항해하면서 북상하다가 양자강구의 양주[揚州]에 상륙했다. 이러한 항로는 승보 5년에 소주를 출발하여 일본으로 돌아온 기록에 분명하게 나타나고 있다.

남도로는 702년 6월에 출발한 7회째부터 사용하였다. 7차 때에는 왕복 모두 성공하였다. 8차 항해 때인 717년 3월에는 4척, 557명이라는 대규모의 인원이 왕복항해에 성공하였다. 그러나 그 다음 차인 733년에 파견한 견당사는 4척에 무려 594명이 파견되었는데, 가는 것은 성공하였으나 귀국에 실패하였고, 일부 사신들은 발해선을 타고 귀국하였다.[211] 10차인 752년에 파견한 견당사는 4척에 220여 명이 파견되어 당에 도착하였으나 다음 해에 귀국할 때는 순탄하지 못했다.[212] 그 다음인 759년의 견당사는 1척에 99명이 발해도를 타고 발해를 거쳐 입당하였고, 귀국할 때에 남해도를 이용하여 성공적으로 귀환했다. 756년의 견당사도 제 1선이 조난당하여 중지하였고, 762년 견당사는 순풍을 얻지 못해 결국은 파견을 중지하였다.

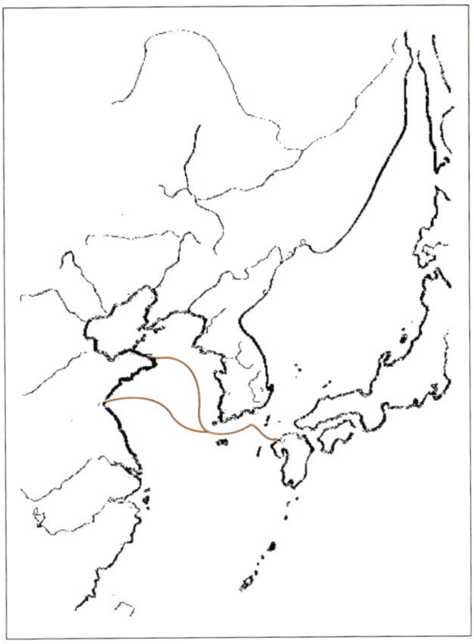

〈그림 7〉 일본 견당선의 북로

(3) 남로

남로 항로는 비교적 항해거리가 원거리이고, 위험성과 고난도의 항해술을 필요로 하는 원양항해 구역이 넓다. 『일본서기』에는 661년 견당선이 절강성 지역인 월주를 출항하였으나 표류하다 9일 만에 탐라도耽羅島(제주도)에 닿았

211) 733년 多治比廣成을 9차 견당사, 4척 594명. 남도로 갈 때 무사히 성공했으나 올 때 2척 무사, 1척 조난 곤륜국 표착, 4명 생존해서 당으로 귀환 발해선으로 귀국(739년). 『續日本紀』 天平 11년 3월. 겨울 바람 때문에 1척이 돌아오지 못한다.

212) 753년 11월 蘇州를 출항.
754년 11월 16일 귀로, 20일 폭풍.
1선 안남 표착--겨울 강풍 때문에 대사 등은 당에 귀환, 일본 못 옴.
2선 (부사 탐) 조난 薩摩 秋妻 屋浦에 표착, 鑑眞이 함께 옴. 12월.
3선 부사 吉備眞備 754년 1월 17일. 屋久島 紀井의 牟漏崎에 표착.
4선 754년 4월 18일 薩摩 石籬島에 표착.

는데, 왕자인 아파기阿波伎 등을 불러 위로하고 객선客船에 태워 일본 조정에 입사케 했다는 내용의 기록이 있다.[213] 물론 이는 항해상의 실패를 모면하고, 사실을 왜곡하려 한 기사이다. 이때 당으로 갈 때는 북로를 사용했을 가능성이 높지만, 귀국은 남로를 사용한 것이다. 남로를 공식적으로 사용한 것은 777년 6월이 처음이다. 고토[五島]열도에서 바람을 기다리다가 출발하여 항해에 성공하였다.[214] 그러나 778년 11월에 당에서 귀국하던 견당선 4척이 표류하였는데, 많은 희생을 내고 도착하였다.[215] 779년 5월에 출발한 13차 견당선은 왕복 모두 성공하였다. 그런데 다음 803년에

〈그림 8〉 일본 견당선의 남도로

213) 『日本書紀』 卷26 齊明천황 7년.

214) 776년 8월(윤) 5일 역풍으로 인해 견당선이 肥前에서 출발하지 못함
11월 15일 견당대사가 귀경 .
777년 12차 견당사-- 견당대사 병, 부사가 대신
6월 24일 견당사 출발(775년에 임명 2년 만에 출발). 오도열도 출발 4척 남로 사용 --이때부터 남로 사용. 9일만에 횡단 성공. 7월 3일 양주 도착.

215) 1선은 조난을 당하였고, 2선은 778년 11월에 큐슈 남부인 사츠마[薩摩]에 표착하였다. 3선은 778년 10월에 큐슈 북서부인 마츠우라[松浦]에 표착하였다. 그리고 4선은 같은 해 11월에 고시키지마[甑島]에 역시 표착하였다. 이때 많은 환자들이 생겼고, 부사(副使)인 소야석근(小野石根)은 대사를 대행하였다. 그가 탄 배는 폭풍 때문에 배가 파손되었고, 일본인 38명, 당인 35명이 익사하였고, 41명은 히젠[肥前]에 표착하였다. 그리고 일부는 다른 배에 구조되었다. 이 항해의 과정을 통해서 당시 견당선들의 항로 등 항해 실상을 알 수 있다.

파견된 14차는 4척의 견당선을 파견했는데 매우 사연이 많았다.[216] 그 뒤 견당선의 파견은 오랫동안 이루어지지 않았다가 15차 견당사는 836년 5월에 600여 명의 대인원을 태우고 4척의 배로 출항하였으나 실패를 거듭하다가 838년에 세 번째로 출항한 끝에 당에 도착하였다. 하지만 돌아올 때에 초주의 신라배 9척을 구하고, 신라 상인들을 고용한 후에 북로를 이용하여 귀국하였다.[217] 승려 등[218] 민간인은 말할 것도 없었다. 신라 상인들이 강주康州(광주)에 표류하던 일본인 50여 명을 데리고 왔다.[219] 이때도 2선은 남해에 표착하였다. 이 항해를 끝으로 견당선은 더 이상 파견되지 않았다. 894년에도 견당사를 파견하려 하였으나 시도하지 않았다. 결국은 836년의 견당사가 마지막이었다. 북로는 신라의 해역을 통과하므로 비교적 안전한 데 반하여 남도로와 남로는 자연조건상 매우 험난한 항해이다. 그럼에도 불구하고 일본은 위험성이 높은 항로를 사용할 수밖에 없었다. 견당사를 파견한 것 가운데에서 모두 이상 없이 왕복에 성공한 것은 채 50%가 안 되었다.[220]

그렇다면 이러한 항해를 한 일본의 조선술은 어느 정도의 수준이었을까? 삼국시대와 유사한 시대의 일본열도에는 당시 선박의 형태와 규모, 그리고 조

216) 출발한 지 얼마 안 돼서 배가 파손되자 연기하였다가 다시 804년 7월 6일에 축자를 출범하였다. 제 3선, 4선은 중간에서 조난당하였다. 제 2선은 무사히 당나라에 도착하였지만, 1선은 가까스로 도착하였고, 4선은 아예 행방불명이 되어버렸다. 귀국은 805년 6월이었는데, 1선 · 2선 모두 무사히 귀국하였다.

217) 『續日本後紀』 권8, 承和 6년 8월.

218) 『日本書紀』 권26, 齊明 4년 658년, 승려들이 신라배를 타고 당나라에 간 기록이 있다.

219) 『續日本後紀』 권15, 承和12년(845).

220) 茂在寅男(1981), 『古代日本の航海術』, 東京, 小學館, 191쪽 참조. '당시 120명~150명 이상씩 승선하는 큰 배임에도 불구하고 풍랑에 전복되곤 하였다.'(길이 45m, 폭 3m의 선박으로 추측).

선술을 알려주는 자료들이 있다.[221] 사이도바루[西都原古墳] 고분에서 나온 선형식륜船型埴輪이 비교적 유사한 시기의 것이고, 그 외 진부총珍敷塚, 일日の강총岡塚 등 6세기경의 것으로 추정되는 장식고분裝飾古墳에서는 배 그림들이 나타나고 있다.[222] 『동정회전회권東征繪傳繪卷』에 그려진 조선造船 풍경을 보면 고대의 백제 · 신라인들이 조선을 지도하는 것이 보인다.[223] 특히 6세기 중반 이후에 오면 일본은 조선에 비상한 관심을 기울였다. 일본은

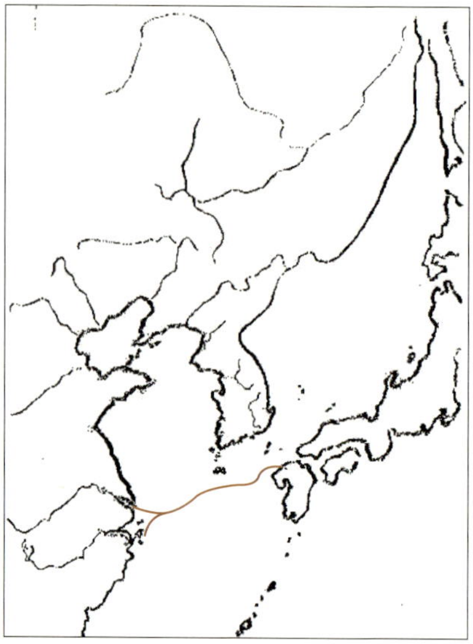

그림 9_ 일본 견당선의 남로

이후에도 백제선을 만드는 등 우리의 조선술의 영향을 받았다.[224] 『일본서기日本書記』에 의하면, 일본의 '이나선[猪名船]'은 신라 기술자들에 의해 건조되었고 효덕조孝德朝, 아기국에서는 대형 '백제선'이 건조되었다. 8세기 무렵의 일본이 지닌 조선술에 대하여 일본학자들은 긍정적으로 평가할 뿐 아니라 발해나 심지어는 신라에 비해 우수한 것으로 주장하고 있다.

221) 일본열도의 造船術에 대한 전문가의 연구로서는 國分直一, 「古代 東海の海上交通と船」; 清水潤二, 「日本 古代の船」, 『船』; 須藤利一 編, 『船』. 또한 근래에는 항해술과 조선술 등을 군사작전의 입장에서 연구한 松枝正根(1994), 『古代日本の軍事航海史』 上 · 中 · 下, かや書房이 있다.

222) 松枝正根(1994), 『古代日本の軍事航海史』中, かや書房에는 裝飾古墳의 船壁畵와 航海의 관계에 대한 연구가 있다.

223) 松枝正根, 위의 책, 下 26쪽.

224) 『日本書紀』 卷25, 孝德 白雉 元年. '--- 於安藝國 使造百濟船二隻.'

일본배와 연관된 기록들은 사실 여부와는 무관하게 다음과 같다.[225] "흠명 7년 춘정월에 백제사에게 양마 72필, 선船 일십척一十隻을 사賜한다." 이어 14년 6월에는 내신內臣을 보내서 백제에게 사신으로 보내고, 양마 2필 동선同船 2척隻 궁오십장弓五十張 전箭 오십구五十具를 사했다. 물론 동선이라는 것은 원시적인 환목주丸木舟나 독목주獨木舟가 아니라 기술이 발달된 준구조선準構造船 또는 구조선構造船이다. 흠명 15년에는 백제가 군병을 원하자 내신이 원군 1,000명, 말 100필, 배 40척을 보낼 것을 전하였다. 668년 9월 김유신에게 배 1척을 주고, 신라왕에게 선, 견, 금錦, 위韋를 사여했다는 기록이 있다. 672년 11월에는 신라사에게 선 1척을 사여賜與했다. 677년 천무천황 5년에는 전 해에 온 탐라 사신에게 배 1척을 주었다. 영구靈龜 원元년 715년 2월, 신라사가 돌아갈 때 대재부에 칙勅을 내려 면 5450근과 배 1척 주었다. 또 759년에 9월 임오에는 배 500척을 만들게 하였는데 3년 안에 마치도록 하였다.[226] 761년은 33국 1도로부터 선박 394척을 동원하여 배치하는 계획이 발표되었다. 실현 여부와는 무관하게 그러한 능력을 갖고 있었음을 반증한다.

〈그림 10〉 일본 견발해선 항로

761년 10월 10일에 안예국安藝國에서 견당선을 건조하였다. 762년 4월 17

225) 茂在寅男(1981), 『古代日本の航海術』, 東京 ; 小學館, 47쪽.
226) 『續日本紀』 권 22 寶字 3년.

일 견당선 1척이 파손되었다. 778년 11월 18일 송당객을 위해 선박을 건조하였다. 일본 견당사선들은 대체로 4척을 동원하여 선단을 이루었는데, 7번 나타나고, 8세기에는 5번 나타났다. 717년의 견당사는 4척에 557명이 탄 경우도 있고, 733년에는 4척에 594명이 승선했고, 838년에는 4척에 600여 명이 탑승했다. 그런데 이 사신단은 귀국할 때에 신라선 9척을 빌려서 귀국하였다. 그 외에는 100명에서 150명 남짓 타고 있었다. 견당선의 크기는 추정할 수밖에 없는데 전장은 20여m, 폭은 7m 전후이고, 크기는 총톤수로서 백 수십 톤 정도로 추정한다.[227] 이러한 조선 능력을 가진 일본이 앞에서 살펴본 바와 같이 신라배를 이용하고, 또 모방하여 제작하였으며, 우수성을 인정하고 서로 요구할 정도였다.[228]

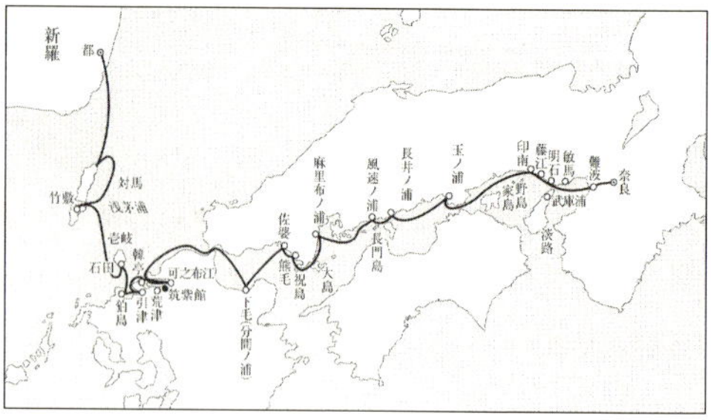

〈그림 11〉 견신라사의 항로

일본의 조선술의 실상을 살펴볼 수 있는 몇 가지 증거들이 있다. 15차 견당사는 834년에 임명되었으나 선박 건조에 3년이 걸렸다. 836년 5월에 출항하였으나 곧바로 폭풍을 만나 파손되어 돌아왔다. 그 다음 해인 837년 7월에 수리를 마치고 재출발하였으나 또 폭풍을 만나 파손되어 귀국한 후에 수리했고, 이어 838년 7월 3번째 출항에 성공했다. 그마저 귀국 시에는 사용할 수 없어서 신라배를 타고 귀국하였다. 일본은 발해와 교섭하는 데도 주로 발해배를 활용하였고, 9세기에는 그나마 단 한 척의 사신선을 파견한 적이 없었고, 교류의 주도

227) 茂在寅男(1989), 「遣唐史槪觀」, 『遣唐史と史料』, 東海大學 出版部, 26쪽 참고.
228) 茂在寅男(1981), 『古代日本の航海術』, 東京, 小學館, 46쪽 등 참조.

권과 막대한 무역상의 이익을 발해인들에게 넘겨주었다.

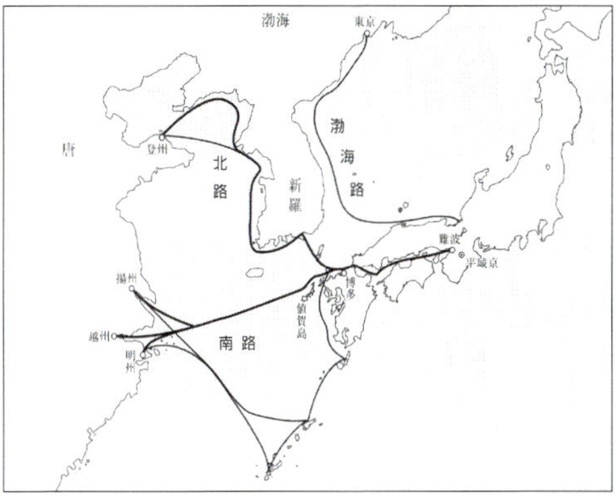

〈그림 12〉 견당사선의 항로

일본열도는 동아지중해의 주변에 있으므로 국제질서에서 정치적으로 비중이 낮았다. 고대사회에서 필요한 자원이 풍부하지 못했으며, 교역 품목도 자체생산하는 능력이 부족했다. 그러므로 국제질서에 진입하고, 국가발전을 이룩하기 위해서는 해양활동을 활발하게 전개하여 주변지역과 교류가 활성화되어야 했다. 일본은 신라와의 교섭, 발해와의 교섭은 지리적 위치로 보나 계절풍, 해류 등으로 보나 비교적 유리한 환경이었다. 하지만 중요한 교류대상국인 당과의 교류는 불리한 환경이었다. 위치가 안 좋은 데다가 항로 설정이 매우 어려웠다. 정치적인 요인, 국내 문제도 작용했겠지만, 불리한 해양환경과 함께 기술적으로는 조선술, 항해술의 문제로 인하여 국제질서에 진입하지 못했다. 이는 신라 및 발해와 맺은 관계에서도 마찬가지였다.

제4장에서 신라, 발해, 일본의 해양력을 살펴보았다. 해양력을 구성하는 요소는 다양하지만 본고의 주제에 맞게 국제질서에 영향을 끼칠 수 있는 항로의 확보, 조선술, 항해술 등을 기준으로 살펴보았다. 국제질서에서 해양활동을 활용하기에 가장 유리한 조건을 가진 나라는 신라였으므로 다양한 항로를 사용하였고, 그것을 뒷받침할 만한 조선술과 항해술을 구비하였다. 발해는 신라보다는 불리한 위치에 있었다. 다만 당나라의 중심부와 교류하는 데는 해륙海陸 양면을 활용할 수 있어서 유리하였다. 일본열도와 교류하는 데는 매우 악조

건이었으나 뛰어난 조선수로가 항해술, 그리고 발해인들의 의지가 상호작동하여 발일 교섭을 주도적으로 진행하였다. 일본은 열도 내부의 내해에서 해양활동을 하기에는 유리하였지만, 당나라와 교류하기에는 항로상 불리한 점이 많았다. 거기에 조선술과 항해술이 발달하지 못했으므로 교류가 매우 적었으며, 신라와 발해의 도움을 많이 받았다. 또한 해양활동을 통해서 적극적으로 국제질서에 진입하고자하는 의지가 부족했다. 동해를 사이에 둔 채 발해와 일본이 교섭할 경우 상대국으로 가는 항해는 일본이 유리했다. 그럼에도 일본은 발해에 사신단을 파견한 횟수가 3분의 1이 조금 넘는 정도였다.

5. 맺음말

본고의 주제는 8세기 동아시아의 국제질서와 해양력의 상관성이다. 따라서 해양활동과의 연관성 속에서 분석해보았다. 동아시아의 범주에 대해서는 더 구체적인 논의가 필요하다. 하지만 적어도 신라, 발해, 일본을 포함한 중국을 활동단위로 규정할 경우에는 육지와 해양이 동시에 작동하는 해륙적 공간이다. 따라서 동아지중해라고 하는 모델의 설정은 이 공간의 역사적인 성격을 규명하는 데 효율적이다. 이러한 역사공간에서 자연환경, 해양력 등이 국가의 국력 및 국제질서의 성격과 체계, 문화의 방향에 영향을 끼치는 것은 당연하다. 따라서 각 국가들은 국가발전을 이룩할 목적으로 해양문화를 활성화시키고, 해양력을 강화시키는 정책을 추진하면서 이를 활용하는 정책을 개발하고 집행했을 것이다.

7세기는 '동아지중해 국제대전'으로 인하여 400년 간 지속되었던 질서가 붕괴되고, 당을 중핵으로 신라와 발해, 그리고 일본이 둘러싸고 있는 구도로 재편되었다. 그리고 8세기 들어와 전쟁과 정치의 시대에서 평화와 무역의 시대로 변화하였고, 이에 따라 해양의 위상과 역할이 더욱 중요해졌다. 제3장에서 살펴본 바와 같이 각 국가들의 관계에서 발생한 국제적인 사건들은 해양과 밀접한 관련을 맺고 있었다. 따라서 각 국가들은 국가발전과 생존을 위해 해양 환경을 효율적으로 활용할 수 있는 해양력을 개발하고 강화해야 했다. 결국 신라, 발해, 일본의 3국은 불가피하게 해양력 경쟁을 벌일 수밖에 없었을 것이다.

신라는 해양전략적 가치가 높은 공간에서 다양한 항로를 확보하고, 뛰어난 조선술과 항해술로서 정치, 문화, 그리고 무역의 거점(hub)역할을 수행하였다. 8~9세기 신라의 국제적인 위상과 사회발전은 해양력의 발전과 불가분의 관계에 있다. 발해는 신라보다는 상대적으로 불리하고, 일본보다는 대당교섭對唐交涉에서 유리한 해양 환경을 토대로 뛰어난 조선술과 항해술, 적극적인 국가정책을 활용하여 국가발전을 이룩하였다. 해양력을 정치 · 군사력으로 활용한 732년의 대당전투는 발해의 정치적인 위상을 공고하게 만드는 중요한 역할을 했을 것이다. 그 후 당과는 130여 차례, 일본과는 35차례 이상의 공식적인 교섭을 통해서 정치 · 외교는 물론이고, 무역활동을 활발하게 만들었다. 발해의 국력과 국제질서 속에서의 위상은 해양력과 깊은 관련이 있다.

일본은 지리적으로 대륙의 주변부이면서 동아지중해에서도 외곽이었다. 국제질서의 중심부인 당나라와 접촉을 하는 데는 자연환경상 불리했다. 해협을 사이에 두고 있는 신라와는 '교류交流와 단절斷絕', '우호友好와 갈등葛藤'이 교차하는 '비우호적非友好的 동반관계同伴關係'였으므로, 상호교류도 원활하지 못했을 뿐 아니라, 당나라와 교섭하는 데 방해요인이 되었다. 결국 일본은 이러한 한계를 극복하지 못한 채 당과 교류가 활성화되지 못했고, 신라와의 공식적인 교류도 9세기 전반에 이르러 중단되었다. 발해와는 '전략적 동반관계'

로서 교류가 활발했으나 발해의 주도로 이루어졌다. 일본은 필요성이 컸으나 국가정책과 능력의 한계로 인하여 간헐적으로 추진하다가 9세기 이르면 중단하였다. 8세기와 9세기에 일본은 적극적인 외교정책을 추진하지 못했고, 동아시아 국제질서에서 큰 역할을 담당하지 못했다. 여기에는 다양한 요인들이 있지만 중요한 것은 해양력의 한계이다. 교류의 시대인 8세기 동아시아의 국제질서에서 해양력은 모든 분야에 영향력을 끼칠 수 있는 중요 요소였다.

8세기 동아시아 제국의 내정과 국제관계 시론

全海宗(1970),『韓中關係史研究』, 일조각.

李基白(1958),「新羅 惠恭王代의 政治的 變革」,『社會科學』2.

池內宏(1929),「眞興王の戊子巡境碑と新羅の東北境」.

村上四男(1966),「新羅と小高句麗國」,『朝鮮學報』37 · 38 합병특집호.

이기동(1976),「新羅 下代의 浿江鎮」,『韓國學報』4.

鈴木靖民(1985),『古代對外關係史の研究』, 吉川弘文館.

金文經(1986),『唐高句麗遺民과 新羅僑民』, 日新社.

林相先 편역(1990),『渤海史의 理解』, 신서원.

井上秀雄(1991),『古代日本人の外國觀』, 學生社.

宋基豪(1995),『渤海政治史研究』, 일조각.

朱國沈 · 魏國忠(1984),『渤海史稿』, 黑龍江省文物出版社.

이기동(1982),「新羅의 骨品制度와 日本의 氏姓制度」,『歷史學報』94 · 95 합집.

權悳永(1997),『古代韓中外交史 : 遣唐使 研究』, 일조각.

李成市(1997),『東アジアの王權と交易－正倉院の寶物が來たもうひとつの道』, 青木書店.

이기동(1976),「新羅 下代의 浿江鎮」,『韓國學報』4.

李成市(2000),『東アジア文化圈の形成』, 山川出版社.

酒寄雅志(1999),「唐碑亭､すなわち'鴻臚井の碑'をめぐって」,『朝鮮文化研究』6, 東京大學文學部.

金子修一(2001),「唐朝より見た渤海の名分的位置」,『隋唐の國際秩序と東アジア』, 名著刊行會.

濱田耕策(1979),「聖德王代の政治と外交」,『旗田巍古稀記念 朝鮮歷史論集』상권, 龍溪書舍.

金鐘福(2009),『渤海政治外交史』, 일지사.

池內宏(1960),「眞興王の戊子巡境碑と新羅の東北境」,『滿鮮史研究』上世篇 제2책, 吉川弘文館.

諏訪義讓(1942),「高麗出身 高仙芝事蹟攷」,『大谷大學硏究年報』1, 법장관.
卞麟錫(1967),「唐代 外國使 爭長의 硏究 :「續日本紀」所載의 所謂 古麻呂抗議를 중심으로」,『亞細亞硏究』10~4(통권 28).
石井(1976),「渤海の日唐間における中繼的役割について」,『東方學』51.
蒲生京子(1979),「新羅末期の張保皐の擡頭と反亂」,『朝鮮史硏究會論文集』16.
古畑徹(1986),「唐渤紛爭の展開と國際情勢」,『集刊東洋學』55.
池田溫(1988),「蕭穎士招聘は新羅か日本か」,『榎一雄博士頌壽記念 東洋史論叢』, 汲古書院.
池田溫(1995),「天寶後期の唐・羅・日關係をめぐって」,『卞麟錫教授 還曆記念 唐史論叢』.
濱田耕策(1995),「留唐學僧戒融の日本歸國をめぐる渤海と新羅」,『佐伯有淸先生古稀記念 日本古代の傳承と東アジア』, 吉川弘文館.
全德在(1997),「新羅 中代 對日外交의 推移와 眞骨貴族의 動向−聖德王~惠恭王代를 중심으로−」,『韓國史論』37.
이기동(1998),「新羅 聖德王代의 政治와 社會」,『歷史學報』160.
林起煥(2003),「報德國考」,『강좌・한국고대사』제10권, 가락국사적개발연구원.
井上直樹(2009),「八世紀中葉の新羅・唐關係−孝成王代を中心に−」,『唐代史硏究』12.
李泳鎬(2010),「金思蘭: 唐을 선택한 망명자」,『伏賢史林』28.

8세기 동아시아 역사의 구조

井上亘(2010),「類聚的世紀 : 遣唐使以后」,『北京大學歷史學係與駒澤大學學術硏討會論文集』.
王小甫 主編(2003),『盛唐時代與東北亞政局』, 上海辭書出版社.
王小甫(2003),「總論 : 隋唐五代東北亞政治關係大勢」,『盛唐時代與東北亞政局』, 上海辭書出版社.
王小甫(2005),「新羅北界與唐朝遼東」,『史學集刊』2005-3.
王小甫(2010),『唐, 吐蕃, 大食政治關係史』, 北京 : 中國人民大學出版社.
王新生(2006),『日本簡史』, 北京 : 北京大學出版社, 41~44쪽.
王綿厚(2000),「唐末契丹進入遼東的歷史考察」,『東北古族古國古文化硏究(中卷)』, 黑龍江教育出版社.
韓茂莉(1999),『遼金農業地理』, 北京：社會科學文獻出版社.
韓國古代史研究會 편(1995),『韓國古代史資料集』, 지식산업사.
金子修一(1999),「唐朝より見た渤海の名分的位置付けについて」,『東アジア史における國家と地域』, 唐代史研究會報告第八集), 東京：刀水書房.
古畑徹(1999),『環日本海諸「地域」間交流史の中の渤海』-7～10世紀における航路の変遷を中心に ほか』,「東アジア史における國家と地域」, 唐代史研究會報告第八集), 東京：刀水書房.
松井 외,『契丹勃興史』, 13쪽.
上垣外憲一(2000),『日本文化交流小史－東アジア傳統文化のなかで』, 東京 ： 中央公論新社.
森公章(1998),『白村江」以後：國家危機と東アジア外交』, 東京：講談社.
西嶋定生(1985),『日本歷史の國際環境』, 東京大學出版會.
朝鮮科學院歷史研究所 編, 賀劍城 譯(1962),『朝鮮通史』上, 三聯書店.
陳寅恪(1982),『唐代政治史述論稿』, 上海古籍出版社.
陳寅恪 集(1982),『金明館叢稿初編』, 上海古籍出版社.
程尼娜(2001),「渤海與日本交聘中"高麗國"的辯析」,『吉林大學社會科學學報』.
馬一虹(2002),「唐封大祚榮"渤海郡王"號考－兼及唐朝對渤海與高句麗關係的認識」,『北方文物』.
馬一虹(2001),「8世紀中期以後黑水靺鞨與渤海關係考」,『文史哲』2001年 6期.
馬一虹(1998),「八世紀中葉之渤海與日本的關係－以762年渤海第六次遣日本使爲中心」,『國學院大學大學院紀要(文學研究科)』29.
馬一虹(1999),「渤海與唐朝的關係」,『亞洲游學』1999年 6期『渤海與古代東亞』特集, 東京：勉誠出版社.
浜田耕策(1999),「新羅王權と海上勢力－特に張保皐の淸海鎭と海賊に關連して」,『東アジア史における國家と地域』, 刀水書院.
浜田耕策(2000),『渤海國興亡史』, 東京：吉川弘文館.
福田忠之(2003),『試論金馬渚的高句麗政權與新羅的半島統一』, 北京大學歷史係2003級博士研究生東北亞古代史讀書報告之二.

李成市(1998),「古代東北アジア諸民族の對日本通交」,『東アジアの古代文化』96, 大和書房.
鈴木靖民(1999),「渤海國家の構造と特質－首領・生産・交易－」,『朝鮮學報』170, 朝鮮史研究會.
徐先堯(2003),『二王尺牘與日本書紀所載國書之研究－隋唐期中日關係史之一章』, 臺北：藝軒圖書出版社.
魏國忠(1995),「渤海王國据有遼東考」,『東北民族史研究(二)』, 中州古籍出版社.
이기백, 厲帆 역(1994),『韓國史新論』, 北京：國際文化出版公司.
朝鮮科學院 歷史研究所, 延邊大學 飜譯組 譯(1975),『朝鮮通史』上－1, 吉林人民出版社.
佟柱臣(1989),「張建章墓志考」,『中國東北地区和新石器時代考古論集』, 文物出版社.
黃約瑟(1997),『黃約瑟隋唐史論集』, 中華書局.

일본에서의 8세기 동아시아사 연구의 현상과 과제

Reinhard Erich Zöllner 著, 植原久美子 譯・小倉欣一・李成市監修(2009),『東アジアの歴史－その構築－』, 明石書店.
歷史教育者協議會(2006),『向かい合う日本と韓國・朝鮮の歴史』前近代編上・下, 青木書店.
日韓共通歷史教材制作チーム編(2005),『日韓共通歷史教材朝鮮通信使』, 明石書店.
歷史教育研究會(2007),『日韓交流の歴史』, 明石書店
日中韓3國共通歷史教材委員會(2005),『未來をひらく歴史－東アジア三國の近現代史』, 高文研.
日韓「女性」共同歷史教材編纂委員會(2005),『ジェンダーの視点からみる日韓近現代史』, 梨の木舍.
阿部安成(2002),「『國民國家』の歴史學と歴史意識」, 歷史學研究會編,『歴史學における方法的轉回』I 現代歷史學の成果と課題 1980~2000年, 青木書店.
井上直樹(2009),「八世紀中葉の新羅・唐關係－孝成王代を中心に－」,『唐代史研究』第12號.
井上和人(2008),『日本古代都城制の研究－藤原京・平城京の 史的意義－』, 吉川弘文館.
河西英通(2004),「歴史的思考力の形成空間としての東アジア」, 加藤章編,『越境する

歴史教育國境を越えて､世代を越えて』, 教育史料出版會.
河野貴美子(2010), 「古代日本における『周易』の受容」, 『國文學研究』 161, 早稲田大學國文學會.
河内春人(1999), 「詔勅・處分にみる新羅觀と新羅征討計畫」, 『駿台史學』 180.
旗田巍(1966), 「日本における東洋史學の傳統」, 幼方直吉・遠山茂樹・田中正俊編, 『歴史像再構成の課題』, 御茶の水書房.
吉田悟郎(1990), 『自立と共生の世界史學 － 自國史と世界史－』, 青木書店.
橋本雄(2008), 「室町日本の對外觀 － 室町殿の『內なるアジア』を考える－」, 『歴史評論』 697.
栗田元次(1935), 『奈良時代の特性』, 日本放送協會出版.
栗田元次(1937), 『史的研究日本の特性』, 賢文館.
古畑徹(2008), 「渤海王大欽茂の『國王』進爵と第六次渤海使 － 渤海使王新福による安史の亂情報の檢討を中心に －」, 『集刊東洋學』 100.
五井直弘(1976), 「東洋史研究者における日本と中國」, 『近代日本と東洋史學』, 青木書店.
佐伯有清(1970), 「九世紀の日本と朝鮮」, 『日本古代の政治と社會』, 吉川弘文館.
山崎雅稔(2000), 「研究動向・古代日韓關係史に關する研究」, 歴史教育研究會編, 『日本と韓國の歴史教科書を讀む視点 － 先史時代から現代までの日韓關係史』, 梨の木舍.
山內晋次(2003), 「唐朝の國際秩序と日本 － 外交文書形式の分析を通して－」, 『奈良平安期の日本とアジア』, 吉川弘文館.
酒寄雅志(1993), 「華夷思想の諸相」, 荒野泰典他編, 『アジアのなかの日本史』Ⅴ, 自意識と相互理解, 東京大學出版會.
酒寄雅志(2001), 『渤海と古代の日本』, 校倉書房.
小幡みちる(2007), 「8世紀後半の日唐關係と道教」, 『史滴』 29.
小幡みちる(2005), 「日本古代の道教受容に關する一考察 － 8世紀前半の日唐關係を通じて－」, 『早稲田大學大學院文學研究科紀要』 50-4.
小幡みちる(2003), 「唐代の國際秩序と道教 － 朝鮮諸國への道教公伝を中心として－」, 『史滴』 25.
上原專祿(1955), 「世界史像の新形成」, 『世界史像の新形成』, 創文社.
森安孝夫(2007), 『シルクロードと唐帝國』, 講談社.

森公章(1998), 「古代日本における對唐觀の研究」, 『古代日本の對外認識と通交』, 吉川弘文館.
森公章(2008), 『遣唐使と古代日本の對外政策』, 吉川弘文館.
森博達(1999), 『日本書紀の謎を解く』, 中央公論新社.
小林芳規(2004), 『角筆文獻硏究導論』上・アジア篇, 大修館.
辛珠柏, 吳仁濟譯(2009), 「韓中日三國の高校世界史教科書における第二次世界大戰」, 『歷史評論』715.
菅沼愛語(2010), 「八世紀前半の唐・突厥・吐蕃を中心とする國際情勢」, 『史窓』67
菅沼愛語 외(2009), 「七世紀後半の『唐・吐蕃戰爭』と東部ユーラシア諸國自立への動き」, 『史窓』66.
西嶋定生(2000), 「東アジア世界の形成と展開」, 李成市編, 『古代東アジア世界と日本』, 岩波書店.
西嶋定生(2002), 「東アジア世界の形成と展開」, 『西嶋定生東アジア史論集』3, 東アジア世界と册封体制, 岩波書店.
石井正敏(2001), 「初期日本・渤海交涉における一問題」, 『日本渤海關係史の研究』, 吉川弘文館.
石見清裕(2004), 「入唐日本人『井眞成墓誌』の性格をめぐって－中國唐代史の立場からみると－」, 『アジア遊學』70.
石見清裕(2009), 『唐代の國際關係』, 世界史リブレット, 山川出版社.
廣瀨憲雄(2010), 「倭國・日本史と東部ユーラシア－6~13世紀における政治的連關再考」, 『歷史學研究』872.
石上英一(1987), 「古代東アジア地域と日本」, 『日本の社會史』Ⅰ, 列島內外の交通と國家, 岩波書店.
石上英一(1982), 「古代國家と對外關係」, 『講座日本歷史』2, 古代2, 東京大學出版會.
石母田正(1960), 「最近の諸事件と民衆の國際意識」, 『歷史評論』124.
石母田正(2000), 『石母田正著作集』4, 古代國家論, 岩波書店.
石母田正(1973), 「日本古代における國際意識について－古代貴族の場合－」, 『日本古代國家論』Ⅰ, 岩波書店.
川本隆史(1998), 「民族・歷史・愛國心 －「歷史教科書論爭」を歷史的に相對化するためにー」, 小森陽一・高橋哲哉編,『ナショナルヒストリーを越えて』, 東京大學出版會.
前田直典(1948),「東アジヤに於ける古代の終末」,『歷史』1−1.
大町健(2004),「東アジアのなかの日本律令國家」, 歷史學硏究會・日本史硏究會編,『日本史講座』2.
中見立夫(1999),「北東アジアからみた東アジア」, 濱下武志編,『東アジア世界の地域ネットワーク』シリーズ國際交流3, 山川出版社.
田中健夫(2003),『對外關係史硏究のあゆみ』, 吉川弘文館.
田中史生(1997),『日本古代國家の民族支配と渡來人』, 校倉書房.
西嶋定生(1960),「八年間のゼミナール」,『圖書』133, 岩波書店.
東野治之(1977),「正倉院氈の墨書と新羅の對外貿易」,『正倉院文書と木簡の硏究』, 塙書房.
東野治之(2007),『遣唐使』, 岩波書店.
藤田高夫(2010),「東アジアの共時性」, 松浦章編,『東アジアにおける文化情報の發信と受容』, 關西大學アジア文化交流硏究叢刊 4.
南塚信吾(2010),「回顧と展望2009年の歷史學界 歷史理論」,『史學雜誌』119-9.
南塚信吾(2009),「世界史は動いている」,『歷史學硏究』850.
南塚信吾(2007),『世界史なんていらない？』, 岩波書店.
日韓歷史共同委員會編(2010),『第2期日韓歷史共同硏究報告書』, 第1分科會篇.
都市史硏究會(2005),『年報都市史硏究』13, 特集東アジア古代都市論, 山川出版社.
平川南(2010),「正倉院佐波理加盤付屬文書の再檢討」,『日本歷史』750.
平澤加奈子(2006),「八世紀後半の日羅關係 − 寶龜十年新羅使を中心にー」,『白山史學』42.
並木頼壽(2008),『日本人のアジア認識』, 世界史リブレット, 山川出版社.
保立道久(2004),「東大寺大佛と新羅出兵計畫」,『歷史地理教育』2004-8.
保立道久(2004),『黃金國家 − 東アジアと平安日本ー』, 靑木書店.
妹尾達彦(2010),「長安の變貌」,『歷史評論』720.
木簡學界編(2010),『木簡から古代がみえる』, 岩波書店.
木村茂光(1997),『「國風文化」の時代』, 靑木書店.
河添房江(2005),『源氏物語時空論』, 東京大學出版會.

野卓治(1996), 「九世紀における日本律令國家と對新羅『交通』」, 『日本古代の國家と祭儀』, 雄山閣出版.
野卓治(1994), 「日本古代國家の成立・展開と對外『交通』」, 『歷史學研究』 664.
李基東(1993), 「薛仲業と淡海三船の交歡 － 統一新羅と日本の文化的交涉の一斷面 －」, 『國史學』 151.
李成市(2004), 「新羅文武・神文王代の集權政策と骨品制」, 『日本史研究』 500.
李成市(2008), 「古代東アジア世界論再考 － 地域文化圈の形成を中心に－」, 『歷史評論』 697.
李成市(1997), 『東アジアの王權と交易 － 正倉院の寶物が來たもうひとつの道－』, 青木書店.
鈴木靖民(1985), 「日本律令國家と新羅・渤海」, 『古代對外關係史の研究』, 吉川弘文館.
鈴木靖民(2010), 「遣唐使と古代の東アジア」, 遣唐使船再現シンポジウム編, 『遣唐使船の時代 － 時空を驅けた超人たち－』, 角川學芸出版社.
鈴木靖民(1975), 「渤海の首領に關する予備的考察」, 『古代對外關係史の研究』, 吉川弘文館.
鈴木靖民(1999), 「渤海國家の構造と特質 － 首領・生産・交易－」, 『朝鮮學報』 170.
專修大學・西北大學共同プロジェクト編(2005), 『遣唐使の見た中國と日本 － 新發見「井眞成墓誌」から何がわかるか－』, 朝日新聞社.
尹海東(2010), 「トランスナショナル・ヒストリーの可能性－韓國近代史を中心に－」, 裵貴得譯, 『季刊日本思想史』 76.
權悳永(1997), 『古代韓中外交史 － 遣唐使研究－』, 一潮閣.
濱田耕策(1983), 「新羅中・下代の內政と對日外交 － 外交形式と交易をめぐって－」, 『學習院史學』 21.
增井三夫(2004), 「15~17世紀のアジアとヨーロッパの中心・周辺認識 － 歷史教育・歷史的思考の多様性を考える－」, 加藤章編著, 『越境する歷史教育 － 國境を越えて, 世代を越えて』, 教育史料出版會.
歷史學研究會編(2002), 『戰後歷史學を檢證する－ 歷研創立70周年記念－』, 歷史學研究會.

8세기 전반 당조의 대돌궐 · 거란 전략

陳寅恪(1950), 「新樂府－新豊折臂翁」, 『元白詩箋證稿』, 三聯書店.

王炳華(1981), 「吐魯番出土唐代庸調布研究」, 『文物』.

王小甫(2003), 『盛唐時代與東北亞政局』, 上海：辭書出版社.

1975, 『漢書』, 北京：中華書局 點校本

1975, 『後漢書』, 北京：中華書局 點校本.

1975, 『舊唐書』, 北京：中華書局 點校本.

1975, 『新唐書』, 北京：中華書局 點校本,.

1989, 『唐六典』, 北京：中華書局 點校本.

1988, 『通典』, 北京：中華書局 點校本.

2007, 『太平寰宇記』：北京. 中華書局 點校本.

高彦休(唐), 『唐闕史』：四庫全書版.

1975, 『舊五代史』, 北京：中華書局 點校本.

1956, 『資治通鑑』, 北京：中華書局 校點本.

1991, 『北夢鎖言』, 上海：上海古籍出版社.

1960, 『册府元龜』, 北京：中華書局.

1961, 『太平廣記』, 北京：中華書局 點校本.

1966, 『文苑英華』, 北京：中華書局.

嚴羽(宋), 『滄浪詩畵』 詩辨, 四庫全書版.

葉適(宋), 『習學記言』 唐書 列傳, 四庫全書版.

吳任臣(淸), 『十國春秋』, 四庫全書版.

1982, 『全唐文』, 中華書局.

8세기 동북아 정세의 변화와 당조의 대응체제

송기호(1995), 『渤海政治史研究』, 일조각.

김종복(2009), 『발해정치외교사』, 일지사.

劉 統(1998), 『唐代羈縻府州研究』, 西北大學出版社.

李大龍(2003), 『都護制度研究』, 黑龍江教育出版社.

黎虎(1998), 『漢唐外交制度史』, 蘭州大學出版社.

魏國忠(2006),『渤海國史』, 中國社會科學出版社.
章 群(1986),『唐代蕃將硏究』, 聯經.
劉玉峰(2002),『唐代工商業形態論稿』, 齊魯書社.
榎本淳一(2008),『唐王朝と古代日本』, 吉川弘文館.
정병준(2002),「安史의 亂과 李正己」,『동국사학』37.
정병준(2002),「平盧節度使 李正己에 대해 − 代宗時期를 중심으로」,『진단학보』94.
정병준(2005),「平盧節度使 侯希逸 − 安東都護府의 軍將에서 平盧淄靑節度使로」,『중국사연구』39.
정병준(2005),「'營州城傍高麗人' 王思禮」,『고구려연구』19.
정병준(2007),「李正己 一家의 藩鎭과 渤海國」,『중국사연구』50.
정병준(2008),「고구려 유민 연구」, 정병준 외,『중국학계의 북방민족 · 국가 연구』, 동북아역사재단.
정병준(2009),「押新羅渤海兩蕃使와 張保皐의 對唐交易」,『중국고중세사연구』21.
정병준(2010),「唐代의 互市와 張保皐의 對唐交易」,『중국사연구』69.
楊曉燕(2003),「唐代平盧軍與環渤海地域」, 王小甫 主編,『盛唐時代與東北亞政局』, 上海辭書出版社.
李松濤(2003),「論契丹李盡忠 · 孫萬榮之亂」, 王小甫 主編,『盛唐時代與東北亞政局』, 上海辭書出版社.
李松濤(2003),「試論安史亂前幽州防禦形勢的改變」, 王小甫 主編,『盛唐時代與東北亞政局』, 上海辭書出版社.
姜淸波(2005),「試論唐代的押新羅渤海兩蕃使」,『暨南學報』2005-1.
劉鳳鳴(2010),「押新羅渤海兩蕃使與東方海上絲綢之路的繁榮」,『魯東大學學報(哲學社會科學版)』2010-5.
孫慧慶(1992),「唐代平盧節度使南遷之后瑣議」,『北方文物』1992-4.
郝 黎(2003),「唐代淄靑鎭的特點」,『靑島科技大學學報』2003-4.
王義康(2009),「唐代東北諸族的來附與突厥」,『중국고중세사연구』22.
馬 馳(1998),「唐幽州境僑治羈縻州與河朔藩鎭割據」,『唐硏究』4.
張澤咸(1993),「唐朝與邊境諸族的互市貿易」,『魏晉南北朝隋唐史』1993-1.
李大龍(2004),「校尉에서 都護로 : 唐代 동북변강 민족 관리 기구의 변천」, 馬大正 主

編, 여영옥 역, 『중국의 동북변강 연구』, 고구려연구재단.
曲金良(2008), 「당조 신라인구의 해외거주 공간분포와 항구 네트워크에 대한 연구 -9세기 산동반도와 강회연해를 중심으로」, 金建人 외, 『7~10세기 동아시아 문물교류의 諸相』, 해상왕장보고기념사업회.
村井恭子(2003), 「押蕃使の設置について – 唐玄宗期における對異民族政策の轉換」, 『東洋學報』 84-4.
村井恭子(2009), 「唐代押蕃使的出現和歐亞東部國際形勢的變化」, 『중국고중세사연구』 22.
村井恭子(2006), 「唐代東北海運和海運使」, 張金龍 主編, 『黎虎教授古稀紀念 中國古代史論叢』, 世界知識出版社.
日野開三郎(1984), 「玄宗の平盧軍節度使育成と小高句麗國」, 『日野開三郎東洋史學論集』 8, 三一書房.
日野開三郎(1984), 「唐の高句麗討滅と安東都護府」, 『日野開三郎東洋史學論集』 8, 三一書房.
日野開三郎(1984), 「安史の亂と渤海の小高句麗國占領」, 『日野開三郎東洋史學論集』 8, 三一書房.
日野開三郎(1984), 「渤海國の隆昌と小高句麗國の子國化」, 『日野開三郎東洋史學論集』 8, 三一書房.

사절 왕래를 통해 본 8세기의 나당관계

權悳永(1997), 『古代韓中外交史-遣唐使硏究』, 일조각.
權悳永(2004), 「金仁問小傳」, 『文化史學』 21.
권덕영(2006), 「羅唐交涉史에서의 朝貢과 册封」, 『한국 고대국가와 중국왕조의 조공·4. 책봉』 고구려연구재단 연구총서 15.
權悳永(2007), 「신라 '西化' 구법승과 그 사회」, 『정신문화연구』 107.
金壽泰(1991), 「百濟의 滅亡과 唐」, 『百濟硏究』 22.
金壽泰(1992), 「新羅 孝成王代 朴氏王妃의 再登場」, 『湖西史學』 19 · 20 합집.
나희라(1997), 「신라종묘제의 수용과 그 내용」, 『韓國史硏究』 98.
盧德浩(1983), 「羅末 新羅人의 海上貿易에 관한 硏究-張保皐를 중심으로」, 『史叢』 27.
노태돈(2009), 『삼국통일전쟁사』, 서울대학교출판부.

邊太燮(1964), 「廟制의 變遷을 통해 본 新羅社會의 發展過程」, 『歷史教育』 8.
서영교(2006), 『羅唐戰爭史 硏究』, 아세아문화사.
孫敏佐(1983), 「則天武后의 權力集中策」, 『慶北史學』 6.
申瀅植(1981), 『三國史記 硏究』, 一潮閣.
申瀅植(1984), 『韓國古代史의 新硏究』, 일조각.
李丙燾(1977), 『國譯 三國史記』, 乙酉文化社.
任大熙(1996), 「則天皇太后 執政期의 政治와 人物」, 『魏晋隋唐史硏究』 2.
任大熙(2003), 「唐高宗 統治後期의 政治와 人物」, 『中國學報』 47.
朱甫敦(1992), 「文館詞林에 보이는 韓國古代史 관련 外交文書」, 『慶北史學』 15.
蔡美夏(2000), 「新羅 惠恭王代 五廟制의 改定」, 『韓國史硏究』 108.
최현화(2004), 「7세기 중엽 羅唐關係에 대한 考察」, 『史學硏究』 73.
黃雲龍(1982), 「新羅太宗廟號의 紛糾始末」, 『東國史學』 17.
吉田光男(1977), 「『翰苑』註所引『高麗記』について－特に筆者と作成年次」, 『朝鮮學報』 85.
東野治之(1979), 「奈良時代遣唐使の文化的役割」, 『佛教美術』 122.
武田幸男(1994), 「『高麗記』と高句麗情勢」, 『民族文化의 諸問題－于江權兌遠教授定年紀念論叢』, 세종문화사.
濱田耕策(1982), 「新羅の神宮と百座講會と宗廟」, 『東アジア世界における日本古代史講座』 9, 東京：學生社.
濱田耕策(1995), 「留唐學僧戒融の日本歸國をめぐる渤海と新羅」, 『日本古代の傳承と東アジア』, 東京：吉川弘文館.
井上秀雄(1974), 「新羅朴氏王系の成立」, 『新羅史基礎硏究』, 동경: 東出版.
池田溫(1995), 「天寶後期の唐・羅・日關係をめぐって」, 『卞麟錫教授還曆記念 唐史論叢』, 성진.
横田滋(1956), 「武周政權成立の前提」, 『東洋史硏究』 14－4.

8세기 신라의 동아시아 외교와 영빈 체계

『三國史記』
『三國遺事』
『高麗史』

『隋書』
『舊唐書』
『新唐書』
『舊五代史』
『唐會要』
『續日本紀』
『日本後紀』
『続日本後紀』
『日本三代實錄』
『入唐求法巡禮行記』
『宣和奉使 高麗圖經』
『祖堂集』
『東史綱目』
『新增東國輿地勝覽』
『燃藜室記述』
朝鮮總督府 편(1919), 『朝鮮金石總覽』 上.
池內宏(1929), 『古蹟調査特別報告』 第6册, 朝鮮總督府.
李丙燾(1977), 『譯註 三國史記』 上, 乙酉文化社.
鄭求福 외(1997), 『譯註 三國史記』 4 주석편(하), 韓國精神文化研究院.
井上秀雄(1974), 『新羅史基礎研究』, 東出版.
森克己(1975), 「遣唐使と日本との關係」, 『續日宋貿易の研究』, 國書刊行會.
東野治之(1977), 『正倉院文書と木簡の研究』, 塙書房.
이기백(1984), 『신라정치사회사연구』, 일조각.
이기동(1984), 『新羅 骨品制社會와 花郎徒』, 일조각.
西島定生(1984), 『日本歷史の國際環境』, 東京大.
鈴木靖民(1985), 『古代對外關係史の研究』, 吉川弘文館.
山尾幸九(1989), 『古代の日朝關係』, はなわ書房.
申瀅植(1990), 『통일신라사연구』, 三知院.
이인철(1993), 『신라정치제도사연구』, 일지사.

李成市(1997),『東アジア王權と交易』, 靑木書店.

권덕영(1997),『고대한중외교사』, 일조각.

酒寄雅志(2001),『渤海と古代の日本』, 校倉書房.

石井正敏(2001),『日本渤海關係史の研究』, 吉川弘文館.

濱田耕策(2002),『新羅國使の研究』, 吉川弘文館.

박석순(2002),『일본고대국가의 왕권과 외교』, 경인문화사.

나희라(2003),『신라의 국가제사』, 지식산업사.

울산발전연구원 문화재센터(2009),『울산반구동유적』(본문).

栗田寬(1887),「石上宅嗣補傳」

栗田勤 輯(1901),『栗里先生雜著』中(권8).

瀧川政次郎(1963),「江都集禮と日本の儀禮」,『岩井博士古稀記念 典籍論集』.

關晃(1965),「遣新羅使の文化史的意義」,『山梨大學 學藝學部硏究報告』6

해상왕장보고기념사업회 편(2002),「遣新羅使의 문화사적 의의」,『張保皐關係硏究論文選集 : 中國篇 · 日本篇』.

申瀅植(1966),「신라의 대당 교섭상에 나타난 宿衛에 대한 일고찰」,『역사교육』9.

鈴木靖民(1969),「新羅の倭典について」,『古事類苑 外交部月報』33.

三池賢一(1971),「新羅內廷官制考(下)」,『朝鮮學報』62.

石母田正(1973),「日本古代における國際意識について」·「天皇と諸蕃」,『日本古代國家論』Ⅰ, 岩波書店.

田村圓澄(1975),「新羅送使考」,『朝鮮學報』90.

李成市(1981),「正倉院寶物氈貼布記を通して見た八世紀の日羅關係」,『朝鮮史硏究會會報』67.

濱田耕策(1982),「新羅の神宮と百座講會と宗廟」,『東アジア世界における日本古代史講座 9－東アジアおける儀禮と國家』.

李範稷(1983),「高麗史 禮志 '軍禮 · 賓禮'의 검토」,『明知史論』1.

古煙徹(1983),「7世紀末から8世紀初にかけての新羅 · 唐關係」,『朝鮮學報』107.

田島公(1985),「日本の律令國家の'賓禮' － 外交儀禮より見た天皇と太政官」,『史林』68-3.

김영하(1988),「신라 중고기의 정치과정 시론」,『태동고전연구』4.

保科富士男(1988), 「古代日本の對外關係における贈進物の名稱」, 『白山史學』 25, 東京大學 白山史學會.
해상왕장보고기념사업회(2002), 「고대 일본의 대외관계에 있어서 贈進物의 명칭」, 『張保皐關係研究論文選集 : 中國篇 · 日本篇』.
新川登龜男(1988), 「日羅間の調(物産)の意味」, 『日本歷史』 481.
田村圓澄(1989), 「平城京と新羅使」, 『日本學』 8 · 9.
김은숙(1991), 「8세기의 신라와 일본의 관계」, 『국사관논총』 29.
李炳魯(1996), 「8세기 일본의 외교와 교역 - 라일관계를 중심으로 -」, 『日本歷史研究』 4.
平澤加奈子(1996), 「八世紀後半の日羅關係」, 『白山史學』 42.
濱田耕策(1997), 「新羅の對日外交の終幕」, 武田幸男 編, 『朝鮮社會の史的展開と東アジア』, 山川出版社.
全基雄(1997), 「나말려초의 對日關係史 研究」, 『韓國民族文化』 9.
전덕재(1997), 「신라 중대 대일외교의 추이와 진골귀족의 동향」, 『한국사론』 37, 서울대 국사학과.
심경미(1999), 「신라 중대 대일관계에 관한 연구」, 『백산학보』 52.
서영교(2000), 『나당전쟁사연구』, 동국대 박사학위 논문.
朴勇國(2000), 「선덕왕대 초의 정치적 실상」, 『경북사학』 23.
姜鳳龍(2001), 「8~9세기 東北亞 바닷길의 확대와 貿易體制의 변동」, 『歷史教育』 77.
조이옥(2002), 「8세기 중엽의 발해와 일본의 관계」, 『한국고대사연구』 25.
延敏洙(2003), 「統一期 新羅와 日本關係 : 公的 交流를 중심으로」, 『강좌 한국고대사』 4, 한국고대사회연구소.
石見清裕(2004), 「唐代外國貿易 · 在留外國人をめぐる諸問題」, 『魏晉南北朝隋唐時代史の基本問題』, 汲古書院.
金昌錫(2004), 「8세기 신라 · 일본간 외교관계의 추이」, 『역사학보』 184.
김창석(2005), 「菁州의 祿邑과 香徒」, 『新羅文化』 26.
朴南守(2006), 「8~9세기 韓 · 中 · 日交易과 張保皐의 經濟的 基盤」, 『대외문물교류연구』 4.
채미하(2006), 「신라 중대 오례와 왕권」, 『한국사상사학』 27.
金善淑(2006), 『新羅 中代 對日關係史研究』, 韓國學中央研究院 박사학위 청구논문.

박남수(2007), 「통일신라의 대일교역과 애장왕대 '交聘結好'」, 『사학연구』 88.
濱田耕策(2011), 「新羅時代の蔚山港口」, 『신라의 대외관계와 울산항 – 반구동유적 발굴 기념 국제 학술대회』, 울산대 박물관 등.

8세기 전반 발해의 동아시아 외교와 그 성격

동북아역사재단 편(2010), 『고대환동해교류사』 2부, 동북아역사재단.
동북아역사재단(2007), 『발해의 역사와 문화』, 동북아역사재단.
고병익(1970), 『동아교섭사의 연구』, 서울대학교출판부.
송기호 역(1987), 『발해의 역사』, 아시아문화연구소.
송기호(1995), 『발해정치사연구』, 일조각.
조이옥(2001), 『통일신라의 북방진출 연구』, 서경문화사.
최근영 외(1994), 『日本六國史 韓國關聯記事 譯註』, 駕洛國史籍開發硏究院.
구난희(1998), 「일본의 신라침공계획 추진 의도」, 『청람사학』 2.
구난희(2009), 「발해 · 일본의 교류개시기에 대한 검토」, 『고구려발해연구』 35.
김종복(1996), 「발해초기의 대외관계」, 『韓國古代史硏究』 9.
김종복(2001), 「발해 폐왕 · 성왕대 정치세력의 동향」, 『역사와현실』 41.
박영해(1987), 「발해의 대외관계에 대하여」, 『역사과학론문집』 12.
송완범(2006), 「8세기 중엽 '新羅征討' 계획으로 본 古代日本의 對外方針」, 『한일관계사연구』 25.
연민수(2003), 「통일기 신라와 일본관계」, 가락국사적개발연구원, 『강좌 한국고대사』 4.
윤선태(1997), 「752년 신라의 대일교역과 매신라물해」, 『역사와 현실』 24.
이기석, 「발해 초기 도성의 입지와 지리환경」, 『학술원논문집(인문사회과학편)』 48-1.
임상선(1988), 「발해의 천도에 대한 고찰」, 『청계사학』 5.
임상선(2006), 「발해의 도성체제와 그 특징」, 『한국사학보』 24.
崔茂藏 譯(1980), 「돈화 육정산 발해묘 발굴기」, 『建國大人文科學論叢』 13.
한규철(2003), 「발해국의 대외관계」, 가락국사적개발연구원, 『강좌 한국고대사』 4.
현명호, (1991), 「발해의 '계루군왕' 호칭에 대하여」, 『역사과학』 1991-1.
馬大正 · 李大龍(2003), 『古代中國高句麗歷史續論』, 北京 : 中國社會科學出版社.
續修四庫全書編纂委員會 編(2002), 『續修四庫全書』 646, 上海 : 海古籍出版社.

孫玉良 編著(1992),『渤海史料全編』, 長春：吉林文史出社版出版.
王小甫 編(2003),『盛唐時代與東北亞政局』, 上海：上海辭書出版社.
李大龍(2006),『漢唐藩屬體制研究』, 北京：中國社會科學出版社.
李治亭(2003),『東北通史』, 鄭州：中州古籍出版社.
張乃和 · 楊軍(2005),『東亞史』, 長春：長春出版社.
中國社會科學院 邊疆史地研究中心(2001),『古代中國高句麗歷史叢論』, 哈爾濱：黑龍江教育出版社.
天龍長城文化藝術公司 編(2004),『東北史志』第5部 第17卷, 北京：全國圖書館文獻縮微復制中心.
黃松筠(2008),『中國古代蕃屬制度研究』, 長春：吉林人文出版社.
家永三郎等 編(1962),『岩波講座日本歷史』2, 東京：岩波書店.
古廐忠夫 外(1994),『東北アジア史の再發見』, 東京：有信堂.
旗田先生古稀記念會編(1979),『朝鮮歷史論叢 上』, 東京：龍鶏書舍.
東京帝國大學文學部 編(1915),『滿鮮地理歷史研究報告』第1, 東京：東京帝國大學文學部.
濱田耕策(2000),『渤海國興亡史』, 東京：吉川弘文館.
山尾幸久(1989),『古代の日朝關係』, 東京：塙書房.
三上次男 編(1959),『圖說世界文化史大系』19, 東京：角川書店.
森安孝夫(2007),『興亡の世界史5 シルクロードと唐帝國』, 東京：講談社.
上田雄 · 孫榮健(1994),『日本渤海交涉史』, 東京：彩流社.
石母田正(1971),『日本の古代國家』, 東京：岩波書店.
石井正敏(2001),『日本渤海關係史の研究』, 東京：吉川弘文館.
歷史學研究会 · 日本史研究会 編(1984),『講座日本歷史 3 中世1』, 東京：東京大學出版會.
鈴木靖民(1985),『古代對外關係史研究』, 東京：吉川弘文館.
鳥山喜一(1915),『渤海史考』, 東京：奉公叢書.
李成市(1997),『東アジアの王權と交易 : 正倉院の寶物が来たもうひとつの道』, 東京：青木書店.
日野開三郎(1984),『小高句麗國の研究』, 日野開三郎東洋史學論集. 第8卷, 東京：三一書房.

鳥山喜一(1968),『渤海史上の諸問題』, 東京：風間書房.
佐藤信 編(2003),『日本と渤海の古代史』, 東京：山川出版社.
酒寄雅志(2001),『渤海と古代の日本』, 東京：校倉書房.
護雅夫(1967),『古代トルコ民族史研究Ⅰ』, 東京：山川出版社.
和田清(1955),『東亞史研究』第1, 東京：東洋文庫.
荒野泰典 編(1992),『アジアのなかの日本史』Ⅲ, 東京：東京大學出版會.
荒野泰典 編(1993),『アジアのなかの日本史』Ⅴ, 東京：東京大學出版會.
古畑徹(1986),「唐渤分爭の展開と國際情勢」,『集刊東洋學』55.
古畑徹(1988),「張九齡作'勅渤海王大武藝書'と唐渤紛爭の終結 − 第二·三·四首の作成年始を中心として−」,『東北大學東洋史論集』3.
瀧川政次郎(1958),「齊明朝における東北經略補考齊明朝における東北經略補考」,『史學雜志』67.
岡崎文夫(1935),「新唐書に就いて」,『史林』21-1.
濱田耕策(1999),「渤海國王位の繼承と'副王'」, 九州大學朝鮮學研究會,『年報 朝鮮學』7.
松原弘宣(1980),「渡嶋津輕津司について」, 愛媛大學校養部,『愛媛大學校養部紀要』13.
越智重明(1995),「華夷思想の形成と展開」,『比較文化年報』3.
日野開三郎(1958),「突厥黙啜可汗の興亡と小高句麗國」,『史淵』81.
日野開三郎(1958),「安史の亂による唐の東方政策の後退と渤海の小高句麗占領」,『史淵』91.
日野開三郎(1960),「突厥の瓦解·渤海の靺鞨諸族併呑と小高句麗國の九州增領」,『史淵』81.
酒寄雅志(1977),「8世紀における日本の外交と東アジアの政勢」,『國史學』130號, 國史學會, 第一書房.
石井正敏(1975),「日渤交涉における渤海高句麗繼承國意識について」,『中央大學大學院研究年報』4.
酒寄雅志(1979),「渤海國家の史的展開と國際關係」,『朝鮮史研究會論文集』16, 朝鮮史研究會.

일본율령국가의 신라관의 형성과 실태

石母田正(1962),「日本古代の國際意識について」,『思想』454.

石母田正(1971),「國家成立史における國際的契機」,『日本の古代國家』, 岩波書店.

石母田正(1963),「天皇と諸蕃」,『法學志林』60-3・4.

石母田正(1989),『石母田正著作集』4, 岩波書店.

成澤光(1976),「蕃國考」,『法學志林』73-1.

朴昔順(2002),「고대일본율령국가의 외국(蕃)・외국인(蕃人) 인식」,『일본고대국가의 왕권과 외교』, 경인문화사.

金子修一(1974),「唐代の國際文書について」,『史學雜誌』83-10.

金子修一(2001),『隋唐の國際秩序と東アジア』, 名著刊行會.

中野高行(1983),「慰勞詔書に關する基礎的考察」,『古文書研究』23.

中野高行(2008),『日本古代の外交制度史』, 岩田書店.

石井正敏(1992),「古代東アジアの外交と文書」,『アジアのなかの日本史』Ⅱ, 東京大學出版會.

石井正敏(2001),『日本渤海關係史の研究』, 吉川弘文館.

筧敏生(1989),「百濟王姓の成立と日本古代帝國」,『日本史研究』317.

김선민(2007),「日本古代國家와 百濟王姓」,『日本歷史研究』26.

河內春人(1999),「詔勅・處分にみる新羅觀と新羅征討政策」,『駿台史學』108.

坂上康俊(2008),「古代韓日關係 속에서의 戰爭과 記憶」,『戰爭과 記憶 속의 韓日關係』, 경인문화사.

鈴木靖民(1985),「奈良初期の對新羅關係」,『古代對外關係史の研究』, 吉川弘文館.

栗原朋信(1978),「上代の日本への三韓の外交形式」,『上代日本對外關係の研究』, 吉川弘文館.

西嶋定生(1985),『日本歷史の國際環境』, UP選書.

藤原直哉(1990),「日本律令の中華思想－奈良時代の對新羅意識の展開を中心に」,『史泉』72.

平野卓治(1985),「律令位階制と諸蕃」,『日本古代の政治と制度』, 續群書類從完成會刊.

廣瀨憲雄(2007),「古代倭國・日本の外交儀禮と服屬思想」,『歷史學研究』824.

東野治之(1992),「正倉院文書からみた新羅文物」,『遣唐使と正倉院』, 岩波書店.

延敏洙(2003), 「統一期 新羅와 日本關係」, 『古代韓日交涉史』, 혜안.
新川登龜男(1988), 「日羅間の調(物產)の意味」, 『日本歷史』 481.
新川登龜男(1990), 「新羅進調の思想像」, 『日本史研究』 333.
新川登龜男(1999), 『古代日本の對外交涉と佛教』, 吉川弘文館.
和田軍一(1924), 「淳仁朝に於ける新羅征討計劃について」, 『史學雜誌』 35-10 · 11.
石井正敏(2001), 『日本渤海關係史の研究』, 吉川弘文館.
酒寄雅志(2001), 『渤海と古代の日本』, 校倉書店.
北山茂夫, 「藤原惠美押勝の亂」, 『日本古代政治史の研究』, 岩波書店.
倉住靖彥(1985), 『古代の大宰府』, 吉川弘文館.
具蘭憙(1999), 「8세기 중엽 발해 · 신라 · 일본의 관계 – 일본의 신라침공계획을 중심으로 –」, 『韓日關係史研究』10.
송완범(2006), 「8세기 중엽 신라정토계획으로 본 古代日本의 對外方針」, 『韓日關係史研究』 25.

당대 도시에서의 향리와 방의 관계에 대하여

愛宕元(1986), 「唐代京兆府の戶口推移」, 『唐代地域社會史研究』, 同朋舍出版.
愛宕元(1997), 「兩京鄉里村考」, 『唐代地域社會史研究』, 京都大學學術出版會.
愛宕元譯注(1994), 『唐兩京條坊考』, 平凡社東洋文庫.
河南省文物研究所等編(1984), 『千唐誌齋藏誌 上』, 文物出版社.
岸俊男(1988), 「日本における『京』の成立」, 『日本古代宮都の研究』, 岩波書店.
岸俊男(1987), 「日本都城制總論」, 『日本の古代 9 都城の生態』, 中央公論社.
吉田孝(1983), 「編戶制 班田制の構造的特質」, 『律令國家と古代の社會』, 岩波書店.
宮崎市定(1992), 『宮崎市定全集 7 六朝』, 岩波書店.
金昌賢(2008), 「新羅 王京과 高麗 都城」, 『新羅文化祭學術論文集』 29.
김교년(2003), 「신라왕경의 발굴조사와 성과」, 『신라왕경조사의 성과와 의의』, 제12회 문화재연구국제학술대회, 국립경주문화재연구소.
佐木惠介(1986), 「律令里制の特質について」, 『史學雜誌』 95-2.
三品彰英遺撰(1975), 『三國遺事考證』 上, 塙書房.
市川理惠(2009), 「日唐における都城の行政治安機構」, 『古代日本の京職と京戶』, 吉川弘文館.
滋賀秀三(1967),『中國家族法の原理』, 創文社.
小澤毅(2003),「藤原京の造營と京域をめぐる諸問題」,『日本古代宮都構造の研究』, 青木書店.
仁井田陞著, 池田溫編集代表(1997),『唐令拾遺補』, 東京大學出版會.
전덕재(2009),『新羅王京의 研究』, 새문사.
中村治兵衛(2008),「唐代の鄕」,『中村治兵衛著作集 3 中國聚落史の研究』, 刀水書房.
天一閣博物館 中國社會科學院歷史研究所天聖令整理課題組(2006),『天一閣藏明鈔本天聖令考證』下册, 中華書局.
井上光貞(1976),『日本思想大系 '律令'』, 岩波書店.
日野開三郎(1993),「唐代城邑の坊市の角隅について」,『東洋史學論集』13, 三一書房.
布目潮渢編(1981),『唐 宋時代の行政 經濟地圖の作製』, 文部省科學研究費補助金成果報告書.
武伯倫(1987),『古城集』, 三秦出版社.
平岡武夫編(1977),『唐代の長安と洛陽 索引』, 同朋舍出版.
平岡武夫編(1985),『唐代の長安と洛陽 資料』, 同朋舍出版.
北村優季(1992),「日唐都城比較制度試論」, 池田溫編,『中國禮法と日本律令制』, 東方書店.
北村優季(1993),「條坊の論理」, 笹山晴生先生還曆記念會編,『日本律令制論集』上, 吉川弘文館.
妹尾達彦(1995),「唐長安人口論」,『中國古代の國家と民衆 堀敏一先生古稀記念』, 汲古書院.
妹尾達彦(1997),「隋唐洛陽城の官人居住地」,『東洋文化研究所紀要』133.
楊鴻年(1999),『隋唐兩京坊里譜』, 上海古籍出版社.
李之勤(1984),「西安古代戶口數目評議」,『西北大學學報(哲學社會科學版)』1984-2.
魯西奇(2010),「唐代地方城市中的里坊制及其形態」,『廈門大學國學研究院集刊』2.
이은석(2004),「왕경의 성립과 발전」,『통일신라시대고고학』, 제28회한국고고학전국대회.
이기백 · 이기동(1993),『한국사강좌』, 일조각.

이병도(1959), 『한국사』, 을유문화사.
윤무병(1987), 「신라 왕경의 방제」, 『이병도박사 구순기념 한국사학논총』, 지식산업사.
淺野充(2007), 「律令國家における京戸支配の特質」, 『日本古代の國家形成と都市』, 校倉書房.
龜田博(2000), 「皇龍寺付近の坊」, 『日韓古代宮都の研究』, 學生社.
內藤乾吉(1963), 「西域發見唐代官文書の研究」, 『中國法制史考證』, 有斐閣.
吳震(1982), 「敦煌石室寫本唐天寶初年『郡縣公廨本錢簿』校注并跋」, 『文史』 13 · 14.
馬世長(1982), 「敦煌縣博物館本地志殘卷 – 敦博第58號卷子研究 –」, 北京大學中國中古史研.
究中心編, 『敦煌吐魯番文獻研究論集』, 中華書局.
龔勝生(1991), 「唐長安城薪炭供銷」, 「唐長安城人口札記二則」, 『中國歷史地理論叢』 3.

8세기 동아시아의 불교 교류

김상현(2007), 「신라와 당의 불교전적 교류」, 신라학국제학술대회논문집.
김상현(2005), 「7 · 8세기 해동구법승의 중국에서의 활동과 의의」, 『불교연구』 23.
「해동구법승에 대한 중국의 처우와 인식」, 한중불교교류와 西安, 한국불교연구원, 서안 섬서사범대학, 2006－4 · 6.
吉津宜英(1993), 「8세기 동아시아불교 연구의 전망」, 『한국불교학세미나』 5, 신라불교연구회.
福士慈稔(1999), 「동아시아에 보이는 원효저술의 영향」, 『불교학연구』 창간호, 한국종교학회 불교분과.
이기동(1997), 「薛仲業과 淡海三船의 交歡」, 『신라사회사연구』, 일조각.
정병삼(2005), 「8세기 신라의 불교사상과 문화」, 『신라문화』 25, 동국대 신라문화연구소.
橘川智昭(2002), 「일본 法相宗의 형성과 신라 唯識學」, 『한국불교학결집대회논집』 1
집 상권, 한국불교학결집대회 조직위원회.
최연식(2005), 「8세기 신라불교의 동향과 동아시아불교계」, 『불교학연구』 12, 불교학연구회.
최연식(2003), 「일본 고대화엄과 신라불교」, 『한국사상사학』 23, 한국사상사학회.
최재석(1998), 「8세기 일본의 불경 수입과 통일신라」, 『고대한일불교관계사』, 일지사.

최재석(1998), 「89세기 한일불교 관계」, 『고대한일불교관계사』.
최재석(1998), 「사경을 통해 본 8세기의 한일불교 관계」, 『고대한일불교관계사』, 일지사.
홍순창(1974), 「7~8세기에 있어서의 신라와 일본과의 관계 – 불교문화와의 관계를 중심으로 하는」, 『한국고대문화교섭사연구』, 을유문화사.
정병삼(2002), 「고대 한국과 일본의 불교교류」, 『한국고대사연구』 27.
고영섭(1999), 「7~8세기 동아시아 불학의 스펙트럼」, 『동원논집』 12, 동국대학교 대학원.
권덕영(2006), 「고대 동아시아의 황해와 황해 무역」, 『사학연구』 89.
여호구(2006), 「6~8세기 동아시아 국제관계사 연구의 진전을 기대하며」, 『역사와 현실』 61.
이행구(1989), 「동대사 창건과 신라의 심상」, 『일본학』 8 · 9.
박동원(1983), 「8세기 전후의 일본에 있어서의 신라학문승과 신역경전 – 특히 대반야경과 금광명최승왕경의 전래경로를 중심으로」, 『광주교대논문집』 24.

8세기 동아시아의 국제질서와 해양력의 상관성

윤명철(2003), 「海洋史觀으로 본 한국 고대사의 발전과 종언」, 『한국사연구』 제123호.
윤명철(2004), 「한국사 이해를 위한 몇 가지 제언」, 『한국사학사학회보』 제9집.
윤명철(2004), 「한국 고대사 연구의 반성과 대안」, 『단군학 연구』 제11.
윤명철, (2006), 「동아시아의 해양공간에 관한 재인식과 활용 – 동아지중해모델을 중심으로 –」, 『동아시아 고대학』 14집, 동아시아 고대학회, 경인문화사.
윤명철(2005), 「동해문화권의 설정 검토」, 『동아시아 역사상과 우리문화의 형성』, 한국학 중앙연구원, 민속원.
윤명철(2008), 「고구려 문화형성에 작용한 자연환경의 검토 – '터와 多核(field& multi-core)이론'을 통해서」, 『한민족연구』 4호.
윤명철(2008), 「발해 유역의 역사문화와 동아시아 세계의 이해 – '터(場, field) 이론'의 적용을 통해서」, 『동아시아 고대학』 17집.
윤명철(2008), 「한국사를 이해하는 몇 가지 틀을 모색하면서 – 터(field&multi-core) 이론의 제기」, 한국사학사학회 발표.
윤명철(1995), 「海洋條件을 통해서 본 古代韓日 關係史의 理解」, 『日本學』 15, 동국대 일본학연구소.

윤명철(1998),「西海岸 一帶의 海洋歷史的 環境에 대한 檢討」,『扶安 竹幕洞祭祀遺蹟 研究』, 국립전주박물관.
윤명철(2005),「동해문화권의 설정 검토」,『동아시아 역사상과 우리문화의 형성』, 민속원.
윤명철(2006),「東아시아의 海洋空間에 관한 再認識과 活用 – 동아지중해모델을 중심으로 –」,『동아시아 고대학』 14, 동아시아 고대학회, 경인문화사.
윤명철(2009),「고구려 수도의 해륙적 성격」,『백산학보』 80.
윤명철(2009),「경주의 해항도시적 성격에 대한 검토」,『동아시아 고대학』 20집.
윤명철(2010),「한민족 歷史空間의 이해와 江海都市論 모델」,『동아시아 고대학』.
윤명철(2010),「울산의 해항도시적 성격과 국제항로」,『신라의 대외관계와 울산항』, 울산대 박물관, 한일 관계사학회.
小田富士雄(1985),「朝鮮式山城と神籠石」,『九州古代文化の形成』 下卷, 學生社.
延敏洙(1996),「西日本地域의 朝鮮式山城과 그 性格」,『韓國古代史論叢』 8집.
李成市 저, 김창석 역(1999),『동아시아의 왕권과 교역』, 청년사.
韓圭哲(1993),「발해와 일본의 신라침공계획파 무산」,『中國問題研究』 5.
金恩淑(1991),「8세기 신라와 일본의 관계」,『國史館論叢』 29.
朴眞淑(1991),「渤海 文王代의 對日本外交」,『歷史學報』 153.
具蘭熹(1998),「日本의 新羅侵計劃의 추진의도」,『靑藍史學』 2.
具蘭熹(1999),「8세기 중엽 발해, 신라, 일본의 관계일본의 신라침공계획을 중심으로」,『韓日關係史研究』 10.
이병로(1996),「8세기 일본의 외교와 교역 – 라일관계를 중심으로」,『일본역사연구』 4.
김선숙(1997),「8세기 전후 신라 일본의 정치외교관계」,『韓國古代의 考古와 歷史』, 학연문화사.
무함마드 깐수(1992),『신라 · 서역교류사』, 단국대학교출판부.
堀敏一(1993),「中國と古代 東アジア世界」, 岩波書店.
韓圭哲(1994),『渤海의 對外關係史』, 신서원.
조이옥(1999),「新羅와 渤海의國境問題」,『白山學報』 52집.
조이옥,「8~9世紀 新羅의北方經營과築城事業」,『新羅文化』 제34집.
韓圭哲,「新羅와 渤海의 政治的 交涉過程」,『渤海史研究論選集』.

연민수(2003), 「統一期 新羅와 日本」, 『古代 韓日 交流史』, 혜안.
최근영 主編譯 (1994), 『日本 六國史 韓國關係記事』, 가락국사적개발연구원.
김기섭 主編譯(2005), 『日本 古中世 文獻 속의 韓日關係史料集成』, 혜안.
김문경 편역(2003), 『7~10世紀 韓 · 中 · 日 交易關係 資料 譯註 - 日本編』, 재단법인 해상왕장보고기념사업회.
具蘭憙(1999), 「8세기 중엽 발해 · 신라 · 일본의 관계 - 일본의 신라침공계획을 중심으로-」, 『韓日關係史硏究』 10.
朴方龍(1987), 「新羅王都의 守備 - 慶州地域 山城을 中心으로 -」, 『신라문화』 제9집.
이병로(1996), 「8세기 일본의 외교와 교역 - 羅日관계를 중심으로」, 『日本歷史硏究 , 일본역사연구회.
이병로(1996), 「일본 지배층의 대신라판 정책 변화의 고찰」, 『대구사학』 47, 대구사학회.
李成市(1982), 「正倉院寶物氈貼布記を通して見た8世紀の日羅關係」, 朝鮮史硏究會會報 67.
西嶋定生(1980), 「八世紀の東アジア」, 江上波夫 · 川崎庸之 · 西嶋定生編, 『八世紀の日本と東アジア』 1, 平凡社.
西嶋定生(1985), 『日本歷史の國際環境』, 東京大學 出版會.
崔在錫(1996), 『正倉院소장품과 統一신라』, 一志社.
최재석, 「8세기 東大寺 조영과 통일신라」, 『한국학 연구』 9.
具蘭憙(1999), 「8世紀 後半 日本의 對外關係에 관한 고찰 - 渤海와의 關係를 중심으로 -」
日本歷史硏究 10집(2005), 「대일본 관계를 통해 본 발해의 외교전략」, 『고조선, 고구려, 발해 발표 논문집』, 고구려연구재단.
조이옥(2005), 「8세기 후반 발해와 일본의 외교적 마찰 - 문왕대 후기를 중심으로 -」, 『백산학보』.
조이옥, 「8世紀 後半 渤海의 對日本外交와 交易」, 『史學硏究』 제81호.
鈴木靖民(1999), 「渤海の遠距離交易と荷擔者, 『アジア遊學』.
小嶋芳孝(1997), 「日本海の島々と靺鞨?渤海の交流」, 『境界の日本史』, 村井章介 · 佐藤信 · 吉田伸之, 山川出版社.
門脇禎一(1986), 『日本 海域の古代史』, 東京大學 出版會.

대한민국 水路局 (1973), 『근해항로지』.
王俠(1993), 「集安 高句麗 封土石墓與日本須曾蝦夷穴 古墓」, 『博物館研究』 42期.
王俠(1992), 『古代能登と東アジア』, 「蝦夷穴古墳國際シ ポジウム實行委員會」.
고지마 요시다카 저, 최태길 역(1996), 「발해와의 교류에 관계되는 일본해 연안의 유적」, 『발해사 연구』 7, 연변대.
鈴木靖民(1994), 「古代敦賀をめぐる對外關係」, 『松原客館の謎にせまる』, 氣比史學會.
齊藤忠(1988), 「高句麗と日本との關係」, 金達壽 外, 『古代の高句麗と日本』, 學生社.
高瀨重雄, 「越の海岸に着いた高句麗使」, 森浩一 編, 『東アジアと日本海文化』, 小學館.
小嶋芳孝(1994), 「潮の道 風の道」, 『松原客館の謎にせまる』, 氣比史學會.
윤명철, (1998), 「渤海의 海洋活動과 東아시아의 秩序再編」, 高句麗研究 6, 學研文化社.
松山利夫(1986), 「ナラ林の文化」, 『季刊考古學』 15호.
윤명철(2005), 「동해문화권의 설정 검토」, 『동아시아 역사상과 우리문화의 형성』, 한국학중앙연구원 동북아고대사연구소.
윤명철(2010), 「연해주 및 동해북부 항로에 대한 연구」, 『이사부와 동해』, 창간호, 한국이사부학회.
윤명철(2000), 「新羅下代의 海洋活動研究 – 해양환경 및 대외항로를 중심으로 –」, 『국사관논총』 91집, 국사편찬위원회.
森浩一(1993), 『古代史 津々浦々』, 小學館.
니이쯔마 도시하사(1969), 『발해국사 및 일본과의 국교사의 연구』, 도쿄전기대학 출판국.
우에다 유(1986), 「발해사의 해사사적 연구」, 『해사사연구』 43.
茂在寅男(1981), 『古代日本の航海術』, 東京 : 小學館.
茂在寅男(1989), 「遣唐史概觀」, 『遣唐史と史料』, 東海大學 出版部.

• 찾아보기

〈ㄷ〉

〈ㅁ〉

〈ㅅ〉

〈ㅈ〉

〈ㅊ〉

〈ㅍ〉

〈ㅎ〉

동북아역사재단 기획연구 51

8세기 동아시아의 역사상

1판 1쇄 발행 2011년 8월 10일
1판 2쇄 발행 2018년 12월 28일

지은이 이기동 · 왕샤오푸 · 야마사키 마사토시 · 김택민 · 정병준 · 권덕영
박남수 · 구난희 · 연민수 · 사카우에 야스토시 · 김상현 · 윤명철

펴낸이 김도형
펴낸곳 동북아역사재단

등록 제312-2004-050호(2004년 10월 18일)
주소 서울시 서대문구 통일로 81 NH농협생명빌딩
전화 02-2012-6065
팩스 02-2012-6189
e-mail book@nahf.or.kr

ISBN 978-89-6187-243-0 93910